DIE FERIEN-MACHER

von Otto Schneider

EINE GRÜNDLICHE
UND GRUNDSÄTZLICHE
BETRACHTUNG
ÜBER DAS JAHRHUNDERT
DES TOURISMUS

DIE FERIEN-MACHER

VON OTTO SCHNEIDER

Vorwort

Mein Plan, das vorliegende Buch zu schreiben, ist alt. Schon mit meinem Freund Dieter Niedecken, als Journalist und Verleger der FVW International über Jahrzehnte ein anerkannter und engagierter Beobachter der Tourismuswirtschaft, sprach ich zu seinen Lebzeiten oft darüber. Er hielt wie ich diesen Überblick für wichtig und notwendig. Dass ich die Geschichte der deutschen Tourismusbranche nun festhalten und das Buch in Zusammenarbeit mit seiner Frau Hannelore in deren Tourcon-Verlag veröffentlichen konnte, ist mir eine besondere Freude.

Es gibt das aufschlussreiche Buch von Karl Fuß „Die Geschichte der Reisebüros". Das reicht jedoch nicht über 1960 hinaus. Dann hat Horst Egon Scholz 1984 sein überaus gründliches und mit vielen Details ausgestattetes Buch „Tausend Türen in die Welt" herausgebracht. Allerdings spielt der Flugtourismus bei Scholz nur eine untergeordnete Rolle. Inzwischen sind auch weitere ereignisreiche Jahre ins Land gegangen. Es war deshalb an der Zeit, die Entwicklung des Tourismus in Deutschland noch einmal für das gesamte Jahrhundert zusammengefasst darzustellen.

Der verstorbene Ehrenpräsident des Deutschen Reisebüroverbandes, Dr. Walter Vogel, hatte vor, seine Erinnerungen für den Zeitraum ab Gründung der Touropa zu Papier zu bringen. Er gab diesen Plan wieder auf. Ich kenne weitere ehemalige Kollegen, die denselben Plan hatten und ihn dann doch nicht realisierten. Nach jahrelanger Recherche und elfmonatiger intensiver Schreibarbeit kann ich sie nachträglich gut verstehen.

Während meiner Arbeit stellte ich mit Bedauern fest, dass es den Rahmen eines einzelnen Buches mit einem den Lesern gerade noch zumutbaren Umfang völlig sprengen würde, wollte ich tatsächlich über alle Facetten des deutschen Tourismus der letzten 100 Jahre berichten. Über die Entwicklung der touristischen Strömungen, das sich verändernde Reiseverhalten der Deutschen, das Aufkommen neuer Reiseziele und das Verschwinden anderer von der touristischen Landkarte müsste gesondert berichtet werden. Ich befasse mich in diesem Buch im Wesentlichen mit den Personen und den Unternehmen, die das Reisen im 20. Jahrhundert erleichtert, entwickelt und organisiert haben. Dies waren im Übrigen die Leistungen der Reiseveranstalter auch schon vor der Jahrhundertwende. Aber der Durchbruch von der elitären Einzelreise zum Massentourismus – kein schöner Begriff, daher richtiger: zur Reise für jedermann – gelang durch die Erfindung der Pauschalreise, bei der dem Reisenden ein Paket mit allen Leistungen für seine Reise angeboten wird. Ein Sachbuch sollte es werden, das diesen Prozess beschreibt. Dabei habe ich versucht, alles mit leichter Feder niederzuschreiben, was mir nicht immer gelungen ist. Natürlich waren mir meine vielen Jahre bei Hapag-Lloyd dabei dienlich. Was die Zahl der Persönlichkeiten und Unternehmen, mit denen ich mich näher befasse, betrifft, so bin ich nicht umhingekommen, sie einzuschränken. Deshalb kann ich diejenigen, die ich nicht erwähnt habe, die aber glauben, sie gehörten in dieses Buch hinein, nur um Entschuldigung bitten.

Ob das Werk nun seinen Zweck erfüllt, relativ vollständig und ziemlich fehlerfrei ist, obliegt der Beurteilung des Lesers. Ich bin mir nicht sicher, ob ich trotz sorgfältiger Recherche nicht doch das eine oder andere übersehen habe.

Dankbar bin ich für die Unterstützung vieler Menschen, die mir mit Rat und Auskünften geholfen haben, wie ich auch großen Nutzen aus bereits erschienenen Büchern zum Thema Tourismus gezogen habe.

Mein besonderer Dank gilt Hans Birkhäuser, dem ehemaligen Chef der Dr. Tigges-Fahrten, und Dr. Gerhard Heine, ehemals Vorstandsmitglied der TUI, die sich mit der Lektüre meines Rohmanuskripts kritisch befasst und mich zu Korrekturen veranlasst haben, und insbesondere danke ich meiner Frau Sybill Ehmann-Schneider. Sie hat mich bei meiner Arbeit kritisch begleitet, mancherlei Verbesserungsvorschläge gemacht und viel Geduld mit mir bei meiner beinahe ein Jahr dauernden Klausur aufgebracht. Von ihr stammen auch die Ausführungen über die ITB, die größte Reise-Show der Welt.

Otto Schneider

Reisebüro und Veranstalter	Leistungsträger (Bahn, Bus, Schiff, Flug)	Branchenereignisse, Entwicklungen	Geschichtliche Ereignisse	
	Ferdinand Graf Zeppelin konstruiert das erste lenkbare Luftschiff. Es ist 128 m lang.		Das Bürgerliche Gesetz-buch BGB und das Handelsgesetzbuch HGB treten in Kraft. Der Ladenschluss wird gesetzlich geregelt (7-21 Uhr).	1900
		In Westerland wird ein Familienbad für die gemeinsame Nutzung von Frauen und Män-nern eingerichtet. Verboten: Singles und Kameras.		1902
	Die Gebrüder Wright unternehmen den ersten gesteuerten Motorflug. Beginn der modernen Luftfahrt. Die transsibirische Eisen-bahnstrecke von Moskau nach Wladiwostok wird eröffnet, 9337 km lang.			1903
Reisebüro Stangen in Berlin wird von der Hapag gekauft.		Gründung Deutscher Ski-Verband.	Gründung Deutscher Städterat	1905
Thomas Cook und Nord-deutscher Lloyd gründen in Berlin das Weltreise-büro Union.				1906
		Gründung Deutsche Gebirgs- und Wander-vereine.		1908
Bayerische Staatseisen-bahn kauft Rsb. Schenker & Co, tauft es um in ABR – Amtliches Bayerisches Reisebüro.		Gründung Deutsches Jugendherbergswerk		1910
	Der Luxusdampfer „Titanic" rammt während der Jung-fernfahrt einen Eisberg und sinkt; 1 503 Tote		Nobelpreis für Gerhard Hauptmann	1912

11

	Reisebüro und Veranstalter	Leistungsträger (Bahn, Bus, Schiff, Flug)	Branchenereignisse, Entwicklungen	Geschichtliche Ereignisse
1913			Gründung der ersten Standesorganisation des Reisebürogewerbes Central-Verband der Reisebüros (IVR).	
1914			Umbenennung des Centralverbandes in Internationaler Verband der Reisebüros .	Beginn des Ersten Weltkriegs.
1916		Gründung der Mitteleuropäischen Schlaf- und Speisewagengesellschaft AG Mitropa.		
1917	Gründung des Deutschen Reisebüros.			Oktoberrevolution in Russland.
1918	Umbenennung des Deutschen Reisebüros in Mitteleuropäisches Reisebüro (MER).			Waffenstillstand, Ende des Ersten Weltkriegs.
1919	Gründung Wolters Reisen, Bremen.	Deutsche Luftreederei startet den Luftverkehr Berlin – Weimar. In Den Haag wird die International Air Traffic Association (Iata) gegründet. Junkers F 13 erstes Verkehrsflugzeug.		
1920		Vereinigung der ländereigenen Eisenbahngesellschaften zur Deutschen Reichsbahn.	Gründung Reichszentrale für Deutsche Verkehrswerbung RDV (spätere DZT).	Vertrag von Versailles tritt in Kraft. Einführung der Prohibition in USA.
1921			Gründung der Vereinigung Deutscher Reisebüros (VDR).	
1924		Erste Atlantiküberquerung per Zeppelin.		Erste deutsche Funkausstellung in Berlin.
1925	Das Bayerische Pilgerbüro wird in München gegründet.			

Reisebüro und Veranstalter	Leistungsträger (Bahn, Bus, Schiff, Flug)	Branchenereignisse, Entwicklungen	Geschichtliche Ereignisse	
Willy Scharnow gründet Reisebüro in Bremen.				
Das MER gründet Amerop Travel Service in New York.	Deutsche Aero Lloyd und Junkers Luftverkehr AG vereinigen sich zur Deutschen Luft Hansa AG.			1926
	Charles Lindbergh überquert als Erster im Alleinflug den Atlantik von West nach Ost.			1927
Dr. Hubert Tigges veranstaltet erste Reise: Wanderreise in die Eifel. Gustav Schickedanz gründet das Versandhaus-Unternehmen Quelle.	Freiherr von Hünefeld, Fitzmaurice und Köhl überqueren erstmals den Atlantik per Flugzeug nonstop in Ost-Westrichtung.	Umbenennung der RDV in Reichsbahnzentrale für den deutschen Reiseverkehr.	Der Acht-Stunden-Arbeitstag wird gesetzlich geregelt.	1928
Das MER gründet Büros in London, Rom und Paris.	Die „Bremen" des Norddeutschen Lloyd erringt auf Jungfernreise nach New York das Blaue Band.		Schwarzer Freitag. Börsenkrach in New York. Beginn der Weltwirtschaftskrise.	1929
Gründung Deutsche Reisespar GmbH, Berlin.		100 RM Gebühr für Reisen ins Ausland wird eingeführt.		1930
			Weltwirtschaftskrise erreicht ihren Höhepunkt.	1931
Dr. Herbert Degener setzt ersten Sonderzug nach Golling im Salzburger Land ein.		Gebühr für Auslandsreisen wird auf 200 RM erhöht.		1932
Gründung der NS-Gemeinschaft Kraft durch Freude (KdF). Degener-Sonderzüge fahren nach Ruhpolding	Erster Spatenstich zum geplanten Reichsautobahn-Netz.	Gebühr für Auslandsreisen wird auf 1000 RM erhöht – „Tausendmarksperre". Vereinigung Deutscher Reisebüros (VDR) wird umgetauft in Nationale Vereinigung Deutscher Reisebüros (NVDR).	Adolf Hitler wird deutscher Reichskanzler, Beginn der zwölfjährigen NS-Diktatur. Abschaffung der Gewerbefreiheit durch das Gesetz zum Schutz des Einzelhandels.	1933

13

	Reisebüro und Veranstalter	Leistungsträger (Bahn, Bus, Schiff, Flug)	Branchenereignisse, Entwicklungen	Geschichtliche Ereignisse
1934	Dr. Tigges-Fahrten bringen erstmals deutsche Urlauber nach Mallorca (per Bahn). Beginn der Reisen mit Kraft durch Freude (KdF).			Die Kommunisten Chinas beginnen unter der Führung Mao Tsetungs ihren Langen Marsch (ca. 12.000 km).
1935	9000 Gäste reisen mit Dr. Degener nach Ruhpolding.	Eröffnung des ersten Teilstücks des geplanten Autobahn-Netzes von Frankfurt nach Darmstadt.	NVDR wird ersetzt durch Reichsverkehrsgruppe Hilfsgewerbe des Verkehrs (RVA).	Abstimmung im Saarland über die Zugehörigkeit zu Frankreich oder Deutschland, 90,8 % für die Angliederung an Deutschland.
1936	Gründung Reisebüro Kahn. Gründung MER-Filiale in Buenos Aires.	Das Luftschiff LZ 129 „Hindenburg" fliegt in 50 Stunden von Frankfurt nach New York.		Olympiade in Berlin. Beginn der Auseinandersetzungen zwischen Juden und Arabern in Palästina. Ausbruch des spanischen Bürgerkrieges.
1937		Ende der Zeppelin-Aera, Explosion der „Hindenburg" in Lakehurst.		
1938		Der britische Luxusliner „Queen Elizabeth" läuft in Glasgow vom Stapel.		Konrad Zuse stellt die Rechenmaschine Z1 fertig, den ersten Computer.
1939	Dr. Degener bringt 13.000 Gäste nach Ruhpolding. KdF zählt seit 1934 43 Millionen Gäste, davon sind 84% Tagesausflügler.	USA. Erster Nonstop-Flug Berlin-New York der Lufthansa mit Focke-Wulf FW-200 „Condor". Erster regelmäßiger Linienflugdienst über den Atlantik (Pan Am).		Beginn des 2. Weltkrieges. Ernst Heinkel konstruiert das erste Flugzeug mit Düsenantrieb (HE-178). Geschwindigkeit: 700 km/h.
1941				USA tritt in den Krieg ein.
1944				Misslungenes Attentat auf Hitler.
1945		Letzter Flug der Lufthansa am 5. 5. 1945 von Oslo nach Flensburg.		Atombombenabwurf auf Hiroshima. Ende des 2. Weltkrieges.

Reisebüro und Veranstalter	Leistungsträger (Bahn, Bus, Schiff, Flug)	Branchenereignisse, Entwicklungen	Geschichtliche Ereignisse	
Umbenennung des MER in Deutsches Reisebüro DER.	Erster Interzonenzug von Amsterdam über Hannover nach Berlin am 1. Oktober 1946.			1946
Dr. Degener beginnt wieder in Ruhpolding mit dem Fremdenverkehr. 83 DER-Vertreter beschließen die Fortsetzung der Zusammenarbeit mit dem Deutschen Reisebüro (DER).	Die amerikanische X-1 durchbricht als erstes Flugzeug die Schallmauer.			1947
Gründung Hapag-Lloyd Reisebüro. Gründung der DER-Gesellschaftsreisen, der späteren Touropa. 1200 Gäste reisen zu Weihnachten mit erstem Sonderzug von Hamburg nach Ruhpolding.		Gründung Deutsche Zentrale für Tourismus (DZT).	Währungsreform. DM löst RM ab. Blockade Westberlins durch die DDR und Einrichtung der „Luftbrücke".	1948
40.000 Gäste reisen mit DER Gesellschaftsreisen. Aus den DER-Reisebüros im sowjetisch besetzten Gebiet wird das Reisebüro der DDR.	Jungfernflug des ersten Düsenpassagierflugzeugs. Die erste Kreditkarte (Diners Club) ist zunächst aus Pappe.		Das Grundgesetz der Bundesrepublik Deutschland wird verkündet.	1949
Gründung Karawane Studienreisen. 500 Sonderzüge mit 117.000 Gästen reisen mit Arbeitsgemeinschaft DER-Gesellschaftsreisen.		22 Reisebürovertreter gründen den Deutschen Reisebüro-Verband (DRV). 1. Vorsitzender: F. B. Käppler.	Einmarsch der chinesischen Revolutionäre unter Mao Tse-tung in Peking. Aufhebung der Lebensmittelrationierung.	1950
Arbeitsgemeinschaft DER Gesellschaftsreisen wird umgetauft in Touropa. 135.000 Gäste reisen mit Touropa. Die Deutsche Bundesbahn (DB) wird gegründet. Die Deutsche Reichsbahn (DR) existiert weiter in der DDR. Ameropa wird gegründet.			Ein VW-Käfer kostet 4200 DM.	1951

	Reisebüro und Veranstalter	Leistungsträger (Bahn, Bus, Schiff, Flug)	Branchenereignisse, Entwicklungen	Geschichtliche Ereignisse
1952	194.000 Gäste reisen mit Touropa.		Hans Joachimi wird DRV-Vorsitzender (bis 1958).	Der Deutsche Bundestag ratifiziert Beitritt zur Montanunion. Entlang der Grenze zwischen Bundesrepublik und DDR wird auf DDR-Seite Sperrzone angelegt (Schießbefehl).
1953	Gründung der • Hummel Reise • Scharnow Reisen • Hetzel Reisen • Willy Scharnow-Stiftung. Dr. Tigges-Fahrten bieten erste Flugreisen nach Mallorca an. Hapag-Lloyd Reisebüro gründet in New York Tochtergesellschaft Tita – Trade & Industry Tours.	Aktiengesellschaft für Luftverkehrsbedarf „Luft AG", Vorläufergesellschaft der Lufthansa, gegründet. Charterfluggesellschaft Aero Express wird gegründet.		In der DDR vereinnahmt die SED unter der „Aktion Rosa" private Hotels und Pensionen und gliedert sie in den „Feriendienst" des FDGB ein. Am 17. Juni Aufstand der Bauarbeiter in Ostberlin. Walter Ulbricht wird Erster Sekretär des ZK der SED.
1954	Gründung • DER in Rom • Gasteiger Reisen, Inzell • Euro Lloyd Reisebüro • Kühne & Nagel Reisebüro • Marco Polo Reisen • Studiosus Reisen	Norddeutscher Lloyd kauft die „Gripsholm", tauft sie um in „Berlin". Erstes deutsches Passagierschiff nach 1945 im Nordatlantikdienst. Die Luftag wird umgetauft in Deutsche Lufthansa AG.	9,3 Mio. Bundesbürger unternehmen mindestens eine Urlaubsreise von fünf Tagen Dauer. 15 % reisen ins Ausland.	Wiederherstellung der Souveränität der Bundesrepublik (Pariser Verträge). Mitgliedschaft in der Nato. Frankreich zieht sich aus Vietnam zurück.
1955	Gründung der Transeuropa.	Gründungen: • Deutsche Luft-Reederei Krukenberg (Aeropa) • Luftreederei Herfurtner • Lufttransport Union LTU • Deutscher Flugdienst (DFG). Lufthansa beginnt am 1. April ihren Flugbetrieb.	9,1 Mio. Bundesbürger machen Urlaubsreisen.	Aufnahme diplomatischer Beziehungen zwischen UdSSR und Bundesrepublik. Rückkehr der Kriegsgefangenen und Internierten aus der UdSSR. Die Saarländer stimmen gegen einen Anschluss an Frankreich und für die volle Eingliederung in die Bundesrepublik Deutschland. DDR wird Mitglied des Warschauer Paktes. Metallindustrie führt 45-Stunden-Woche ein.

Reisebüro und Veranstalter	Leistungsträger (Bahn, Bus, Schiff, Flug)	Branchenereignisse, Entwicklungen	Geschichtliche Ereignisse	
Die ersten 30 Urlauber fliegen mit einer Propellermaschine nach Mallorca.	Ende von Aero Express. Bundesbahn schafft die 3. Klasse ab. Einsatz von Liegewagen im Turnusverkehr.	9,9 Mio. unternehmen Urlaubsreisen, 20 % ins Ausland.	Englisch-französische Streitkräfte greifen Port Said an als Reaktion auf Verstaatlichung des Suez-Kanals. Sowjetunion zerschlägt Ungarn-Aufstand.	1956
	Ende der Luftreederei Herfurtner. Dr. Tigges gründet Transavia Fluggesellschaft. Gründung der Südflug.	10,5 Mio. unternehmen Urlaubsreisen. DFG befördert 5.000 Fluggäste.	Die Römischen Verträge begründen die europäische Wirtschaftsgemeinschaft EWG. Die Sowjetunion lässt den ersten künstlichen Satelliten „Sputnik" die Erde umkreisen.	1957
Dr. Tigges beginnt mit Fernreisenprogramm.	Gründung DAL – Deutsche Atlantik Linie. Deutsche Luft-Reederei Krukenberg (Aeropa) in Konkurs. Hamburg-Amerika-Linie setzt „Ariadne" für Kreuzfahrten ein.	11,5 Mio. Bundesbürger machen Urlausbreisen, 27 % ins Ausland. DFG befördert 47.200 Passagiere. DRV wählt Emil Kipfmüller zum Ehrenvorsitzenden.	Der Düsenverkehr beginnt. Weltausstellung in Brüssel. Aufhebung der Devisenkontingentierung.	1958
Scharnow bringt „Kurfibel" heraus. Touropa, Scharnow, Hummel gründen DFG Deutsche Flugtouristik. Gründung Seetours.	Transavia in Konkurs. Lufthansa übernimmt Deutsche Flugdienst (DFG). Der Norddeutsche Lloyd setzt die „Bremen" in Fahrt.	Für die Erhöhung des Stammkapitals der Preussag – Preußische Bergwerks- und Hütten AG wird die „Volksaktie" eingeführt. Das führt zu einer breiten Streuung des Kapitals.	Fidel Castro übernimmt die Regierung in Kuba. China überfällt Tibet.	1959
Tod Degeners. Gründung Athena Reisen.	Lufthansa beginnt Dienst mit Düsenmaschinen. Der Jet halbiert die Reisedauer und befördert doppelt so viele Passagiere wie bisher. DDR kauft die „Stockholm" und tauft das Schiff auf „Völkerfreundschaft". Köln-Düsseldorfer beginnt mit Flusskreuzfahrten.	11,8 Mio. Bundesbürger machen Urlaubsreisen, 31 % ins Ausland, 1% per Flugzeug. DRV-Präsidium: F. B. Käppler wird Sprecher (bis 1962).	John F. Kennedy wird Präsident der USA. Olympiade in Rom. Jacques Piccard taucht 10.893 Meter tief.	1960
Gründung Studienkreis für Tourismus. Scharnow beginnt Fewo-Programm.	DDR: Jungfernfahrt der „Fritz Heckert". Lufthansa tauft DFG um in Condor Flugdienst.	13,1 Mio. Urlaubsreisende.	Jurij Gagarin fliegt als erster Mensch ins Weltall. Aufwertung der DM um 4,75 %.	1961

	Reisebüro und Veranstalter	Leistungsträger (Bahn, Bus, Schiff, Flug)	Branchenereignisse, Entwicklungen	Geschichtliche Ereignisse
	Gründung DER London.			Bau der Berliner Mauer. Seit 1949 haben mehr als 2,6 Mio. Bürger die DDR verlassen.
1962	Arbeitsgemeinschaft Deutsche Flugtouristik löst sich auf. Gründung Quelle Reisen. Tigges bietet Langzeit-Urlaub auf Mallorca an.	Condor hat 70 % Marktanteil an Flugtouristik.	13,7 Mio. Urlaubsreisende, 40 % ins Ausland. DRV-Präsidium: Waldemar Fast wird Sprecher (bis 1968).	Kubakrise bricht aus. Gefahr eines neuen Weltkrieges.
1963	Gründung DER Paris. Hanns-Albrecht Seiffert wird Geschäftsführer Scharnow-Reisen. Neckermann erscheint mit eigenem Flugprogramm auf dem Markt.		15,1 Mio. Urlaubsreisende.	John F. Kennedy wird ermordet. Konrad Adenauer übergibt Kanzleramt an Ludwig Erhard. Gründung der Fußball-Bundesliga.
1964	Joseph Broermann Vorsitzender AA (Arbeitsausschuss deutscher DER-Vertretungen).		16,8 Mio. Urlaubsreisende, 2 % per Flugzeug, 43 % ins Ausland.	Breschnjew und Kossygin lösen Chruschtschow ab. DDR-Rentner dürfen in die Bundesrepublik fahren.
1965	Fritz Gastager aus Inzell startet mit 104 Passagieren seine erste Rund-um-die-Welt-Reise. NUR löst sich von Hotelplan. Herbert Haum Geschäftsführer. Touropa und Scharnow bieten TS Fernreisen. Scharnow bietet erstmals Überwintern auf Mallorca an.	Beginn der Gastarbeiterflüge nach Istanbul, Ankara, Madrid, Barcelona.	19,1 Mio. Urlaubsreisende.	
1966	Touropa bietet Ferien auf dem Bauernhof.	Erste Internationale Börse des Tourismus (ITB) findet in Berlin statt. Boeing stellt den Jumbo B-747 vor. Der Norddeutsche Lloyd setzt die „Europa" ein.	18,7 Mio. Urlaubsreisende, 48 % ins Ausland. 600.000 nutzen Charterflüge für Urlaub.	Kulturrevolution in China. Große Koalition in Bonn.
1967	Gründung Airtours International.	Condor beteiligt sich mit 50 % an Transeuropa Lufthansa kauft Südflug.	16,7 Mio. Urlaubsreisende. Touristikbeilage des Wico (Wirtschafts-	Sechstagekrieg Israel. Konrad Adenauer stirbt.

Reisebüro und Veranstalter	Leistungsträger (Bahn, Bus, Schiff, Flug)	Branchenereignisse, Entwicklungen	Geschichtliche Ereignisse	
Dr. Hans Knebel wird DER-Chef.		Correspondent) erscheint erstmals, der Vorläufer der FVW International. Zunahme der Flugtouristik um 12 %. 920.000 Gäste im Flugcharter-Verkehr. Hans Junges DRV-Präsident (bis 1974), 16,8 Mio. Urlaubsreisende, 51 % ins Ausland.		
Gründung der TUI. Transeuropa wird von Quelle gekauft. Gründung Airconti Reisen. Herbert Haum scheidet aus bei NUR. Rolf Pagnia wird neuer NUR-Geschäftsführer.	Gründungen - Atlantis - Paninternational - Germanair - Reederei Deilmann - Bavaria		Niederschlagung des Prager Frühlings. Ermordung von Robert Kennedy und Martin Luther King. Einführung der Mehrwertsteuer (10 %). Internationale Währungskrise. Aufwertung der DM um 8,5 %.	1968
Touropa bringt FKK-Prospekt heraus. Gründung - GUT - Öger Tours - Axmann Reisen	Neubau der „Hamburg" der DAL wird eingesetzt. Verkehrsminister Georg Leber gibt den Auftrag für eine „Hochleistungs-Schnellbahn-Studie". Der Transrapid wird gebaut.	17,1 Mio. Urlaubsreisende.	Ende der großen Koalition. Sozialliberale Ära beginnt unter Willy Brandt. Am 21. 7. landet Neil Armstrong auf dem Mond. Ho Chi Minh stirbt.	1969
Gründung Terramar. TUI übernimmt Airtours International. ITS wird vom Kaufhof gegründet. Herbert Haum Gründungsgeschäftsführer. Hertie wird Vertriebspartner von ITS. TUI und Steigenberger gründen Robinson Hotels. Gründung IKD Reisen von Barbara Richter.	Lufthansa setzt Boeing B-747 „Jumbo" ein. NDL und Hapag fusionieren zur Hapag-Lloyd AG. Gründung Calair. Schörghuber beteiligt sich an Germanair. Dr. Herbert Culmann wird Vorstandssprecher Lufthansa.	18,5 Mio. Urlaubsreisende, davon 10 Mio. ins Ausland (54 %), davon 8 % per Flugzeug. Beginn der jährlichen „Reiseanalyse".	Umrechnungskurs 1 Dollar = 3,73 DM. 1 Pfund = 9,- DM. In Erfurt Treffen von Willy Brandt und Willy Stoph. Vietnam-Krieg der USA greift auf Kambodscha über. Der blutige Biafra-Krieg geht zu Ende. Neue Verfassung der DDR tritt in Kraft.	1970
H. A. Seiffert (TUI) stirbt. Paul Lepach wird TUI-Chef. Eintritt von Karstadt in die Reisebranche.	Hapag-Lloyd stellt Nordatlantik-Verkehr ein. Verkauf der „Bremen". Gründung Air Commerz. Absturz Paninternational.	20,9 Mio. Urlaubsreisende, davon 55 % ins Ausland.	Aus Ostpakistan wird der selbstständige Staat Bangladesch. Die DM wird gegenüber dem Dollar um 13,58 % aufgewertet.	1971

	Reisebüro und Veranstalter	Leistungsträger (Bahn, Bus, Schiff, Flug)	Branchenereignisse, Entwicklungen	Geschichtliche Ereignisse
	Gründung des Start-Systems für Automatisierung in der Touristik. Herbert Haum scheidet bei ITS aus. Gründung Ikarus-Tours.			Erich Honecker wird Nachfolger von Walter Ulbricht. Israel: Yom-Kippur-Krieg.
1972	Quelle/Karstadt beteiligen sich an TUI. Gründung Olimar. Gemeinsamer Flugeinkauf TUI/ITS.	Gründung von Hapag-Lloyd Flug. Pleiten von • Atlantis, • Cal Air, • Air Commerz. Walter Hesselbach (BfG) löst Hermann Josef Abs im LH-AR-Vorsitz ab.	21,8 Mio. Urlaubsreisende, 57 % ins Ausland, davon 13 % per Flugzeug.	Westberliner können erstmals seit sechs Jahren Verwandte im Ostteil der Stadt über Ostern und Pfingsten besuchen.
1973	Gründung der ABC-Arbeitsgemeinschaft DER-ABR-Halo. Gründung First-Reisebürogruppe. Gründung Jet Reisen. Deutsche Verkehrs-Kreditbank kauft Ameropa. DRV schließt Solidarhilfe-Vereinbarung mit Reiseveranstalter-Mitgliedern zur Rückführung gestrandeter Urlauber.	Ende der Deutschen Atlantik Linie (DAL). Der Transrapid stellt mit 253,2 km/h einen Weltrekord für personentragende Magnetfahrzeuge auf.	22,2 Mio. Urlaubsreisende.	Erste Ölkrise. Ölpreis über Nacht vervierfacht, von drei auf 11,65 Dollar pro Barrel. Walter Ulbricht stirbt. Sturz der Regierung in Chile und Tod von Allende. Abwertung des Dollars um 10 %.
1974	Tjaereborg kommt nach Deutschland. Dr. Walter Vogel scheidet bei TUI und Touropa aus und wird DRV-Präsident. Gründung Alltours und Hanseatic Tours.		23,5 Mio. Urlaubsreisende, davon 58 % ins Ausland, 12 % per Flugzeug Neuer DRV-Präsident: Dr. Walter Vogel (bis 1980).	Zypern-Krise. Rückholaktion deutscher Urlauber. Helmut Schmidt löst Kanzler Willy Brandt ab. Alexander Solschenizyn muss UdSSR verlassen. Ende des Vietnam-Krieges. Spanien: Tod General Francos, Demokratisierungsprozess beginnt.
1975	Axmann-Konkurs. Herbert Haum gründet FIT-Reisen.		25,1 Mio. Urlaubsreisende. Tegel wird der Flughafen Westberlins.	
1976	Karstadt übernimmt Neckermann.	Die Arbeitsgemeinschaft Deutscher Luftfahrtunternehmen (ADL) wird gegründet.	24 Mio. Urlaubsreisende, davon 58 % ins Ausland, 12 % per Flugzeug,	Jimmy Carter wird Präsident der USA. Tod von Mao Tse-tung und Tschou En-Lai.

Reisebüro und Veranstalter	Leistungsträger (Bahn, Bus, Schiff, Flug)	Branchenereignisse, Entwicklungen	Geschichtliche Ereignisse	
Horten wird TUI-Gesellschafter anstelle von Karstadt. Dr. Hans Glaser löst Dr. Hans Knebel als DER-Chef ab. Gründung der ASR (Arbeitsgemeinschaft Selbstständiger Reisebüros).	Einsatz des Überschallflugzeuges Concorde bei British Airways und Air France.			
NUR übernimmt GUT. Dr. Gerhard Heine löst Friedrich Jacobs in DER-Geschäftsführung ab. Start-Reservierungs- und Automatisierungssystem wird eingeführt.	Hapag-Lloyd Flug übernimmt Bavaria/Germanair. LTU fliegt DUS/NYC für 735 DM und nach LAX für 1150 DM. Bundesbahn mustert die letzte Dampflokomotive aus.	24,3 Mio. Urlaubsreisende, davon 59 % ins Ausland.	Generalbundesanwalt Siegfried Buback und Arbeitgeberpräsident Hanns-Martin Schleyer werden von Terroristen der RAF ermordet. Entführung einer LH-Maschine nach Mogadischu und Befreiung durch Anti-Terrorgruppe GSG9.	1977
Gründung EVS Berge & Meer. Gründung Gebeco.	In USA Einführung der Deregulierung und Liberalisierung im Luftverkehr (Carter-Administration).	25,8 Mio. Urlaubsreisende, davon 61 % ins Ausland, 14 % per Flugzeug.	2. Ölkrise.	1978
Gründung • Derpart • Jahn Reisen • New World Travel, New York. Lufthansa beteiligt sich am DER.	Gründung Aero Lloyd. Jungfernfahrt der „Berlin" der Reederei Deilmann, die auch die „Regina Maris" kauft. Das ICC Berlin wird eröffnet.	26,5 Mio. Urlaubsreisende, davon 64 % ins Ausland.	Der Deutsche Bundestag beschließt das Reisevertragsgesetz. Ayatollah Khomeni kehrt in den Iran zurück und schließt das Land für Touristen. Einmarsch sowjetischer Truppen in Afghanistan.	1979
TUI-Integrationsprozess beendet. Touropa wird von München nach Hannover verlegt. Terramar am Ende. Lufthansa im externen Vertrieb: LH übernimmt Euro Lloyd Reisebüro und Kühne & Nagel Reisebüro.		27,1 Mio. Urlaubsreisende, 57,7 % der deutschen Bevölkerung machen mindestens eine Urlaubsreise („Reiseintensität"). 16,9 Mill. Auslandsreisende, 16 % per Flugzeug Neuer DRV-Präsident: Otto Schneider (bis 1994). Dr. W. Vogel DRV-Ehrenpräsident.	Krieg zwischen Iran und Irak. Olympische Spiele in Moskau. Boykott der Wettkämpfe durch mehr als 60 Staaten auf Grund des Einmarsches sowjetischer Truppen in Afghanistan. Ronald Reagan löst Jimmy Carter als Präsident der USA. ab.	1980

	Reisebüro und Veranstalter	Leistungsträger (Bahn, Bus, Schiff, Flug)	Branchenereignisse, Entwicklungen	Geschichtliche Ereignisse
1981	LTU gründet Meier's Weltreisen. Allkauf kauft Tjaereborg Deutschland.	Die neue „Europa" von Hapag-Lloyd wird in Dienst gestellt. Die „Astor" der Hadag wird in Dienst gestellt.	26,4 Mio. Urlaubsreisende, davon 64 % ins Ausland.	Tödliches Attentat auf den ägyptischen Präsidenten Anwar Al-Sadat. Startschuss für Frankreichs TGV, den schnellsten Zug der Welt.
1982	Jahn Reisen werden von LTU übernommen. Reiseveranstalter erzielen seit fünf Jahren wieder einen Teilnehmerzuwachs.	Claus Wülfers wird Geschäftsführer von Hapag-Lloyd Flug. Heinz Ruhnau wird Vorstandsvorsitzender der Lufthansa und löst Dr. Herbert Culmann ab.	26,4 Mio. deutsche Urlaubsreisende, 61 % ins Ausland, 16 % per Flugzeug.	Helmut Kohl wird Bundeskanzler. Rezession. Bundesrepublik erlebt größte Krise der Nachkriegszeit. 12.800 Unternehmen melden Konkurs oder Vergleich an, darunter AEG, Pelikan, Bauknecht, Magirus Deutz und Wienerwald. Falkland-Krieg zwischen Großbritannien und Argentinien.
1983		Dr. Horst Willner scheidet aus Vorstand Hapag-Lloyd aus.	26,2 Mio. Urlaubsreisende, davon 63 % ins Ausland.	Koreanisches Verkehrsflugzeug mit 269 Passagieren wird über Kamschatka von sowjetischem Düsenjäger abgeschossen. Nord-Zypern erklärt seine Unabhängigkeit.
1984	Reiseveranstalter erzielen seit fünf Jahren wieder einen Teilnehmerzuwachs.		26,7 Mio. deutsche Urlaubsreisende, 66 % ins Ausland, 18 % per Flugzeug.	China öffnet das annektierte Tibet für den Tourismus. Michail Gorbatschow wird Parteichef der KPdSU. Ermordung der indischen Ministerpräsidentin Indira Gandhi.
1985	Kartellamt lehnt Fusion NUR/ITS ab. Dietmar Kastner wird Geschäftsführer von Tjaereborg Deutschland.	Gründung der Fluggesellschaft Germania. Claus Wülfers wird in den Vorstand der Hapag-Lloyd AG berufen.	27,6 Mio. Urlaubsreisende, davon 66 % ins Ausland. Otto Schneider wird hauptamtlicher DRV-Präsident.	PLO-Anschläge auf die Flughäfen von Rom und Wien. Palästinensische Terroristen kapern die „Achille Lauro" mit 511 Menschen an Bord, ermorden einen amerikanischen Passagier. Aufhebung von Pass- und Zollkontrollen zwischen fünf EU-Ländern im „Schengener Abkommen"

Reisebüro und Veranstalter	Leistungsträger (Bahn, Bus, Schiff, Flug)	Branchenereignisse, Entwicklungen	Geschichtliche Ereignisse	
LTU erwirbt 49% an Tjaereborg. Einführung des Markennamens Dertour.	Lufthansa beteiligt sich an Hapag-Lloyd AG.	27,6 Mio. deutsche Urlaubsreisende, davon 19 % per Flugzeug.	PLO-Bombe explodiert in TWA-Flugzeug über Griechenland. Reaktorunfall in Tschernobyl. Arabische Terroristen kapern Pan-Am-Jumbo in Karatschi. 21 Tote.	1986
Gründung von L'Tur. Gründung von Galileo.	Britische Kanalfähre sinkt vor Zeebrügge, 188 Tote.	31,1 Mio. deutsche Urlausbreisende, davon 70 % ins Ausland.	Gewalttätige Auseinandersetzungen um Startbahn West am Frankfurter Flughafen. Zwei tote Polizisten. Intifada: Bei antiisraelischen Protesten kommen im Dezember 21 Palästinenser ums Leben, 158 werden verletzt. Der 19-jährige Matthias Rust landet mit einer Cessna 172 auf dem Roten Platz in Moskau.	1987
ITS übernimmt Jet Reisen. Rewe beteiligt sich mit 50 % an Atlas Reisen.	Lufthansa und Air France gründen Euroberlin für den Verkehr zwischen dem Bundesgebiet und Westberlin.	31,6 Mio. deutsche Urlausbreisende, davon 22 % per Flugzeug. US-Kriegsschiff schießt iranisches Verkehrsflugzeug über dem Persischen Golf ab; 290 Tote. Pan-Am-Jumbo mit 259 Insassen explodiert über dem schottischen Lockerbie.	Ende des Krieges zwischen Iran und Irak. Michail Gorbatschow wird sowjetischer Staatspräsident. USA und Sowjetunion vereinbaren Abbau der Mittelstreckenwaffen. Die Sowjetunion zieht sich aus Afghanistan zurück. Olympiade in Seoul, Korea.	1988
DRV-Tagung Istanbul (mit Prof. Dr. Clemens-August Andreae und Dr. Wolfgang Kartte), während die Berliner Mauer fällt.	Karstadt beteiligt sich mit 25 % an Nürnberger Flugdienst und möchte 18 % von LTU.	32,6 Mio. deutsche Urlaubsreisende, davon 71 % ins Ausland.	Fall der Berliner Mauer. Neue Reiseströme von Ost nach West. Massaker auf dem Platz des Himmlischen Friedens in Peking.	1989
DRV-Tagung in Singapur. Gemeinsamer Flugeinkauf ITS/TUI vom Kartellamt untersagt. Paul Lepach scheidet aus dem TUI-Vorstand aus.	Gründung von Sun Express durch Lufthansa und Turkish Airlines. ITS kauft 50 % von ATT Touristik, Stuttgart.	Deutsche Urlaubsreisen: ABL 33,4 Mio. NBL 9,8 Mio. 43,2 Mio. 60 % ins Ausland, 20 % per Flugzeug.	Auseinanderbrechen des jugoslawischen Staates. Deutsche Wiedervereinigung. Beginn der Einführung der 35-Stunden-Woche. Irak besetzt Kuwait.	1990

	Reisebüro und Veranstalter	Leistungsträger (Bahn, Bus, Schiff, Flug)	Branchenereignisse, Entwicklungen	Geschichtliche Ereignisse
1991	ITS kauft Jugendtourist mit 34 Büros und 75 % von Palm Touristik GmbH (28 Büros) in der Ex-DDR. Gründung der Franchise-Kette Reiseland.	Übernahme der Air Berlin durch Joachim Hunold. Heinz Ruhnau scheidet aus LH-Vorstand aus. Jürgen Weber wird Lufthansa-Vorstandschef. Der erste ICE kommt zum Einsatz.	Deutsche Urlaubsreisen: ABL 32,4 Mio. NBL 9,2 Mio. 41,6 Mio. 64% ins Ausland, 22% per Flugzeug.	Sowjetunion löst sich auf, Gründung der Gemeinschaft Unabhängiger Staaten GUS. Gorbatschow tritt zurück. Warschauer Pakt löst sich auf. Mit Unterzeichnung der 2+4-Verträge erringt Deutschland die volle Souveränität. RAF tötet Treuhandchef Karsten Rohwedder.
1992	Kaufhof beteiligt sich mit 50,1% an Kuoni. Dr. Ralf Corsten wird TUI-Chef.	Deutsche BA startet den innerdeutschen Verkehr. Nürnberger Flugdienst (NFG) und RFG fusionieren zur Eurowings.	Eröffnung des neuen Münchener Flughafens.	Bürgerkrieg im ehemaligen Jugoslawien. Olympische Sommerspiele in Barcelona. Der Dollar fällt auf 1,3870 DM. Willy Brandt, 78, und Josef Neckermann, 79, sterben.
1993	Die West LB wird TUI-Gesellschafter. Pleite von MP Travel. Galileo und Apollo fusionieren zu Galileo International.	Euroberlin stellt ihren Betrieb ein.		Gründung des EU-Binnenmarkts.
1994	Rewe kauft die restlichen 50 % an Atlas Reisen. NUR kauft 25 % von Alpha Holding (Air Maritim).	Bauentscheidung des Bundeskabinetts für die Transrapid-Trasse zwischen Berlin und Hamburg (292 km).	49 Mio. Urlaubsreisende, 26,5 % per Flugzeug. Gerd Hesselmann löst Otto Schneider im Amt des DRV-Präsidenten ab.	Eröffnung des Eurotunnels unter dem Ärmelkanal. Nelson Mandela wird Präsident in Südafrika.
1995	Rewe kauft ITS. Dietmar Kastner wird ITS-Geschäftsführer. NUR beteiligt sich mit 37,5% an Kreutzer Touristik, München. Start des Reservierungssystems Merlin. Amadeus übernimmt das US-CRS System One.		49 Mio. Urlaubsreisende, 65,9 % ins Ausland, 28 % per Flugzeug. Der Bundesverband der Deutschen Tourismuswirtschaft (BTW) wird in Bonn gegründet.	Jacques Chirac löst Staatspräsident Mitterand in Frankreich ab. Natoangriffe auf Bosnien. Ermordung von Itzhak Rabin auf offener Straße in Israel. Schengener Abkommen wird unterzeichnet. Der Dollar rutscht am 19. April auf 1,3620 DM. Krieg im Kaukasus.

Reisebüro und Veranstalter	Leistungsträger (Bahn, Bus, Schiff, Flug)	Branchenereignisse, Entwicklungen	Geschichtliche Ereignisse	
Hetzel meldet Konkurs an. Otto kauft 74,8 % an Reiseland.	Hanseatic Tours und Hanseatic Cruises werden von Hapag-Lloyd übernommen. Flugzeugabsturz der Birgenair (Öger Tours) in der Dominikanischen Republik mit 189 Toten. Lufthansa steigt mit Info Flyway in den Internet-Vertrieb ein.	45,3 Mio. Urlaubsreisende, davon 69,8 % ins Ausland, 30,2 % per Flugzeug. Lockerung der Ladenschlusszeiten. Open-Sky-Abkommen zwischen den USA und Deutschland.	Taliban erobern Kabul. Olympische Spiele in Atlanta.	1996
Lufthansa wird alleiniger Eigentümer von Start Amadeus.	Preussag übernimmt Hapag-Lloyd AG. Britannia Airways gründet deutsche Tochtergesellschaft. Lufthansa startet Fliegen ohne Ticket (Etix). Lufthansa wird zu 100 Prozent privatisiert.	47 Mio. Urlaubsreisende, 68,6 % ins Ausland, 32,1 % per Flugzeug. Erster Tourismusgipfel des BTW.	Die britische Kronkolonie Hongkong wird an China übergeben. Lady Di verunglückt tödlich in Paris. Mutter Theresa stirbt.	1997
Aus TUI wird HTU. Hapag Lloyd Touristik wird in TUI integriert. Airtours plc, UK, beteiligt sich an Frosch Touristik/FTI mit 35,92%. Amexco verkauft 25 Touristik-Reisebüros an den Otto Versand. Karstadt und Lufthansa gründen C&N Touristic AG (Condor/NUR).	Swissair kauft 49,9% von LTU. Gründung der Ferienfluggesellschaft Fly FTI. Deilmann baut die „Deutschland". Bayerische Landesbank übernimmt Mehrheit an Aero Lloyd.	48,5 Mio. Urlaubsreisende, 32,5 % per Flugzeug. DRV-Jahrestagung findet in Frankfurt am Main statt. „DRV neu" mit Vorstandswahlen. Zweiter Tourismusgipfel des BTW in Bonn. Zugunglück in Eschede; 101 Menschen sterben im ICE Wilhelm Conrad Röntgen auf dem Weg nach Hamburg. Mehrwertsteuer wird von 15 auf 16 Prozent erhöht.	Gerhard Schröder wird deutsche Bundeskanzler. Atomwaffentests in Indien und Pakistan. Amerikanischer Tiefflieger durchschneidet Gondelseil in Cavalese, Italien; 20 Tote.	1998
HTU kauft First-Reisebürogruppe und Thomas Cook. HTU wird TUI Group.	Ferienflieger Hamburg International nimmt Flugbetrieb auf. Rewe kauft zum Jahreswechsel 40 % der LTU-Fluggesellschaft.	48 Mio. Urlaubsreisende, 71 % ins Ausland 33,1 % per Flugzeug DRV-Jahrestagung in Bangkok. Dritter Tourismusgipfel des BTW in Berlin. Saudi-Arabien öffnet sich für Studienreisen. Brände im Montblanc- und im Tauerntunnel.	Start der Währungsunion zum 1. Januar 1999 mit elf Staaten der EU: Belgien, Deutschland, Finnland, Frankreich, Irland, Italien, Luxemburg, Niederlande, Österreich, Portugal und Spanien. Johannes Rau wird Bundespräsident. Erdbeben in der Türkei. Nato-Luftkrieg im Kosovo.	1999

25

	Reisebüro und Veranstalter	Leistungsträger (Bahn, Bus, Schiff, Flug)	Branchenereignisse, Entwicklungen	Geschichtliche Ereignisse
2000	Rewe kauft DER. Rewe Touristikgruppe wird von Dietmar Kastner und Peter Landsberger geleitet. Stefan Pichler wird Chef der C & N Touristic, Wolfgang Beeser, Dr Franz Schoiber gehen in den Ruhestand FTI wird von Airtours UK übernommen. Dietmar Gunz verlässt FTI.

Preussag kauft Thomson Travel UK. C & N kauft Thomas Cook. Rewe kauft zum Jahreswechsel 100% der LTU-Touristik. TUI Group wird zum Jahreswechsel aufgelöst, Preussag übernimmt die Leitungsfunktion gegenüber den touristischen Beteiligungen, Dr. Ralf Corsten (TUI) und Charles Gurassa (Thomson) werden in den Preussag-Vorstand berufen. | Bundesverkehrsminister Reinhard Klimmt erklärt das endgültige Aus für die Transrapid-Strecke Berlin–Hamburg. Geschätzte Kosten mehr als 8 Mrd. DM.

China zeigt an einer Transrapid-Strecke bei Shanghai Interesse.

Airbus baut den A-3xx für 481 bis 656 Passagiere mit einer Reichweite von mehr als 14.000 km. Sein neuer Name: A.380. Entwicklungskosten etwa 12 Mrd Euro. Es liegen 50 Vorbestellungen von 6 Fluglinien vor. Geplant ist die Auslieferung ab 2004.

In Paris stürzt eine Concorde der Air France ab, die Passagiere der Reederei Deilmann zur Einschiffung über den Atlantik bringen sollte; 113 Tote. | Weltausstellung Expo 2000 in Hannover. Welttourismustag der WTO und vierter Tourismusgipfel des BTW auf dem Expo-Gelände in Hannover.

Klaus Laepple wird neuer DRV-Präsident. | Macau geht an China. Verschärfung des Konflikts zwischen Palästinensern und Israelis.

In Sydney feiert die Welt die 27. Olympischen Spiele.

George W. Bush wird mit denkbar knappem Vorsprung im entscheidenden Staat Florida zum Präsidenten der USA gewählt.

Slobodan Milošević wird in Jugoslawien abgewählt.

In Malaysia beginnt die rund halbjährige Geiselnahme von 21 Touristen und Hotelangestellten, die auf die philipinische Insel Jolo entführt werden. |

100 Jahre Tourismusgeschichte

Das 19. Jahrhundert bescherte uns die erste industrielle Revolution, im Transportwesen den Übergang von der Kutsche und vom Fuhrwerk auf die Eisenbahn, vom Segelschiff zum Dampfschiff. Das 20. Jahrhundert brachte die Straßenbahn, das Auto, die Verbreitung des elektrischen Lichts, das Radio und das Fernsehen, das Telefon, die Autobahnen, die Elektronik und Mikroelektronik, den Computer und die Telekommunikation. Innerhalb eines Jahrhunderts hat sich in den westlichen Industriestaaten

▸ die Lebenserwartung verdoppelt,
▸ die Erwerbszeit halbiert
▸ das Realeinkommen durchschnittlich verachtfacht.

Und noch etwas hat uns das 20. Jahrhundert geschenkt: Ein Menschheitstraum hat sich erfüllt, der Traum vom Fliegen. Das Flugzeug ist zum Transportmittel aller Bevölkerungsschichten geworden. Die Welt hat sich geöffnet. Die Sehnsucht nach fernen Welten, die Neugier auf unbekannte Länder und fremde Kulturen, der Wunsch, den Zugvögeln zu folgen in warme Gefilde, ans blaue Meer und zu weißen Stränden, das liegt tief in uns. Aber die Menschen konnten sich vor 100 Jahren die Erfüllung ihrer Träume nicht leisten, es fehlte ihnen an Zeit und Geld. Mobilität, ehedem das Privileg einer kleinen Schicht von Begüterten, wurde im Laufe des 20. Jahrhunderts zu einem wichtigen Teil des Lebens, zu einer Selbstverständlichkeit für jedermann. Ferienerlebnisse sind unverzichtbar geworden. Es sind „die schönsten Wochen des Jahres", auf die man sich monatelang freut. Reisen rangiert vor vielen anderen Bedürfnissen des täglichen Lebens.

Im Laufe von hundert Jahren ist aus dem Recht einiger Privilegierter ein Konsumgut für jedermann geworden. Das 20. Jahrhundert wurde so zum Jahrhundert des Tourismus.

Die Macher vor 100 Jahren

Zeit und Geld sind natürlich nicht die einzigen Voraussetzungen für den Tourismus. Wenn Tourismus sich entwickeln soll, müssen auch Menschen da sein, die sich um das Funktionieren einer Reise kümmern. Sie organisieren die Einzelteile eines Gesamtreisepaketes: die An- und Abreise, die Unterkunft, die Transfers, Zusatzleistungen wie zum Beispiel Ausflüge und das Zusammenführen der einzelnen Reisebestandteile zu einem Paket sowie die Reservierung der Gesamtreise. Die beschriebene Gesamtleistung ist im rechtlichen Sinne eine Pauschalreise, auch wenn der Reisende selbst das nicht so empfindet, weil er sich nicht einer Gruppe zugehörig fühlt, die gemeinsam reist.

Während Reisemotive und Reiseinhalte im Prinzip in all den Jahrzehnten dieselben geblieben sind – allenfalls die Akzente mögen sich je nach Geschmack und Geldbeutel verschoben haben –, hat sich im Alltag der Reisefachleute, der Transportgesellschaften, Hoteliers, Reiseveranstalter, Reisebüros und der kommunalen oder auch staatlichen Fremdenverkehrsinstitutionen vieles verändert. Moderne Kommunikationstechnologie und verfeinerte Managementmethoden haben dazu ganz wesentlich beigetragen.

Zu Zeiten Kaiser Wilhelms II., Anfang des 20. Jahrhunderts, gab es einige tüchtige Reisebürounternehmer, über die Karl Fuß im 1960 erschienenen Werk „Die Geschichte der Reisebüros" ausführlich schreibt. Das sind vor allem Carl Stangen in Berlin und Friedrich Gustav Adolf Hessel in Dresden. Beide waren nicht nur Vertreter der deutschen Großreedereien, Hamburg-Amerika Linie und Norddeutscher Lloyd, sie veranstalteten auch selbst Sonderreisen und arbeiteten auf Bestellung schon damals die kompliziertesten Reiseprogramme in alle Teile der Welt aus. Auch das Reisebüro Rominger in Stuttgart gehörte dazu.

Das waren jedoch Einzelerscheinungen. Tatsächlich spielten die Reisebüros noch keine große Rolle. 1907 zählte man in ganz Deutschland gerade einmal 119 Reisebüros, ein Drittel davon waren Zweimannbetriebe, 42 Prozent hatten zwischen drei und fünf Mitarbeitern, nur 19 Prozent beschäftigten zwischen sechs und zwölf Personen. Die Großen im Tourismus waren die beiden genannten Reedereien, die nicht nur Auswanderer in die Neue Welt beförderten, sondern auch schon vor hundert Jahren Vergnügungsreisen für die gut zahlende Kundschaft veranstalteten. Reisen, die wir heute Kreuzfahrten nennen.

Die Bahn hat Dampf verloren

1910 engagiert sich erstmals die Bahn über ihre eigentliche Transportfunktion hinaus auf dem touristischen Sektor. Die Königlich-Bayerische Staatseisenbahn gründet am 15. Juli 1910 die Bayerische Reisebüro GmbH, die Vorgängergesellschaft des Amtlichen Bayerischen Reisebüros (ABR). Gesellschafter sind außer der Bayerischen Bahn der Norddeutsche Lloyd, Thos. Cook & Son und die Bayerische Handelsbank. 1922 zählt auch die Hamburg-Amerika Linie zum Kreis der Gesellschafter.

1917, noch während des Ersten Weltkrieges, kommt es zur Gründung des Deutschen Reisebüros, das bald darauf bis 1945 Mitteleuropäisches Reisebüro (MER) heißt. Gründungsgesellschafter des Deutschen Reisebüros sind die im Besitz der Länder befindlichen Eisenbahngesellschaften, die Hamburg-Amerika Linie und der Norddeutsche Lloyd. Rückblickend hat sich die Deutsche Bahn im Tourismus eigentlich nur in der Gründungsphase ihrer Reisetöchter ABR und DER

Karl Fuß beschrieb die Branche bis zum Stand von 1960.

Die Vorgänger-Gesellschaft des ABR, die Bayerische Reisebüro GmbH, gehört mit zu den Gründern der deutschen Tourismusbranche.

29

Bayerische Staatsbahn. Ein Bild aus dem Jahre 1920. Die Bahn gehört zu den Tourismuspionieren.

Dr. Hans Knebel, DER-Chef von 1967 bis 1976, hat als AR-Vorsitzender viel Einfluss auf die TUI.

Dr. Hans Glaser führt von 1976 bis 1991 das DER mit großer Weitsicht zu neuen Ufern.

wirklich engagiert; vielleicht noch einmal um 1970, als sie half, dass sich Hummel zum „Dicken Grünen", dem Bahnspezialisten der TUI, mausern konnte. Nach der einmal vollzogenen Gründung waren es die Geschäftsführer der Tochtergesellschaften, die die Tourismuspolitik der Bahn im Wesentlichen formuliert und gestaltet haben, getragen vom Vertrauen des Bahnvorstandes. Das waren vor allem der ABR-Geschäftsführer Karl Fuß, einer der Väter der Touropa, Dr. Hans Knebel, der entscheidend an der Entstehung und Entwicklung der TUI beteiligt war, und Dr. Hans Glaser, der später die Nachfolge Knebels antrat und gemeinsam mit Dr. Gerhard Heine die DER Touristik ausbaute und in interessante Gewinnzonen brachte. Auch die Gründung von Derpart ist der Initiative von Hans Glaser zu verdanken.

Der Bahn hat es vor allem im letzten Viertel des 20. Jahrhunderts an kreativer Managementkapazität, an Mut und Tatkraft gefehlt. So hat sie am Prozess der vertikalen Integration nicht mitgewirkt. Im Gegenteil, sie entschloss sich statt dessen, Kasse zu machen. Sie verkaufte ihre Beteiligung an der TUI an die Preussag und ihre Tochter Deutsches Reisebüro (DER) mit Dertour als Veranstalter, der DER-Reisebürokette und Derpart als Franchise-Beteiligung für annähernd eine Milliarde Mark an die Einzelhandelskette Rewe. Zuvor hatte die Bahn schon ihr Datenverarbeitungs- und Rechenzentrum Derdata an die Lufthansa-Beteiligung Start verkauft. Die verbleibende Bahntochter Ameropa, spezialisiert auf Pauschalreisen mit der Bahn, kann in diesem Zusammenhang als sentimentales Überbleibsel einstiger touristischer Größe betrachtet werden. Aber unabhängig von der allgemeinen Entwicklung produziert die Ameropa heute sehr ordentliche Zahlen.

Ein ICE 3: Technisch hat die Bahn Fortschritte gemacht, touristisch befindet sie sich eher auf dem Rückzug.

Hapag-Lloyd – eine Seefahrt, die ist lustig, aber mehr auch nicht

Die beiden anderen Großen zu Beginn des Jahrhunderts sind die Hapag und der Norddeutsche Lloyd, die sich 1970 zur Hapag-Lloyd AG zusammenschlossen. Inzwischen ist auch Hapag-Lloyd aus dem Kreis der Entscheider, der touristischen „Macher", ausgeschieden. Die Aktien der Hapag-Lloyd AG wurden von der Preussag im Zusammenspiel mit der Westdeutschen Landesbank übernommen. Auch wenn der Hapag-Lloyd-Vorstand sich dabei kooperativ verhielt, kann man das nachträglich nur als feindliche Übernahme betrachten, denn Preussag hat die Hapag-Lloyd AG 1999 veranlasst, die touristischen Aktivitäten, nämlich die Fluggesellschaft, die Reisebüros und die TUI-Beteiligung, an die neue Preussag-Tochter TUI Group zu übertragen. Nur das Kreuzfahrtengeschäft blieb bei der Reederei.

Der Name „Lloyd", der für das ehemalige Weltunternehmen Norddeutscher Lloyd stand, der Name „Hapag", überall auf der Welt ein Begriff, sie sind aus dem Namen der neuen Preussag-Tochter verschwunden. Hapag-Lloyd gibt es noch in den Bezeichnungen der Fluggesellschaft und der Reisebüros, aber nur als Markenname, nicht mehr als Eigentümerbezeichnung. Das Unternehmen Hapag-Lloyd AG spielt in der deutschen Touristikbranche kaum noch eine Rolle – nur noch im Randgebiet der Kreuzfahrten, der Passagierbeförderung auf dem Wasser. Wie vor hundert Jahren.

Umbruch zum Jahrhundertwechsel

Das touristische Jahrhundert war geprägt von den drei großen Transportunternehmen, von der Hamburg-Amerika Linie, vom Norddeutschen Lloyd, später Hapag-Lloyd AG, und von der Deutschen Bahn. 100 Jahre lang passierte in Deutschland im Tourismus nichts Wesentliches, ohne dass die beiden Reedereien und die Bahn mit am Tisch saßen. Meistens waren sie an der Entwicklung aktiv, wenn nicht sogar initiativ beteiligt. Ob es die Gründung der Deutschen Lufthansa war, die Entstehung der Condor oder die Gründung der Touropa und später der Touristik Union International (TUI), die drei Großen waren nicht nur dabei, sie waren der Motor der Entwicklung.

Am Ende des 20. Jahrhunderts haben sich sowohl Hapag-Lloyd als auch die Bahn vom Tourismus verabschiedet. Sie sind aus unterschiedlichen Gründen aus dem Kreis der Mitgestalter der deutschen Tourismuswirtschaft ausgeschieden und beschränken sich nur noch auf die Funktion, die sie bei Gründung ihrer Unternehmen vor 150 Jahren wahrnahmen: die Personenbeförderung auf der Schiene beziehungsweise auf dem Wasser. Alles, was die drei Unternehmen in den letzten hundert Jahren um ihre ursprüngliche Funktion als „Carrier" herum zusätzlich entwickelt haben und was die heutige Tourismuswirtschaft geprägt hat, wird inzwischen von anderen Unternehmen fortgeführt.

100 Jahre Tourismusgeschichte sind, wie man sieht, auch 100 Jahre Aufstieg und Ausstieg von Unternehmen mit Weltruf. Aber das Geschäft mit dem Tourismus blüht und wächst weiter. Die Reisebranche arbeitet erfolgreich, sie weist überdurchschnittliche Zuwachsraten aus, die Jahresergebnisse der meisten großen Unternehmen sind gut. Innerhalb der Branche tobt ein heftiger Wettbewerb. Der Verbraucher profitiert davon in Form einer Vielfalt von angebotenen Reisen zu attraktiven Preisen. Während Unternehmen mit Weltruf ihre gestaltende Funktion im Tourismus aufgegeben haben, wachsen andere zu ungeahnter Größe heran. Auf der Führungsebene haben sich altersbedingt und auch durch die neuen Eigentumsverhältnisse Veränderungen ergeben.

Ein guter Grund, über die Entwicklung des Tourismus in den letzten hundert Jahren und die Gestalter des Tourismus, die Ferienmacher, nachzudenken. Die Beschäftigung mit der Vergangenheit kann gleichzeitig die aktuelle Situation im deutschen Tourismus überschaubar und verständlich machen.

Tourismus –
auch ein politisches Thema

Die Politik befasst sich unter den verschiedensten Gesichtspunkten mit dem Tourismus. Das fängt an im Gemeinderat einer Fremdenverkehrsgemeinde, die vom Tourismus lebt, setzt sich fort über regionale Körperschaften, die sich um die Förderung des Tourismus in einem bestimmten Gebiet kümmern, über die auch für den Tourismus zuständigen Ministerien der Bundesländer bis zum Bundeswirtschaftsministerium in Berlin (bis 1999 Bonn) und zur für Tourismus zuständigen Generaldirektion der Europäischen Kommission in Brüssel. Selbstverständlich kümmert sich auch die Exekutive, die Länderparlamente, der Deutsche Bundestag und das Europäische Parlament, um touristische Fragen.

Aber nicht nur der Urlaub in Deutschland beschäftigt die Politiker, zu dem natürlich auch die Aufenthalte in Kurorten und Heilbädern gehören. Auch viele Fragen im Zusammenhang mit dem Auslandsurlaub der deutschen Bürger beschäftigen die Politik. Das schließt Fragen der Sicherheit, der Reiseformalitäten, der Konvertierbarkeit der deutschen Währung und die Betreuung in Not geratener deutscher Urlauber im Ausland ein.

Auch die Gesetzgebung und die Rechtsprechung, die Haftung der Reiseveranstalter und die steuerlichen Vorschriften wirken unmittelbar in das touristische Geschehen hinein. Das breite Spektrum von Fragen, die mit dem Auslandsurlaub der Deutschen verbunden sind, wurde von der deutschen Politik über Jahrzehnte nicht erkannt. Es war deshalb eine wichtige Aufgabe der Verbände, sowohl die Regierung als auch das Parlament immer wieder auch auf diesen Teil ihrer Verantwortung hinzuweisen.

Dass auch der Auslandsurlaub unmittelbare Auswirkungen auf die Arbeitsplätze in Deutschland hat, wird jedem klar, der sich beispielsweise die Beschäftigtenzahlen an den deutschen Flughäfen und bei den deutschen Fluggesellschaften anschaut. Der Frankfurter Flughafen mit seinen rund 60.000 Arbeitsplätzen ist der größte Arbeitgeber in Hessen. Die deutschen Flughäfen leben vom Tourismus.

Tourismus als Wirtschaftsfaktor

Am Ende des Jahres 2000 stellt sich der deutsche Tourismus als einer der stärksten deutschen Wirtschaftsfaktoren dar. Er liefert acht Prozent des Bruttoinlandsproduktes und hält etwa 2,8 Millionen Menschen in Deutschland in Brot und Arbeit. 1999 unternahmen die Deutschen 62,6 Millionen Urlaubsreisen mit einer Dauer von fünf Tagen oder mehr. Davon verbringen 29 Prozent die Ferien in

33

Deutschland, 71 Prozent im Ausland. Hinzu kommen noch mindestens 54 Millionen Kurzreisen, von denen die deutschen Städte an den Wochenenden und die deutschen Feriengebiete in den Mittelgebirgen, in den Alpen und an der See als Ziele für den Zweit- oder Dritturlaub besonders profitieren. 32 Millionen Deutsche verbringen ihren Urlaub von durchschnittlich 14 Tagen an den Gestaden des Mittelmeeres, von Spanien über Italien, dem Balkan bis zur Türkei, von Marokko über Tunesien, Ägypten bis nach Israel und zum Libanon. Sechs Millionen Deutsche reisen jedes Jahr in die Ferne, sie entdecken exotische Ziele wie Thailand, Ceylon, Indonesien, Indien, China, Afrika und Australien, vor allem aber möchten sie die USA sehen.

Ungefähr sieben Prozent aller deutschen Urlauber unternehmen jährlich eine Fernreise. Der deutsche Tourismus ist eine moderne Völkerwanderung. Deutsche Touristen sind überall auf der Welt anzutreffen, und sie sind überall gern gesehen. Gelegentliche kritische Meldungen sind die Ausnahme, die wie immer die Regel bestätigt.

Tourismus schafft Arbeitsplätze

Viele Entwicklungsländer erreichen durch den Tourismus einen besseren Lebensstandard, haben durch den Tourismus die Möglichkeit, ihre wirtschaftliche Entwicklung und die Arbeits- und Verdienstmöglichkeiten ihrer Bevölkerung kräftig voran zu bringen. Neben der Lufthansa, deren Flugnetz sich über die gesamte Welt erstreckt, gibt es zwölf deutsche Ferienfluggesellschaften, die deutsche Urlauber in nahe und ferne Ziele befördern. Knapp 6000 Omnibusunternehmen in Deutschland sind im so genannten Gelegenheitsverkehr für Ausflugsfahrten und Ferienreisen, Zielortreisen und Rundreisen eingesetzt. In Deutschland stehen 1,57 Millionen Gästebetten in fast 39.000 Hotelbetrieben für Privat- und Geschäftsreisende zur Verfügung. Rund 20.000 Reisebüros und Reiseveranstalter und vier deutsche Reedereien auf Seen, Flüssen und auf den Weltmeeren kümmern sich um 80 Millionen Deutsche.

Die deutsche Tourismuswirtschaft kann stolz sein auf ihre Erfolge, die ein Beweis sind für ihr Engagement und ihre Kreativität. Die Deutschen geben jährlich 176 Milliarden DM für Reisen mit mindestens einer Übernachtung aus. Die Reisebranche erzielt einen Gesamtumsatz von rund 275 Milliarden DM. Das sind acht Prozent des Bruttoinlandsproduktes. Damit rangiert sie in Deutschland an vierter Stelle nach dem Fahrzeugbau, dem EDV- und Elektronikbereich und dem Maschinenbau und noch vor der chemischen Industrie und vor der Baubranche. In der Reisebranche sind in Deutschland nach Feststellungen des Bundesverbands der Deutschen Tourismuswirtschaft etwa 2,8 Millionen Menschen tätig, in ganz Europa sollen es rund 19 Millionen Menschen sein, die in der Freizeitbranche ihr Geld verdienen.

Konzentrationsprozess im Tourismus

Die großen Unternehmen in der deutschen Reisebranche sind nicht nur durch ständige Ausweitung ihres Geschäftsvolumens gewachsen, sondern auch durch Zusammenschlüsse und Zukäufe. Die TUI hat zwar fünf Vorgängergesellschaften, diese sind aber auch schon durch Zusammenlegung von Veranstalteraktivitäten einzelner Reisebüros entstanden.

Eine entscheidende Veränderung ergibt sich durch das Hinzutreten der Versand- und Kaufhäuser. Diese Unternehmen bringen mit ihrem ganz anders gearteten Einkaufs- und Kalkulationsdenken frischen Wind in die konventionelle und auch etwas kleinbürgerliche Reisebranche. Die Versandhäuser empfinden sich als Händler, nicht als Produzenten, und sie wollen Händler bleiben. Das ist der Grund, warum Quelle und Neckermann zunächst ihre Pauschalreisen vom Reiseveranstalter Hotelplan produzieren lassen. Erst als sich dann herausstellt, dass Hotelplan nicht bereit ist, sich auf die Handelsphilosophie der Versandhändler einzulassen, kommt es zum Bruch. Für Quelle und erst recht für Neckermann basiert der Wareneinkauf auf dem Prinzip: große Mengen zu niedrigen Preisen und auch nur kleine Spannen im Endpreis.

Große Mengen, viele Hotelbetten und Flugsessel zu Niedrigstpreisen können nur beschafft werden, wenn die Abnahme garantiert wird und Vorauszahlungen geleistet werden. Hotelplan will die damit verbundenen Risiken nicht tragen. Quelle und Neckermann ziehen die Konsequenzen. Wenn man schon die Risiken selbst tragen muss, dann will man auch das ganze Geschäft selbst machen. Ein Zwischenhändler nur für die Verhandlungen ist überflüssig. Die Kaufhauskette Hertie, die 1971 mit dem Kaufhof bei Gründung der Veranstaltertochter ITS kooperiert, will ebenfalls Händler im Tourismus bleiben und stellt deshalb nur ihre Vertriebskraft zur Verfügung.

Genau 17 Jahre später, 1988, verhält sich der Lebensmittelhändler Rewe genauso. Er kauft die Reisebürokette Atlas und baut diese aus. Rewe ist überzeugt, dass im Tourismus wie im Einzelhandel der Vertrieb die Preise und Konditionen diktieren kann. Das Unternehmen glaubt, die Macht und die langfristigen Gewinnchancen lägen im Vertrieb, nicht in der Veranstaltung von Reisen.

Das ist auch die Philosophie der Reisebüros, die sich 1973 zur First-Reisebüro-Kette zusammenschließen. Erst im Laufe der Jahre wird den Kaufhäusern und Einzelhandelsketten klar, dass das Händlerdenken im Lebensmittelbereich nicht auf den Tourismus übertragbar ist. Im Tourismus gibt es den klassischen Produzenten gar nicht, der Veranstalter ist nur der Verpacker. Das eigentliche Produkt ist das Hotelbett und der Platz im Flugzeug, Bus, in der Bahn oder im Schiff.

Als die Veranstalter sich daranmachen, Hotels in den Feriengebieten zu kaufen, und die Nachfrage nach Betten größer ist als das Angebot, sind sie nicht mehr erpressbar, haben sie sich unabhängig gemacht. Der Markt verlangt die Betten, und diese befinden sich in den Händen einiger Großunternehmen. Auch Flugzeuge sind nur zu füllen, wenn die Gäste bei Ankunft eine Unterkunft finden. Wie beim Wettlauf von Hase und Igel meldet sich der Veranstalter als Igel, der alles unter Kontrolle hat: Ich bin schon hier!

Aus dieser Konstellation entwickelt sich die vertikale Integration, die Ansiedlung aller Wertschöpfungsstufen der Tourismuskette unter einem Unternehmensdach. Im Rahmen eines solchen Integrationsprozesses werden Rationalisierungsreserven auf jeder dieser Stufen mobil gemacht, die sich dann auf den Endpreis der Pauschalreise und auf die Rendite des Gesamtunternehmens auswirken. Deshalb ist es nur logisch, dass ein voll integrierter Tourismuskonzern wie die TUI Group oder C & N Touristic immer wieder Angebote auf den Markt bringen kann, zu denen ein einzelner, kleinerer Reiseveranstalter nicht in der Lage ist. Er muss versuchen, die berühmten Nischen zu füllen, um dort sein Geld zu verdienen. Aber er darf in der Nische auch nicht zu groß werden, denn sonst käme ein Größerer, um auch dieses Geschäft noch selbst zu machen.

Die Politik ist nicht in der Lage, den Konzentrationsprozess in der Tourismusbranche aufzuhalten, erst recht nicht, seitdem dieser sich über die deutschen Grenzen hinaus international vollzieht.

Urlaub vor 100 Jahren

Die Industrialisierung im 19. und zu Beginn des 20. Jahrhunderts bewirkte eine radikale Änderung der Lebensverhältnisse in Deutschland. Nach einer kritischen Anfangsphase verbesserten sich die sozialen Verhältnisse, was auch zu einer gewissen Belebung des Tourismus in Deutschland führte. Die Entwicklung des Eisenbahnwesens trug ebenfalls wesentlich zur Mobilität bei. Innerhalb von vier Jahrzehnten war Deutschland aus einem eher rückständigen Agrarland zu einer der führenden Industrienationen geworden. Lebte 1871 erst jeder Zwanzigste in einer Großstadt mit 100.000 Einwohnern, so tat das 1914 bereits jeder Vierte. Zwischen 1872 und 1913 verfünffachte sich die Zahl der „Fremdübernachtungen" in Deutschland.

Der Industrialisierungsprozess bewirkt den ersten Schritt heraus aus dem elitären Tourismus für Privilegierte. Neben Adel und Bildungsbürgertum entwickelt sich aus der gehobenen Schicht der am Wirtschaftsaufschwung maßgeblich Beteiligten ein Mittelstand, der ebenfalls das Geld für Reisen erübrigen kann.

Urlaub für alle?

Seit 1873 wurden Urlaubsregelungen für Staatsbeamte und für Angestellte in der Privatwirtschaft (Privatbeamte) geschaffen. Siemens gewährt zum Beispiel den höheren Angestellten seit 1873 insgesamt 14 Tage Urlaub. Vor dem Ersten Weltkrieg erhalten zwei Drittel der Angestellten und fast alle Beamten bereits einen Urlaub von sieben bis vierzehn Tagen pro Jahr. Höhere Beamte und leitende Angestellte bekommen erheblich mehr. Die Arbeiter gehen dagegen mit geringen Ausnahmen leer aus. Die Chemnitzer Handelskammer erklärt 1906: „Es geht viel zu weit, einen Erholungsurlaub für Leute einzuführen, die nur körperlich tätig sind und unter die Gesundheit nicht schädigenden Verhältnissen arbeiten. Für Beamte, die geistig tätig sind und häufig Überstunden arbeiten müssen, die keine körperliche Ausarbeitung bei ihrer Tätigkeit haben, erscheint die Erteilung von Erholungsurlaub gerechtfertigt. Für Arbeiter ist ein solcher Urlaub in der Regel nicht erforderlich. Die Beschäftigung dieser Personen ist eine gesunde, eine geistige Anstrengung kommt nicht vor, auch von körperlicher Überarbeitung kann man nicht reden."

An einer Demokratisierung des Reisens sind weder der Staat noch die Industrie sonderlich interessiert. Vielmehr hält man durch das hohe Sozialprestige der touristischen Reisen die Beamtenschaft und den neuen Mittelstand bei Laune. Urlaub ist immer noch ein Privileg für eine Minderheit in der Gesellschaft. Die Durchsetzung eines generellen Anspruchs auf Urlaub gehört von Anfang an zu den Grundforderungen der deutschen Gewerkschaften. Sie haben nach ihrer Anerkennung nach

Ein Bäderurlaub an der See. In den ersten Jahren des 20. Jahrhunderts erreichten die Damen das Nass per Badekarren. Groß war das Vergnügen und die Badekleidung reichlich.

Flugverkehr zu Großvaters Zeiten: Eine Wellblech-Junkers der Luft Hansa ist in Berlin ge-landet, der Shuttle-bus wartet bereits, um die maximal neun Passagiere ins Zentrum zu bringen. Reisen war noch eine Sache einiger weniger.

1918 auch erste Erfolge. 1929 enthalten bereits 98 Prozent aller Tarifverträge Urlaubsklauseln. Allerdings sind die erzielten Regelungen noch äußerst bescheiden: Die Urlaubsdauer ist gering, und eine finanzielle Abgeltung für nicht in Anspruch genommenen Urlaub ist möglich. Das nationalsozialistische Regime führt erstmals für fast alle Arbeiter einen Jahresurlaub von sechs bis zwölf Tagen ein.

Entwicklung der Urlaubslänge

Der durchschnittliche Jahresurlaub in der zweiten Hälfte des 20. Jahrhunderts entwickelt sich wie folgt:

	Alte Bundesländer	DDR/Neue Bundesländer
1947		12,0 Tage
1950	12,0 Tage	
1960	15,5 Tage	
1966		15,0 Tage
1970	21,2 Tage	
1970		18,0 Tage
1980	27,3 Tage	
1991	30,8 Tage	25,7 Tage
1998	31,7 Tage	30,2 Tage

Die Jahre bis zum Ende des Zweiten Weltkriegs

Zu Beginn des 20. Jahrhunderts verhinderten sowohl das verfügbare Geld als auch die verfügbare Zeit, dass Reisen für viele Menschen denkbar war. Außerdem war auch der Gedanke, Reisen könne eine notwendige Erholung für die arbeitende Bevölkerung sein, vollkommen unbekannt.
Nur Studienreisende, meist allein, bisweilen auch in kleinen Gruppen, und Kreuzfahrer waren die Touristen der frühen Jahre. Hinzu kamen noch die Fahrten in die Sommerfrische von besser gestellten Familien.

1900 - 1919 Reisen für Betuchte

Ein Jahr vor der Jahrhundertwende gründet Josef Hartmann, der seine Sporen in Carl Stangen's Reise-Bureau in Berlin verdient hat, in Köln ein eigenes Reisebüro, dem er später in Düsseldorf eine Filiale angliedert. Das Reisebüro Hartmann entwickelt sich zu einer der ersten Adressen in Düsseldorf und Köln. Ein Jahr später gründet der Buchhändler Ernst Kelterborn die „Göttinger Verkehrszentrale" und beginnt damit seine Karriere in der Reisebranche, die sowohl zur Gründung von Touristenzeitschriften als auch zur Gründung eines Reisebüroverbandes führt. 1905 übernimmt die Hamburg-Amerika Linie das Stangen'sche Reisebüro in Berlin, und im selben Jahr gründet der Norddeutsche Lloyd gemeinsam mit Thos. Cook & Son die Weltreise Union GmbH.

Die amtliche Statistik des Kaiserreiches erkennt das „Reisebüro" erst ab 1907 als eigenständigen Gewerbezweig an. Bis dahin werden die Reisebüros in einer Gruppe zusammengefasst mit den Lohndienern, Kofferträgern und Wach- und Schließgesellschaften.   *1907*

1907 werden offiziell erst 119 Reisebüros mit knapp 800 Mitarbeitern gezählt. Rund ein Drittel davon sind Zwei-Personen-Betriebe, wahrscheinlich Ehepaare. 42 Prozent beschäftigen zwischen drei und fünf Mitarbeitern, 19 Prozent zwischen sechs und zwölf Personen. Horst Egon Scholz schreibt in seinen Beiträgen zur Geschichte der deutschen Reisebüros: „Die deutsche Reisebürolandschaft bleibt zunächst ein Konglomerat von zum Teil zwar ungewöhnlich tüchtigen, in ihrer Zielsetzung jedoch recht unterschiedlichen Unternehmungen."

Urlaub ist ein Privileg für eine Minderheit in der Gesellschaft. Wer es sich allerdings leisten kann, reist in die Badeorte an Nord- und Ostsee (1913 sind das 700.000 Besucher), in die Sommerfrische in den Mittelgebirgen, in den Alpen, auch an die See als preiswerte Alternative zur Badereise in den Kurort und auch als Reise in die   *1913*

41

Natur. Oder man unternimmt etwas ganz Besonderes: eine Seereise mit der Hamburg-Amerika Linie oder dem Norddeutschen Lloyd auf einem der schwimmenden Luxushotels. Beliebte Ziele für die begüterte Kundschaft sind Ägypten und Palästina.

Schlagwörter wie Volkstourismus und Sozialtourismus kommen auf, versuchsweise werden gewerkschaftseigene Reisebüros und Ferienheimgenossenschaften gegründet. Anfang des Jahrhunderts entstehen auch SPD-Wandervereine, die Wandervogelbewegung (1901), die Jugendbünde und auch die Jugendherbergen (1909).

1919 - 1945 Reisen wird ein erreichbares Gut

Das Flugnetz über Deutschland wächst: Hier die Postflug-Verbindung Berlin-Weimar im Jahre 1919. Später wurden hier auch Passagiere geflogen.

 MITROPA AG
Deutsche Bahn Gruppe
Seit 1916

Mitropa ist ein Name mit einer langen Tradition.

1923

Der verlorene Krieg von 1914 bis 1918 hat tiefe Spuren im deutschen Eisenbahnwesen hinterlassen. Trotzdem werden neue Ideen in die Tat umgesetzt. Noch vor Kriegsende, am 1. Januar 1917, nimmt die „Mitteleuropäische Schlaf- und Speisewagen AG" (Mitropa) ihren Dienst auf. Der deutsche Reichstag beschließt schon am 27. März 1917, die Bahnen der deutschen Länder unter einem Dach zu vereinigen. Die „Verreichlichung der Deutschen Bahnen" wird jedoch erst zum 1. April 1920 mit der Gründung der Deutschen Reichsbahn verwirklicht. Nicht nur die Bahn ist vom verlorenen Krieg gezeichnet, in noch größerem Maße trifft es die Schifffahrt. Sämtliche deutschen Schiffe über 1600 BRT müssen nämlich an die alliierten Siegermächte abgeliefert werden. Das ist das vorläufige Ende der deutschen Schifffahrt.

Aber es gibt auch Positives: Am 5. Februar 1919 beginnt zwischen Berlin und Weimar der erste regelmäßige Flugverkehr durch die Deutsche Luft-Reederei (DLR). Sechs Luftverkehrsgesellschaften einschließlich der DLR gründen am 28. August 1919 in Den Haag die „International Air Traffic Association" (Iata). Im August 1920 eröffnen die DLR und „Det Danske Luftfartseleskab" (DDL) die erste internationale Flugstrecke von Malmö/Kopenhagen über Warnemünde, Hamburg/Bremen nach Amsterdam, die sie „Europa Nordwestflug" nennen.

Hohe Reparationszahlungen an die Siegermächte, eine fatale, rapide fortschreitende Geldentwertung, die erst Ende 1923 mit Einführung der Rentenmark ein Ende findet, eine hohe Arbeitslosigkeit und politische Unruhen machen den Deutschen das Leben in der Weimarer Republik schwer. Trotzdem erreicht der Eisenbahnverkehr Spitzenwerte: 1922 werden fast drei Milliarden Reisende befördert. Die Reichsbahn führt 1923 Fern-D-Züge ein. Stuttgart erhält einen neuen Hauptbahnhof. 1924 wird die Deutsche Reichsbahn in ein „selbstständiges" Unter-

Fernflugverkehr in den 20er Jahren. Eine Ostasienexpedition wird nach ihrer Rückkehr in Tempelhof begrüßt. Das Flugfeld trägt damals noch natürliche Züge ...

nehmen, in die „Deutsche Reichsbahn-Gesellschaft", umgewandelt. Im selben Jahr gelingt die erste Nonstop-Fahrt über den Atlantik mit einem Zeppelin.

Mit dem Ende der Inflation beginnt die Wirtschaft wieder zu gesunden. Trotz hoher Arbeitslosigkeit verreisen immer mehr Deutsche. 1925 wird eine bisher erhobene Zwangsgebühr für Reisen ins Ausland aufgehoben. Aber prinzipiell bleibt der Tourismus auch noch während der Weimarer Republik (1919 - 1933) ein Privileg für die Besserverdienenden. Allerdings wird die Diskrepanz in dieser Zeit immer deutlicher, die zwischen den touristischen Wünschen und Freizeitbedürfnissen breiter Schichten und dem, was dieser Teil der Bevölkerung sich zeitlich und finanziell leisten kann, klafft.

1926 ist ein historisches Jahr für den Luftverkehr. Auf Druck des Reichsverkehrsministeriums wird aus den finanziell angeschlagenen Fluggesellschaften Junkers AG und Deutsche Aero Lloyd eine Firma: die „Deutsche Luft Hansa AG". Im ersten Betriebsjahr legen die Flugzeuge der Luft Hansa 6,5 Millionen Kilometer zurück und befördern 56.268 Passagiere.

Charles Lindbergh fliegt 1927 nonstop in 33 Stunden von New York nach Irland und weiter nach Paris. Im darauffolgenden Jahr überqueren Köhl, Fitzmaurice und von Hünefeld im Flugzeug den Atlantik erstmals in umgekehrter Richtung. Auf der Bahnstrecke zwischen Hamburg und Berlin kommt das erste Zugtelefon zum Einsatz. Reichspräsident von Hindenburg eröffnet 1927 den Eisenbahndamm vom Festland nach Sylt. Im Sommer 1928 laufen die neuen Schnelldampfer „Bremen" und „Europa" des Norddeutschen Lloyd vom Stapel. In Berlin findet 1928 die erste Automobil-Ausstellung statt und lenkt die Blicke aufs Auto. Der New Yorker Börsenkrach vom 25. Oktober 1929 löst die Weltwirtschaftskrise aus und gefährdet auch die Reisebranche. In Deutschland werden 4,4 Millionen Arbeitslose regis-

1927

43

triert. Im Juli 1931 verordnet die Regierung, dass jeder Auslandsreisende eine Gebühr von 100 Reichmark zu zahlen hat. 1932 wird diese Gebühr auf 200 Reichsmark angehoben, und 1933 kommt schließlich die sogenannte „Tausend-Mark-Sperre", eine Gebühr, die den von Deutschland nach Österreich reisenden Bürgern auferlegt wird und den Verkehr nach Österreich praktisch zum Erliegen bringt.

Aber auch in diesen Jahren gibt es Leute, die über genügend Geld verfügen. So findet beispielsweise eine Gesellschaftsreise mit dem Lloyd Triestino nach Indien, Burma und Ceylon statt, die Rückreise erfolgt mit einem Schiff der Hamburg-Amerika Linie, die 82 Tage dauert und den damals sehr stolzen Preis von 5670 Reichsmark kostet. Für dieses Geld konnte man auch ein kleines Häuschen kaufen. Die Luft Hansa eröffnet am 1. Mai 1932 einen Tagesdienst Berlin-München-Venedig-Rom. Die JU 52 von Luft Hansa wird international als Spitzenmaschine prämiert. 1932 wird der erste Teilabschnitt der Autobahn von Köln nach Bonn eröffnet.

Als Adolf Hitler am 30. Januar 1933 an die Macht kommt, greift der Nationalsozialismus in die Strukturen des öffentlichen Lebens ein. Gewerkschaften werden zerschlagen. Reglementierungen durch Partei und Staat werden Alltag. Menschen und Wirtschaft und vor allem die Verkehrseinrichtungen werden auf ein Ziel gerichtet: fit werden für den Krieg. Die nationalsozialistische Organisation „Kraft durch Freude" (KdF) wird als Reiseunternehmen etabliert. Dennoch behaupten sich auch private Reiseveranstalter wie Dr. Carl Degener mit seinen Ferienzügen, aber auch die etablierten Unternehmen wie MER, Hapag und Lloyd. Der Diesel-Schnelltriebwagen „Fliegender Hamburger" verkehrt ab 1933 regelmäßig zwischen Hamburg und Berlin. Die Luft Hansa bricht 1933 mit der Heinkel HE 70 acht Geschwindigkeitsrekorde mit einer Spitze von 375 km/h und eröffnet am 5. Juni 1934 den

Sicher und wirtschaftlich: Die Ju 52 wird ab 1932 von der Lufthansa eingesetzt.

1933

Fast 25 Stunden ist diese Focke-Wulf 1938 auf dem ersten Direktflug Berlin – New York unterwegs.

„Blitzflugverkehr" zwischen Berlin, Frankfurt am Main, Köln und Hamburg. Das Luftschiff LZ 129 „Hindenburg „schwebt 1936 in 50 Stunden von Frankfurt nach New York. Mit dem Zeppelin-Absturz Anfang Mai 1937 in Lakehurst endet die regelmäßige Personenbeförderung mit Luftschiffen. Die Luft Hansa schreibt sich ab 1934 Lufthansa. Sie fliegt am 10. August 1939 zum ersten Mal mit einer 4-motorigen Focke-Wulf FW 200 nonstop von Berlin nach New York. Am 1. September 1939 beginnt mit dem deutschen Angriff auf Polen der Zweite Weltkrieg. Der organisierte Reiseverkehr kommt zum Erliegen, private Reisen werden stark eingeschränkt.

Die Lufthansa versucht, während der Jahre des Zweiten Weltkriegs den Dienst auf verschiedenen europäischen Strecken aufrechtzuerhalten. Wegen fehlenden Fluggeräts ist sie jedoch gezwungen, 1942 ihr Streckennetz drastisch zusammenzustreichen. Vor allem die Verbindungen ins neutrale Ausland sind sehr wichtig und werden deshalb fortgesetzt. Geflogen wird noch nach Schweden, in die Schweiz, nach Spanien und Portugal. Der letzte registrierte Flug der Lufthansa vor dem Ende des Zweiten Weltkrieges kommt allerdings woanders her: Er startet am 5. Mai 1945 von Oslo und endet in Flensburg. Im Eisenbahn-Personenverkehr beginnt das Ende im Sommer 1944. Im Januar 1945 bricht schließlich das Fernzug-Netz vollständig zusammen. Am 8. Mai 1945 ist der mörderische Krieg zu Ende. Er hinterlässt ein zerstörtes Deutschland.

Das Ende einer Ära: In Lakehurst stürzt 1937 die „Hindenburg" brennend ab, als sie am Landemast festmachen will. Ein Unglück, das die Zeppelin-Epoche beschließt.

Seebäderdienste von Hapag und Lloyd

Das Engagement der Hamburg-Amerikanischen-Packetfahrt-Actiengesellschaft (Hapag) und des Norddeutschen Lloyd in der Touristik reicht weiter zurück als der Start ins Kreuzfahrtgeschäft. Es ist nahezu so alt wie die Unternehmen selbst: als Passagierschifffahrt zu den Seebädern auf den ost- und nordfriesischen Nordseeinseln und nach Helgoland. Der Norddeutsche Lloyd berichtet schon unmittelbar nach seiner Gründung nicht nur über Fahrten nach New York und England und auf der Ober- und Unterweser, sondern auch zum Nordseeheilbad Norderney und wenig später nach Helgoland. Zu den „Helgolandfahrern" gehört seit 1868 regelmäßig auch die Hapag. Für Zehntausende von Menschen ist es die erste oder einzige Gelegenheit, mit Hapag und Lloyd eine Seereise anzutreten. Beim Lloyd liegt das Schwergewicht auf der Bedienung der ostfriesischen Inseln, wobei auch Borkum und Wangerooge in die saisonalen Dienste einbezogen werden, bei der Hamburger Konkurrenz außer auf der Helgoland-Verbindung auf Fahrten zu den nordfriesischen Inseln Föhr, Sylt und Amrum. Vereinbarungen mit den Eisenbahnverwaltungen sorgen für die direkte Gepäckbeförderung von allen größeren Orten des Binnenlandes auf die Inseln und für die Verknüpfung der Fahrpläne der Bahn mit den Schiffsabfahrten.

Wesentliche Teile dieser Ausführungen stammen aus dem Buch „1847-1997, Unser Feld ist die Welt, 150 Jahre Hapag-Lloyd", das von Dr. Klaus und Susanne Wiborg geschrieben wurde.

1898

Wer nachts um 23.55 Uhr aus der Reichshauptstadt abfährt und damit Bremerhaven um 7.38 Uhr erreicht, ist bereits um 12 Uhr mittags in Norderney. Badereisen zu den Nordseeinseln sind ein Saisongeschäft. Ein wirtschaftliches Problem ist die Auslastung der Schiffe im Winter. Für ihren für den Verkehr nach Norderney und Borkum gebauten neuen Salon-Schnelldampfer „Najade" findet der Lloyd mit Beginn der Wintersaison 1897/98 einen saisonalen Ausgleich: „Najade" wird zwischen Neapel und Capri eingesetzt, offenbar mit so großem Erfolg, dass die Winterfahrten im Golf von Neapel in den folgenden Jahren – auch unter Einbeziehen des Nordsee-Bäderschiffes „Nixe" – auf das Anlaufen von Sorrent, Ischia und Amalfi ausgedehnt werden. Als der Lloyd sein „Interesse" an der Reederei Societa Napoletane in Neapel vergrößert, kann der Touristenverkehr im Golf von Neapel „außerordentlich" gesteigert werden, auch dank der Verknüpfung mit dem eigenen Dampferdienst von Genua nach Neapel.

Die Hapag hat diese Probleme nicht mehr. Sie war 1888 aus dem Nordsee-Bäderdienst ausgeschieden. 17 Jahre später, am 1. Januar 1905, übernimmt sie von Albert Ballin die „Nordsee-Linie-Dampfschiffs-GmbH", die sie dann als „Abteilung Seebäder-Dienst" weiterführt. Vertraglich gesicherter Friede mit dem Lloyd im Wettbewerb um die Bedienung der Nordseebäder wird indes erst nach dem Ersten Weltkrieg – 1920 – geschlossen: Die Hapag fährt seitdem nicht mehr zu den ostfriesischen Inseln, der Lloyd nicht mehr zu den nordfriesischen Inseln.

Traumschiffe für Hapag und Lloyd

Schon Ende des 19. Jahrhunderts hat Hapag-Generaldirektor Albert Ballin erkannt, dass der neue Geschäftszweig Vergnügungsreisen auch neuartige Schiffe erfordert. Große, aus dem Liniendienst genommene Dampfer sind auf die Dauer für Kreuzfahrten ungeeignet. Die normalen Schiffe waren Mehrklassen-Fahrzeuge, die auch für die Beförderung von Auswanderern eingerichtet waren. Und für diese Zwischendeckspassagiere war Komfort nicht vorgesehen. So bestellt er 1899 ein wahres Traumschiff für die verwöhnte Klientel: „Ich werde mit der hiesigen Werft von Blohm & Voss den Bau eines Dampfers contrahieren, welcher in seiner Art einzig in der Welt dastehen wird. Es soll eine große Yacht erbaut werden, welche weder Ladung noch Post befördert und nur für die Aufnahme von Reisenden erster Classe eingerichtet ist."

Die schneeweiße 4419-BRT-„Lustyacht" mit dem dekorativen Clipperbug läuft 1900 vom Stapel. Sie wird nach der Tochter des Kaisers „Prinzessin Victoria Luise" getauft, ist in der Tat erstklassig und erweist sich als genauso erfolgreich, wie die Hapag es erhofft hat. Folgerichtig wird sie vier Jahre später durch die nur etwas weniger aufwendige „Meteor" ergänzt.

Die hat zunächst unerwartete Schwierigkeiten am Markt, denn das Publikum verbindet den Begriff Kreuzfahrt bereits mit allerhöchstem Luxus und hält die preiswertere „Meteor" folglich, wie die Reederei beklagte, „für ein Schiff zweiter

Unternehmer mit Visionen: der Hamburger Reeder Albert Ballin.

1900

Den Bug hat sie noch aus der Segelschiffzeit: die „Kronprinzessin Victoria Luise", das erste reine Kreuzfahrtschiff der Hapag.

Plakate des
Norddeutschen Lloyd:
Die Kreuzfahrt lockt
in bunten Farben.

1923

Güte". 1906 strandet die „Prinzessin Victoria Luise" vor Jamaika und geht verloren. Die Reederei ersetzt sie durch die im Jahr vorher gekaufte, 7.895 BRT große „Oceana". Mit diesen luxuriösen Schiffen, die bei Bedarf noch durch andere Dampfer ergänzt wurden, bietet sie ganzjährig Vergnügungsreisen rund um die Welt an.

Schwerpunkte sind die klassische Mittelmeer- und Orientreise sowie die Nordlandfahrt. Die Fahrt gen Norden avanciert im wilhelminischen Deutschland zur Modereise schlechthin, wird sogar bei denen, die sie sich nicht leisten können, zum Synonym ungetrübter Sommerfreude. Schließlich sind Norwegens Fjorde auch das alljährliche Urlaubsziel des Kaisers. Eine Begegnung mit der „Hohenzollern", gar der leibhaftige Anblick Seiner Majestät, der sich den Kreuzfahrern gegenüber oft überaus huldvoll zeigt, das sind Urlaubshöhepunkte, mit denen sich die schönsten Landschaften nicht messen können.

Was es bedeutet, wenn der Monarch als Werbeträger fehlt, hat der Norddeutsche Lloyd schon schmerzlich erfahren müssen. Der erfolgreichen ersten Nordlandreise 1890 hat sofort noch eine zweite folgen sollen. Inzwischen jedoch hat der Kaiser seinen Urlaub beendet, und die Fjorde allein sind den Lloyd-Kunden nicht attraktiv genug. Die meisten stornieren ihre Buchungen. Die Tour muss abgesagt werden. Im Wettbewerb zwischen den beiden Reedereien hat die Hapag bis zum Ausbruch des Ersten Weltkrieges die Nase vorn. Sie verfügt seit 1888 über Doppelschrauben-Schnelldampfer, während der Norddeutsche Lloyd sich zwar auch neue Schiffe zulegt, aber mit dem veralteten Ein-Schrauben-Antrieb. Er kann den Vorsprung der Hapag bis 1914 nicht einholen.

Trotz persönlicher Interventionen in London und entsprechender Gespräche in Berlin kann auch Albert Ballin natürlich nicht den Ausbruch des Krieges verhindern. Der hoch geachtete und verdienstvolle Chef der Hapag und persönliche Freund des Kaisers soll zwar noch in die Friedensverhandlungen involviert werden, kann aber den Untergang seines Lebenswerkes und das schmähliche Ende des Krieges nicht verkraften und wählt den Freitod.

Im Friedensschluss von Versailles 1919 wird fast die gesamte deutsche Flotte den Siegermächten zugesprochen. Der Stolz Kaiser Wilhelms II., die „Imperator", die „Vaterland" und die „Bismarck", fahren nun für britische Reedereien. Trotzdem kehren Hapag und Lloyd verhältnismäßig schnell in ihre alten Fahrtgebiete zurück. Die Hapag kooperiert mit United American Lines, der Norddeutsche Lloyd arbeitet mit der United States Mail Steamship Company.

Die Hapag setzt 1923 wieder ein großes Passagierschiff unter dem Namen „Albert Ballin" ein. Dieses Schiff ist den neuen Marktverhältnissen angepasst und nur noch halb so groß wie die Vorkriegsschiffe. Der Norddeutsche Lloyd strebt die alte Spitzenstellung in der Passagierschifffahrt an und stellt Ende der 20er Jahre die Turbinen-Schnelldampfer „Bremen" und „Europa" in Dienst. Als die „Bremen" auf der Jungfernreise das Blaue Band nach Deutschland zurückholt, wird das als Symbol für das wiedererstandene Deutschland nach dem verlorenen Krieg gefeiert.

Die Eigentumsverhältnisse bei Hapag und Lloyd verändern sich in den Jahren der Weltwirtschaftskrise entscheidend. Die Reedereien sind auf staatliche Hilfe angewiesen. Das führt dazu, dass das Deutsche Reich 1933 Mehrheitsgesellschafter wird. Hapag und Lloyd werden in die Reiseprogramme von „Kraft durch Freude" eingebaut und befördern 1938 mehr als 90.000 KdF-Urlauber.

Unter der NS-Herrschaft profilieren sich auch bei den Reedereien verantwortungsbewusste Persönlichkeiten. Als herausragendes Beispiel sei Kapitän Gustav Schröder erwähnt, der im Frühjahr 1939 mit der „St. Louis" mit 900 Auswanderern auf dem Weg nach Kuba ist, die meisten Passagiere sind jüdische Emigranten. Sämtliche Fahrgäste haben Einreisevisa für Kuba. Die Insel verweigert ihnen jedoch den Zutritt. Auf intensive Hilferufe des Kapitäns mit der Bitte um Aufnahme der rassisch Verfolgten antworten nord- und südamerikanische Staaten ablehnend. Das Schiff muss die Rückreise nach Europa antreten, und die Passagiere befürchten bei Rückkehr eine Verfolgung durch die Gestapo. Gegen alle Anweisungen steuert Kapitän Schröder nach fünfwöchiger Irrfahrt dann doch noch Antwerpen an, wo die Passagiere an Land gehen und von wo aus sie in andere westeuropäische Länder weiterreisen können. Kapitän Gustav Schröder rettet durch seine Zivilcourage die mehr als 900 heimatlosen Passagiere. Er behält trotz seiner Eigenmächtigkeit das Hapag-Kommando und wird nach dem Krieg für seine „Verdienste um Volk und Land" mit dem Bundesverdienstkreuz ausgezeichnet.

Nach Ende des Zweiten Weltkrieges müssen die wenigen noch erhaltenen deutschen Schiffe wie schon 1919 an die Siegermächte abgeliefert werden. Der Zugang zur internationalen Schifffahrt bleibt Deutschland jahrelang verwehrt. Die letzten Restriktionen für unter deutscher Flagge fahrende Schiffe fallen erst 1951. Das mit der Währungsreform 1948 beginnende Reisefieber der Deutschen fangen die beiden Reedereien mit ihren Seebäderdiensten zu den Nordseeinseln auf.

1919

Die Hapag verzichtet nach dem Krieg auf eine Wiederaufnahme des Passagierverkehrs über den Atlantik, während der Norddeutsche Lloyd an seine alte Tradition wieder anknüpft. Er übernimmt im Januar 1955 das 30 Jahre alte schwedische Passagierschiff „Gripsholm" und tauft es um in „Berlin". Das Schiff ist mit 80 Prozent so gut ausgelastet, dass die Reederei ein zweites Schiff in Dienst stellt. Dieses Mal ist es die „Pasteur", ein ehemaliger französischer Truppentransporter, der 1959 nach einem 70-Millionen-DM-Umbau auf den Namen „Bremen" getauft wird. Auch dieses Schiff ist von Anfang an ein Erfolg. In dem schon erwähnten Buch „150 Jahre Hapag Lloyd" wird von der Jungfernreise des neuen Vorzeigeschiffes berichtet: „Der Jungfernreise seines neuen Spitzenschiffes hatte der Norddeutsche Lloyd übrigens mit etwas gemischten Gefühlen entgegengesehen. Sie führte über den französischen Hafen Cherbourg, und angesichts der Emotio-

Sie war das größte
Schiff ihrer Zeit:
die „Imperator", die
hier 1913 an den
Altonaer Landungs-
brücken festge-
macht hat.

nen, die der Verkauf der (mit Kriegsruhm behafteten) ‚Pasteur' aufgewühlt hatte, wollte man dort um keinen Preis unliebsames Aufsehen erregen. So lief die „Bremen" unter Kapitän Heinrich Lorenz statt zur üblichen Marschmusik zu den Klängen eines Wanderlieder-Potpourris ein. Doch die Franzosen beschämten den deutschen Kleinmut. Als die ‚Bremen' abends um 21.00 Uhr in Cherbourg festmachte, wurde sie von Tausenden freundlich begrüßt, und nach den letzten Takten von ‚Das Wandern ist des Müllers Lust' intonierte auf dem Quai eine französische Militärkapelle das Deutschlandlied."

1965 wird von der schwedischen Reederei ein weiteres Schiff gekauft, die 1953 erbaute „Kungsholm", die 780 Personen in zwei Klassen befördern kann. Das Schiff wird auf der Lloyd-Werft in Bremerhaven umgebaut und ab Januar 1966 unter dem Namen „Europa" in Dienst gestellt.

Die Hapag hat sich trotz des offiziellen Verzichtes auf eine Wiederaufnahme des Passagierverkehrs auf dem Nordatlantik doch noch im Passagegeschäft betätigt. Sie übernimmt die Bereederung der mit deutscher Besatzung fahrenden „Homeland" und der 21.000 BRT großen „Italia" der griechischen Home Lines. Diese

1952

Gesellschaft betreibt ab 1952 einen Nordatlantikdienst ab Hamburg. Von 1954 ab gehen die Schiffe von Cuxhaven aus in See.

Im Jahr 1957 gibt die Hapag ein kurzes Gastspiel im Kreuzfahrtengeschäft. Sie erwirbt für 18 Millionen DM von der schwedischen Reederei Svenska Lloyd das 7764 BRT große Fährschiff „Patricia" und lässt es für weitere acht Millionen DM zum Kreuzfahrtschiff für rund 250 Passagiere umbauen. Unter dem neuen Namen „Ariadne" läuft es am 1. Februar 1958 zur ersten Reise aus, die ins Mittelmeer führt. Trotz des guten Rufes und des erstklassigen Service lässt die Zahl der Buchungen zu wünschen übrig. Der für den Luxus der „Ariadne" zu zahlende Preis ist offenbar selbst für das wohlhabendere Publikum zu hoch. Die Reederei fährt Verluste ein und zieht sich schon bald wieder aus dem Geschäft zurück. Im Jahresbericht für 1960 heißt es lediglich, die „Ariadne" sei verkauft worden, der amerikanische Erwerber des Schiffes zahlte rund zehn Millionen DM weniger, als Kauf und Umbau des Schiffes die Hapag gekostet hatten. Damit ist der nochmalige Ausflug in das Passagiergeschäft auf dem Wasser für die Hapag beendet.

Beendigung des Nordatlantik-Dienstes

Der Passagierverkehr zwischen Europa und Nordamerika auf dem Seeweg weist in den elf Jahren von 1957 bis Ende 1967 einen ständigen und offenbar unaufhaltsamen Fahrgastschwund auf, während die Nutzung der Luftverkehrsverbindungen über den Nordatlantik von Jahr zu Jahr zunimmt. Der jährliche Zuwachs an Flugpassagieren ist größer als der Verlust an Schiffsfahrgästen. Während 1957 noch 1,035 Millionen Fahrgäste auf dem Seeweg zwischen Europa und Nordamerika befördert wurden, sind es 1962 nur noch 814.000 und 1967 lediglich 506.000. Der

Rückgang während dieser elf Jahre beläuft sich auf 51,1 Prozent. Die größte Verlust-quote bringt das Jahr 1967 mit 17 Prozent.

Bei der Luftfahrt ist die Entwicklung gegenläufig. Waren es 1957 erst 968.000 Passagiere, so sind es 1962 bereits 2,272 Millionen und 1967 sogar 4,987 Millionen Fluggäste. Die gesamte Steigerung im Flugverkehr über den Nordatlantik beträgt im selben Elf-Jahre-Zeitraum rund 415 Prozent.

Die Konsequenz für die Passagierschiffahrt kann nur lauten: Ausstieg aus dem Nordatlantik-Verkehr. Die „Berlin", seit 1965 bereits im Kreuzfahrtgeschäft einge-setzt, wird 1966 verkauft. In den 13 Dienstjahren für den Norddeutschen Lloyd hat die jetzt 42 Jahre alte „Berlin" 288-mal den Atlantik überquert, 25 Kreuzfahrten gemacht und dabei mehr als 200.000 Passagiere befördert. Die 1966 in Dienst gestellte „Europa" ist vom rückläufigen Nordatlantikgeschäft kaum berührt. Sie wird von vornherein hauptsächlich für Kreuzfahrten eingesetzt. 1967 wird auch die „Bremen" weitgehend aus dem Nordatlantik-Dienst abgezogen.

1966

1970 werden noch sieben Linienfahrten der „Bremen" nach New York unter-nommen. Dann ist eine große Tradition, 123 Jahre nach Beginn der Atlantik-Passa-gierfahrt der Hapag und 113 Jahre nach Gründung des Norddeutschen Lloyd, der beide Reedereien ihre Gründung und ihren Aufstieg verdanken, abgeschlossen.

Bei der Fusion von Hapag und Norddeutschem Lloyd zum 1. Januar 1970 wird der Sektor Kreuzfahrten besonders kritisch untersucht. Vorstandssprecher Traber ist ein ausgesprochener Gegner der Passagierfahrt, die ansehnliche Verluste ein-fährt. Dabei spielt auch eine Rolle, dass die Kreuzfahrten in der Wintersaison für das amerikanische Publikum mit Abfahrten von der US-Ostküste angeboten wer-den und durch die 1970 stattfindende DM-Aufwertung zusätzlich finanziell belas-tet sind. Die „Bremen" ist mittlerweile zu alt, unmodern und im Unterhalt zu teuer. Sie wird kurzfristig zum lächerlichen Schrottpreis von fünf Millionen DM an einen griechischen Reeder verkauft. Touristik-Vorstand Dr. Horst Willner behauptet noch Jahre später, seine Kollegen hätten ihm das Schiff „unter dem Hintern weg" ver-kauft. Es gelingt Willner jedoch mit seiner unermüdlichen Hartnäckigkeit und mit Hilfe von Kapitän Klotzbach und einigen engen Mitarbeitern, wenigstens die „Euro-pa" in schwarze Zahlen zu bringen. Die Mahlzeiten werden nun in zwei Sitzungen serviert, die Zahl der Besatzungsmitglieder wird reduziert und die Aufnahmekapa-zität für Fahrgäste vergrößert. Die Anstrengungen lohnen sich, die alte Dame „Europa" fährt wieder Geld ein und wird 1982 sogar von einem Neubau, der dann ebenfalls „Europa" heißt, abgelöst. Diese „Europa", ebenfalls erfolgreich und beliebt, wird 1999 erneut durch einen Neubau gleichen Namens ersetzt.

Bei der „Europa" ist es nicht geblieben, Hapag-Lloyd hat sich 1995 noch ein klei-neres Schiff zugelegt, „Bremen", die unbekannte Küsten in der Arktis, in der Antark-tis und in Südamerika und Fernost wegen ihres geringen Tiefgangs von 4,80 m und der „Eisklasse I AS" anlaufen kann. 1997 ist ein weiteres Schiff dazugekommen, der

Dr. Horst Willner. Ihm wurde die alte Bremen „unterm Hintern weg" verkauft.

53

„Europa", diesen Traditionsnamen führen Hapag-Lloyd Schiffe bis heute. Das Bild zeigt die vorletzte, die 1999 nach Asien verkauft wurde. Auch die neue „Europa" ist wieder ein Schiff der Extra-Klasse.

Neubau „Columbus". Das Schiff kann 420 Gäste aufnehmen, um die sich 170 Besatzungsmitglieder kümmern. Es ist vorwiegend für Leserreisen und Incentive-Reisen vorgesehen und im Drei-Sterne-Bereich angesiedelt. Schließlich gehört seit 1997 auch die „Hanseatic" zu Hapag-Lloyd. Auch die „Hanseatic" verfügt über die höchste Eisklasse. Sie hat mehrmals die legendäre Ost-West-Passage von Grönland nach Alaska durchquert.

Seefahrt – kein Monopol von Hapag-Lloyd

Nach dem Zweiten Weltkrieg betätigen sich auch weitere Reedereien In der Passagierschiffahrt. So hat zum Beispiel die Hamburg Südamerikanische Dampfschifffahrtsgesellschaft, kurz genannt Hamburg-Süd, über viele Jahre einen kombinierten Fracht-/Personenverkehr von Europa zur Ostküste Südamerikas unterhalten.

Von den europäischen Fährreedereien ist vor allem die Hamburger TT Line zu erwähnen, deren Gesellschafter die Iduna Versicherung, die Trampschiffahrt-Gesellschaft sowie die Reederei Aug. Bolten, Wm. Millers Nachfolger sind. Die Gesellschaft betreibt ihr Geschäft mit Passagier- und Autofährschiffen in der Ostsee und hat sich auch immer wieder mit Angeboten von Mini-Kreuzfahrten von drei- bis siebentägiger Dauer wie auch mit touristischen Anschlussprogrammen an Schiffsreisen, beispielsweise nach Leningrad und Tallinn in den 70er Jahren, hervorgetan.

Reisebüros von Hapag:
„Ein von uns bisher noch nicht gepflegtes Gebiet"

Der 1. Januar 1905 ist ein markantes Datum für das Touristikgeschäft in Deutschland. An diesem Tag übernimmt die Hapag Carl Stangen's Reise-Bureau in Berlin, das größte und namhafteste Reisebüro in Deutschland, und führt es als „Reisebüro der Hamburg-Amerika-Linie" weiter. Es ist der erste Schritt in ein Dienstleistungsgewerbe, in dem beide großen deutschen Reedereien fortan eine bedeutende Rolle spielen sollten. Denn noch im selben Jahr folgt der Wettbewerber aus Bremen dem Vorbild der Hapag, allerdings nicht im Alleingang, sondern in Partnerschaft mit dem namhaftesten Reisevermittler und -veranstalter der Welt, Thos. Cook & Son aus Großbritannien.

Carl Stangen's Reise-Bureau, 1868 gegründet, ist das erste Reisebüro auf dem Kontinent, das nach dem Vorbild von Cook und American Express in Amerika große Gesellschaftsreisen anbietet und veranstaltet. Carl Stangen organisiert nicht nur Gesellschaftsreisen, darunter recht abenteuerliche Orientreisen, die er selbst leitet, sondern verkauft auch Eisenbahn- und Schiffstickets, verlegt eine Reise- und Verkehrszeitung und vertreibt Reiseführer. Als die Hapag 1905 das zu dieser Zeit von den Söhnen des Gründers geführte Unternehmen übernimmt, sichert sie sich eine Organisation, die in Deutschland hervorragenden Ruf besitzt und auf die sie aufbauen kann. Sie lässt keinen Zweifel daran, dass es ihr dafür am Ehrgeiz nicht mangelt: Sie verlegt die Berliner Zentrale des Reisebüros, das jetzt „Reisebüro der Hamburg-Amerika-Linie" heißt, in ein Unter den Linden 8 erworbenes repräsentatives Haus, für das sie immerhin 2,4 Millionen Mark aufgewendet hat. Im Hapag-Geschäftsbericht für das Jahr 1904 werden die Gründe genannt, die die Reederei zu der „Ausdehnung unseres Geschäftsbetriebes auf ein bisher noch nicht gepflegtes Gebiet" bewogen haben: „Der große Erfolg, dessen sich die von uns veranstalteten Vergnügungsreisen zur See erfreut hatten, legte uns den Gedanken nahe, unsere Tätigkeit auch auf die Veranstaltung von Gesellschaftsreisen zu Lande, auf die Vermittlung des Verkaufs von Eisenbahn-Fahrkarten, kurz, auf alle der Förderung des Reiseverkehrs dienenden Geschäfte zu erstrecken." Die in den größeren Städten unterhaltenen so genannten Kajüt-Bureaus, die Tickets für Schiffspassagen verkaufen, beraten die Kunden bereits über Anschlussverbindungen und verhelfen ihnen zu Fahrkarten; den Teilnehmern an Vergnügungsreisen zur See werden ein umfassender Reiseservice und vom Veranstalter organisierte Landausflüge geboten. In allen Großstädten, in See- und Heilbädern sowie an wichtigen internationalen Fremdenverkehrsplätzen entstehen Hapag-Filialen und -Agenturen. Das Angebot wird Schritt für Schritt erweitert. 1908 wird ein Vertrag mit der Königlichen Eisenbahndirektion Berlin – die auch die anderen deutschen Länder mit eigenen Eisenbahnen vertritt – über den Verkauf von Streckenfahrscheinen durch das Rei-

1905

1908

55

sebüro der Hamburg-Amerika Linie GmbH geschlossen. Auch das Touristik-Programm ist für damalige Zeit beachtlich: So bietet die Hapag im Jahr 1912 bereits 68 große Land- und Seereisen in fast alle Länder und Erdteile an. Auch die ersten Passagiere der Zeppelin-Luftschiffe buchen ihre Flüge nur in Hapag-Reisebüros.

Auch der Lloyd setzt auf Reisebüros

Der Norddeutsche Lloyd, der sich längst ebenfalls im Kreuzfahrt-Geschäft engagierte, muss reagieren und tut das schnell. Er hat bis dahin ebenfalls lediglich Passagebüros an Land und „Reisebüros" auf den großen Dampfern betrieben, die den Schiffspassagieren Auskunft über die besuchten Länder geben und ihnen die für die Landreisen benötigten Fahrkarten verkaufen. „Als die Hapag als Stütze für den Vergnügungsverkehr das Stangen'sche Reisebüro in Berlin erwarb", so Lloyd-Vorstandsmitglied Arnold, „und so auch in den Besitz eines ausgebildeten, von der Eisenbahn anerkannten Fahrscheinsystems kam, konnte der Lloyd nicht tatenlos zusehen und musste versuchen, für seine Zwecke eine ähnliche Einrichtung zu sichern. Das geschah einmal durch Beteiligung am Ankauf des im Jahre 1889 von der Wiener Firma Schenker & Co. gegründeten Reisebüros in München, aus dem sich später das Amtliche Bayerische Reisebüro entwickelte, und zum anderen durch Erwerb eines kleinen Reisebüros in Berlin, aus dem sich durch Zusammenschluss mit der Firma Thos. Cook & Son – mit der der Lloyd bereits im Ostasienverkehr in engster Geschäftsverbindung stand – das Weltreisebüro Union herausbildete."

1905 Das am 1. Oktober 1905 in Berlin – mit Geschäftsräumen zunächst im Bristol-Hotel gegründete Weltreisebüro Union, an dem der Norddeutsche Lloyd und Cook je zur Hälfte beteiligt sind, entspricht in seinen Aktivitäten denen der Hapag-Reisebüros. Die Verbindung zu Cook sichert zusätzlich den Zugang zu bestmöglicher weltweiter Leistung; auch hat man sich daraus wohl Vorteile für das Reedereigeschäft versprochen. Letztlich liegt das Schwergewicht der Union vor dem Krieg aber vornehmlich in Berlin; hier, bald auch Unter den Linden angesiedelt, hält es neben der Hapag eine dominierende Stellung unter den internationalen Reisebüros. Daneben werden die bisherigen Kajütbüros des Lloyd, ohne Mitwirkung des Weltreisebüros Union, umgewandelt in „Lloyd-Reisebüros". Beide Großreedereien haben sich also nicht nur als Veranstalter von Vergnügungs- und Bildungsreisen zur See und im Seebäderdienst, sondern in der gesamten Touristik führend auf dem deutschen Markt etabliert.

1916 Die beiden Reedereien Hamburg-Amerika-Linie und Norddeutscher Lloyd wirken im Jahr 1916 bei der Gründung des Deutschen Reisebüros entscheidend mit. Sie bringen das Anfangskapital von einer Million Mark auf. Auch wenn es sich hier um ein Engagement der Mütter der Reisebüros von Hapag und Lloyd handelt, wird mit der Gründung des DER, aus dem bald darauf bis 1945 das MER – Mitteleuropäisches Reisebüro – wird, eine besondere Beziehung begründet. Trotz eines natürlichen

Wettbewerbs empfinden sich die drei Reisebüroketten gleichzeitig als verwandtschaftlich verbundene Kollegen.

Bei Ausbruch des Zweiten Weltkrieges gibt es in Deutschland etwa 50 eigene Reisebüros von Hapag und Lloyd, die im Wettbewerb zueinander stehen. Während des Krieges, 1941, werden die Passagebüros der beiden Reedereien zur Reisebüroorganisation der neu gegründeten Deutschen Amerika Linie zusammengelegt. Durch diese Maßnahme schrumpft die Zahl der Reisebüros, weil an den Plätzen, an denen beide vertreten sind, nur das jeweils größere erhalten bleibt und das andere geschlossen wird.

Mit Wolters Bauerndiele fing es an

Eines der ältesten Reiseunternehmen Deutschlands ist die Firma Wolters in Brinkum bei Bremen. Carl H. Wolters, geb. 1890, absolviert eine Lehre im Hotelfach und arbeitet noch vor dem Ersten Weltkrieg in den wichtigsten Hafenstädten des Mittelmeerraumes und schaut sich in den damaligen Weltstädten Europas, Paris, London und Zürich, um. Am 1. April 1919 kauft er in Brinkum, einem zehn Kilometer von Bremen entfernten Dorf, ein einfaches Gasthaus. Er nennt es Wolters Bauerndiele und lässt mittwochs, sonnabends und sonntags zum Tanz aufspielen.

Als er merkt, dass er aus Brinkum selbst nicht genug Gäste bekommt, wirbt er in Bremen, zum „Schwof" nach Brinkum zu kommen. Um es den Bremern leichter

1919

Wolters Bauerndiele in Brinkum bei Bremen und davor ein Wolters-Linienbus. Das waren die Zutaten, aus denen ein bekanntes Tourismus-Unternehmen erwuchs.

zu machen, kauft er sich einen Omnibus und bietet damit eine preiswerte Hin- und Rückfahrt an. Heute würde man sagen, er richtete einen Busshuttle-Service ein. Das funktioniert, und Wolters stellt bald fest, dass die Nachfrage nach der Busverbindung sich nicht auf die drei „Tanztage" beschränkt, sie hält die ganze Woche über an. Deshalb richtet er 1924 einen Liniendienst auf dieser Strecke ein, und es entsteht im Laufe der Jahre, unterbrochen nur durch den Krieg 1939 bis 1945, ein erfolgreiches Busunternehmen, das ein ausgedehntes Liniennahverkehrsnetz in der Umgebung Bremens betreibt.

In Brinkum und Bremen entstehen Wolters-Reisebüros, es werden Busfernreisen zu europäischen Zielen durchgeführt, und es gelingt Charly Wolters – wie er von seinen Freunden genannt wird –, ausländische, insbesondere amerikanische Reiseveranstalter als Kunden zu gewinnen, die ihre Europa-Rundreisen mit seinen Omnibussen betreiben. Akquisitionsbüros werden in New York, London und Paris eingerichtet. Schon vor dem Tod von Carl H. Wolters im Jahr 1973, er ist 82 Jahre alt geworden, ist Schwiegersohn Gerd Falke führend im Unternehmen tätig neben Karl Ordemann, der den Laden mit starker Hand zusammenhält.

Wolters Reisen profiliert sich auch als Veranstalter von Nordland- und England/Irland-Reisen. Durch die Übernahme des Hamburger Skandinavien-Spezialisten Fast-Reisen wird Wolters zum größten deutschen Anbieter für Reisen nach Skandinavien und England/Irland. Das Unternehmen ist so groß und damit interessant geworden, dass die TUI die Veranstalterfirma Wolters Reisen nach dem Tode der Wolters-Tochter Carla Helga Falke im Jahr 1989 kauft. Sie nutzt den Namen Wolters nicht nur als Marke, sondern betreibt die Firma Wolters Reisen GmbH in Bremen/Brinkum unverändert unter der Leitung von Heinz Kolata weiter. Die Reisebüros der Firma Wolters werden 1989 ebenfalls verkauft, während Gerd Falke die Wolters-Bustouristik GmbH weiterführt. Zur Verkaufsunterstützung seiner Omnibusprogramme an der mecklenburgisch-vorpommerschen Küste hat er sich dort inzwischen sieben Reisebüros zugelegt.

Gerd Falke hat sich auch in der Gewerbepolitik engagiert. Er gehört dem Vorstand des Internationalen Bustouristikverbandes RDA seit 1976 an und vertrat auch im Vorstand des Deutschen Reisebüroverbandes von 1986 bis 1998 die Interessen des Omnibusgewerbes.

1973

Ein Veranstalter, der ganz zu Anfang nur zum Tanz aufspielen will.

1976

MER-Reisen

Der Königlich-Bayerische Ministerialrat Ludwig Ruckdeschel, der sich schon 1910 bei der Umwandlung des Reisebüros Schenker & Co in das Amtliche Bayerische Reisebüro engagiert hat, plädiert noch während des Ersten Weltkrieges für eine nationale Reiseorganisation, die von den Staatsbahnen der Länder getragen werden soll. Das Ministerium in Berlin besteht allerdings darauf, dass auch andere große Verkehrsträger daran beteiligt werden. So kommt es am 17. Oktober 1917 in Berlin zur *1917* Gründung des Deutschen Reisebüros (DR) durch den Norddeutschen Lloyd und die Hamburg-Amerika Linie. Das Stammkapital beträgt eine Million Reichsmark. Der Zweck des Unternehmens ist die Förderung und Erleichterung des Reiseverkehrs in und nach Deutschland. Dem Deutschen Reisebüro wird das Recht auf Einrichtung und Betrieb von Reisebüros außerhalb der Bahnhöfe im In- und Ausland übertragen, es darf für den Fahrkartenverkauf auch Lizenzen an Reisebüros vergeben.

Die Staatsbahnen ringen sich zu einer revolutionären Entscheidung durch: Das Reisebüro erhält erstmals als Entgelt für die eigenen Aufwendungen eine Provision direkt von den Eisenbahngesellschaften. Bis dahin musste der Kunde beim Kauf einer Fahrkarte im Reisebüro eine zusätzliche Verkaufsgebühr entrichten. Schon sechs Monate nach der Gründung des Deutschen Reisebüros wird der Kreis der Gesellschafter erweitert. Die Königlich-Ungarischen Staatsbahnen und das ungarische nationale Fremdenverkehrsunternehmen Ibusz beteiligen sich am Deutschen Reisebüro. Das Unternehmen wird deshalb in Mitteleuropäisches Reisebüro (MER) umbenannt. 1920 kommt noch das Österreichische Verkehrsbüro als Gesellschafter hinzu. Im selben Jahr übernimmt das MER in Berlin das Amtliche Reisebüro am Potsdamer Bahnhof und das Reisebüro Mitropa.

Am 1. Januar 1923 stellt sich die Gesellschafterzusammensetzung des Mitteleuropäischen Reisebüros wie folgt dar: Deutsche Reichsbahn 39,1 %, Ibusz 15,6 %, Hamburg-Amerika Linie 12,5 %, Norddeutscher Lloyd 12,5 %, Sächsisches Wirtschaftsministerium 4,7 %, Preußisches Ministerium für Handel und Gewerbe 3 %, Bayerisches Staatsministerium für Handel Industrie und Gewerbe 2, 4 %, Ungarische Staatsbahnen 1,2 %, Württembergisches Staatsministerium 0,8 %, Badisches Finanzministerium 0,8 %, Oldenburgisches Ministerium des Verkehrs 0,8 %, Mecklenburg-Schwerin'sches Finanzministerium 0,8 %, Kaschau Oderberger Eisenbahn 0,6 %, Jadranska Plovidba Dampfschiffs AG 0,1 %, Hessisches Ministerium der Finanzen 0,1 %.

1923

1924 bezieht das MER ein neues Direktionsgebäude in der Berliner Voss-Straße. Weitere Reisebüros werden in Frankfurt, Köln und Berlin eröffnet. Das MER hat 184 deutsche und 354 ausländische Vertretungen. Die MER-Büros bieten Fahrkarten für 21.000 Eisenbahnstrecken im In- und Ausland an. In Spitzenzeiten werden bis zu 60.000 Platzkarten und 5000 Betten in Schlafwagen pro Tag verkauft. In den 20er

Das MER, das schon in den 20er Jahren international agiert, galt in der Branche als erste Adresse. Hier ein MER-Reisebüro aus Köln im Jahr 1920.

Jahren wird auch der Verkauf von Pauschalreisen beim MER forciert. Dabei wird besonderer Wert darauf gelegt, dass die Freizügigkeit des Reisenden nicht einge-schränkt wird. Er kann auch noch während der Reise den Aufenthalt beliebig ver-kürzen oder verlängern, vorausgesetzt, er teilt seine Änderungswünsche rechtzei-tig mit. Das MER treibt unterdessen den Ausbau seines Netzes im In- und Ausland kräftig voran. Im Jahre 1926 engagiert es sich in den Vereinigten Staaten. In New York wird die Tochtergesellschaft Amerop Travel Service gegründet. Filialen werden in Los Angeles, Cleveland und Chicago eröffnet. 1929 werden Büros in London, Rom und Paris eingerichtet. Die Zahl der Inlandsvertretungen steigt auf 245, die der Aus-landsvertretungen auf 754.

1926

1929 wird dem MER die Generalvertretung für den Vertrieb der Eintrittskarten zu den Oberammergauer Festspielen außerhalb Bayerns übertragen. Angesichts der großen Nachfrage und der begrenzten Bettenkapazität im Festspielort werden die Karten nur als Paket in Verbindung mit Übernachtung und Verpflegung ver-kauft. Tausende reisen 1930 in Sonderzügen des MER nach Oberammergau. Auch die Eintrittskarten für die Bayreuther Festspiele werden über das MER vertrieben; rund 30 Reichsmark kostet zu dieser Zeit eine Karte für eine Wagner-Oper. Das MER findet auf dem internationalen Reisemarkt immer stärkere Akzeptanz, über 6.000 Vertragshotels in aller Welt nehmen die MER-Übernachtungsgutscheine an. 1932 schreibt das MER erstmals eine Flugpauschalreise aus: mit Luft Hansa nach Italien. Bald darauf erscheint der „Reisekalender" des MER, der 157 Programme von Nord-europa bis Nordafrika enthält.

Während des NS-Regimes entwickelt sich das MER trotz der Konkurrenz durch „Kraft durch Freude" erfolgreich weiter. 1937 veranstaltet es fast 1200 Gesell-

schaftsreisen, an denen knapp 50.000 Gäste teilnehmen. Die Zahl der MER-Gesell-
schafter ist inzwischen geschrumpft. Die Reichsbahn hält nun mit 44,1 Prozent den
größten Anteil, gefolgt von den beiden Reedereien mit je 16,7 Prozent und Ibusz mit
16,2 Prozent. Weiter beteiligt sind das Österreichische Verkehrsbüro, die Ungarischen Staatsbahnen und die Jadranska Plovidba.

Das MER verfügt zu Beginn des Zweiten Weltkrieges über ein dichtes Netz von
Filialen und Vertretungen. Es betreibt 17 eigene Filialen in Berlin, Wien, Frankfurt,
Heidelberg, Köln, Linz, London, Paris, Mailand, Rom, New York, Los Angeles und
Buenos Aires. Mit dem Ausbruch des Krieges 1939 kommt der Reiseverkehr sukzes-   *1939*
sive zum Erliegen. Die Hauptstadt Berlin ist dem Bombenhagel der Alliierten aus-
gesetzt. Am Abend des 23. November 1943 wird das Direktionsgebäude des Mittel-
europäischen Reisebüros (MER) am Leipziger Platz in Berlin bei einem Luftangriff
zerstört. Die Unternehmensleitung findet eine notdürftige Unterkunft in einem
Gebäude im Güterumschlagsbereich des Anhalter Bahnhofs in der Möckernstraße.
Finanzabteilung und Buchhaltung werden nach Wien verlegt. Da die Angriffe auf
Berlin immer heftiger und gefährlich werden, siedelt die MER-Direktion Anfang
Februar 1944 nach Bentschen über, einem kleinen Ort in der Nähe von Posen, im
damaligen Reichsgau Wartheland. Am Bahnhof Bentschen werden ein Speise- und
ein Schlafwagen für den Fall bereitgestellt, dass eine kurzfristige Abreise notwendig wird. Das für die Finanzen in Wien eingerichtete Ausweichbüro wird im August
1944 nach München-Solln verlegt.

Im Januar 1945 rücken die russischen Truppen immer weiter vor. Am 21. Januar   *1945*
1945 werden die beiden vorsorglich stationierten Waggons an einen Flüchtlings-
zug angehängt. Die MER-Direktion begibt sich wieder auf Tournee, über Guben

Das zerstörte Berlin
nach dem Zweiten
Weltkrieg. Die
Bomben hatten das
MER zunächst in
eine Notunterkunft
am Anhalter
Bahnhof und dann
ganz aus der Stadt
getrieben.

nach Fürstenberg an der Oder, Berlin und Uckro bei Halle nach Doberberg-Kirchhain. Am 9. Mai 1945 ist der Krieg endgültig zu Ende. In Berlin etabliert sich die nach Uckro geflüchtete MER-Direktion erneut, am 1. November 1945 wird das Mitteleuropäische Reisebüro GmbH ins Handelsregister beim Amtsgericht Berlin-Charlottenburg eingetragen. Hierbei wird Bezug genommen auf die gleichzeitig dort erfolgte Ursprungsgründung im Jahre 1917. Gleichzeitig entwickeln die über Wien nach München verschlagenen Direktionsangehörigen eigene Aktivitäten. Sie wollen die Leitung des MER an sich reißen und holen sich zunächst eine Betriebsgenehmigung für die Amerikanische Besatzungszone. Um auch in der Britischen Zone arbeiten zu können, verlegen sie ihre Direktion nach Detmold. Dort lagern nun auch sämtliche Unterlagen, Dokumente und Jahresabschlüsse, die Auskunft über die finanzielle Situation und die Vermögenswerte des MER geben. Diese Unterlagen werden jedoch in Berlin benötigt im Rahmen der Anmeldepflicht für das Gesamtunternehmen in der ehemaligen Reichshauptstadt.

Jetzt entwickelt sich nicht nur zwischen den Berliner Direktionsmitarbeitern und denen in Detmold eine Konkurrensituation, sondern auch zwischen den Alliierten entsteht eine immer deutlichere Distanz. Die amerikanischen und britischen Besatzungsbehörden verbieten die Zusammenarbeit Detmold/Berlin und lehnen erst recht die Unterordnung des in den beiden Westzonen ansässigen MER unter die MER-Direktion in Berlin strikt ab. So gibt es nach einem Bericht der MER-Direktion Berlin an die US-Besatzungsbehörden in Berlin vom 2. Juli 1946 drei Direktionen des MER, und zwar:

‣ Berlin: interalliierte Zone Großberlin und Russische Besatzungszone,
‣ Detmold: Britische Besatzungszone,
‣ Frankfurt: Amerikanische Zone.

Im Jahr 1946 wird auf Anordnung des Alliierten Kontrollrats das MER in Deutsches Reisebüro (DER) umbenannt.

1946

Neuer Name: Er gilt seit 1946.

Pilgern seit 1924

Das Bayerische Pilgerbüro wird zum Heiligen Jahr 1925 vom späteren Münchner Weihbischof Johannes Neuhäusler in München gegründet. Träger des Büros sind inzwischen acht katholische Diözesen. Der Reiseveranstalter der katholischen Kirche ist von Anfang an erfolgreich tätig. Über die Pilgerreisen nach Rom, Lourdes und ins Heilige Land hinaus werden Hochsee-Kreuzfahrten und Flusskreuzfahrten und in zunehmendem Maße auch Wanderreisen durchgeführt. Jährlich nehmen mehr als 40.000 Reisende an den über 1000 vom Bayerischen Pilgerbüro und seiner Tochter Bayerisches Pilgerbüro Studienreisen GmbH organisierten Reisen teil; ein Beweis für die Existenzberechtigung dieses Spezialunternehmens.

Die Rotala Reisen, in Bonn am Rhein gegründet, sind aber der eigentliche Pionier dieser Veranstaltergruppe. Sie werden nämlich schon ein Jahr früher, 1924, von Herbert Felten als Spezialveranstalter von Rom- und Italienreisen gegründet. Der Sitz der Firma wurde inzwischen verlegt. Heute residieren die Rotala Reisen in Bad Neuenahr.

In der Gründungsphase nach dem Zweiten Weltkrieg entstehen zunächst zwei weitere Veranstalterunternehmen für religiös motivierten Tourismus. Das ist zum einen im Jahr 1953 die Firma Viator-Reisen GmbH & Co KG von Dr. Heinrich Hegener und zum anderen die Biblische Reisen GmbH in Stuttgart, die sich selber als der größte Veranstalter von religiösen Reisen in den Nahen Osten bezeichnet. Die Biblischen Reisen wurden im Jahr 1962 gegründet und befinden sich im Eigentum des Ökumenischen Arbeitskreises für Biblische Reisen.. Es besteht eine enge Zusammenarbeit mit evangelischen und katholischen Institutionen und Gemeinden in Deutschland.

Bei einer Aufzählung der Veranstalter von Pilgerreisen dürfen die Dr. Tigges Fahrten nicht fehlen. Im ersten Heiligen Jahr nach dem letzten Krieg, 1950, gehören sie zu den führenden nichtkirchlichen Veranstaltern von Pilgerreisen in der Bun-

Weihbischof Franz X. Schwarzenbök hat als Präsident über viele Jahre das Bayrische Pilgerbüro geleitet und geprägt – ob bei den Vorbereitungen zum Heiligen Jahr bei Papst Johannes Paul II. 1997 (oben) oder als Reisebegleiter 1975 in einem Sonderzug nach Rom.

Der Papst hat Lourdes „Quelle des Glaubens für unsere Zeit" genannt. In jedem Fall sind es viele, die sich per Pilgerreise und voller Hoffnung auf die Reise machen.

desrepublik. Tausende von Pilgern reisen in Sonderzügen von Tigges in die Heilige Stadt. Natürlich sieht sich Tigges dabei nur als der technische Organisator dieser Reisen. Diese Organisation läuft selbst während der Zeiten großen Andrangs – etwa zu Ostern, Pfingsten oder im Heiligen Jahr – perfekt. Der Grund dafür liegt vor allem an den beiden ebenso zuverlässig wie präzise arbeitenden Agenturpartnern. In Rom ist das der Wiener Ernesto Cockstein. Als Oberst in der Abwehrabteilung des Oberkommandos bei Admiral Canaris hatte er sich 1944 dem Widerstand angeschlossen. Er gehörte zu dem kleinen Kreis von Offizieren, die dafür sorgten, dass Rom unbeschädigt in alliierte Hand fiel. Er wird dafür nach dem Krieg hoch dekoriert und kann in Ruhe seine Reiseagentur aufbauen. Sie arbeitet selbst im Chaos des Heiligen Jahres 1950 mit militärischer Präzision. Ähnlich gute Erfahrungen macht Tigges in Frankreich mit dem vor Mussolini geflohenen römischen Adligen Aquaviva und dessen Agentur Tromsatours.

Dr. Carl Degener

Dr. Carl Degener: Hat Visionen und setzt sie durch.

Dr. Carl Degener war in den zwanziger Jahren Direktor des Bremer Arbeitsamtes. Er war mit Wilhelm Scharnow befreundet, der nach 1945 mit seinen Scharnow-Reisen bekannt wurde. Degener stellt immer wieder fest, dass breite Schichten der Bevölkerung voll unerfüllter Reisewünsche sind. Er will etwas für sie tun, denkt an eine Art von Sozialtourismus. Dabei kommt ihm die Idee, ein Reisesparen für Arbeiter und Angestellte einzuführen. Er wendet sich an das Spitzengremium der deutschen Sparkassen, die Gefallen an seinen Vorschlägen finden und mit ihm 1929 in Berlin die „Deutsche Reisespar GmbH" gründen. Carl Degener wird Direktor der neuen Firma und gibt seine Tätigkeit als Arbeitsamtschef in Bremen auf.

Das Reisesparen allein entspricht aber nicht so ganz seinen Vorstellungen. Er will den Leuten eigentlich nicht nur das Sparen für die Reise nahebringen, er will ihnen auch konkrete Reisen anbieten. Bei den Gesprächen mit den Vertretern der deutschen Fremdenverkehrsgebiete stößt er zunächst auf Skepsis und Widerstand. Und doch ist er 1931 schließlich soweit: Seine Reisesparmarken sind im Umlauf, und nun soll es so richtig losgehen. Aber inzwischen hat die allgemeine Wirtschaftskrise den Sparkassen jede Zuversicht genommen. Sie sind unter den gegebenen Umständen nicht mehr an kurzfristigem Zwecksparen interessiert und begraben das Projekt kurzerhand.

Doch Degener lässt sich nicht entmutigen. Er eröffnet am 1. Mai 1932, obwohl er wenig Geld hat, in einem Nebenzimmer des Café Bauer Unter den Linden in Berlin ein Reisebüro. Er bietet „Volksreisen für den kleinen Mann" an. Er konzentriert sich auf einen Zielort, Golling im Salzburger Land, organisiert Sonderzüge und bringt schon im ersten Jahr seiner Selbstständigkeit 500 Urlauber dorthin. Er kal-

1931

kuliert nach dem Prinzip „großer Umsatz – kleiner Nutzen". Eine Reise von Berlin in die Alpen mit einem Aufenthalt von acht Tagen ist bereits für 69,- Reichsmark zu haben. 1934 verhängt die nationalsozialistische Regierung eine Sperre der touristischen Auslandsausgaben. Für geplante Auslandsreisen wird eine Hinterlegung von 1000 Reichsmark verlangt, um ein Auslandsvisum beantragen zu können.

Nun kann Degener seine Kunden nicht mehr über die Grenze schicken. Als Ersatz entscheidet er sich für das unbekannte Ruhpolding am Flüsschen Traun – einen Ort, den man damals eigentlich nur als „Kuhdorf" bezeichnen konnte – ein Dorf mit hundert Seelen, 123 Pferden und über 2000 Stück Vieh. Degener schafft innerhalb von vier Wochen Platz für 400 Personen. Die Bauern ziehen in ihre Ställe. Die Gäste beziehen deren Wohnstuben und sind begeistert. Die Dörfler erkennen schnell ihre Chance und beginnen noch im selben Jahr mit dem Bau eines Kurhauses. Zu den neun Dorfkneipen kommen schon bald Pensionen und Hotels. Die Gästezahl steigt von Jahr zu Jahr. 1938 sind es 13.000 Urlauber, die mit Degener *1938* nach Ruhpolding reisen.

Als die Nationalsozialisten bald nach der Machtübernahme ihr KdF-Programm auf die Beine stellen, kommt Degener in eine schwierige Lage. Mit den subventionierten KdF-Preisen kann er nicht konkurrieren. Eine KdF-Reise nach Oberbayern

Ruhpolding. Als Degener die kleine Gemeinde für sich entdeckt, ist sie noch ein Kuhdorf. Doch das ändert sich rasant.

Lederhosen, Wiesensträuße, gute Gaudi: Was Ruhpolding zu bieten hat, erfahren die Erholung Suchenden schon auf dem Bahnsteig.

kostet einschließlich Gebirgsausflug 39 Reichsmark. Für dieselbe Reise muss er 69 Reichsmark verlangen, wenn er auf seine Kosten kommen will. Er entschließt sich, nicht mehr auf die Arbeiter und Angestellten mit schmalen Geldbeutel zu setzen, sondern sich seine Kunden unter den Besserverdienenden zu suchen. Erneut geht seine Rechnung auf: Dr. Carl Degener wird nach KdF der führende Reiseveranstalter Deutschlands.

KdF-Reise, ein kalkuliertes Geschenk des Führers

Zu den Parolen der Nationalsozialisten gehört die Ankündigung, man werde die bürgerlichen Privilegien aufbrechen. Um das wirkungsvoll zu demonstrieren, entschließt sich die NSDAP-Führung zu verbesserten Urlaubsregelungen und zur Entwicklung eines „Volkstourismus". Natürlich spielt im Dritten Reich auch die Überlegung eine Rolle, dass ein massiver Widerstand der Arbeiterschaft gegen die neue Regierung die Aufrüstung und die Kriegspläne der Reichsregierung gefährden könnte. Es soll ein Weg gefunden werden, die Sympathie der Arbeiterschaft zu gewinnen, ohne die Löhne zu erhöhen. Das ist wegen der Aufrüstungsmaßnahmen nicht möglich.

Es ist ein durchsichtiger Propaganda-Schachzug, als die Nazi die KdF-Reisen ins Leben rufen.

Frivol, frivol: An Bord eines der KdF-Schiffe üben sich die Damen in der Kunst des Sackhüpfens.

Markiger Auftritt zu markigen Sprüchen: Die Nazis verstehen aus der Stimmung der Zeit ihren Profit zu schlagen.

Die Regierung entschließt sich, bestimmte Konsumgüter zu verbilligen, die nicht die wehrwirtschaftlichen Interessen stören und zugleich einen hohen Prestigewert besitzen. Das sind Reisen, Autos und Radios. In diesem Zusammenhang wird eine deutliche Verbesserung der Urlaubsregelungen durchgesetzt: Fast alle Arbeiter erhalten erstmals sechs bis zwölf Tage Urlaub im Jahr.

Der Deutschen Arbeitsfront, ein Ersatz für die aufgelösten Gewerkschaften, wird die Organisation für Freizeit und Reisen „Kraft durch Freude" (KdF) angegliedert. Diese feiert die Urlaubsregelung und die KdF-Reisen als ein Geschenk des Führers an seine Arbeiter. Die KdF greift auf Degeners Reisespar-Idee zurück. In allen größeren Betrieben wird das KdF-Reisesparen eingeführt. Millionen von Arbeitern und Angestellten sammeln nun KdF-Reisemarken. Die Unternehmen beteiligen sich an diesem System und füllen durch eigene Beiträge die Urlaubskassen zusätzlich auf.

Am 12. Februar 1934 verlässt der erste KdF-Sonderzug den Anhalter Bahnhof in Richtung Bayern. 80.000 Menschen reisen im selben Jahr mit KdF per Schiff nach Madeira. Im Jahr 1937 verreisen insgesamt 150.000 Leute mit Kraft durch Freude.

Dr. Bodo Lafferentz, Leiter des Amtes „Reisen, Wandern und Urlaub" der Deutschen Arbeitsfront und Schwiegersohn von Winifred Wagner, gibt schon 1936 Zahlen bekannt: 7,5 Millionen Menschen sind bisher mit KdF verreist, darin sind allerdings viele Tagesausflüge enthalten.

6000 bis 7000 Urlauber pro Woche machen eine einwöchige Hochseefahrt ab Hamburg oder Bremen in die norwegischen Fjorde. KdF befördert pro Jahr mehr Menschen auf Schiffen als sämtliche deutschen und englischen Reedereien

1934

69

Auch ein KdF-Schiff: die „Oceana" im Jahr 1935 im Hamburger Hafen. Sie hat gerade abgelegt und begibt sich auf eine Reise nach Madeira.

zusammen mit ihren so genannten Gesellschaftsfahrten. Bis zum Ausbruch des Krieges 1939 sind über 750.000 Deutsche auf KdF-Schiffen gereist.

Der Gästeansturm bei KdF kommt nicht überraschend, denn die einwöchige Kreuzfahrt ab Hamburg oder Bremen kostet nur 60 Reichsmark pro Person, eine 18-tägige Fahrt nach Madeira 120 Reichsmark. Für eine einwöchige Bahnfahrt nach Reit im Winkl einschließlich Unterkunft und Verpflegung zahlt der Teilnehmer nur 28 Reichsmark. Die niedrigen Preise sind möglich, weil KdF vom NS-Staat und aus der Kasse der Deutschen Arbeitsfront mit 100 Millionen Reichsmark jährlich sub-

1934 – 1939

ventioniert wird. In den Jahren 1934 bis 1939 hat KdF insgesamt neun Millionen Deutsche befördert, wovon allerdings mehr als die Hälfte Tagesausflügler waren.

Ein besonders tragisches Ende nahm das KdF-Paradeschiff der staatlichen Urlaubsflotte, die „Wilhelm Gustloff". Das Schiff sollte 5000 Flüchtlinge, fast nur Frauen und Kinder, im Januar 1945 aus Ost- und Westpreußen nach Kiel bringen, wird von den Alliierten in der Ostsee angegriffen und versenkt. 3800 Menschen finden den Tod in der eisigen See.

Die Zeit nach dem Krieg

Die Siegermächte teilen Deutschland in vier Besatzungszonen auf. Die Deutschen haben Hunger und zum Verreisen weder Geld noch Zeit. Trotz der Zerstörung von rund 40 Prozent aller Bahnanlagen und 25 Prozent aller Lokomotiven fährt die Bahn schon bald wieder. Am 1. Oktober 1946 verkehrt der erste Interzonen-Zug Amsterdam–Hannover–Berlin. Die Reisebüros öffnen bald wieder ihre Türen, Fahrkarten werden benötigt. Kleinere Urlaubsreisen in die Umgebung kommen schon 1947 wieder auf den Markt. Im Osten beginnt der Freie Deutsche Gewerkschaftsbund (FDGB) 1947 mit dem Angebot von Erholungsreisen. Im Westen geht es erst nach der Währungsreform 1948 wieder so richtig los. Im August 1948 beginnt die Deutsche Zentrale für Fremdenverkehr mit der Werbung im Ausland für Reisen in die Bundesrepublik. Weihnachten 1948 fährt der erste Sonderzug der Vorgängergesellschaft der Touropa mit 1200 Gästen von Hamburg nach Ruhpolding. 1952 reisen mit dem einzigen bundesweit tätigen Reiseveranstalter Touropa schon wieder 194.000 Deutsche in die Ferien.

Neuer Anfang mit Touropa

Carl Degener muss wegen seiner Mitgliedschaft in der NSDAP und seiner berufsständigen Position innerhalb der Nazihierarchie nach 1945 einige Zeit in einem Internierungslager verbringen. 1947 kehrt er nach Ruhpolding *1947* zurück und bringt als erstes sein Reisebürogeschäft wieder in Gang. Sein Ruhpoldinger Kurhaus war inzwischen, wie der Spiegel 1956 berichtete, ein Tummelplatz hoher amerikanischer Offiziere und deutscher „Fräuleins" geworden.

Degener schwebt vor, eine große Reiseorganisation auf privatwirtschaftlicher Basis aufzubauen, so etwas wie „Kraft durch Freude", aber ohne den Staat, ohne Subventionen. Er träumt von eigenen Hotels, Omnibussen, Sonderzügen, Schiffen, ja sogar Flugzeugen. Degener war ein Visionär, der seinem Freund Willy Scharnow davon vorschwärmte. Der erklärte ihn für verrückt.

Angesehene Verkehrswissenschaftler vertreten die Ansicht, der Fremdenverkehr sei der Wirtschaftszweig, der als erster in eine Depression komme und als letzter vom Aufschwung erfasst werde. Reisen sei für die Deutschen auf Jahre hinaus Luxus, den man sich nicht leisten könne. Die Wirklichkeit sieht anders aus.

Wenige Wochen nach der Währungsreform meldet sich Degener im Juli 1948 *1948* bei Emil Kipfmüller in Hamburg, den er gut aus der gemeinsamen Zeit in Berlin kennt. Kipfmüller ist nicht nur Hapag-Direktor mit Zuständigkeit für den Seebäder-

Kniescheiben-Express hieß der erste Ferienexpress der Touropa. Aber nach und nach hielt dann doch Komfort seinen Einzug.

Dienst, er ist auch der erste Geschäftsführer der am 1. Januar 1948 gegründeten Hapag-Lloyd-Reisebüro-Organisation. Hapag und Lloyd hatten ihre im Westen Deutschlands ansässigen Reise- und Passagebüros zusammengelegt. Hapag-Lloyd veranstaltet auch schon wieder Reisen, zum Beispiel von Hamburg nach Westerland, in den Harz und nach Mittenwald.

Degener und Kipfmüller treffen sich im Hapag-Haus am Ballindamm, wo Degener seine Ideen darlegt. Seine Kreativität und die erfolgreichen Sonderzugprogramme vor dem Kriege sprechen für ihn. Er ist sich aber darüber klar, dass das schönste Programm nichts taugt, wenn der Vertrieb nicht funktioniert. Den Vertrieb hat Kipfmüller zu bieten. Schnell werden sich die beiden handelseinig. Noch im Juli 1948 wird die gemeinsame Tochter Hapag-Lloyd/Dr. Degener Reisen gegründet. Am 4. September 1948 startet der erste Sonderzug nach Ruhpolding. Ausgangsstationen sind Hamburg und Dortmund, Anmeldungen werden von allen Reisebüros in Deutschland entgegengenommen. Buchungszentralen sind die Hapag-Lloyd-Reisebüros, die auch für die Seereisen des Norddeutschen Lloyd als Generalagenten tätig sind.

Der Alleingang von Hapag-Lloyd mit Degener ruft beim DER und beim ABR helle Empörung hervor. Nach der Zwangsentflechtung des MER durch die Alliierten hat das DER gerade mühsam und mit Hilfe treuer DER-Agenturen die DER-Organisation wieder zusammengezimmert. Die Stärke der DER-Organisation kann nur in der gemeinsamen Förderung gemeinsamer Vorhaben liegen, ob es sich nun um den Verkauf von Bahnfahrkarten handelt oder den Vertrieb noch zu schaffender

„DER-Werte". Da platzt der Alleingang von Hapag-Lloyd hinein. Am 24./25. September kommt es zu einer stürmischen Sitzung des Arbeitsausschusses der DER-Vertretungen in Hamburg. Fritz Käppler, DER-Chef aus Frankfurt, und Emil Kipfmüller stehen einander zunächst ohne jede Kompromissbereitschaft gegenüber. Hapag-Lloyd hat eigene Interessen und denkt nicht daran, sich dem DER unterzuordnen. Dabei muss man wissen, dass auch für ein Touristik-Programm von Hapag-Lloyd der Reisevertrieb über DER-Agenturen wichtig war. Die DER-Organisation droht auseinanderzubrechen in eine DER/ABR- und in eine Hapag/Degener-Gruppe. Da ergreift Karl Fuß die Initiative. Nach der ergebnislosen Sitzung sucht er zusammen mit seinem Vize Eberhard Koch Emil Kipfmüller auf und versucht, ihm eine DER-freundliche Lösung abzuringen. Der besteht auf seinem Vertrag mit Degener, aber Fuß findet eine Kompromissformel: Wenn schon einer der Gesellschafter mit Degener in eine Kooperation gehe, dann könnten das die anderen auch tun. Fuß schlägt eine Arbeitsgemeinschaft aus DER, ABR, Hapag Lloyd und Dr. Degener vor, die dann tatsächlich am 12. Oktober 1948 in München aus der Taufe gehoben wird. Gesellschaftszweck ist die Veranstaltung von regelmäßig durchgeführten Sonderzugreisen. Alleiniger Geschäftsführer ist Dr. Carl Degener.

Degener kann seine Forderung, auch eigene Reisebüros betreiben zu dürfen, nicht durchsetzen. Die drei Reisebüroketten lehnen das kategorisch ab. Er empfindet das als eine deutliche Herabstufung und ist verärgert. Aber es bleibt ihm sein Reisebüro in Ruhpolding und die Chance, mit dem künftigen Gästevolumen zusätzliche Geschäfte vor Ort zu machen, was ihm in vollem Umfange gelingen soll.

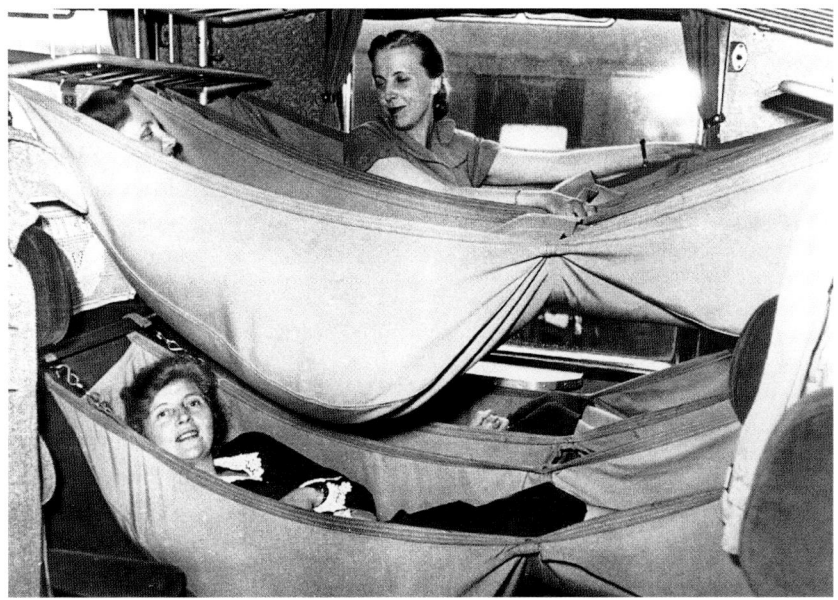

Per Hängematte in den Urlaub, das hört sich romantisch an, erweist sich 1953 in der Praxis der Sonderzüge dann aber doch als eher problematisch.

Die Geschäftstätigkeit des neuen Unternehmens beginnt sofort. Schon zu Weihnachten 1948 fährt der erste Sonderzug mit 1200 Gästen in Ruhpolding ein. Für die 949 Kilometer lange Strecke von Hamburg nach Oberbayern braucht der Zug fast 23 Stunden, weil ein Großteil der Brücken, Gleisanlagen und Stellwerke noch nicht wiederhergestellt ist. Es sind Wagen der Dritten Klasse mit Holzbänken. Die beiden Zugreiseleiter sind Hubert Ostrowski vom Reisebüro Dr. Degener und Hans Murphy von Hapag-Lloyd, der spätere langjährige Leiter des Hapag Lloyd-Verkehrspavillons am Hamburger Jungfernstieg.

Die alten Eisenbahnwaggons aus dem Kriege werden innerhalb von wenigen Monaten verbessert. Die Holzbänke erhalten eine Polsterung, für die Fahrten während der Nacht werden sogar probeweise Hängematten gespannt, die sich aber nicht bewähren.

Incoming-Geschäft für Touropa

Touropa mit großem Programm: Schon 1952 benötigt das Unternehmen für seine Gäste 500 Sonderzüge. Später verkehrt man mit eigenem Wagenpark auf der Schiene.

Während sich Degener und die drei Reisebüroketten mit dem Aufbau eines Urlaubsprogramms für die Bundesbürger beschäftigen, trommeln die ausländischen Reiseveranstalter American Express und Thomas Cook für Reisen nach Deutschland. 1949 wirbt die Amexco mit der Anzeige: „Reisen Sie mit uns nach Deutschland, es ist die letzte Gelegenheit, die Ruinen zu besichtigen. Die Deutschen haben fast alle Kriegsschäden in ihrem Land wieder beseitigt. Im nächsten Jahr wird von diesen interessanten Dingen nicht mehr viel zu sehen sein."

Degener will das Reisegeschäft nach Deutschland nicht anderen überlassen und beschließt 1951 mit seinen Mitgesellschaftern, für die Werbung und Betreuung ausländischer, vorwiegend amerikanischer Gäste in Frankfurt eine Incoming-Abteilung einzurichten. Die Herren zerbrechen sich den Kopf über einen passenden Namen. ABR-Chef Karl Fuß hat die zündende Idee: Touropa. Der Name ist so gut, dass die Gesellschafter im selben Jahr beschließen, ihre Arbeitsgemeinschaft DER-Gesellschaftsreisen ebenfalls in Touropa umzutaufen.

Privatwirtschaft hilft der Bahn

Der Touropa-Gründer Dr. Carl Degener verfügt über eine unermüdliche Energie. Seine Kreativität und sein Verhandlungsgeschick zeigen sich auch im Verhältnis zur Deutschen Bundesbahn. Er schafft es, den technischen Verwaltungsapparat der Bahn fast unbegrenzt für seine Ziele einzuspannen.

Die Bundesbahn-Hauptverwaltung stellt Degener die benötigten Sonderzüge zu äußerst günstigen Bedingungen zur Verfügung. Er erhält einen Gruppenrabatt von 50 Prozent auf den Normalpreis und darüber hinaus „gewisse Provisionen als Starthilfe" (DB-Ministerialrat Willy Huber, später Hauptgeschäftsführer des ABR). 1949 bringt Degener mit den Sonderzügen mehr als 40.000 Feriengäste nach Ruhpolding und in andere Urlaubsorte. 1952 benötigt die Touropa bereits 500 Sonder-

1949

74

Die Anreise per Zug ist ein wichtiger Teil der Reise. Und es wird immer wichtiger, dass die Touristen sie genießen können.

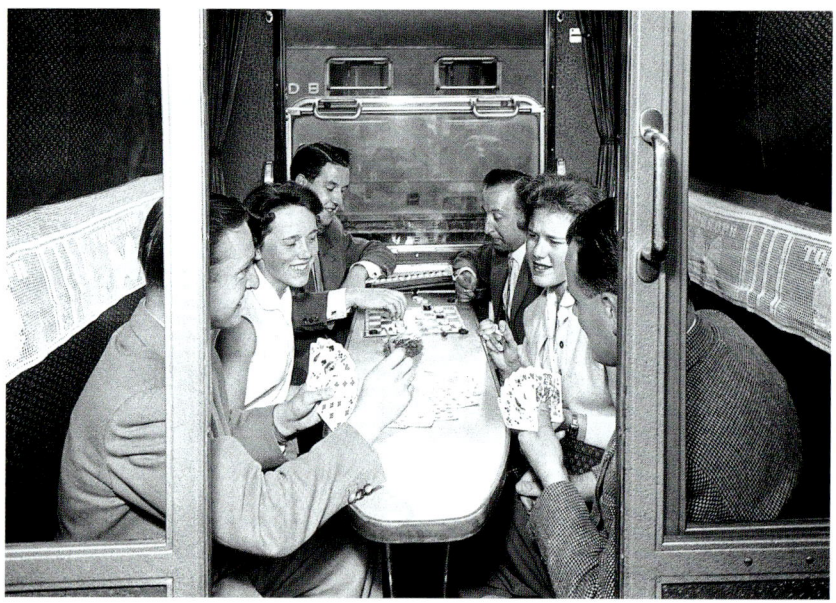

züge, um 174.000 Gäste zu befördern. Dabei waren die unbequemen Dritte-Klasse-Abteile auch angesichts der immer noch langen Fahrtzeiten eine reine Qual.

1953

1953 schlägt Degener deshalb vor, für die Touropa komfortable Sonderzüge zu bauen. Die Bauräte in der technischen Abteilung der DB-Hauptverwaltung lehnen es kopfschüttelnd ab, sich von einem Laien Ratschläge erteilen zu lassen. Aber Degener setzt sich durch; er besorgt sogar die Finanzierung der Sonderzüge. Die Touropa beschafft für den Bau von 80 Spezialwaggons einen Kredit in Höhe von 15 Millionen DM zu äußerst günstigen Bedingungen.

Die Touropa übernimmt den größten Teil der Zinsen für den Bankkredit und verpflichtet sich, die Kosten für die Ausstattung der Waggons selbst zu tragen. Das sind immerhin noch einmal drei Millionen DM. Darüber hinaus verpflichtet sich die Touropa, die Waggons auf eigene Rechnung jährlich überholen zu lassen. Jedes Abteil wird statt mit den bisherigen Holzbänken mit sechs Polstersitzen versehen, die abends in Liegen verwandelt werden.

Jeder Spezialzug führt sowohl einen Speisewagen als auch einen Friseurwagen. Schon bald kommen neun Touropa-Sonderzüge zum Einsatz. 1960 gibt es eine weitere Verbesserung durch den Einbau so genannter Vorzugsabteile.

Touropa-Entwicklung

Der Ausbau des Reiseangebots der Touropa geht mit Riesenschritten voran. Jedes Jahr gibt es neue Ziele oder Reisekombinationen. Ob es 1954 kombinierte Bahn-, Bus- und Schiffsreisen nach Mallorca sind, Kreuzfahrten 1955 mit der „Pace" nach

Spanien, Nordafrika und Korsika, der Beginn regelmäßiger Flugreisen 1956 oder 1957 die Ausdehnung des Flugprogramms durch die Touropa/Scharnow/Hummel-Gemeinschaftsunternehmung „Deutsche Flugtouristik", ganz gleich was die Touropa anfasst, es wird zum Erfolg. 1949 hatte Degener mit dem Nürnberger Reiseunternehmer Hans Bauernfeind um zehn Flaschen Sekt gewettet, dass die westdeutschen Reiseunternehmer innerhalb von fünf Jahren 500.000 Gäste auf die Reise schicken würden. „Die Deutschen werden reisen wie noch nie, wenn sie erst wieder satt zu essen haben." Bauernfeind hat die Wette verloren. 1954 reisen 800.000 Deutsche in den Urlaub.

Am 28. Dezember 1960 stirbt der Mitbegründer der Touropa, ihr Ideengeber und Motor, Dr. Carl Degener, im Alter von 60 Jahren. Was Cook im vergangenen Jahrhundert in England für den organisierten Gruppentourismus war, das ist mit Carl Degeners Leistungen im 20. Jahrhundert in Deutschland vergleichbar. Degener ist der Vater der deutschen Reisebranche. Es war seine Idee, deutsche Urlauber mit Sonderzügen in den Süden zu bringen. Er war der Schöpfer und die Seele der Touropa. Und er entwickelte Ruhpolding zum erfolgreichsten Ferienort deutscher Urlauber in den Alpen.

1960

Reisen – eine amtliche bayerische Angelegenheit mit dem ABR

Während im übrigen Nachkriegsdeutschland touristische Unternehmen und Strukturen neu entwickelt werden, knüpft man in Bayern an die Tradition an und macht da weiter, wo man durch den Krieg aufhören musste. Das ABR heisst nicht nur Amtliches Bayerisches Reisebüro, es hat auch quasi-amtlichen Charakter. Die Städte München und Nürnberg gehören zu den Gesellschaftern und unterstützen ihre Reisetochter, wo immer es möglich ist. Im Touropa-Gesellschafterkreis hat das ABR eine schwächere Position als das DER und Hapag-Lloyd, weil die Bayern in den Jahren nach dem Kriege kaum zu den Touropa-Kunden gehörten. Bayern ist zunächst touristisches Empfangsland für die Deutschen nördlich des Mains, weniger ein touristischer Versender. Das ABR kümmert sich deshalb schon bald um Angebote für die bayerischen Kunden, auf die das Touropa-Programm nicht zugeschnitten ist. So werden Südtirol und Norditalien bedeutende Ziele im ABR-eigenen Touristikkatalog.

Das ABR erwirbt Feriensiedlungen in Norditalien und bietet sie dem DER und auch der Touropa an, damit diese sie in ihre eigenen Programme aufnehmen. Der Touristikchef des ABR, Ernst Esser, wacht eifersüchtig darüber, dass das ABR trotz des Gesellschafterstatus bei der Touropa und später auch bei der TUI seine eigene touristische Identität behält. Die TUI kann nichts Besseres tun, als diesen erzkon-

Touristikchef Ernst Esser achtet streng darauf, dass dem ABR das eigene Profil erhalten bleibt.

1945 – 1997

servativen ABR-Mann zu sich zu holen. Esser wird bei der Touropa Nachfolger von Dr. Walter Vogel, weigert sich aber bei der späteren Touropa-Verlegung nach Hannover beharrlich, seinen Arbeitsplatz und Wohnsitz zu wechseln. Er bleibt schließlich in München als süddeutscher Repräsentant der TUI.

Das ABR stellt mit dem DER und bis zur Gründung der Hapag-Lloyd Reisebüro einen starken Block innerhalb des TUI-Gesellschafterkreises. Doch im Jahr 1997 beschließt die Bundesbahn, ihre bayerische Tochter nach Kauf der Minderheitsanteile von München, Nürnberg, Thomas Cook und Hapag-Lloyd in das DER einzubringen. Das ist für das bayerische Nationalbewusstsein natürlich ein Sakrileg, kaufmännisch macht es aber Sinn. Deshalb ist ABR seit 1997 nur noch die bayerische Hausmarke des DER.

Aus MER wird DER-West und DER-Ost

Mit dem Ende des Zweiten Weltkrieges ist auch die zentrale Organisation des Mitteleuropäischen Reisebüros zerstört. Es bilden sich die so genannten Zonendirektionen in Berlin, Detmold und Frankfurt/Main, zeitweise auch in Neustadt an der Weinstraße. Der Alliierte Kontrollrat, der die Entflechtung der deutschen Konzerne betreibt, beschließt 1946 die Umbenennung des MER in Deutsches Reisebüro (DER) unter gleichzeitiger Beschränkung der Tätigkeit auf Deutschland. Das Monopol auf den Verkauf von Fahrausweisen der Deutschen Reichsbahn wird aufgehoben.

1946

Deutsches Reisebüro

Im Verlauf der Zeit ändert sich das DER-Logo mehrfach.

Aber schon ein Jahr später, 1947, wird mit dem Wiederaufbau einer zentralen DER-Organisation begonnen. Die DER-Zonendirektionen Detmold und Frankfurt/Main werden in Frankfurt zur DER-Direktion vereinigt. Im selben Jahr werden die im Ostsektor Berlins angesiedelte ehemalige MER-Zentrale und die auf dem Gebiet der DDR befindlichen Reisebüros zu Staatsbetrieben. Die Reisebüroorganisation wird 1964 in „Reisebüro der Deutschen Demokratischen Republik" umbenannt. Die im Westen verbliebenen ehemaligen MER-Vertretungen wollen weiter mit dem DER zusammenarbeiten, das seinerseits jedoch wegen der alliierten Auflagen in dieser Hinsicht nicht aktiv werden kann. Gegen eine Initiative von unten können die Behörden jedoch nichts unternehmen. Deshalb beschließen die Agenturen am 11. Mai 1947 in Frankfurt/Main, im Verbund der DER-Organisation zu bleiben. An dieser ersten DER-Vertreterversammlung nehmen 83 Reisebüroinhaber teil. Im Protokoll der Versammlung heißt es dazu: „Die Erkenntnis, dass die deutschen Reisebüros in einer Dachorganisation zum eigenen Nutzen und im Interesse eines Wiederaufbaus zusammengefasst werden müssen, hat die versammelten Vertreter zur Zeichnung des nachstehenden gemeinsam gefassten Beschlusses veranlasst: ‚Zur Erhaltung der Tätigkeit des DER hinsichtlich der fachlichen und betrieblichen Betreuung der Vertretungen der vereinigten britischen und amerikanischen Zonen erklären die anwesenden Vertreter ihre Bereitschaft, freiwillig im Verband der DER-Organisation zu bleiben.'"

Aus dem Kreis der Mitglieder wird ein Arbeitsausschuss gebildet, der dem DER beratend zur Seite stehen soll. Der Vertrauensbeweis der DER-Partner im schwierigen Jahr 1947 ist die eigentliche Wiedergeburt des Unternehmens. Der Wiederaufbau ist eng verbunden mit dem Namen des seit dem 1. April 1947 amtierenden Geschäftsführers Fritz B. Käppler. 1948 wird gemeinsam mit dem ABR, Hapag-Lloyd und Dr. Carl Degener die Arbeitsgemeinschaft DER Gesellschaftsreisen gegründet, aus der 1951 die Touropa hervorgeht.

1948

Das DER öffnet sich 1948 auch für eine weitere Reisevariante, den Bustourismus. Am 25. Juni 1948 wird gemeinsam mit der Europäischen Reiseversicherung AG die Deutsche Touring GmbH in Frankfurt am Main gegründet. Mitte 1952 ändern sich die Besitzverhältnisse am DER. Die langjährigen Gesellschafter Ibusz, die Ungarischen Staatsbahnen und Jadranksa Plovidba werden ausbezahlt. Gesellschafter des DER sind jetzt nur noch die Deutsche Bundesbahn, die Hamburg Amerika Linie und der Norddeutsche Lloyd sowie das Amtliche Bayerische Reisebüro ABR. 1952 kommt zu den Gesellschaftsreisen eine weitere Geschäftserweiterung: Sonderreisen aus speziellem Anlass. Sonderzüge des DER bringen fast 5000 Pilger nach Lourdes, 8000 Gläubige zum Katholikentag nach Berlin und über 500 Sportbegeisterte zu den Olympischen Sommerspielen nach Helsinki. Im Jahr darauf wird eine Abteilung für Studien- und Kongressreisen gegründet, die sich im Laufe der Zeit zu einem wichtigen Standbein des DER entwickelt.

Deutsche *Touring*

Steht für Busreisen:
die Deutsche
Touring. Hier ein
Logo von 1973.

Mit den Pariser Verträgen am 23. Oktober 1954 erhält Deutschland seine Souveränität zurück. Das DER bekommt seine alten Rechte. Es darf nun auch international tätig werden. Noch im selben Jahr eröffnet das DER in Rom seine erste Auslandsfiliale seit dem Zweiten Weltkrieg. 1955 vereinbart das Unternehmen mit dem tschechoslowakischen Verkehrsbüro Cedok den gegenseitigen Verkauf von Bahnfahrkarten und touristischen Arrangements. Ähnliche Verträge werden in der Folgezeit mit Intourist, der staatlichen Reisebüroorganisation der Sowjetunion, mit Rumäniens Verkehrsamt Carpati, Bulgariens Balkantourist, Polens Orbis und mit Ibusz in Budapest geschlossen.

1954

Im Zuge des ständig wachsenden Geschäftes und des daraus folgenden Personal- und Raumbedarfs siedelt das DER dann 1961 in das zehnstöckige Verwaltungsgebäude in der Eschersheimer Landstraße in Frankfurt am Main um. Dort bleibt es, bis es nach Bau eines neuen Hauses 1995 an den Ortsrand von Frankfurt, nach Heddernheim, zieht.

Ab 1960 ist das DER Generalbevollmächtigter der Deutschen Bundesbahn, die DER-Vertretungen sind Verkaufsagenturen und unmittelbare Vertragspartner der Bahn. Das DER besorgt aber auch weiterhin das Inkasso für die Bahnwerte. 1960 kommt Dr. Hans Knebel von der Bahn als zweiter Geschäftsführer zum DER. Er löst

1967 Fritz B. Käppler als Vorsitzenden der Geschäftsführung ab. Knebel hatte schon vor seiner Tätigkeit bei der Bahn eine erste Bekanntschaft mit dem Reisebürogewerbe in Berlin gemacht. Einige Monate seiner Referendarzeit im Jahr 1936 verbrachte er nämlich in Berlin bei der „Reichsverkehrsgruppe Hilfsgewerbe des Verkehrs" (RVH). Sein seinerzeitiger Vorgesetzter war der schon erwähnte Emil Kipfmüller.

Joseph Broermann, Vertreter der DER-Agenturen

1964

Im Jahr 1964 wird ein Mann zum Vorsitzenden der deutschen DER-Vertretungen gewählt, der sich auch als Vorsitzender des Start-Benutzer-Beirates als leidenschaftlicher Kämpfer für den Mittelstand erweist: Joseph Broermann, im Hauptberuf Steuerberater in Freudenstadt im Schwarzwald, im „Nebenberuf" Ehemann von Frau Maria Broermann, Inhaberin des Reisebüros Freudenstadt. Er nimmt die beiden oben genannten Funktionen bis 1982 wahr, die als Ehemann natürlich bis zu seinem Tode. Inzwischen ist auch die liebenswerte Maria Broermann gestorben. Wann immer es in der Branche um Provisionen, Verträge oder Konditionen geht, Joseph Broermann ist unerbittlicher und einfallsreicher Streiter für die Reisemittler. Er ist eine charismatische Persönlichkeit und zeigt besonders bei den DER-Tagungen, dass er seine Argumente nicht nur mit Intelligenz, sondern auch mit hoher Eloquenz und viel Humor vortragen kann. Mit Bibelversen, meist der jeweiligen Situation angepasst und für jede Problemstellung verfügbar, um nicht zu sagen, aus dem Ärmel geschüttelt, unterlegt er seine Forderungen an die Prinzipale und findet die Reisebüros immer auf seiner Seite. Broermann hat sowohl bei der Bahn als auch beim DER als auch durch die schon erwähnte Funktion als Vorsitzender des Start-Mieterbeirats nicht nur unermüdlich gekämpft, sondern auch viel erreicht. Er gehört fraglos zu den großen Persönlichkeiten der Reisebranche im letzten Jahrhundert.

Das DER als Reiseveranstalter

Mit dem Wirtschaftsaufschwung entwickelt sich für das DER ab 1965 neben dem Urlaubstourismus erneut ein zusätzliches Geschäft. Zehntausende ausländische Arbeitnehmer wollen ihre Ferien zu Hause verbringen und reisen mit Sonderzügen des DER nach Italien, Spanien, Griechenland und in die Türkei. Auch Charterflugzeuge werden für die Gastarbeiter eingesetzt. Die vom DER gecharterten Sonderflüge führen nach Istanbul, Madrid, Ankara und Barcelona, und es kommen interessante Teilnehmerzahlen zusammen. Mehr als 3000 Passagiere fliegen 1967 nach Spanien, mehr als 5000 in die Türkei. Im selben Jahr nutzen 40.000 Gastarbeiter die Eisenbahn nach Jugoslawien, Spanien, Portugal und Marokko.

1967

1967 ist das DER, inzwischen unter Führung von Dr. Hans Knebel, Mitbegründer von Airtours International, 1968 ist Knebel maßgeblich an der Gründung der TUI beteiligt. Er führt von 1971 bis 1977 den Vorsitz im Aufsichtsrat und beeinflusst von seinem Frankfurter Schreibtisch aus entscheidend die Geschicke des neuen

Großveranstalters. Gleichzeitig fördert er trotz der Beteiligung an der TUI die Entwicklung der DER-eigenen Touristikprogramme, was Jahre später zwischen seinem Nachfolger Dr. Hans Glaser und dem TUI-Vorstand zu mancherlei Kontroversen führt.

An der Gründung der „Studiengesellschaft zur Automatisierung von Reise und Touristik" (Start) im Jahr 1971 ist das DER ebenfalls mit dem strategisch denkenden Dr. Hans Knebel beteiligt.

Walter Stöhrer: Ausbau der DER Touristik

Knebel hat einen Röntgenblick für richtige Leute. Er holt sich 1968 den sportlichen Walter Stöhrer aus der Heidelberger Niederlassung des DER und macht ihn zum Hauptabteilungsleiter für Touristik und Public Relations. Stöhrer kümmert sich auch um die Sportreiseaktivitäten des DER sowie um die Reisen der deutschen Teilnehmer an den Olympischen Spielen und an Weltmeisterschaften. Er pflegt engen Kontakt zum Nationalen Olympischen Komitee und zum Deutschen Fußballbund. Auch das Hobbyprogramm des DER sowie die Studien- und Kongressreisen gehören zum Verantwortungsbereich von Stöhrer, der nicht nur ein Hansdampf in allen touristischen Gassen ist und bis in sein Alter jungenhaften Charme versprüht, sondern auch ein von allen geschätzter und loyaler Kollege ist.

Walter Stöhrer macht das DER zum Marktführer für Reisen nach Irland und in die Sowjetunion.

Mit großem persönlichen Einsatz entwickelt Stöhrer die Touristikprogramme des DER in die Sowjetunion und nach Irland, für die das DER Marktführer wird. Zu Stöhrers Verdiensten gehört die Schaffung der DER-Reiseakademie im Jahr 1974. Sie findet erstmals in Zürich mit über 400 Touristikern statt und macht die Verkaufsmitarbeiter der DER-Agenturen in spielerischer Weise mit dem DER-Programm vertraut. Zur Reiseakademie gehört auch eine intensive Verkaufsschulung. Sponsoren der DER-Reiseakademie sind vor allem Länder und Orte, die eng mit der DER-Touristik zusammenarbeiten und für die Touristikverkäufer attraktiv sind.

1974

Stöhrer arbeitet im Auftrag des DER 23 Jahre lang in den verschiedensten Gremien des Deutschen Reisebüro-Verbandes (DRV) mit. Von 1980 bis 1990 gehört er als Vorsitzender des Ausschusses für Linienluftverkehr dem DRV-Vorstand an. 1990 geht Walter Stöhrer in Pension und macht sich noch einmal selbstständig mit der Vertretung europäischer Touristikregionen. Er stirbt 1998 nach schwerer Krankheit.

ABC – das große USA-Geschäft von Peter Landsberger

Als am 1. April 1973 das Bundesverkehrsministerium mit einer ersten Liberalisierung des Luftverkehrs beginnt und so genannte „Advanced Booking Charter" (ABC) genehmigt, verbündet sich das DER mit ABR und Hapag-Lloyd und gründet eine Arbeitsgemeinschaft zur Planung und Durchführung dieser neuen Art von preiswerten Flügen in die USA. Die drei Gesellschafter verhindern, dass sich die TUI diesem Geschäft ebenfalls zuwendet, mit dem hartnäckigen Argument, es handele sich nur um den Transport und nicht um Produktion und Verkauf touristischer

Peter Landsberger.
Kommt von
Atlantis ins Boot
des DER.

Pakete. Die ABC-Flüge bergen zunächst ein erhebliches Charterrisiko in sich, aber sie werden auf Anhieb ein Erfolg. Bereits im ersten Jahr reisen 8000 Passagiere nach New York, Los Angeles, Chicago und nach Kanada. 1974 sind es schon fast 30.000, und 1976 hat sich die Zahl verdoppelt. Die Federführung für die ABC-Arbeitsgemeinschaft liegt bei Walter Stöhrer, dem Chef der DER-Touristik. Dieser holt schon bald Peter Landsberger, ehemals bei der Charterfluggesellschaft Atlantis, ins Boot, der sich mit dieser Aufgabe in eindrucksvoller Weise profiliert.

Das ABC-Geschäft stellt sich als eine Art Pokerspiel heraus. Insgesamt werden nämlich mehr Charterflugzeuge für den Verkehr von Deutschland nach den USA unter Vertrag genommen, als die verschiedenen ABC-Veranstalter in der Summe tatsächlich füllen können. Deshalb ist es eine reine Nervensache, möglichst lange die unter Vertrag genommenen Charterkapazitäten zu halten und sie im Falle ungenügender Buchungszahlen erst im letzten Moment zurückzugeben, wenn die Stornierung noch kein Geld kostet. Wer noch die Nerven hat und über freie Kapazität verfügt, bekommt dann von denjenigen, die das Rennen aufgegeben haben, die gebuchten Passagiere überstellt. Meistens ist Peter Landsberger der Sieger, weil er trotz ebenfalls nicht genügender Buchungszahlen das Risiko hoher Stornokosten nicht scheut und zum Schluss doch noch seine Maschinen mit Hilfe der anderen ABC-Veranstalter füllt. Er nimmt dabei auch Buchungen von ominösen „Graumarkt-Händlern" entgegen, über die in den 70er Jahren viele die Nase rümpfen, die inzwischen aber längst salonfähig geworden sind.

Landsberger macht beim DER Karriere. Vom Prokuristen über den Direktor wird er 1986 zum DER-Geschäftsführer. 1994 geht er zwar als ITS-Chef nach Köln, aber er kommt schon 1996 zurück, um den Vorsitz des DER anzutreten. Sicher ahnte er damals noch nicht, dass er im Jahr 1999 als Geschäftsführer der Rewe Touristik die Arbeit sowohl des DER als auch der ITS koordinieren würde.

Die Ära Glaser

Dr. Hans Glaser
übernimmt die
Geschäftsführung
des DER.

Aber zurück zum Jahr 1976. Dr. Hans Glaser tritt sein Amt am 1. Januar 1976 als Nachfolger von Dr. Hans Knebel an. Er war zuvor als Ministerialrat Personenverkehrsreferent bei der Hauptverwaltung der Deutschen Bundesbahn. 1977 wird Dr. Gerhard Heine zusätzlich in die DER Geschäftsführung berufen. Er kommt von der Zentralen Verkaufsleitung der DB und war dort für Marktforschung und Verkaufsförderung zuständig. Unter der Führung von Glaser und Heine wird das DER einer deutlichen Verjüngungskur unterzogen. Die DER-Touristik entdeckt die „grünen Oasen" als Prospekttitel und baut die Programme nach Irland und in die UdSSR weiter aus. Im Gegensatz zu Knebel kümmern sich die beiden Geschäftsführer auch persönlich um die Pflege der Beziehungen zu ihren wichtigsten ausländischen Geschäftspartnern, was natürlich die Bewegungsfreiheit des sehr selbstständig gewordenen Walter Stöhrer deutlich einschränkt.

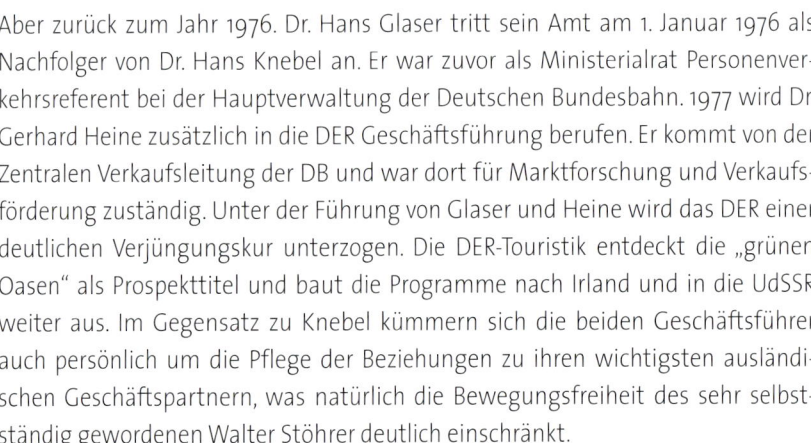

Derpart

Auch in Deutschland setzt das DER neue Zeichen. Wie schon bei den Einzelhänd-
lern zu beobachten, geraten auch die Reisebüros unter zunehmenden Druck, dem
sie nur durch gemeinsames Handeln im Rahmen von Kooperationen oder Genos-
senschaften begegnen können. Hier ergreifen Glaser und Heine die Initiative. Das
DER bietet dem mittelständischen Reisebürogewerbe eine neue, erweiterte und
zukunftsgerechte Kooperation an. Das geschieht durch Dr. Gerd Heine im April 1979
auf der DER-Tagung in Den Haag/Scheveningen. Sein Angebot stößt bei den DER-
Agenturen auf großen Widerhall .

Für das DER selbst geht es auch darum, seine „Mutterfunktion" für die Reisebüros zu erhalten, da die Generalagentur der Bahn und die Abrechnungsstelle für
Bahnfahrkarten auf Dauer eine zu schmale Basis sind. Als Reiseveranstalter spielt
das DER in den Reisebüros mit seinen vielfältigen Programmen zwar eine nicht
unbedeutende Rolle, aber es ist schon erkennbar, dass die Bedeutung der größeren
Veranstalter und der Fluggesellschaften zunehmen wird. Deshalb ist es für das DER
von entscheidender Bedeutung, die Reisebüros über die bisherige DER-Agentur
hinaus enger an sich zu binden.

Und so kommt es am 18. Juli 1979 in Stuttgart zur Gründung der Derpart Reisevertrieb GmbH. Das Ziel des DER für die neue Kooperation lautet: die geschäftlichen Verbindungen zu den DER-Agenturen zu vertiefen und zu festigen und ihnen
in partnerschaftlicher Zusammenarbeit eine direkte Beteiligung im Bereich des
nationalen und internationalen Reisemarktes zu eröffnen. Beabsichtigt sind
gemeinsamer Einkauf, intensive Schulungen und Analysen für einen optimalen
Betriebsablauf bis hin zum Kauf und Betrieb von Reisebüros.

Das Gründungskapital beträgt zunächst 800.000 DM. Das Interesse an Derpart ist so groß, dass schon während des ersten Jahres das Stammkapital auf 1,6
Millionen DM erhöht werden muss. Ende 1979 sind 153 Inhaber von DER-Agenturen
mit 300 Betriebsstellen und einem Kapital von 786.000 DM (49,12 Prozent) an Derpart beteiligt, ein Jahr später sind es 185 Vertretungen mit 360 Reisebüros. Das
Stammkapital beträgt mittlerweile zwei Millionen DM. Ende 1999 gehören 215 Rei-
sebürogesellschafter mit 410 Vertriebsstellen zu Derpart. Sie sind mit 50 Prozent
an dem Unternehmen beteiligt.

New World Travel: erfolgreiche DER-Tochter

Der stürmisch wachsende ABC-Verkehr, aus dem sich natürlich entgegen den
ursprünglichen Beteuerungen gegenüber der TUI doch ein lebhaftes touristisches
Geschäft mit Aufenthalts- und Rundreisen in den USA entwickelt, soll in New York
bei der Tochtergesellschaft von Hapag-Lloyd Trade & Industry Tours angesiedelt
werden. Nach der Entlassung des langjährigen Hapag-Lloyd-Geschäftsführers in
New York tritt der Österreicher Wilfried Niederkofler an. Er wird Präsident der 1979

Die Gründung von
Derpart stösst
im Vertrieb auf so
großes Interesse,
dass schon im
ersten Jahr das
Stammkapital
erhöht werden
muss.

1979

1979

Wilfried Niederkofler:
beliebt und sehr
erfolgreich im USA-
Incominggeschäft.

in New York gegründeten New World Travel, an der neben dem DER auch das ABR, Hapag-Lloyd und die First-Reisebürogruppe zu gleichen Teilen beteiligt sind. Niederkoflers Arbeit ist von Erfolg gekrönt. Er kehrt zwar von 1983 bis 1985 noch einmal in die DER-Direktion zurück, um sich um Verkaufsförderung und Marketing zu kümmern, geht dann aber 1985 endgültig und mit fliegenden Fahnen nach New York zurück. Dort blickt der fröhliche Tiroler, der als ehemaliger Skilehrer Mädchenherzen höher schlagen ließ, inzwischen auf ansehnliche Erfolge zurück.

Von einer bescheidenen Incoming-Agentur hat sich New World Travel in 20 Jahren unter Führung von Niederkofler zu einem führenden Destination-Management-Service-Unternehmen in Nordamerika mit über 100 Mitarbeitern entwickelt. Der Umsatz im Jahr 1999 beläuft sich auf fast 150 Millionen US Dollar. Seit 1996 ist das DER Alleinaktionär von New World Travel.

Die Bahn verstößt ihre Tochter

Die Zeiten, in denen die Bahn stolz auf ihre Reisetochter war und über sie Branchenpolitik mitgestaltete, ändern sich mit der Verpflichtung der Bahn, zu einem Unternehmen zu werden, das nicht auf staatliche Subventionen angewiesen ist, sondern sich selbst trägt. Das DER wird zu einem Handelsobjekt, aus dem man viel Geld herausschlagen kann. Im Rahmen eines Bäumchen-wechsle-dich-Spiels beteiligt sich die Lufthansa 1979 mit 10,8 Prozent am DER, 1995 werden es nach dem Ausstieg von Hapag-Lloyd sogar 33,3 Prozent. 1998 trennt sich die Lufthansa wieder vom DER.

1979

Schließlich verkauft die allmächtige Mutter Deutsche Bundesbahn ihre traditionsreiche Reisetochter Ende 1998 an die Rewe Handelsgruppe. Annähernd eine Milliarde DM soll Rewe dafür gezahlt haben. Die Lufthansa-Beteiligung C & N Touristic wollte sich – wie die britische Airtours, die LTU-Gruppe, die Schweizer Kuoni Reisen und die spanische Barceló-Gruppe – ebenfalls beim DER einkaufen. In einem dramatischen Bieterwettlauf mit Airtours UK, die ihre Position in Deutschland mit aller Macht ausbauen will, erhält schließlich die Rewe den Zuschlag. Zuvor hat die Bahn dem DER noch die Funktion des Generalvertreters für das Fahrkartengeschäft entzogen, um die Arbeit selber zu machen. Die Geschäftsführer des DER, Inzwischen mit Peter Landsberger an der Spitze, haben der Deutschen Bahn AG noch ein Abschiedsgeschenk gemacht: Das DER hat für 1999 mit einem Gewinn von 77,9 Millionen DM vor Steuern das beste Ergebnis seiner Geschichte abgeliefert.

1999

84

Hapag-Lloyd Reisebüro:
Die Tochter ist älter als die Mutter

Die während des Zweiten Weltkriegs gegründete Deutsche Amerika Linie, der die Reisebüros von Hapag und Lloyd zugeschlagen worden waren, kann aus nahe liegenden Gründen keine Tätigkeit mehr entfalten und schließt 1947 ihre Pforten. Dadurch fallen die Reisebüros wieder an die Hamburg-Amerika Linie und den Norddeutschen Lloyd zurück. Beide Firmen gründen 1948 die Hapag-Lloyd Reisebüro OHG. Damit wurde vorab die spätere Fusion der beiden Muttergesellschaften vollzogen. Der 1948 einsetzende Auf- und Ausbau verläuft mit großem Erfolg, so dass das Hapag-Lloyd Reisebüro zum größten Reisebüro in Deutschland wird. Entscheidenden Anteil an der Gründung der Organisation hat Emil Kipfmüller, Direktor der Hapag und Gründungsgeschäftsführer des Hapag-Lloyd Reisebüros. *1948*

Die Hapag-Lloyd Reisebüros betätigen sich auf allen Sektoren des Reisegeschäfts. Mit der Erholung und dem Wiederaufbau der deutschen Wirtschaft wächst sowohl das Privatreise- als auch das Geschäftsreisevolumen. Das führt bei Hapag-Lloyd früher als bei anderen Reisebüroorganisationen zu einer Trennung von Laden- und Telefongeschäft. Letzteres dient der Betreuung von Firmenkunden. Während Anfang der 70er Jahre die Trennung der so genannten Firmendienste vom Ladengeschäft vollzogen wird, wird Ende der 90er Jahre sogar eine firmenrechtliche Trennung beider Geschäftsbereiche vorgenommen.

Die Gründung der Touropa und später der TUI wird von der Geschäftsleitung der Hapag-Lloyd Reisebüros und nicht von den Muttergesellschaften wahrgenommen. Sitz und Stimme in den Entscheidungsgremien liegt beim Reisebüro, bis es zur Gründung der Hapag-Lloyd Fluggesellschaft kommt. In diesem Moment schaltet sich der Vorstand der Hapag-Lloyd AG ein, um selber Rechte und Einfluss auf die wichtige Beteiligungsgesellschaft in Hannover auszuüben. Die Spannung zwischen Selbstverständnis und Ehrgeiz der TUI und den auf Gewinn ausgerichteten Gesellschaften begleitet Hapag-Lloyd genauso wie das DER oder ABR. Die Rechte auf eigene Reiseausschreibungen in vertraglich festgelegten Bereichen werden von Hapag-Lloyd voll ausgeschöpft, da die Rentabilität in der Reiseveranstaltung hoher liegt als in der Vermittlung von Reisen. Für die Veranstaltung von Fachstudien- und Kongressreisen wird in Frankfurt der „Wirtschaftsdienst Studienreisen" betrieben und in New York 1953 die Tochtergesellschaft Trade and Industry Tours (Tita) gegründet. Die Tita geht wiederum 1979 in New World Travel auf, die gemeinsam mit dem DER, dem ABR und der First-Reisebürogruppe gegründet wird. Die Flugreisen des Hapag-Lloyd-eigenen Programmes „Reisen à la carte" werden 1967 in die neu gegründete Airtours International eingebracht. Der verbleibende Teil, der zum Schluss nur noch ein Hotelangebot für anspruchsvolle Individualisten ist, wird 1972 eingestellt. *1953*

85

Locken Erholungs-
suchende zu
Lustfahrten aufs
Wasser: die Büros
der großen
Reedereien.

In den 70er und 80er Jahren wird im europäischen Ausland und in den USA eine Expansion betrieben. Claus Wülfers, späterer Geschäftsführer der Hapag-Lloyd Fluggesellschaft und dann Touristikvorstand der Hapag-Lloyd AG, eröffnet Reisebüros in London, Brüssel, Luxemburg und Zürich. In den USA entsteht eine kleine Reisebürokette mit Büros in New York, Hackensack (New Jersey), Philadelphia, Atlanta und Charlotte (North Carolina). Die wirtschaftlichen Ergebnisse bleiben jedoch unbefriedigend, weil Hapag-Lloyd nicht bereit ist, sich mit größeren Beträgen in bereits bestehende und gut laufende Reisebüros einzukaufen. Die bei Null anfangenden Reisebüros im Ausland haben kaum eine Chance, mit den dort etablierten Wettbewerbern Schritt zu halten. Claus Wülfers verkauft in den 90er Jahren die von ihm selbst ins Leben gerufenen europäischen Hapag-Lloyd Reisebüros. Die Büros in den USA werden an Euro Lloyd Reisebüro verkauft.

Die wirtschaftlichen Ergebnisse der Hapag-Lloyd-Reisebüroorganisation explodieren im Zusammenhang mit der auch in der Reisebranche erzwungenen Liberalisierung und Deregulierung. Mit der Aufhebung von einheitlichen Provisionssätzen der Fluggesellschaften können Sonderkonditionen ausgehandelt und Volumenabkommen durchgesetzt werden. Das führt in den 80er und 90er Jahren zu Ergebnissen, die mitunter das Zehnfache der früheren durchschnittlichen Jahreserlöse erreichen. Aber bevor das Jahrhundert zu Ende geht, haben sich die Fluggesellschaften, allen voran die Deutsche Lufthansa, besonnen, und das Maß ihrer zwischenzeitlichen Großzügigkeit erheblich zurückgenommen.

Emil Kipfmüller: der letzte Enkel des Kaisers

Emil Kipfmüller, 1885 in Weissenburg in Bayern geboren, gehört zu den großen Männern im deutschen Tourismus. Bis ins hohe Alter steckt er voller Ideen und Schaffenskraft. Kipfmüller begann seine berufliche Laufbahn bei der Hapag im Jahre 1907, also noch unter der Ägide von Albert Ballin, des Mannes, der die Hapag *1907* zu einem Weltunternehmen gemacht hat. Insofern war er das einzige lebende Bindeglied zwischen der Zeit vor dem Ersten Weltkrieg und der Zeit nach 1945, in der er bis zu seinem 73. Lebensjahr noch im aktiven Berufsleben stand – quasi der letzte Enkel des Kaisers in der Tourismuswirtschaft. Nur widerwillig lässt er sich 1957 in Pension schicken.

Emil Kipfmüller arbeitet sich bei der Hapag kontinuierlich nach oben. Zunächst ist er in einem Passagebüro tätig. Es folgen einige Auslandseinsätze, wo er seine Sprachkenntnisse vervollkommnet. Dann übernimmt er die Leitung des Hapag-Reisebüros in Frankfurt und betreut ab 1928 das in- und ausländische Agen- *1928* turnetz des Personenverkehrs der Hapag. In dieser Zeit knüpft er enge Verbindungen und Freundschaften in aller Welt, die ihm auch in späterer Zeit sehr zugute kommen. Welche Wertschätzung ihm in der deutschen Reisebranche entgegengebracht wird, ist daran zu erkennen, dass er bei der Gründung der Vereinigung Deutscher Reisebüros (VDR) im Februar 1921 in den so genannten „großen Ausschuss" gewählt wird. 1932 wird Kipfmüller erster Vorsitzender des VDR. Als sich der Verband 1933 unter politischem Druck umtauft in „Nationale Vereinigung Deutscher Reisebüros" (NVDR), geht der erste Vorsitz zwar an jemanden anders, Kipfmüller wird aber zweiter Vorsitzender. 1935 wird der Verband umgewandelt in die „Reichsverkehrsgruppe Hilfsgewerbe des Verkehrs" (RVH). Der Vorsitz wird erneut Emil Kipfmüller anvertraut. Dr. Carl Degener, der spätere Mitbegründer der Touropa, wird Leiter der Untergruppe „Fachgruppe Reiseunternehmen".

1935

Nach dem Ende des Krieges, als deutsche Reedereien zunächst keine Hochseeschifffahrt mehr betreiben dürfen, beginnt die Hapag einen Seebäderdienst zu den Nordseeinseln. Emil Kipfmüller wird Geschäftsführer der Hapag-Seebäderdienst GmbH. Als die Passagebüros von Hapag und dem Norddeutschen Lloyd 1948 zum Hapag-Lloyd Reisebüro vereinigt werden, ist es erneut Emil Kipfmüller, dem die beiden Reedereien die Geschäftsführung anvertrauen. Damals ist Kipfmüller immerhin schon 63 Jahre alt.

1957

An der Gründung des Deutschen Reisebüro-Verbandes (DRV) im Jahre 1950 ist Kipfmüller maßgeblich beteiligt. 1957 wählt ihn die DRV-Mitgliederversammlung zum Ehrenpräsidenten. Kipfmüller unterstützt den Verband im In- und Ausland und ist bis zu seinem Tode ein gern gesehener Ehrengast auf den DRV-Jahrestagungen. Viele Jahre ist Emil Kipfmüller Delegierter der Bundesregierung im Fremdenverkehrsausschuss der OECD in Paris, Delegierter des DRV im EWG-Groupement, dem Vorgängergremium der heutigen Ectaa – European Community Travel Agents' Association. An der Gründung dieses Gremiums hat er 1961 in Bad Kreuznach maßgeblich mitgewirkt. Zwei Jahre leitet er das EWG-Groupement als Präsident, später wird er zum Ehrenpräsidenten auch dieser Organisation berufen.

Kipfmüllers Verbindung zu Carl Degener aus den Berliner Jahren führt im Juli 1948 zur Gründung von „Hapag-Lloyd/Dr. Degener Reisen", die mit Gründung des Touropa-Vorläufers, der Arbeitsgemeinschaft DER-Gesellschaftsreisen, wenige Monate später ihr Ende findet. Kipfmüller ist es zu verdanken, dass der ideenreiche und agile Carl Degener Gesellschafter des neuen Gemeinschaftsunternehmens und dessen Geschäftsführer wird. Degener hat ihm das nie vergessen. Nicht nur, dass Kipfmüller bis an sein Lebensende von der Touropa in München als Top-VIP behandelt wird, dem das Touropa-Chefauto mit Fahrer bei jedem seiner Aufenthalte in München zur Verfügung steht, Kipfmüller nutzt auch gern eine von der Touropa für ihn gemietete Wohnung gegenüber der Münchner Oper. Bis zum Jahr 1972 wird die Wohnung von der Touropa bezahlt, bis Touropa-Chef Ernst Esser die Ausgaben gegenüber der TUI in Hannover nicht mehr vertreten kann.

Der Abschied vom aktiven Berufsleben im Alter von 73 Jahren fällt Kipfmüller sehr schwer. Im Hapag-Haus am Ballindamm überlässt man ihm jedoch ein Büro und seine Halbtagssekretärin, und so fährt er jeden Morgen mit dem Alster-Damp-

88

fer bis zum Jungfernstieg und verbringt den Vormittag im „Kontor", bis er gegen 12.30 Uhr – häufig mit alten Geschäftsfreunden, die ihn gern besuchen – zum „Frühstück" in eine benachbarte Weinstube einkehrt. Sein Büro verteidigt er bis aufs Äußerste. Als er einmal von einer Reise zurückkehrt und sein Zimmer als Baustelle wiedersieht mit einem großen Loch zum Nachbarraum, ist er nicht mehr zu halten. Die Verwaltung wollte ihn in eine höher gelegene Etage umquartieren, weil die Erdgeschossräume für die Expansion der Datenverarbeitung benötigt wurden. Aber Kipfi – wie er inoffiziell von jedermann genannt wurde – stürmt zum Hapag-Vorstand Dr. Karl Necker und beruft sich auf den Hapag-Gründer Albert Ballin, der ihm ein lebenslanges und uneingeschränktes Bleiberecht im Hapag-Haus eingeräumt habe. Ergebnis: Das Loch in der Mauer wird wieder geschlossen, der Raum hergerichtet, Kipfi kann bleiben, und für die EDV wird eine andere Lösung gefunden.

Beim Selbstbewusstsein Kipfmüllers ist es nicht verwunderlich, dass er auch nach seiner Pensionierung zu jedem seiner runden Geburtstage eine besondere Ehrung, mindestens einen Empfang, erwartet, notfalls auch einfordert. In den letzten Jahren seines Lebens, als das Alter seinen Tribut fordert, beginnt Kipfmüller bei den Jahrestreffen der Hapag-Lloyd-Reisebüro-Führungsriege immer mit den Worten: „Ich spreche zu Ihnen quasi aus dem Jenseits." Und dann erzählt er von dem Gespräch 1948 mit Richard Bertram, dem Vorstandssprecher des Norddeutschen Lloyd. „NDL und Hapag wollen ihre Reise- und Passagebüros zusammenlegen. Wir brauchen einen Mann des gemeinsamen Vertrauens." – „Wer kann das sein?", Bertram: „Kipfi, das sind Sie." Am 6. November 1977 stirbt Emil Kipfmüller im Alter von 92 Jahren. Im Jenseits sitzt er wahrscheinlich mit Thomas Cook und Carl Degener auf derselben Wolke und staunt, was aus seiner Arbeit in Deutschland geworden ist.

Begebenheit in Hamburg
Emil Kipfmüller erscheint im Hapag-Lloyd-Verkehrspavillon
am Jungfernstieg und geht auf den Tresen zu:

> *„Mein Name ist Kipfmüller."*
> *„Ja bitte, was kann ich für Sie tun?"*
> *„Wissen Sie nicht, wer ich bin?"*
> *„Ja, ich habe verstanden, Sie sind Herr Kipfmüller."*

Kipfmüller merkt, dass die junge Nachwuchskraft nichts von seiner Bedeutung weiß; wenige Jahre nach der Pensionierung kennt man ihn nicht mehr. Das schmerzt. Eine Erfahrung, die so manch einer nach dem Rückzug aus dem aktiven Berufsleben macht! Emil Kipfmüller hat von Stund' an seine Bahnfahrkarten bei seinem Freund Waldemar Fast gekauft und sich in „seinem" Hapag-Lloyd-Reisebüro nicht mehr sehen lassen.

Auch per Bus geht's in die Ferien

Um 1900 gab es noch dampfbetriebene Omnibusse, aber der 1886 von Daimler und Benz erfundene Verbrennungsmotor führt schon bald auch zur Entwicklung von benzingetriebenen Omnibussen. Neben dem Überlandverkehr werden diese Omnibusse auch für Ausflugsfahrten eingesetzt. So genannte „Fremdenrundfahrten" mit Omnibussen werden Anfang des 20. Jahrhunderts in allen großen deutschen Städten angeboten. Auch einige Privatunternehmer engagieren sich schon bald, etwa die Herren Matthias Holzmair und Rudolf Schoenecker, auf die das noch heute bestehende Unternehmen Autobus Oberbayern in München zurückgeht, Friedrich Jasper in Hamburg und Ludwig Fels mit der Wiesbadener Autoverkehrsgesellschaft.

Mehr Komfort hinterm Dieselmotor

Fernreisen mit dem Omnibus entwickeln sich erst in den dreißiger Jahren. Der Ausbau des europäischen Straßennetzes und der Bau der Autobahnen geben dazu den Anstoß. Gleichzeitig konzipert die Industrie leistungsfähige Fernreisebusse. Der robuste Dieselmotor ermöglicht den wirtschaftlichen Einsatz von Bussen in großem Stil. Ein höherer Fahrkomfort durch bequeme Sitze, großzügige Verglasungen und eine bessere Fahrzeugfederung machen den Omnibus zu einem angenehmen Transportmittel.

Trotzdem setzt die nach 1933 alles beherrschende „Kraft durch Freude" für ihre Reiseprogramme vorwiegend die Eisenbahn ein. Für den Omnibus bleibt im Wesentlichen der Ausflugsverkehr in den Zielgebieten. Einige Privatunternehmen

Sicher weit vom heutigen Buskomfort entfernt, aber wunderschön: Schnellreiseomnibus von Mercedes aus dem Jahre 1939.

bieten allerdings Omnibus-Fernreisen an – und das mit gutem Erfolg. Zu diesen gehören die schon erwähnte Firma Autobus Oberbayern mit Fahrten von München nach Italien, Ruoff in Stuttgart mit Reisen nach Österreich, in die Schweiz und nach **1925** Italien, Josef Grein in Leverkusen mit Reisen in den Schwarzwald und die 1925 von Josef Renner und Otto Eydner gegründete Isaria Verkehrsgesellschaft in München mit Fahrten nach Venedig und Rom. Zu den Pionieren im Omnibusfernreiseverkehr gehört auch der schon zuvor erwähnte Carl H. Wolters in Bremen-Brinkum mit einem umfangreichen Programm nicht nur zu innerdeutschen Zielen, sondern auch nach Paris, Wien, Italien und Skandinavien. Das aber sind die Ausnahmen. Fernreisen mit dem Omnibus spielen bis 1945 im deutschen Tourismus keine große Rolle. Die Eisenbahn beherrscht die Szene.

Neue Karossen machen die Busse wirtschaftlicher

Der nach dem Zweiten Weltkrieg wieder entstehende Tourismus spielt sich erneut im Wesentlichen mit der Eisenbahn ab. Aber nach der Währungsreform im Jahre 1948 entdecken auch findige Omnibusunternehmer immer wieder neue Urlaubsziele. Der Omnibusunternehmer entwickelt sich zum Reiseunternehmer. Größere Omnibusfirmen gliedern ihrem Busbetrieb ein Reisebüro an, das sich um den Verkauf der ausgeschriebenen Reisen kümmert. Im Zuge des Wirtschaftswunders wird auch der Bau von Omnibussen verbessert. Die Leichtbauweise durch selbsttragende Karosserien führt Anfang der 50-er Jahre zu einer größeren Wirtschaftlichkeit des Omnibusses, der in der Folgezeit am schnell wachsenden deutschen Tourismus in vollem Umfange partizipiert.

1948 Schon 1948 gründet das Deutsche Reisebüro DER unter Leitung seines Geschäftsführers Fritz Käppler die Deutsche Touring Gesellschaft (DTG). Dabei tun sich die DER-Gesellschafter Hapag und Norddeutscher Lloyd zwar schwer mit ihrer Zustimmung, aber Käppler setzt sich schließlich durch und macht auch zusätzlichen Druck, um noch vor der erwarteten Währungsreform die genehmigten sechs Omnibusse zu kaufen.

Das DER hält 51 Prozent an der Touring, die anderen 49 Prozent verteilen sich auf die Bahn, die Bahntochter Deutsche Verkehrs-Kreditbank und die Europäische Reiseversicherungs AG. Letzteres Engagement ist eine Kuriosität, das bis heute anhält. Die Europäische ist sonst an keinem anderen Reiseunternehmen beteiligt, und es ist eigentlich auch nicht einzusehen, warum sie sich an einem Busunternehmen beteiligen sollte. Es dürfte sich dabei um eine Gefälligkeit gegenüber dem Großkunden Deutsche Bahn gehandelt haben und um ein gewisses Interesse, mit der Bahn intensive Kontakte zu pflegen. Der Gesellschaftszweck der Deutschen Touring ist der Ausländerreiseverkehr, also die Beförderung ausländischer Touristen in Deutschland und Europa. 1951 wird der Betrieb der Europabus-Linien aufgenommen. In den späteren Jahren kommt der Gastarbeiterverkehr dazu. Im eigentlichen Tourismus hat sich die Touring jedoch bis auf Auftragsfahrten nie betätigt. Im Gegensatz zur Entwicklung der Reiseveranstalter, die zunächst durch Fahrgemeinschaften und dann durch Zusammenschlüsse immer größer und flächendeckender werden, bleibt der Aktionskreis der Omnibusreiseveranstalter eng begrenzt. Dieter Gauf, Hauptgeschäftsführer des Internationalen Bustouristik Verbandes (RDA), beschreibt das einleuchtend: „Es gibt nur lokale Busreiseveranstalter. Das Bundesgebiet teilt sich auf in etwa 100 Sprengel. In jedem dieser Sprengel gibt es ein bis zwei Marktführer und zehn weitere Busveranstalter." Das deckt sich mit der vom BDO – dem Bundesverband Deutscher Omnibusunternehmen – für 1998 genannten Zahl von insgesamt 1200 Busreiseveranstaltern in Deutschland.

Überregionale Kooperationen von Busunternehmen sind immer wieder versucht worden, sie waren jedoch meistens nicht von Bestand. Prominentes Beispiel ist die Kooperation Schmetterling, die ursprünglich bundesweite Ambitionen hatte. Schmetterling besteht noch auf regionaler Ebene, ebenso wie eine angegliederte gleichnamige Reisebüro-Kooperation. Als erfolgreich stellen sich auch weitere regionale Buskooperationen heraus, die teilweise zu Fusionen der beteiligten Veranstalter führen.

In den 50-er Jahren entwickelt sich besonders die Ferienziel-/Aufenthaltsreise. Es sind die Omnibusunternehmer, die als erste die Costa Brava für den deutschen Touristen entdecken. Sie nehmen Hotels unter Vertrag und unterhalten An- und

Bar, TV, Garderobe und Toilette an Bord: Die modernen Busse machen dem Reisenden den Aufenthalt an Bord auf vielerlei Weise leicht.

Abreiseverkehre. Aber zehn Jahre später ist die Costa Brava ein Ziel für die Charterflieger, und der Bustourismus dorthin muss Marktanteile abgeben. Mit dem weiteren Ausbau der europäischen Autobahnen, auch in Frankreich, wird die Costa Brava schließlich ein Reiseziel vorwiegend für Autofahrer.

Verkehrsmittel der Haupturlaubsreisen (Anteile in Prozent)

	1954	1960	1970	1980	1990	1999
Bahn	56	42	24	16	12	5,9
Bus	17	16	7	8	8	9,3
Auto	19	38	61	59	59	50,1
Flugzeug	0	1	8	16	20	33,1

Quelle: Studienkreis für Tourismus, Forschungsgemeinschaft Urlaub und Reisen

Die deutsche Busbranche hatte 1997 am Spanienurlaub der Deutschen noch einen Anteil von 10,8 Prozent, 1998 sind es 7,5 Prozent und 1999 nur noch traurige 5,7 Prozent. Die Omnibusunternehmer betreiben nicht nur die „Zielfahrten", sie veranstalten auch Rundreisen, Studienreisen und die Kombination von Busrundreise und Aufenthalt an von der Pauschaltouristik weniger erschlossenen Küsten.

Gefragt und beliebt bei den Deutschen ist auch die Reise mit dem eigenen Club, mit dem Verein, die Reise in der geschlossenen Gruppe, die sich über ein langes Wochenende oder eine ganze Woche erstreckt. Hier handelt es sich um den Zweit- oder Dritturlaub. Zu der Entwicklung dieser Reisen haben die Angebote der Paketreiseveranstalter (siehe unten) in erheblichem Umfang beigetragen.

Am Ende des 20. Jahrhunderts hat sich der Omnibus unter den touristischen Verkehrsmitteln bei einem Marktanteil von neun Prozent eingependelt. In dieser Nische hat er einen sicheren Platz, der ihm von niemandem streitig gemacht wird.

Paketreiseveranstalter

Paketreiseveranstalter – das ist eine Bezeichnung, die von Veranstaltern von Omnibusreisen besetzt ist, obwohl doch eigentlich jede Pauschalreise eine Paketreise ist. In der englischen Sprache wird die Pauschalreise tatsächlich „package tour" genannt. In Deutschland hat sich unter dem Namen Paketreiseveranstalter eine Gruppe von Unternehmen gebildet, die Reiseleistungen einkaufen, zu einer Pauschalreise bündeln, also „verpacken", und das fertige Produkt nicht selber in den Markt bringen, sondern es Busunternehmen zum Verkauf anbieten. Diese schreiben die Reisen dann unter eigenem Namen aus, komplettieren das eingekaufte Produkt lediglich durch die eigene Leistung, nämlich die Beförderung der Gäste.

Von den erfahrenen und erfolgreichen Veranstaltern von Omnibusreisen sind die Paketreiseveranstalter jahrelang schief angesehen und bekämpft worden. Die Paketreiseveranstalter haben sich im Laufe der vergangenen 20 Jahre zu gefährlichen Konkurrenten der traditionellen Bustouristikunternehmen entwickelt, weil sie kleine Betriebe ohne Ausbildung und Erfahrung in der Veranstaltung von Reisen in die Lage versetzen, ihren größten Mitbewerbern mit attraktiven Angeboten Konkurrenz zu machen. Die Paketreiseveranstalter sind auch deshalb ernst zu nehmende Konkurrenten, weil sie durch die Bündelung vieler Einzelgruppen und die Konzentration auf bestimmte Ziele zu großen Teilnehmerzahlen mit entsprechend günstigen Einkaufspreisen kommen. Unter den Mitgliedern des Bustourismus-Verbandes RDA in Köln sind etwa 70 Paketreiseveranstalter. Der Verband der Paketreiseveranstalter zählt 15 ordentliche und 35 außerordentliche Mitglieder.

Karl Heyne
entwickelt
Programme für
Busunternehmer.

Karl Heynes zündende Idee

Ein bundesweit tätiger Veranstalter von Omnibusreisen hat sich nicht entwickelt. Das brachte Karl Heyne in Gießen zu seiner „Erfindung", Omnibusreisen zusammenzustellen, selbst aber im Hintergrund zu bleiben und dafür lokale Omnibusunternehmer zu ermutigen, mit seinen Programmen als Veranstalter aufzutreten. Eine clevere und erfolgreiche Idee.

Karl Heyne, Sohn eines Hoteliers in Gießen, geht 1952 nach Abschluss einer Kochlehre für fünf Jahre nach Schweden. Er lernt Schwedisch und legt seine Prüfung als Küchenmeister ab. 1962 übernimmt Heyne im Alter von 27 Jahren den elterlichen Betrieb, das Hotel Köhler in Gießen, und bietet seinen Gästen neben Betten auch ein attraktives Programm mit Omnibusfahrten zu umliegenden Schlössern und Burgen, Stadtführungen und zünftigen Ritteressen. Das kommt bei den Busunternehmern und ihren Gästen gut an, die Nachfrage steigt, und die Auslastung der Hotelbetten wird spürbar besser. Aber wer einmal Gießen erlebt hat, hat die Stadt kennen gelernt und muss nicht ein zweites Mal kommen. Das bringt Heyne auf die kluge Idee, seinen zufriedenen Buskunden auch Reisen in andere Städte anzubieten. Sein Horizont, seine Kreativität, sein Elan gehen weit über Gießen hinaus. Er bleibt zwar Gießener Hotelier, entwickelt sich nun aber zusätzlich zu einem Anbieter von Reisezielen, die mit dem Omnibus erreichbar sind. Bald bietet er auch Reisen nach Schweden an, seine „zweite Heimat", mit der er so vertraut ist und wo er sich auf seine alten Freunde stützen und verlassen kann. Die Programme finden großen Anklang.

1973 gründet Karl Heyne die Firma Service Reisen Gießen und holt sich mit Konrad Behringer einen aktiven und ideenreichen Partner ins Haus. Behringer geht allerdings schon bald eigene Wege. Er bleibt der Firma zwar noch im Rahmen einer vertraglich vereinbarten Zusammenarbeit verbunden, die beiden Unternehmer trennen sich 1994 aber endgültig. Karl Heyne stirbt im Herbst des Jahres 2000.

Paketreisen-
Angebote: Mit
diesem Produkt
haben sich
die Busunterneh-
mer selbst
überholt.

Neue Geschäfte für Ostblock-Vertreter

Nach dem Zusammenbruch der kommunistischen Regime stehen die staatlichen Touristikvertretungen der ehemaligen Ostblockländer vor der Frage, wie sie ohne die bisherigen Schlüsselfunktionen mit Visabeschaffung und dem Verkauf von Hotelgutscheinen noch leben können. Einige Büros wie Polorbis aus Polen und Cedok aus der Tschechischen Republik erkennen ihre Chance und betreiben nun Spezialreisebüros für ihre Heimatländer. Das ehemalige staatliche Reisebüro aus Slowenien, Kompas Reisen in Frankfurt, befreit sich völlig von der Ursprungsaufgabe, ausschließlich für den Tourismus nach Slowenien zu arbeiten. Als die Ereignisse auf dem Balkan das Geschäft nahezu zum Erliegen bringen, schaltet der findige Kompas-Chef Jozef Nadj kurz entschlossen um und erklärt die Pflege vorhandener und die Gewinnung neuer Kunden durch die Besorgung attraktiver Reisen zu günstigen Preisen zum Hauptziel des Unternehmens – egal wohin die Reise geht. Wie setzt er seine Ziele um? Er betätigt sich als Paketreiseveranstalter, nutzt seine beruflichen Erfahrungen aus alten Zeiten überall auf der Welt und schickt die Busgruppen nach Indien, Israel, China und USA.

Mit Paketreiseprogrammen hat sich die Bustouristik irgendwie selbst überholt. Es geht nämlich nicht mehr um das Betreiben und Füllen der eigenen Omnibusse. Mit dem eigenen Bus geht's bei den Reisen nach Übersee nur noch zum nächsten Flughafen. Diese Entwicklung der Bustouristik ist zeitgemäß und konsequent. Der Tourismus – auch per Bus – hat seine eigene Dynamik. Unternehmenszweck ist es, dem Kunden die gewünschten Reisen zu marktgerechten Preisen zu liefern. Ende der 90-er Jahre ist aber auch dieses Prinzip, den Bus nur als Zubringer zu benutzen, durchbrochen: Ein supercleverer Paketveranstalter bringt seine Busse per Schiff in die USA und befördert seine Gäste auch in der neuen Welt mit seinen eigenen Fahrzeugen.

Rotel Tours – Schlafen in Schubladen

Georg Höltl gehört zu den Pionieren des Tourismus in der zweiten Hälfte des 20. Jahrhunderts. Er lässt sich in keine Kategorie der Reiseveranstater einordnen und ist bis heute ein Einzelkämpfer geblieben. Seine von einem Reisebus gezogenen dreistöckigen „Schlafanhänger" reizen zum Spott, haben sich aber im Markt durchgesetzt und erfreuen sich bei seiner Kundschaft großer Beliebtheit. Bereits als 19-Jähriger fährt Höltl 1947 seine ersten Pilgergruppen mit dem Omnibus nach Altötting. Er besitzt einen mit Holzgas betriebenen Omnibus, mit dem er auch Linienfahrten im Bayerischen Wald, von Tittling nach Passau durchführt. Er ist Busunternehmer und Busfahrer zugleich. Für die 22 Kilometer lange Pilgerreise nach Altötting braucht er einen Kubikmeter Buchenholz, das sind 13 Sack kleines Würfelholz. Mit der wirtschaftlichen Wiederbelebung entwickelt sich auch das Interesse an längeren Reisen. Deshalb gründet Höltl 1950 die Firma Höltl-Auto-Reisen und veranstaltet nun in größerem Umfang Ausflugs- und Pilgerfahrten ins In- und Ausland. Sie dürfen jedoch nicht viel kosten, denn Niederbayern profitiert lange nicht vom deutschen Wirtschaftswunder. Deshalb wird auf teure Hotels verzichtet, man übernachtet in Zelten, was für ältere Fahrgäste bei nasskaltem Regenwetter und Frost eine ziemliche Strapaze darstellt.

Nach einer Unwetterkatastrophe im Oktober 1958, bei der alles unter Wasser steht und die Zelte zerfetzt werden, ist das Ende der Zelttouristik des Georg Höltl gekommen. Er lässt sich aber nicht entmutigen und grübelt, wie er ohne Hotel, aber auch ohne Zelt weiterhin preiswerte Reisen anbieten könnte, und kommt auf die Idee, einen Schlafanhänger zu bauen. 1959 ist es dann soweit. Der Schlafanhänger ist dreistöckig und bietet Schlafgelegenheiten für 40 Personen. Die erste 38-Tagesfahrt mit seinem fahrbaren Hotel macht Höltl ins Heilige Land. Es wird ein großer Erfolg. Von 1959 bis zum Ausbruch des Sechs-Tage-Krieges 1967 fährt Höltl hundertmal auf dem Landweg über den Balkan und die Türkei nach Jerusalem. Die

1958

Auf engstem Raum untergebracht: die Buspassagiere, die Georg Höltl preiswert und unnachahmlich durch die Welt kutschiert.

97

Ein Angebot, das seit Jahrzehnten besteht: Am Bus hängt der rollende Mini-Schlafplatz.

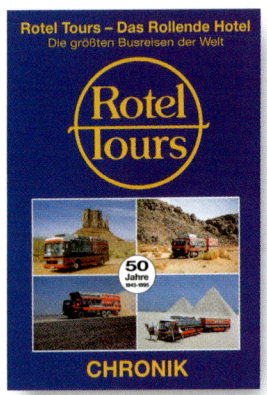

Aus Höltl-Reisen wurde Rotel-Tours. Diese Marke ist nicht nur in der Branche sehr bekannt.

25-tägige Reise einschließlich acht Tagen in Jerusalem kostet 580 DM. Inzwischen sind die Höltl-Busse auf allen Straßen der Welt anzutreffen, auf der alten Seidenstraße, in Pakistan, Indien und China, in Russland, Australien, Nord- und Südamerika.

Die schubladenähnlichen (Größe: 2 m x 0,75 m x 0,75 m) Schlafkabinen sind zwar nichts für Leute, die zur Platzangst neigen – und die Schlafanhänger werden weiterhin als Brieftauben-Transporter belächelt –, aber Rotel Tours ist trotzdem eine Erfolgsstory unserer Zeit. 300.000 Menschen sind innerhalb von 50 Jahren mit Rotel Tours verreist, Georg Höltl ist mit 72 Jahren immer noch aktiv in seiner Firma, bei deren Aufbau und Entwicklung ihm seine Frau Centa tatkräftig geholfen hat. Inzwischen hat er seinen Sohn Peter in die Geschäftsführung aufgenommen.

Höltl hat das verdiente Geld in einige Hotels angelegt, sich aber auch als Mäzen betätigt. Das Museumsdorf Bayerischer Wald und das Passauer Glasmuseum sind ihm zu verdanken.

Waldemar Fast: ein Skandinavien-Spezialist

Der Name Waldemar Fast hat in der deutschen Reisebranche einen guten Klang. Er gehört zu den wenigen, die schon bald nach dem Ende des Zweiten Weltkrieges den deutschen Tourismus auch auf internationalem Parkett vertreten. Die Engländer haben Waldemar Fast 1947 nach zwei Jahren Internierung nach Hamburg entlassen. Zuvor war der Palästina-Deutsche schon einmal interniert. Geboren 1911 in Jerusalem, wurde er mit seinen Eltern als Siebenjähriger 1918 von den Engländern bei der Besetzung Palästinas gefangengenommen.

Nach einer Berufsausbildung in Deutschland eröffnet der 23-jährige Waldemar Fast 1934 ein Reisebüro in Jerusalem, dem er einige Zeit später ein Zweigbüro am Flughafen Lydda, dem heutigen Ben-Gurion-Flughafen von Tel Aviv, angliedert.

Im von der deutschen Templergemeinde veröffentlichen Buch „Damals in Palästina" berichtet Waldemar Fast aus dieser Zeit: „... ich geriet beruflich unversehens in die allererste Anfangszeit des zivilen Luftverkehrs im Nahen Osten. Nach den Versuchsperioden, während welcher zu allererst ein ebenes Feld in der Nähe von Jericho als Landeplatz für regelmäßige Linienflüge aus Ägypten diente, später der sandig-hügelige Flugplatz der britischen Royal Air Force bei Ramleh, kam endlich der Kulminationspunkt der primären Entwicklungsphase moderner Verkehrsfliegerei in Palästina. Es war dies die zufällige Entdeckung des idealen Standortes für den späteren Zentralflughafen Lydda Airport, heute Ben-Gurion/Tel Aviv, als nämlich der Chronist bei einem kühlen Bier im Gasthaus des Onkels Andreas Frank zu Wilhelma den goldrichtigen Tip erhielt für das geeignete Flugplatzgelände. Der Direktor der zivilen Luftverwaltung der britischen Mandatsregierung, Major Gumbley, nahm den Vorschlag von Waldemar Fast auf, durch Versuchsrundflüge auf jenem gerade abgemähten Stoppelfeld festzustellen, ob nicht genau hier ein erster richtiger Flugplatz gebaut werden könnte. Nach positiver Entscheidung lief dann alles beinahe automatisch ..."

Else und Waldemar Fast: Ihnen hat der Skandinavien-Tourismus viel zu verdanken.

Am fertig gestellten Flughafen betrieb die Reise-Agentur W. Fast die Generalvertretung einiger internationaler Fluggesellschaften einschließlich der Bodenabfertigung der Flugzeuge sowie einen monopolähnlichen Zubringerdienst zwischen dem Flughafen und den Städten Jerusalem, Jaffa und Tel Aviv einschließlich der Postbeförderung. Aber auch die Vorbereitung und Betreuung von Landausflügen in Palästina und in den Nachbarländern für ankommende Kreuzfahrtpassagiere gehörte zum Tätigkeitsbereich der Agentur Fast. „Arabische Fellachen aus den umliegenden Dörfern kamen während der Vorwochen der jährlichen Mekka-Pilgerfahrten in hellen Scharen nach Jerusalem, lagerten mit ihren Kamelen und Eseln auf der Yaffa-Straße vor dem Hotel Fast (elterlicher Betrieb) und vor meinem Büro, der Agentur Ägyptischer Reedereien, um bei uns wegen des Preises der Fahrkarten für die Pilgerfahrtstrecke Suez–Djedda zu schachern. Die englische Polizei hatte ihre liebe Not, den zusammengebrochenen Straßenverkehr zu entwirren. In meinem Reisebüro roch es dann noch tagelang orientalisch-würzig."

Unmittelbar vor dem Kriegsbeginn 1939 gelingt Waldemar Fast die Flucht aus dem britischen Mandatsgebiet Palästina nach Deutschland. Hier wird er zunächst für die „Reichsbahnzentrale für den deutschen Reiseverkehr", RDV, als stellvertretender Leiter der Büros in Kopenhagen, Stockholm und in Spanien eingesetzt, anschließend wird er vom Auswärtigen Dienst übernommen und nach Ankara entsandt, von wo er im Rahmen eines Diplomatenaustausches 1945 wieder nach Deutschland zurückkehrt. Die Gründung des Reisebüros Waldemar Fast in Hamburg hat Fast selber nie als eine solche bezeichnet. Er spricht immer nur von einer „Wiedereröffnung". Knapp ein Jahr nach Bezug des Büros in der Esplanade in Hamburg wird das Gebäude abgerissen. Ein Hinterzimmer im Hotel bietet lange Zeit

1939

eine Ausweichmöglichkeit, die allerdings mit einem Nachteil verbunden ist. Montagmittag muss das Büro geräumt werden, weil es als Andachtsraum für eine christliche Sekte benötigt wird.

Auf der Suche nach Marktlücken und Geschäftschancen stellt Fast fest, dass sich in Skandinavien wieder die Gruppenreisen zum europäischen Kontinent entwickeln. Hier bietet es sich an, am wichtigen und neuralgischen Durchgangspunkt Hamburg technische und organisatorische Aufgaben zu übernehmen. Zugverspätungen sind keine Seltenheit, irgend jemand muss sich um Schlafwagenanschlüsse, Transfers und ähnliches kümmern. Das sind die ersten Arbeiten, mit denen Waldemar Fast sein Geld verdient.

Der Schienentourismus der Skandinavier entwickelt sich so stürmisch, dass die Agentur Fast einer der größten Auftraggeber für die Deutsche Bahn beziehungsweise die Deutsche Schlafwagengesellschaft wird. Komplette Schlafwagensonderzüge von der dänischen Grenze oder von Hamburg-Altona nach Rom und zurück sind keine Seltenheit. Dazu kommt Anfang der 50er Jahre, als das Wirtschaftswunder seinen Anfang nimmt, der Beginn des später enorm anwachsenden Fährverkehrs zwischen den skandinavischen Ländern und der Bundesrepublik Deutschland. Waldemar Fast bemüht sich erfolgreich um die Generalvertretung der norwegischen Jahre Line und baut für diese eine Verkaufsorganisation auf dem Kontinent auf. Gleichzeitig kümmert er sich um die Hafenabfertigung der Fährschiffe in den deutschen Ostseehäfen.

In seinen Büros verkauft Waldemar Fast nicht zuletzt sein Know-how, das er in seinem bewegten Leben gesammelt hatte.

Da das Interesse an den Fährverbindungen nicht nur in Skandinavien, sondern auch in Deutschland wächst, bringt Fast erstmals 1953 ein Auskunftsheft über die Fährverbindungen in den Norden heraus, genannt „Reisewege nach Skandinavien". Ehefrau Else Fast, gebürtige Dänin, beklagt sich über die zunehmende Abwesenheit ihres Mannes, der sich im Büro ein Feldbett aufgestellt hat, und erklärt ihm eines Tages: „Entweder wir lassen uns scheiden, oder ich arbeite im Büro mit, damit ich dich häufiger sehe!" Von Stund' an kümmert sie sich um die Betreuung skandinavischer und anderer ausländischer Reiseveranstalter und hilft Ihnen bei Planung und Durchführung von Deutschlandreisen.

1953

Aus diesen Verbindungen entsteht auch Reiseverkehr in entgegengesetzter Richtung. Die Beziehungen des Ehepaares Fast zu ihren skandinavischen Geschäftsfreunden sind so gut, dass sie als Spezialisten für Einzel- und Gruppenreisen in die nordischen Länder auftreten können. Waldemar Fast bringt ein Reiseprogramm unter dem Titel „Nordland-Reisen" heraus.

Im Jahr 1954 verlegt Waldemar Fast sein Büro zum Alstertor, Ecke Hermannstraße, eine prominente Adresse in Hamburg, die auch seine letzte sein wird. Zeitweise beschäftigt er dort bis zu 60 Mitarbeiter. Gemeinsam mit Thomas Cook und dem Reisebüro Schnieder in Hamburg kümmert er sich auch um die Vorbereitung und Durchführung von Tagungen und Kongressen in Hamburg. Mit seinem großen Charme und seinen umfangreichen Sprachkenntnissen – neun Sprachen plus Schwäbisch – engagiert sich Waldemar Fast über Jahrzehnte auch in der Gewerbepolitik. So gehört er von 1956 bis 1968 dem Vorstand des Deutschen Reisebüro-Verbandes (DRV) an, von 1962 bis 1968 ist er Sprecher des DRV-Vorstandes.

1956 – 1968

Fast wirkt elf Jahre im Fremdenverkehrsausschuss der Handelskammer Hamburg mit, zehn Jahre im Vorstand der Fremdenverkehrszentrale Hamburg, vier Jahre im Beirat der Deutschen Atlantik-Linie, sieben Jahre im Aufsichtsrat der Hamburger Staatsreederei Hadag, elf Jahre im Kuratorium der Willy Scharnow-Stiftung. Siebzehn Jahre lang ist Waldemar Fast der Vorsitzende des Kuratoriums der ITB und trägt mit seinem Ideenreichtum zur erfolgreichen Entwicklung der ITB bei. Dem Skål-Club, einer Vereinigung von Touristik-Fachleuten, steht er in Hamburg fünf Jahre lang als Präsident vor, sechzehn Jahre lang ist er Präsident des Nationalkomitees des Deutschen Skål-Clubs, und sieben Jahre gehört er dem Executive Committee des Internationalen Skål-Clubs an, ein Jahr sogar als Weltpräsident.

Das klingt natürlich alles sehr gut, macht ihm auch viel Spaß, aber es kostet auch sehr viel Zeit. Diese Zeit hat Waldemar Fast seinem Unternehmen entzogen. Dem bekommt das nicht gut. Im Alter von 72 Jahren verkauft Waldemar Fast seine Firma, die über verschiedene Zwischenstationen 1989 von Wolters Reisen in Bremen übernommen wird. Der renommierte Firmenname ist erloschen. Waldemar Fast und seine Frau Else verleben die letzten Jahres ihres Lebens in einem Seniorenheim in Süddeutschland, nahe ihrer Tochter Kirsten. Sie sind inzwischen beide verstorben.

1989

101

Bahnreise-Spezialist Ameropa

Walter Schmülling
zählt zu den
Ameropa-Gründern.

Auch ein Ameropa-
Gründer:
Georg W. Emich.

1953

Karl Seifried zieht
mit viel Einsatz die
Ameropa-Karre
aus dem Dreck.

Die der Deutschen Bahn gehörende Ameropa bietet hauptsächlich Urlaubsreisen mit der Eisenbahn an. Wer von den Ameropa-Kunden nicht mit der Bahn in den Urlaub fährt, reist mit dem eigenen Auto. Insgesamt sind es Jahr für Jahr über 500.000 Menschen, die sich Ameropa anvertrauen. Die Ameropa wurde 1951 von dem Wiesbadener Reiseunternehmer Walter Schmülling, der WIR-Reisebürogenossenschaft sowie von Georg W. Emich gegründet. Emich hatte vor dem Krieg für das Mitteleuropäische Reisebüro in Berlin und für die Deutsche Fremdenverkehrswerbung in London gearbeitet. Nach Kriegsende ist er für das Deutsche Reisebüro und für das Reisegeschäft der Amerikaner – RTO Rail Transport Office – tätig. Er verfügt über gute Kontakte zu britischen und amerikanischen Reiseveranstaltern. Die Ameropa beginnt in einem Büro in Frankfurts Rheinstraße, in dem der spätere Chef der Wolters Reisen, Gerd Falke, als Volontär seine ersten Fachkenntnisse erwirbt.

Um das Tätigkeitsfeld auszuweiten, tritt Ameropa 1952 an Karl Seifried heran, der im Juni 1952 unter Einbringung seines eigenen Unternehmens vierter Gesellschafter der Ameropa wird. Karl Seifried, ein ehemaliger Luftwaffen-Pilot, hatte 1948 in Frankfurts Schweizer Straße mit einem umgebauten Wehrmachtsomnibus sein Busunternehmen Merkur Autobusreisen begonnen. Er veranstaltete Ausflugs- und Urlaubsreisen in die nähere und weitere Umgebung. Bald nach Aufnahme seiner Tätigkeit in der Ameropa stellt Seifried fest, dass die Geschäfte längst nicht so gut laufen, wie man ihm das zuvor dargestellt hat. Am Ende der Sommersaison 1953 stapeln sich die unbezahlten Rechnungen. Die Kasse ist leer. Deshalb wollen die Gesellschafter im September 1953 den Konkurs anmelden. Seifried ist der einzige, der dagegen ist. Er übernimmt die Firma und reist zu den Gläubigern landauf, landab und versichert ihnen, er werde jeden geschuldeten Pfennig zurückzahlen, allerdings brauche er etwas Zeit. Die Gläubiger vertrauen ihm, und er schafft es mit seinem unermüdlichen Fleiß, die Karre aus dem Dreck zu ziehen. 1957 hat er alle Altschulden getilgt.

Zusätzlich zum Incoming-Geschäft mit den hauptsächlich aus den USA kommenden Besuchern entwickelt er ein Programm für Urlaubsreisen mit der Bahn. Er betreibt in Frankfurt mehrere Reisebüros und nimmt 1964 auch gern die Wahl in den Vorstand des Deutschen Reisebüro-Verbandes an, dem er vier Jahre lang angehört. 1973 entschließt sich Karl Seifried im Alter von 59 Jahren, die Ameropa an die Deutsche Verkehrs-Kreditbank, die hundertprozentige Tochter der Deutschen Bundesbahn, zu verkaufen. Ein Angebot des Versandhauses Quelle im Jahre 1967, seine Ameropa in die Quelle Reisen einzubringen und gleichzeitig Chef der Quelle Reisen zu werden, hatte er noch abgelehnt. Das Incoming-Geschäft gliedert Seifried vor dem Verkauf der Ameropa aus. Die dafür gegründete Firma Seifried Travel Service STS verkauft er 1986, inzwischen 72 Jahre alt, an die Deutsche Touring, die ebenfalls ein Tochterunternehmen der Deutschen Bundesbahn ist. Die Geschäftsführung der Ameropa übernimmt nach dem Kauf Hans-Hermann Waitz, der zuvor als Leiter der Werbeabteilung der Bahn tätig war und einige Jahre später in die Geschäftsführung des DER und dann des ABR wechselt. Ende der 90er Jahre sind Walter Krombach und Norbert Fiebig die beiden Geschäftsführer der Ameropa. Krombach engagiert sich darüber hinaus zeitweise für den touristischen Verkauf der Expo 2000 in Hannover. Fiebig ist neben seinem Ameropa-Job hauptberuflich Geschäftsführer des DER. Nach dem Verkauf des DER an Rewe Anfang 2000 scheidet Fiebig aus der Geschäftsführung der Ameropa aus.

Als Reiseveranstalter der Deutschen Bahn hat Ameropa sich auf Deutschland-Reisen spezialisiert. 1999 werden 350.000 Gäste für Ferien im eigenen Land gebucht. Ameropa zählt im Jahre 1999 insgesamt 558.000 Gäste und erzielt einen Umsatz von 201,2 Millionen Mark. Über den Gewinn, den das Unternehmen nach wenig befriedigenden Vorjahren damit erzielt hat, wird nichts gesagt. Aber die meisten Kunden reisten mit der Bahn, und das ist die Hauptsache.

Zwischenzeitlich ist Walter Krombach von der Expo zurückgekehrt. In der Bad Homburger Ameropa-Zentrale sitzt er nun mit Finanzgeschäftsführer Christian Hertel und seinem zusätzlichen Kollegen Martin Katz – ein Umstand, der vermuten lässt, dass die Bahn mit dieser touristischen Tochter in Zukunft noch größere Erwartungen verknüpft.

Der Bahnreise-
spezialist.

1999

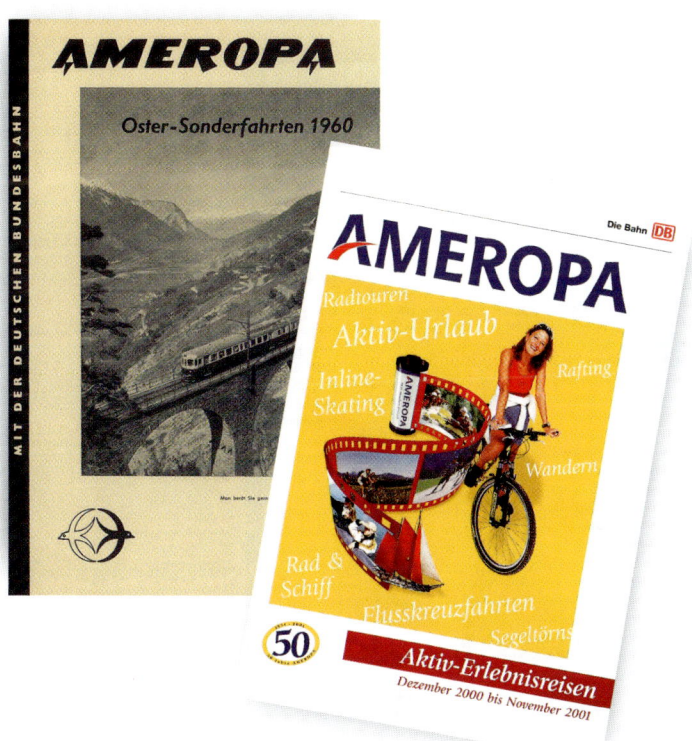

Dazwischen liegen
genau vierzig Jahre:
Ameropa-Kataloge
von 1960 und
aus dem Jahr 2000.

HUMMEL REISEN
im
Liegewagen

Die erste Gründungswelle

Am 6. Januar 1953 wird die Vorläufergesellschaft der Deutschen Lufthansa gegründet, die Aktiengesellschaft für Luftverkehrsbedarf. Ebenfalls im Jahr 1953, fünf Jahre nach Gründung der Touropa, formieren sich die anderen Gründungsgesellschaften der TUI, Hummel Reise und Scharnow Reisen, und auch Hetzel Reisen beginnt. Die ersten Flugreisen nach Mallorca werden von Dr. Tigges-Fahrten angeboten. In München findet die erste deutsche Verkehrsausstellung nach dem Krieg statt. Ein VW-Käfer kostet 4200 DM. Der Ausbau des vom Krieg arg mitgenommenen Landes läuft auf allen Gebieten auf Hochtouren. Die Wirtschaft festigt den guten Ruf von Made in Germany. Verkehr und Touristik florieren. Ab Mai 1954 gibt es Devisenerleichterungen für den privaten Reiseverkehr. Jeder Bundesbürger kann bis zu 1500 DM in jede konvertierbare Währung umtauschen. Dreizehn Länder haben ihre Grenzen für die Deutschen geöffnet. Auch die Schifffahrt kommt wieder in Fahrt. Der Norddeutsche Lloyd nimmt mit der „Berlin" den Nordatlantikdienst wieder auf. Die Deutsche Lufthansa beginnt am 1. April 1955 den planmäßigen Flugverkehr. Im selben Jahr werden vier Charterfluggesellschaften gegründet, von denen nur zwei überleben.

Die Vorläufer der TUI

Die Entwicklung des Tourismus ist auch eine Geschichte der Zusammenschlüsse. So wie die Touropa schon ein Zusammenschluss von drei Unternehmen war, ist auch die TUI das Ergebnis einer Zusammenlegung von verschiedenen, am Markt längst erfolgreichen Unternehmen. Die TUI ist also keine neue Firma, sie bündelt vielmehr vorhandene Potenziale.

Dr. Tigges-Fahrten

Die Dr. Tigges-Fahrten sind das älteste Unternehmen unter den Ursprungsfirmen der TUI. Dr. rer. pol. Hubert Tigges, geboren 1895, kam aus der katholischen Jugendbewegung Quickborn und der katholischen Studentenbewegung Unitas. Deshalb ist bei ihm immer von der „Fahrt" die Rede, nicht von der Reise. In den 20er Jahren wendet Tigges sich der Volkshochschulbewegung zu und behandelt hier wirtschaftspolitische, soziologische, geschichtliche sowie kunsthistorische Themen. Er gründet den Kreis für europäische Bildung, der sich zur Aufgabe gemacht hat,

Dr. Tigges spricht stets von Fahrten, wenn andere das Reisen meinen.

Dr. rer. pol. Hubert Tigges kommt aus der katholischen Jugendbewegung.

1933

neben der wissenschaftlichen Auseinandersetzung mit europäischen Problemen auch über die Grenzen zu reisen und durch persönliche Kontakte Verständnis und Versöhnung mit europäischen Nachbarn zu suchen. Es handelte sich um Zelt-Gemeinschaftsfahrten unter dem Titel „Volkshochschule auf Rädern". 1928 gründen Dr. Hubert Tigges, 33, und seine Frau Maria die Dr. Tigges-Fahrten.

Die erste Fahrt führt von Elberfeld nach Simonshall in der Eifel. Es ist eine siebentägige Wanderfahrt, die 25 Reichsmark kostet. Für 38 Reichsmark geht es nach Flandern, und sieben Tage Paris und Versailles kosten 51 Reichsmark. Übernachtet wird in Jugendherbergen, soweit vorhanden, sonst in einfachen Gasthäusern oder auch Alpenhütten. Bei den Fahrten nach Paris wird in Zelten im Bois de Boulogne übernachtet. In den ab Elberfeld geltenden Preisen sind „alle Eisenbahn-, Dampfer-, Straßenbahn- oder Autofahrten, Unterkunft und Verpflegung, die Eintrittsgelder und eventuelle Visumgebühren" enthalten. Im Laufe der nächsten Jahre wird das Programmangebot ständig erweitert. Die Reisen werden durch Vorträge und Arbeitsgemeinschaften mit den Teilnehmern gründlich vorbereitet. Geschichte, Kunst, Landschaft und soziale Bedingungen sollen den Reisenden nahe gebracht werden.

Ab 1933 wird das Ehepaar Tigges von Alois G. Fischer unterstützt, dem Bruder von Maria Tigges. Fischer ist Realschullehrer mit den Fächern Geografie und Mathematik. Er wird 1935 Prokurist der Firma und kümmert sich vornehmlich um die geschäftlichen Belange des Unternehmens. Aber nicht selten begleitet er auch die Tigges-Gäste als Reiseleiter. Trotz der einengenden Praktiken des Nationalsozialismus können sich die Tigges-Reisen auch nach 1933 zunächst weiterentwickeln. 1934 fährt Tigges zum ersten Mal nach Spanien und wird damit zum ersten deutschen Reiseveranstalter, der Gäste nach Mallorca bringt. Die 15-tägige Gruppenreise mit Bahn und Schiff kostet 168 Reichsmark. Mit dem Zweiten Weltkrieg kommen die Dr. Tigges-Fahrten zum Erliegen. Hubert Tigges und Alois Fischer müssen Soldaten werden und in den Krieg ziehen.

Nach dem Krieg konzentriert sich Dr. Hubert Tigges zunächst auf den von ihm gegründeten Marées-Verlag. Er veröffentlicht Reise- und Kunstbücher sowie mehrsprachige Klassikerausgaben. Der Kunst- und Literaturliebhaber hat sich ein neues geistiges Umfeld geschaffen. Um die komplizierte Papierbeschaffung in den turbulenten Jahren vor der Währungsreform kümmert sich Alois Fischer, der 1948, nachdem es wieder eine stabile D-Mark gab, auch mit dem Reisen beginnen will. Doch Tigges ist sich dessen nicht sicher. Als er aber auch von ehemaligen Reiseteilnehmern darauf angesprochen wird, widersetzt er sich den Argumenten seines Schwagers nicht mehr, überlässt aber ihm die weitere kaufmännische Initiative.

Noch 1948, im Jahr der Touropa-Gründung, erstehen die Dr. Tigges-Fahrten aufs Neue. Alois Fischer wird Mitinhaber und zweiter Geschäftsführer. Die erste Reise nach dem Krieg führt ins Kleine Walsertal. 1950 erhält der Tourismus aus der damals noch jungen Bundesrepublik ins Ausland seinen ersten bedeutenden Wachstumsschub – es ist das Heilige Jahr. Hauptziel ist natürlich Rom. Auf der Hin- und Rückreise gehören aber auch Zwischenstationen, Ausflüge und Übernachtungen in der Schweiz, in Österreich und Norditalien dazu.

Aus Nordrhein-Westfalen bringt Tigges in zahlreichen Sonderzügen tausende Pilger in die Heilige Stadt und wird so zum führenden nichtkirchlichen Veranstalter von Pilgerreisen in Westdeutschland. Später fahren Tigges-Sonderzüge auch nach Lourdes und Fatima. Ins Heilige Land fliegt man mit mehreren Zwischenlandungen. Selbstverständlich werden auch alle Pilgergruppen von Studienreiseleitern begleitet. Bei der Bewertung der Teilnehmerzahlen von Tigges bei der TUI-Gründung hatten die der Pilger ein nicht zu unterschätzendes Gewicht. 1953 findet die *1953* erste Flugreise nach Mallorca statt. Geflogen wird allerdings nur zwischen Barcelona und Palma. Der größte Teil der Reise wird mit der Bahn zurückgelegt. Reiseleiter Walter Hombitzer entdeckt im stillen Fischerdörfchen El Arenal ein kleines weißes Hotel in einsamer Strandlage. Er schaut es sich an, verspricht dem Hotelier, es als Tigges-Quartier zu empfehlen, und gibt ihm seine Visitenkarte. Ein halbes Jahr später taucht der Hotelier tatsächlich mit seiner jungen Frau in Wuppertal auf. Er befindet sich auf der Hochzeitsreise. Der Name des Hoteliers: Don Luis Riu. Eine der größten Erfolgsstorys der Touristikgeschichte hat ihren Anfang genommen.

Zwischen Dr. Hubert Tigges und seinem Schwager Alois Fischer kommt es in dieser Zeit zu einem klassischen Gegensatz zwischen dem Organisator einer sich hauptsächlich am geistigen Inhalt orientierenden Studienreisegruppe, welche vom ersten bis zum letzten Reisetag zusammenbleibt, betreut von einem kompetenten Reiseleiter, und dem vor allem in wirtschaftlichen Kategorien denkenden Geschäftsmann. Für diesen war die Auslastung der Transport- und Hotelkapazitäten ausschlaggebend. Hubert Tigges sieht dagegen in der festen Gruppe ein formbares soziales „Individuum". Die Gruppe an sich hat für ihn einen eigenen unverzichtbaren Erlebniswert. Hier ist er noch ganz Jünger der Jugendbewegung.

Alois G. Fischer: Der Tigges-Schwager denkt vor allem in wirtschaftlichen Kategorien.

Doch Alois Fischer setzt letztlich mit Unterstützung seiner Hotelpartner das System der Woche für Woche fluktuierenden Gruppe durch. Dr. Tigges achtet jedoch nach wie vor darauf, dass auch bei den reinen Aufenthaltsreisen mit wöchentlichem Wechsel erfahrene Studienreiseleiter eingesetzt werden, was sich natürlich auf die Qualität der Exkursionen vor Ort sehr positiv auswirkt. In einer Zeit noch ohne jede organisatorische touristische Infrastruktur sind solche „Einzelkämpfer" und Improvisationskünstler unbezahlbar und somit ein wesentliches Qualitätsmerkmal einer Reise mit Dr. Tigges. Die Exkursionen, zum Teil als Verlängerungswoche konzipiert, werden unter dem zugkräftigen Namen „Mit Baedeker & Bikini" angeboten und haben großen Erfolg.

Mit Baedeker und Bikini

Eine Erfindung von Fischer: erst Exkursion, dann Badeurlaub.

Da Tigges die neuerdings möglichen Charterflugreisen unbedingt ins Programm nehmen will, beschließt der traditionelle Buspartner der Dr. Tigges-Fahr-

Platz für genau eine
Busladung von
Passagieren: Vickers-
Viking-Maschine
von Herfurther mit
der Dr.-Tigges-
Beschriftung.

ten, Karl Herfurtner, es mit einer Luftreederei zu wagen. Ende 1955 stehen die ersten drei Vickers Viking mit je 36 Plätzen auf dem Düsseldorfer Flughafen. Mit der Auslastung hat Tigges keine Probleme, dauert doch ein Mallorca-Umlauf einen ganzen Tag. Zudem können mit der Anschaffung jeder neuen Maschine, neue Zielgebiete ins Programm aufgenommen werden. Die zweimotorige Viking ist für Tigges ideal: Das Flugzeug hat ebenso viele Plätze wie ein Omnibus, und der Preis nach Mallorca ist auch nicht viel höher als der für eine Busreise. Bei Studienreisen kann das von Hubert Tigges gewünschte Gruppenprinzip gewahrt bleiben, keine fremden Gäste stören. Natürlich tragen die Maschinen am Rumpf die Aufschrift „Dr. Tigges-Fahrten", so wie das heute bei einigen Maschinen der Germania mit der TUI der Fall ist. Das Geschäft läuft gut. 1957 zählt man in Wuppertal 35.000 Gäste, davon sind über 25 Prozent Flugreisende.

1957   Der Zusammenbruch der Luftreederei Herfurtner kommt Ende 1957 mit dem Absturz einer DC 4 in Düsseldorf. Die Ansicht, die gut gebuchten Programme auf jeden Fall durchführen zu müssen, verführt Tigges in aller Schnelle zur Gründung einer Auffanggesellschaft. Man gibt ihr den Namen Transavia. Doch die völlige Unkenntnis der Tigges-Leute im Fluggeschäft und das fehlende finanzielle Polster zwingen Alois Fischer, die Notbremse zu ziehen. Man liquidiert die Transavia und verliert dabei viel Geld. Bei der Programmdurchführung wird die LTU zum Retter in der Not. Sie übernimmt für kurze Zeit einen Teil des Flugzeugparks und stundet Tigges die Flugkosten. Man braucht viele Jahre, ehe die Schulden aus diesem Abenteuer beglichen sind.

Im Gegensatz zu seinen späteren Mitbewerbern hat sich Tigges immer nur als nordrhein-westfälischer Regionalveranstalter gesehen. Ausgangspunkt aller Bus-, Bahn- und später auch Flugreisen ist Düsseldorf. Einige Flugreisen werden ab Frankfurt ausgeschrieben, da Tigges dort ein eigenes Reisebüro betreibt, in dem sich der spätere TUI-Vorstand Dr. Jürgen Fischer seine ersten touristischen Sporen verdient. Mit zunehmender Ausweitung des Angebotes zeigt sich, dass der Vertrieb über nur 13 eigene Reisebüros und einige nicht ans DER-System gebundene Agenturen zum Schwachpunkt wird. Das bundesweite Agenturnetz des DER, welches Touropa, Scharnow und Hummel exklusiv anbietet, bleibt für Tigges gesperrt. Erst nach Gründung der TUI 1968 dürfen Tigges-Reisen auch dort verkauft werden.

1961 kommt die jüngere Generation der Tigges-Familie mit ans Ruder. Dr. Jürgen Fischer und Reinhold Tigges, die Söhne der Inhaber, erhalten Prokura und übernehmen verantwortliche Aufgaben in der Leitung der Dr. Tigges-Fahrten. Im Winter 1962 bietet Tigges gemeinsam mit Riu erstmals auf dem deutschen Markt Langzeiturlaub auf Mallorca an. Die Vorteile für den Hotelier liegen auf der Hand: Er

1961

Tigges-Katalog 1960: Man erkennt, hier wird der Bildungsbürger angesprochen.

109

braucht sein Hotel nach Beendigung der Sommer-/Herbstsaison nicht mehr zu schließen. Er kann seine Angestellten halten und durch Präsenz im Winter seine Werbung einfacher und durchgehend gestalten. Für die deutschen Rentner und Pensionäre sind es attraktive und preiswerte Angebote, die sie zum Überwintern in der Sonne veranlassen. Sieben Jahre später, 1968, werden die Dr. Tigges-Fahrten (1967: 40.000 Gäste) in die Gründung der TUI eingebracht. Die Familienmitglieder werden Teilhaber der TUI, was sie bestimmt zu keinem Zeitpunkt bereut haben. In der Festschrift anlässlich des 50-jährigen Bestehens der Dr. Tigges-Fahrten 1928 bis 1978 heißt es: „Die Rückschau auf ein aus kleinsten Anfängen entstandenes Familienunternehmen, das in der Bildungsreise oder besser in der guten Mischung von Bildung, dem Kennenlernen und Verstehen der Völker, dem wirklichen Reiseerlebnis, dem Reisen mit Gleichgesinnten, Sinn und Zweck einer richtigen Reise sahen, könnte hier eigentlich enden. Hier vollendet sich eine Ära, hier bricht die Zeit ab, in der man um das Gelingen seiner Reisen zittern musste, wo man erhamsterte Wurstbüchsen nachts auf dunklen Bahnhöfen auf Züge verlud, um die Gäste am Zielort nicht verhungern zu lassen, wo diese noch keine Luxusherbergen erwarteten, sondern in Zelten zufrieden waren, wo eine ganze Familie für eine Idee, für wahre Reisen, Opfer und Entbehrungen auf sich genommen hatte."

Als Tigges in der TUI aufgeht, haben sich die Zeiten geändert. Konkurrenz ist auf den Markt gekommen, es gibt erste Personalsorgen, steigende Preise, Charterketten wollen gefüllt sein, die Einflussnahme in Zielgebieten wird schwieriger. Durch den Zusammenschluss kann der Fortbestand gesichert werden. Dr. Hubert Tigges stirbt 1971 im Alter von 85 Jahren, sein Schwager Alois Fischer 1996 im Alter von 92 Jahren. Die 15 Reisebüros der beiden Familien unter der Firmenbezeichnung Reisebüro Dr. Tigges bleiben zunächst im Eigenbesitz. Im Jahre 1985 werden 50 Prozent an Kühne & Nagel verkauft. Mittlerweile haben sich sowohl die Familie Tigges als auch Kühne & Nagel von ihren Anteilen getrennt. Die Reisebüros gehören nun zu Thyssen-Krupp und führen zum Teil noch den traditionsreichen Namen.

Tigges-Studienreisen bei TUI

Als 1979 die TUI beschließt, die bis dato relative Eigenständigkeit ihrer Veranstalter aufzugeben und als Profit Center nach Hannover zu holen, verlässt Reinhold Tigges, Sohn des Firmengründers, resigniert sein Unternehmen und wird Geschäftsführer von ADAC-Reisen in München. Sein Nachfolger bei Dr. Tigges wird Hans A. Birkhäuser. Der gelernte Buchhändler war von 1956 bis 62 Reiseleiter für Studienfahrten und Pilgerreisen, anschließend Reiseredakteur bei der „Rheinischen Post" in Düsseldorf. Sein ehemaliger Tigges-Kollege Dr. Klaus Dietmar Kesper, der inzwischen Geschäftsführer der Hummel Reise geworden war, hatte ihn 1968 nach Hannover gelockt. Bei Hummel war Birkhäuser unter anderem für Presse und Marketing zuständig. Jetzt also, 15 Jahre später, haben ihn die Dr. Tigges-Fahrten wieder eingefangen.

1968

1979

Studienreisen
sind kein Monopol
von Dr. Tigges.
Auch andere bieten
Fahrten an, die
Körper und Geist
fordern und fördern.

Für Tigges in Hannover sind gleich mehrere gefährliche Konkurrenten aufgetaucht: Es sind die TUI-Geschwister Touropa, Scharnow, Hummel und Transeuropa. Zwar kann Birkhäuser das Studienreiseprogramm mit Erfolg ausbauen, aber die attraktiven und begehrten Erholungsangebote wecken auch die Begehrlichkeit der anderen Marken, vor allem der Touropa. Immerhin ist Tigges mit dem Bade- und Erholungsprogramm auf knapp 100.000 Buchungen gekommen. Ab 1980 dringt der mallorquinische Hotelier Luis Riu darauf, dass Tigges auf seinen Exklusivitätsanspruch bei den Riu-Hotels verzichtet, um diese auch den anderen TUI-Veranstaltern zugänglich zu machen. Birkhäuser kann das noch bis 1982 verhindern, doch die nunmehr beginnende Expansion der Riu-Gruppe zwingt letztlich die TUI dazu, dessen Bettenkapazitäten auch für Touropa und Transeuropa zu öffnen. Folge: Das wirtschaftliche Standbein von Tigges knickt ein. Ein erheblicher Teil seiner Gäste wandert ab an die Mitbewerber im eigenen Haus, vor allem an die Touropa.

Auch ein weiteres Qualitätsmerkmal von Tigges ist gefährdet – die eigenen Reiseleiter. In den Zielgebieten hatte der TUI-Service ab 1972 unter dem ehemaligen Tigges-Mann Joachim Kopp damit begonnen, eigene länderkundliche Exkursionen zu organisieren. Der TUI-Service beansprucht jetzt, auch die Reiseleitung für Tigges-Gäste zu übernehmen. „Baedeker & Bikini" wird annektiert. Die Studienreiseleiter bleiben jedoch weiterhin in der Obhut von Tigges. Als man schließlich die Gesamtkosten für die gleichzeitige Ausschreibung der ehemaligen Tigges-Hotels in den Katalogen der anderen TUI-Veranstalter ermittelt hat, beschließt der Aufsichtsrat, ab 1983 das gesamte Bade- und Aufenthaltsangebot von Tigges an die Touropa zu überstellen. Tigges ist wieder zum reinen Studienreiseveranstalter geworden. Auf Birkhäusers Einwand, dass Tigges damit seine wirtschaftliche

1980

Hans Birkhäuser
baut das Studien-
reiseprogramm
von Dr. Tigges
erfolgreich aus.

111

Grundlage entzogen bekäme, da die Studienreisen unmöglich den hohen TUI-Gemeinkostenanteil verkraften könnten, sichert ihm der Vorstand zu: „Kein Problem. Wir leisten uns Tigges Studienreisen, so wie man sich einen Brillanten leistet!" So wieder gezwungen, Spezialist zu sein, setzt Tigges neue Akzente. Da ist zuerst die Abkehr von den langen Busrundreisen zugunsten von Standortstudienfahrten. Bei Anreise mit dem TUI-Ferienexpress registriert etwa Arles in der Provence bereits im ersten Jahr über 500 Teilnehmer, andere Standorte entwickeln sich ähnlich.

Gleichzeitig werden Reiseangebote entwickelt, welche nur ein einziges klar umrissenes Thema in den Mittelpunkt stellen und dieses von verschiedenen Seiten aus wissenschaftlich behandeln. Es sind die Dr. Tigges-Reiseakademien und die Seminarreihe „Abenteuer des Geistes". Von der einstigen „Volkshochschule auf Rädern" ist man nun bei der „Universität auf Reisen" per Schiff oder an einem interessanten Standort angekommen. Als sich 1990 der TUI-Aufsichtsrat dafür entscheidet, die traditionsreichen Namen Touropa, Scharnow, Hummel und Transeuropa zugunsten der einheitlichen Marke TUI aufzugeben, wird auch nach einigem Zögern der Qualitätsbegriff Dr. Tigges „eingestellt". Ausschlaggebend dafür ist angeblich der Einwand eines Aufsichtsratsmitglied gewesen: „Was wird Frau Scharnow sagen, wenn sie erfährt, dass ihr Name von der Bildfläche verschwindet und der von Tigges bleibt!" Birkhäuser zieht sich resigniert in den Ruhestand zurück.

Was er befürchtet hat, tritt kurze Zeit später ein: Die Zahl der Teilnehmer an TUI-Studienreisen geht rapide zurück. Dafür gibt es bei der TUI in der Karl-Wiechert-Allee alle paar Monate einen neuen Produktmanager für Studienreisen. Erst sechs Jahre später – 1996 – legt man in Hannover den Rückwärtsgang ein. Völlig unerwartet und wie Phönix aus der Asche erscheint das „Dr. Tigges" wieder auf den Katalogtiteln. Ob dieser traditionsreiche Name noch Kunden anziehen würde? Der neue Tigges-Chef hat Glück: Es geht tatsächlich wieder bergauf. Aber die TUI stellt fest, dass die Nische „Studienreise" nicht so ganz in ihr Programm passt. Deshalb *1998* beteiligt sie sich per 1. Januar 1998 mit 35 Prozent am Kieler Studienreisen-Spezialisten Gebeco und bringt ihre Tigges-Abteilung in dieses Unternehmen ein. Die Kieler schicken ihre knapp 40.000 Gäste so gut wie ausschließlich auf Fernreisen. Der Tigges-Schwerpunkt liegt dagegen auf Studienreisen innerhalb Europas.

Gebeco wurde 1978 gegründet und bezeichnet sich als europäischer Marktführer im China-Tourismus (siehe Seite 299). Gebeco und Tigges gemeinsam sind nun dem Studienreisen-Veranstalter Nr. 1, Studiosus in München, dicht auf den Fersen. Gebeco-Chef Martin Buese hat die umsiedlungsbereiten Tigges-Mitarbeiter aus Hannover einschließlich des Tigges-Chefs Johann-Wolfgang Roßkopf übernommen. Es gibt weiter Tigges-Programme und Gebeco-Programme. Im touristischen Adressbuch TID 2000 ist unter Dr. Tigges-Reisen zu lesen: „Eine Marke der Gebeco GmbH & Co KG. Weitere Einzelheiten siehe unter Gebeco". Auf den Gebeco-Reiseprogrammen unten rechts ist in roten Buchstaben zu lesen: „TUI Group".

Scharnow-Reisen

Der Erfolg der Touropa, die seit 1948 eindrucksvoll im Reisemarkt expandiert und im Jahre 1953 bereits 238.000 Gäste zählt, lässt andere aktive Reiseunternehmer nicht ruhen. Die Touropa hat vorgemacht, wie es geht: Man muss sich mit anderen zusammentun, um mächtig zu werden. Aber es dauert doch fünf Jahre, bis ernsthafte Konkurrenten auf dem Markt erscheinen. Am 2. Juli 1953 treffen sich am Hannoverschen Maschsee die Vertreter von vier Firmen, um Nägel mit Köpfen zu machen: Hanns-Albrecht Seiffert von der Ferienreise GmbH Bielefeld (später Walter Kahn Reisebüro), Karlheinz Cares vom Reisebüro Bangemann in Hannover, Theo Drechsler vom Essener Reisebüro und Herbert Pittwohn vom Reisebüro Scharnow in Bremen. Alle vertretenen Unternehmen sind nicht nur als Reisemittler, sondern auch als Reiseveranstalter tätig.

Wilhelm Scharnow handelt nach der Erkenntnis, dass nur Gemeinsamkeit stark macht.

Für ihren lokalen und regionalen Markt arbeiten sie mit Sonderzügen der Deutschen Bundesbahn, die noch vom alten Holzklassenstandard sind. Die Fahrgäste sitzen sich so eng gegenüber, dass man spöttisch vom „Kniescheiben-Express" spricht. Die Touropa ist inzwischen allerdings dabei, mit großem finanziellen Aufwand das Zugmaterial und den Reisekomfort erheblich zu verbessern.

Die Marke trat von Bremen aus ihren Siegeszug an.

Die vier Männer am Maschsee wissen, dass sie nur mit vereinter Kraft der Touropa Paroli bieten können. Sie vereinbaren deshalb, ihre Veranstaltertätigkeiten zusammenzulegen. Natürlich gibt es ein Gerangel um den gemeinsamen Namen, denn jeder von ihnen ist ja schon in seinem jeweiligen Markt etabliert. Wilhelm Scharnow setzt sich durch. Am 20. November erfolgt in Bremen die Eintragung ins

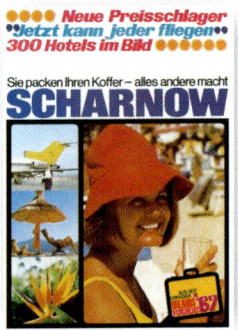

Scharnow-Kataloge werben um Kunden. Mit solchen Auftritten wird man der Gegenpol zur Touropa. Später tun sich die beiden zusammen.

1968

Handelsregister, am 23. November wird in Bielefeld der Gesellschaftsvertrag der Scharnow-Reisen GmbH KG mit Sitz in Hannover unterzeichnet. Erster Geschäftsführer ist Wilhelm Scharnow. Hannover soll der norddeutsche Gegenpol zur Münchner Touropa werden. 1954 wird Walter Kahn, der Eigentümer des gleichnamigen Reisebüros, zusätzlich in die Geschäftsführung der Scharnow-Reisen berufen. Der erste Katalog besteht aus einem achtseitigen Faltblatt mit Angeboten an die Nord- und Ostsee, nach Oberbayern, Tirol, Kärnten, ins Salzkammergut und nach Italien. Scharnows erstes Ferienziel ist das bayrische Waging am See. Er schafft damit das Gegenstück zu Touropas Ruhpolding. Der Preis für eine zehntägige Bahnreise einschließlich Unterkunft und Vollpension beträgt 89,50 DM. Der im Sommer 1954 erscheinende Katalog ist bereits 24 Seiten stark und enthält auch Ziele in der Schweiz und in Jugoslawien.

Im ersten Jahr zählt Scharnow-Reisen 112.000 Gäste, ein Beweis für die richtige Gründungsentscheidung, denn die Summe der Gäste der vier Gründungsgesellschafter hatte im Jahr zuvor nicht einmal die Hälfte dieser Zahl erreicht. Zwei Jahre später werden gemeinsam mit den Konkurrenten Touropa und Hummel-Reise die ersten Flugreisen angeboten. Weitere zwei Jahre später, 1958, wird in Hannover das schmucke Geschäftsgebäude „Haus der Reise" an der Vahrenwalder Straße bezogen. Scharnow sitzt in den ersten drei Etagen, in der 4. Etage leitet Werner Pittwohn die Sonderzugbetriebsgesellschaft, und in der 4. und 5. Etage ist Hummel untergebracht.

Im selben Jahr wird Hanns-Albrecht Seiffert vom Prokuristen zum Generalbevollmächtigten der Scharnow-Reisen befördert. Die gemeinsamen Flugreisen mit Touropa und Hummel-Reise führen 1959 zur Gemeinschaftsgründung „Deutsche Flugtouristik", die sich jedoch nicht bewährt und drei Jahre später wieder aufgelöst wird. Dafür beginnt Scharnow 1962 eigene Charterflugreisen. Es geht vorwiegend mit der LTU nach Mallorca, Tunesien und an die Costa del Sol. Die Geschäfte laufen gut. Die Gesellschafter haben erkannt, welch wichtige Rolle Hanns-Albrecht Seiffert im Unternehmen spielt. Sie berufen ihn 1963 zum Geschäftsführer der Scharnow-Reisen. Walter Kahn scheidet 1964 als Geschäftsführer aus dem Unternehmen aus und zieht sich ins Privatleben zurück.

Obwohl die gemeinsame „Deutsche Flugtouristik" nur drei Jahre Bestand hat und 1962 eingestellt wird, tun sich Touropa und Scharnow 1965 erneut zusammen, dieses Mal, um „TS Fernreisen" zu entwickeln (TS = Touropa/Scharnow), was ihnen auch gelingt. Es werden Gruppenreisen mit Linienmaschinen in die USA, Fernost und Afrika veranstaltet. Wobei sich wieder einmal zeigt, dass gemeinsames Handeln zu größeren und schnelleren Erfolgen führt. Deshalb ist dann auch die Gründung der Touristik Union International (TUI), die am 1.12.1968 erfolgt, so folgerichtig. Erster TUI-Vorstand wird Hanns-Albrecht Seiffert, Wilhelm Scharnow der erste Aufsichtsratvorsitzende.

114

Hummel auf Reisen

Mit diesem Logo warb Hummel 1976.

1953

1968

Einige Monate vor Bildung der Scharnow-Reisen in Hannover gründen in Hamburg die Reisebüros „Die Welt" und „Hamburger Abendblatt" und das Reisebüro Lührs in Wandsbek (Inhaber: Hans Benthien) eine gemeinsame Reiseveranstalterfirma. In Anlehnung an das weltbekannte Original des Wasserträgers Hummel und an den Hamburger Gruß „Hummel Hummel" nennen sie die gemeinsame Firma Hummel-Reise und wählen die Figur des Wasserträgers zum Markenzeichen. Die Firmengründung erfolgt am 1. März 1953. Sechs Monate später, am 1. September 1953, wird der Gesellschafterkreis um das Hannoversche Reisebüro Strickrodt erweitert. Der Wettbewerb zwischen Strickrodt und seinem Konkurrenten Reisebüro Bangemann hat sich durch dessen Aktivitäten bei Scharnow-Reisen erheblich verschärft. Strickrodt-Chef Hans-Joachim Strickrodt ist gerade 27 Jahre alt und sprüht vor Unternehmungslust. Ihm vertrauen die Hummel-Gesellschafter das gemeinsame Unternehmen an, dessen Sitz nun von Hamburg nach Hannover verlegt wird. Auf den Briefbögen und den Prospekten wird fortan die Figur des Hamburger Wasserträgers gegen den dicken Brummer, die Hummel aus Hannover, ausgetauscht.

Im Gründungsjahr 1953 werden 1500 Teilnehmer auf die Reise geschickt. Die Sonderzüge, die bisher das Reisebüro Strickrodt in den Schwarzwald und nach Elmau in Tirol schickt, laufen nun unter dem Hummel-Symbol. 1956 nimmt Hummel bereits Mallorca ins Programm. Die Reise führt mit der Bahn nach Genf, von dort mit einer DC-3 zur Insel, nach sechs Tagen geht es per Schiff nach Genua und mit der Bahn zurück nach Deutschland.

Angesichts der Auslastungsrisiken im wachsenden Flugcharterverkehr sucht aber auch Hummel nach einer Zusammenarbeit mit den Wettbewerbern. 1959 beteiligt sich das Unternehmen an der „Deutschen Flugtouristik", die bis 1962 am Leben bleibt und von Hans-Joachim Strickrodt geleitet wird. 1961 legt Hummel ein Flugprogramm mit Linienmaschinen auf und geht eine Zweckgemeinschaft mit Dr. Tigges, Transeuropa und Hetzel zur Durchführung von Charterflugreisen ein.

Mit Dr. Tigges-Fahrten kommt es 1966 auch zu einer Zusammenarbeit auf dem Langstrecken-Chartersektor. Man fliegt gemeinsam Ostafrika an. Im Dezember 1968 wird die Touristik Union (TUI) gegründet, in der nun Hummel aufgeht. Die Hummel-Gesellschafter werden TUI-Gesellschafter, und Hummel Reise ist von nun an eine Marke der TUI.

Hummel bei TUI

Neuer Geschäftsführer wird Dr. Klaus Dietmar Kesper. Kesper war eigentlich Zoologe, hatte über afghanische Bergziegen promoviert, er wäre gern Zoodirektor geworden. Doch irgendwie landete er dann bei den Dr. Tigges-Fahrten in Wuppertal. Dort war er für alles, was mit der Abwicklung der Flugreisen zusammenhing, verantwortlich. An der Bildung der Flug-Zweckgemeinschaft von 1961 hatte er großen Anteil, ebenfalls an der Zusammenarbeit Tigges/Hummel im Fernreisebereich. Kesper kannte sich sehr gut aus im Hummel-Programm, vor allem im Flugangebot der Hannoveraner. Kaum selbst in Hannover, gründet Kesper für Hummel eine Jugendreisetochter, die kurze Zeit später den Namen Twen Tours bekommt. Zu deren Betreuung holt er sich Fritz Liesen vom Bonner Jugendfahrtendienst. Zwei weitere ehemalige Tigges-Kollegen lockt er ebenfalls an die Leine: Joachim Kopp, den späteren Chef des TUI-Service, sowie Hans A. Birkhäuser, einst Studienreiseleiter, den er der Düsseldorfer „Rheinischen Post" abwirbt und unter anderem zum Pressesprecher macht, beides kreative Touristiker.

Dr. Klaus Dietmar Kesper bringt Hummel zur Bahn.

Und noch jemand aus dem Hause Tigges wird für Hummel tätig: Dr. Horst Martin Müllenmeister. Er war Reiseleiter und Chefredakteur der Tigges-Hauszeitschrift „Die Fahrt" gewesen. Später arbeitete er als freier Reisejournalist, unter anderem regelmäßig für die „Rheinische Post". Auf Anregung Birkhäusers schreibt er für Hummel länderkundliche Zielgebietsinformationen, die man den Reiseunterlagen beifügt. Hanns Albrecht Seiffert findet Gefallen an den gut gemachten Heften und will sie für alle Zielgebiete der TUI haben. Er holt Müllenmeister deshalb in die Zentrale. Dort entwickelt dieser dann die umfangreichen und noch immer vorbildlichen TUI-Gästeinformationen, die zahlreiche Schriften von der Buchungsbestätigung der Reise bis zu den Zusatzangeboten in den Zielgebieten umfassen.

Innerhalb der TUI spricht man bald hinter vorgehaltener Hand von der „Tigges-Mafia", denn außer den Hummel-Leuten sind Dr. Jürgen Fischer und der Bereichsleiter Einkauf, Wolfgang Fritzsche, ebenfalls aus Wuppertal gekommen. Der kleinste der TUI-Gründer hält überproportional viele Führungspositionen besetzt, während etwa die große Touropa nur durch Dr. Walter Vogel im Vorstand vertreten ist.

Hummel baut inzwischen sein Flugprogramm weiterhin mit Fantasie und Konsequenz aus, vor allem auf den Kanaren, in Griechenland und am Schwarzen Meer. Die Inseln La Palma und Kos sind reine Hummel-Entdeckungen. TUI-Chef Seiffert beobachtet Kespers Expansionspolitik mit großem Misstrauen, zeichnet sich hier doch zum ersten Mal einer der Hauptschwachpunkte des Firmenzusammenschlusses deutlich ab: Es ist die teure Konkurrenz der Geschwister untereinander. Ganz besonders gefährdet scheint ihm vor allem Scharnow zu sein, seine eigene touristische Heimat.

Twen Tours geht auf eine Hummel-Gründung zurück. Der geistige Vater ist Dr. Klaus Dietmar Kesper.

Hummel als Bahnreiseveranstalter

Angeblich um kostspielige Ausschreibungsdoubletten in den Veranstalterkatalogen zu vermeiden, drängt Seiffert daher Hummel ab 1970 langsam aus dem Flugangebot der TUI. „Seiffert nimmt jetzt Rache für früher: Er will Hummel kaputtmachen!", sagt Kesper nach einer Sitzung mit dem Vorstand in interner Runde. „Wir müssen das Ruder völlig herumwerfen. Da seit Neckermann hier alles nur noch

117

über den Flug redet, ist die Bahn unsere einzige Chance!" Der Flugexperte Dr. Kesper, Duz- und Skatfreund mancher Airline-Chefs, mutiert buchstäblich über Nacht zum Bahnexperten.

Die DB-Zentrale in Frankfurt verfolgt Kespers touristische Wendemanöver mit großer Aufmerksamkeit, denn mit der Touropa als Bahnveranstalter war man alles andere als zufrieden. Die Buchungszahlen für den Alpen-See-Express gingen kontinuierlich zurück. Hinzu kam die Abwanderung der Urlauber von der Schiene auf den eigenen PKW. Dass Vogel als Vertreter der DB in den TUI-Vorstand gekommen war, hatte auf die Programmentwicklung der Veranstalter kaum noch Einfluss, gegenüber Seiffert war er machtlos. „Das schönste an Hannover ist für mich die Maschine nach München!", pflegte Vogel jedem zu sagen, mit dem er im TUI-Haus ins Gespräch kam.

Als schließlich Kesper in der Frankfurter DB-Zentrale seine Aufwartung macht – in der bescheidenen Erwartung, einige Konditionen ein wenig verbessern zu können –, empfängt man ihn am Main wie einen verlorenen Sohn. Man feiert die Hummel-Reise. Da die DB-Touristiker sofort erkennen, dass sie in Kesper einen außergewöhnlich kreativen, charismatischen und vor allem auch in Bahndingen sachkundigen Partner gefunden haben, entscheiden sie sich zu fast sensationell marktoffenen Formen der Zusammenarbeit, wie es das bisher bei der Bahn noch nicht gegeben hat. Es dauert kein Jahr, und „Überall ist Bahnland", vom Harz bis Transsibirien, von Galizien bis Polen. Der „dicke Grüne", der Hummel-Katalog, ist in kürzester Zeit bei den Reisebüroverkäufern zur Bibel des Bahntourismus geworden. Es braucht nur irgendwo in der Welt ein Zug zu fahren, schon machen die Hummel-Touristiker daraus ein Programm. Dabei ist es gleich, ob nun die Anreise mit der Bahn, dem eigenen Wagen oder dem Fährschiff erfolgt. Kesper selbst identifiziert sich völlig mit seinem Produkt. Er bevorzugt grüne Kleidung und wird scherzhaft wegen seiner Leibesfülle genauso genannt wie der immer stärker werdende Hummel-Katalog: „Der dicke Grüne".

Hummel öffnet Polen für den Tourismus

Als 1970 nach Abschluss des Warschauer Vertrags der Regierung Brandt mit der Volksrepublik Polen erstmals Urlaubsreisen in die ehemaligen deutschen Ostgebiete möglich werden, gelingt es Hummel 1971, ein kleines Polenprogramm auf die Beine zu stellen. Zwei Jahre später dampft ein eigener Liegewagen-Sonderzug einmal in der Woche nach Allenstein. Sogar die DDR hat dazu ihr Okay gegeben. 1974 fährt ein weiterer Hummel-Zug nach Schlesien. Die von der TT-Line 1991 in Betrieb genommene Fährschiffverbindung Travemünde–Gdingen mit der „Nils Holgerson" wird nahezu komplett von Hummel belegt. Dieses Schiff setzt Hummel übrigens mehrfach zum Jahreswechsel für PKW-Fährschiff-Kreuzfahrten unter anderem nach Marokko ein.

1971

118

Inmitten des Kalten Krieges finden so auf touristisch-friedliche Weise die ersten Begegnungen zwischen Tausenden aus ihrer Heimat vertriebenen Deutschen mit den jetzigen Bewohnern Pommerns, Ostpreußens und Schlesiens statt. Damals ein mutiges, aber auch riskantes politisches Experiment. Doch letztlich wird es ein voller Erfolg. Hummel hat sich in der Zeit des Kalten Krieges eine derartige Monopolstellung im Tourismus von der Bundesrepublik nach Polen geschaffen, dass selbst die gestrengen DDR-Zöllner an der Grenze nach Polen Hummel als ihren „eigentlichen Arbeitgeber" betrachten.

Der polnische Partner von Hummel, das staatliche Reisebüro Orbis, wird von Hummel-Mitarbeitern langfristig und systematisch ins Handwerk westlicher Veranstaltertouristik eingeführt – in Warschau und in längeren Kursen in Hannover. Das aber ist nur möglich, weil die führenden Touristiker von Orbis von Anfang an mitziehen. Die wichtigsten Direktoren, allen voran der Touristiker Stan Stachura und der Finanzmann Jan Czarnocki, sind Manager westlichen Zuschnitts. Den polnischen Touristikern ist die politische Pionierleistung der Hummel-Reisen sehr bewusst. Sie sorgen dafür, dass Kesper 1985 den Polnischen Verdienstorden in Gold erhält, die höchste Auszeichnung Polens für Ausländer.

1985

Als 1979 der TUI-Vorstand die operative und finanzielle Eigenständigkeit der Veranstalter aufhebt und diese nur noch „Marken" mit sehr eingeschränkten Vollmachten sind, avanciert Kesper zum Bereichsleiter für Bahneinkauf und den TUI-Ferienexpress sowie für den Einkauf von Kreuzfahrtschiffen. 1991 geht Kesper in Pension, im Jahr 1995 stirbt er im Alter von 67 Jahren.

Hetzel Reisen für die Schwaben

Der Beginn der schwäbischen Hetzel Reisen fällt in die Zeit der ersten Gründerwelle. Gewerbelehrer Kurt Hetzel gründet 1953 mit seiner Frau Else die „Gesellschaft für Studien- und Ferienreisen", die ab 1959 den Namen Hetzel trägt. Für die Reiseveranstaltung und für den Verkauf der Reisen gründet Hetzel getrennte Firmen, die Hetzel-Reisen GmbH und die Reisebüro Hetzel KG. Hetzel entwickelt sich zu einem Spezialisten, obwohl sein Reiseprogramm sich kaum von dem seiner Mitbewerber unterscheidet. Er beschränkt sich jedoch auf die Kundschaft im südwestdeutschen Raum. Bekannt wird Hetzel zunächst durch seine Bus- und Sonderzugreisen an die italienische Riviera. Auch die Sonderzugreise nach Sizilien, die bald danach ins Programm aufgenommen wird, findet bei Tausenden von Gästen regen Anklang. Die große Wende beginnt 1963 mit dem Einstieg ins Flugchartergeschäft. Die ersten Flugreisen werden mit einer DC-7 der Südflug nach Barcelona und Rimini veranstaltet. Einen zahlenmäßig weiteren Aufschwung bringen 1969 die Kurzflugreisen mit einer Dauer von zwei und vier Tagen. Hetzel hat damit auf Anhieb Erfolg.

1953

Entwicklung der Hetzel-Teilnehmerzahlen

1953	3.000 Gäste
1963	10.000 Gäste
1970	100.000 Gäste
1979	200.000 Gäste
1992	300.000 Gäste

Else Hetzel.
Sie verpasst den
Zeitpunkt für
den Firmenverkauf.

Hetzel 1991: Am
Logo sind Wolken
aufgezogen.

1993

Das ist nicht die einzige Idee von Kurt Hetzel. Als cleverer Schwabe ist er nicht nur sparsam, er legt sein Geld auch an im „Häuslebauen". So entsteht Ende der 60-er Jahre sein Appartementhaus „Hochschwarzwald/Regina" in Schluchsee, dem später das mit 3600(!) Gesellschaftern finanzierte Hetzel-Hotel Hochschwarzwald folgt. Dieses Hotel verfügt über 500 Betten.

1977 ziehen dunkle Wolken über Hetzel auf, als der Flughafen Stuttgart wegen Bauarbeiten für vier Wochen geschlossen wird. Die Schließung des Flughafens bringt Hetzel empfindliche Geschäftseinbußen. Der Haus-Carrier Condor macht sich Sorgen um ausstehende Charterbeträge und kümmert sich zwei Jahre lang um die Hetzel-Buchhaltung. Nach außen dringt darüber wenig hinaus. In Stuttgart-Weilimdorf bezieht die Firma 1979 ihr eigenes Geschäftshaus. Im Untergeschoss des Gebäudes richtet Hetzel einen Supermarkt ein. Die Behauptung, seine schwäbisch-sparsame Frau zahle einige Stockwerke höher die Gehälter aus und sitze ab 17 Uhr an der Kasse ihres eigenen Supermarktes, um den Mitarbeitern das Geld wieder abzunehmen, ist von Else Hetzel immer heftig bestritten worden. Aber die Geschichte ist so schön, dass sie nicht verschwiegen werden darf.

Am 2. Mai 1985 stirbt Kurt Hetzel. Er hatte seiner Familie immer geraten, wenn er einmal sterbe, möge man die Firma baldmöglichst verkaufen. Aber davon wollen die Mutter, die couragiert und anpackend immer in der Firma mitarbeitet, und die Tochter nun nichts wissen. Es gibt Angebote von der Condor, der TUI und von Germania-Chef Dr. Hinrich Bischoff. 40 Millionen DM sind als Kaufpreis im Gespräch. Auch britische Reiseveranstalter melden sich, die ein Dauerinteresse am deutschen Markt haben. Aber sie alle stoßen bei den Damen auf taube Ohren. Hätten sie nur auf den Patriarchen gehört.

1992 erzielt Hetzel mit über 300.000 Teilnehmern einen Umsatz von 422 Millionen DM. Aber Umsatzzahlen allein sagen bekanntlich nichts über den Gewinn aus. Das Ergebnis ist so schlecht, dass Hetzel 1993 die Notleine zieht und die Chartergesellschaft Germania mit Dr. Hinrich Bischoff mit 40 Prozent in die Firma aufnimmt. 1994 will der Kaufhof-Chef Jens Odewald für 85 Millionen DM Hetzel-Reisen kaufen. Nun ist Mutter Else geneigt, diese Offerte zu akzeptieren, aber Tochter Elke bleibt bei ihrem Nein, auch gegen den Rat des Wirtschaftsprüfers. Hetzel ist 1994 mit über zwei Millionen DM in den roten Zahlen. 1995 beträgt der Verlust bereits 15 Millionen DM. Er setzt sich 1996 fort. Umso unverständlicher ist die ablehnende Haltung gegenüber Kaufangeboten für das komplette Unternehmen. Der radikale Geschäftsrückgang von Hetzel-Reisen im Jahre 1995 geht auf verschiedene Faktoren zurück. Zum einen hat die kritische Situation in Ägypten, einem der wichtigsten Hetzel-Ziele, zu deutlichen Geschäftsrückgängen geführt. Zum anderen führt 1995 eine erneute Schließung des Flughafens Stuttgart zu Abwanderungen zu anderen Flughäfen und anderen Reiseveranstaltern. Drittens ist Hetzel so unvorsichtig, sich von seinem jahrzehntelangen Geschäftspartner Condor zu trennen. Nach 25-jähriger enger Zusammenarbeit gibt es bei Hetzel eine Überreaktion, als die Condor ihre Preise für das neue Jahr erhöhen will. Hetzel entschließt sich über Nacht, statt mit der Condor mit der LTU zu fliegen. Bischoffs Germania hat sowieso keine Flugkapazitäten frei.

Condor ist jedoch nicht bereit, sich vom Stuttgarter Markt zu verabschieden, und veranlasst Kreutzer Reisen in München, Flugreisen ab Stuttgart in Konkurrenz zu Hetzel aufzulegen. Die Werbung für den neuen Anbieter auf dem Stuttgarter Markt wird von der Condor massiv unterstützt und kostet Hetzel viele Kunden. Ein weiterer Grund für die Verschlechterung ist Hetzels Entschluss, auch Abflüge ab Dresden, Leipzig, München, Nürnberg und Frankfurt anzubieten. Damit geht Hetzel in die offene und teure Feldschlacht mit den großen Unternehmen dieser Branche. Das geht nicht gut aus.

Paul Lepach, pensionierter TUI-Chef mit einem Beratervertrag bei Hetzel , hat zwar Dr. Hinrich Bischoff ins Geschäft gebracht, weiß aber auch keinen Rat mehr. Im allerletzten Moment, Anfang Juli 1996, übernimmt die Germania zwar noch die restlichen 60 Prozent von Hetzel, aber die Verbindlichkeiten des Unternehmens sind so groß, dass die Rettung nicht mehr gelingt. Die LTU und die TUI überlegen noch, ob sie die Firma übernehmen sollten, winken dann aber ab. Dr. Hinrich Bischoff kann dann auch nicht mehr helfen.

Die traurige Folge: Am 31. Juli 1996 wird der Konkurs angemeldet. Über 700 Gläubiger melden ihre Forderungen an. Der Gesamtschaden für den Deutschen Reisepreis-Sicherungsverein, der für die an Hetzel gezahlten Kundengelder eintritt, beläuft sich auf über 20 Millionen DM. Die TUI übernimmt die Abwicklung der Buchungen und die Rückführung der Hetzel-Urlauber aus den Zielgebieten und gewinnt damit so nebenbei eine interessante Zahl neuer Kundenanschriften.

1996

D. Oltmann/Transocean Tours
Vom Schiffsmakler zum Seereiseveranstalter

Als der Norddeutsche Lloyd 1954 mit der „Berlin" wieder den Nordatlantik-Dienst zwischen Bremerhaven und New York aufnimmt, legt er die Generalagentur der Greek Line nieder. Die griechische Reederei unterhält einen Liniendienst mit drei Schiffen von Bremerhaven nach New York und Montreal.

Sie überträgt nun ihre Vertretung dem Bremer Schiffsmakler D. Oltmann, der dafür die Tochtergesellschaft Transocean Passagierdienst D. Oltmann & Co gründet. Diese wird später in Transocean Tours umbenannt. Transocean übernimmt zusätzlich die Vertretung der schwedischen Amerika-Linie, die mit zwei Schiffen einen Liniendienst nach New York unterhält, und die Skaugen Line, die nach Perth und Melbourne fährt. Die Greek Line bringt bald darauf ihren Neubau „Arcadia" in Dienst, der während der Wintermonate für Kreuzfahrten zu den Kanarischen Inseln eingesetzt wird. Pro Woche reisen mit Transocean an die tausend Passagiere von Bremerhaven nach USA, Kanada und Australien. Es handelt sich so gut wie ausschließlich um Auswanderer.

In der zweiten Hälfte der 60er Jahre geht der Schiffsverkehr über den Nordatlantik wegen des immer attraktiver werdenden Flugverkehrs zwar kontinuierlich zurück, einige Reedereien stellen ihre Dienste ein, aber die sowjetische Schiffahrtsgesellschaft Baltic Shipping Company mit Sitz in Leningrad/St. Petersburg setzt ihren Liniendienst über Bremerhaven nach Montreal und New York fort. Die beiden im Nordatlantik-Dienst eingesetzten Schiffe werden auch zu attraktiven Preisen auf dem Kreuzfahrtenmarkt eingesetzt. Transocean übernimmt zunächst kleinere Kontingente auf eigene Rechnung, entschließt sich aber bald darauf auch zur Charterung kompletter Schiffe. Als Ende der 70er Jahre der Liniendienst ganz eingestellt wird, veranstaltet Transocean mit verschiedenen russischen Schiffen der Black Sea Shipping Company auf eigene Rechnung Kreuzfahrten für den deutschen Markt.

Nach dem Zusammenbruch des kommunistischen Herrschaftssystems in der UdSSR wird die enge Zusammenarbeit mit der Black Sea Shipping Company aber fortgesetzt. Sie endet 1995 nach 13-jähriger Zusammenarbeit, als die Reederei zahlungsunfähig wird. Aber Transocean hat auch noch andere Kreuzfahrtenschiffe unter Vertrag genommen, und Anfang der 80er Jahre werden Flusskreuzfahrten auf der Donau, später auch zwischen Moskau und St. Petersburg sowie auf dem Jangtsekiang ins Programm genommen. 1999 sind 21.000 Passagiere mit Transocean auf Hochsee- oder auf Flusskreuzfahrten unterwegs gewesen.

Die Eigentumsverhältnisse von Transocean haben sich im Laufe der Jahre entscheidend verändert. Zunächst ist die erwähnte Bremer Schiffahrtsmaklerfirma D. Oltmann der Eigentümer, die in den 60er Jahren Heidelk senior, den erfolgreichen

1995

122

Abteilungsleiter, als Teilhaber mit 16 Prozent in die Firma aufnimmt. Dessen Nachfolge als geschäftsführender Gesellschafter tritt 1979 sein Sohn Hajo Heidelk an. Nachfolger von Hajo Heidelk als Geschäftsführer von Transocean ist seit 1990 Peter Waehnert, ein Fachmann, der sein Geschäft bei Hapag-Lloyd gelernt hat. Oltmann hat bereits in den 70-er Jahren 51 Prozent von Transocean an die Hamburger Firma Transnautic verkauft, hinter der die Moskauer Staatsfirma Sovfracht und die Bremer Reederei Dettmer stehen. 1990 verkauft Hajo Heidelk seine Beteiligung an Transocean Tours – wie die Firma inzwischen heißt – an den Mehrheitsgesellschafter Transnautic, der bei dieser Gelegenheit auch die restlichen 33 Prozent von Oltmann übernimmt und nun zu hundert Prozent Eigentümer von Transocean wird.

Transozean Reisebüro spezialisiert sich auf Seereisen

Hajo Heidelk ist gemeinsam mit Familienangehörigen noch an der Bremer Transozean Reisebüro GmbH beleiligt. Er kündigt seine Tätigkeit für den Seereiseveranstalter zum Ende 1990, um wieder in die Geschäftsführung des Reisebüros einzutreten. Dort ist bereits sein Teilhaber Klaus-D. Entelmann als Geschäftsführer tätig. Beide beschließen, aus den derzeit vier Reisebüros in Bremen, Hamburg und Verden eine bundesweite Kette von Spezialagenturen für Seereisen zu machen.

1990

Heidelk erklärt, es sei schon lang sein Wunsch gewesen, aktiv und verantwortlich im Reisebüro zu arbeiten. Das sei ihm als Chef eines Seereiseveranstalters jedoch nicht möglich gewesen. 1991 eröffnen Heidelk und Entelmann Seereise-Büros in Bremen, Berlin, Nürnberg, Köln, Düsseldorf und Hamburg. Es sind aufwendig hergerichtete Büros mit maritimen Touch, attraktive Spezialbüros in guten Geschäftslagen. Es soll aber nicht nur vermittelt werden, geplant ist auch, Seereisen auf eigenes Risiko auszuschreiben, also als Veranstalter tätig zu werden. Im zweiten vollen Geschäftsjahr – 1993 – verfügt Transozean über 15 eigene Büros und entwickelt zusätzlich ein Franchise-Konzept, um flächendeckend vertreten zu sein.

Aber das Reisebürokonzept, das ab 1994 unter dem Namen Transmarin firmiert, erweist sich als nicht tragfähig. Für die Kreuzfahrer, eine spezielle Kundschaft, die nicht einmal fünf Prozent des Marktes repräsentiert, rentiert sich eine eigene Ladenkette nicht, deren Einrichtung und Unterhaltung viel Geld verschlingt. Als durch die risikoreiche Ancharterung von Kreuzfahrtkapazitäten zusätzliche Verluste statt notwendiger Gewinne entstehen, kommt 1996 das Ende des so hoffnungsvoll begonnenen Abenteuers. Die gecharterte „Sagafjord" erleidet einen Motorschaden, fängt Feuer und steht für eine gut verkaufte Kreuzfahrt nicht zur Verfügung. Das bringt Transmarin in finanzielle Schwierigkeiten, die zum Konkurs des Unternehmens führen. Ein schöner Traum geht zu Ende. Das Geld, das Heidelk mit Transocean über Jahrzehnte verdient hatte, war innerhalb von sechs Jahren wieder ausgegeben.

1994

Davis Agency

So tritt Davis Agency im Jahr 1978 an die Öffentlichkeit.

Zeitgleich mit der Entwicklung des deutschen Tourismus entwickelt sich auch das Reisegeschäft mit den amerikanischen Militärangehörigen nach 1945. Es ist von Anfang an in der Hand weniger Firmen in Deutschland. Da ist zum einen American Express, die in allen US-Kasernen Büros unterhält, da gibt es zum anderen in den Anfangsjahren auch Hainzel Tours, das staatliche italienische Reisebüro CIT und Hotelplan in Frankfurt, die im Militärgeschäft tätig sind. In Frankfurt taucht Ende der 50er Jahre der ehemalige GI Richard Davis jr. auf. Nach dem Abschied von der amerikanischen Armee hat er zunächst ein kleines Büro vor den Toren der amerikanischen Kaserne in Kaiserslautern. Dort besorgt er für die aus der Armee entlassenen und nach USA rückversetzten Soldaten den Seetransport ihrer Autos nach Hause und die dafür notwendige Transportversicherung. Die Versicherungspolicen der Elvia kauft er im damaligen Reisebüro des Autors dieses Buches. Das ist ihm aber nicht genug. Er beobachtet, dass viele GIs und ihre Angehörigen tagelang auf der Militärseite des Frankfurter Flughafen auf einen Platz in einer Militärmaschine in die USA warten müssen.

Die Soldaten, ihre Familien und die amerikanischen Bediensteten haben zwar Anrecht auf einen jährlichen Heimflug mit Mats – Military Air Transport Services –, aber die Nachfrage ist oft größer als das Angebot, und es gibt natürlich auch einige, die zusätzlich gerne einmal nach Hause wollen. Die Pan Am hat Spezialakquisiteure für das Militärgeschäft, die sich wiederum an die Amexco-Büros halten.

Bewegung kommt in das Geschäft, als der Vietnam-Krieg zu Ende geht und von dort amerikanische Flugkapazität auf den kommerziellen Markt drängt. World Airways, Overseas National Airlines ONA, Trans International Airlines TIA, Capitol Airways sind einige der Namen, die auf dem Frankfurter Flughafen auftauchen und aus heutiger Sicht die Anfänge der Deregulierung im Luftverkehr auslösen. Die Genehmigung von Nordatlantik-Charterflügen für Vereine, später für Touristen, dann ABC-Flüge (Advanced Booking Charters), gehen auf diese Nach-Vietnam-Phase zurück. Als die freien Flugkapazitäten auf den Markt drängen, greift Dick Davis sofort zu. Über Nacht ist er der führende Anbieter von Militärflügen von Frankfurt nach New York. Die Anschlusstickets in alle Teile der USA liefert ebenfalls das damalige Reisebüro des Autors, ein zwar mühseliges Geschäft des „Ticket-Pinselns", aber es bringt ordentliches Geld ein.

1978

Ab 1978 unterhält Davis 39 Reisebüros in Deutschland und 16 Büros in USA. Er beschäftigt in Deutschland 150 Mitarbeiter, in USA weitere 95. Seine Büros wickeln täglich 10.000 Buchungen ab. Er bietet Flüge von Frankfurt zu elf amerikanischen Städten an und befördert Kunden nicht nur mit seinen Chartermaschinen, sondern auch mit ABC-Flügen anderer Veranstalter wie dem DER und dem ADAC. Seine Charterabschlüsse erreichen 1977 einen Wert von 23 Millionen Dollar. Ende 1979

124

macht Davis Agency auf dem deutschen Markt von sich reden, als er seinen Einstieg in das deutsche ABC-Geschäft ankündigt. ABC steht – wie oben schon erwähnt – für Advanced Booking Charter und ist eine Vorstufe zur Liberalisierung im Luftverkehr. Die Forderung nach einer Vereinszugehörigkeit (Affinity Charter) oder einem zusammen mit dem Flug gekauften Pauschalreiseprogramm (IT-Charter) ist vom Bundesverkehrsministerium aufgehoben worden. Ab Dezember 1979 fliegt Davis fünfmal wöchentlich mit einer Boeing B-707 der Condor von Frankfurt nach USA. Er bedient Atlanta, Chicago, Washington, Miami und Los Angeles.

1979

„Wenn es dem Esel zu gut geht, geht er aufs Eis" heißt es bekanntlich. So ähnlich erging es auch Dick Davis. Auf dem Höhepunkt seines Geschäftes glaubt er, auch noch eigene Flugzeuge haben zu müssen. Als Davis eigenes Langstreckengerät kauft, naht sein Ende. Er hat sein Büro nach Arlington, Virginia, verlegt, von wo Anfang 1980 die Nachricht von seinem finanziellen Kollaps kommt. Das Rad ist zusammengebrochen, an dem er 15 Jahre lang so erfolgreich gedreht hatte.

Geisler Tours: Hier kocht der Chef

Der erste Charterkunde der Deutschen Flugdienst GmbH ist Hans Geisler in Frankfurt am Main. Er hat sich 1956 nach einigen Jahren Reiseleitertätigkeit für amerikanische Kunden in München und Frankfurt selbständig gemacht. Geisler chartert die zweimotorige 36-sitzige Vickers Viking und fliegt vollbesetzt über Nizza, Beirut, Damaskus nach Jerusalem und über Luxor und Kairo zurück nach Frankfurt. Die Rundreise kostet 465 US-Dollar, damals 1953 DM, und dauert 14 Tage. Teilnehmer sind in Deutschland stationierte amerikanische Krankenschwestern, Ärzte, Sekretärinnen und Lehrer, die Klientel, von der Geisler beinahe 20 Jahre lang leben sollte.

Das Geheimnis von Geislers bemerkenswerten Erfolgen ist sein persönliches Engagement, die Wärme, die er ausstrahlt, die Zuverlässigkeit, die Sorgfalt, mit der er sein Geschäft betreibt, aber auch sein Witz, mit dem er Kontakt zu jedermann bekommt. Er begleitet die Reisen persönlich und gewinnt eine große Zahl treuer Anhänger und Wiederholer. „Personally conducted by Hans Geisler" steht auf den meisten Programmen mit dem Foto seines strahlenden Gesichts. Seine Frau und weitere Mitarbeiterinnen gehen mit auf Tour, wenn die Zahl der Anmeldungen in die Höhe schießt oder mehrere Programme gleichzeitig laufen. „Holy night in Bethlehem", „Easter in Jerusalem" heißen die Reisen, die mit einem Glas Champagner nach dem Start beginnen. Aber es geht auch nach Abu Simbel, nach Kenia und in den Nahen und Fernen Osten. Hans Geisler ist überall zu Hause und zeigt seinen amerikanischen Freunden die Welt. Anfang der 70er Jahre gelingt es Geisler, im deutschen Incentive-Reisen-Geschäft Fuß zu fassen, das er bis heute als anerkannter Spezialist erfolgreich betreibt

Sein Klientel legt Wert auf die persönliche Anwesenheit des Chefs: das macht Geisler Tours zur Besonderheit.

GEISLER TOURS
Markenzeichen mit besonderem Charakter.

Olympia Reisen: Moskau ruft

Kurt Steinhausen lebt von seinen guten Kontakten in den Ostblock.

Das Logo von Steinhausens Firma.

Wo verbringt ein ausländischer Botschafter in Deutschland seine Freizeit? Wahrscheinlich vorzugsweise in seiner Residenz, wenn er nicht unterwegs ist zu diplomatischen Empfängen, eigenen Veranstaltungen, zu Vorträgen, Essensverabredungen mit Diplomaten, Politikern und Journalisten. Wenn ihm dann noch Zeit bleibt, wird sie der Familie und Freunden gewidmet sein.

Ob ein ausländischer Diplomat in Deutschland Freundschaften entwickeln und pflegen kann, besonders wenn es sich um einen Abgesandten aus einem Land des Warschauer Paktes zur Zeit des kalten Krieges handelt, ist eine interessante Frage. Die sowjetischen Botschafter in Bonn haben damit nie Probleme gehabt. Sie hatten einen Dauerfreund, der enge Beziehungen zu jedem von ihnen pflegte. Das ist Kurt Steinhausen, der 1963 die Bonner Olympia Reisen übernimmt. Die Firma war 1936 von einem Omnibus-Unternehmer gegründet worden, der Reisen zu den Olympischen Spielen in Berlin veranstaltete.

Die Freundschaft zu den sowjetischen Diplomaten und zu den Tourismusfunktionären bei Intourist in Moskau und Frankfurt zahlt sich aus. Ob es die Einladung zur Jagd im eigenen Revier in der Eifel oder die Gastfreundschaft im Gästehaus in Nümbrecht ist, die Beziehungen sind eng und praktisch. Selbst als der sowjetische Generalsekretär Breschnjew Bonn einen Staatsbesuch abstattet, ist er Gast bei Steinhausen in der Eifel. Die Kongressabteilung des Deutschen Reisebüros und der Wirtschaftsdienst Studienreisen von Hapag-Lloyd machen immer wieder die Erfahrung, dass Zimmer für große Kongresse in Moskau schon vier bis fünf Jahre im Voraus nicht mehr zu bekommen sind. Auf Nachfrage heißt es jedes Mal, Olympia Reisen habe bereits alle Zimmerkontingente blockiert.

Die guten Beziehungen Steinhausens zur Bonner Botschaft zahlen sich auch für die Geschäftsreisekunden aus. Während die Besorgung eines Besuchervisums normalerweise einige Tage dauert, geht es bei Olympia Reisen über Nacht. Das führt dazu, dass zum Beispiel die Farbwerke Hoechst in Frankfurt am Main ihre Flugscheine in die Sowjetunion nicht über die sonst eingeschalteten örtlichen Reisebüros, sondern über Olympia Reisen in Bonn beziehen.

Steinhausen macht dem Deutschen Reisebüro auch als Reiseveranstalter Konkurrenz. Er beginnt 1967 mit eigenen Charterflügen von Frankfurt nach Moskau, bald auch ab Düsseldorf. Geflogen wird mit Aeroflot. Die Charterkette wird ausgeweitet auf die Strecke von Düsseldorf und Frankfurt nach Leningrad. Seit 1972 hat Olympia Reisen eigene deutsche Repräsentanten in Moskau und Leningrad, die sich um die deutschen Gruppen und um die Kontakte zu den lokalen Intourist-Büros kümmern. Die Entwicklung von Olympia Reisen zeigt eine aufsteigende Kurve. Die Firma engagiert sich erfolgreich im China-Tourismus und betätigt sich auch in touristisch fernen Gefilden: Steinhausen erwirbt die in Konkurs gegange-

1967

126

nen Zündapp Motorradwerke und exportiert die Fabrik nach Tianjin in der Volksrepublik China, wo die Produktion von Motorrädern fortgesetzt wird.

Dass Kurt Steinhausen seine Beziehungen nicht nur zu den Russen, sondern auch zu deutschen Politikern zu pflegen weiß, zeigt sich bei der Feier seines 60. Geburtstages im April 1992 in Nümbrecht. Die Geburtstagsrede hält der ehemalige russische Botschafter in Bonn, Valentin Falin, der bei den Gesprächen über die deutsche Wiedervereinigung eine wichtige Rolle gespielt hat. Zu den Gratulanten aus der deutschen Politik zählen der Bundeslandwirtschaftsminister Ertl und sein späterer Nachfolger Borchert, der zu diesem Zeitpunkt noch Mitglied des Haushaltsausschusses des Deutschen Bundestages ist und sich unter anderem um die Gelder für die Deutsche Zentrale für Tourismus kümmert.

1992

Der Zusammenbruch des Kommunismus bedeutet keinesfalls das Ende von Olympia Reisen. Im Gegenteil, jetzt zeigt sich, wie wendig Vater und Sohn Steinhausen sind. Der Strom der deutschstämmigen Aussiedler nach Deutschland beginnt und muss organisiert und koordiniert werden. Dafür braucht die Bundesregierung Fachleute, und das sind natürlich die Leute von Olympia Reisen. Die Bundesregierung beauftragt Steinhausen, die Ausreisen nach Deutschland zu organisieren. Steinhausen ist in seinem Element. Für die in Moskau auf ihre Ausreisepapiere wartenden Aussiedler kauft Olympia Reisen 1989 ein einfaches, ehemaliges Gewerkschaftsheim, das für diese Aussiedler als Wohnheim unter dem Namen „Modus Vivendi" betrieben wird. Seit 1990 kommen jede Woche Hunderte von Aussiedlern aus den GUS-Staaten mit Linien- und Charterflugzeugen nach Deutschland, die Olympia Reisen unter Vertrag genommen hat. Wie aktiv und finanziell beweglich Steinhausen ist, zeigt sich auch an den Gründungen der

Prominenz bei Kurt Steinhausen: Valentin Falin (Mitte) und Bundeslandwirtschaftsminister Josef Ertl.

Kasachstan Airlines, der Air Sibir International und am Gagarin-Immobilien-Projekt in Moskau. An allen drei Projekten ist Olympia Reisen beteiligt. Eigene Niederlassungen gibt es inzwischen außer in Moskau und St. Petersburg auch in Almaty (Kasachstan), Nowosibirsk, Akmola, Karaganda, Kustanai, Bischkek und Taschkent. Dass alte Liebe nicht rostet, kann man 1998 bestätigt finden, als der langjährige Deutschland-Chef von Aeroflot nach Moskau zurückkehren soll. Dazu hat er wenig Lust. Bernd Steinhausen holt ihn nach Bonn und macht ihn zum Geschäftsführer der Olympia Reisen GmbH.

1990 1990 übergibt Senior Kurt Steinhausen seinem Sohn Bernd die Firma, übersiedelt nach Namibia und baut dort einige Gäste-Lodges in Gegenden, in denen bisher jede Bautätigkeit streng verboten war. Dort empfängt er Gruppen, die ihm von deutschen Reiseveranstaltern und Fluggesellschaften zugeführt werden. Auch in Namibia pflegt Steinhausen enge Beziehungen zur Politik. Namibias Präsident Nujoma erfreute sich als Swapo-Anführer bis zur Regierungsbildung im Jahr 1990 der besonderen Sympathie und Förderung Moskaus. Vielleicht hat eine daraus resultierende Dankbarkeit auf Kurt Steinhausen ausgestrahlt und ihm den Anfang in Namibia erleichtert. Dem Freund eines Freundes kann man schwerlich eine Bitte abschlagen.

ADAC Reisen München

Ein Logo, das jeder kennt. Und doch spielt der ADAC im Reisemarkt keine überragende Rolle.

Der erste Fernreisespezialist nach 1945 sitzt in München und ist in der deutschen Tourismusbranche wohlbekannt. Es handelt sich um Hans Zwiesler, der Hotelplan in Bayerns Metropole leitet und die Hotelplan-Fernreise-Programme in die deutschen Reisebüros bringt. 1953 hat Zwiesler bei Hotelplan begonnen, er wechselt 1959 zum ADAC. Er macht den ADAC auf Anhieb zum deutschen Vorzeigeveranstalter von Fernreisen, hinter dem die Airtours-Gruppe in Düsseldorf, das DER und Hapag-Lloyd, mit ihrem Programm „Reisen à la carte" zunächst herhinken. 1967 kommt Zwiesler auf einer Einkaufsreise durch einen Flugzeugabsturz in den Anden ums Leben. Bald darauf verblasst auch die große Zeit der ADAC Reisen. Die Münchner registrieren zurückgehende Teilnehmerzahlen und entschließen sich, ihre Programme nicht mehr selber zusammenzustellen, sondern von ITS zu beziehen.

Anfang der 70er Jahre gibt es noch einmal ein kurzes Aufflackern mit den neuen Charterbestimmungen für Vereinsreisen nach USA, die eigentlich eine Chance für den großen deutschen Automobilclub darstellen, aber es gelingt ihm nicht, in diesem mit Risiken behafteten Geschäftsbereich erfolgreich zu operieren. Auch hier entschließt sich die ADAC Reise, zum reinen Verkaufsapparat für andere Veranstalter zu werden. Die regionalen und örtlichen ADAC-Geschäftsstellen werden zwar gern von den Autofahrern für Routenplanungen und Bestellungen von Autofähren benutzt, aber eine überregionale Bedeutung für den deutschen Tourismus hat das Unternehmen nicht wieder erlangt. Es ist deshalb auch keine Überraschung, dass der Automobilclub im Jahr 2000 dem Deutschen Reisebüro eine Mehrheitsbeteiligung an seiner Reisetochter einräumt.

Trotz der kritischen Entwicklung der ADAC Reise GmbH muss die Bedeutung des ADAC als Interessenvertretung der deutschen Autofahrer, also auch der mit dem Auto in den Urlaub Reisenden, hervorgehoben werden. Ob es politische Diskussionen über die Förderung oder Behinderung des motorisierten Verkehrs, über den Straßenbau oder die Mineralölsteuer sind, der ADAC bezieht Stellung und fordert die Rechte der autofahrenden Bürger ein. Nicht zuletzt müssen auch die hilfreichen gelben Engel und der Pannenservice auf den deutschen Autobahnen und die ADAC-Staumeldungen hervorgehoben werden. Der ADAC hat sich für diesen Teil des deutschen Tourismus verdient gemacht.

Max Kreutzer, der Münchner Platzhirsch

Eine der Veranstalterfirmen, die inzwischen von der Condor in die C&N eingebracht wurden, ist die Kreutzer Touristik GmbH. Max D. Kreutzer war während seines Studiums ehrenamtlich für das Asta-Auslandsreferat mit der Organisation von Fachstudienreisen beschäftigt. Das ermutigt ihn 1964 zur Gründung der Kreutzer Touristik. Schon ein Jahr später, 1965, fliegt er alle 14 Tage mit einer Bavaria-Maschine nach Istanbul. Sein Geschäft entwickelt sich bis tief in die 70er Jahre in einem rasanten Tempo nach oben, aber auch er bleibt von Rückschlägen nicht verschont.

1979 gerät Kreutzer in eine tiefe Krise. Mit der Auslastung der gecharterten Flugzeuge stimmt es nicht mehr, die Liquidität reicht nicht aus, ein Firmenumzug, die Einführung der EDV und die Buchhaltung stellen ihn vor große Probleme. Aber wie bei Transeuropa und bei Hetzel springt die Condor vorübergehend ein und hilft Kreutzer über die Runden. Es gelingt, die Firma zu retten und in neue Höhen zu führen. 1995 erzielt der Münchner Platzhirsch mit 463.000 Gästen einen Umsatz von 630 Millionen DM. Das ist für ihn ein günstiger Zeitpunkt, die Condor als Gesellschafter ins Boot zu holen, die 1997 alleiniger Eigentümer wird und den inzwischen bundesweit aktiven Veranstalter in die C & N Touristic einbringt. Beim Reiseriesen wird Kreutzer oberhalb der Kernmarke Neckermann positioniert. Als Geschäftsführer Georg Eisenreich zur TUI abwandert, führt zeitweilig der frühere Jahn-Chef Michael Stobbe seinen früheren Hauptkonkurrenten. Nicht im Verkauf an die Condor enthalten waren die Kreutzer Spezial-Reisen. Diesen Anbieter für grüne Ziele wie Irland führte Max Kreutzer noch einige Jahre weiter.

Platzhirsch in München.

Gelungener Schritt: Kreutzer verkauft das Unternehmen an die Condor.

Seetours International

seetours

Der Seetours-
Auftritt hat sich im
Laufe der Jahre
mehrfach geändert.

Die Holland-Amerika-Linie richtet 1955 zur Verkaufsunterstützung ihrer Passagier-
liniendienste ab Rotterdam in Frankfurt eine Generalvertretung ein, die sie Alf
Pollak anvertraut. Pollak war zuvor bei American Express in Nürnberg tätig. In einer
Studie untersucht er die Chancen der Seetouristik und die Möglichkeiten einer besseren Vermarktung der Liniendienste durch die Reisebüros. Darüber kommt er ins
Gespräch mit Hans Schmidt, dem geschäftsführenden Gesellschafter des Düsseldorfer Reisebüros Josef Hartmann. Das führt 1959 zur Gründung der Seetours
GmbH, an der sich die Holland-Amerika-Linie, Hans Schmidt und Alf Pollak in unter-
schiedlicher Höhe beteiligen. Der Firmensitz ist Frankfurt.

Geschäftsziel ist es, die Liniendienste der Reedereien mit zusätzlichen Leistungen anzureichern, beispielsweise die Betreuung der deutschen Reiseteilnehmer
durch einen für sie abgestellten Reiseleiter, gemeinsame Anreise zum Einschif-
fungshafen oder gesonderte Landausflüge für die deutschen Teilnehmer einer
Kreuzfahrt. Dadurch sollen die Seereisen leichter verkaufbar werden. Seetours
betreut von Frankfurt aus sämtliche Reisebüros in Deutschland. Es liegt deshalb
nahe, dass die Firma weitere Reedereien als Generalvertreter aufnimmt, wobei es
sich zu einem beträchtlichen Teil um Fährreedereien im Mittelmeerraum handelt.

1967 kommt Hapag-Lloyd Reisebüro als zusätzlicher Gesellschafter in das
Unternehmen. Dabei wird die Firma 1968 umbenannt in Seetours Hapag-Lloyd
GmbH & Co KG. Mit dem Eintritt von Hapag-Lloyd in den Gesellschafterkreis wer-
den auch die vom NDL beziehungsweise von Hapag angebotenen Seereisen in den
Seetours-Katalog aufgenommen. Die Hapag-Lloyd-Reisebürofilialen, die bisher als
Generalagenten für ihre Muttergesellschaft tätig sind, verlieren bald darauf diese
Funktion, die ihnen zwar eine zusätzliche Provision, aber auch immer wieder Ärger
mit ihren örtlichen Reisebüro-Konkurrenten eingebracht hatte. 1961, ein Jahr nach
ihrer Gründung, beteiligt sich die TUI ebenfalls an Seetours, was dann wieder zur
Reduzierung des Namens auf „Seetours International" führt. Hapag- Lloyd verkauft

1986

seine 25 Prozent Anteile an Seetours Ende 1986 an die TUI, die damit 75 Prozent an
dem Unternehmen hält. Die Holland-Amerika-Linie und das Reisebüro Hartmann
besitzen noch 10,5 Prozent, Alf Pollak vier Prozent der Firmenanteile.

Die TUI überträgt 1987 ihr gesamtes seetouristisches Geschäft, das natürlich
mit Charter- und Auslastungsrisiken behaftet ist, auf Seetours und stellt mit Herbert Karrenberg, dem bisherigen Geschäftsführer der Horten Reisebüro GmbH
einen zusätzlichen Geschäftsführer. Alf Pollak, Gründer und geschäftsführender
Gesellschafter von Seetours, geht 1990 in den Ruhestand. Er scheidet gemeinsam
mit der Holland-Amerika-Linie und dem Reisebüro Hartmann Mitte der 90er Jahre
als Gesellschafter aus. Ein unglückliches Erbe aus der Deutschen Wiedervereinigung ist ein neuer, ganzjähriger Chartervertrag für die „Arkona" mit der Deutschen

Seereederei in Rostock. Das Schiff produziert ab 1992 für die TUI hohe Verluste, und die Reederei ist nicht bereit, den Veranstalter aus dem mehrjährigen Vertrag zu entlassen. Die TUI weiß sich dann nicht mehr anders zu helfen, als die Tochter Seetours International 1998 an die Rostocker Reederei zu verschenken, gegen die Entlassung aus der kostspieligen Charterverpflichtung.

Durch den Verkauf der Deutschen Seereederei und ihrer Tochter Arkona Touristik an die britische P & O Lines ist Seetours zu einer Enkeltochter des britischen Unternehmens geworden. Die Interessenlage des Unternehmens hat sich dadurch völlig geändert. Es geht zunächst um den Verkauf der eigenen Produkte, weniger um die Generalvertretung fremder Reedereien. Ende des Jahres 2000 hat die britische P & O-Gruppe verfügt, dass Seetours International zur Dachmarke aller konzerneigenen Kreuzfahrtaktivitäten umgewandelt wird. Der Firmenname Arkona Touristik erlischt. Seetours wird als deutsche Niederlassung der börsennotierten P & O Princess Cruises geführt. Chairman – vergleichbar einem Aufsichtsratschef – ist Horst Rahe. Der Geschäftsführung steht Lars Clasen vor, Richard Vogel ist verantwortlich für Verkauf und Marketing, Michael Thamm für den Schiffsbetrieb.

2000

Mit der britischen Mutter im Rücken will Seetours vom Aufschwung der Kreuzfahrten auf dem deutschen Markt stark profitieren. Mit Investitionen von zwei Milliarden DM in neue Schiffe soll der Umsatz bis 2005 versechsfacht werden. Anders als die Traditionsanbieter setzt Seetours mit dem Clubschiff „Aida" und neuen Produktlinien nicht auf traditionelle Kreuzfahrt-Kunden, sondern vermarktet einen Erlebnisurlaub auf dem Wasser.

Hans Schmidt: ein weitsichtiger Unternehmer

Horst-Egon Scholz schreibt in seinem 1984 erschienenen Buch „1000 Türen in die Welt": Von den wenigen, die in der Branche über eine geradezu traumhafte Sensibilität für das, was notwendig sein wird, verfügen, zählt der Geschäftsführende Gesellschafter des Düsseldorfer Reisebüros Josef Hartmann, Hans Schmidt, der sich nicht damit begnügt, auf ausgetrampelten Pfaden daherzutrotten, sondern, übrigens auch sonst in vielen Sätteln gerecht, selbst ein Wegbereiter ist." Hans Schmidt hat nicht nur die zitierte Sensibilität für das, was notwendig sein wird, er hat auch die richtige Spürnase für lohnenswerte Geschäfte.

Hans Schmidt gehört zu den herausragenden Persönlichkeiten der Branche. Er sprüht vor neuen Ideen.

So ist er Mitbegründer von Seetours im Jahre 1959. Er kassiert, als Ende der 80er Jahre Seetours an die TUI verkauft wird. Er ist einer der Arrangeure der Düsseldorfer Firma Airtour Flugreisen, mit der er 1967 in Frankfurt die Airtours International gründet. Die anderen Gründungsgesellschafter sind das Deutsche Reisebüro (DER), das Amtliche Bayerische Reisebüro (ABR) und Hapag-Lloyd Reisebüro. Er wirkt mit bei der Einbringung von Airtours in die TUI im Jahre 1970 und schafft sich

131

1973

damit eine Beteiligung an der TUI. Als 1973 die LTU ihren Einzelplatzverkauf forcieren will und dafür jemanden braucht, der diesem Geschäft das Mäntelchen der Unanfechtbarkeit umhängt, ist Hans Schmidt zur Stelle. Gemeinsam mit dem DER und Hapag Lloyd hat er bereits 1970 die Firma Hotel Agent gekauft. Hotel Agent ist in der Lage, den mit Charterflugzeugen verreisenden Gästen die benötigten Hotelzimmer zu besorgen. Ferienhausbesitzer, die sich aber als Pauschalreisende ausgeben müssen, weil sie sonst nicht mit Charterflugzeugen fliegen dürfen, bekommen Hotelgutscheine, die nur einen fiktiven Anspruch auf einen Platz auf einem Campinggelände verbriefen. Die Branche spricht von so genannten „Schummel-Vouchern". Erst durch diese falschen Gutscheine sind die Einzelplätze in den Ferienfliegern verkaufbar. Der TUI konnte diese Unterstützung der LTU nicht gefallen. Hans Schmidt hat das von Anfang an geahnt. Er verkauft nämlich zwei Jahre später in Abstimmung mit Hapag-Lloyd und DER die Firma Hotel Agent zu einem angemessenen Preis an die TUI.

Hans Schmidt gehört zu den Vorbereitern und Gründern der First-Reisebürokette, die 1973 ins Leben gerufen wird. 1998 wird sie unter Verhandlungsführung seines würdigen Nachfolgers Manfred Rudolph vom Reisebüro Bangemann an die TUI verkauft. Rudolph hat übrigens seine touristische Laufbahn beim Reisebüro Hartmann in Düsseldorf begonnen und dabei auf einer Studienreise die Tochter des Hannoverschen Reisebüroinhabers Bangemann kennen gelernt, die er bald darauf heiratet.

Hans Schmidt sitzt mit am Tisch, als in New York die New World Travel gegründet wird, an der die First-Reisebürogruppe zunächst beteiligt wird. Er profitiert 1993 noch einmal vom Verkauf seiner TUI-Anteile an die West LB, ein „Fischzug", der bereits von Manfred Rudolph vorbereitet wurde. Hans Schmidt ist über die Funktion eines Reisebürobetreibers weit hinausgewachsen und hat sich als weitsichtiger Unternehmer auch in diversen Aufsichtsräten und Beiräten zum Wohle der jeweiligen Firma und der Branche insgesamt erfolgreich betätigt.

Deutsche Atlantik Linie: ohne Moos nix los

1957

In Hamburg ist man unzufrieden, in Wirtschaftskreisen und auch in der Bevölkerung. Man schreibt das Jahr 1957. Seit drei Jahren unterhält der Norddeutsche Lloyd mit der „Berlin" einen Liniendienst von Bremerhaven nach New York, von Cuxhaven fährt die Greek Line nach Nordamerika, zwischen Hamburg und New York betreiben die Home Lines mit ihrer „Italia" ebenfalls einen Linienverkehr, aber unter deutscher Flagge gibt es in Hamburg außer den Helgoland-Dampfern kein Passagierschiff. Es ist eine Schande! So empfindet es jedenfalls Axel Bitsch-Christensen, der Hamburger Repräsentant der Home Lines. Bitsch-Christensen, 31 Jahre jung, ist Däne und fühlt wie ein Hamburger. Er hat sein Büro im Haus der Hapag am Ballindamm. Die Hapag bereedert die „Italia", das heißt, sie ist für die Besatzung und den Betrieb des Passagierschiffes zuständig.

Bitsch-Christensen kennt die Verkaufszahlen der Home Lines nur zu gut und weiß, dass er für ein Schiff unter deutscher Flagge mit Abfahrten von Hamburg nach New York noch mehr Passagiere als bisher gewinnen könnte. Darüber spricht er mit dem Griechen Nicos Vernicos-Eugenides, zu dessen Schweizer Reederei-Holding auch die Home Lines gehören.

Die schöne Hamburgerin

Der Däne und der Grieche beschließen, gemeinsam eine Reederei in Hamburg zu gründen, ein altes Schiff zu kaufen, es umzubauen und in den Nordatlantik-Dienst zu bringen. Die beiden Ausländer gewinnen einen Deutschen als Verbündeten und Förderer: den kommenden Hamburger Bürgermeister Max Brauer. Im Januar 1958 wird die Hamburg-Atlantik-Linie GmbH mit einem Stammkapital von fünf Millionen DM ins Handelsregister eingetragen. Eugenides bringt 4,9 Millionen DM mit, Bitsch-Christensen 100 000 DM. Das neue Unternehmen kauft für zwölf Millionen DM das fast 30 Jahre alte Turbinenschiff „Empress of Scottland", das 1930 unter dem Namen „Empress of Japan" in Dienst gestellt worden war. Das Schiff hat während des Krieges als Truppentransporter gedient und ist von 1950 bis 1957 im Nordatlantik-Liniendienst und in der Kreuzfahrt eingesetzt. Spötter in Hamburg nennen das nicht mehr sehr ansehnliche Schiff „Empress of Schrottland", aber das Wort bleibt ihnen nach Umbau und Renovierung im Halse stecken. Aus der Rostlaube ist die „schöne Hamburgerin" geworden. Von drei hohen Schornsteinen sind zwei übrig geblieben, die kürzer geworden, rot bemalt und über den schneeweißen

1958

Dass aus der „Empress of Schottland" einmal die schöne „Hanseatic" werden würde, konnten sich nur wenige vorstellen.

133

Das Ende eines
Traumschiffs:
Am Kai in New
York brennt
die „Hanseatic"
vollständig aus.

Decksaufbauten und dem schwarzen Rumpf etwas schräg gestellt, dem Schiff ein schnittiges Aussehen verleihen. Das Schiff kann 200 Passagiere in der Touristenklasse und 85 Personen in der Ersten Klasse befördern. 470 Besatzungsmitglieder werden für den Betrieb benötigt. Das umgebaute und modernisierte Schiff wird auf den Namen „Hanseatic" getauft. Die Jungfernreise beginnt am 20. Juli 1958 und führt von Hamburg über Cuxhaven nach New York und zurück.

Der Hamburger Senat hat eine Bürgschaft von 16,5 Millionen DM übernommen und damit die Bedingung verknüpft, dass auch die „Italia" der Home Lines im Liniendienst ab Hamburg verbleibt. Im August 1958 wird Philipp Reemtsma zusätzlicher Gesellschafter der Reederei. Schon anderthalb Jahre später wird die „Hanseatic" in den flauen Wintermonaten für Kreuzfahrten in der Karibik eingesetzt, ein Geschäft, das sich lohnt. Die Reisen sind teilweise bis zum letzten Bett ausverkauft.

Die Erfolgsstory nimmt am 7. September 1966 ein jähes Ende. Die „Hanseatic" gerät im New Yorker Hafen in Brand. Nur die Besatzung ist an Bord. Personen kommen nicht zu Schaden. Das Schiff brennt nur in der Mittelsektion, aber die New Yorker Feuerwehrleute leisten mit ihren Löschrohren und ihren Feueräxten ganze Arbeit: Die „Hanseatic" wird anschließend von den amerikanischen Versicherungsexperten zum Totalschaden erklärt. Der noch als Erster Offizier nach New York mitgefahrene Kapitän Dirk Moldenhauer überführt das Schiff mit Schlepperhilfe zurück nach Deutschland und liefert es in der Abwrackwerft „Eisen und Metall" in Hamburg ab.

Bitsch-Christensen träumt schon vor dem Verlust der „Hanseatic" von einem zusätzlichem Neubau. Dafür rechnet er mit Baukosten von rund 100 Millionen DM. Aber woher das Geld nehmen? Sein Finanzberater schlägt ihm eine Abschreibungsgesellschaft vor. Der Hamburger Finanzsenator und spätere Bürgermeister Herbert Weichmann bietet ihm die Unterstützung des Senats an, wenn er selber 30 Millionen DM aufbringe. Bitsch-Christensen schreibt an 750 Stammkunden und hat innerhalb von zwei Wochen 20 Millionen DM zusammen. Dahinter stehen 256 Passagiere mit ihrer Liebe zur Seefahrt und ihrem Glauben an Bitsch-Christensen. Es kommt zur Gründung einer Kommanditgesellschaft, in der die Deutsche Atlantik Linie Komplementär und 212 private Anleger mit 30 Millionen DM Kommanditisten sind. Der Bund stellt zinsgünstige Mittel zur Verfügung, der Hamburger Senat übernimmt eine Bürgschaft: Im Oktober 1966 wird der Bauauftrag erteilt.

1966

Ersatz für die Hanseatic

Für die ausgebrannte „Hanseatic" wird vorübergehend die französische „Renaissance" gechartert, um die gebuchten Passagiere befördern zu können. Aber Bitsch-Christensen hält natürlich Ausschau nach einer akzeptablen Dauerlösung und wird bei der israelischen Staatsreederei ZIM Israel Navigation fündig. Für 62,4 Millionen DM kauft er die drei Jahre alte „Shalom" und lässt sie auf der Deutschen

Werft AG für den kombinierten Einsatz umrüsten. Im Nordatlantik-Liniendienst soll das Schiff 1012 Passagiere und auf Kreuzfahrten 650 Fahrgäste befördern. Das Schiff wird umgetauft in „Hanseatic" und fährt mit einer Stammbesatzung von 400 Mann. Eigentümer des Schiffes ist nicht die Reederei selber, sondern eine Abschreibungsgesellschaft, die Hanseatic-Schifffahrtsgesellschaft mbH & Co., deren 163 Kommanditisten 17 Millionen DM aufbringen. 60 Prozent des Gesamtpreises, also 37,6 Millionen DM werden von der israelischen Reederei gestundet, für einen Teil dieses Betrages übernimmt die Bundesregierung eine Ausfallbürgschaft. Der Restbetrag von 7,8 Millionen DM wird durch kommerzielle Darlehen abgedeckt. Die neue, zweite „Hanseatic" beginnt ihre Jungfernreise Ende 1967.

Im Mai 1967 haben die beiden Hanseatischen Reedereien Norddeutscher Lloyd und Deutsche Atlantik Linie bereits eine enge Zusammenarbeit auf dem Gebiet der Passagierschiffahrt vereinbart. Die Konkurrenz des Luftverkehrs über den Nordatlantik wird immer deutlicher spürbar. Die Reedereien, aber auch der Bund und der Hamburger Senat als Bürgschaftsgeber glauben, dass es an der Zeit ist, nicht gegeneinander, sondern miteinander gegen den gemeinsamen „Feind" zu kämpfen. So wird für 1968 ein gemeinsamer Fahrplan beschlossen, und beide Partner planen, alle in einer Kooperation liegenden Rationalisierungsmöglichkeiten auszuschöpfen. Die Zusammenarbeit der beiden Unternehmen bleibt jedoch schon im Anfangsstadium stecken. Im April 1968 verstärkt die DAL ihre Führungsspitze. Bitsch-Christensen holt sich Gilbert Freiherr von Holtzapfel in den Vorstand, der für Marketing und Verkauf zuständig wird. Von Holtzapfel war seit 1956 bei der skandinavischen Fluggesellschaft SAS tätig, zuletzt als Chef für den norddeutschen Raum. Er ist ein Herr, ein sprühender Geist, ein Mann mit neuen Ideen, und er bringt

1968

Eine markante Persönlichkeit: 1969 wird der Neubau „Hamburg" in Fahrt gesetzt, ein Schiff der Superlative.

zusätzliche Impulse in die Verkaufspolitik der DAL. Für das „Fly and Cruise"-Angebot intensiviert er die Zusammenarbeit mit internationalen Fluggesellschaften wie KLM, SAS und Varig – im Gegensatz zum Norddeutschen Lloyd, der ganz auf die Kooperation mit der Lufthansa setzt.

Die erst 1967 vereinbarte Zusammenarbeit mit dem Norddeutschen Lloyd wird schon im Juni 1968 von der DAL aufgegeben. Die Auffassung beider Reedereien über die Konsequenzen aus der schwächer werden Nordatlantikfahrt, aber auch das Selbstverständnis der beiden Konkurrenten gehen weit auseinander. Das wird deutlich an der Entscheidung der Deutschen Atlantik Linie im September 1968, sich völlig aus dem Liniendienst über den Nordatlantik zurückzuziehen.

Die Reederei will sich auf das internationale Kreuzfahrtgeschäft konzentrieren. Die Konzeption des 1966 bei der Deutschen Werft AG bestellten Neubaus ist während der Bauphase geändert worden. Das Schiff ist nun ausschließlich für Kreuzfahrten konzipiert und kommt 1969 zur Auslieferung. Es ist ein Schiff der Superlative. Getauft wird es auf den Namen „Hamburg"; Patin ist die Frau des amtierenden Bundeskanzlers, Marie-Luise Kiesinger.

In der Tat ist die „Hamburg" ein schwimmendes Hotel, dessen großzügige Gestaltung und luxuriöse Ausstattung höchsten internationalen Ansprüchen genügen. Das kostet natürlich auch seinen Preis, nicht nur während der Bauphase. Um die Betriebskosten für doe „Hamburg" zu decken, braucht die Reederei eine Auslastung von 70 Prozent. Mehr als 80 Prozent der Bettenkapazität müssen verkauft werden, wenn auch das Kapital bedient werden soll. Ende März 1969 geht das Schiff auf Jungfernfahrt. Das weit gefächerte Kreuzfahrtprogramm bietet sowohl Reisen von europäischen als auch von US-Häfen. Zusätzlich werden Programme angeboten, die mit einer Anreise per Flugzeug beginnen und/oder auch enden, so genannte Columbus-Reisen. Die in New York, Miami, Los Angeles oder San Francisco beginnenden Reisen sind vorwiegend für das amerikanische Publikum bestimmt.

Krisenjahre

1969

Das Jahr 1969 soll eigentlich das Jahr der Konsolidierung und Koordinierung aller im Jahr zuvor getroffenen Entscheidungen werden, die mit erheblichen finanziellen Belastungen und Risiken verbunden waren. Das Ergebnis bleibt jedoch hinter den Erwartungen zurück. Die Gesellschafter müssen eine fällige Tilgungsrate stunden. 1970, das erste volle Betriebsjahr der beiden DAL-Schiffe, soll dann endgültig den Durchbruch bringen. Aber nun macht die Entwicklung des Dollarkurses einen Strich durch die Rechnung. Bei der Reederei fällt der größere Teil der Kosten in DM an, während die amerikanischen Kreuzfahrtkunden in Dollar bezahlen, der immer weniger wert ist. Die Preise in den USA können jedoch aus Konkurrenzgründen nicht erhöht werden. Ein Schiff, das im DM-Kostenbereich fährt und die Kundenzahlungen in US-Dollar einnimmt, produziert Verluste. Nach dem unbefriedigenden Jahr 1969 müssen die Kapitalgeber auch für 1970 auf eine Verzinsung ihrer Darlehen verzichten.

Das Dilemma geht weiter. Das Jahr 1971 steht unter dem Einfluss zusätzlicher Kostenerhöhungen. Dabei entwickelt sich die Zahl der beförderten Passagiere sehr positiv. Die „Hamburg" erreicht einen Auslastungsgrad von 85,4 Prozent, die „Hanseatic" von 80,1 Prozent. Angesichts der prinzipiell erfreulichen Buchungszahlen in den USA wird die „Hamburg" ganzjährig an der US-Westküste stationiert, obwohl sich das Dollar-DM-Problem dadurch vergrößert.

1971

1972 geht es mit der DAL weiter bergab. Die wirtschaftlichen Schwierigkeiten, verstärkt durch eine erneute Aufwertung der DM um 5,5 Prozent, bescheren der Reederei immer größere Verluste. Seit 1969 ist die DAL nun schon in roten Zahlen. Die Existenzkrise ist unübersehbar. Ab Mitte 1973 wird nur noch verhandelt. Kann die Reederei gerettet werden? Im In- und Ausland werden Geldgeber und Partner gesucht. Mit Hapag Lloyd wird über eine Übernahme verhandelt. Aber an der Reederei selbst ist niemand interessiert, eher an einem oder an beiden Schiffen. Schließlich wird die „Hanseatic" an die Home Lines verkauft, man spricht von einem Kaufpreis von 40 Millionen DM. Das Schiff kommt unter dem Namen „Doric" auf den deutschen Markt zurück. Die TUI nimmt es in ihr Kreuzfahrtenprogramm und bietet für 1974 Reisen an, die um 30 Prozent unter den ehemaligen Tarifen der DAL liegen. Um den Home Lines den Werbehinweis in Deutschland auf den früheren Schiffsnamen „Hanseatic" zu erschweren, wird nun die „Hamburg" in „Hanseatic" umgetauft. Über den Verkauf auch dieses Schiffes wird lange und intensiv besonders mit Hapag-Lloyd verhandelt. Hapag-Lloyd ist grundsätzlich interessiert, will aber keine finanziellen Risiken übernehmen. Nach Auffassung von Hapag-Lloyd

„Maxim Gorki" heißt das schöne Schiff, seit es in russische Hände überging. Vorher hieß es erst „Hamburg" und dann „Hanseatic".

kann die „Hanseatic" (Ex -„Hamburg") nicht rentabel betrieben werden. Das für 600 Passagiere ausgelegte Schiff wird mit einer Besatzung von 400 Mann gefahren. Ein kostspieliger Umbau wäre notwendig, um mit diesem Schiff Geld verdienen zu können. Die Verhandlungen ziehen sich hin, aber es kommt der Zeitpunkt, zu dem der Vorstand der DAL die Überschuldung nicht länger verantworten kann. Am 1. Dezember 1973 stellt die Reederei ihren Betrieb ein.

Das Tauziehen um die ehemalige „Hamburg" findet 1974 ein Ende. Die Russen kaufen das Schiff für 62 Millionen DM, bauen in die bisherigen Luxussuiten auf dem obersten Deck umfangreiche elektronische Anlagen ein, die überall auf der Welt interessante Informationen einsammeln können, und taufen es um in „Maxim Gorki". Unter diesem Namen erscheint es 1975 wieder auf dem deutschen Markt. Es wird das Flaggschiff der NUR Seetouristik.

Köln-Düsseldorfer:
Warum ist es am Rhein so schön?

Der Rhein lockt nach wie vor Tausende von Touristen. Das konnte die Köln-Düsseldorfer jedoch nicht retten.

Die Köln-Düsseldorfer Rheinschiffahrt (KD) ist wie die Hapag und der Norddeutscher Lloyd ein Beispiel für Auf- und Niedergang einer Reederei, die sich im Tourismus engagiert. Sie ist älter als die beiden Hochseeschiffahrtsgesellschaften, wurde schon 1826 gegründet und betrieb 134 Jahre lang, bis 1960, ausschließlich den Tagesausflugsdienst auf dem Rhein. Die romantische Fahrt von Köln über Bonn nach Mainz entlang den mittelalterlichen Burgen, der sagenumwobenen Loreley und den weltberühmten Weinlagen gehört zu den schönsten Landschaftserlebnissen, die Deutschland zu bieten hat.

Da die klassische Fahrt auf dem Rhein zu den unverzichtbaren Sehenswürdigkeiten der aus aller Welt kommenden Europabesucher gehört, liegt es nahe, für diesen Kundenkreis ein spezielles Angebot auf den Markt zu bringen. So entstehen 1960 die Flusskreuzfahrten bei der Köln-Düsseldorfer. Es werden Kabinenschiffe gebaut, die in Doppel- und Einzelkabinen 100 bis 200 Fahrgäste aufnehmen können. Zunächst wird ein Dienst von Rotterdam bis Basel angeboten. Tagsüber wird gefahren, mit Unterwegs-Stops für Besichtigungen und Ausflüge. Abends macht das Schiff fest, die Fahrgäste gehen an Land und können ortstypische Lokale aufsuchen. Die erste Tagesstrecke von Rotterdam bis Düsseldorf und der letzte Tag von Mannheim bis Basel sind zwar wenig attraktiv, aber für die Gewinnung von Passagieren aus den Beneluxländern und aus Großbritannien sowie aus der Schweiz und Italien von Bedeutung. Die Flusskreuzfahrten der KD beziehen bald auch Mosel und Main in ihren Fahrplan ein und stoßen auf lebhaftes Interesse im Ausland, besonders bei Amerikanern und Japanern. Deswegen baut die KD ihre Kreuzfahrtflotte bis 1991 auf neun Schiffe aus.

1991

138

Augenzeugenbericht von einer Rheinfahrt

Während des Frühstücks wurde über Bordlautsprecher in Deutsch und Englisch darauf aufmerksam gemacht, dass wir in zehn Minuten die Loreley passieren würden. Der Aufruf wurde nach fünf Minuten wiederholt. Daraufhin verließen die meisten Fahrgäste den Speiseraum und eilten an Deck. Leise näherten wir uns dem Märchenfelsen. Da ertönte über Lautsprecher das alte Volkslied „Ich weiß nicht, was soll es bedeuten". Andächtig lauschten die Passagiere dieser vertrauten Weise. Die Japaner nahmen ihre Kopfbedeckung ab, die Amerikaner standen stramm wie beim Spielen ihrer National-hymne. Nach Passieren der gefährlichen Rheinkurve um den Loreleyfelsen verklang die Märchenhymne. Langsam lösten sich die andächtigen ausländischen Fahrgäste aus ihrer Erstarrung und begaben sich tief bewegt von diesem Höhepunkt der Reise wieder unter Deck, um zu Ende zu frühstücken.

Im Laufe der Jahre zeigt sich trotz des lebhaften Interesses am KD-Angebot, dass die Abhängigkeit von den ausländischen Märkten außerordentlich gefährlich ist. Die Flusskreuzfahrten bekommen es sofort zu spüren, wenn der Strom der Europabesucher aus Japan oder USA einmal nachlässt. Den Eigentümern gelingt es nicht, trotz des gut gehenden Tagesausflugsgeschäftes auf Rhein und Mosel das Gesamtunternehmen in schwarzen Zahlen zu halten. Auch ein Wechsel auf der Vorstandsebene der KD bringt keinen Umschwung. Die Eigentümer trennen sich deshalb von ihrem Traditionsunternehmen im Jahr 1993. Käufer ist die Westdeutsche Landesbank. Auch ihr gelingt die Sanierung nicht. Die Spitze des Unternehmens wird erneut ausgewechselt, einige Schiffe werden verkauft aber es hilft alles nichts, der Laden macht nur Verluste. Auch das „Ausflaggen" 1996 in die Schweiz bringt keine Rettung. Ende 1999 kündigt sich auch das Ende der Köln-Düsseldorfer Flusskreuzfahrten als deutsches Unternehmen an. Im Februar 2000 werden Kreuz- und Tagesausflugsfahrten mit den dazugehörenden Schiffen an zwei verschiedene Gesellschaften verkauft, die Ausflugsfahrten landen bei einer Münchener Investmentfirma, die Flusskreuzfahrten werden mit ihren neun Kabinenschiffen an das erst zweieinhalb Jahre alte Baseler Unternehmen Viking River Cruises verkauft, das mit seinen 26 Flusskreuzfahrtschiffen als größter Anbieter in diesem Segment gilt.

2000

Das Schicksal der Köln-Düsseldorfer ist kein Ruhmesblatt für deutsches Unternehmertum und wahrscheinlich auch nicht für die deutschen Gewerkschaften, denen es nicht gelungen ist, ein für den deutschen Tourismus repräsentatives Unternehmen rentabel zu halten und zu betreiben. Es ist besonders bedauerlich, weil andere Unternehmen in derselben Zeit demonstrieren, wie man mit Flusskreuzfahrten Geld verdienen kann. Die deutsche Reederei Deilmann betreibt beispielsweise die „Donauprinzessin" und die „Mozart" offenbar mit zufrieden stellenden Ergebnissen. Es ist kein Trost, dass eine Schwestergesellschaft, die ehrwürdige Österreichische Donau-Dampfschiffahrtsgesellschaft DDSG, im Jahre 1995 das gleiche Schicksal ereilt. Sie stellt nach 166 Jahren ihren Dienst ein.

139

Die Lufthansa und
der Tourismus – ein Auf und Ab

Die Haltung der Deutschen Lufthansa zur Touristik nach
Wiedereinführung der Lufthoheit im Jahre 1955 ist ausgesprochen wechselvoll.
Jahrzehntelang fühlt sich die Lufthansa als reiner Transporteur. Ihre
Kunden sind Geschäfts- und Privatreisende, letztere aber weniger die Touristen
als die oft in Statistiken auftauchende Gruppe von Besuchern
von Verwandten und Freunden („Visiting Friends and Relatives = VFR").
Für das touristische Geschäft betreibt die Lufthansa allerdings Tochter-
oder Beteiligungsfirmen, die ein starkes Eigenleben entwickeln dürfen.
Sie gründet 1955 die deutsche Flugdienst GmbH, aus der die Condor
hervorgeht. Sie beteiligt sich über die Global Tourist AG an deutschen
Reisebüros wie Euro Lloyd und Kühne & Nagel, später auch am
Deutschen Reisebüro. Sie erwirbt Anteile an Airtours International, und sie
entwickelt in einem jahrelangen Prozess gemeinsam mit der
Deutschen Bahn und der TUI das Information- und Reservierungssystem
Start. Auch das Verhältnis der Lufthansa zum Reisebüro-Vertrieb
ist manchen Wechseln unterworfen. Einzelheiten über die Lufthansa
und den verschiedenen Tourismussparten werden in den
folgenden Kapiteln dargestellt.

Schon 1929 eröff-
net die Lufthansa in
ihrer Haupt-
verwaltung an der
Berliner Linden-
straße ein neues
Luftreisebüro.
Das Foto zeigt das
Büro im Jahr 1932.

Der November 1961 liefert zwei Anlässe für eine Feier: Die Deutsche Flugdienst wird in Condor umgenannt. Gleichzeitig wird die erste Vickers Viscount in Dienst gestellt.

Mit Condor und Sun Express im Ferienflugverkehr

Als die Vorgängergesellschaft der Lufthansa, die Luft AG, 1953 gegründet wird, beginnt die Aero Express GmbH in München ihre Charterflüge für deutsche Touristen. Zwei Jahre später nimmt die Lufthansa ihren Flugbetrieb auf (1. April 1955). Im selben Jahr gründet sie gemeinsam mit der Hapag, dem Norddeutschen Lloyd und der Deutschen Bundesbahn die Deutsche Flugdienst GmbH (DFG) in Frankfurt am Main. Die Gesellschafter DFG sind: die Lufthansa mit 26,5 Prozent, die Hapag mit 27,5 Prozent, der Lloyd mit 27,5 Prozent und die Bahn mit 18,5 Prozent. Es ist für die Lufthansa von entscheidender Bedeutung, dass sie auch im Touristikverkehr auf dem Markt erscheint, denn im selben Jahr werden auch die LTU und die Luftreedereien Krukenberg und Herfurtner gegründet. Der erste Flug startet am 29. März 1956 von Frankfurt aus ins Heilige Land. Die Route führt über *1956* Madrid, Lissabon, Tanger und Istanbul: zehn Stunden reine Flugzeit. Weitere Ziele innerhalb des bescheidenen Streckennetzes sind Mallorca und Teneriffa. Als vier Jahre später die Geschäfte der DFG katastrophal schlecht laufen und die beiden Reedereien und die Bahn die entstandenen Verluste nicht mehr tragen beziehungsweise ausgleichen wollen, übernimmt die Lufthansa Ende 1959 deren Anteile und führt die Geschäfte allein fort. In der Zwischenzeit haben die meisten neuen Charterflieger Konkurs anmelden müssen.

Die Condor früher
und heute ...

... und ihr Vorgänger.

1967

Einer, der auch neu auf dem Markt ist und keine rechte Freude an der Charter-fliegerei entwickelt, ist Rudolf Oetker. Er betreibt eine kleine Gesellschaft, die Condor heißt. 1961 kauft ihm die Lufthansa diese Firma ab, vereinigt sie mit der DFG und lässt nun das Ferienfluggeschäft unter dem Namen Condor laufen. Mit diesem Namen verbindet sie eine alte Tradition: Vor dem Zweiten Weltkrieg hat die Luft-hansa-Tochtergesellschaft Condor in Südamerika einen Liniendienst unterhalten. An die frühere Gesellschaft DFG erinnern heute noch die Flugnummern der Con-dor, die nicht mit CO, sondern mit DF (Deutsche Flugdienst) beginnen.

Im Jahr 1965 beginnt bei Condor mit der ersten Boeing B-727 das Jet-Zeitalter. Im Folgejahr werden die Langstrecken nach Bangkok, Ceylon, Kenia und in die Dominikanische Republik eröffnet. Die Lufthansa achtet darauf, dass die Condor ihre schnell eingenommene führende Marktposition behält. Als sie 1967 befürch-tet, dass der Stuttgarter Südflug ein gefährlicher Konkurrent für die Condor werden könnte, kauft sie das Unternehmen und legt die Airline still. Als die Charterfliegerei Anfang der 70er Jahre durch eine neue Pleitewelle in Verruf gerät, schließt die Luft-hansa mit der Condor einen Organschaftsvertrag, um aller Welt zu zeigen, dass die Mutter für eventuelle Verluste ihrer Tochter haftet. Außerdem wird immer wieder darauf hingewiesen, dass die technische Wartung der Condor-Flugzeuge von der Lufthansa-Werft betrieben wird. „Es war unser Ziel", sagt später Hans M. Bongers, LH-Vorstand und erster Aufsichtsratsvorsitzender der Condor, „den Bedarfsluftver-kehr zu einem seriösen Verkehrszweig zu entwickeln, der in den Augen der Öffent-lichkeit nicht als zweitklassig angesehen wird." Die Condor spielt bei der Entwick-

Das Berliner
Stadtbüro der
Lufthansa am
Kurfürstendamm.
Die Aufnahme
entstand im Jahr
1961.

Gastlichkeit an Bord, das spielt auch in den frühen Jahren der Condor eine beachtliche Rolle.

lung der deutschen Flugtouristik eine wichtige Rolle. Sie unterstützt die Reiseveranstalter bei der Suche nach neuen Reisezielen und fördert neue Programme durch Beteiligung an den Anlaufrisiken.

Langjähriger Geschäftsführer der Condor ist Herbert Wendlik, der die Gesellschaft von 1961 bis 1978 durch gelegentliche Tiefen zum Marktführer der deutschen Ferienflieger entwickelt. Wendlik versteht es, zu den Reiseveranstaltern ein Vertrauensverhältnis zu entwickeln und ihnen beim Aufbau ihrer Firmen durch Rat und Preiszugeständnisse zu helfen. Er hat von seinem obersten (Lufthansa-)Chef Dr. Herbert Culmann dazu freie Hand. Herbert Haum und Benno Schild, die beiden NUR-Veteranen, schwören darauf, dass Wendlik ihnen streng vertaulich in den Anfangsjahren einen Sonderrabatt auf die Condor-Preise eingeräumt hat. Den gleichen Schwur leisten sie auch für die Anfangsjahre von ITS. Und die anderen Reiseveranstalter wie das DER versichern ebenfalls , von der Condor eine besondere Aufbauhilfe durch einen Preisnachlass erhälten zu haben. Es ist gleichgültig, ob Wendlik nach Teppichhändlermanier seine Preise grundsätzlich höher angesetzt hat, um sie dann unter strengster Geheimhaltung um fünf oder zehn Prozent zu senken, entscheidend ist, dass sich die Veranstalter der Condor mit Herbert Wendlik persönlich besonders eng verbunden fühlten.

Wendlik kehrt 1978 zur Lufthansa zurück und wird Marketingdirektor für die weltweiten Aktivitäten. Nachfolger bei der Condor wird Dr. Malte Bischoff, der nach zehn Jahren von Dr. Franz Schoiber abgelöst wrd. Schoiber war einer der Bewerber um den Posten des Verkaufsvorstandes, der durch die vorzeitige Pensionierung von Frank Beckmann frei wurde. Da die Entscheidung zu Gunsten von Dr. Adrian von Doernberg fällt, sucht man nach einem anderen Posten, der für Schoiber eine

1978

143

Condor-Chef Franz
Schoiber führt die
Airline erfolgreich.

1995

Fliegt nicht nur ab
Deutschland.

Beförderung darstellt. Dafür ist die Geschäftsführung der Condor geeignet. Den 61-jährigen Dr. Malte Bischoff schickt man deshalb kurzerhand in Pension.

Dr. Franz Schoiber führt die Condor sehr erfolgreich, obgleich in seinen Amtsjahren der Wettbewerb durch die größer werdenden Flotten von Hapag-Lloyd, LTU und Aero Lloyd immer heftiger wird. So begleitet er die Condor 1998 in der Fusionsphase mir NUR (siehe Seite 175 ff) und ist binnen kurzem in die Schwierigkeit verstrickt, die unvermeidlich ist, wenn man bei einer Fusion einem Partner – in diesem Fall der Condor – näher steht als dem anderen. Das führt dazu, dass Schoiber Ende 1999 im Alter von 61 Jahren in Pension geht.

1995 erhält die Condor nach vergeblichen Versuchen in den Vorjahren erstmals von der Muttergesellschaft die Genehmigung, sich finanziell an Reiseveranstaltern zu beteiligen. Das sind Air Marin, Kreutzer Touristik, Öger Tours. Fischer Reisen werden zu 100 Prozent erworben, im Herbst 2000 aber geschlossen. Diese Beteiligungen sind bis auf die zehn Prozent an Öger Tours, die allein bei der Condor liegen, inzwischen in die C & N Touristic AG eingebracht worden.

Im Jahr 1990 gründet die Condor gemeinsam mit Turkish Airlines die Sun Express mit Sitz in Antalya. Die Gründungsgesellschafter sind im Besitz von je 50 Prozent. Die Sun Express ist erfolgreich im Touristenverkehr zu den türkischen Ferienregionen. Sie verfügt über fünf Boeing B-737-800 und kann wegen ihres Firmensitzes in der Türkei dorthin auch von außerdeutschen Flughäfen fliegen. Für das Frühjahr 2001 hat Sun Express die Aufnahme eines Linienflugdienstes zwischen Antalya und London angekündigt.

Eine Boeing von
Sun Express, der
gemeinsamen
Tochter von Luft-
hansa und
Turkish Airlines,
Die Gesellschaft ist
ausgesprochen
erfolgreich.

Lufthansa und der externe Vertrieb

Die Entwicklung der Beziehungen zwischen Lufthansa und den deutschen Reisebüros – bei LH der „externe Vertrieb" genannt – ist eine Love Story. Wie bei allen Lie-
besgeschichten sind die Partner zu Beginn ganz eng miteinander verbunden, und
wie so oft im Leben bleibt es nicht immer so. Wie nahe sich Lufthansa und die Reisebüros standen und wie sehr sie sich auseinander gelebt haben, wird an zwei
Begebenheiten deutlich.

Am 2. Mai 1970 wird Friedrich Burger, Hauptgeschäftsführer des Deutschen
Reisebüroverbandes, 65 Jahre alt. Da schreibt der Deutschland-Direktor der Lufthansa, Hans Eilers, sowieso ein Gentleman der alten Schule, eine Gratulation, wie
man sie sich nicht besser wünschen kann: Eilers bedankt sich für Burgers Engagement schon in den Zeiten der Neugründung der Lufthansa, die in der Arbeitsgruppe „Büro Bongers" ihre Vorbereitung fand. Zu dieser Gruppe gehörten unter anderem auch die Reisebüro-Fachleute Adolf Hasselbarth vom Hansa-Reisebüro in Berlin und H. T. Wolf vom Hapag-Lloyd Reisebüro in Frankfurt/Main. Für die führenden
Reisebüro-Experten war es völlig selbstverständlich, dass man sie beim Wiederaufbau der Deutschen Lufthansa dabeihaben wollte. Diese enge Verknüpfung zwischen der Lufthansa und den Reisebüros bringt schon 1955 bei ihrer Gründung
Eilers in seiner Gratulation zum Ausdruck.

Die zweite Begebenheit findet 26 Jahre später statt: Am 5. Februar 1996 wird *1996*
der langjährige Präsident und spätere Ehrenpräsident des Deutschen Reisebüro-
Verbandes, Dr. Walter Vogel, auf dem Münchner Waldfriedhof beerdigt. Von der
Lufthansa nimmt niemand an der Trauerfeier teil, sie hat noch nicht einmal kon-
doliert. Man muss davon ausgehen, dass den zu dieser Zeit führenden Leuten der
Lufthansa der Name Dr. Walter Vogel nichts mehr sagt. Das spiegelt den Grad der
Beziehungen wider, die zwischen Lufthansa und DRV eingekehrt sind. Es geht ums
Geschäft, da bleibt für die menschliche Seite kaum noch Zeit.

Das war einmal anders. Für die Lufthansa waren die Reisebüros so wichtig, weil
sie der preiswerteste Vertriebsweg und flächendeckend in Deutschland tätig
waren. Sie waren werbend und verkäuferisch für die Lufthansa aktiv, wurden aber
nur bezahlt, wenn sie ein Ticket verkauften. Hätte die Lufthansa versucht, den Flug-
scheinverkauf selbst zu betreiben, dann wäre das wesentlich teurer geworden.

Für die Reisebüros ist der Verkauf von Flügen – im Vergleich zum niedrigen
Umsatz von Bahnfahrkarten – hochinteressant. Sie sind Handelsvertreter und
sehen in ihren Handelsherren – also Bundesbahn, Lufthansa, Reiseveranstalter –
gewissermaßen Vorgesetzte, die ihnen Anweisungen geben können, aber vor allem
ihre Schutzpatrone gegen alle Widrigkeiten dieser Welt sind. Die Bahn delegiert
diese Funktion an ihre Tochter DER. Die Lufthansa, vertreten durch den Verkaufsvorstand und den Deutschland-Direktor, ist der direkte Gesprächspartner der Reisebüros und nimmt diese Aufgabe auch ernst. Hinzu kommt noch der nationale

LH-Vorstand Prof.
Hans Süssenguth:
Zankt sich ausge-
sprochen familiär.

LH-Vorstand Günter
Eser wird später
Generaldirektor der
IATA in Genf.

1973

Jochen Pastor, LH-
Verkaufsleiter
für Deutschland,
wirbt vergeblich
um Tariftreue.

Aspekt. Die Reisebüros sind stolz, dass es wieder eine eigene deutsche Fluggesellschaft gibt, die Vertretung der Lufthansa ist deswegen nicht nur eine ökonomische,
sondern auch eine emotionale Angelegenheit.

Die Lufthansa-Vorstandsmitglieder Prof. Hans Süssenguth und Prof. Günter
Eser stellen sich bei den Jahresmitgliederversammlungen des DRV der Diskussion.
Sie halten teils aufregende und kritische Reden, Süssenguth ist bekannt dafür, dass
er sein Reisebüro-Publikum auch gelegentlich szenewirksam beschimpft, aber man
verträgt sich dann immer wieder mit ihm. Die Kräche bleiben gewissermaßen
familiär. Die Probleme des Alltags müssen die Deutschland-Chefs der LH austra-
gen. Es liegt im Zug der Zeit, dass es zu Interessenkollisionen kommt. Die internationale Marktentwicklung führt zu einem schärferen Wettbewerb, der sich auf die
Preise und Verkaufskonditionen auswirkt. Und schließlich bietet in den 90-er Jahren die rasante Entwicklung auf dem Gebiet der elektronischen Datenverarbeitung
und -übermittlung völlig neue und – das ist für die Reisebüros das Entscheidende
– billigere Vertriebsformen, die ernst zu nehmen sind.

Der Ärger mit den Flugpreisen fängt im Jahr 1973 an. Davor waren die Tarife klar
geregelt. Die Flugpreise in US-Dollar werden von der Iata, dem internationalen Verband der Fluggesellschaften, verbindlich festgelegt. Nachgewiesene Verstöße
gegen die Preisvorschriften werden von der Iata mit hohen Strafen belegt. Die Lufthansa hinterlegt die Iata-Tarife, umgerechnet zu einem festen Kurs in DM, beim Bundesministerium für Verkehr, das diese dann für das Bundesgebiet für verbindlich
erklärt. Das System funktioniert so lange, wie der von der Iata einschließlich Lufthansa zu Grunde gelegte Umrechnungskurs nicht von den allgemeinen Währungs-
paritäten abweicht. Genau das passiert jedoch als 1972 das englische Pfund zu „flo-
aten" beginnt und der US-Dollar 1973 kräftig abgewertet wird. Jetzt beschließt die
Iata, die Tarife in unterschiedlichen nationalen Währungen für verbindlich zu
erklären. Die Mark ist eine starke Währung, die Flugtarife in Deutschland sind deshalb die höchsten, während zum Beispiel in England und Italien die Preise für dieselben Flugstrecken plötzlich billiger sind. Auch in den USA sind die Nord-
atlantikflüge günstiger als umgekehrt aus Deutschland. Die Iata versucht durch
nationale Zu- und Abschläge das Problem zu meistern, aber sie schafft es nicht.

Die Reisebüros schwanken nun zwischen zwei Loyalitäten. Die Lufthansa
erwartet von ihnen Tariftreue in harter D-Mark, die Kunden erwarten den günstigsten Tarif. Jochen Pastor, der Deutschland-Verkaufsleiter mit denkbar besten Kontakten zu den Reisebüros, der auf keiner DRV-Tagung der Iata-Agenten fehlt und
von allen Partnern wegen seiner Loyalität geschätzt ist, appelliert an seine Reise-
büro-Kollegen. Sie sollten sich tariftreu verhalten, ein völliges Zusammenbrechen
des bisherigen Tarifsystems könne auch nicht in ihrem Interesse liegen. Aber der
Markt folgt seinen eigenen Gesetzen, auch das angerufene Bundesverkehrsministerium kann außer klugen Sprüchen und Strafandrohungen von 5000 DM Bußgeld

nichts ausrichten. Das Barig (Board of Airline Representatives in Germany) begrüßt im September 1976 „die intensiven Bemühungen des BVM um eine Bereinigung des Marktes". Es werden Testkäufe unternommen, Bußgelder kassiert, aber die Situation ist nicht in den Griff zu bekommen. Dieses ist die erste Phase, in der die Reisebüros feststellen müssen, dass die Partnerschaft mit der Lufthansa dort ihre Grenzen hat, wo es um unterschiedliche Geschäftsinteressen geht. Ein anderes Problem zwischen Lufthansa und ihren Agenten in Deutschland ist die Höhe der Verkaufsprovision. Die ist damals genauso fest zementiert, wie es die Flugpreise sind. Oder vielleicht doch nicht ganz so fest? Auf jeden Fall ist auch das Iata-Provisionssystem vom Bundesverkehrsministerium wie auch von der entsprechenden Behörde in den USA amtlich abgesegnet. Verstöße dagegen werden geahndet.

Um die Lufthansa-Geschäfte bei umsatzstarken Agenturen in Deutschland und USA abzusichern und möglichst zu erhöhen, geht die Lufthansa unter Leitung des Vorstandsvorsitzenden Dr. Herbert Culmann und des Verkaufsvorstands Hans Süssenguth eine Zusammenarbeit mit einem belgischen Geschäftsmann ein, die Jahre später den Aufsichtsrat der Lufthansa beschäftigen wird: Felix Przedborski, in der Branche nennt man ihn nur „Felix" oder „Monsieur Felix", der die Sabena mit Flugtaschen aus Kunststoff und anderen „Giveaways" beliefert. Felix lernt 1958 auf der ersten Weltausstellung nach dem Krieg in Brüssel LH-Deutschland-Direktor Hans Eilers kennen und dient ihm, sprich der Lufthansa, sofort seine „Nightbags" an, die er billig in Ostländern produzieren lässt. Lufthansas Expansionspläne im Reisebüro-Geschäft und Felix' geschäftliche Kreativität führen zu wundersamen Kopplungsgeschäften, die im Laufe der Jahre für Millionenumsätze sorgen. Zu Beginn ist die Rechnung einfach: Felix erhält Taschenbestellungen in dreifachem Wert der von ihm vermittelten Reisebüro-Umsätze. Später sieht die Rechnung noch einfacher aus: Felix erhält von der Lufthansa eine Zusatzprovision von 20 Prozent und mehr für Flugumsätze von Reisebüros, die Felix akquiriert.

Der Autor, in diesen Jahren Reisebüro-Inhaber in Frankfurt, erinnert sich schmunzelnd an den Beginn seiner eigenen Beziehungen zu Monsieur Felix. Er hatte 1967 von Dick Davis (siehe Seite 124) einen Lufthansa-Flugschein Frankfurt–New York gekauft und bekam dafür statt der damals normalen Iata-Provison von sieben Prozent eine solche von 15 Prozent. Woraufhin er den damaligen Deutschland-Chef Günter Eser anrief und darum bat, zukünftig für seine LH-Verkäufe dieselbe Provision zu bekommen wie die Davis Agency. Er wisse, dass dort ein anderer Vergütungssatz zur Anwendung komme. Eser lud Schneider daraufhin zu einem Mittagessen ins Frankfurter Parkhotel ein, wo er dessen Anliegen jedoch nicht ansprach. Beim Nachtisch hatte er es plötzlich eilig – ein Bekannter von ihm war aufgetaucht. Eser machte ihn mit Schneider bekannt und verabschiedete sich hastig. Der Gast zur Nachspeise war Monsieur Felix, der nun zur Sache kam und für künftige Lufthansa-Umsätze eine Sonderkondition zusagte.

Frühes Zeichen der Weitgereisten und Weltoffenen: die blaue LH-Tasche.

Wer zum Lufthansa-Cocktail greift, der zeigt Geschmack an der weiten Welt.

147

1982

Das klingt alles ganz amüsant, war aber brisant. So kosteten die Geschäfte mit Felix den USA-Chef der Lufthansa, Stöcker, seinen Job, denn die Lufthansa musste dort wegen erwiesener Verstöße gegen die offizielle Provisionsregelung hohe Strafen zahlen. Und in Deutschland kommt es 1982 zur vorzeitigen Pensionierung von Dr. Herbert Culmann, der die Geschicke der Lufthansa seit 1964 gelenkt hat. Die Felix-Geschäfte beschäftigen den LH-Aufsichtsrat, in dem Heinz Ruhnau als Staatssekretär im Verkehrsministerium Sitz und Stimme hat. Auch der Bundesrechnungshof befasst sich damit, und am Ende rückt Heinz Ruhnau auf den Chefsessel der Deutschen Lufthansa. Das führt zu innerbetrieblichen, aber auch nach außen wirkenden Irritationen. Denn erstmals wird der Lufthansa-Chefsessel politisch besetzt, was vielen als ziemlich unerträglich erscheint.

Die gewaltigen Aufhängungen der Triebwerke verraten dem Kenner, dass es sich hier um eine Boeing B-707 handelt, dem frühen Stolz der Lufthansa.

148

Das Verhältnis zwischen der Lufthansa und den Reisebüros wird ab 1982 spannungsreicher. Ruhnau holt eine Unternehmungsberatungsfirma ins Haus, die sich ihre Sporen schon bei anderen europäischen Fluggesellschaften verdient und diese durchleuchtet und beraten hat. Ein Standardthema ist dabei der Reisebüro-Vertrieb, der angeblich zu teuer ist. Die offiziellen und inoffiziellen Stellungnahmen gehen hin und her. Auf wiederholte Verunsicherungen folgen Erklärungen von Heinz Ruhnau oder Frank Beckmann, der inzwischen für den Verkauf innerhalb des LH-Vorstandes zuständig ist. Deutschland-Direktor ist zu dieser Zeit Georg von Götz, der Ende der 70er Jahre schon einmal Verkaufsleiter für den deutschen Markt war. Von Götz denkt noch in den „Familien"-Kategorien seiner Vorgänger. Er fühlt sich noch als Schutzpatron der Reisebüros, die das zu schätzen wissen. Aber er kann zunehmende Tendenzen einer Abnabelung der Lufthansa von den Reisebüros nicht aufhalten. Der Direktverkauf wird bei der Lufthansa ein wichtiges Thema, Call Center werden geplant, und die bisher über Reisebüros und mit den Reisebüros gemeinsam gepflegten Beziehungen zu den Geschäftsreisekunden sollen direkt und enger geknüpft werden. Von Götz macht 1988 die DRV-Tagung in Baden-Baden **1988** noch mit, auf der LH-Verkaufsvorstand Frank Beckmann versucht, die misstrauisch werdenden Reisebüros bei der Stange zu halten, ohne aber seinem Deutschland-Direktor von Götz Deckung zu geben. Danach lässt sich Georg von Götz resigniert und zermürbt in die Schweiz versetzen, wo er von den Segnungen der neuen Unternehmenskultur, von der Heinz Ruhnau in Frankfurt so gern spricht, weniger zu spüren bekommt.

Bei der Lufthansa rollen die Köpfe, eine ganze Führungsebene wird weggeschickt, einschließlich des klugen, versierten Marketing-Mannes und in der Branche hochgeschätzten Herbert Wendlik, der viele Jahre Chef der Condor und seit 1978 für den weltweiten Verkauf der Lufthansa zuständig war. Dass jemand offiziell im Beisein der Geschäftspartner und Kunden aus seinem Amt verabschiedet wird, geschieht nur noch selten. Der neue Deutschland-Direktor ist ab 1989 Friedel Rödig, einer der wenigen, die sich auch vorher schon mit Verkauf und Reisebüros beschäftigt haben. Diese haben in ihm einen fairen Gesprächspartner, der aber schnell auf der Karriereleiter weitermarschiert und nach der Wende 1989 die Rück- **1989** kehr der Lufthansa nach Berlin vorbereitet und betreut und inzwischen zum Chef der Star Alliance geworden ist. Anfang 2001 geht Rödig in den Ruhestand.

Die Reisebüros haben ab 1991 in Dr. Adrian von Dörnberg einen neuen Gesprächspartner auf LH-Vorstandsebene, der sich von den teuren Stadtbüros durch Verpachtung an Reisebüros befreit und die Lufthansa City Center aus der Taufe hebt. Auf von Dörnberg, der inzwischen im Vorstand der Europäischen Reiseversicherung Platz genommen hat, folgt 1993 Hemjö Klein, den sich Jürgen Weber von der Bundesbahn holt. Weber hat am 1. September 1991 den Posten des Vorstandsvorsitzenden von Heinz Ruhnau übernommen. Mit ihm setzt für die Luft-

149

hansa eine Phase der Sanierung und Erneuerung ein, er lenkt sie mit hohem Sachverstand. Hemjö Kleins Auftritte auf DRV-Tagungen, aber auch bei anderen Reisebüro-Veranstaltungen, werden immer wieder zu wahren Events, seine Redebegabung ist phänomenal. Er arbeitet mit den modernsten Kommunikationsmitteln, um seine Botschaften zu vermitteln. Er versprüht Charme, dem sich kaum einer entziehen kann – aber am Ende weiß niemand recht, was er gesagt hat. Viele klatschen, weil es so schön war, obgleich er den Strick um die Hälse enger gezogen hat.

LH-Vorstand Hemjö Klein fällt durch seine rhetorischen Qualitäten auf.

Die Reisebüros können also nicht aufatmen. Denn inzwischen gibt es tatsächlich durch EDV und Internet preiswerte Alternativen zum Reisebüro-Vertrieb. Die Reisebüros müssen lernen, mit diesen neuen Medien zu leben und sie auch für die eigene Arbeit zu nutzen. Die Lufthansa kommt zu der Auffassung, dass die Verkaufsprovision wegen der automatisierten Arbeitsvorgänge auf eine andere Basis gestellt werden müssen. Hemjö Klein schafft mit einer zentralen Veranstaltung „Kongress der Zukunft" im September 1996 den Durchbruch. Es gelingt ihm mit Hilfe prominenter Referenten, die Reisebüros zum Umdenken zu bringen, zur Einsicht, dass neue Formen der Vergütung unvermeidbar sind, die auch für die Lufthansa vertretbar und tragbar sein müssen. Zwei Zitate mögen die Einstellung der Airlines zu den Reisebüros deutlich machen, die zugegebenermaßen aus dem Zusammenhang gerissen sind: „Der Handel erhält viel Geld für herzlich wenig Arbeit und muss seine Kommissionsforderungen zurückfahren", (Swissair-Chef Philippe Bruggisser). „Die Lufthansa ist nicht das Sozialamt der Reisebüros." (LH-Pressesprecher Thomas Jachnow)

Die von den Reisebüros bei allem Verständnis für den technischen Fortschritt als hart empfundene Linie der Lufthansa wird von Stefan Pichler, Bereichsvorstand Vertrieb von 1997 bis 1999, rigoros und mit kühlem Verstand weiterverfolgt. Er ist, wie man heute sagt, ein Egghead, der sich im Interesse seiner Firma (heute ist er Vorstandssprecher der LH-Tochter C & N) mit Haut und Haaren allein dem Geschäftserfolg, dem Zuwachs des Shareholder Value, verpflichtet fühlt. Auf Pichler folgt bei der Lufthansa Thierry Antinori, der offensichtlich aus ähnlichem Holz wie Pichler geschnitten ist. Die hervorragenden Ergebniszahlen der Lufthansa sprechen jedenfalls für sich und für ihre neue Führungsmannschaft.

1997

Neues Zeichen nach der Hochzeit.

Die Lufthansa hat sich im Laufe der Jahrzehnte an verschiedenen Reisebüro-Unternehmen beteiligt. Sie übernimmt von „Monsieur Felix" die offensichtlich von vornherein für sie gekauften beziehungsweise gegründeten Reisebüro-Ketten Kühne & Nagel und Euro-Lloyd. Sie beteiligt sich 1979 am DER mit 10,8 Prozent und 1995 mit 33,3 Prozent und kauft sich 1984 mit 21,4 Prozent in die First-Reisebüro-Kette ein. Doch noch vor der Gründung von C & N werden diese Beteiligungen von der Lufthansa verkauft. Im heutigen Zeitalter der vertikalen Integration, in dem alle Reisekonzerne bemüht sind, den Eigenvertrieb auszubauen, trauert so mancher C & N'ler den Beteiligungen etwa an First noch hinterher.

150

Hier endet die Lufthansa-Story aus der Sicht des Autors, die vielleicht gelegentlich am Lack des nationalen Carriers kratzt und ihn einer kritischen Betrachtung unterzieht. Aber bekanntlich kritisiert man besonders intensiv, was man liebt. Das Wachsen der Lufthansa nach dem Krieg, die Durchsetzung auf dem internationalen Markt, das Ansehen, das der Carrier weltweit genießt, machen auch heute noch stolz auf ihn. Die Lufthanseaten, mit denen man im Laufe seines Berufslebens, zusammentraf, waren faire und zumeist sympathische Partner.

Und noch etwas ist dem Autor eine für ihn wichtige Erwähnung wert: Die Zusammenarbeit zwischen der Lufthansa und den Reisebüros, der Kontakt zwischen DRV und LH-Deutschland-Chefs, kann bei allen Kontroversen so schlecht nicht gewesen sein – diese gemeinsame Arbeit mit Jochen Pastor, Georg von Götz, Reinhard Bock und Helmut Klumpp hat die Zeit seiner DRV-Präsidentschaft überdauert und zu unverzichtbaren Freundschaften geführt. Und die Jahre im Aufsichtsrat der Lufthansa Commercial Holding haben zu einer besonderen Hochachtung für Jürgen Weber geführt, der das Musterbeispiel eines klugen, weitsichtigen und sehr erfolgreichen Unternehmers ist.

Lufthansa und die Reiseveranstalter

Ganz im Gegensatz zum amerikanischen Markt, wo die großen Fluggesellschaften schon Ende der 50er Jahre mit eigenen Reiseprogrammen werben, hält sich die Lufthansa bemerkenswert lange mit einem eigenen Engagement im Tourismus zurück. Wie die Reiseveranstalter und die Reisebüros ist auch die Lufthansa davon überzeugt, dass die Arbeitsteilung im deutschen Tourismusgewerbe richtig ist: Transport, Unterbringung, Reiseveranstaltung, Reiseverkauf. Die deutschen Reisebüros, vertreten durch den Deutschen Reisebüro-Verband (DRV), wachen auch jahrzehntelang eifersüchtig darüber, dass keine Fluggesellschaft mit einem eigenen Reiseprogramm auf den Markt kommt. Sowie das eine Airline mal zaghaft versucht, wird ihr auf die Finger geklopft. Trotzdem ist es nur zu verständlich, dass die Fluggesellschaften daran interessiert sind, einen gewissen Einfluss auf diejenigen ausüben zu können, die ihnen die angebotenen Flugsessel abnehmen.

Eine verpasste Chance muss man der Lufthansa im Zusammenhang mit der Gründung von Airtours International bescheinigen. Die Gesellschafter der Düsseldorfer Airtours Flugreisen GmbH & Co KG unter Führung von Hans Schmidt vom Reisebüro Hartmann in Düsseldorf gründen 1967 mit dem Deutschen Reisebüro DER, dem Amtlichen Bayerischen Reisebüro ABR und Hapag-Lloyd Reisebüro eine gemeinsame Firma. Alle vier Firmen betreiben bisher Flugpauschalreisen mit Linienmaschinen – jeweils unter eigenem Namen. Jeder von ihnen behauptet, er sei der Größte, Schönste und Erfolgreichste. Aber nun einigt man sich und bringt die eigenen Aktivitäten in die gemeinsame Airtours International GmbH & Co KG ein. Geschäftsführer werden Peter Rickmers, vormals Airtours Flugreisen Düsseldorf

1967

151

Ewald Vollrath
vom Deutschen
Reisebüro ist
bei der Airtours-
Gründung mit
von der Partie.

und schon für diese Tätigkeit von der Lufthansa für sieben Jahre freigestellt, Lothar Höck von Hapag-Lloyd Reisebüro in Frankfurt und außerdem Ewald Vollrath vom Deutschen Reisebüro (DER).

Die neue Firma Airtours International hat drei Produktgruppen: Städtereisen, touristische Zielgebiete und Fernreisen. Airtours leistet auf dem Gebiet der Linienflugpauschalreisen Pionierarbeit. Das ist besonders den beiden Geschäftsführern Rickmers und Vollrath zu verdanken; Höck kehrte nach zwei Jahren zu Hapag-Lloyd zurück. Ein großer Verdienst für die schnelle Entwicklung von Airtours kommt der Deutschen Lufthansa zu, die das Unternehmen vom ersten Tag an durch werbliche Unterstützung und durch ihre Auslandsbüros fördert. Airtours revanchiert sich, indem hauptsächlich mit der Lufthansa geflogen wird. Schon nach gut zwei Jahren, im Jahre 1970, verkaufen die Airtours-Gesellschafter ihr Unternehmen an die TUI. Die Lufthansa schaut zu und unternimmt keinen Versuch, ihre weitere werbliche Unterstützung von einer Beteiligung an Airtours abhängig zu machen. Die TUI hätte sich die Ablehnung eines solchen Lufthansa-Wunsches zu diesem Zeitpunkt wohl kaum leisten können. Um die Lufthansa eng mit Airtours zu verbinden, wird ein Beirat ins Leben gerufen. Ihm gehört der Verkaufsvorstand der Deutschen Lufthansa „als Sprecher der Iata-Linienfluggesellschaften" an.

1974

Im Jahr 1974 meldet der Vorstandsvorsitzende Dr. Herbert Culmann (1972-1982) ein großes Interesse der LH an einem „Zusammentun mit DER/ABR/Halo, DB und TUI" an; die Erwähnten ihrerseits zeigen aber keine sonderliche Begeisterung und reagieren mit Schweigen. Beinahe 20 Jahre gehen ins Land, in denen nichts passiert.

Als Hemjö Klein, von der Bundesbahn kommend, 1993 in den Lufthansa-Vorstand einzieht, zeigt er ebenfalls ein lebhaftes Interesse der Lufthansa, am touristischen Geschehen in Deutschland mitzuwirken. Jetzt endlich verwirklicht die Lufthansa das, was sie schon vor 25 Jahren hätte tun sollen. Sie pocht auf ihre fördernde Rolle bei Airtours als jahrzehntelanger Zahlmeister und will mitreden und natürlich mitbestimmen. Die TUI geht auf die Lufthansa-Wünsche ein und verkauft ihr zum 1. Mai 1994 insgesamt 50 Prozent an Airtours International. Lufthansa stellt mit Dr. Jens Hinrichsen auch einen zweiten Geschäftsführer, der die Interessen des Carriers vertreten soll. Trotzdem kündigt die Lufthansa noch im selben Jahr mit erheblichem Werbeeinsatz für 1995 ein eigenes Programm unter dem Namen Lufthansa Tours an.

Die TUI meldet sich sofort und reklamiert, dass der neue Airtours-Gesellschafter wohl schlecht in Konkurrenz zur eigenen Tochtergesellschaft agieren könne. Man hat den Eindruck, dass bei der Lufthansa die eine Hand nicht weiß, was die andere tut. Jedenfalls schwenkt Lufthansa sofort ein und will nun das angekündigte Programm von Airtours produzieren lassen. Nur, bei Airtours ist eigentlich niemand am Gelingen von Lufthansa Tours interessiert. Airtours bietet Veranstaltungen seit Jahren an, die Lufthansa nun lautstark als Neuigkeit ankündigt. Sie veranstaltet beispielsweise Reisen zu großen sportlichen Ereignissen oder sonstigen „Special Events". Warum soll man sich nun selber Konkurrenz machen und derartige Programme noch einmal, nur ein bisschen anders, zusammenstellen und unter einem anderen Namen – Lufthansa Tours –auf den Markt bringen? Auch beim Vertrieb stoßen unterschiedliche Interessen aufeinander. Airtours hat einen langjährig bewährten Vertriebsweg. Die Lufthansa will mit dem eigenen Programm in den Touristik-Reisebüros Fuß fassen und so den Vertrieb ihrer Flugscheine ausweiten. Aber es funktioniert nicht mit dem Verkauf ihrer Reiseprogramme. Das Ergebnis ist für erfahrene Touristiker nicht überraschend. Statt der 20.000 geplanten Gäste für 1995 kommen nicht einmal 10.000 Teilnehmer zusammen.

Es zeigt sich auch, dass Lufthansa und TUI nicht zusammenpassen. Als Lufthansa Anfang 1996 ihre Beteiligung an Airtours wieder aufgibt, werden Lufthansa Tours an die Veranstalter-Tochter des DER, Dertour, übertragen. Aber auch dadurch werden die Lufthansa-Programme nicht leichter verkäuflich. Schließlich werden einzelne DER-Programme mit dem Lufthansa-Titel versehen, damit die Lufthansa demonstrieren kann, dass sie auch im Tourismus präsent ist. Das DER kann zwar 1996 noch von der Lufthansa Zuschüsse für Marketing und Werbung kassieren, aber ein wirkliches Lufthansa-eigenes Touristikprogramm gibt es ab 1997 nicht mehr. Der Versuch der Lufthansa, in der Touristik mit einem eigenen Programm dabei zu sein, ist gescheitert. Als LH-Vorstand Hemjö Klein in der ersten Oktoberwoche 1998 aus dem Vorstand der Lufthansa wieder ausscheidet, wird auch das kostspielige Abenteuer Lufthansa Tours offiziell beendet.

Werbung für Lufthansa Tours, die aber nicht zum Erfolg führt.

1996

Lufthansa-Service von heute: Beinfreiheit, bequeme Sitze und eine Bordverpflegung, die vielen Wünschen gerecht wird.

So zeigt sich die Lufthansa am Ende des Jahrhunderts: eine effektive Gesellschaft mit einer modernen Flotte. Hier ein Airbus A-340-300.

Lufthansa Partner Tours

Dahinter verbirgt sich der Versuch, einige Veranstalterprogramme zu veredeln. Aber was ist mit den anderen?

Lufthansa Partner Tours

Als 1994 die Lufthansa-Beteiligung an Airtours bekannt gegeben wird und Lufthansa gleichzeitig ein eigenes Programm auf dem touristischen Sektor ankündigt, führt das natürlich zu Verärgerung bei anderen Reiseveranstaltern, die auch schon lange eng mit der Lufthansa arbeiten. Es geht um die Spezial- und Studienreisenveranstalter. Um diese zu beruhigen, schlägt Lufthansa-Vorstand Hemjö Klein vor, eine weitere Produktlinie, Lufthansa Partner Tours, in den Markt zu bringen, und zwar im Rahmen einer Kooperation zwischen Lufthansa und einigen ausgewählten Spezialveranstaltern.

Natürlich meint es Klein gut. Er will die Spezialveranstalter bei Laune halten, trotz seiner Teilhaberschaft an Airtours. Trotzdem geht der Schuss nach hinten los. Denn von den 20 bis 30 renommierten Spezialveranstaltern beruft er nur neun Firmen in den elitären Kreis derjenigen, die sich in der Sonne der Lufthansa-Sympathie aalen dürfen. Sie müssen allerdings auch jeder 100.000 DM in eine gemeinsame Kasse zahlen, in die Klein nochmals ein Mehrfaches dessen einzahlt. Dafür werden aufwändige Reisekataloge gedruckt. Aber gleichzeitig stößt die Lufthansa die übrigen Veranstalter vor den Kopf, die nicht zu dieser ausgesuchten Gruppe gehören, aber ihre Reisen seit Jahren mit der Lufthansa abwickeln.

Auch Lufthansa Partner Tours stellt sich als ein nicht gründlich vorbereitetes, unausgegorenes Projekt heraus, das Millionen DM gekostet haben dürfte. Gelegentlich findet man noch in den Programmen der ausgewählten Lufthansa-Partner Hinweise auf einzelne Reisen, die als Lufthansa Partner Tours bezeichnet wer-

154

den. Aber es gibt keinen Gemeinschaftskatalog mehr. Inzwischen treten die LH-Partner Tours mit außergewöhnlichen Programmangeboten im Internet auf. Im Dezember 2000 verkündet Lufthansa Partner Tours einen „Relaunch der Website" und verspricht Extra-Bonusmeilen bei Buchung spezieller Angebote.

Lufthansa und Karstadt: der neue Verbund

Während sich LH-Vorstand Hemjö Klein ums Detailgeschäft kümmert, dreht Lufthansa-Chef Jürgen Weber, Vorstandsvorsitzender der LH, längst an einem großen Rad. Da die Lufthansa keine Chancen hat, ihren Einfluss auf die TUI über ihre Beteiligung an der Hapag-Lloyd AG von 17 Prozent hinaus zu verstärken, versucht Weber, die Bande zu NUR, dem anderen deutschen Großveranstalter, enger zu knüpfen. Auch hier setzt er bei der Muttergesellschaft, der Karstadt AG, an. NUR-Geschäftsführer Wolfgang Beeser macht keinen Hehl daraus, dass er von einer Ehe mit Condor oder Lufthansa oder einer anderen Fluggesellschaft nichts hält. Ohne eine gesellschaftsrechtliche Bindung könne er mit den Fluggesellschaften generell ganz anders verhandeln und einkaufen. Beim Poker um NUR tritt man zwar jahrelang auf der Stelle, aber 1995 gelingt es Weber, Karstadt zur Übernahme von 51 Prozent an der Lufthansa-Tochter Euro Lloyd Reisebüro zu bewegen. So ist endlich eine Liaison von Lufthansa zu einem der Großen im Touristikgeschäft geschaffen.

LH-Chef Jürgen Weber. Sanierer und erfolgreicher Unternehmenslenker, fädelt die Kontakte zu NUR ein.

Bald darauf bekommt die Condor erstmals grünes Licht zu einem Engagement auf dem Veranstalter-Sektor. Noch wenige Jahre zuvor hatte der LH-Vorstand Dr. Franz Schoiber, Chef der Condor, den Wunsch abgeschlagen, den Stuttgarter Veranstalter Hetzel Reisen zu kaufen. Damals meinte die Lufthansa noch, die Condor solle sich auf keinen Fall in den Wettbewerb mit ihren eigenen Kunden begeben. 1995 hat sich diese Einstellung geändert. Wer bei dem sich immer schneller drehenden Konzentrationskarussell mitspielen will, muss über ein eigenes Reisevolumen verfügen. Jetzt will Lufthansa die Braut schön machen, damit ein möglicher Partner mehr Lust auf sie bekommt. So kauft Condor Kreutzer Touristik in München, Fischer Reisen in Hamburg und die Alpha Holding mit Air Marin in Bonn und beteiligt sich mit zehn Prozent am Hamburger Reiseveranstalter Öger Tours. Der tatsächliche Durchbruch bei den immer noch zögerlichen Beziehungen zwischen Lufthansa und Karstadt wird allerdings von außen eingeleitet: Der Einstieg der West LB bei der Touristik Union International und der Beginn der vertikalen Integration zwingt Karstadt/Neckermann zum Nachdenken und Umdenken. Nun ist es nicht mehr vernünftig, allein zu bleiben. Gemeinsam muss man der immer stärker werdenden TUI entgegentreten. Jetzt marschiert Neckermann in die ausgestreckten Arme der Lufthansa-Tochter Condor. Und so sind Karstadt und Lufthansa seit 1998 die glücklichen Eltern der C & N Touristic AG. Über die Tochter hat die Lufthansa schließlich doch noch am Tisch der großen Spielemacher im deutschen und internationalen Touristikgeschäft Platz genommen.

1995

1998

155

Lufthansa und das Incoming-Geschäft

Gemeinsam mit der TUI gründet die Lufthansa im Jahr 1969 die Incoming-Agentur Incopac. Geschäftsführer ist zunächst der Leiter der Touropa-Incoming-Abteilung in Frankfurt am Main. Er wird nach einigen Monaten abgelöst durch den früheren Mitarbeiter von Dr. Tigges-Fahrten, Dr. Hans Boventer, der inzwischen in Diensten der Lufthansa steht.

Die TUI verspricht sich von Incopac nicht nur eine Belebung ihres bisherigen Incoming-Geschäftes, sie hofft auch auf größere Teilnehmerzahlen aus dem amerikanischen Markt für ihr europäisches Touristikprogramm. Sie geht dabei von der irrigen Annahme aus, auch Amerikaner könnten Gefallen an den von der TUI ausgeschriebenen Badeferien am Mittelmeer finden. Tatsächlich aber zielt das Interesse der Amerikaner in Europa damals und heute auf den Besuch europäischer Hauptstädte wie Paris, London, Rom und bestimmter Sehenswürdigkeiten, zu denen in Deutschland unter anderem der romantische Rhein, Heidelberg und Neuschwanstein gehören.

TUI und Lufthansa verfolgen mit Incopac konträre Interessen. Der Lufthansa geht es darum, leere Flugsessel zu füllen. Selbst wenn nur noch 50 Prozent des Tarifpreises für einen Flug von New York nach Frankfurt erzielt werden, ist das für die Lufthansa immer noch ein willkommener Deckungsbeitrag, vorausgesetzt, der Flugsessel wäre andernfalls leer geblieben.

Die Werbe- und Betriebskosten von Incopac müssen sich aber Lufthansa und TUI teilen. Wenn es zum Verkauf preisgünstiger Flugtickets kommt und das Landprogramm aus Wettbewerbsgründen zu Selbstkosten geliefert wird, fällt bei Incopac kein Gewinn an, obwohl die Arbeit geleistet worden ist. Lufthansa setzt aber ihre leeren Flugsessel ab, während sich die TUI mit 50 Prozent am Incopac-Verlust beteiligen darf. Ein treffliches Beispiel für ein nicht funktionierendes Joint Venture. Es kommt, was kommen muss: Nach zwei Jahren trennen sich beide Partner wieder. Die Lufthansa betreibt die Firma Incopac noch einige Jahre allein. Dr. Hans Boventer scheidet Ende 1973 bei der Lufthansa aus und macht sich in München als Unternehmensberater selbstständig. Incopac verschwindet in der Versenkung.

1973

Das Incoming-Geschäft ist inzwischen wegen des notwendigen Arbeitseinsatzes auch in den Abend- und Nachtstunden, an Sonn- und Feiertagen, von größeren Unternehmen nicht mehr rentabel zu betreiben. Es liegt heute in der Hand von Einzelunternehmen, die ihren Zeitaufwand anders kalkulieren beziehungsweise bewerten können als tarifgebundene größere Firmen. Eine Ausnahme bildet das Kongressgeschäft, da es sich hier um ein Massengeschäft handelt, bei dem sich die entstehenden Kosten besser verteilen lassen.

Im Zusammenhang mit der Übertragung von Lufthansa Tours von Airtours auf das Deutsche Reisebüro (DER) in Frankfurt im Jahre 1996 übernimmt die

Frankfurt, die große internationale Drehscheibe im deutschen Flugverkehr, ist zugleich die Heimatbasis der Lufthansa.

Lufthansa ohne vorherige Rücksprache mit den Fachleuten beim DER noch einmal einen Anlauf, aktiv auf das Geschäft mit den ausländischen Besuchern einzuwirken. Sie verkündet, das DER werde im Auftrag der Lufthansa und ebenfalls unter dem Namen Lufthansa Tours Deutschland-Programme für ausländische Besucher entwickeln.

Das DER denkt aber nicht daran, den Wünschen des Minderheitsgesellschafters zu folgen. Deutschland-Reiseprogramme werden von ausländischen Reiseveranstaltern zusammengestellt und verkauft. Ein Engagement des DER, wie die Lufthansa sich das vorstellt, wäre deshalb also kontraproduktiv. Die ausländischen Reiseveranstalter haben in Deutschland gewachsene Verbindungen mit Omnibusunternehmen und städtischen Verkehrsbüros, sie halten sich an internationale Hotelketten und an Hotelreservierungssysteme. Würde das DER nun versuchen, eigene Deutschland-Programme unter dem Namen Lufthansa Tours über ihre Auslandsniederlassungen zu verkaufen, würde das eine Konkurrenzierung der aktiven ausländischen Reiseveranstalter bedeuten, die das der Lufthansa mit Sicherheit übel nehmen würden. Auch die Incoming-Überlegungen in Verbindung mit Lufthansa Tours sind – wie sich zeigt – unausgegoren und werden aus später gewonnener Einsicht wieder aufgegeben.

Prinzipiell ist das Geschäft mit den Besuchern aus dem Ausland selbstverständlich für die Lufthansa von großer Bedeutung. Sie hat sich deshalb in der für die Auslandswerbung zuständigen Deutschen Zentrale für Tourismus (DZT) in Frankfurt von Anfang an stark engagiert. Die Lufthansa ist im Verwaltungsrat und in den Arbeitsgremien der DZT vertreten, Studienreisen ausländischer Reiseexperten nach und durch Deutschland wie auch die jährliche Fachmesse Germany Travel Mart (GTM) werden von der Lufthansa maßgeblich unterstützt. Viele Lufthansa-Büros im Ausland werben als DZT-Vertreter für Deutschland – was natürlich der Lufthansa zugute kommt.

Abenteurer am Himmel

Ein Blick in die 50er Jahre zeigt, dass Gesellschaften auf den Markt drängen, die nicht in erster Linie am Tourismus interessiert sind, sondern vor allem steuerliche Vergünstigungen im Blick haben. Die stürmische Entwicklung bei der Touropa verführt zu der Annahme, dass hier gute Möglichkeiten für renditeträchtige Aktivitäten zu finden sind, die branchenfremde Geldanleger mit vom Staat steuerlich begünstigten Investitionen kombinieren wollen.

Aus den Anfängen der Ferienfliegerei

Die Chancen, die sich in den 50er Jahren so mancher Flottenkapitän ausrechnet, stehen doch viel größeren Risiken gegenüber als erwartet. Und so endet so mancher Traum vom erfolgreichen Start in den Tourismushimmel mit einer ökonomischen Bauchlandung. Viele Namen sind heute nicht nur Vergangenheit, sondern auch oft schon vergessen. Aber es gibt auch Beispiele von erfolgreichen Karrieren und von Fluggesellschaften, die bis heute im touristischen Markt operieren.

Aero-Expreß

Nachdem diese Firma 1949 für die Luftfrachtbeförderung gegründet worden war, entschloss sie sich, 1953 in die Passagierfliegerei umzusteigen. 1955 verfügt die Gesellschaft über ein eingezahltes Stammkapital von 500.000 DM, das laut damaligen Zeitungsberichten von „Spielbankkavalieren" stammt. Geschäftsführer der Aero Expreß GmbH ist der Spielbankkaufmann Peter Stahl. Aero-Expreß verfügt im Januar 1956 über vier Vickers Viking. Über eine fünfte Viking wird verhandelt, und der Ankauf vier weiterer Vickers Viscount wird geplant. Die Vikings verfügen in der Touristenklasse-Version über 36 Sitze, in der Luxus-Version über 27 Sitze. Die Maschinen werden von britischen Flugkapitänen und deutschen Kopiloten geflogen.

1953

Die Beschäftigung in der wenige Monate dauernden Hochsaison ist zufrieden stellend, sie reicht jedoch nicht aus, um die Kosten für zwölf Monate zu decken. In der Vor- und Nachsaison und im Winter gibt es zu wenig Beschäftigung für Charterflugzeuge. Schon Ende 1956 ist es so weit: Aufgelaufene Start- und Landegebühren können nicht mehr bezahlt werden, die Flugzeuge bleiben am Boden. Die Kasse ist leer, und Aero-Expreß am Ende. Sie tanzte nur einen Sommer.

Karl Herfurtner

Karl Herfurtner beginnt sein Reisegeschäft bereits 1931 im Alter von 22 Jahren, zunächst mit einem einzigen Omnibus. Er ist erfolgreich und baut sein Geschäft zügig aus. 1939 verfügt er über eine eigene Busflotte, die er aber durch den Krieg verliert. 1945 fängt er wieder bei Null an, bringt es aber innerhalb von sieben Jahren erneut zu 24 eigenen Omnibussen. Zu Herfurtners Kunden gehören die Dr. Tigges-Fahrten in Wuppertal, die ihre Gäste mit Herfurtner-Bussen auf die Reise schicken. Seine Spezialität sind die Busse für die Tigges-Zeltfahrten, die ab 1954 bis Afghanistan und Persien führen. Das Geschäft läuft so gut, dass Herfurtner sich in der Düsseldorfer Pionierstraße ein Grundstück kauft, auf dem er sein 78-Betten-Hotel Stadt München baut. Einen im Erdgeschoss befindlichen Laden vermietet er an die Dr. Tigges-Fahrten, die dort nun ihr Düsseldorfer Verkaufsbüro betreiben.

Herfurtner ist ehrgeizig. Er verfolgt voller Spannung die Erholung der deutschen Wirtschaft und das Wiedererstehen der internationalen Fliegerei. Als Deutschland seine Lufthoheit wiedererlangt und die Lufthansa erneut auf dem Markt erscheint, kauft Herfurtner 1955 und 1956 von British Airways drei Vickers Viking, die über je 36 Sitze verfügen. Anfang Oktober 1955 verkündet Herfurtner voller Stolz die Überführung dieser Maschinen nach Düsseldorf. Neben der Lufthansa sind das die ersten Verkehrsflugzeuge mit deutschen Hoheitszeichen. Über das Füllen der Flugzeuge braucht sich Herfurtner keine Sorgen zu machen, sein Stammkunde Dr. Tigges-Fahrten ist auch an den Flugreisen interessiert.

1955 – 1956

Das Monatsgehalt der Herfurtnerschen Flugkommandanten beträgt 1955 rund 2100 DM. Pro Flugzeug braucht man außer dem Flugkapitän einen Kopiloten, einen Bordmechaniker und einen Bordfunker. Die Flugzeuge verfügen noch nicht über Druckausgleichskabinen, was die Flughöhe auf 2000 bis 3000 Meter begrenzt. Wegen dieser geringen Flughöhe führen die Routen nach Süden nicht über die Alpen, sondern über Frankreich durchs Rhônetal. Die Reisegeschwindigkeit liegt bei 300 Stundenkilometern, entsprechend lange dauert ein Flug in den sonnigen Süden. In Abstimmung mit Dr. Tigges liegen Herfurtners Flugziele in ganz Europa, vorwiegend in Spanien, Südfrankreich und Italien. Das Fluggeschäft entwickelt sich so erfolgreich, dass Herfurtner seine Flotte innerhalb von zwei Jahren von drei auf sieben Flugzeuge erweitert. Er betreibt nun sein Geschäft mit sechs Vickers Viking (36 Sitze) und einer Langstreckenmaschine des Typs DC-4 Skymaster, für die er – sie ist gebraucht – knapp drei Millionen DM bezahlt. Insgesamt verfügt Herfurtner 1957 über 286 Flugsitze. Die Zukunft sieht rosig aus.

Aber am 3. November 1957, zwei Jahre nach Aufnahme des Flugbetriebs, bricht die Katastrophe über Herfurtner herein. Die 4-motorige DC-4 stürzt kurz nach dem Start in Düsseldorf ab. Von den zehn Personen an Bord kommen sieben ums Leben, darunter nicht nur der waghalsige und im Zweiten Weltkrieg hoch dekorierte Chefkapitän Heinz Stahnke (39), sondern auch dessen Tochter Doris und die 17-jährige Herfurtner-Tochter Resi. Die beiden jungen Damen waren als Stewardessen an Bord. Es handelte sich um einen Überführungsflug, in New York sollte eine deutsche Reisegruppe abgeholt werden. Die spätere Untersuchung ergibt, dass Flugkapitän Stahnke entgegen allen Vorschriften und mit Wissen, vielleicht sogar auf Wunsch eines ebenfalls kriegserprobten Aufsichtsbeamten des nordrhein-westfälischen Verkehrsministeriums die Reaktionsfähigkeit seines Kopiloten testen wollte und deshalb unmittelbar nach dem Start, noch im Steigflug begriffen (!), zwei der vier Triebwerke abstellte.

Zu den Überlebenden gehören ein nicht im Einsatz befindlicher Kopilot und Walter Hombitzer und seine Frau. Letztere sollten sich als Reiseleiter um eine Tigges-Gruppe in New York kümmern. Sie erholen sich langsam von ihren schweren Verletzungen. Walter Hombitzer ist danach noch viele Jahre als Chefreiseleiter für die Dr. Tigges-Fahrten tätig. Er gehört zu den intellektuellen Trägern des Tigges-Unternehmens, der Tausenden von Menschen die Lebensformen und Kulturen anderer Völker erschlossen hat. Hombitzer fasziniert durch sein Wissen und seine Begeisterungsfähigkeit. Er stirbt 1989 im Alter von 69 Jahren.

Die Flugzeugkatastrophe ist der Ruin für das Unternehmen Herfurtner. Der durch den Unfall unmittelbar ausgelöste Schaden beläuft sich auf 1,8 Millionen DM, den die Versicherung zunächst nicht zahlen will, aber schließlich zu einem Teil ersetzt. Es gilt als erwiesen, dass grobe Fahrlässigkeit des Kapitäns die Katastrophe ausgelöst hat. Die Mitschuld des Vertreters des Verkehrsministeriums ist trotz starker Verdachtsmomente nicht beweisbar. Der tragische Flugzeugunfall ist für Karl Herfurtner privat und geschäftlich eine Katastrophe. Er hat seine Tochter verloren, der Unfall ist nicht auf höhere Gewalt, sondern auf den Leichtsinn seines von ihm geschätzten Flugkapitäns zurückzuführen. Geschäftlich erleidet Herfurtner einen totalen Vertrauensverlust. Die Kunden bleiben weg, das Geschäft bricht zusammen. Angeblich hat Herfurtner 1957 noch einen Gewinn von 147.000 DM ausgewiesen. Der ihm aus dem Absturz entstandene Verlust kann in dieser Zahl nicht enthalten gewesen sein.

1957

161

Aeropa Europäische Flugreisen

Parallel zum Entschluss des 46-jährigen Karl Herfurtner aus Düsseldorf, sich als Luftreeder zu betätigen, gründet 1955 in Hamburg der 42-jährige Helmut Krukenberg die Firma Aeropa Europäische Flugreisen GmbH. Als Leiter eines Eheanbahnungsinstituts hatte Krukenberg kein Glück gehabt, nun meint er, seine Erfahrungen im Umgang mit Menschen seien eine gute Voraussetzung für den Einstieg in die Reisebranche. Er ist davon überzeugt, mit Ferienreisen per Flugzeug den reiselustigen Mitbürgern einen „Urlaub neuen Typs" zu bieten und damit erfolgreich eine Angebotslücke zu füllen.

Krukenberg chartert ausländisches Fluggerät und bietet vorwiegend Mallorca als preiswertes und attraktives Reiseziel an. Er erreicht beachtenswerte Zahlen. 1957 befördert er 25.000 Flugurlauber. Weil das Geschäft gut läuft, macht er schon nach knapp drei Jahren einen riskanten weiteren Schritt. Er schafft sich Ende 1957 eigene Flugzeuge an. Unter dem Namen Aerotour Deutsche Luftreederei AG betreibt er nun sein Geschäft mit zwei viermotorigen DC-4 und zwei Vickers Viking. Er befördert 1958 schon 35.000 Kunden, während Transavia mit Tigges 15.000 und Touropa/Scharnow/Hummel gerade mal 12.000 Passagiere zusammenbekommen. Aerotour fliegt nach Mallorca und auf die Kanarischen Inseln, nach Andalusien, Marokko, Rhodos und Ägypten. Aber Krukenberg bietet auch teure Spezialreisen an – eine 24-tägige Brasilien-Rundreise für 2950 DM und eine Asien-Reise nach Hongkong, Singapur, Thailand und Bombay, 17 Tage, für 3920 DM.

Aber das rettet ihn nicht. Der erfolglose Eheanbahner macht auch als Luftreeder kein Geld. Die finanzielle Ausstattung reicht nicht für ein ganzjähriges Geschäft. Auch Krukenberg tanzt mit seiner Aerotour nur einen Sommer, sowohl der Konkurs der Fluggesellschaft wie der Veranstalterfirma Aeropa ist nicht mehr abzuwenden, und auch die von ihm gegründete Tochtergesellschaft Kolumbus Reisen muss ihre Geschäftstätigkeit einstellen. 47 deutsche Urlauber auf Teneriffa bleiben auf ihren Koffern sitzen und müssen sehen, wie sie nach Hause kommen.

1955

1958

Transavia Fluggesellschaft

Um die Herfurtner-Flotte zu erhalten und die gut gebuchten Programme nahtlos fortführen zu können, gründen die Eigentümer der Dr. Tigges-Fahrten am 1. Dezember 1957 die Transavia Fluggesellschaft mbH. Das Grundkapital von einer Million DM setzt sich wie folgt zusammen: Dr. Hubert Tigges 300.000 DM, Tochter Irmelin Tigges 100.000 DM, Tochter Elisabeth Hallensleben geb. Tigges 100.000DM, Alois Fischer 300.000 DM, Sohn Dr. Jürgen Fischer 100.000 DM, und Sohn Norbert Fischer 100.000 DM. Als Geschäftsführer werden die Tigges-Mehrheitsgesellschafter (60 Prozent) Dr. Hubert Tigges und Alois Fischer eingetragen.

1957

Die Geschäfte der neuen Fluggesellschaft laufen nicht gut. Sechs Flugzeuge werden schon im Laufe des Jahres 1958 an den Düsseldorfer Bankier Carl Nolte sicherungsübereignet. Dafür handelt man sich Kredite in Höhe von 3,4 Millionen DM ein. Aber Ende 1958 belaufen sich die Schulden der neuen Firma schon wieder auf 5,4 Millionen DM. Die Tigges-Familie reagiert nervös und versucht, die Notbremse zu ziehen. Wer soll der Retter in der Not sein? Die Wahl fällt ausgerechnet auf Herfurtner, den das Glück längst verlassen hat. Die Familie Tigges überträgt ihm am 30. November 1958 ein Drittel der Transavia-Anteile und macht ihn zum alleinigen Geschäftsführer. Ein weiteres Drittel „verkauft" man an Frau Gerda Krukenberg, deren Ehemann Eigentümer des Hamburger Unternehmens Aerotour/Aeropa ist und der, wie sich bald herausstellt, selber schon aus dem letzten Loch pfeift. Herfurtner und Krukenberg versprechen sich von einer Kooperation Vorteile für beide Seiten. Für die Transavia-Anteile dürfte von Krukenberg kein Geld geflossen sein. Vielmehr sollte eine Verrechnung gegen versprochene Geschäfte stattfinden, die aber nie zu Stande kamen. Das letzte Drittel der Anteile bleibt bei den aus der Geschäftsführung ausgeschiedenen Dr. Hubert Tigges und Alois Fischer.

Die Rettungsversuche kommen zu spät, und mit der Sanierung werden die falschen Leute beauftragt. Krukenberg meldet am 16. Dezember 1958 beim Hamburger Amtsgericht den Konkurs seiner Aerotour Deutsche Luftreederei KG an. Karl Herfurtner erklärt am 12. Januar 1958 beim Amtsgericht in Düsseldorf den Konkurs der Transavia sechs Wochen nach Übernahme seiner Anteile und der Geschäftsführung: das Ende einer Gesellschaft, die gerade einmal ein Jahr alt wird und sich als größte deutsche Chartergesellschaft bezeichnet hat.

1958

Bei Tigges dürfte es an der gründlichen Prüfung der Geschäftspartner gehapert haben. Wie sonst hätte man sich ausgerechnet den am Boden liegenden Herfurtner als Retter geholt? Wie sonst hätte man in letzter Minute mit Krukenberg einen Gesellschafter aufgenommen, der selber schon pleite war? Der Tourismus lief im Jahr 1958 sehr gut. Wenn die Transavia trotzdem mit rasantem Tempo in den Konkurs flog, dann konnten die zu Grunde liegenden Zahlen und Kalkulationen nicht stimmen, dann waren die von Herfurtner übernommenen Zahlen, die betrieblichen Kennziffern falsch. Nachträglich stellt sich tatsächlich heraus, dass beispielsweise der Betrieb des eigenen Hangars am Düsseldorfer Flughafen in der Kostenberechnung nicht enthalten war und dass die Unkosten je Flugstunde um 200 DM höher waren als in den Kalkulationen zu Grunde gelegt. Man muss sich fragen, nach welchen kaufmännischen Prinzipien Herfurtner seinen Betrieb ge führt hat und ob er ohne den schweren Unfall länger überlebt hätte.

LTU – die Airline mit Ausdauer

Ging früh an den Start und war erfolgreich.

1955

Der Engländer Bernard G. Dromgoole ärgert sich in Frankfurt darüber, dass er und seine Landsleute die Tageszeitungen aus der Heimat immer erst drei Tage nach Erscheinen erhalten. So organisiert er einen Luftfrachtdienst für den Zeitungstransport von England nach Deutschland. Dafür nimmt er zunächst eine britische Chartergesellschaft unter Vertrag. Aber Dromgoole will das Geschäft allein machen. Deshalb gründet er im Jahre 1955 die „Lufttransport-Union", gemeinsam mit seinem Freund Ronny Hill, einem Jaguar-Importeur, der zwei Hubschrauber besitzt. Da Verkehrsrechte in Deutschland nur zu erhalten sind, wenn die hier ansässige Fluggesellschaft im deutschen Mehrheitsbesitz ist, müssen sich die beiden Engländer nach einem deutschen Partner umsehen. Ronny Hill weiß Rat. Ein Drittel der Geschäftsanteile übernehmen Wiesbadener Geschäftsfreunde namens Reiberg und Sachsenberg, die ebenfalls mit Jaguars, aber auch mit Cessnas handeln.

Kurt Conle kommt ins Spiel

Sachsenberg hat gerade eine zweimotorige Cessna an den erfolgreichen Duisburger Bauunternehmer Kurt Conle verkauft. Diesen überzeugt er nun, sich an der LTU zu beteiligen. Mit einer Minderheitsbeteiligung ist Conle jedoch nicht zufrieden. Er muss schließlich mit seinen guten Bankverbindungen für Kredite und notwendige Flugzeugfinanzierungen sorgen. Es dauert nur ein Jahr, bis Conle sämtliche LTU-Anteile in der Hand hat. Er besteht aber darauf, dass der LTU-Gründer Dromgoole weiterhin Geschäftsführer bleibt. Dromgoole akzeptiert und kümmert sich in den folgenden Jahren um den Flugbetrieb und die technischen Belange. Die Gesellschaft kauft als erstes drei Vickers Viking und stockt schon bald auf fünf Maschinen auf. Der Name der Firma wird leicht geändert. Aus der Lufttransport-Union wird „Lufttransport-Unternehmen". Gesellschaftszweck ist nicht mehr der Frachttransport, sondern die Beförderung von Passagieren.

Erfahrene Fachleute als Geschäftsführer

1955 wird Peter Lauxen zum kaufmännischen Geschäftsführer berufen, der 1958 vom ehemaligen Generalmajor Eitel von Manteuffel abgelöst wird. 1966 stirbt

Firmeninhaber Kurt Conle im Alter von 48 Jahren. Rechtsanwalt Horst Riedel fungiert als geschäftsführender Testamentsvollstrecker und in den Folgejahren auch als Vertreter der Erbengemeinschaft Conle gegenüber der LTU-Geschäftsführung. Im Jahr 1969 wird Ernst-Jürgen Ahrens, der 1957 als Flugzeugführer zur LTU gekommen war, die Geschäftsführung übertragen. Er holt sich seinen Freund, Flugkapitän Wolfgang Krauss, mit in die Geschäftsführung, in der dieser als technischer Direktor und Flugbetriebsleiter fungiert. Ahrens verlegt noch 1969 den Firmensitz von Frankfurt nach Düsseldorf und baut das Unternehmen mit nie erlahmender Energie und einem strategischen Weitblick konsequent aus.

Noch im selben Jahr schlägt Ahrens dem ersten TUI-Chef Hanns-Albrecht Seiffert vor, eine gemeinsame Firma zur Abdeckung des so genannten grauen Marktes zu gründen. Allein in Nordrhein-Westfalen gibt es schon in den 70er Jahren über 300.000 Eigentümer von Ferienwohnungen in Spanien. Sie und ihre Freunde wollen nicht zum vollen Linienpreis fliegen, sie sind Touristen wie die Pauschalreisenden, dürfen aber offiziell nicht mit Charterflugzeugen reisen. Sie stellen ein interessantes Potenzial für die LTU dar. In einem Gespräch zwischen Ahrens und Dr. Jürgen Fischer von der TUI auf der ITB 1970 werden die gegenseitigen Standpunkte auf den Tisch gelegt. Die TUI will sich in die Ahrens-Pläne nicht verwickeln lassen. Sie fürchtet Ärger mit der Condor. Sie sieht auch verkehrsrechtliche Probleme, denn für die Start- und Landegenehmigungen im In- und Ausland ist Voraussetzung, dass es sich bei den Passagieren um Pauschalreisende handelt. Nach strenger Auslegung sind Ferienhausbesitzer das natürlich nicht, denn sie kaufen kein Gesamtpaket. Sie

1969

Ernst-Jürgen Ahrens verlegt die LTU nach Düsseldorf und führt sie zu großen Erfolgen.

Arbeitspferd haben die Piloten die Fokker F-27 getauft. Die kleine Maschine gehört in den Anfangsjahren auch zur LTU-Flotte.

sind nur am Flug interessiert. Schließlich möchte die TUI auch kein System unterstützen, durch das die Reisebüros in die Lage versetzt würden, nur die Flüge zu beziehen und daraus eigene Pakete zu schnüren.

Die LTU geht daraufhin eigene Wege. Sie vermittelt nun den Einzelreisenden hauptsächlich über die Firma Hotelagent maßgeschneiderte Hotelarrangements. Eine Aktivität, die an den etablierten Reiseveranstaltern vorbeigeht. Um die Ferienwohnungsbesitzer auf die LTU-Maschinen zu ziehen, werden Hotelvoucher ausgestellt, die als Hotel die jeweilige Wohnung aufführen. Die falschen Voucher werden mehr und mehr von den buchenden Reisebüros selber ausgestellt. Das ist ein Alleingang der LTU, die sich damit in einen lang anhaltenden Konflikt mit der TUI und anderen Reiseveranstaltern begibt. Die TUI nimmt deshalb LTU-Flugzeuge nur in geringem Umfang unter Vertrag. Die LTU reagiert mit eigenen Veranstalteraktivitäten. Die Logik ist zwingend: Wenn die Veranstalter die LTU nicht beschäftigen, geht die LTU selber über Tochtergesellschaften in die Reiseveranstaltung.

Aber zurück zu 1969, dem Jahr des Neubeginns der LTU unter ihrem energiegeladenen und ideenreichen Geschäftsführer Ernie Ahrens. Trotz einer zwischenzeitlichen repressiven Phase leitet Ahrens mit einer neuen Generation von Flugzeugen (Fokker F-27) behutsam, aber beharrlich die notwendige Erfolgsphase der LTU ein. Auf die Fokker F-27 folgen die Düsenmaschinen Fokker F-28 und die Caravelle. 1973 beginnt die Umrüstung auf die Großraumflugzeuge Lockheed L-1011 Tristar mit 330 Sitzen und Boeing B-757. Die erste L-1011 wird im Mai 1973 ausgeliefert. Da sich kein Reiseveranstalter zur Charterung des Großraumflugzeuges findet, wird es ausschließlich für den Einzelplatzverkauf eingesetzt. Mit der Einführung der Großraumflugzeuge endet auch Ahrens' aktive Zeit als Flieger, während Wolfgang Krauss seinen letzten Flug als LTU-Kapitän erst 1984 absolviert. 1977 schafft Ahrens erstmals Langstreckenfluggerät an, die LTU beginnt mit Flügen in die USA und nach Fernost und startet auch einen wirtschaftlichen Höhenflug.

1980 kommt es zu einem Ereignis, mit dem keiner gerechnet hat. Ernst Jürgen Ahrens kehrt mit einer Virusinfektion von einem Kurzurlaub aus Mallorca zurück und stirbt innerhalb von wenigen Tagen. Ahrens hat sich trotz aller unterschiedlichen Interessen einen guten Namen als unermüdlicher, ideenreicher und erfolgreicher Unternehmer gemacht. Auch bei seinen Konkurrenten war er ein hoch geachteter Kollege. Sein Tod löst große Betroffenheit aus. Als Nachfolger von Ahrens wird Wolfgang Krauss an die Spitze des Unternehmens berufen. Gleichberechtigter Geschäftsführer wird Werner J. Hühn, der seit 1974 kaufmännischer Direktor der LTU war. Der Ausbau der LTU geht weiter zügig voran.

Um die Auslastung der Flugzeuge zu verbessern, kommt es 1981 zur Gründung von Meier's Weltreisen mit Programmen in der gehobenen Preisklasse zum Mittelmeer und zu Fernreisezielen. Die LTU rechnet mit einer Umsatzsteigerung von 20 Prozent. Ab 1982 beginnt die LTU mit dem Einzelplatzverkauf auch von den Flughä-

Wolfgang Krauss setzt auf neue Flugzeuge und kauft Jets für die LTU.

1980

Soll die LTU-Flugzeuge füllen.

Extra für LTU entwickelt: eine Lounge an Bord der neuen Großraumjets Tristar. Hier hatten bis zu 16 Passagiere Platz.

fen München und Stuttgart. Aber auch das Engagement mit eigenen Reiseveranstaltungen wird ausgebaut.

Im selben Jahr kauft die LTU den Reiseveranstalter Jahn Reisen in München vom Wienerwald-Chef Jahn, der mit seinen Aktivitäten am Ende ist. Der Hendl-König hatte seine Reiseveranstaltungsfirma erst 1979 gegründet. Die Fachleute dafür hatte er von der Touropa geholt, weil die sich nicht zur TUI nach Hannover versetzen lassen wollten. Drei Jahre später verweigern sie auch die Versetzung zur LTU nach Düsseldorf. Auch die Geschäftsführer Otto Hiebl, ehemals Münchner Fremdenverkehrsdirektor, und Alfred Pickert, bleiben in der bayrischen Metropole. Selbst der spätere Jahn-Chef Michael Stobbe, der den Veranstalter erfolgreich weiterentwickelt und zur Ertragsperle innerhalb der LTU Touristik macht, kämpft vehement für den Standort München. Schließlich wird Jahn, inzwischen nur noch eine Marke, aber doch an den Rhein geholt. 1986 erwirbt die LTU 49 Prozent der Anteile an Tjaereborg Deutschland (siehe Seite 273) und setzt den 42-jährigen Dietmar Kastner als Geschäftsführer ein. Kastner leitet Tjaereborg Deutschland bis Anfang 1995.

1982

Unruhe unter den Conle-Erben

Die Erbengemeinschaft Conle hat 20 Jahre lang der LTU-Geschäftsführung weitgehend freie Hand gelassen, obwohl die Umrüstung der LTU-Flotte mehrmals große Investitionen erforderte. Das ständig wachsende Geschäft ist der Beweis für die treffsicheren Zukunftsplanungen der Geschäftsführung. Die Conle-Erben hatten keinen Grund zu Beanstandungen. Ihre Einstellung ändert sich aber gegen Ende der 80er Jahre. Der Investitionsbedarf für eine erneut fällige Umrüstung der LTU-Flotte geht in die Milliarden. Bis Mitte der 90er Jahre soll die Flotte auf 32 Maschinen ausgeweitet werden, vorwiegend für Fernstrecken. Deshalb vertraut man sich

167

der Westdeutschen Landesbank an und verkauft ihr 1989 für 700 Millionen DM 34 Prozent der Firmenanteile. Damit verbunden ist die Übertragung der unternehmerischen Verantwortung für die LTU auf die WestLB. Das öffentlich-rechtliche Geldinstitut sorgt mit seinem Engagement dafür, dass die LTU als „National Carrier" von Nordrhein-Westfalen am Standort Düsseldorf erhalten bleibt. Denn es hatte Abwanderungsgedanken in Richtung München gegeben, deren Realisierung zu Arbeitsplatzverlusten in der Rhein-Metropole geführt hätte.

Die WestLB mischt bei der LTU mit

Friedel Neuber, Chef der Westdeutschen Landesbank, trennt sich schon bald von den LTU-Geschäftsführern und auch von LTU-Verkaufsleiter Joachim Hunold. Dieser startet kurz darauf seine eigene Fluggesellschaft Air Berlin. Neuer Geschäftsführer der LTU wird Hans-Joachim Driessen, der seit 1988 Geschäftsführer der Hapag-Lloyd-Reisebürokette in Bremen und zuvor bei Kühne & Nagel und Dr. Tigges-Fahrten war. Driessen ist in Düsseldorf bekannt wie ein bunter Hund. Einige Jahre zuvor war er als rheinische Frohnatur Karnevalsprinz in Düsseldorf. Trotzdem ist mit ihm bei der Arbeit nicht zu spaßen. Er nimmt die Geschicke der LTU schnell in die Hand und beginnt damit, die verstreuten Aktivitäten der LTU-Veranstalter unter einen Hut zu bringen. Bis zu diesem Zeitpunkt hatten die zur LTU gehörenden Reiseveranstalter ein starkes Eigenleben geführt, von Jahn Reisen in München über THR Tours, Meier's Weltreisen bis Transair und Tjaereborg. Gleichzeitig versucht Driessen, von den anderen Reiseveranstaltern eine stärkere Beschäftigung seiner Maschinen zu bekommen, was ihm aber nur teilweise gelingt.

Die TUI als Objekt der Begierde

Friedel Neuber, der Chef der WestLB, hat schon früh erkannt, dass die Abhängigkeit der Ferienflieger von den Veranstaltern eine unbefriedigende und unzumutbare Situation darstellt. Milliardenbeträge werden in Flugzeuge investiert, das Risiko für die Beschäftigung dieser Maschinen liegt ausschließlich bei der Fluggesellschaft. Die Reiseveranstalter können teure ganzjährige Charterverträge abschließen, aber wenn sechs Wochen vor Reisetermin nicht genug gebucht ist, dürfen sie kostenlos stornieren und die Fluggesellschaften bleiben auf ihren teuren Sesseln sitzen.

Diese Situation kann sich nur grundlegend ändern, wenn es einer Fluggesellschaft gelingt, entscheidenden Einfluss auf einen oder mehrere Reiseveranstalter zu nehmen. Die zur LTU gehörenden Reiseveranstalter sind nicht groß und stark genug, um eine ausreichende Auslastung der LTU-Kapazitäten zu garantieren. Deshalb richtet Friedel Neuber seinen begehrlichen Blick auf Deutschlands größten Reiseveranstalter, auf die TUI. Nach einem lauten Gerangel vor und hinter den Kulissen gelingt es 1993 der WestLB, 30 Prozent der TUI-Anteile zu erwerben. Neuber glaubt, damit am Ziel seiner Wünsche zu sein, obwohl auch Hapag-Lloyd-Flug

Hans-Joachim Driessen, ein Mann mit Volksnähe. Seinen Bekanntheitsgrad erwarb er sich auch als Düsseldorfer Karnevalsprinz.

1993

mit einer gleichen Beteiligungsquote mit der TUI verbunden ist. Trotzdem meint die West LB, durch einen vernünftigen Interessenausgleich zwischen Hapag-Lloyd und LTU zu einer befriedigenden Beschäftigung beider Flotten kommen zu können.

Neubers Rechnung geht jedoch nicht auf. Das Bundeskartellamt nimmt Anstoß daran, dass zwei Ferienfluggesellschaften mit Deutschlands größtem Reiseveranstalter gesellschaftsrechtlich verbunden werden sollen. Das Kartellamt macht der West LB zur Auflage, sich von den LTU-Anteilen zu trennen, wenn sie denn ihre Beteiligung an der TUI halten wolle.

Friedel Neuber, der Chef der West LB, löst im Tourismusmarkt umwälzende Entwicklungen aus.

LTU in neuen Händen

Nachdem es Friedel Neuber von der West LB nicht gelungen ist, die LTU in sicheres Fahrwasser zu steuern, treten dort auch noch hausgemachte Probleme auf, die erheblich zu Buche schlagen. Der Konzernumsatz stagniert seit 1995, dem Jahr, in dem eine Kette von Fehlentscheidungen und Problemen ihren Anfang nimmt. Unregelmäßigkeiten und Betrügereien werden bei Meier's Weltreisen und bei Incoming-Gesellschaften aufgedeckt – die US-Tochtergesellschaft schiebt einen aufgelaufenen Verlust in zweistelliger Millionenhöhe vor sich her. Das führt zur Entlassung von mehreren Führungskräften. Dann entschließt sich die LTU, ihre Veranstalterprogramme in Düsseldorf zu konzentrieren und ihr überregionales Angebot auszuweiten. Außerdem muss die Zusammensetzung der LTU-Flotte wegen der zusätzlichen Bedienung kleinerer Flughäfen neu ausgerichtet werden.

Im Winter 1996/97 kommt es zu einer Krise, weil das neue Reservierungssystem Provit nicht funktioniert und der Reisebürovertrieb sich enttäuscht anderen Veranstaltern zuwendet. Das EDV-System hat Entwicklungskosten von mehr als 100 Millionen DM verursacht, zu denen dann noch die hohen Buchungseinbrüche speziell bei Jahn Reisen und bei der später in Smile & Fly umbenannten Marke Transair gerechnet werden müssen. Im März 1997 werden LTU-Chef Hans-Joachim Driessen und zwei weitere Geschäftsführer entlassen. Bei der LTU-Fluggesellschaft wird die Umstrukturierung der Flotte fortgesetzt, die Großraumflugzeuge werden ausgemustert. Die Buchungszahlen für die LTU Touristik sinken, der Marktanteil, bezogen auf den Umsatz, fällt von 1995 bis 1999 um vier Prozentpunkte auf 10,6 Prozent. Während Preussag/TUI/Hapag-Lloyd und Condor/Neckermann immer stärker werden, geht es mit der LTU bergab.

1996 – 1997

Das löst Alarm bei Friedel Neuber aus und veranlasst ihn, sich nach weiteren Partnern umzusehen. Verhandlungen werden mit touristischen Unternehmen im In- und Ausland geführt. Die West LB und die Familie Conle sind sich darin einig, dass die gesamte LTU-Gruppe in neue Hände überführt werden muss. Man braucht einen Investor, der mit der Branche vertraut ist und den ganzen Laden umkrempeln kann. Der naheliegende Plan Neubers, die LTU Touristik bei der TUI einzubringen, scheitert erneut am Widerstand der Kartellwächter.

169

Dr. Peter Fankhauser: „Viele Baustellen bei der LTU."

1998

2000

Ende 1998 gelingt es dann der West LB nach monatelangen Verhandlungen, 49,9 Prozent der LTU-Anteile an die SAir Group – die Muttergesellschaft der Swissair – zu verkaufen. Die Schweizer zahlen für ihren Einstieg angeblich zwei Milliarden DM, werden mit der teuren Tochter jedoch nicht glücklich. Trotz monatelanger Prüfung der LTU-Bücher sind sie sich offensichtlich nicht darüber klar, dass sie einen Sanierungsfall übernommen haben. Der von der Swissair berufene neue LTU-Chef aus der Schweiz, Dr. Peter Fankhauser, klagt über „die vielen Baustellen im Unternehmen". Sowohl die Fluggesellschaft als auch die LTU Touristik produzieren hohe Verluste. Durch den Eigentümerwechsel ist keines der LTU-Probleme gelöst und Synergieeffekte zwischen Düsseldorf und Zürich bieten sich auch kaum an. Die LTU arbeitet auf dem deutschen Markt, hier muss sie wiedererstarken und wieder Gewinne erwirtschaften. Das kann sie mit den alten Strukturen jedoch nicht erreichen. Die Produktion ist zu teuer, und der Vertrieb bringt nicht die notwendige Grundauslastung.

Die Lage ist für die LTU auch deshalb schwierig, weil sich der Wettbewerb der deutschen Reiseveranstalter durch die Lagerbildung von Preussag/TUI/Hapag-Lloyd und von Condor/Neckermann verschärft und die LTU auf diese Weise zwischen sämtliche Fronten gerät. Schließlich wird die LTU-Flotte völlig umstrukturiert. Die alten Maschinen werden verkauft, neue werden geleast. Aber das reicht nicht. Der Verlust im Jahr 1999 beläuft sich auf über 220 Millionen DM. Ohne ein Bündnis mit einem Veranstalter gibt es kaum eine Überlebenschance. Eine starke Gruppe ist noch ohne eine eigene Fluggesellschaft: Rewe mit den Veranstaltern ITS und Dertour/ADAC sowie den Reisebüroketten Atlas, DER und Derpart.

Ein Deal kommt im Laufe des Jahres 2000 zu Stande, und er sieht vor, dass Rewe zum 1. Januar 2001 die LTU Touristik GmbH zu 100 Prozent übernimmt und sich mit 40 Prozent an der Airline beteiligt, die wieder wie schon in der Gründungsphase als LTU-Lufttransport-Unternehmen firmiert. Die SAir Group bleibt danach mit 49,9 Prozent Gesellschafter der Fluggesellschaft. Die Rewe-Gruppe zahlt nur einen symbolischen Kaufpreis und nutzt zugleich steuerlich die aufgelaufenen Verlustvorträge. Für die Sanierung des Ferienfliegers, der seine Flotte reduzieren wird, erhalten die cleveren Handelsmanager der Rewe eine dreijährige Schonfrist, in der die Schweizer die Sanierungskosten alleine tragen. Die West LB hingegen steigt wiederum auf Druck des Kartellamts ganz bei der LTU aus. Der verbliebene Anteil von 10,1 Prozent wird bei einer Tochter des Bankhauses Sal. Oppenheim untergebracht.

Durch die Bündelung der Veranstaltertätigkeiten der LTU Touristik mit den Rewe-Veranstaltern ITS, Dertour, ADAC entstehen endlich Einkaufs- und die allgemeinen Rationalisierungsmöglichkeiten, die der Düsseldorfer Fluglinie im Gegensatz zu anderen Gesellschaften bislang verwehrt sind. Die Auslastungsrisiken der LTU-Flugzeuge, an denen Rewe nur mit 40 Prozent beteiligt ist, sollen durch einen zehnjährigen Beschäftigungsgarantievertrag der Rewe Touristik gemildert werden. Die nun vergrößerte Rewe-Gruppe kann mit ihren drei Millionen Flugreisenden rund zwei Drittel der LTU-Flugzeuge füllen.

Im Hintergrund geblieben ist bei der letzten großen Transaktion der LTU derjenige, der die große Umwälzung der LTU und anschließend die großen Eigentumsveränderungen bei der TUI und der Hapag-Lloyd in Gang gesetzt hat: Friedel Neuber, Chef der West LB. Aber gegen Ende des Jahres 2000, kurz bevor er seine letzten zehn Prozent an der LTU an ein Kölner Bankhaus verkauft, glaubt man, noch einmal seine Hand zu spüren. Die FTI hat von der britischen Thomson-Gruppe drei Maschinen der Britannia Airways unter Vertrag, die wegen der FTI-Ehe mit Airtours ab Frühjahr 2001 arbeitslos werden. Thomson gehört inzwischen zur Preussag/TUI-Gruppe. Es hätte nahe gelegen, diese Britannia-Maschinen für die TUI einzusetzen, obwohl die britische Sitzplatzversion nicht den deutschen Komfortstandards entspricht. So etwas lässt sich immerhin ändern. Stattdessen entscheidet sich die TUI trotz der verwandtschaftlichen Bande für die Langstrecken-Maschinen der LTU. Hat der Pate aus Düsseldorf noch einmal „ordnend" eingegriffen?

Mit Südflug um die Welt

Rul Bückle, ein schwäbischer Unternehmer, gründet 1957 in Stuttgart die Südflug GmbH. Er beginnt mit einer De Havilland und einer Queen Air, mit denen er Charterflüge für Firmen im Stuttgarter Raum durchführt. Aber er will in den touristischen Markt, in dem Condor 1962 mit drei Vickers Viscount einen Marktanteil von 70 Prozent erreicht hat. Von der KLM kauft er 1962 drei DC-7, die letzte Propellergeneration vor den Düsenmaschinen. Damit ist er auf einen Schlag ein ernsthafter Mitbewerber der Condor. Von der Ameropa wirbt Bückle Tilman Uhlig ab, der bei ihm für den Verkauf zuständig wird. 1963 beginnen die Hetzel Reisen mit der Südflug ihr flugtouristisches Programm. Die ersten Flüge gehen von Stuttgart nach Barcelona und Rimini. Für Gastager Reisen („Nur Vögel fliegen billiger") macht die Südflug 1966 schließlich den ersten Flug mit 104 Passagieren rund um die Welt.

Rul Bückle: Am Ende verkauft er seine Südflug an die Lufthansa.

1967

Weltreisen sind ein Renner. Quelle Reisedienst schreibt 1967 zwei Flüge mit der Südflug rund um die Welt aus. Die Reise kostet 3690 DM. Die Nachfrage ist so groß, dass nicht nur zwei, sondern vier Reisen durchgeführt werden. Das Geschäft für Südflug entwickelt sich so günstig, dass von der KLM weitere Flugzeuge des selben Typs gekauft werden. 1967 gehören sieben DC-7 zur Südflug-Flotte. 1966 sollen von der Swissair zwei vierstrahlige DC-8 gekauft werden. An deren Kapazität sind auch Touropa und Scharnow interessiert, die sich darauf hin mit 49 Prozent an der Südflug beteiligen und mit ihr ein Nordamerikaprogramm planen. Die nötigen Ver-

Weil die Südflug 1967 in finanzielle Bedrängnis gerät, kann die Lufthansa den Konkurrenten der Condor aus dem Markt kaufen.

kehrsrechte für touristische Chartserflüge werden der Südflug erteilt. Die Condor will nachziehen, erhält aber von der US- Luftfahrtbehörde keine Genehmigung.

Touropa und Scharnow, die den größten Teil ihrer Charterflüge mit der Condor durchführen, werden von der Lufthansa bestürmt, die alte Geschäftsfreundschaft nicht durch eine Bevorzugung der Südflug zu gefährden. Es kommt zu einer Verständigung, in deren Folge die beiden Reiseveranstalter ihre Südflug-Anteile an Bückle zurückgeben. Der gerät 1967 auch noch unter finanziellen Druck, weil die beiden bestellten DC-8 von der Swissair nicht rechtzeitig geliefert werden. Die Südflug muss zu erhöhten Kosten zwei Maschinen „leasen". Die Lufthansa nutzt die Gelegenheit und bietet für die Südflug neun Millionen DM, um'den unliebsamen Konkurrenten aus dem Markt zu nehmen. Das Geschäft kommt noch 1967 zu Stande. Die Lufthansa löst die Südflug-Flotte auf. Die DC-7- Maschinen werden verkauft, während die dann doch noch gelieferten zwei DC-8 im Jahr 1968 von der Lufthansa wegen des nicht früher kündbaren Leasing-Vertrages betrieben werden.

1968

Während Rul Bückle sich mit dem Verkauf seiner Südflug aus dem Reisegeschäft verabschiedet, setzen zwei seiner Mitarbeiter, nämlich Verkaufsleiter Tilman Uhlig und Flugkapitän Werner Will, ihre Tätigkeit in der Reisebranche in der bald gegründeten Fluggesellschaft Atlantis fort.

Versand- und Kaufhäuser steigen ein

Mit Einsatz der Charterflugzeuge, die im Vergleich zum Linienverkehr sehr günstige Pauschalreisepreise ermöglichen, wächst die Zahl der ins Ausland reisenden Deutschen von Jahr zu Jahr. Beträgt der Anteil der Auslandsurlauber 1954 noch 15 Prozent, so ist er bis 1960 bereits auf 31 Prozent angewachsen. Analog wächst die Zahl der Flugurlauber. Die Versand- und Kaufhäuser erkennen, dass es sich beim Tourismus um einen Wachstumsmarkt handelt, und sie beschließen, den Artikel Urlaubsreise in ihr Sortiment aufzunehmen. Quelle macht den Anfang, Neckermann folgt noch im selben Jahr, und mit einer Verspätung von acht Jahren springen die Kaufhausketten auch noch auf den fahrenden Zug.

Quelle Reisen mit Transeuropa und Karstadt

Bis 1962 – die Touropa ist 14 Jahre alt, Scharnow beginnt mit einem eigenen Flugcharter-Programm, und Dr. Tigges bietet erstmals in Zusammenarbeit mit Riu Hotels Langzeiturlaubern ein Überwintern auf Mallorca an – ist die Reisebranche unter sich. Obwohl es einen Wettbewerb zwischen den Veranstaltern gibt und Newcomer kommen und gehen, tut man einander in Wirklichkeit nicht weh. Auch die etablierten Reisebüros leben nicht schlecht, denn wer die großen Veranstalter und die Bahn und die Lufthansa verkaufen will, muss dafür Lizenzen haben, und die bekommt nicht jeder. Man muss Fachkenntnisse und finanzielle Sicherheiten bieten. Deshalb ist die Zahl der Allround-Reisebüros begrenzt.

Gewerbefreiheit für Reisebüros gibt es in Wirklichkeit auch deshalb nicht, weil die Bahn und das DER, die Iata-Fluggesellschaften, die Touropa, Scharnow und Hummel bei der Vergabe ihrer Lizenzen eine Bedarfsprüfung durchführen. Es gibt Schlüsselzahlen, wie viele Reisebüros pro Einwohner der Markt verträgt. Wenn diese erreicht sind, hat ein weiteres Reisebüro keine Chance auf Lizenzierung durch die großen Handelsherren.

Quelle, das Versandhaus Nr. 1 in Deutschland, entschließt sich 1962, in das Reisegeschäft einzusteigen. Es beauftragt das auch in Deutschland aktive Schweizer Reisebüro Hotelplan in Frankfurt mit der Herstellung eines eigenen Quelle-Reiseprodukts. Quelle Reisen International bringen preiswerte Charterreisen auf den Markt, die eine Konkurrenz zu den etablierten Reiseveranstaltern darstellen. Dazu kommt, dass diese Reisen nicht über Reisebüros, sondern über den Quelle-Ver-

Ein Neuer in der Tourismusbranche.

1962

Gustav Schickedanz
bleibt immer
ein Handelsherr.

Transeuropa-Logo
von 1972.

Der Zeitgeist der
70er prägt die
Szene unüberseh-
bar: einer der
damals neuen
Transeuropa-
Schalter.

1970

sandkatalog und Quelle-Verkaufsbüros vertrieben werden. Eine spezielle Buchungsstelle für Beamte gewährt sogar einen Vorzugsrabatt.

Das ist eine ernst zu nehmende Kriegserklärung an die deutsche Reisebranche, denn Quelle ist nicht irgendjemand, der es mal eben probiert und dem man die rote Karte zeigen kann. Quelle ist ein kapitalstarkes Unternehmen, das auch mit vereinten Kräften nicht wieder vom Markt verdrängt werden kann. Das Reisegeschäft bei Quelle läuft gut an und entwickelt sich prächtig. Nach zwei Jahren trennt Quelle sich von Hotelplan und produziert die Programme selber mit Hilfe tüchtiger Fachleute, die man sich von anderen Veranstaltern holt. Sechs Jahre später, 1968, kauft Quelle-Chef Gustav Schickedanz die Münchener Transeuropa Flug- und Schiffsreisen GmbH, die Dieter von Langen 1955 gegründet hat. Die Transeuropa will Flugreisen mit Liniengesellschaften veranstalten, geht aber auch ins Flugchar-ter-Geschäft mit der Condor. Beides läuft nicht gut, die Firma macht Verluste, und die Condor bekommt Angst um ihr Geld, sie erwirbt 50 Prozent der Anteile an der Transeuropa und entsendet einen Geschäftsführer als Aufpasser nach München. Gleichzeitig hält sie Ausschau nach einem Käufer für das angeschlagene Unternehmen. Die Condor wird fündig und verkauft Transeuropa an Quelle. Dort hat man inzwischen auch noch die Ökumenischen Studienreisen in Frankfurt erworben, die eng mit der Hessen-Nassauischen Kirche zusammenarbeiten, aber nicht so richtig in Fahrt kommen. Außerdem hat Quelle noch den Bahnreiseveranstalter Alpen-Seereisen in Düsseldorf dazugekauft.

1970 entschließt sich Karstadt, ebenfalls ins Reisegeschäft einzusteigen. Für den Verkauf von Reisen richtet Karstadt in den Warenhäusern eigene Reisebüros ein. Auf dem Gebiet der Reiseveranstaltungen kommt es zu einer Partnerschaft mit Quelle. Dafür wird die Münchener Quelle-Tochter Transeuropa benutzt. Am 31. Januar 1971 wird die Transeuropa Reisen GmbH & Co mit Sitz in Nürnberg gegründet, an der Quelle 75 Prozent und Karstadt 25 Prozent halten. Gründungsgeschäftsführer sind Horst Arnold von Karstadt und Herbert Hoffmann von Quelle. Das Vertriebsnetz besteht aus 24 Quelle-Kaufhäusern, 112 Quelle-Verkaufsstellen, 380 Reisebüros mit Quelle-Lizenz und 66 Reisebüros in Karstadt-Kaufhäusern. Im ersten gemeinsamen Jahr zählt man bereits 218.000 Gäste. Transeuropa ist mit seinem ausgeweiteten Programm für alle Käuferschichten zum Veranstalter Nr. 3 auf dem deutschen Markt geworden.

Die Gründungen von Quelle und Neckermann 1962/1963 und von Kaufhof/ITS im Jahr 1970 mit Hertie als Vertriebsverbündetem und nun die gemeinsame Reisetochter von Quelle und Karstadt üben einen gewaltigen Druck auf die konventionelle Reisebranche aus. Die erfolgreichen touristischen Aktivitäten der Branchenfremden, die doch eigentlich vom Tourismus nichts verstehen, wie man mit einer gewissen Hochnäsigkeit meint, lassen die TUI-Gesellschafter nicht mehr ruhig schlafen. Eine Phalanx der kapitalstarken Kaufhäuser und Versandhäuser gegen das traditionelle, mittelständisch geprägte und geführte Reisegewerbe kann existenzbedrohend werden. Nach dem allgemeinen Grundsatz „Wenn du jemanden nicht besiegen kannst, vereinige dich mit ihm" handelt die TUI. So kommt es am 1. November 1972 zur Aufnahme von Quelle und Karstadt in den Gesellschafterkreis der TUI. Die Altgesellschafter trennen sich von einem Teil ihrer Anteile und machen Platz für die Neuankömmlinge. Transeuropa, die Karstadt-Quelle-Tochter, wird von der TUI übernommen und als Marke fortgeführt. Quelle und Karstadt halten über eine gemeinsame Beteiligungsgesellschaft 17 Prozent der TUI-Anteile und sind damit größter Einzelgesellschafter der TUI geworden.

Das gut gehende Bahnprogramm der Transeuropa wird 1973 im Zuge der Markenbereinigung innerhalb der TUI von Hummel übernommen. Dafür wird 1974 das Transeuropa-Kurprogramm durch das Kurprogramm von Scharnow ergänzt. Das TUI-Kurprogramm landet schließlich 1977 bei der Touropa. In den Jahren 1976 bis 1979 profiliert sich Transeuropa immer mehr zum preiswerten Anbieter innerhalb der TUI-Gruppe. 1979 erfolgt die Verlegung des Firmensitzes von Nürnberg nach Hannover.

Ein Quelle- Katalog aus dem Jahr 1978.

Neckermann macht's möglich

Man schreibt das Jahr 1962. Den ehrgeizigen und selbstbewussten Versandhauschef Josef Neckermann ärgert es ungeheuer, dass sein ärgster Konkurrent Quelle in Fürth inzwischen auch preiswerte Flugreisen anbietet. Das Reisegeschäft scheint also doch interessanter zu sein als lange geglaubt. Es weist in der Tat seit Ende der 50er Jahre hohe zweistellige Zuwachsraten auf. Da darf Neckermann nicht abseits stehen oder sich sogar von Quelle überrunden lassen. Josef Neckermann ist ein Mann von schnellen Entschlüssen. Er ruft Herbert Haum, den Chef der Neckermann-Fertighaus-Tochter, zu sich, der ihm durch Kreativität, Fleiß, Fortune und Durchsetzungskraft aufgefallen ist. „Bauen Sie mir das Touristik-Geschäft auf! Aber schnell und mit den Erfolgen, die ich von Ihnen bei den Fertighäusern erlebt habe. Ich kann es nicht ertragen, dass Quelle uns im Reisegeschäft etwas vormacht."

Haum geht ohne Zögern und konsequent ans Werk. Wenn eine längere Anlaufzeit vermieden und mit einem Blitzstart begonnen werden soll, braucht er Hilfe von Leuten, die bereits erfolgreich im Geschäft tätig sind. Diese Hilfe findet er bei Hotelplan, dem Schweizer Ferienunternehmen, das mit der Migros Handelsgruppe zur Hugentobler Stiftung gehört. In Deutschland betreibt Hotelplan Reisebüros in Frankfurt, Düsseldorf, Stuttgart und München. Das Schwergewicht der Hotelplan-Tätigkeit in Deutschland liegt im so genannten Militärgeschäft.

Die Deutschlandzentrale von Hotelplan befindet sich in Frankfurt und wird von dem gebürtigen Ungarn F. C. Kertesz geleitet. Dieser hat auch bereits für Quel-

Wer bei Josef Neckermann Reisen bucht, kann mit günstigen Preisen rechnen.

1962

Die Schweizer Geburtshelfer.

175

Neckermann-Reisen
sind längst auf
jede Zielgruppe
zugeschnitten.

Der erste Katalog
umfasst nur sechs
DIN-A5-Seiten:
angesichts der
Katalogvielfalt von
heute kaum
noch vorstellbar.

le die Charterflug-Programme entwickelt. Am 19. Juli 1962, nur wenige Monate nach dem Neckermann-Auftrag an Haum, unterschreibt Josef Neckermann einen Rahmenvertrag mit Hotelplan Internationale Reiseorganisation GmbH, Frankfurt. Es wird vereinbart, dass Hotelplan Reisen für Neckermann Versand KG veranstaltet, die unter dem Namen Neckermann Reisen vertrieben werden sollen. Zunächst geht es um vier bis sechs Flugreisen für das Frühjahr und den Sommer 1963 und um zwei Flugreisen im darauf folgenden Winter. Der Vertrag wird für zwei Jahre, das heißt für vier Katalogperioden, abgeschlossen.

Der erste Reiseprospekt umfaßt sechs DIN-A5-Seiten und geht als Beilage zu den Versandhauskatalogen an die Stammkunden von Neckermann. Angeboten werden 15-tägige Flugreisen nach Mallorca, an die Costa del Sol, nach Tunesien, Mamaia an der rumänischen Schwarzmeerküste, nach Montenegro und Dalmatien. Geflogen wird mit Vickers Vicount 814 von Condor Flugdienst.

Die zwei Jahre mit Hotelplan verlaufen für Neckermann erfolgreich. Hotelplan ist stolz und zugleich zufrieden. Bei Hotelplan wirkt damals auch der junge Bruno Tanner am Neckermann-Aufbau mit. Tanner sorgt später mit dem Direktvertreiber Vögele Reisen in der Schweiz und in Süddeutschland für Furore und wird nach dem Verkauf von Vögele an die TUI Suisse Ende der 90er Jahre einige Zeit Vorstandsmitglied der TUI Group.

Neckermann will aber in andere Dimensionen vorstoßen, will sein kaufmännisches Versandhausdenken und -kalkulieren auch auf das Reisegeschäft anwenden. Kleine Preise, große Mengen und niedrige Margen – die Menge macht's. Dazu kann sich Hotelplan jedoch nicht bereit finden. Geschäft ja – aber bitte ohne größeres Risiko, besonders bei der Auslastung der Charterflugzeuge. Das ist für Josef Necker-

176

mann jedoch keine akzeptable Einstellung. Deshalb kommt es nach den vereinbarten zwei Jahren zur Trennung. Neckermann lässt den Vertrag auslaufen und macht sich unter dem Namen NUR Neckermann-Urlaubs-Reisen GmbH & Co. KG in Frankfurt/Main, Friedberger Anlage, selbstständig.

Die Prinzipien von Masseneinkauf sind für die Reisebranche neu. NUR chartert die Flugzeuge für einen längeren Zeitraum als bisher üblich, kalkuliert mit hoher Auslastung (über 90 Prozent), belegt auch die Vor- und Nachsaison und erzielt dadurch bei den Fluggesellschaften und auch bei den Hoteliers erhebliche Preisvorteile, die zum größten Teil an die Kunden weitergegeben werden. „Neckermann macht's möglich" – das gilt nun auch für den Urlaub. Eine 15-tägige Flugpauschalreise in den Libanon, die ab 1965 angeboten wird, kostet bei Neckermann 745 DM, während man für den normalen Linienflug Frankfurt–Beirut und zurück beinahe das Doppelte zahlen muss, nämlich 1469 DM. Schon im ersten Jahr der Selbstständigkeit erzielt NUR 70.000 Buchungen und einen Umsatz von 36 Millionen DM.

1965

Die Branche ist geschockt über den Außenseiter, über seine konkurrenzlosen Preise und die durchschlagenden Erfolge. Es ist schwer, sich gegen den unkonventionellen und ungeliebten Fremdling zur Wehr zu setzen. Das gelingt nur im Vertrieb. NUR kann die Reisen nicht über die deutschen Reisebüros verkaufen, weil die etablierten Reiseveranstalter entsprechende Verbotsklauseln in die Agenturverträge setzen. Für Neckermann reicht der Vertrieb über den Versandhauskatalog nicht aus. Deshalb werden in den eigenen Warenhäusern 70 Reiseverkaufsstellen eingerichtet. Das ist der erste Schritt zum Aufbau eines eigenen Vertriebsnetzes.

Die Entwicklung verläuft rasant. 1966 wird das erste umfassende Fernreiseangebot vorgelegt. Es geht nach Thailand, Ostafrika und Mexiko, und erste Kreuzfahrten ins östliche Mittelmeer und in die Karibik mit der „Taras Shevchenko" werden angeboten. In der NUR-Geschäftsleitung kommt es nach den Aufbaujahren zu einem Wechsel: Herbert Haum verlässt Ende März 1968 das Unternehmen und taucht nach einer konkurrenzklauselbedingten Ruhezeit von gut zwei Jahren beim Kaufhof in Köln wieder auf, wo er ITS aus der Taufe hebt. Neuer Geschäftsführer bei NUR ist ab 1. Januar 1968 der von der Branche als Fachmann anerkannte Rolf Pagnia, der diese Position bis zu seiner Pensionierung im Jahre 1990 innehat. Pagnia war seit 1967 Leiter der Flugleitstelle von Touropa/Scharnow in Hannover, zuvor zuständig für die Flugtouristik bei Touropa in München.

Herbert Haum gestaltet den rasanten NUR-Start ins Reisegeschäft.

Neckermann baut das Reiseprogramm zügig aus und entwickelt auch das 1967 begonnene Programm in die UdSSR weiter. Die Charterflüge nach Moskau werden mit Aeroflot und Lufthansa durchgeführt. Neckermanns einziger ernst zu nehmender Wettbewerber im Geschäft mit der UdSSR ist das Deutsche Reisebüro DER. Die Jahre ab 1969 bringen zwar ein stürmisches Wachstum für den deutschen Tourismus, aber Neckermann übertrifft alle. Neckermann verdrängt sogar die TUI von

Rolf Pagnia löst Haum ab und bleibt bis 1990 NUR-Geschäftsführer.

177

der Spitze der Flugreiseveranstalter, was sich 1972 wieder ändert, als die TUI Transeuropa mit Quelle und Karstadt in den Gesellschafterkreis aufnimmt. Am 11. März 1970 begrüßt NUR am Frankfurter Flughafen voller Stolz den millionsten Fluggast.

NUR-Entwicklung

1964	35.000 Gäste
1965	70.000 Gäste
1966	127.000 Gäste
1970	390.000 Gäste
1974	654.000 Gäste
1977	811.000 Gäste
1978	939.000 Gäste

1971

Massive Behinderungen des touristischen Einkaufs durch auf Exklusivität drängende Mitbewerber veranlassen NUR zu Beteiligungen an Hotels in den Zielgebieten, die im Laufe der folgenden Jahre und Jahrzehnte zu einer beachtlichen Größe heranwachsen. Zu dieser Geschäftssparte gehören auch die unter dem Namen Aldiana betriebenen Clubdörfer, die 1971 im Senegal ihren Anfang nehmen. Abgesehen von einer kurzen Phase von gut einem Jahr mit dem noch aus der Geburtszeit mit Hotelplan stammenden Jürgen Seebode ist Rolf Pagnia von 1968 bis 1972 alleiniger Geschäftsführer. 1972 wird der Finanz- und Verwaltungsfachmann Hermann Kratz in die NUR-Geschäftsführung geholt, auch um eine

Äußerst erfolgreich auf dem deutschen Markt: NUR. Das liegt nicht zuletzt an einem guten Vertrieb.

gewisse Ordnung in den Wildwuchs des schnell gewachsenen Betriebes zu bringen. Anfang der 70er Jahre leistet sich die erfolgreiche NUR einen kräftigen Flop, der mit dem etwa zeitgleich laufenden TUI/LH-Incopac-Abenteuer vergleichbar ist. Josef Neckermann schreibt in seinem 1990 bei Ullstein erschienenen Buch „Erinnerungen":

„Misserfolge bleiben nur dem erspart, der gar nichts tut. Da die Amerikaner seinerzeit keine Charterflüge ins Land ließen, dachten wir uns, dass dann vielleicht umgekehrt ein Schuh daraus würde: Amis ans Mittelmeer, US-Bürger in die traditionellen Reiseländer Europas bringen. Das zweitgrößte Versandhaus der Vereinigten Staaten, Montgomery Ward mit Sitz in Chicago, fand sich zur Kooperation bereit. In der Vorbereitungsphase standen 30 Mitarbeiter im Dienst des erwarteten großen Geschäfts. Unser Büro befand sich in New York, in allerbester Citylage. (‚Man muss auf der Fifth Avenue sitzen – blauäugig, wie wir waren, glaubten wir das noch!')

Auf unsere 30 Mitarbeiter sollten sich im ersten Monat 30.000 Buchungen verteilen. So war es jedenfalls geplant. Aber es geschah überhaupt nichts. Wir fragten nach, erhielten hinhaltende Informationen, setzten irgendwann dem Reisechef von Montgomery Ward, unserem Ansprechpartner, die Pistole auf die Brust: Ganze 14 Amerikaner hatten sich bereitgefunden, mit uns über den großen Teich zu verreisen. Sofort canceln. Aber was machen wir mit den Mitarbeitern? Ganz einfach, erhielten wir als Antwort, wir schreiben auf den letzten Pay Check: ‚Don`t come next week.' Das machen wir hier immer so. Dass sie noch zwei Wochen Gehalt bezogen, konnten wir wenigstens erreichen. Der Reisechef von Montgomery Ward war zuvor Chefeinkäufer für Nähmaschinen gewesen. Wir hätten besser aufpassen müssen."

1973 blickt NUR auf zehn erfolgreiche Rumänien-Jahre zurück, die 1963 mit drei Hotels in Mamaia an der rumänischen Schwarzmeerküste begannen und inzwischen auf 40 Hotels in sechs Ferienorten angewachsen sind. In den zehn Jahren sind mehr als 390.000 Menschen mit NUR nach Rumänien gereist. Das Kreuzfahrtengeschäft wird durch die Charterung der „Maxim Gorki", der ehemaligen „Hamburg" der Deutschen Atlantik-Linie, erweitert. Es gibt ein Wettrennen zwischen der TUI und NUR um das Schiff mit dem guten Ruf in Deutschland. NUR gewinnt das Rennen nach einem Treffen mit dem russischen Minister für Handelsschiffahrt in Paris, das mit einem langen Abend im Crazy Horse endet. Die erste Rund-um-die-Welt-Reise mit der „Maxim Gorki" findet vom 21. Dezember 1975 bis zum 16. März 1976 ab und bis Genua statt. Der Mindestpreis beträgt 4389 DM.

NUR unter Karstadt-Herrschaft

Ende 1976 kommt es zu einer umwälzenden Veränderung. Die Muttergesellschaft Neckermann Versand KG ist in schwerste finanzielle Turbulenzen geraten und steht vor dem Zusammenbruch. Die Neckermann-Gruppe wird vom Kaufhausun-

Neckermann-Logos aus verschiedenen Epochen – allesamt Vorläufer des großen gelben Ns.

1976

179

ternehmen Karstadt gerettet, was unmittelbare Auswirkungen auf die Verhältnisse in der deutschen Tourismusbranche hat. In der Presse vom 20. November 1976 heißt es: Das Bundeskartellamt wird den Zusammenschluss Karstadt-Neckermann unter der Voraussetzung nicht versagen, dass Karstadt seine Beteiligung an der Touristik Union International (TUI) wie zugesagt sofort abgibt. Das geschieht auch prompt. Karstadt verkauft seine TUI-Anteile an die Kaufhauskette Horten AG.

Die bisher erfolgreich operierende Reisetochter NUR bleibt vom Negativtrend der Versandhausmutter nicht verschont. Der Ansehens- und Vertrauensverlust zeigt sich sehr bald auch in den Gästezahlen von NUR. Karstadt greift massiv in sämtliche Bereiche der Neckermann-Gruppe ein, kommt mit der Attitüde des Sanierers und lässt auch die Geschäftszweige, die bisher profitabel sind, nicht unberührt. Die neuen Herren greifen auch in die Geschäftspolitik des Reiseveranstalters ein. Während Neckermanns Image auf besonders günstigen Angeboten beruht – wer clever ist und preiswert reisen will, reist mit Neckermann, „Neckermann macht's möglich" –, fordert Karstadt von NUR nun ein Programm, das auf die Karstadt-Kundschaft zugeschnitten ist, die für Qualität auch angemessene Preise zahlt. Die Karstadt-Finanzleute fordern die NUR-Geschäftsführung außerdem auf, eine größere Marge wegen des Veranstalterrisikos in der Kalkulation vorzusehen. Den Herren schweben zehn Prozent vor, auf die sich die NUR-Geschäftsführung zwar nicht einlässt, aber es kommt doch zu kräftigen Preissteigerungen. Es dauert nicht lange, bis die Kunden merken, dass der Geheimtipp NUR nicht mehr stimmt. Image und Wirklichkeit klaffen auseinander, die Kunden bleiben aus, und es beginnen sieben Jahre, in denen Millionenverluste angehäuft werden.

Der Karstadt-Vorstand und NUR-Aufsichtsratvorsitzende Karl Laschet sagt zwar, er greife in die eigentliche Geschäftspolitik nicht ein, das sei nicht seine Aufgabe, aber Jahre später wirft Karstadt-Chef Walter Deuss der NUR-Geschäftsführung mangelndes Selbstbewusstsein und zu geringe Durchsetzungskraft vor. Rolf Pagnia wehrt sich gegen die „Verbesserungsvorschläge" und muss sich gegenüber Laschet und dem Geschäftsführungskollegen Kratz verteidigen, die 1978 auf eine Studie von Roland Berger & Partner verweisen. Berger behauptet nämlich, es gebe für NUR gute Entwicklungschancen im oberen Preisbereich. Wie bei Unternehmensberatungen üblich, wird natürlich gleichzeitig empfohlen, eine weitere, intensivere Untersuchung und Marktforschung in Auftrag geben.

1977 Auch in diesen schwierigen Jahren expandiert NUR im benachbarten Ausland, in Holland, Belgien und Österreich. 1977 übernimmt NUR auf Wunsch von Karstadt die GUT Reisen, ein Unternehmen, das 1969 von den deutschen Gewerkschaften und der Bank für Gemeinwirtschaft (BfG) gegründet worden und nie so recht ins Laufen gekommen ist. NUR glaubt, GUT nun als Billigmarke einsetzen zu können, um NUR für die teurer gewordene Angebote zu nutzen. Aber das ehrgeizige Trading-up-Konzept funktioniert nicht, ein grosser Teil der Stammkundschaft bleibt weg. Roland Berger ist mit seiner Anschlussuntersuchung im Herbst 1979 fertig. Das Ergebnis steht der Anfangsaussage diametral entgegen: Im gehobenen Preissegment kann NUR niemals so viel gewinnen, wie NUR im unteren Preisvergleich verlieren kann. Jetzt empfiehlt Berger, das preissensible Segment wieder stärker zu besetzen. Dieser Rat kommt reichlich spät und ist für 1980 nicht mehr umzusetzen. Nachdem NUR 1979 seine Preise generell um elf Prozent angehoben hatte, werden im wichtigen Markt Spanien die Preise für 1980 noch einmal um zehn Prozent erhöht. In den Hochsaisonmonaten liegen die NUR-Preise um ein Drittel über denen des Vorjahres. NUR ist zum teuersten Spanienveranstalter geworden und katapultiert sich aus dem Markt. Das Jahr 1980 bringt einen Verlust von 42 Millionen DM, 1981 noch einmal 21 Millionen DM.

NUR befindet sich in einer lebensbedrohenden Krise. Karstadt holt Dr. Dieter Mussler zurück, einen Marketingfachmann, der schon einmal für NUR tätig und zur Abteilung Fertighäuser versetzt worden war. Nun ist er dritter Mann in der Geschäftsführung und soll helfen, das sinkende Schiff zu retten. Hermann Kratz betätigt sich als Sparkommissar, reduziert den Personalbestand und arbeitet mit aller Kraft daran, die Gemeinkosten kräftig zu senken. Verlustquellen werden rigoros gestopft, hohe Garantiezahlungen an Hotels werden drastisch zurückgeführt auf gerade noch vertretbare Summen. Wie immer in wirtschaftlich kritischen Zeiten gewinnen die Finanzleute die Oberhand. Hermann Kratz entwickelt sich zum Primus inter pares innerhalb der NUR-Geschäftsführung. 1983 zeigt sich auch die fachlich saubere Arbeit von Dieter Mussler. NUR hat ein zielgruppenorientiertes Mehrmarkenkonzept und kehrt zu den aggressiven Preisen à la Neckermann zurück.

Neckermann Österreich

Um mit aller Macht aus den gefährlichen roten Zahlen herauszukommen, trennt sich NUR 1984 von seiner Auslandsbeteiligung in Österreich. Die österreichische *1984* Tochtergesellschaft wird an den NUR-Generalagenten Josef Plischke für rund drei Millionen DM verkauft. Plischke schafft es nicht, das defizitäre Unternehmen in schwarze Zahlen zu bringen. Er verkauft es 1987 an die Schweizer Kuoni AG. Indirekt ist NUR am österreichischen Ableger weiter interessiert, denn Hoteleinkauf und Reiseleitung liegen immer noch in den Händen von NUR. Das ist ein Geschäftsvolumen von einigen Millionen DM pro Jahr. Kuoni setzt die österreichisch-deutsche Zusammenarbeit fort und macht aus der Not leidenden Tochter ein rentables Unternehmen.

Im Jahr 1991 hat NUR sich finanziell erholt und sein Interesse an einer Präsenz in Österreich wieder entdeckt. NUR beteiligt sich mit 49 Prozent an den immer noch „Neckermann Österreich" heißenden Veranstalter und zahlt dafür rund acht Millionen DM. Von Wien aus wollen NUR und Kuoni die neuen Märkte Ungarn, Tschechische Republik und Slowakei erschließen. Es wird darüber spekuliert, ob sich aus der Ehe in Österreich eine europaweite Zusammenarbeit zwischen Kuoni und NUR ergeben könnte. Das Gerede ist aber ein Jahr später vorbei, als sich ITS 1992 an der Kuoni AG beteiligt. Das hindert Kuoni nicht, die Gemeinsamkeit mit NUR in Österreich zu pflegen, obwohl sich Kuoni in der Schweiz inzwischen mit der TUI verbündet hat. Kuoni gibt zwar Ende 2000 bekannt, dass ihr Veranstaltungsprodukt eingestellt wird. Das Gemeinschaftsunternehmen mit C & N und deren Marke Neckermann Österreich besteht aber weiter.

Beeser führt NUR zu neuen Höhen

Wolfgang Beeser, ein Fachmann mit größten Verdiensten für NUR.

Dass die NUR-Mutter Karstadt nicht so ganz von Selbstheilungskräften der Reisetochter überzeugt ist, zeigt sich an den Verhandlungen mit der Kaufhof AG. Karstadt-Chef Walter Deuss möchte NUR und ITS zusammenlegen und argumentiert gegenüber dem Bundeskartellamt – allerdings vergeblich –, eine Fusion der beiden Reiseunternehmen sei für NUR eine Überlebensfrage. Es geht trotzdem ohne ITS gut weiter. Das liegt an den verborgenen Kräften, die im Unternehmen und seinen Mitarbeitern schlummern. Die NUR-Geschäftsführung holt sich das Beratungsunternehmen McKinsey ins Haus, das unter anderem empfiehlt, mit der bisherigen Spartenorganisation Schluss zu machen. Statt der Arbeitsteilung in Einkauf, Verkauf und Verwaltung werden Profit Center eingeführt, zum Beispiel für Flugreisen, Seereisen oder Cluburlaub. Die Leiter der neuen Profit Center kümmern sich nun selber um Ein- und Verkauf und sind deswegen mit weit gehenden Entscheidungskompetenzen, aber auch mit der Verantwortung für ein angemessenes Ergebnis ausgestattet. Das stellt hohe Anforderungen an die verantwortlichen Mitarbeiter und an die Geschäftsführung. In diese wird 1985 Wolfgang Beeser zunächst als als stellvertretender und im Folgejahr als voll bestallter Geschäftsführer berufen. Beeser, der 1942 im Westerwald geboren wurde, war Sprachlehrer an einer Schweizer Handelsschule und wurde 1967 Reiseleiter bei NUR, zunächst auf Mallorca, dann in Ceylon, Kenia und Indien. Sein Aufstieg beginnt, als Beeser 1974 Chef der NUR-Reiseleiterorganisation wird. 1977 überträgt man ihm den gesamten Hoteleinkauf. Nun hat er sein Ziel erreicht, er kennt den Laden in- und auswendig und weiß, wo er ansetzen muss, um NUR wieder zu den früheren Erfolgen zu führen. Er setzt – natürlich in Kooperation mit seinen Geschäftsführer-Kollegen – die Empfehlung von McKinsey konsequent und ohne Zeitverzögerung um. Er sorgt dafür, dass unrentable Aktivitäten beendet werden und NUR nur Reisen ausschreibt, die auch Geld bringen.

Der Erfolg gibt ihm Recht. Von 1987 bis 1993, also innerhalb von sechs Jahren, verdoppelt NUR die Teilnehmer- und Umsatzzahlen. Im Reisejahr 1992/93 zählt NUR 2,49 Millionen Teilnehmer mit einem Umsatz von 2,7 Milliarden DM. Beeser hat seinen Laden im Griff und wird als der eigentliche Sanierer von NUR gefeiert und zum Sprecher der Geschäftsführung berufen. Rolf Pagnia geht 1990 in Pension

1985

1992 – 1993

und hat sich in den letzten zwei Berufsjahren noch in besonderer Weise um die Reisebranche verdient gemacht. Pagnia ist Vorstandsmitglied des DRV und von 1988 bis 1990 Präsident des europäischen Reiseveranstalter-Verbandes Ifto. Hermann Kratz geht 1994 in den Ruhestand. Pagnia und Kratz haben sich mit dem guten Gefühl aus dem Berufsleben zurückziehen können, dass sie den in den Dreck gefahrenen Karren auch wieder herausgezogen haben. Nachfolger von Hermann Kratz wird Dr. Willi Schoppen, der zum 1. November 1993 in die Geschäftsführung berufen wird und von der Beratungsfirma McKinsey kommt.

Karstadts Expansionsanläufe

Die Mutter Karstadt unternimmt nach der Gesundung von NUR einige Versuche, den Gesamtrahmen des touristischen Engagements auszuweiten. So beteiligt sich Karstadt 1989 mit 26,1 Prozent an der Fluggesellschaft NFD – Air Europe, an der die Nürnberger Wörl-Gruppe 24,9 Prozent und die International Leisure Group des britischen Unternehmers Harry Goodman 49 Prozent halten. Goodman macht aber bald darauf Pleite. Für seine Kreativität und Unternehmenslust spricht die Tatsache, dass er Ende 2000 gemeinsam mit der TUI den TV Travel Shop Germany aus der Taufe gehoben hat. Basis seines Engagements ist sein bereits laufendes Programm TV Travel Shop UK.

1989

Karstadt bemüht sich 1990 vergeblich um eine Beteiligung an der LTU, die bald darauf bei der Westdeutschen Landesbank landet. Durch die Integration des Kaufhaus-Wettbewerbers Hertie in die Karstadt-Gruppe im Jahr 1995 wird der Vertrieb der NUR-Programme noch einmal erweitert, der im Jahr zuvor schon von der Liberalisierung des Reisevertriebs in Deutschland profitiert hatte.

NUR als Teil von C & N

1998 ist NUR Neckermann Reisen Teil der C & N Touristic AG geworden und weiterhin Deutschlands zweitgrößter Reiseveranstalter. Es war ein langes Tauziehen zwischen Lufthansa und Karstadt, bis es zu der Hochzeit der Reisetöchter Condor und NUR kam. NUR-Geschäftsführer Wolfgang Beeser war lange gegen ein solches Zusammengehen, denn er versprach sich von der Unabhängigkeit auf Dauer ein besseres Ausschöpfen aller Einkaufschancen im Ferienflugverkehr. Aber die Pläne der Westdeutschen Landesbank, die LTU, TUI und Hapag-Lloyd unter ein Dach zu bringen, stellten eine solche Bedrohung auch für NUR dar, dass selbst Beeser schließlich überzeugt werden konnte und sich dem Vorhaben, C & N zu gründen, beugte.

1998

Natürlich setzte danach der Kampf um die Frage ein, ob der investitionsintensive Carrier oder der markterfahrene und erfolgreiche Veranstalter die beherrschende Rolle im neuen Verbund spielen solle. Man hat das Problem salomonisch gelöst. Zunächst ist geplant, dass Lufthansa und Karstadt je zwei Vertreter in den C & N-Vorstand entsenden. Karstadt-Chef Walter Deuss soll den Vorsitz im Aufsichtsrat übernehmen. Dann zeigt sich aber, dass Lufthansa zu diesem Zeitpunkt keine zwei geeigneten Leute präsentieren kann. Also entscheidet man sich, den Condor-Chef Dr. Franz Schoiber von der LH-Seite für den Vorstand zu nominieren und von NUR Wolfgang Beeser sowie Dr. Willi Schoppen in das neue Führungsgremium zu berufen. Statt Deuss wird Lufthansa-Chef Dr. Jürgen Weber zum Vorsitzenden des C & N-Aufsichtsrates gewählt. Aber dabei bleibt es nicht.

Die Zusammenführung der Fluggesellschaft und des Reiseveranstalters und eine zentrale Führung sind nur möglich, wenn die Leitungsfunktionen mit Leuten besetzt werden, die keine traditionelle Bindung zu der einen oder anderen Seite haben. Außerdem lässt sich ein Unternehmen der Größenordnung von C & N nicht von einem Dreiergremium leiten. Es braucht eine verantwortliche Persönlichkeit an der Spitze. Diese Spitzenposition beansprucht aber sowohl der bisherige NUR-Geschäftsführer als auch der vorherige Condor-Chef. Die Konsequenz ist hart, aber logisch: Beide Herren gehen in allen Ehren Ende 1999 in den vorzeitigen Ruhestand. Das löst, insbesondere was Wolfgang Beeser und die NUR-Mitarbeiter angeht, großes Bedauern und Tränen aus. Der dritte Mann im C & N-Vorstand, Finanzchef Dr. Willi Schoppen, bleibt als Einziger an Bord. Er gilt als Vertrauter von Karstadt-Lenker Deuss, der im Spätsommer 2000 seinen Chefsessel beim Warenhauskonzern räumt, aber weiterhin dem Aufsichtsrat der Touristik-Tochter vorsteht.

seit 1999

Der neue Chef von C & N heißt Stefan Pichler. Er war zuvor Verkaufsvorstand der Lufthansa Passage Airline. Pichler bringt ein Team von zuverlässigen Mitarbeitern mit in die C & N-Führungsetage und zimmert innerhalb von wenigen Wochen eine völlig neue Führungsstruktur. Bei der Condor ist Schoiber nicht der Einzige, der Platz für andere macht. Während die TUI-Gruppe 1998/1999 durch Zukäufe weiter gewachsen ist, haben sich die C & N-Bosse in Grabenkämpfen zerschlissen. Stefan Pichler will das Versäumte ganz schnell nachholen. Wenige Monate nach Amtsantritt will C & N Thomson Travel, den größten Reisekonzern auf dem britischen Markt, kaufen. Das ruft in letzter Minute die Preussag auf den Plan. Sie will nicht zulassen, dass C & N die Nummer eins in Europa wird. Kurz entschlossen wird C & N kräftig überboten und aus dem Geschäft geworfen. Die Ironie der Geschichte liegt nun darin, dass die Preussag sich auf Anweisung der Kartellbehörden von ihrer Mehrheitsbeteiligung am 160 Jahre alten britischen Reiseunternehmen Thomas Cook trennen muss. Aber der Kreis schließt sich schließlich: Anfang Dezember 2000 kann Pichler voller Stolz verkünden, dass er die Thomas Cook Holding Ltd, London, übernehmen wird.

Der neue C & N-Chef Stefan Pichler hat präzise Vorstellungen und große Pläne.

Nach der Übernahme wird sich der C & N-Konzern mit 15 Milliarden DM Umsatz pro Jahr, knapp 15 Millionen Gästen, etwa 30 Veranstaltermarken, rund 3800 Reisebüros weltweit, einer Flotte von über 70 Flugzeugen und mehr als 27.000 Mitarbeitern als Nummer zwei unter den europäischen Touristikkonzernen und zum drittgrößten Reiseunternehmen der Welt entwickelt haben.

184

Otto – find ich gut, auch im Tourismus?

Der Otto-Versand ist ein Riese, der wenig von sich reden macht und erst bei näherem Hinsehen Erstaunen und auch Bewunderung auslöst. Er ist nicht nur als Versender erfolgreich, sondern zur Otto-Gruppe gehört auch eine Gesellschaft, die im Aufbau und Betrieb von Einkaufszentren im In- und Ausland und seit wenigen Jahren auch im kommerziellen Ausbau der deutschen Bahnhöfe engagiert ist. Im touristischen Bereich gewinnt man leicht den Eindruck, der Otto-Versand wolle zwar in dieser Wachstumsbranche mitspielen, aber in Wirklichkeit fehle es ihm an einem ernsthaften Engagement, zu dem mehr gehört, als sich die eine oder andere Firma zu kaufen. 1968 – Quelle und Neckermann sind seit sechs Jahren im Geschäft – meldet sich Otto erstmals in der Reisebranche und bietet „Otto-Reisen mit Hummel-Erfahrung" an. Otto verspricht sich von diesem Programm, das bei Hummel produziert wird, eine Ausweitung seines Vertriebs auf die Reisebüros mit Hummel-Vertretung. Das funktioniert aber nicht, weswegen Otto schon nach der ersten Saison den Versuch kurzerhand aufgibt. Aber die von Otto angebotenen Reisen stammen weiter aus der Werkstatt von Hummel.

1968

Sie reisen nur einen Sommer gemeinsam: Otto-Reisen mit der Erfahrung von Hummel. Denn die Reisebüros spielen bei dem Vertriebsversuch nicht mit.

185

Reiseland-
Reisebüros sind
ein Produkt der
Wendezeit.
Es entsteht, weil
in der ehemaligen
DDR ein großer
Bedarf an Reisebüro-
Know-how besteht.

Ein früher Otto-
Reisekatalog.

Das Logo beim
Einstieg von Otto.

1991

1979 gründet Otto zwar die Tochtergesellschaft Otto Reisen GmbH., macht aber auch von dieser wenig reden. 1994 beschließt Otto, gemeinsam mit der LTU die Firma Maris Reisen zu gründen, an der die LTU mit 49 Prozent beteiligt ist. Das Progamm wird von der LTU zusammengestellt, der 52 Seiten starke Katalog geht an die Direktkunden von Otto-Versand. Er ist auch als CD-ROM erhältlich.

Dass Otto am Reisegeschäft dann doch noch Gefallen gefunden hat, zeigt sich am Engagement im Reisevertrieb. 1993 erwirbt der Otto Versand die Mehrheit an der Reisebürokette Reiseland. Dann wird 1995 die Holding Otto Freizeit und Touristik GmbH gegründet. 1996 erwirbt die Firma 74,8 Prozent an Reiseland.

Die Reiseland GmbH in Northeim ist im Zuge der deutschen Wiedervereinigung entstanden. Drei clevere junge Reisefachleute – Bernd Riedel, Ralph Schiller und Mathias Walter – erkennen, dass in den neuen Bundesländern Reisebüros gebraucht werden und es Mitarbeiter aus dem bisherigen Reisebüro der DDR aber auch aus anderen Branchen gibt, die sich in diesem Metier selbstständig machen wollen. Ihnen fehlt es an Wissen über die wirtschaftlichen Spielregeln im westlichen Wirtschaftssystem. Dafür bietet Reiseland ein passendes Rezept, ein Franchise-Modell, mit dem die neuen Unternehmer in Ostdeutschland an die Hand genommen, geführt und betreut werden. Verkaufen müssen sie natürlich selber, das kann ihnen niemand abnehmen. Und das tun sie dann auch.

Das Reiseland-Konzept funktioniert auf Anhieb. 1991 werden schon 42 Reisebüros in den neuen Bundesländern betrieben, davon elf eigene Reiseland-Filialen. Mit der Beteiligung an Reiseland erwirbt Otto nicht nur ein aufsteigendes Unternehmen, sondern sichert sich auch ein junges, dynamische Führungsteam. 1994 kommt eine weitere Kette dazu: Travel Overland, der Händler preiswerter Flug-

186

scheine, mit zwölf Büros. 1997 werden 13 weitere Reisebüros erworben: Zwölf Janssen-Büros in Ostfriesland und das Reisebüro Siggelkow in Hamburg. Aber auch dabei bleibt es nicht. Von American Express Deutschland kauft Otto zum 1. Juni 1998 die auf Touristik spezialisierten Reisebüros. Die 25 Büros werden unter dem Namen Reiseland American Express geführt. Gleichzeitig werden mehr als 20 der 140 Reiseland-Reisebüros unter diesem Doppelnamen betrieben. Otto unterhält überdies ein mit rund 40 Personen besetztes Call Center in Hamburg, in dem das Direktgeschäft bearbeitet wird. Hier werden die Maris-Programme , eigene Reiseausschreibungen und die Angebote der großen Reiseveranstalter verkauft. Für Last-Minute-Angebote gründet Otto auch noch die Tochtergesellschaft Hermes Touristik. Mitte des Jahres 2000 zeigt sich, dass Otto auch in der Reisebranche auf der Höhe der Zeit ist: Die Otto Freizeit- und Touristik GmbH beteiligt sich mit 50 Prozent am Internet-Reisebüro Travel Channel von Gruner & Jahr.

Das Logo nach dem
Zukauf von Otto.

Zur Otto Freizeit und Touristik GmbH gehören:

Otto Reisen	100,0 %
Maris Reisen	51,0 %
Travel Overland	74,9 %
Reiseland	74,8 %
FCB Freizeit Club Betreuung	50,0 %
Otto Reisebüro BVG	100,0 %
Reiseland American Express	100,0 %
Hermes Touristik	100,0 %

Reiseverkauf
per Internet?
Otto findet's gut.

Kaufhof gründet ITS und nimmt Hertie mit ins Boot

Vom Kaufhof ins Leben gerufen.

1970

Programme, die von ITS produziert werden.

1971

Anfang Mai 1970 wird bekannt, dass sowohl die Kaufhof AG als auch die Karstadt AG in das Reisegeschäft einsteigen wollen. Der Kaufhof lässt in einer Arbeitsgruppe die Vorarbeit machen und stellt am 30. September 1970 das Reiseprogramm „Kaufhof Reisen" für den Winter 1970/71 vor. Im Oktober 1970 werden in 50 Kaufhofhäusern eigene Reisebüros eröffnet, innerhalb weniger Monate sind es 65 Büros in 55 Städten.

Der Kaufhof vereinbart mit seinem Warenhauskonkurrenten Hertie, dass dieser die von der Kaufhof-Reisetochter produzierten Programme vertreibt, die für den Kaufhof vorgesehenen Prospekte werden mit einem entsprechenden Titel versehen. Kaufhof und Hertie haben zusammengerechnet mehr als 100.000 Mitarbeiter und erwirtschaften einen Umsatz von 7,2 Milliarden DM. Die Gründung einer rechtlich selbständigen Veranstalterfirma namens ITS erfolgt am 5. November 1970. ITS steht für International Tourist Services. Hier werden die Programme produziert, die unter dem Titel Kaufhof Reisen, Hertie Reisen, Glücksreisen und Prima Reisen auf dem Markt erscheinen. Mit der Gründung der Reisetochter ITS lässt der Kaufhof auch hinsichtlich der Geschäftsführung die Katze aus dem Sack. Herbert Haum, der einstige Baumeister von NUR, wird als Geschäfts-führer von ITS vorgestellt. Man hatte über ein Comeback des vor zweieinhalb Jahren bei Neckermann ausgeschiedenen Fachmanns schon gemunkelt. Er war bei Ausscheiden von Neckermann mit einem Konkurrenzverbot belegt worden. Doch im August 1970 hatte es im Spiegel geheißen: „Manager Haum überwinterte im Offenbacher Eigenheim und dachte auf Kosten Neckermanns für Kaufhof." Neckermann verlangt als Ausgleich für diese Vertragsverletzung 300.000 DM, und es spricht einiges dafür, dass der Kaufhof diesen Betrag auch gezahlt hat.

Der Start von ITS ist nicht sehr glücklich. Herbert Haum hat sich für Länderkataloge statt für Flug- und Landprogramme entschieden. Das Ergebnis ist, dass die Kunden ohne Rücksicht auf ihre Urlaubsplanung sämtliche Kataloge einsammeln. Da man die Auflage der einzelnen Kataloge jedoch an den Planzahlen der Länder orientiert hatte, sind schon nach wenigen Tagen verschiedene Länderangebote, etwa Ostafrika, nicht mehr zu haben. Es muss für viel Geld nachgedruckt werden. Herbert Haum wird bei Kaufhof nicht alt. Sieben Monate nach seinem offiziellen Beginn bei ITS heißt es in einer Pressemeldung vom 12. Juni 1971: „Herbert Haum ist am Wochenende in freundschaftlichem Einvernehmen aus der Geschäftsführung der Länderdienste GmbH (Köln), der persönlich haftenden Gesellschaft der ITS International Tourist Services Länderdienste GmbH KG (Porz), ausgeschieden." Der Kaufhof zahlt ihm bei seinem Ausscheiden eine Abfindung von uns heute sehr mager erscheinenden 250.000 DM.

Die Gründe für Haums Ausscheiden sind vielfältiger Art. Da sind zum einen die Ergebnisse, die den Planzahlen erheblich hinterherhinken. Auch Haums persönliches Auftreten, seine manchmal arrogant wirkende Selbstsicherheit, mag den einen oder anderen vor den Kopf gestoßen haben. Aber es erhebt sich vor allem die Frage, ob eine dynamische und sehr selbstbewusste Persönlichkeit wie Haum in den Führungsapparat eines Kaufhauskonzerns hineinpasste, besonders wenn er ständig persönliche Bewegungs- und Entscheidungsfreiheit für sich beansprucht.

Übrigens hatte Herbert Haum vorhergesagt, in den ersten drei Jahren werde ITS kostendeckend arbeiten, anschließend Gewinne erzielen. Tatsächlich bringen die Jahre 1971/72/73 einen Verlust von insgesamt 20 Millionen DM. Und erst 1974 weist ITS erstmals einen Gewinn aus. In diesem Jahr haben 253.000 Gäste eine ITS-Reise gemacht. Die Reisen werden nicht nur in allen 80 Kaufhof-Reisestellen, 78 Hertie-Reisestellen und 30 weiteren Buchungsbüros sowie in den ADAC-Geschäftsstellen, sondern auch in über 4000 Lotto/Toto-Annahmestellen in Nordrhein-Westfalen verkauft, für die der ITS-Reisekatalog den Titel „Glücksreisen" trägt.

Mit der TUI wird 1972 vereinbart, dass sie ab Sommer 1973 den Flugeinkauf für ITS besorgt. Eine Kooperation, von der beide durch das gebündelte höhere Flugaufkommen profitieren. Acht Jahre später, im August 1980, wird diese Vereinbarung auf Antrag der beiden Unternehmen, die Gewissensbisse bekommen haben, vom Bundeskartellamt als Rationalisierungskartell offiziell genehmigt, allerdings zunächst mit einer Laufzeit von drei Jahren.

Da ITS der Verkauf über die etablierten Reisebüros mit TUI-Vertretung versperrt ist, wird nach zusätzlichen Vertriebswegen gesucht. So produziert ITS 1975 als Test einen Spezialprospekt mit 23 Auto- und sieben Flugreisen für den Verkauf über 350 Aral-Tankstellen im Frankfurter Raum und 200 Aral-Minimärkte im gesamten Bundesgebiet. Die Angebote sind preiswert, problemlos und erfordern keine Beratung. Trotzdem ist die Reaktion unbefriedigend. Die Aktion wird nicht wiederholt. Die Erfahrungen sind dieselben wie Jahre später beim Versuch mit Tchibo-Kaffeeläden. Urlaubsreisen wollen die Deutschen offensichtlich in einem Fachgeschäft kaufen, nicht beim Tankwart oder bei der Kaffeeverkäuferin.

Die Geschäftsführung der ITS liegt ab Mitte 1975 bei Paul Scholz, der neben dem 1972 ebenfalls von NUR gekommenen Heinz B. Schild den Laden fachmännisch führt.

ITS-Reisekataloge: Der Start in den Markt steht unter keinem glücklichen Stern.

Fusion von ITS und NUR?

Zwischen ITS und NUR kommt es 1985 zu ernsthaften Gesprächen über eine Fusion. ITS hat in diesem Jahr fast 600.000 Gäste und plant ein Engagement im Hotelbereich. Das Kartellamt lehnt im September 1985 die Fusion der beiden Unternehmen wegen zu große Machtzusammenballung ab. Im Zuge der Fusionsgespräche ist es natürlich zum Austausch von Zahlen und zum Einblick in die Vertriebsstärken und -schwächen des jeweils anderen Unternehmens gekom-

1985

189

men. Davon profitiert ITS, die sich nun auf die besten NUR-Agenturen stürzt und sie drängt, mehr ITS-Programme zu verkaufen. Die Reaktion ist interessant. NUR, bisher vom Vertrieb über TUI-Büros ausgeschlossen, verbietet nun den eigenen Agenturen, ITS-Programme zu verkaufen. Das veranlasst wiederum ITS, beim Kartellamt vorstellig zu werden und sich über die Wettbewerbsbehinderung zu beklagen. Es ist also nicht die große TUI, die angegriffen wird, sondern es ist ein Streit zwischen dem zweitgrößten und dem drittgrößten Unternehmen der Branche, der das Kartellamt auf den Plan ruft. Mit der TUI-Vertriebsbindung hatten sowohl TUI als auch NUR über Jahrzehnte gut gelebt. Sie hatten sich die deutsche Reisebürolandschaft aufgeteilt. Die Klage von ITS löst zunächst nur Stirnrunzeln und Nachdenken bei der Berliner Kartellbehörde aus. Mitte der 90er Jahre kommt die TUI einer drohenden Untersagung zuvor und verzichtet freiwillig auf die Vertriebsbindung. Da die großen Veranstalter zusätzliche Provisionen bei bestimmten Umsatzgrößen und für Umsatzsteigerungen gewähren, bleibt die Bindung zu dem „Leitveranstalter" weiter bestehen und wird sogar intensiver, jedoch besteht sie nun auf anderer Grundlage.

Wachstum durch Zukäufe

Nach dem Scheitern der Fusion mit NUR denkt Jens Odewald, Vorstandsvorsitzender der Kaufhof AG, über andere Möglichkeiten der Expansion seiner Reisetochter nach. Er holt sich 1989 den Wirtschaftsprüfer Friedrich Carl Janssen und macht ihn zum ITS-Chef. Dieser will ITS durch Kauf anderer Unternehmen größer machen. Er erhöht die seit 1988 bestehende Beteiligung am holländischen Reisekonzern Holland International von 50 auf 80 Prozent. Nach dem Ausscheiden von Paul Scholz im Jahr 1990 aus der ITS-Geschäftsführung kommt Klaus Scheyer dazu, der seine Anteile an der im Westerwald ansässigen Direktvertriebsfirma EVS Berge & Meer in ITS einbringt. ITS beteiligt sich mit 25,1 Prozent an Sun International in Belgien, kauft 1991 die ehemaligen DDR-Staatsbetriebe Reisebüro der DDR und 34 ehemalige Jugendtourist -Büros und beteiligt sich mit 75 Prozent an der ostdeutschen Palm Touristik GmbH, die ihre 28 Büros an 24 Standorten erst wenige Monate zuvor eröffnet hat. Dafür werden Preise gezahlt, die bei anderen Interessierten wie DER, TUI und NUR nur Kopfschütteln auslösen. Am Türkei-Veranstalter ATT Touristik GmbH in Stuttgart, der in wirtschaftliche Schwierigkeiten gerät, erwirbt ITS 50 Prozent.

Im selben Jahr meldet sich das Kartellamt und verbietet nun endgültig die Fortsetzung des seit 1972 von TUI und ITS praktizierten gemeinsamen Flugeinkaufs. Im ständigen Bemühen, das Geschäft auszuweiten, scheut ITS auch nicht die Konfrontation mit den Reisebüros. Es wird ein Vertriebstest über 20 Postschalter im ländlichen Niedersachsen gemacht, der aber negativ ausgeht. Genauso läuft es mit 176 Plus-Märkten der Tengelmann-Gruppe, die auch nichts bringen. Stolz verkündet Jens Odewald im Juli 1992, die ITS-Gruppe habe in den

1989

ersten acht Monaten des Touristikjahres 1991/92 das Umsatzvolumen um 51 Prozent auf 1,5 Milliarden DM gesteigert.

Bald darauf, am 14. September 1992, meldet ITS, dass die Kaufhof Holding AG 50,1 Prozent der Aktien an dem führenden Schweizer Reiseveranstalter, der Kuoni Reisebüro AG in Zürich, erworben habe. Mit der Mehrheit der Aktien ist jedoch nicht die Stimmrechtsmehrheit verbunden, die bei der Kuoni-Hugentobler-Stiftung liegt. ITS verfügt nur über 25 Prozent der Stimmen. Kuoni ist über den ausländischen Gesellschafter überhaupt nicht glücklich, macht aber gute Miene zum bösen Spiel und leistet erfolgreich hinhaltenden Widerstand gegen die Vereinnahmung durch ITS. Als sichtbares Zeichen einer angeblichen Gemeinsamkeit bleibt schließlich ein Produkt unter dem Namen „Kuoni Fernreisen" für den deutschen Markt, bei dem der Name ITS nicht einmal erscheint. Beim Beschluss über die Gewinnverwendung setzt die schweizerische Mehrheit durch, dass der Gewinn im Unternehmen bleibt, so dass ITS leer ausgeht.

1994 zieht sich ITS enttäuscht aus der Schweiz zurück und verkauft die Kuoni-Aktien an eine Schweizer Bank, die diese Anteile an der Börse platziert. Friedrich Janssen nimmt seinen Hut, auch seine Geschäftsführerkollegen müssen gehen. Dafür kommt Peter Landsberger vom DER als neuer ITS-Chef nach Köln. Was er dort vorfindet, erschüttert ihn: Die Zahlen gehen ständig zurück, was zu einem guten Teil auf ein für sehr viel Geld angeschafftes, aber nicht funktionierendes EDV-System zurückzuführen ist. Die Verluste werden immer größer.

1994

Im Jahr 1995 kommt es zum großen Knall. Jens Odewald hat nach Ansicht der Metro, der Muttergesellschaft des Kaufhofs, ein zu großes Rad gedreht und mit seiner Expansion überzogen. Das betrifft nicht nur den Tourismus, sondern auch den Kaufhaus- und Versandhandel. Der in Deutschland sehr angesehene Jens Odewald wird kurzfristig verabschiedet. Es kommt zum Ausverkauf der Kaufhof-Touristik. Die TUI ist an ITS interessiert, aber der Kauf kommt nicht zu Stande. Dafür erwirbt die TUI die niederländische Beteiligung Holland International und vereint sie mit ihrer Tochter Arke Reizen zur Travel Unie International (TUI). Die defizitäre ITS-Beteiligung Sun in Belgien wird von der britischen Airtours übernommen. Den Briten gelingt es aber auch nicht, das einstige Renommierunternehmen in die schwarzen Zahlen zu führen, und Airtours schließt Ende 1999 kurzerhand den Betrieb. Der Stuttgarter Türkeispezialist ATT Touristik schließlich wird an Öger Tours verkauft und als preisgünstige Zweitmarke nach Hamburg verlagert.

1999

Rewe, der neue Eigentümer

Rewe, Europas größter Lebensmittelhändler, kauft dem Kaufhof 1995 die Reisetochter ab. Diese weist in ihren Büchern einen Verlust von 270 Millionen DM aus, den Rewe gegen seine Gewinne aus dem Handelsgeschäft gut verrechnen kann. Rewe ist bereits im Besitz der Reisebürokette Atlas Reisen.

Verkauft immer mehr Reisen.

Peter Landsberger verlässt ITS und wird bald darauf Sprecher der Geschäftsführung des DER. Geschäftsführer von ITS wird der erfolgreiche Touristiker Dietmar Kastner, der in den letzten zehn Jahren Geschäftsführer von Tjaereborg in Mönchengladbach gewesen ist. Er macht mit dem ITS-Kuoni-Programm „Kuoni Fernreisen" kurzerhand Schluss. Das Rewe-Konzept für ITS unterscheidet sich eigentlich kaum von den früheren Zielen: ITS soll sich als preisaggressiver Anbieter zwischen NUR und Alltours positionieren. Und es soll natürlich Geld bringen. Das gelingt aber nicht sofort. 1996 werden noch einmal Verluste von 30 Millionen DM produziert, 1997 von fünf Millionen DM, aber 1998 hat Kastner es erstmals geschafft: ITS ist aus den roten Zahlen heraus.

1996

Ende 1999 unternimmt Rewe einen weiteren Expansionsschritt. Nach langem Tauziehen und in Konkurrenz zur britischen Airtours, die fleißig mitbietet, kauft Rewe der Deutschen Bahn für 950 Millionen DM das Deutsche Reisebüro (DER) ab. Der Veranstalterbereich des DER unter dem Namen Dertour produziert im wesentlichen Fernreisen und Spezialmarken im Baukastensystem und stellt eine interessante Ergänzung zum ITS-Reiseprogramm dar. Allerdings bedient das DER bisher ein höherwertiges Marktsegment als ITS. Die DER-eigene Reisebürokette und die DER-Agenturen wie auch die Franchise-Kette Derpart können für die neue Veranstaltergruppe ITS/DER gemeinsam mit Atlas Reisen eine wichtige Vertriebskraft werden, wenn sie sich mit dem erweiterten Reiseprodukt identifizieren. Nach dem bei einem Firmenkauf üblichen anfänglichen Schmusekurs werden die DER-Agenturen und auch die selbstständigen Franchise-Partner von Derpart sich genauso wie Atlas Reisen einer zentralen Steuerung unterwerfen müssen.

Der Lebensmittelhändler Rewe tritt nicht nur unter dem Namen Rewe Markt, sondern auch unter den Namen HL, Minimal, Penny und Toom auf. Zur Rewe-Gruppe gehören ebenfalls die Stinnes-Baumärkte und Märkte für Unterhaltungselektronik. Der Gesamtumsatz der Rewe-Gruppe in Europa betrug 1999 ca. 66 Milliarden DM. Rewe betreibt Supermärkte und Einkaufszentren auch in Österreich, Frankreich, Spanien, Italien, Tschechien, Ungarn und in Polen.

Im Sommer 2000 steigt Rewe bei der LTU-Gruppe ein, übernimmt zum 1. Januar 2001 die LTU Touristik zu 100 Prozent und beteiligt sich mit 40 Prozent an der LTU Fluggesellschaft. Damit wird die Rewe Touristik zum dritten großen vertikal integrierten Touristikkonzern in Deutschland und schließt zur C & N Touristic auf. Voraussetzung für den Einstieg von Rewe bei der LTU-Gruppe ist die Genehmigung des Übernahmemodells durch die Finanzverwaltung. Rewe will nämlich die Verlustverträge der LTU, die auf rund 800 Millionen DM geschätzt werden, in vollem Umfang für sich geltend machen. Technisch wäre das in einem etwas komplizierten Verfahren möglich, obwohl Rewe sich letzten Endes nur mit 40 Prozent an der LTU Fluggesellschaft beteiligt. Bei dieser liegt jedoch der Löwenanteil der Verluste.

2001

Die zweite Gründungswelle im Tourismus

Neben dem Engagement der Kauf- und Versandhäuser wird in den Jahren 1968 bis 1972 nicht nur die TUI gegründet, auch die Gewerkschaften treten mit GUT in den Reisemarkt ein. In dieser Zeit beginnen auch ehrgeizige Einzelunternehmer wie Axmann, Zahn und Öger ihr touristisches Engagement. Sie treffen auf einen stark expandierenden Markt.

Die Entwicklung der TUI

Scharnow, Touropa, Hummel und Dr. Tigges-Fahrten beschließen 1968, sich zu einem Großveranstalter-Unternehmen zusammenzuschließen. Sie blicken auf eine beachtliche Aufwärtsentwicklung von 20 Jahren und mehr zurück. Im letzten Jahr ihrer Selbstständigkeit haben sie 949.452 Gäste auf die Reise geschickt mit einem Gesamtumsatz von über 427 Millionen DM.

Ausgangslage

Schon Anfang der 60er Jahre kommt es zu einer Zusammenarbeit zwischen Touropa, Scharnow und Hummel. Es geht um einen wirtschaftlichen Einsatz der Liegewagen, um Gebiets- und Zielortsabsprachen – Kartellwächter gibt es noch nicht –, und man will gemeinsam im langsam an Bedeutung gewinnenden Flugtourismus Auslastungsrisiken und Kostensteigerungen mindern. Den entscheidenden Anstoß zu einer noch engeren Zusammenarbeit der vier Veranstalter gibt Ende der 60er Jahre die rasante Entwicklung des Flugtourismus mit den technisch weiterentwickelten Flugzeugen. Diese Entwicklung wird verstärkt durch den Einstieg branchenfremder, kapitalstarker Unternehmen, der Versand- und Kaufhäuser, in das flugtouristische Reisegeschäft. Die neuen Mitbewerber erringen in kurzer Zeit beträchtliche Marktanteile. Sie treten mit einem kostengünstigeren Vertrieb, modernen Produktionsformen, einer starken Finanzkraft und einer auf Aufkommensbündelung ausgerichteten Geschäftspolitik mit hohem Auslastungsfaktor und hohem Auslastungsrisiko in das Reisegeschäft ein.

Die konventionellen, miteinander konkurrierenden Veranstalter sind dieser Entwicklung nicht gewachsen. Jeder für sich ist nicht stark genug. Nur durch Bündelung der Kräfte und der Marktanteile glaubt man, die gleichen Risiken eingehen und die notwendigen Investitionen für eine wettbewerbsfähige moderne Produktion aufbringen zu können.

Die Realisierung

1968

Die Überlegungen münden 1968 zunächst in einen Freundschaftsvertrag zwischen Touropa und Scharnow, dem sehr schnell die totale Fusion folgt, in die neben Touropa und Scharnow auch die Hummel Reisen und die Dr. Tigges-Fahrten einbezogen werden. Dem nun entstehenden Konzern geben die Gründer den Namen TUI – Touristik Union International, die sie in Hannover ansiedeln, wo zwei der vier Unternehmen bereits ihren Sitz haben. Die TUI wird eine Finanzholding in der Rechtsform der GmbH KG mit Lenkungsaufgaben gegenüber den zunächst selbstständig bleibenden und dezentral arbeitenden Tochtergesellschaften. Die Gesellschafter der fusionierten Einzelfirmen werden Gesellschafter der TUI.

Von der Gründung einer Aktiengesellschaft wird Abstand genommen mit der offiziellen Begründung, man wolle spätere Kapitalerhöhungen erleichtern. Tatsächlich aber wollen sich die bisherigen Anteilseigner ihren Einfluss auf das neue Unternehmen und mithin auch auf die Unternehmensleitung sichern. Es geht einigen von ihnen – wie die folgenden 25 Jahre zeigen – darum, der TUI nur einen begrenzten Bewegungsspielraum zu geben, damit sich die eigenen Interessen und Aktivitäten frei entfalten und nicht von der TUI konterkariert werden können. Durch Satzung und Einfluss werden der TUI schon im Moment der Gründung Fesseln angelegt, die sie immer wieder an der Ausschöpfung aller ihrer Möglichkeiten hindern. Die Interessen der Gesellschafter genießen häufig eine höhere Priorität als die Interessen der Gesellschaft.

Trotz Gründung der TUI operieren die Marken selbstständig weiter. Hier Prospekte aus der Anfangszeit.

TUI – Vorstand und Aufsichtsrat

Die Gründung der Touristik Union International – TUI – erfolgt zum 1. November 1968, die Altgesellschafter unterzeichnen den Gesellschaftsvertrag am 13. November desselben Jahres. Das Kommanditkapital beträgt 10.832.000 DM; es wird im Jahr darauf auf 15 Millionen DM erhöht. Wilhelm Scharnow wird zum Vorsitzenden des aus fünf Personen bestehenden Aufsichtsrates berufen. Den Vorstand bilden Hanns-Albrecht Seiffert (Vorsitzender), einer der überzeugtesten Initiatoren des Zusammenschlusses, Herbert Degener und Dr. Walter Vogel.

Seiffert ist bislang Hauptgeschäftsführer der Scharnow Reisen, Degener und Vogel kommen aus der Geschäftsführung der Touropa. Seiffert übernimmt unter anderem die Finanzen ("Wer auf dem Geldsack sitzt, bestimmt auch, wofür es ausgegeben wird"), Degener die Touristik und Vogel den Transport.

Unternehmensziele

Im Vordergrund aller geschäftspolitischen Überlegungen der TUI stehen die Markenpolitik, die Stärkung der einzelnen Veranstalter sowie die Einführung zusätzlicher Veranstalter-Töchter. Vogel: "Der Begriff TUI muss für unsere Veranstalter eine Art Wollsiegel werden, welches dem Verbraucher allerhöchste Qualität signalisiert." Weitere erklärte Ziele sind:

▸ die Verlagerung des Schwergewichts der Produktion von der Bahn auf den Flug,
▸ die Einrichtung zentraler Leitstellen, um Rationalisierungseffekte und Leistungsverbesserungen besonders bei den Transportmitteln zu erzielen,
▸ der Ausbau von Stabsabteilungen, um die Marktbeobachtung, Marktforschung und Unternehmensplanung zu verbessern,
▸ die Nutzung aller Möglichkeiten der elektronischen Datenverarbeitung mit Fernspeicherung auf einem Großcomputer,
▸ die Ablösung bisheriger handgestrickter Organisationsabläufe durch zeitgemäße Formen.

Der Anfang mit Hanns-Albrecht Seiffert und weiter mit Paul Lepach

Unter Leitung des dynamischen und zielstrebigen Hanns-Albrecht Seiffert nimmt die TUI vom ersten Tag ihres Bestehens den ihr gebührenden Platz in der deutschen Tourismusbranche ein. Was Seiffert für gut und richtig für die TUI erkennt, vertritt er mit aller Konsequenz und setzt er durch. Von den Reisebüros verlangt er absolute Loyalität und eine vorbehaltlose Unterstützung der TUI. Das hält ihn aber nicht davon ab, im Oktober 1969 einen Vertrag mit den Raiffeisenbanken über den Verkauf von TUI-Reisen zu schließen. Seiffert weiß, was für die Entwicklung der TUI wichtig ist: die richtigen Leute und genügend Geld!

TUI-Logos im Wandel der Zeit: Das obere stammt von 1996, das zweite von 1971. Später kommt die Sonne dazu, und damit entsteht der bis heute gültige Logo-Charakter.

Hanns-Albrecht Seiffert: Mit ihm beginnt der kraftvolle Aufbau der TUI.

Paul Lepach, ehemaliger Hapag-Lloyd-Mann, kommt 1969 in den TUI-Vorstand.

Dr. Jürgen Fischer gilt als der eigentliche Touristiker der neuen TUI.

1971

Es ist keine Überraschung, dass Geschäftsführer Herbert Degener das Klima in Hannover in mehrfacher Hinsicht nicht sonderlich behagt. Er will zurück nach München, will sich dort selbstständig machen und beginnt mit einigen TUI-Gesellschaftern Gespräche über den Verkauf seiner Anteile. Das ist Seiffert nur recht. Er fordert einen weiteren Geschäftsführer. Im Herbst 1969 berufen die Gesellschafter Paul Lepach zum 1. April 1970 in den Vorstand. Lepach kommt von Hapag-Lloyd, wo er für die Reisebüro-Organisation und den Passagierdienst des Norddeutschen Lloyd verantwortlich war. Bei Hapag-Lloyd wird deshalb zum Februar 1970 Otto Schneider, der Autor dieses Buches, in die Reisebüro-Geschäftsführung berufen.

Wenn die TUI ihre Rolle als Großproduzent touristischer Erzeugnisse ausbauen und eine wettbewerbsbedingte Diversifikation ansteuern soll, dann setzt das Geschlossenheit ihrer Gesellschafter und die Zuführung von weiterem Kapital voraus. In einer Branche, in der die langfristige Kapazitätssicherung im Hotel- und Flugbereich zu einem entscheidenden Wettbewerbsfaktor geworden ist, kann die TUI mit einem Umsatz von 600 Millionen DM im Jahr 1970 und einem Kapital von 15 Millionen DM nur als unterkapitalisiert bezeichnet werden. Seiffert schwebt eine Kapitalerhöhung auf 30 Millionen DM vor. Damit ist ein Teil der Altgesellschafter möglicherweise überfordert. So kommt es im Mai 1971 zunächst nur zu einer Kapitalerhöhung um 7,5 Millionen DM auf 22,5 Millionen DM.

Zu diesem Zeitpunkt hat Herbert Degener seine TUI-Anteile von 4,604 Prozent an die drei Reisebüros ABR, DER und Hapag-Lloyd verkauft, die dadurch ihre Anteile an der TUI auf je 15,474 Prozent erhöhen. Gleichzeitig verkauft das Reisebüro Strickrodt seine Anteile von 4,604 Prozent an die Verlags-Reisebüro GmbH (Springer), die nun auf 14,796 Prozent kommen.

Seiffert stellt wegen des steigenden Kapitalbedarfs der Gesellschaft auch die Aufnahme von Gesellschaftern aus nichttouristischen Kreisen zur Debatte. Er beginnt auch Gespräche mit der von Quelle und Karstadt betriebenen Transeuropa. Seiffert will einer Phalanx der Kaufhäuser und Versandhäuser gegen die konventionellen Reiseanbieter zuvorkommen.

Mitten in diese Überlegungen und Diskussionen platzt die Nachricht vom Tode von Hanns-Albrecht Seiffert, der am 26. Oktober 1971 überraschend und viel zu früh einem Herzleiden erliegt. Das trifft das Unternehmen völlig unvorbereitet, es verliert seinen führenden Kopf, den Mann mit Visionen und Durchsetzungsvermögen.

Zum neuen Sprecher des Vorstandes wird Paul Lepach berufen. Gleichzeitig ernennt man Dr. Jürgen Fischer von der Tigges-Familie zum stellvertretenden Vorstandsmitglied. Er ist ein Gewinn für die TUI, ein touristischer Fachmann von hohen Graden mit dem richtigen Gespür für Programme und Preise, ein alter Hase, der den Laden mit fester Hand zusammenhält. Mit Lepachs Berufung zum TUI-Chef wechselt auch der Vorsitz im Aufsichtsrat von Wilhelm Scharnow zu Dr. Hans

Knebel, dem Vorsitzenden der Geschäftsführung des Deutschen Reisebüros DER. Knebel führt den TUI-Vorstand am kürzest denkbaren Zügel. Er telefoniert so gut wie täglich mit Lepach, so dass in Hannover nichts ohne die Zustimmung von Knebel passiert.

Airtours International

Im November 1970 wird der erst drei Jahre alte Veranstalter von Flugpauschalreisen mit Linienmaschinen, Airtours International GmbH & Co KG, in die TUI eingebracht. Airtours International war 1967 aus der in Düsseldorf ansässigen Veranstaltergemeinschaft Airtours Flugreisen mit Hans Schmidt vom Reisebüro Hartmann als Impulsgeber und den Reisebüroketten ABR, DER und Hapag-Lloyd entstanden. Wie schon bei der Gründung von Touropa, Scharnow und Hummel lagerten die Firmen ihr bestehendes Veranstaltergeschäft in die neue gemeinsame Firma aus, um auf einer breiteren Basis noch bessere Geschäfte zu machen.

1967

Es dürfte einmalig in der Geschichte der deutschen Reiseveranstalter sein, dass die Gründungsgeschäftsführer Peter Rickmers und Ewald Vollrath 25 beziehungsweise 26 Jahre lang unangefochten die Geschicke von Airtours leiten. Mit großem Sachverstand, Fleiß und Kontaktfreude haben sie Airtours zu dem führenden deutschen Veranstalter von Reisen mit Linienflugzeugen entwickelt, der seit 1992 von Fred Ladwig (zuvor DER) geleitet wird.

Airtours ist von Anfang an bis heute ein Sonderfall innerhalb der TUI. Da die Reisen ausschließlich mit Liniengesellschaften und hier wiederum im großen Umfang mit der Lufthansa durchgeführt werden, bleibt der Flugeinkauf bei Airtours und wandert nicht nach Hannover ab. Da die Fluggesellschaften alle in Frankfurt ansässig sind, darf Airtours seinen Firmensitz in Frankfurt behalten. Airtours führt ein Eigenleben und hält sich wie auch sein Programm (mit Linie zu fliegen ist teurer als mit Charter) für etwas Besseres. Dabei ist das nicht ohne Probleme, denn die Airtours-Kunden gehören zwar wegen der höheren Preise und der geschickten Werbung zur besser zahlenden Klientel, für die Fluggesellschaften einschließlich Lufthansa sind sie dagegen jahrzehntelang die „billigen" Kunden, weil sie zu ermäßigten Preisen auf allerdings sonst leer bleibenden Plätzen sitzen. Das ist erst in den letzten Jahren besser geworden, seitdem die Fluggesellschaften den Last-Minute-Verkauf pflegen. Der Widerspruch zwischen dem Image einer Flugreise und der Wertschätzung der zu ermäßigten Preisen fliegenden Urlauber durch die Liniengesellschaften besteht trotzdem bis heute.

Airtours spielt auch wegen der besonderen Beziehungen zur Lufthansa eine Sonderrolle. Die Lufthansa fördert Airtours durch hohe Werbekosten-Zuschüsse und leitet von daher ein gewisses Mitspracherecht und die Erwartung einer Meistbegünstigung ab. Als Airtours in die TUI eingebracht wird, ist Lufthansa schon besorgt um ihr inoffizielles Mitspracherecht. Um sie zu beruhigen, wird ein Beirat

25 Jahre Airtours-Chef: Peter Rickmers.

26 Jahre Airtours-Chef: Ewald Vollrath.

Signalisieren seit langen Jahren gute Qualität: die Kofferlabel von Airtours.

eingerichtet, dem die bisherigen und die neuen Eigentümer, der Verkaufsvorstand der Lufthansa, der Vorstandssprecher der TUI und die beiden Airtours-Geschäftsführer angehören. Dieser Beirat tagt einmal im Jahr im Rahmen einer von Airtours organisierten Studienreise, bei der sich die Beiratsmitglieder und ihre Damen mit neuen Reisezielen vertraut machen. Der Airtours-Beiratstourismus hört Ende der 80er Jahre auf, als Hans Jakob Kruse in seiner Funktion als Aufsichtsratsvorsitzender der TUI und Chef von Hapag-Lloyd an den ihm sehr lang erscheinenden Reisen der Führungsleute Anstoß nimmt.

Die enge Verbindung der Lufthansa zu Airtours führt 1994 dazu, dass die TUI der Lufthansa eine Beteiligung von 50 Prozent an Airtours einräumt. Diese Partnerschaft ist allerdings nicht von langer Dauer. Schon 1996 holt sich die TUI die 50 Prozent von der Lufthansa zurück. Im Gegenzug gibt sie ihre Anteile von 33,3 Prozent an Start an die Lufthansa ab. Airtours macht unter Fred Ladwig 1998 einen entscheidenden Schritt, der ihr die Zukunft sichert. Durch die Liberalisierung des Luftverkehrs ist auch das Einheitspreis-System der Liniengesellschaften aufgehoben. Mehr und mehr Reisebüros wollen nur die Hotelarrangements von Airtours kaufen und die Flugscheine selber besorgen. Das könnte auf Dauer die Existenz von Airtours aushöhlen. Deshalb gründet Ladwig mit Rückendeckung des TUI-Vorstandes Karl Born die Ticket Factory. Jetzt liefert Airtours selber die günstigen Tickets, die kaum von einem anderen unterboten werden können. Ladwig arbeitet mit den früher verfemten Graumarkthändlern zusammen und holt sich innerhalb kurzer Zeit das verlorene Geschäft zurück.

TUI-Hotels und Robinson Clubs

1970

ROBINSON

Ein Logo im Wandel der Zeit. Robinson 1974, 1977 und heute.

1970 findet die Geburt eines weiteren wichtigen TUI-Kindes statt. Ende Dezember gründen die TUI und die Steigenberger Hotelgesellschaft die Robinson Hotels GmbH KG. Unternehmenszweck ist die Entwicklung und Führung neuartiger Ferienhotels. Die besonderen Erfahrungen der Muttergesellschaften in der Touristik und in der Hotellerie sollen gemeinsam genutzt werden. Das erste Projekt ist die Führung des Vier-Sterne-Strandhotels Jandia Playa auf Fuerteventura. Geschäftsführer wird der kreative, umweltbewusste, humanistisch geprägte und eigenwillige Johann Friedrich Engel. Ihm wird von Steigenberger der Hotelfachmann Wolfgang Mankel zur Seite gestellt.

1989 – Robinson betreibt inzwischen 15 Clubs – probt der Steigenberger Schwiegersohn Wolfgang Momberger den Aufstand. Er moniert zu hohe Verwaltungskosten, die Vertriebsbeschränkung auf die TUI und angebliche Kompetenzüberschreitungen des Geschäftsführers Engel. Tatsächlich will Steigenberger die Robinson-Verwaltung und damit die Führung übernehmen. Der Streit endet mit dem Ausscheiden Steigenbergers aus dem Unternehmen. Die nun hundertprozentige Tochter der TUI wird in den Folgejahren weiterentwickelt und verfügt 1999 über 25 Clubs. Geschäftsführer Engel beweist nach seinem Ausscheiden aus der Geschäftsführung der Robinson Clubs seine ungebrochene Kreativität bei der Entwicklung des Clubschiffes „Aida" für die Deutsche Seereederei, Rostock. Parallel zur Entwicklung der Robinson Clubs baut die TUI ständig ihren Einfluss auf die Ferienhotellerie in den wichtigsten Zielgebieten aus. Sie beteiligt sich an den Hotelketten Riu, Iberotel und an den Grupotels, sie baut mit Partnern die Kärntner Bauerndörfer und die Grecotels auf. Und sie hat von der Preussag drei Milliarden DM für den weiteren Ausbau ihres Hotelimperiums innerhalb der nächsten fünf Jahre zur Verfügung gestellt bekommen.

Konzentration innerhalb der TUI

Die 1968 bei der Gründung der TUI groß angekündigten Maßnahmen lassen lange auf sich warten. Zwar verlieren die eingebrachten Töchter 1974 ihre juristische Selbstständigkeit, aber sie arbeiten weiter als eigenständige Abteilungen. 1976 macht der Vorstand einen ersten Versuch einer Markenzusammenführung, scheitert aber am Aufsichtsrat.

Zehn Jahre nach der Gründung der TUI im Jahr 1978 werden endlich die Zeichen für eine volle Ausschöpfung der wirtschaftlichen und organisatorischen Möglichkeiten gesetzt. Die Einrichtung einer Hauptverwaltung in Hannover, die Zusammenführung aller Veranstalter als „Marken", jeweils im Range einer Hauptabteilung, sowie eine Neuordnung der Marken- und Marketing-Politik werden beschlossen. Dann dauert es immer noch zwei Jahre, bis auch die Touropa endlich von München nach Hannover verlegt ist. Nur drei „Touropäer" ziehen mit an die Leine. Viele der anderen Touropa-Mitarbeiter kommen bei Jahn Reisen in München unter. Touropa-Chef Ernst Esser bleibt ebenfalls in München, nun als TUI-Repräsentant für den Alpenraum und Südtirol.

Bis dahin hat die TUI an ihren verschiedenen Marken herumgedoktert. Zuerst ordnet sie den einzelnen Marken Kaufkraftgruppen zu, von Touropa für die Betuchten bis zu Transeuropa für die Schnäppchen-Jäger. Die Hotels werden von einer Marke zur anderen geschoben. 1981 entscheidet die TUI, nur noch die Touropa solle „Universalanbieter" bleiben, alle anderen müssten Spezialisten werden – Scharnow für Ferienwohnungen, Hummel für die Bahn- und Autourlauber, Tigges für Studienreisen und Transeuropa für „preisaktive" Flugreisen im Mittel- und Fernstreckenbereich.

Aufstieg mit Hindernissen

Mit dem Eintreten von Quelle, Karstadt und später Horten in die TUI beginnt dort ein modernes, unternehmerisches Denken. Die Beratungsfirmen McKinsey und Roland Berger werden ins Haus geholt, um das Unternehmen gründlich durchzuforsten und festzustellen, wo man Fett angesetzt hat. Das führt zu einer Straffung

Mit TUI-Beteiligung.

Mit TUI-Beteiligung.

Mit TUI-Beteiligung.

Von TUI initiiert.

1978

der Firma und zu einer Verbesserung der Arbeitsabläufe. Falsche EDV-Entscheidungen, ein verlustreiches Hotelengagement und ein ungenügendes Controlling der Auslandsbeteiligungen haben die TUI im Laufe der Jahre 100 Millionen DM und drei Vorstandsköpfe gekostet. Paul Lepachs Position bleibt jedoch unangefochten, wenn man davon absieht, dass die Gesellschafter irgendwann einmal die Grundlage seiner Tantiemenberechnung vom Umsatz auf eine Gewinnrelation verändern.

1987

Die TUI muss sich Ende der 8oer Jahre auf einen schärferen Wettbewerb einstellen. Sie hat 1987 Marktanteile an Neckermann und die LTU-Gruppe verloren. Vom Kartellamt gibt es Hinweise, dass ihr straffes Agentursystem (2700 Reisebüros) mit dem Vertriebsverbot für die stärksten Konkurrenten untersagt werden könnte. Der Wettbewerb über den Preis – jeder möchte der Billigste sein – erfordert eine Transparenz durch alle Wertschöpfungsstufen und eine Kalkulation der Reisepreise, die kurzfristige Preisanpassungen ermöglichen.

Das setzt ein funktionierendes EDV-System voraus. Die TUI-Ergebnisse betragen in den 8oer Jahren durchschnittlich 30 Millionen DM pro Jahr. Von diesem Geld sehen die Gesellschafter allerdings wenig. Oft bekommen sie nur so viel, dass sie mal gerade ihre Steuern auf die Gewinne zahlen können. Der Rest bleibt bei der TUI und wird für notwendige Kapitalerhöhungen verwendet. Bis 1988 hat die TUI rund 80 Millionen DM in Hotels, Agenturen in den Zielgebieten und in ausländische Reiseveranstalter investiert.

TUI-Ferienexpress

1973

Aber nicht alle Investitionen erweisen sich als richtig. Das zeigt sich am teuren Beispiel TUI-Ferienexpress. Im November 1973 putschen in Athen die Obristen. Sie setzen im Verlauf der bis 1974 dauernden Unruhen den König ab und errichten ihre Diktatur. Ob die Herren diesen Zeitpunkt mit Bedacht gewählt haben, ist nicht bekannt, doch sehr günstig für das Image Griechenlands ist er sicher nicht, denn in der Stadt hält im November 1973 zur gleichen Zeit der Deutsche Reisebüro-Verband seine Jahrestagung ab. Griechenland wirbt um die Sympathie für die schönsten Wochen des Jahres. Doch jetzt wird geschossen, in der Ferne hört man vereinzelten Kanonendonner, Panzer rasseln durch die Innenstadt. Man flüchtet in die Keller, auch in den Hotels. Auf dem Dach das Hotel Grande Bretagne am Syntagma-Platz jedoch sitzen zwei Teilnehmer der DRV-Tagung und schauen sich in aller Ruhe die Revolte von oben an. Es sind der freie Journalist Ermano Hoepner und Dr. Klaus D. Kesper, Chef der Hummel-Reise, bekannt als der „Dicke Grüne" und als Bahnexperte aus Leidenschaft. Auf einem kleinen Blatt Papier, das Kesper aus der Tasche zieht, zeichnet er einen Eisenbahnwaggon und den Längsriss eines Abteils. Er erläutert Hoepner ausführlich seine Vorstellungen über die Einrichtungen dieses Abteils. Etwas später notiert er einige Abfahrts- und Zielbahnhöfe und gibt auch dazu seine Kommentare. Es ist die Geburtsstunde des TUI-Ferienexpress.

In der Frankfurter DB-Zentrale findet man Kespers Idee eines Privatzuges zwar sehr kühn und verweist auf den Alpen-See-Express unter den Fittichen des DER. Jedoch erinnert man sich auch daran, dass es in der Industrie schon lange Unternehmen gibt, die über einen eigenen Güterwagenpark verfügen und die gefahrenen Achskilometer in Rechnung gestellt bekommen. Die Sache ist im Prinzip also nicht neu und eigentlich ganz einfach. Und genauso wie die Kesselwagen von Hoechst oder Bayer will Kesper auch den Ferienexpress berechnet haben, für Reisen im In- und Ausland. Wichtig ist ihm vor allem die Tarifhoheit über den Zug. Nur so kann er erstmals für den Transport in der Nebensaison günstigere Fahrpreise ansetzen als in der Hauptreisezeit. Eine Überlegung, die inzwischen von DB-Tarifexperten wieder aufgegriffen worden ist. Die Bahn avisiert ihr Einverständnis.

Bei der Investition handelt es sich um einen Auftrag über 35 Millionen DM. Dafür will die TUI 30 Pullman-Waggons und drei „Treffpunktwagen" bauen lassen. Ein solch aufwendiges Projekt bedarf natürlich der Zustimmung des Aufsichtsrates, die nach Vorlage der Rentabilitätsberechnungen erteilt wird. Vor der Auftragsvergabe überträgt das TUI-Vorstand das Projekt allerdings an die Abteilung Bahneinkauf, die sich mit allen weiteren Planungs- und Kalkulationsarbeiten beschäftigen soll. Kesper ist über die kalte „Enteignung" seiner TUI-Zugidee zutiefst frustriert. Zudem misstraut er den „fantasielosen Beamten" der Zentrale ausgesprochen und sagt gravierende Fehler in der weiteren Gestaltung des Zuges und in den Preisberechnungen voraus.

Kommt zu spät auf den Markt und startet dann auch noch mit vielen Pannen: der TUI-Express mit seinen Pullman-Wagen.

In der Tat, schon im Vorfeld gibt es eine kalkulatorische Panne nach der anderen: Man hat sich bei der Berechnung der Achskilometer vertan, hat die ausländischen Fahrtanteile zum Teil nur geschätzt und dabei die günstigste Variante in die Kalkulation aufgenommen. Für den Winter wird schließlich vergessen, die Skiabteile von der Sitzplatzkapazität abzuziehen. Außerdem erweisen sich später die Wartungs- und Reparaturkosten wesentlich höher als vorausberechnet. Ein späterer Hauptreklamationsgrund ist der fast ständige Ausfall der Klimaanlage im Sommer. Hinter vorgehaltener Hand heißt es, das Einzige, was beim TUI-Ferienexpress garantiert funktioniere, sei das gute Bier vom Fass im Treffwagen. Aber manchmal sei auch dieses handwarm, da wieder einmal die Elektrik versagt habe.

1980

Zwischen Auftragsvergabe an die Bremer Waggon-Union 1978 und der Auslieferung der 30 Pullman-Wagen und drei Treffwagen vergehen zwei Jahre. Nun sind die Veranstalter, vor allem der Bahnspezialist Hummel, wieder gefragt und gefordert. Zu dem Zeitpunkt, zu dem kalkulatorisch das Kind bereits in den Brunnen gefallen ist, beruft man Kesper zum Chef des TUI-Bahnverkehrs im Range eines Bereichsleiters – ein später Akt der Wiedergutmachung.

Das Streckennetz des TUI-Ferienexpress schließt die wichtigsten Reisetrassen der alten Bundesrepublik und die Strecken an die Mittelmeerküsten Jugoslawiens, Italiens, Frankreichs und Spaniens ein. Im Winter sind es die klassischen Skigebiete. Die den Veranstaltern vorgegebenen Preise basieren jedoch nicht auf den ursprünglich angenommenen, sondern auf den durch die Fehlerkorrekturen angehobenen Tarifen. Diese sind deshalb zu teuer geraten. Dem Alpen-See-Express ist mit diesen TUI-Preisen kaum Konkurrenz zu machen.

Hinzu kommt, dass im erdgebundenen Urlaubsverkehr das eigene Auto die Fahrt mit der Eisenbahn verdrängt. Der Markt hat sich anders entwickelt, als die TUI bei ihrer Investitionsentscheidung angenommen hatte. Auch ohne die Fehler in der Tarifkalkulation ist festzustellen, dass die Gesellschaft mit dem TUI-Ferienexpress mindestens fünf Jahre zu spät auf den Markt gekommen ist. So ist es kein Wunder, dass die TUI schon bald die Lust an ihrem Superzug verliert und ihren ganzen Fuhrpark an die Sonderzug-Betriebsgesellschaft, die beim DER angesiedelt ist, verkauft.

Horten als Nachfolger von Karstadt

1976

Karstadt muss sich 1976 kartellrechtlich von den TUI-Anteilen trennen, als es Neckermann Versand KG und Neckermann Reisen übernimmt. Die TUI-Beteiligung wird nicht direkt wahrgenommen, sondern im Rahmen einer mit Quelle gemeinsam gehaltenen Beteiligungsgesellschaft. Die nun frei werdenden TUI-Anteile kauft ohne lange Bedenken das letzte noch nicht im Tourismus engagierte Kaufhausunternehmen, die Horten AG. Vorstandsvorsitzender von Horten ist Bernd Hebbering, der als rechte Hand von Willi Laschet 1970 den Einstieg von Karstadt ins Reisegeschäft vorbereitet hat und mit dieser Branche gut vertraut ist.

Bis Horten eigene Reisebüros in seine Kaufhäuser setzen kann, muss erst so manches unabhängige hinauskomplimentiert werden.

Karstadt ist für die TUI nicht nur ein kapitalkräftiger und selbstbewusster Gesellschafter gewesen, Karstadt hat auch seine Vertriebspotenz in den Dienst der TUI gestellt. Die TUI-Gesellschafter erwarten dasselbe von Horten, die bisher aber keine eigenen Reisebüros betrieben haben. In den meisten Horten-Kaufhäusern residieren fremde Reisebüros als Untermieter, die nun von Horten zum Teil mit erheblichen Abfindungen hinauskomplimentiert werden. Horten selber verfügt über keine Reisefachleute und vereinbart mit Hapag-Lloyd Reisebüro, dass diese den Aufbau einer Horten-Reisebüro-Kette besorgen. Hapag-Lloyd stellt dafür seinen bisherigen Hauptabteilungsleiter Heinrich Sabarth zur Verfügung, einen altgedienten und erfahrenen Reisebüro-Mann. Sabarth gelingt es innerhalb von einem Jahr, die Horten-Reisebüro-Kette zu etablieren und ins Laufen zu bringen. Das ist nicht einfach, weil der Umfang des Reisebürogeschäftes in einzelnen Häusern schon bei den bisherigen Mietern gering war. Diese konnten jedoch, weil es sich bei den Büros in den Horten-Häusern um Zweigbüros handelte, immer wieder Personalaushilfen aus dem jeweiligen Haupbüro zur Verfügung stellen, was besonders in Urlaubs- und Krankheitsfällen wichtig ist. Hinzu kommt die andere Öffnungszeit der Kaufhäuser als bei normalen Reisebüros, auch der Betrieb an den Samstagen, an denen die Reisebüros in den 70er Jahren häufig geschlossen haben. Sabarth richtet bei Horten eine Reisebürostruktur ein, bei der einige Regionalbüros wiederum zuständig sind für kleinere Häuser. In den größeren Büros werden so genannte Springer beschäftigt, die notfalls auch kurzfristig in anderen Orten eingesetzt werden. Das ist eine mühselige Aufgabe, die von Sabarth aber hervor

Heinrich Sabarth schafft für Horten die hauseigene Reisebüro-Struktur.

ragend gelöst wird. Er kehrt 1980 zur Mutter zurück und wird nach der bestandenen Feuerprobe Geschäftsführer der Hapag-Lloyd-Reisebüroorganisation.

Horten spielt als Gesellschafter der TUI eine wichtige und ausgleichende Rolle, weil die Kaufhauskette nicht im selben Konflikt steht wie die anderen TUI-Gesellschafter, die mit eigenen Reiseprogramm-Überlegungen immer wieder von der TUI oder von den übrigen TUI-Gesellschaftern zurückgepfiffen werden. Erst mit der Auflösung von Horten beziehungsweise mit dem Übergang der Horten AG zur größeren und mächtigeren Kaufhof AG und im Zusammenhang mit dem Einstieg der West LB in die TUI scheidet Horten als Gesellschafter aus der TUI aus.

TUI-Engagement in der Seetouristik

1980, im Jahr der Auslieferung des TUI-Ferienexpress, beteiligt sich die TUI an einem Kreuzfahrtschiff, das die bisher auf der Elbe und in der Helgoland-Fahrt tätige Hadag unter dem Namen „Astor" in Fahrt bringen will. In Hamburg hat eine

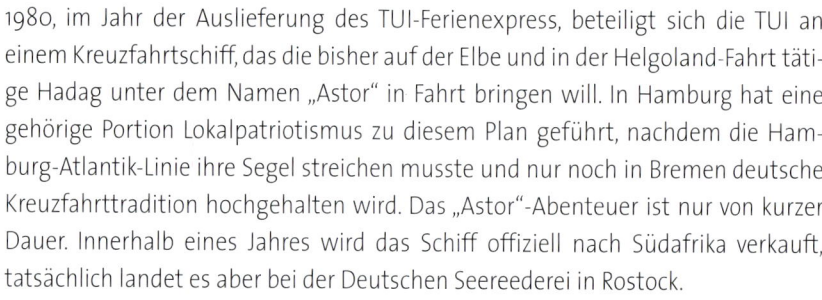

1980

gehörige Portion Lokalpatriotismus zu diesem Plan geführt, nachdem die Hamburg-Atlantik-Linie ihre Segel streichen musste und nur noch in Bremen deutsche Kreuzfahrttradition hochgehalten wird. Das „Astor"-Abenteuer ist nur von kurzer Dauer. Innerhalb eines Jahres wird das Schiff offiziell nach Südafrika verkauft, tatsächlich landet es aber bei der Deutschen Seereederei in Rostock.

Die „Astor" soll
unter der Flagge der
Hadag Hamburger
Kreuzfahrttradition
hochhalten.
Das Abenteuer
ist aber nur von
kurzer Dauer.

So erfreulich die Geschäftsentwicklung der TUI auch generell ist, so muss man doch konstatieren, dass wesentliche Neuerungen und zusätzliche Geschäftsbereiche nur schwer und wenn überhaupt nur langsam realisierbar sind.

Divergierende Interessen

Dieselben Gesellschafter, die sich über eine erfolgreich operierende TUI freuen, blockieren das Unternehmen, wenn es um neue Vertriebswege und neue Märkte geht. Direktvertrieb ist für die TUI-Gesellschafter ein Tabuthema. Die Interessen der kleinen und großen Kapitaleigner klaffen weit auseinander. Die einen achten begierig darauf, dass die Kasse stimmt, die anderen bremsen die TUI, wenn sie sich auf Märkte begeben will, in denen sie selber tätig sind.

Im Gesellschaftsvertrag gibt es eine Konkurrenzklausel, die der TUI enge Fesseln und den Gesellschaftern Rechte auf eigene Reiseausschreibungen in gewissen Spezialmärkten einräumt. Diese Klausel würde einer kartellamtlichen Prüfung keinesfalls standhalten, aber den Weg nach Berlin geht der TUI-Vorstand natürlich nicht. Einen solchen Affront gegenüber den Gesellschaftern würde wohl auch kein Vorstand überstehen. Die meisten Steine werden der TUI vom DER in den Weg gelegt. So bleibt ihr beispielsweise das USA-Geschäft verschlossen. Bei diesem internen Machtkampf wirkt allerdings auch Hapag-Lloyd kräftig mit. In Rom und am Golf von Neapel müssen nahezu alle TUI-Aktivitäten über das DER in Rom laufen, ähnliches gilt auch eine Zeit lang für Portugal.

Markenvielfalt: Heine als Problemlöser

1987 wird der kreative und von den deutschen Reisebüros geschätzte Dr. Gerhard Heine in den TUI-Vorstand berufen. Er löst Manfred Rudolph ab, der sich wieder mehr um sein Reisebüro Bangemann in Hannover kümmern will. Bangemann ist Gesellschafter der TUI. Rudolph ist durch sein analytisches Denken und seine Beredsamkeit zu einem der angesehenen Männer in der deutschen Reisebranche geworden. Heine kommt vom Deutschen Reisebüro und hat dort die Veranstalteraktivitäten modernisiert und ausgebaut. Bei der TUI übernimmt er die Vorstandsressorts Vertrieb, Marketing und Absatzförderung. *1987*

Was die Differenzierung der einzelnen Veranstalter angeht, so scheint für Heine zunächst die Welt in Ordnung zu sein:

▸ Scharnow ist der anerkannte Spezialist für Ferienwohnungen und damit unter anderem Hauptanbieter für die Autofahrer.
▸ Hummel deckt mit Verve die erdgebundenen Angebote ab.
▸ Transeuropa spricht wirkungsvoll jene Kunden an, die einen preiswerten Urlaub buchen möchten. Das sind vor allem Familien mit Kindern.
▸ Tigges ist der hochkarätige Studienreisespezialist und verbindet Verlängerungsangebote meist mit Hotels aus der Touropa-Palette.
▸ Die Touropa spricht schließlich das mittlere, gehobene und höchste Preissegment in der Nah- und Ferntouristik an.
▸ Airtours macht weiter wie bisher in der IT- und Individualtouristik.
▸ Hinzu kommen noch ein Kurprospekt sowie Twen-Tours und Hit.

Doch es gibt bei dieser Konstellation für die TUI ein ernst zu nehmendes Problem: Es sind die exorbitant hohen Kosten für die immer umfangreicher werdenden Haupt- und Sonderkataloge der einzelnen Veranstalter. Diese Kosten belaufen sich auf jährlich 70 Millionen DM für insgesamt 16 Millionen Kataloge und deren Bewerbung, die Kosten für die EDV-Aufbereitung der Preistabellen noch nicht einmal eingerechnet. Unter diesem Kostendruck befürwortet Heine schließlich eine Reform der TUI-Produktpräsentation an Haupt und Gliedern. Der Aufsichtsrat holt deshalb die Unternehmensberatung McKinsey ins Haus. Heine beauftragt die Hamburger Werbeagentur Springer & Jacobi mit der Erarbeitung einer neuen Konzeption des Gesamtangebots der TUI.

Das Resultat der viele Monate dauernden Untersuchungen wirkt auf die Touristiker und den Vertrieb wie ein Schock. Es heißt: totale Aufgabe der traditionellen Veranstalter-Individualität und völliges Verschwinden der alten Markennamen. Die Reiseangebote sollen in Länderkataloge verpackt werden, und es soll nur noch einen einzigen Absender geben: die TUI. Lediglich Airtours und Wolters dürfen eine Ausnahme bilden. McKinsey plädiert allerdings auch dafür, den Namen des Spezialisten Dr. Tigges beizubehalten.

Innerhalb der TUI gibt es eine Spaltung in zwei Lager. Die einen erklären kurzerhand, der Verzicht auf so kostbare und international geachtete Namen wie Touropa, Scharnow, Hummel und Tigges gleiche einem bewusst herbeigeführten Selbstmord. Die Ansprache der verschiedenen Kundensegmente sei besser austariert als je zuvor, und die Reisebüros hätten auch gar nicht den Platz, um für jedes einzelne Land eine Stellfläche für Kataloge schaffen. Schwer wiegend ist auch der Einwand, dass der Kunde in einem einzigen Neckermann-Katalog die ganze Reisewelt präsentiert bekomme, während er bei der TUI unter Umständen mehrmals ins Reisebüro müsse, wenn ihm bei seiner Planung ein weiteres Land eingefallen sei. Doch auf der Gegenseite wiederholt man immer nur zwei Argumente: Das ist einmal der Hinweis auf die zu hohen Katalogkosten und zum anderen auf die Unmöglichkeit, in Zukunft in allen wichtigen Medien bundesweit für jeden einzelnen Veranstalternamen zu werben. Das sei nicht mehr zu bezahlen.

Aber auch ein drittes Argument, das die alten Veranstalter schon seit den 70er Jahren immer wieder selbst provoziert haben, kommt jetzt wie ein Bumerang auf sie zurück – das ist ihr ständiger Ruf nach einer ununterbrochenen Identitätskette für ihr Produkt. Perfekt hatte Tigges in Vor-TUI-Zeiten dieses Problem für sich gelöst: Der Kunde ging in ein Dr.-Tigges-Reisebüro, benutzte einen Tigges-Bus oder ein Tigges-Flugzeug, wurde von einem Tigges-Reiseleiter begleitet und konnte sogar in etwa einem Dutzend der Tigges-eigenen Hotels unterkommen. Von dieser ununterbrochenen Kette können 1978 die Veranstalter nur noch träumen. Auch die anderen großen Veranstalter verfügten früher über eine im wesentlichen intakte Identitätskette, so sie denn vor Ort ihre eigenen Reiseleiter platzieren konnten.

Unwiderruflich unterbrochen wird diese wichtige exklusive Veranstalterleistung bei der TUI durch die zentrale Reiseleiterorganisation, den TUI-Service (im Anfangsstadium „Euroservice"): Der Kunde bucht im Reisebüro zwar noch immer seine Touropa- oder Scharnow-Reise, wird aber schon auf dem Flughafen von TUI-Stationsmitarbeitern empfangen und bei der Ankunft im Zielgebiet vom TUI-Service weiterbetreut. Der Transferbus ist ein TUI-Bus, die Ausflüge laufen ebenfalls unter dem Namen TUI. Der eigentliche Veranstalter zeigt nur noch durch den Katalog seine Existenz. Im Zielgebiet dagegen sieht sich der Kunde ausschließlich und fest in den Händen der TUI.

Die Kostenkeule und Markenidentitätskette haben schließlich bei Aufsichtsrat und Vorstand die bessere Durchschlagskraft. 1990 hat Heine sein Ziel erreicht: Die Marken verschwinden lautlos von einer Saison auf die andere, das TUI-Logo wird einem Facelifting unterzogen: „TUI – Schöne Ferien", alle Welt hat's begriffen, die Buchungen steigen, die Kosten sinken – Heine hat recht behalten.

Das Jahr 1990 ist noch in anderer Hinsicht von besonderer Bedeutung für die TUI: Paul Lepach geht mit 65 Jahren in den Ruhestand. Seine Pensionierung ist für ihn mit einer Enttäuschung verbunden. Er hatte fest damit gerechnet, für die Gruppe der kleineren Gesellschafter in den TUI-Aufsichtsrat einzuziehen. Ihr stehen drei Aufsichtsratsmandate zu. Aber die über Jahrzehnte mit Lepach gut bekannten, wenn nicht sogar befreundeten Reiseunternehmer rufen ihn nicht. Möglicherweise hat der Flirt mit der Westdeutschen Landesbank bereits begonnen. Zur Verwunderung der ehemaligen Kollegen und des TUI-Aufsichtsrats meldet sich Lepach nach der Pensionierung noch einmal mit einer Bitte: Trotz eines finanziell gut abgepolsterten Lebensabends möchte er ein Angebot der Hetzel Reisen annehmen und einen Beratervertrag mit dem TUI-Konkurrenten abschließen. Verwundert stimmt der TUI-Aufsichtsrat dem Anliegen zu. Hetzel hat das allerdings vor dem Absturz nicht bewahrt.

Schöne Ferien!
Ein Logo –
ein Programm.

1990

Mit Dr. Ralf Corsten beginnt eine neue Zeit

Unmittelbarer Nachfolger von Paul Lepach auf dem Stuhl des TUI-Vorstandsvorsitzenden ist zunächst Dr. Michael Goebel, 49, der im September 1989 in den TUI-Vorstand einzieht. Er war zuvor bei der Kaufhof AG. Seine Tätigkeit bei der TUI ist nur von kurzer Dauer, denn schon 1992 bittet Goebel um Entlassung aus seinem Vorstandsvertrag, da ihm der Vorstandsvorsitz einer Kaufhauskette angeboten wird. Ihm folgt im Herbst 1992 Dr. Ralf Corsten, der als Unternehmensberater im Hotelbereich tätig war und 1989 von der Treuhand nach Berlin geholt wurde, um die Sanierung und Privatisierung der ehemals (DDR-)staatseigenen Interhotels in die Wege zu leiten. Vorsitzender des TUI-Aufsichtsrates ist inzwischen Hans-Jakob Kruse, Vorstandsvorsitzender der Hapag-Lloyd AG, der auch Mitglied in einem Beratergremium der Treuhand ist. Dort lernt er Corsten kennen und holt ihn zur TUI.

Dr. Ralf Corsten
kommt 1992
als neuer TUI-Chef
nach Hannover.

Mit Corsten beginnt eine neue Zeit für die TUI, eigentlich entsteht mit ihm ein neues Unternehmen. Er befreit Deutschlands führenden Reiseveranstalter von der eigensüchtigen „Vormundschaft" durch die Gesellschafter – nur unter dieser Bedingung tritt er sein hoch dotiertes Amt an –, und er führt das Unternehmen zielsicher aus der familiären Atmosphäre in das Industriezeitalter. Ralf Corsten hat nicht viel Zeit, sich in seine neuen Aufgaben einzuarbeiten, denn unmittelbar nach seinem Start in Hannover fängt der Krach zwischen den Gesellschaftern wegen der Übernahme von TUI-Anteilen durch die West LB an. Trotz der Auseinandersetzungen der Gesellschafter untereinander, von denen der TUI-Vorstand nicht unberührt bleibt, krempelt Corsten die TUI innerhalb weniger Jahre um, bringt die Hotelbeteiligungen in die Gewinnzone und erwirtschaftet Jahresgewinne, von denen die Gesellschafter zuvor nur träumen konnten. So weist er für 1997 mit 171 Millionen DM den höchsten Gewinn aus, den die TUI bis dahin je erzielen konnte.

Die West LB verändert die Branchenlandschaft

Die Übernahme der TUI durch die WestLB liest sich wie eine Kriminalgeschichte. Oder wie ein sorgfältig inszeniertes Drama.

1992

Erster Akt: 1992 beginnt für die TUI und ihre Gesellschafter ein neues Kapitel. Die Westdeutsche Landesbank, kurz genannt WestLB, streckt ihre Fühler nach der TUI aus. Das Interesse der West LB an der TUI wird durch ihren Erwerb von 34 Prozent an der LTU und die Übernahme der unternehmerischen Verantwortung für die Fluggesellschaft ausgelöst. West LB-Chef Friedel Neuber hat einen hohen Preis für seine LTU-Anteile gezahlt und braucht eine bessere Auslastung seiner Flugzeuge, um vernünftige Jahresergebnisse zu erzielen. Das Mehr an Passagieren will er von der TUI haben, die jedoch an einer engeren Zusammenarbeit mit der LTU nicht interessiert ist. Dabei spielt natürlich der Einfluss des TUI-Gesellschafters Hapag-Lloyd mit den eigenen Fluginteressen eine Rolle. Um die TUI zu einer stärkeren Nutzung der LTU-Flotte zu veranlassen, braucht Neuber einen bestimmenden Einfluss auf die TUI. Ihn kann er nur erhalten, wenn es ihm gelingt, wesentliche Anteile an der TUI zu erwerben. Das ist nicht einfach, weil sich die TUI-Gesellschafter untereinander ein gegenseitiges Vorkaufsrecht eingeräumt haben.

WestLB

Über einen Umweg schafft die West LB es doch. Die 16 kleinen TUI-Gesellschafter mit einem Anteil von 30,2 Prozent haben ihre TUI-Beteiligungen in der dafür eigens gegründeten Walter Kahn Verwaltungs GmbH & Co Beteiligungs KG, Braunschweig, zusammengefasst. Zum Ärger und zur Überraschung von Hapag-Lloyd, der Bahn und ihrer Töchter DER und ABR und von Quelle gelingt es der West LB, sich mehrheitlich an der Kahn Beteiligungs KG, deren Geschäftsführer der TUI-Aufsichtsrat und ehemalige TUI-Vorstand Manfred Rudolph ist, zu beteiligen. Der Preis pro TUI-Anteil ist immens. Während der Wert bei nüchterner Berechnung zwi-

208

schen drei und vier Millionen DM für ein Prozent TUI liegen dürfte, bietet die West LB für jeden Prozentpunkt zehn Millionen DM. Noch während der Verhandlungen, von denen zunächst nichts nach außen dringt, fragt Springer vorsichtig bei Hapag-Lloyd an, ob man am Kauf der Springer-Anteile auf Basis von zehn Millionen DM interessiert sei. Hapag-Lloyd weist das Angebot als völlig unrealistisch ab. Das führt dazu, dass auch Springer mit seinen zehn Prozent dem Liebeswerben der West LB erliegt und Kasse macht. Am 10. Dezember 1992 wird in einer außerordentlichen Gesellschafterversammlung die Katze aus dem Sack gelassen. Die Pläne der Kahn-Gruppe sind eine unangenehme Überraschung. Das Geschrei ist groß.

Manfred Rudolph löst mit seinen Erklärungen bei der TUI-Gesellschafterversammlung eine heftige Kontroverse aus.

Hapag-Lloyd und die Bahn reklamieren das Vorkaufsrecht und wollen den Zutritt der West LB verhindern. Manfred Rudolph erklärt für die Kleingesellschafter dagegen, dass keineswegs TUI-Anteile den Eigentümer gewechselt hätten, die Kahn-Beteiligungs KG bleibe TUI-Gesellschafter. Geändert hätten sich nur die internen Eigentumsverhältnisse bei der Kahn-Beteiligungs KG, und das unterliege nicht dem Vorkaufsrecht. Auch bei Hapag-Lloyd habe es eine Umstrukturierung im Kreis der Aktionäre gegeben, und kein TUI-Gesellschafter sei auf die Idee gekommen, deswegen Vorkaufsrechte an der TUI zu reklamieren.

Das hört sich zwar ganz plausibel an, überzeugt die empörten Gesellschafter aber nicht. Im Vorfeld einer Gesellschafterversammlung im März 1993 werden die Argumente über die Fachpresse diskutiert. Eine gerichtliche Klärung scheint unvermeidlich, jede Seite will die andere wegen schwerer Satzungsverstöße aus der TUI ausschließen. Der TUI-Vorstand lädt auf Antrag von ABR, DER und Hapag-Lloyd für den 17. März 1993 zu einer außerordentlichen Gesellschafterversammlung ein. Die Kahn-Gruppe und Springer mit zusammen 40,2 Prozent, Hapag-Lloyd und Bundesbahn mit 34,8 Prozent stehen sich feindlich gegenüber. Jeder Gesellschafter hat einen oder mehrere Anwälte dabei, so dass über 50 Personen zur Gesellschafterversammlung erscheinen. Quelle und Horten halten sich aus dem Streit heraus, da gemeinsames Abstimmen zwischen beiden vertraglich vereinbart ist, in diesem Fall aber die Positionen zu unterschiedlich sind. Die Horten AG steht nämlich unter dem bestimmenden Einfluss der West LB.

1993

Hans-Jakob Kruse begrüßt die Anwesenden, wie es sich gehört: „Ich eröffne hiermit die außerordentliche Mitgliederversammlung der Touristik Union International, zu der auf Antrag von ABR, DER und Hapag-Lloyd fristgemäß und satzungskonform eingeladen wurde." Da erhebt sich Rechtsanwalt Joachim Theye aus Bremen, dem das Haus Springer durch die Zusammenarbeit mit Leo Kirch in München verbunden ist und das ihn für diese Sitzung dazugebeten hat, und erklärt: „Herr Kruse, Sie sind nicht befugt, diese Sitzung zu eröffnen. Sie sind nicht der Vorsitzende der Versammlung, sie sind nur der vermeintliche Vorsitzende. Laut Gesellschaftsstatut obliegt die Leitung der Gesellschafterversammlung dem Gesellschafter, der über die meisten Anteile an der Gesellschaft verfügt. Das bin ich. Ich eröffne hiermit die Sitzung." Es geht turbulent zu. Die Szene ist filmreif. Da die Kahn-Gruppe eigentlich aus der TUI ausgeschlossen werden soll, kann Kruse ihr die Sitzungsleitung natürlich nicht überlassen. Er erkämpft sich wieder das Zepter. Um aus dem vorliegenden Buch kein nachträgliches Drehbuch über das Thema „Feindliche Übernahme der TUI durch die West LB" zu machen, sei hier nur das Ergebnis des touristischen Spiels von Kabale und Liebe vermeldet: Nach monatelangen Verhandlungen vor und hinter den Türen und dem Hin- und Hergeschiebe von TUI-Anteilen zu dem von der West LB vorgegebenen Liebhaberpreis sieht die Liste der TUI-Gesellschafter schließlich wie folgt aus:

TUI-Gesellschafter	
Westdeutsche Landesbank	30 %
Hapag-Lloyd AG	30 %
Quelle	20 %
Deutsche Bundesbahn	20 %

Zweiter Akt: Das Bundeskartellamt in Berlin meldet Bedenken an und verfügt, dass die West LB nicht gleichzeitig die Kontrolle über die LTU haben und bei der TUI mit Hapag-Lloyd (Flug) am Tisch sitzen dürfe. Die West LB verspricht daraufhin, sich von der LTU zurückzuziehen, und parkt die LTU-Beteiligung bei einer Kölner Versicherungsgesellschaft. Nachdem WestLB-Chef Friedel Neuber erkennt, dass aus dem geplanten Touristik-Konzern LTU/Hapag-Lloyd/TUI nichts werden kann, steuert er um. Statt mit 30 Prozent an der TUI beteiligt zu sein, will er nun die TUI total unter seine Kontrolle bekommen. Und das gelingt ihm auch durch die Übernahme von Hapag-Lloyd. Es ist gar nicht so schwer: Schon seit einigen Jahren wird darüber geredet, dass die Aktionäre von Hapag-Lloyd nicht abgeneigt seien, ihre Anteile zu verkaufen. In der Zeit der Not waren sie eingesprungen und hatten die Aktien von den beiden Großbanken sehr günstig gekauft. Nun hat sich der Aktienkurs erholt und notiert deutlich höher.

Friedel Neuber bringt die Preussag ins Spiel, ein Konzern, der sich bisher auf dem Gebiet der Montan- und Grundstoffindustrie betätigt und zum Einflussbereich der West LB gehört. 34 Prozent der Preussag-Aktien sind in den Händen der Bank, der Rest verteilt sich auf Tausende von Einzelaktionären. Vorsitzender des Preussag-Aufsichtsrats ist Friedel Neuber. Er weiß, dass er als Chef der Landesbank, die sich überwiegend im Eigentum des Bundeslandes Nordrhein-Westfalen befindet, seine unternehmerische Tätigkeit nicht überziehen darf. Die Kritik ist sowieso unüberhörbar, dass ausgerechnet ein der SPD nahe stehendes Institut dabei ist, einen Touristikkonzern zu schmieden. Es trifft sich gut, dass Preussag-Vorstandsvorsitzender Dr. Michael Frenzel, einst enger Mitarbeiter von Neuber, den Industriekonzern umstrukturieren und auf wachstumsträchtige Dienstleistung ausrichten

Ein Konzern mit neuen Strukturen.

will. Die börsennotierte Preussag gilt bei Wertpapieranalysten nicht gerade als Zugpferd. Der Montanbereich weist große Konjunkturzyklen auf. Frenzel befürchtet, die Preussag könne wegen ihres niedrigen Börsenwerts auf feindlichem Wege übernommen und zerschlagen werden. Aus Sicht der West LB spielt außerdem eine Rolle, dass sie immer noch bei der LTU engagiert ist und ein stärkeres Einsteigen bei Hapag-Lloyd sofort das Kartellamt auf den Plan rufen würde, wie das schon beim ersten Anlauf auf die TUI der Fall war.

Dritter Akt: Im September 1997 erwirbt die Preussag 99,2 Prozent an der Hapag-Lloyd AG, im August 1998 kauft Hapag-Lloyd auf Veranlassung der Preussag von Quelle die 20-Prozent-Beteiligung an der TUI. Das Versandhausunternehmen muss sich sowieso von der TUI trennen, weil es dabei ist, sich an der Karstadt AG zu beteiligen, zu der wiederum Neckermann gehört. Auch hier hat das Kartellamt frühzeitig den warnenden Zeigefinger erhoben.

Zum 1. Oktober 1998 werden die Touristik-Töchter der Hapag-Lloyd AG mit Ausnahme der Seetouristik mit der TUI zur Hapag Touristik Union – HTU – zusammengeführt. Und zum Ende des Jahres 1998 übernimmt dann die Preussag auch noch die Reisebürokette First, die immerhin einschließlich der Franchise-Betriebe über stolze 575 Reisebüros verfügt. Verhandlungsführer der First-Gruppe ist wieder einmal Manfred Rudolph.

Vorstandssprecher der HTU wird Claus Wülfers, der stellvertretender Vorsitzender und Touristik-Vorstand von Hapag-Lloyd ist. Da 50 Prozent der TUI-Anteile offiziell von Hapag-Lloyd gehalten werden, fällt Wülfers die Sprecherrolle bei HTU zu. Doch noch ist das nicht das Ergebnis von Abwägungen und Beurteilungen. Die letzten 20 Prozent an der TUI, die bei der Bahn liegen, werden nach einem vergeblichen Preispoker der Bahn 1999 ebenfalls an die Preussag verkauft, die damit Alleineigentümer der TUI wird. Damit ist die Übernahmeschlacht beendet.

Die Revolution frisst ihre Kinder

Der interne Kampf um Posten und Zuständigkeiten tobt umso heftiger. Es geht insbesondere um die Eingliederung der Hapag-Lloyd Fluggesellschaft und um die Zusammenführung der unter dem Namen TUI Urlaubscenter, Hapag-Lloyd Reisebüro, Hapag-Lloyd Geschäftsreise, First Reisebüro und Thomas Cook in Deutschland operierenden Reisebüros. In diesem Schlachtgetümmel geht Hapag-Lloyd weit gehend unter. Die auf Privatkunden ausgerichteten Reisebüros werden in der TUI Leisure Travel, die Geschäftsreisenbüros unter dem Namen TUI Business Travel zusammengefasst. Leisure Travel wird dem TUI-Vertriebsexperten Dieter Zümpel mit der First-Reisebüro-Geschäftsführerin Ulrike Hipp (Reisebüro Hartmann) zugeordnet, und Business Travel kommt zu Dr. Jörg Rudolph (Reisebüro Bangemann). Hier findet man die „Söhne/Töchter-Generation" wieder. Hipp kommt als Tochter

Michael Frenzel:
Baut die Preussag
komplett um.

HAPAG TOURISTIK UNION
Von kurzer Dauer.

1998

211

des Reisebüro Hartmann-Inhabers Hans Schmidt ins Bild, Rudolph ist natürlich der Sohn von Manfred Rudolph.

Business Travel soll zunächst unter der Aufsicht von TUI-Vorstand Sebastian Ebel dem Geschäftsführer der Hapag-Lloyd Geschäftsreise GmbH, Joachim Kühn, unterstellt werden. Bei näherem Hinsehen entscheidet sich der Vorstand allerdings gegen den von Claus Wülfers an einer sehr langen Leine geführten Aufsteiger, der einerseits die Umsätze der Hapag-Lloyd Geschäftsreise GmbH in Milliardenhöhe gesteigert, andererseits aber auch 60 zum Teil sehr teure Ladenbüros für den Verkauf von Urlaubsreisen ohne Abstimmung mit seinem für das Touristikgeschäft zuständigen Geschäftsführerkollegen eröffnet hatte und bekannt war für einsame und eigenwillige Entscheidungen. Um sich Ärger mit dem schwer disziplinierbaren Hapag-Lloyd-Mann von vornherein zu ersparen, verabschiedet sich der HTU-Vorstand mit einem goldenen Handschlag von ihm. Für die Leitung der Geschäftsreisen holt sich die TUI Marc Hildebrand aus London, der einige Jahre zuvor schon einmal bei Hapag-Lloyd war, Wilhelm Schaab von Hapag-Lloyd für den Verwaltungsbereich und Dr. Jörg Rudolph von der First-Gruppe für Verkauf, Beratung, Informationstechnologie, Incentive- und Gruppenreisen. Rudolph wechselt Ende 2000 als Leiter Neue Medien zur Preussag.

Das Gerangel in der HTU geht anders aus, als mancher erwartet hatte. TUI-Vorstand Karl Born nimmt seinen Hut. Hapag-Lloyd bekommt wieder mehr Bewegungsfreiheit. Dafür erreicht Claus Wülfers sein berufliches Ende. Mit 60 Jahren scheidet er mit den üblichen Bekundungen freundschaftlicher Verbundenheit Mitte 1999 aus dem HTU-Vorstand aus und wechselt in den Aufsichtsrat. Dafür rückt Dr. Ralf Corsten nach auf den HTU-Chefsessel.

1999

Zum Ende des Jahres 1999 wird HTU in TUI Group umgetauft. Damit ist der Übernahmekampf um die TUI beendet. Allerdings verschwinden dabei auch zwei Namen, die im „Jahrhundert des Tourismus" eine tragende und gestaltende Rolle gespielt haben: Hapag und Lloyd. Eine Marktstudie über den Bekanntheitsgrad des Namens Hapag-Lloyd und TUI hat gezeigt, dass die TUI ein weitaus stärkerer Begriff in Deutschland ist als der mit der Schiffahrt verhaftete Name Hapag-Lloyd. Also fällt er bei der touristischen Holding HTU Marketingüberlegungen zum Opfer. Das Unternehmen heißt jetzt nur noch TUI Group. Die Reisebüros und die Fluggesellschaft führen zwar weiterhin den Namen Hapag-Lloyd, gehören aber zur TUI Group und nicht zur inzwischen rein auf Logistik ausgerichteten Hapag-Lloyd AG. Nur die Kreuzfahrten bleiben am Hamburger Ballindamm beheimatet. Insgesamt hat die Preussag sechs Milliarden DM in die TUI Group und ihre touristischen Töchter investiert.

Nur eine Etappe.

Für fast den gleichen Betrag kauft sie im Sommer die Thomson Travel Group hinzu und beteiligt sich am französischen Reisekonzern Nouvelles Frontières. Der Traditionskonzern wird mit einem Umsatz von rund 24 Milliarden DM zum kaum einholbaren Marktführer in der europäischen Touristik. Die TUI Group und Thomson Travel verfügen über 3215 Reisebüros (davon 1525 in Deutschland), 63 Veranstaltermarken, 78 Flugzeuge, 21 Incoming-Agenturen und 215 Hotels mit 97.000 Betten. Seit Anfang 2001 spiegelt sich die neue Ausrichtung der Preussag auch in der Organisation wider. Um den teuren Thomson-Kauf zu finanzieren, trennt sich der Konzern von den meisten der angestammten Industriegeschäftsfeldern. Die TUI Group als Zwischenholding wird aufgelöst, und die touristischen Beteiligungen TUI und Thomson werden direkt von der Preussag geführt. TUI-Chef Dr. Ralf Corsten und Thomson-Chef Charles Gurassa rücken in den Preussag-Vorstand auf.

2001

Die Gewerkschaften
wollen mitreden und gründen GUT

GUT-Logo von 1971.

Während der Jahre, in denen der Deutsche Gewerkschaftsbund glaubte, er müsse sich auch unternehmerisch betätigen, entstand die Baugesellschaft Neue Heimat, und im Einzelhandel die Konsumgenossenschaft wurde die Co-op ausgebaut. Auch der sich schnell entwickelnde Tourismus reizt den Deutschen Gewerkschaftsbund (DGB). Am 20. März 1968 kommt es auf Beschluß des DGB-Vorstands zur Gründung der GUT Gemeinschaftliches Unternehmen für Touristik GmbH & Co KG in Frankfurt am Main. Das Stammkapital der GmbH beträgt 20.000 DM, das der KG eine Million DM. Die Bank für Gemeinwirtschaft (BfG) hält 52 Prozent, der Rest verteilt sich auf gewerkschaftliche Freizeitwerke und Freizeitunternehmen. Gründungsgeschäftsführer sind W. K. Schumann und Ulf Unsold, zu denen bald darauf noch Karl-Heinz Helbing stößt, der für den Vertrieb zuständig ist. Erklärtes Geschäftsziel ist es, weiteren Bevölkerungskreisen, die bisher noch keinen Urlaub machen konnten oder ihn ohne Reisebüro organisierten, preisgünstige Reisen in die deutschen Feriengebiete und das Ausland anzubieten.

Karl-Heinz Helbing: Fast von Beginn an bei GUT dabei.

GUT legt einen flotten Start hin und gewinnt 1970, im ersten Reisejahr, 125.000 Gäste. Die TUI reagiert auf den neuen Wettbewerber kurz und schmerzvoll. Sie untersagt ihren Agenturen den Verkauf der GUT-Reisen. GUT ist als Gewerkschaftstochter nicht bei allen Leuten, die verreisen wollen, gleich gut angesehen. Nicht jeder will mit einer Gewerkschaft verreisen und das unterschwellige Gefühl haben, er mache eine Art Betriebsausflug, allerdings ohne die Chefs. Von der mittleren Führungsschicht an aufwärts ist eine Zurückhaltung gegenüber GUT zu beobachten. Um den Vertrieb auf eine breitere Basis zu stellen, werden die GUT-Reisen ab 1971 auch in allen Co-op-Einkaufsstätten angeboten.

Ab April 1972 arbeitet GUT mit Neckermann im Flugeinkauf und in der Flugabwicklung eng zusammen. Beide Unternehmen versprechen sich davon einen

1972

213

Neckermann und GUT unter einem Hut, das geht einige Jahre gut. Aber schließlich verschwindet die ehemalige Gewerkschaftsmarke.

zusätzlichen Rationalisierungseffekt. Ein gewisser Zwang dürfte wenige Wochen zuvor durch die Nachricht ausgelöst worden sein, dass Quelle und Karstadt als Gesellschafter in die TUI eintreten werden. Im Jahr 1973 verreisen 225.000 Urlauber mit GUT. 1974 führt GUT einen Frühbucher-Rabatt von drei Prozent ein für Kunden, die ihren Sommerurlaub 1975 schon im Oktober oder November buchen. Auch wenn es Siegesmeldungen über Teilnehmerzahlen gibt, arbeitet GUT in den ersten vier Jahren mit Verlust. Erstmals schließt das Geschäftsjahr 1973/74 mit Gewinn ab, und auch das nur, weil die Bank für Gemeinwirtschaft eigene Leistungen für GUT nicht an die Tochtergesellschaft weiterbelastet hat.

Jedenfalls werden für 1973/74 insgesamt 237.000 Gäste gezählt. Im Laufe der darauf folgenden Jahre bleibt die Wachstumsrate deutlich unter der Zehn-Prozent-Marke. GUT führt das auf den fehlenden Vertrieb über die „konventionellen" Reisebüros, also über die Agenturen von TUI und DER, zurück. Es kommt 1976 zur Beschwerde beim Bundeskartellamt, das die Öffnung des TUI-Vertriebsweges für GUT verordnet. Es ist das erste Mal, dass die deutschen Kartellwächter die TUI-Vertriebsbindung beanstanden. Ab 1976 dürfen GUT-Reisen auch in TUI-Agenturen verkauft werden.

Inzwischen hat sich das USA-Geschäft mit Charterflugzeugen (ABC/Advanced Booking Charters) stürmisch entwickelt. Um das Risiko auf mehrere Schultern zu legen, gründen NUR und GUT 1975 eine gemeinsame Firma, die NUR-GUT-ABC Reisen GmbH, die 1976 mit 26.500 Chartergästen bereits eine Steigerung von 48,9 Prozent erzielt. Trotzdem kommt GUT nicht in die notwendige Umsatzgröße. Während der Kartellamtsprüfung, ob Karstadt die Neckermann-Versand KG mit ihren Töchtern übernehmen darf, wird für den negativen Ausgang des Verfahrens auch ein Plan erörtert, was mit NUR passieren könnte. Für diesen Fall soll die Reisetochter des Versandunternehmens verselbstständigt und dann mit GUT zusammengelegt werden. Aber es kommt anders: NUR übernimmt GUT zum 1. November 1977. GUT bleibt als Marke innerhalb des NUR-Sortiments bestehen. 1979 kommt die TUI auf das frühere Verkaufsverbot zurück und informiert ihre Agenturen, dass GUT wieder auf die Verbotsliste gesetzt worden sei, da es sich inzwischen um ein reines NUR-Produkt handele.

1978

Das Bundeskartellamt genehmigt die Übernahme von GUT durch NUR im Mai 1978 mit folgendem Wortlaut: „Das Bundeskartellamt wird den Zusammenschluss zwischen den beiden Pauschalreiseveranstaltern NUR und GUT nicht untersagen. GUT ist 1969 im Bereich der Gewerkschaften als bundesweit tätiger Veranstalter für Pauschalreisen aller Art gegründet worden. Das Unternehmen hat die ursprünglich geplante, wirtschaftlich tragfähige Unternehmensgröße nicht erreichen können, so dass es auf die Dauer in der bisherigen Konzeption nicht fortgeführt werden konnte. Wettbewerbliche Bedenken gegen die Übernahme durch NUR konnten im wesentlichen bei Flugpauschalreisen bestehen, wo NUR als

214

zweitgrößter Anbieter eine bedeutende Marktstellung hat. Auch dieser Bereich ist jedoch durch die überragende Stellung der TUI gekennzeichnet, die weitaus die meisten Flugpauschalreisen verkauft und über einen besonderen Zugang zu den Fluggesellschaften und Reisebüros verfügt.

Danach war die Übernahme von GUT durch NUR unter den wenigen wirtschaftlich möglichen Maßnahmen die einzige noch wettbewerblich vertretbare Alternative, da in allen anderen Fällen der Marktanteil des Branchenführers TUI noch gewachsen wäre."

Doch unter dem Dach von NUR hat GUT nur noch knapp ein Jahrzehnt eine Zukunft. 1996 entschließt sich NUR, die Hauptmarke Neckermann noch mehr in den Mittelpunkt zu rücken. Die Kataloge werden mit einem großen „N" versehen und fallen so den Kunden im Reisebüro stärker ins Auge. Für die wenig profilierte Marke GUT läuft damit die Zeit ab. Die GUT-Produkte gehen in den Katalogen von Neckermann Family und Neckermann Griechenland auf.

Peter Deilmann: Vom Butterschiff zum Luxusliner

Die 1968 gegründete Reederei Deilmann ist ein Paradebeispiel für privaten Unternehmergeist. Nach einigen Jahren Tätigkeit in der Frachtschiffahrt eröffnet Peter Deilmann mit dem Neubau „Nordlicht" einen Fährdienst zwischen seinem Heimatort Neustadt/Holstein und Bornholm. Schneller bekannt wird er in Norddeutschland durch seine „Butterfahrten", also Hochseefahrten außerhalb der Drei-Meilen-Zone zum zoll- und umsatzsteuerfreien Einkauf. Diese Tagesfahrten finden in der Lübecker Bucht bis nach Dänemark statt und erfreuen sich großer Beliebtheit. Pro Jahr werden mehr als 250.000 Fahrgäste befördert.

1979 übernimmt Deilmann das Management für den Bau und Betrieb der „Berlin", ein Kreuzfahrtschiff für 420 Passagiere. Als deutschen Konkurrenten hat er zu diesem Zeitpunkt nur Hapag-Lloyd mit der „Europa", da die Deutsche Atlantik Linie inzwischen aus dem Markt ausgeschieden ist. Deilmann übernimmt außerdem die „Regina Maris", die allerdings 1983 weiterverkauft wird. Seit 1983 veranstaltet Deilmann auch Flusskreuzfahrten mit eigenen Schiffen. Er beginnt mit der „Donauprinzessin" mit 200 Passagieren und setzt dies mit der „Prinzessin von Preußen" (1989), der „Princess de Provence" (1992) und der „Mozart" von der Donau-Dampfschiffahrts-Gesellschaft (DDSG) 1993 fort. Es folgen die „Dresden" im Jahr 1994 und die „Königstein" im Jahr 1998, die von Potsdam aus auf der Elbe bis nach Prag fahren können. Mit der „Lili Marleen" wird 1994 ein Passagier-Großsegler in der Tradition der alten Windjammer (50 Passagiere) in Dienst gestellt.

Letzter Höhepunkt der Reederei Peter Deilmann ist das Kreuzfahrtschiff „Deutschland" im Fünf-Sterne-Standard mit einer Passagierkapazität von 520 Bet-

Peter Deilmann, Reeder aus Neustadt, zieht von der Ostsee auf die sieben Weltmeere.

1983

Deilmanns Stolz
ist der Vorzeige-Liner
„Deutschland",
mit dem er seine
Flotte im oberen
Qualitätssegment
abrundet.

ten in 300 Kabinen. Spätestens mit diesem Schiff kann Deilmann mit Fug und Recht behaupten, er repräsentiere beste deutsche Kreuzfahrttradition. Während die „Berlin" von Ausstattung und Stil her noch ein gemütliches, etwas plüschiges Schiff war, hat sich Deilmann mit der „Deutschland" in die offene Konfrontation mit Deutschlands ältester Reederei Hapag-Lloyd begeben. Es spricht einiges dafür, dass Deilmann diesem Konkurrenzkampf gewachsen ist.

Herbert Axmann, Sonnyboy aus München

Die Nachricht über eine spektakuläre Pleite in der bayerischen Hauptstadt geht im Frühjahr 1975 durch den deutschen Blätterwald: Herbert Axmann, 42, ein Neffe des letzten Reichsjugendführers Arthur Axmann, der im Dritten Reich die Nachfolge Baldur von Schirachs angetreten hatte, ist mit seiner Reiseveranstalterfirma am Ende. Herbert Axmann hatte seine Karriere als Lehrling beim Reisebüro Kruse gegenüber vom Münchener Ostfriedhof begonnen. Er beeindruckte seinen Chef mit seiner hohen Intelligenz und einem einfühlsamen Gespür für die Kunden. Nach erfolgreicher Lehre wechselt er zu einem Reisebüro am Münchener Gärtnerplatz, das sich auf Asien und auf Reisen an die Riviera spezialisiert hat. Das Büro ist erfolgreich. Man organisiert auch Sonderflüge an die Adria und verfügt über eigene Hotelpensionen und Ferienvillen und ein kleines Hotel in Bordighera. Axmann wird als erfolgreicher Verkäufer sehr geschätzt, und man bedauert, dass er schon nach einem Jahr seine Stelle kündigt.

Herbert Axmann: Einfallsreich, preisaggressiv und zahlungsdefensiv.

Umso erstaunter ist der Geschäftsinhaber allerdings, als kurz darauf im benachbarten Laden ein Reisebüro eröffnet wird. Es heißt Reisebüro Axmann. Der von ihm geschätzte junge Mann hat sich mit 27 Jahren selbstständig gemacht und nutzt sein Wissen, seine ersten Erfahrungen und auch seine guten Kundenkontakte für das eigene Unternehmen. Er bietet „seinen" Kunden dieselben Leistungen an und ist sofort erfolgreich. Die beiden Nachbarn liefern sich einen Kampf bis aufs Messer, gegenseitige Preisunterbietungen sind an der Tagesordnung. Während der etablierte Laden noch Reserven zum Zusetzen hat, macht Axmann allerdings unvermeidliche Anfangsverluste. Aber er schafft es trotzdem und baut seine Geschäftätigkeit ständig weiter aus. Im Laufe der Jahre verlegt Axmann sein Büro in die Nähe des Viktualienmarktes und eröffnet zusätzliche fünf Büros in der Stadt.

Axmann ist überaus erfolgreich und versteht sich vorzüglich auf öffentliche Auftritte. Er ist in München bekannt wie ein bunter Hund und wird zum Liebling der Münchener Schickeria. Sein Geschäft wächst von Jahr zu Jahr. Die Zahl der Axmann-Kunden wirkt bescheiden, man muss aber berücksichtigen, dass Axmann als Lokalmatador in München angetreten ist und sich im Gegensatz zur deutsch-

1973

landweit tätigen Touropa auf den lokalen Markt beschränkt. Das will er 1974 ändern. Nach dem Jahr 1973 mit einer Steigerung um 17 Prozent auf 40.000 Gäste bietet er nun Abflüge auch ab Hamburg, Köln, Düsseldorf und Stuttgart an. Seine Flugprogramme führen nach Sizilien, Kroatien und nach Spanien.

Mit der Bavaria Fluggesellschaft verbindet Axmann eine enge Zusammenarbeit. Bei den wachsenden Umsätzen vergisst Axmann allerdings gelegentlich, seine Rechnungen zu bezahlen. Seine Bücher sind nie in Ordnung, nie auf dem Laufenden. Er arbeitet mit Verlust und gerät bei der Bavaria immer tiefer in die Kreide. Eine Prüfung von zurückliegenden sechs Jahresbilanzen beweist, dass Axmann Jahr für Jahr mit Verlust gearbeitet hat. Leichtsinnigerweise lässt die Bavaria die Schulden auf Millionenhöhe anwachsen. Da sie immer wieder hofft, Axmann werde sich doch noch zu einem rentablen Unternehmen entwickeln, lässt sie ihn über Jahre hinweg – viel zu lange – am Leben.

An der Adria ist Herbert Axmann trotz der Geldknappheit ein gern gesehener Geschäftspartner. Er bezahlt zwar nicht oft, aber wenn er bezahlt, dann immer in bar. Wenn er seine Hoteliers besucht, kommt er mit einem großen Geldkoffer, und mit Bargeld in der Hand gelingt es ihm fast immer, nachträglich noch weitere Rabatte herauszuholen. Dabei scheut er sich auch nicht, die Hoteliers auf deren großes Risiko hinzuweisen. Er sei ruiniert und könne überhaupt nichts mehr bezahlen, wenn man auf seine Nachlassforderungen nicht eingehe. Manche Gläubiger

Das neue Reisebüro Axmann erstaunt vor allem den früheren Chef des Jungunternehmers.

berichten, er habe mit Selbstmord gedroht, wenn man seinen Wünschen nicht nachkomme. Nachlässe bis zu einem Drittel der aufgelaufenen Schulden sind dann keine Seltenheit.

Anfang 1975 bietet Matthias Gleim, Geschäftsführer der Bavaria, der Touropa die Übernahme der Firma Axmann an. Ein Kaufpreis müsse nicht entrichtet, nur die Verbindlichkeiten müssten übernommen werden. Die Touropa könne sich auf diese Art und Weise einen unliebsamen Wettbewerber vom Hals schaffen. Touropa-Chef Ernst Esser lehnt das Angebot ab. Axmann werde auch ohne Hilfe der Touropa aus dem Markt ausscheiden, was dann auch schnell passiert. Am 27. Januar 1975 entzieht ihm das Gewerbeaufsichtsamt München wegen erheblicher Überschuldung die Gewerbeerlaubnis. Axmann ist nicht mehr in der Lage, irgendetwas zu bezahlen, weder die offenen Flugrechnungen noch Hotels und seine Reiseleiter, weder die Büromieten noch die Gehälter.

1975

Die Industrie- und Handelskammer München schaltet sich ein, um die gestrandeten Urlauber zurückzuholen. In einem Arbeitskreis unter Vorsitz des Touropa-Geschäftsführers Ernst Esser wird dafür gesorgt, dass die beinahe 1800 Urlauber mit Charterflugzeugen von Touropa, Scharnow und Neckermann zurückgeholt werden. Die Hotels bleiben auf ihren Forderungen sitzen. Das führt in Italien zu einigen Firmenzusammenbrüchen und zur Entlassung von vier Hoteldirektoren. Die ausstehenden Forderungen der Bavaria-Fluggesellschaft belaufen sich auf rund sechs Millionen DM. Axmann muss sich 1977 vor Gericht wegen verzögerter Konkursanmeldung und wegen Betrugs verantworten. Nach mehrmonatiger Untersuchungshaft wird er zu zwei Jahren Freiheitsentzug verurteilt, der aber für fünf Jahre auf Bewährung ausgesetzt wird.

1980 versucht er in München noch einmal sein Glück. Unter dem Namen Axmann Reisen GmbH bietet er Bus- und Flugreisen nach Italien an. Gesellschafter ist seine Frau, nicht er. Es geht erneut schief. Sechs Jahre nach dem ersten Konkurs kommt es zu einer neuen Pleite. Der Staatsanwalt wirft ihm die Veruntreuung von Kundengeldern in Höhe von 85.000 DM vor. Er ist auch der Ansicht, dass Herbert Axmann der faktische Geschäftsführer der Firma gewesen sei, auch wenn seine Frau im Handelsregister erscheine. 1981 wird Axmann ein zweites Mal wegen Konkursvergehens verurteilt. Er erhält eine Freiheitsstrafe von 14 Monaten und ein Berufsverbot für die Dauer von fünf Jahren. Am Gefängnis kommt er dieses Mal nicht vorbei. Er muss die Strafe absitzen.

1980 – 1981

Das
kleine
Schwarze
für kleine Feste

Selfmademan Vural Öger: Bevor er auf die erfolgreiche Veranstalter-Idee kam, jobte der Student gelegentlich als Dressman.

Öger Tours, der deutsche Türke

Ein Jahr nach der TUI-Gründung, im Jahr 1969, macht sich der frisch gebackene Diplom-Ingenieur Vural Öger selbstständig. Als Student an der Technischen Universität in Berlin (1961 bis 1968) hat er beim studentischen Reisedienst der Universität erste Erfahrungen gesammelt. Dabei und als Dressman – er ist ein gut aussehender Mann – hat er während des Studiums seine Kasse aufgebessert. Nun gründet er in einem Hamburger Kellerlokal in St. Georg im Alter von 27 Jahren die Firma Öger Türk Tour GmbH. Seine Kunden sind zunächst türkische Gastarbeiter, für die er schon Anfang der 70er Jahre auf eigenes Risiko die ersten Flugzeuge chartert. In den Folgejahren eröffnet er Filialen in Berlin, Hannover und Bremen.

Im Gegensatz zu anderen türkischen Reiseunternehmen in Deutschland beschränkt sich Öger auf Dauer nicht auf die türkische Kundschaft, die vor allem an preiswerten Flügen in die Heimat interessiert ist. Er geht davon aus, dass er als geborener Türke mit einer deutschen Universitätsausbildung genügend Glaubwürdigkeit ausstrahlt, um auch den deutschen Bürgern Ferien in der Türkei erfolgreich zu verkaufen. Er täuscht sich dabei nicht. Mitte der 70er Jahre fliegt er die ersten deutschen Pauschalurlauber in die Türkei. Die ersten Nonstop-Flüge von Norddeutschland in die Türkei werden ebenfalls von ihm angeboten. Das Geschäft entwickelt sich blendend.

1982 gründet er die Öger Tours GmbH, die der größte und erfolgreichste Anbieter von Türkei-Reisen in Deutschland wird; er ist Marktführer im Türkei-Tourismus. Öger Tours bringt 1997, im letzten „normalen" Jahr vor den Krisenjahren 1998/99 mit der Öcalan-Verhaftung, Erdbeben und Balkankrieg, mehr als 750.000 Gäste in die Türkei. Das hat Vural Öger in der Türkei und in Deutschland zu einem gesuchten und geschätzten Gesprächspartner in der Wirtschaft und in der Politik gemacht.

Vural Öger ist das Paradebeispiel für eine deutsch-türkische Erfolgsgeschichte. Zu Ögers Unternehmensgruppe gehören inzwischen Tochtergesellschaften in Paris und Wien, eine Incoming-Agentur in der Türkei und die Vista-Hotels und -Ferienclubs in der Türkei und auf Kuba.

Um aus der gefährlichen Abhängigkeit von einem einzigen Reiseziel herauszukommen, hat Öger in den letzten Jahren sein Programm um Reisen nach Griechenland, Ägypten, zu den spanischen Inseln, in die Dominikanische Republik, nach Kuba und zur chinesischen Badeinsel Hainan erweitert. Letzteres ist inzwischen aber schon wieder eingestellt. Auf Kuba hat Öger einen Joint Venture-Vertrag mit einem staatlichen Hotelunternehmen abgeschlossen. Das versetzt ihn in die Lage, auf der Insel Cayo Coco vor der nordkubanischen Küste eine First-Class-Anlage seiner eigenen Vista-Hotelkette mit 1000 Betten zu bauen.

1996 passiert eine Katastrophe: Eine von Öger gecharterte Boeing B-757 der türkischen Gesellschaft Birgenair stürzt unmittelbar nach dem Start vor der Küste der

1969

Das Öger-Logo früher und heute.

Vural Öger: Verkauft nicht nur Reisen, sondern will auch Kulturaustausch.

Öger-Kataloge: Hinter ihnen verbirgt sich eine der Erfolgsgeschichten im deutschen Tourismus.

Dominikanischen Republik ins Meer. Sie war auf dem Flug von Puerto Plata nach Deutschland mit Ziel Berlin und Frankfurt am Main. Alle 189 Insassen kommen ums Leben, und es besteht der Verdacht, dass der Unfall auf einen Pilotenfehler zurückzuführen ist. Öger droht ein Vertrauensverlust, weil er die kritisch beurteilte Birgenair in sein Programm genommen und unmittelbar nach dem Unfall auch noch verteidigt hat. Um sein gutes Image nicht zu verlieren, reagiert er schnell mit einem klugen Schachzug: Er nimmt die Lufthansa-Tochter Condor als Zehn-Prozent-Gesellschafter in seine Firma auf und fliegt ab sofort einen Großteil seiner Gäste mit der Condor.

Eine Beteiligung von zehn Prozent ist auf Dauer für niemanden interessant. Ob Condor, inzwischen in C & N integriert, sich stärker bei Öger engagieren möchte, ob Öger lieber unabhängig bleiben oder sich doch einem Lager anschließen möchte, steht dahin. Öger Tours würde jedenfalls als Marktführer für Türkei-Reisen jedem Großveranstalter gut zu Gesicht stehen.

Olimar – der Portugal-Spezialist

Werner Zahn, Portugal-Spezialist, der seine Firma nach seinen Söhnen benannte.

Länderspezialisten, die bisher den Konzentrationsprozess der Veranstalter heil überstanden haben, gibt es nicht viele. Einer der Erfolgreichen ist die Firma Olimar in Köln, die 1972 von Werner Zahn im Alter von 37 Jahren gegründet wurde. Zahn hat schon zehn Jahre zuvor mit dem Reisegeschäft begonnen. Ende der 50er und Anfang der 60er Jahre kommen viele Gastarbeiter aus Spanien und Portugal nach Deutschland. Werner Zahn organisiert für diese in Kooperation mit einigen anderen Unternehmen in Nordrhein-Westfalen zunächst Heimfahrten per Omnibus. Er kommt von der Deutschen Touring und kennt sich in diesem Geschäft gut aus. Als der Zustrom türkischer Arbeitskräfte einsetzt, ist der Bus nicht mehr das geeignete Transportmittel. Nun werden Flugzeuge gechartert, und auch dieses geschieht in Zusammenarbeit mit deutschen Kollegenbüros. Werner Zahn will das wachsende Geschäft in geordneten Bahnen abwickeln und gründet deshalb 1972 seine Firma Olimar. Der Name des Unternehmens ist eine Abkürzung der Vornamen seiner Söhne – Oliver und Markus –, die inzwischen, natürlich längst erwachsen, ebenfalls in der Firma tätig sind.

1981

Anfang 1981 entschließt sich Zahn, mit einem rein touristischen Programm auf den Markt zu kommen. Dank seiner guten Verbindungen zu Portugal kann er günstige und attraktive Urlaubsprogramme für seine deutschen Mitbürger anbieten. Es ist ein Versuch, das Programm besteht mal gerade aus vier DIN-A-4-Seiten. Aber es kommt im Markt gut an und wird in den Folgejahren ausgebaut. Im Jahr 1988 kommt schließlich der erste große Olimar-Reisekatalog auf den Markt. Sowohl das Publikum als auch die Reisebüros fliegen auf den Spezialisten aus Köln, der sich nun schnell weiterentwickelt. Auch die Betreuung der deutschen Gäste in

Portugal nimmt Zahn selber in die Hand. Er gründet 1987 seine eigene Incoming-Agentur Portimar in Portimao, die inzwischen Zweigniederlassungen in Lissabon, Porto und Funchal hat.

Mit 230.000 Teilnehmern im Jahr gehört Olimar zu den respektablen Einzelkämpfern in Deutschland. Die TUI nimmt 1998 einen Anlauf, um Olimar in den eigenen Einflussbereich zu bekommen: Die TUI-Incoming-Agentur (Miltours SA) und Olimars Portimar sollen vereinigt werden. Aber das Geschäft kommt nicht zu Stande, Olimar bleibt unabhängig.

Reiseleitung im Wandel

Wenn von den Menschen die Rede ist, die den deutschen Tourismus voran gebracht, mit geprägt haben, dann dürfen die Reiseleiter nicht vergessen werden. Reiseleiter gab es bereits in der Antike. Sie hatten keinen guten Ruf, denn die meisten von ihnen verdienten ihr Geld damit, dass sie dem Touristen, der sich ihrer bediente, irgendetwas erzählten. Ob's stimmte oder nicht, hatte der Kunde dann selber zu entscheiden, Hauptsache, der Lohn stimmte. Um den ernsthaft um Kunst, Kultur und Geschichte bemühten Reisenden aus den Klauen derartiger Schwätzer zu befreien, verfasste zu Kaiser Hadrians Zeiten der Pausanias seinen Reiseführer „Die Beschreibung Griechenlands", die Urform aller Baedeker- und Dumont-Führer. Der große Erfolg dieses Buches war auch der Beweis dafür, dass interpretierende Reiseleiter durch andere Medien unter Umständen durchaus zu ersetzen sind.

Völlig anders verhält es sich dagegen mit dem organisierenden Reiseleiter. Er ist überall dort vonnöten, wo bestellte oder gekaufte Leistungen besorgt oder überwacht werden müssen. Da es sich beim Produkt Pauschalreise um ein Paket von unterschiedlichen Leistungen handelt, die der Veranstalter gebündelt hat, müssen an den Stellen, wo die einzelnen Leistungen realisiert werden, auch Leute bereitstehen, welche diese Leistungen im Auge behalten und dafür sorgen, dass alles klappt. Das ist die Aufgabe des modernen Reiseleiters.

In den Anfangsjahren des Tourismus war es für die Firmengründer oft die vornehmste Pflicht, ihre Gruppen persönlich zu begleiten. Bei den von Reisebüros selber organisierten Gruppenreisen ist das noch heute oft der Fall, denn der Kontakt des Kunden zum Veranstalter ist umso besser, je persönlicher er gestaltet werden kann. Touropa, Scharnow und Hummel hatten selbstverständlich auf ihren Sonderzügen ihre Zugpagen und Zugreiseleiter platziert. Am Zielbahnhof warteten bis in die 70er Jahre die Blaskapelle und die örtliche Reiseleitung. In der Regel war das der Chef des Fremdenverkehrsamtes oder eines so genannten Zielort-Reisebüros oder deren Mitarbeiter. Diese sorgten für die notwendigen Transfers und die Unterbrin-

223

gung im gebuchten Hotel. War alles in Ordnung, wurden die Hotelgutscheine für die Abrechnung gegengezeichnet. Als Honorar für diese und einige andere Arbeiten gab es ein so genanntes Kopfgeld. Einige Reiseleiter in Spitzenorten sind davon steinreich geworden, andere konnten sich damit gerade über Wasser halten. Rechtlich war der Reiseleiter vor Ort immer der direkte Erfüllungsgehilfe des Veranstalters. Deshalb brauchte er, der ja meist weitab von der Veranstalterzentrale agierte, auch einen wesentlich weiteren Handlungsspielraum, als das noch in den Nahbereichen der Bahn üblich war. Der Reiseleiter operierte quasi vom ausgelagerten Schreibtisch des Unternehmens aus – für die ausländischen Geschäftspartner des Veranstalters war er sogar der Veranstalter.

Der Flugtourismus verlangte vom Veranstalter andere Organisationsstrukturen in den Zielgebieten. Meist musste mit einheimischen Agenturen zusammengearbeitet werden, oft war es aus den verschiedensten Gründen notwendig zu

Eine gute Reiseleitung ist immer zur Stelle. Ob mit Tipps oder mit praktischer Hilfe: Sie ist wichtiger Vertreter des Veranstalters.

improvisieren. Die immer größer werdenden Flugzeuge, ihre schnelleren Umlaufzeiten sowie die Hinzunahme neuer Abflughäfen verlangten nach einer immer perfekter werdenden Logistik. Schon bald sahen sich die Veranstalter gezwungen, in den Zentren der Zielgebiete eigene Büros mit einer sehr differenzierten Arbeitsteilung einzurichten. Vom klassischen Reiseleiter vom Typ „Figaro hier, Figaro da …", vom Alleskönner und Einzelkämpfer hat man schon Ende der 50er Jahre Abschied nehmen müssen. Nur bei Studienreisegruppen trifft man diese vom Aussterben bedrohte Spezies noch an.

Die Arbeit der Studienreiseleiter wird in vielen Ländern oft durch örtliche Fremdenführer oder die Obrigkeit behindert – selbst in EG-Ländern, denen Brüssel solche Einschränkungen per Gerichtsbeschluss verboten hat. Dabei spielt es auch keine Rolle, dass echten Studienreisen in der Regel eine durchgängige Gesamtkonzeption zu Grunde liegt und die Erläuterungen des Reiseleiters sich auf vorher Gesehenes oder noch zu Sehendes stützen beziehungsweise vertiefende Grundsatzreferate auf dem Programm stehen, also Leistungen, welche ein örtlicher Dragoman beim besten Willen nicht zu erbringen vermag.

Die Großveranstalter arbeiten heute mit hoch qualifizierten Spezialisten: EDV-Leuten, Buchhaltern, Disponenten, Leistungscontrollern, Flughafenexperten, Hotelbetreuern, Länderkundlern, Presse- und VIP-Spezialisten. Immer häufiger werden auch die Saisonverträge mit den Hoteliers von den Gebietsreiseleitern gemacht oder zumindest so vorbereitet, dass der Einkäufer aus der Zentrale sie unterzeichnungsreif vorfindet. Ein wichtiger Punkt sind die Kundenreklamationen. Diese beziehen sich fast immer auf Leistungsprobleme im Zielgebiet und müssen durch Fachleute vor Ort überprüft und möglichst noch während des Aufenthalts des Gastes bereinigt werden.

Zu den eindrucksvollen organisatorischen Leistungen des modernen Tourismus gehört deshalb zweifellos das weltweite Reisebetreuungsnetzwerk der großen Veranstalter. Beispielgebend soll an dieser Stelle nur der in der Hochsaison fast 2000 Mitarbeiter zählende Apparat der TUI erwähnt werden – der TUI-Service. So wie er heute dasteht, ist er das Werk von Joachim Kopp und seines Nachfolgers Günther Ihlau. Ihlau ist seit einigen Jahren im Auftrag der TUI auch im internationalen und nationalen Verbandswesen engagiert. Er ist in der Welttourismus-Organisation WTO Vorsitzender der assoziierten, kommerziellen Mitglieder und beim DRV Vorsitzender des Ausschusses für touristische Zielgebiete. Es dürfte wohl außer der katholischen Kirche keine Organisation geben, welche nahezu weltweit so effizient eingreifen und handeln kann, wie das beim TUI-Service der Fall ist. Auch die Hierarchie des TUI-Service gleicht ein wenig der Kirche: Die touristische Welt ist in Zielgebiete (Erzbistümer), Regionen (Bistümer) und Zielorte (Pfarreien oder Dekanate) aufgeteilt. Wichtig für den Erfolg aller Segmente dieses Netzwerkes ist ein relativ großer Handlungsspielraum innerhalb der zugeordneten Kompetenzen.

Joachim Kopp,
der Architekt
des TUI-Services.

Urlaubsende in den 50er Jahren. Schön, wenn wie hier, ein Ständchen den Abschied versüßt und der Reiseleiter am Bahnsteig noch einmal winkt.

Dahinter steht die Philosophie: so viel wie möglich vor Ort erledigen, nur das unbedingt Notwendige an die nächsthöhere Instanz weiterreichen. Nur solche Autarkie der Mitarbeiter versetzt einen modernen Großveranstalter überhaupt in die Lage, Tausende von Kilometern von der Zentrale entfernt aktuell zu handeln. Kein Wunder also, dass in manchen Zielgebieten die Hauptrepräsentanten der großen Veranstalter zu den wichtigsten wirtschaftlichen Vertretern Deutschlands im jeweiligen Lande zählen und dort auch entsprechend geachtet sind. Sogar von den diplomatischen Vertretungen der Bundesrepublik wird dies mittlerweile durchgängig zur Kenntnis genommen.

Wie wichtig eine solche Autarkie ist, zeigt sich immer wieder in Krisensituationen. Ein klassischer Fall war die Zypernkrise im Juli 1974. Nach dem Sturz von Präsident Makarios und der Invasion der türkischen Armee war es der TUI-Service, der mit Hilfe seiner an zahlreichen Orten stationierten Reiseleiter die deutsche Botschaft vom jeweiligen Stand der Lage ständig unterrichtete und die Evakuierung der Gäste in Ruhe organisierte. Aber dieses leistungsstarke Aushängeschild gibt es nicht nur bei der TUI. Bei anderen Krisen oder Naturkatastrophen haben die Reiseleiterorganisationen der anderen Großveranstalter die daraus resultierenden Probleme ebenfalls souverän gemeistert. Es braucht dabei kaum erwähnt zu werden, dass in solchen Fällen im Interesse des Ansehens des Reisegewerbes die großen Veranstalter eng zusammenarbeiten, sowohl in den Zielgebieten als auch in den Zentralen in der Heimat.

Wenn sich heute die Öffentlichkeit, aber auch der reiseerfahrene Gast manchmal schwer tut, die originären Leistungen einer Veranstalterreise auszumachen, so wird mit Recht auf die Aspekte Leistungskontrolle, Betreuung und Sicherheit in persönlichen und allgemeinen Krisensituationen hingewiesen. Und Hilfe in diesen Punkten ist manchmal mit Gold nicht aufzuwiegen.

Neue Flieger am Himmel

Die Zeit der Abenteurer geht langsam zu Ende. Ein neuer Gründertyp taucht auf. Er geht mit Sachverstand an das Geschäft. Spekulation und Steuerersparnis stehen nicht mehr im Vordergrund der Motive. Auch wenn es in dieser Periode den einen oder anderen spektakulären Absturz gab.

Bavaria: Bayerns National Carrier

1968, im Jahr der TUI-Gründung, entstehen vier neue deutsche Charterfluggesellschaften: Bavaria, Germanair, Atlantis und Paninternational. Die Bavaria Fluggesellschaft mbH & Co KG wird von Max Schwabe in München mit einigen weiteren Kommanditisten gegründet. Einer der Beteiligten ist Josef Schörghuber, der 26 Prozent der Geschäftsanteile hält. Max Schwabe gehören 51 Prozent der Gesellschaft. Die Bavaria beginnt ihre Geschäftstätigkeit am 1. April 1969 mit der Aufnahme *1969* eines Liniendienstes zwischen München und Hannover. Diese Strecke wird in Abstimmung mit der Lufthansa zweimal pro Tag geflogen. Eingesetzt wird eine BAC 1-11. Das wirtschaftliche Risiko dieses Linienverkehrs liegt ausschließlich bei der Bavaria. Am 15. April 1969 unterschreibt Max Schwabe bei den Bremer Flugzeugwerken Focke-Wulff eine Kaufoption für drei Maschinen des Typs VFW 614, ein Flugzeug, das nie zur kommerziellen Auslieferung kommen sollte. Zwei Prototypen wurden aber jahrelang von der Flugbereitschaft der Bundesluftwaffe geflogen.

Aber auch ohne die neuen Maschinen entwickelt sich die Bavaria erfolgreich und schnell. Zwei Jahre nach der Betriebsaufnahme – 1971 – verfügt die Gesellschaft über sechs BAC 1-11, 1972 sind es schon sieben Maschinen mit einer Gesamtkapazität von 678 Sitzen. Man fliegt für deutsche Veranstalter von neun deutschen Flughäfen in die südlichen Ferienziele, wobei München der Heimatflughafen mit eigener Werft für die Wartung ist, aber auch in Hannover, Köln und Nürnberg ist je eine Bavaria-Maschine stationiert. Im Jahre 1972 registriert man eine Steigerung der beförderten Passagiere von 19,5 Prozent, insgesamt 785.924 Gäste sind mit Bavaria in die Ferien geflogen. 1974 stirbt Max Schwabe. Es gelingt Schörghuber nach einigen Irritationen wegen der Ansprüche eines Hamburger Bankhauses, die gesamten Geschäftsanteile an der Bavaria Fluggesellschaft und auch an der dazugehörigen Flugzeug-Leasinggesellschaft Defag zu erwerben.

Schörghuber macht kein Geheimnis daraus, dass er die Bavaria mit der ihm ebenfalls gehörenden Germanair verschmelzen möchte. Zunächst einmal aber setzt er den langjährigen Vertreter der Deutschen Lufthansa in München, Matthias Gleim, als Geschäftsführer der Bavaria Fluggesellschaft ein. Gleim hatte mehrere Versetzungswünsche der LH-Hauptverwaltung abgelehnt, weil er sich von Mün-

229

chen nicht trennen wollte. So blieb ihm ein Abschied von der Lufthansa nicht erspart. Seine Tätigkeit für die Bavaria ist zwar erfolgreich, trotzdem endet sie 1975, da es unterschiedliche Auffassungen über die zukünftige Flottenpolitik und über die Zusammenarbeit mit der Geschäftsleitung der Germanair gibt.

Germanair kommt groß raus

Germanair

Im November 1968 wird die unbekannte Gesellschaft Südwestflug in Germanair umgetauft. Sie nimmt im Mai 1969 mit der ersten von drei Mittelstreckenjets des Typs DC-9 ihren Dienst auf. Geschäftsführer ist Christian von Kaltenborn-Stachau. Noch 1968 springt Germanair kurzfristig bei dem Spezialveranstalter Gastager mit zwei Flügen rund um die Welt ein, weil die vorgesehene britische Airline kurz vor Reiseantritt in Konkurs gegangen war. Anfang April 1969 wird die Germanair von der Transportflug GmbH & Co KG übernommen. Das Investment für die drei Flugzeuge in Höhe von 50 Millionen DM wird mit Fremdmitteln finanziert. Außer den drei DC-9 hat die Gesellschaft zwei viermotorige Langstreckenmaschinen des Typs DC-6 zur Verfügung, die sowohl für Passagiere als auch für Fracht eingesetzt werden. Die Geschäftsjahre 1970 und 1971 entwickeln sich sehr erfolgreich. Zu den großen Kunden der Germanair gehört vor allem GUT, aber auch die TUI-Gruppe.

1969

Christian von Kaltenborn-Stachau scheidet Ende 1971 aus der Geschäftsführung aus. An seine Stelle treten Dr. Richard Dirkmann und Bogomir Gradisnik. Germanair ist mit 926 Sitzen 1972 die drittgrößte deutsche Charterfluggesellschaft. Im Sommer 1970 beteiligt sich Schörghuber. Er stockt im Laufe von eineinhalb Jahren seine Beteiligung auf. 1972 gehören ihm 97 Prozent der Germanair.

Der neue Airbus
A-300 fliegt später
noch lange
unter den Farben
von Hapag-Lloyd.

Bavaria mit Germanair

Als Schörghuber die restlichen Anteile der Bavaria erworben hat, möchte er wie erwähnt die Gesellschaft möglichst schnell mit der Germanair vereinigen. Das ist nicht ohne weiteres möglich. Die Germanair hat ihren Sitz und ihre Wartung in Frankfurt, die Bavaria ist in München stationiert. Beide Gesellschaften haben unterschiedliche Flugzeugtypen und unterschiedliche Personalstrukturen. Sie verfügen 1975 gemeinsam über 15 Flugzeuge. Josef Schörghuber zwingt die beiden Gesellschaften, ihre Flugkapazität gemeinsam zu planen und anzubieten. Auch der Austausch der Flotten soll möglich sein. Die kaufmännische Verwaltung für Bavaria und Germanair soll in München konzentriert werden, während der allgemeine Einkauf, das Catering, die Kabinen- und Bodendienste, der Schwerpunkt der Wartung und die Öffentlichkeitsarbeit in Frankfurt angesiedelt sein sollen. *1975*

Das Geschäftsjahr 1975 ist für Schörghuber überschattet durch den Zusammenbruch des Veranstalters Axmann, der der Bavaria einen Verlust von rund sechs Millionen DM eingebrockt hat. Für die Vereinigung beider Gesellschaften und für die Lösung der Strukturprobleme beider Unternehmen sind eine harte Hand, eine ständige koordinierende Tätigkeit und viel Energie notwendig. Schörghuber, inzwischen 57 Jahre alt, hat die Lust an diesem Geschäft verloren und beschließt, sich von beiden Firmen zu trennen. Er will sich wieder unbelastet seinen Grundstücksgeschäften und seiner Bautätigkeit widmen können.

Als Käufer kommen nur zwei Unternehmen in Frage: die Lufthansa und Hapag-Lloyd. Bei der Lufthansa würde das Bundeskartellamt sein Veto einlegen, da Condor bereits Marktführer ist. Also beginnen Gespräche mit Hapag-Lloyd, was überraschenderweise ebenfalls auf ernsthafte Bedenken des Bundeskartellamts stößt. Die Beteiligung Hapag-Lloyds an der TUI, am DER und am ABR, die ihrerseits ebenfalls Gesellschafter der TUI sind, erscheint den Kartellwächtern als eine zu starke Machtzusammenballung, die eine Bevorzugung der Hapag-Lloyd-Flugzeuge zur Folge haben könnten.

Die Hapag-Lloyd Fluggesellschaft gibt am 4. Mai 1977 offiziell bekannt, dass sie nach langen Verhandlungen sämtliche Geschäftsanteile an der Bavaria/Germanair rückwirkend zum 1. Januar 1977 erworben habe. Da eine Fusion wegen der Bedenken des Kartellamtes derzeit nicht möglich sei, solle wenigstens eine Kooperation zwischen Bavaria/Germanair und Hapag-Lloyd zu Stande kommen. Das unternehmerische Ziel sei es, eine Bedarfsluftverkehrsgruppe zu schaffen, die höchsten Ansprüchen gerecht werde und sich im Wettbewerb erfolgreich behaupte. Bavaria/Germanair verfügt zu diesem Zeitpunkt über eine Flotte von acht Boeing B-727, zehn BAC 1-11 und vier Airbus A-300 und über Wartungszentren in Frankfurt, Hannover und München. Bei näherem Hinsehen stellt sich heraus, dass Hapag-Lloyd zwar ein Unternehmen namens Bavaria/Germanair gekauft hat, das aber in Wirk- *1977* lichkeit immer noch aus zwei getrennten Firmen besteht. Hapag-Lloyd steht vor der Aufgabe, drei getrennt operierende Fluggesellschaften zu einem Unternehmen zusammenzuführen. Im Grunde genommen muss Hapag-Lloyd jetzt das tun, was Schörghuber mit Bavaria/Germanair und der Atlantis vergeblich versucht hat, womit er gescheitert ist. Geschäftsführer von Bavaria/Germanair werden im September 1977 Dr. Ing. Heinz Rudolf Weber und Karlheinz Schneider.

Atlantis will immer mehr

Tilman J. Uhlig:
Flugleidenschaft
führt zu einer
neuen Gesellschaft.

1968

Als die Südflug 1967 von der Condor übernommen wird, wollen die Südflug-Manager Flugkapitän Werner Will und Verkaufschef Tilman Uhlig unbedingt in der Fliegerei weitermachen, allerdings nicht unter der Condor-Flagge. So wenden sie sich an den Dänen Orla Rasmussen, dem die Nordseeflug Sylter Lufttransport GmbH (NSF) gehört. Die NSF ist in Deutschland zugelassen und besitzt eine DC-3. Nach dem ersten Kontakt im Februar 1968 werden sich Will und Uhlig mit Rasmussen schnell handelseinig. Sie beteiligen sich mit je einem Drittel an der NSF und taufen die Firma Mitte 1968 um in Luftverkehrsunternehmen Atlantis GmbH. Der Sitz wird von Sylt nach Stuttgart verlegt. Tilman Uhlig und Werner Will werden als Geschäftsführer eingetragen. Die DC-3 wird kurzfristig verkauft. Dafür erwirbt man von der SAS eine DC-7, mit der die Skandinavier ihren ersten Polflug nach Japan unternommen haben. Mit dem Kauf dieser DC-7 ist auch ein kostengünstiger Wartungsvertrag verbunden.

Uhlig geht sofort daran, seine alten Kunden aufzusuchen. Es gelingt ihm, die Gastarbeiterflüge in die Türkei, die er bereits bei der Südflug betreut hatte, zur Atlantis zu holen. Hetzel ist der erste Veranstalter-Kunde von Atlantis. Kurz vor Ende des ersten Geschäftsjahres wird die technische Basis der Gesellschaft von Stuttgart nach Frankfurt am Main verlegt. Will und Uhlig haben die beiden DC-8-Flugzeuge der Südflug im Blick, die 1968 noch bei der Condor bleiben, bis der Lease-Vertrag abgelaufen ist. Dann will die Condor sie an die amerikanische Eigentümergesellschaft zurückgeben. Das geschieht allerdings nur auf dem Papier. Zur Überraschung der Lufthansa tauchen die beiden Maschinen Anfang 1969 dann bei der Atlantis auf, die nun voller Stolz ihre beiden Langstreckenmaschinen mit je 170 Sitzplätzen vorzeigt.

Die Nordatlantik-Charter unterliegen Ende der 60er Jahre in Europa noch engen Beschränkungen. Nur so genannte Affinity Charter sind erlaubt, das heißt, nur Mitglieder von Vereinen oder Firmen können in einem ausschließlich für sie gecharterten Flugzeug über den Nordatlantik reisen. Da gibt es wundersame Clubs, deutsche Traditionsgesangvereine, bei denen zum Reiseantritt nach USA Leute erscheinen, die kein Wort Deutsch sprechen. Vereine wie „Freunde der USA" oder landsmannschaftliche Gruppen aus den verschiedensten Teilen Deutschlands, in die jedermann eintreten kann, ohne Rücksicht auf seine Herkunft. Der Vereinsmitgliedsbeitrag ist ein Teil des Reisepreises. Die Amerikaner sehen Charterflüge über den Atlantik liberaler, denn nach dem Ende des Vietnamkrieges drängen private Fluggesellschaften mit modernstem Langstreckengerät auf den Markt. Sie haben bis dahin Truppen und Nachschub von Nordamerika nach Südostasien geflogen. Diese Gesellschaften bieten nun preiswerte Charterflüge von USA nach Europa an und wollen mit den Europäern Geschäfte auch in umgekehrter Richtung machen. In Deutschland dagegen ist die Lufthansa der National Carrier, dessen Wohlergehen nach Ansicht der Bundesregierung vorrangig ist. Deswegen steht das Bundesverkehrsministerium solchen Strömungen ablehnend gegenüber.

Im Januar 1969 beantragt die Atlantis Verkehrsrechte in die USA für Affinity **1969** Charters und für IT-Charterflüge, also für Flugpauschalreisende. Mit Scharnow Reisen ist bereits ein Vertrag über wöchentliche Abflüge ab Ende Mai 1969, insgesamt für 20 Reisen, abgeschlossen worden. Dieses Mal jedoch handelt es sich nicht um Affinity Charter, sondern erstmals um rein touristische Pauschalreisen, zu denen jeder Scharnow-Kunde Zugang haben sollte. Die Genehmigung aus den USA kommt prompt, aus Bonn dagegen eine Absage. Verkehrsminister Leber verweigert die Verkehrsrechte, weil die Flüge „gegen öffentliches Interesse" verstießen.

Die Atlantis AG hat im Zusammenhang mit der Umwandlung in eine Aktiengesellschaft im März 1969 eine Kapitalerhöhung von 1,5 Millionen DM auf 12 Millionen DM erfahren. Sie klagt vor dem Verwaltungsgericht in Köln gegen die Bundesrepublik Deutschland und erwirkt Ende März eine einstweilige Anordnung. Das Bundesverkehrsministerium muss die IT-Charterflüge mit Scharnow Reisen für Mai und Juni 1969 genehmigen. Einige Wochen später kommt dann auch grünes Licht für die weiteren 17 Flüge. Scharnow kann das USA-Programm im ursprünglich geplantem Umfange abwickeln. Die kräftige Kapitalerhöhung ist der erste Schritt auf dem Wege zur Expansion. Das eingezahlte Kapital verteilt sich auf 6300 Aktionäre, zu denen auch viele Freiberufler gehören.

Für den Kauf zusätzlicher Maschine – es wird an zwei neue DC-8 und drei neue DC-9-Flugzeuge gedacht – braucht die Atlantis weitere 45 Millionen DM. Um dieses Geld zu bekommen, wird die Flugkapital-Abschreibungs GmbH & Co KG gegründet. Das Kommanditkapital wird deutschen Investoren zur Zeichnung von Einzeltranchen in Höhe von mindestens 100.000 DM angeboten und kommt innerhalb weniger Wochen zusammen.

Es gibt nun neben der Atlantis AG noch eine gesonderte Flugzeugeignergesellschaft. Die Atlantis delegiert Werner Will in die Geschäftsführung der Flugzeugeignergesellschaft, der dort eigene Pläne und Aktivitäten entwickelt, in die er den Vorstand der AG nicht einweiht. Er versucht, zugleich auch selber mehr und mehr Aktien der Atlantis AG zu kaufen und so seinen Einfluss auf die Atlantis zu verstärken. In der Folge kommt es zu deutlichen Spannungen zwischen den ehemaligen Kollegen Will und Uhlig.

1970 Mit dem wachsenden Geschäft ist auch ein personeller Ausbau verbunden. Anfang 1970 wird der Verkaufsleiter und Prokurist der Atlantis, York Hevelke, in den Vorstand berufen. Im April 1970 holt sich die Atlantis Dr. Horst W. Kitzki, der bisher in der Rechtsabteilung der Lufthansa-Hauptverwaltung arbeitete und nun bei der Atlantis die Abteilung Internationale Verkehrsrechte übernimmt. Der schon bei Südflug tätige Peter Landsberger, der spätere DER-Chef, ist zunächst Stationsleiter in Mallorca und wird dann in USA verantwortlich für die „Ground Operation".

Obwohl die Atlantis eine intensive Kontaktpflege zur Fach- und Publikumspresse pflegt, gerät sie durch eine ZDF-Sendung „Bilanz" im April 1970 ins Gerede. Es wird auf unseriöse Geschäfte eines Martin Lothar Baumann im Zusammenhang mit der Abschreibungs-KG der neuen Flugzeuge der Atlantis verwiesen. Baumann sei ein Experte für Abschreibungsfirmen und bekannt für zweifelhafte Praktiken, mit denen sich ein Landeskriminalamt beschäftige. Es erhebe sich die Frage, ob die den Kapitalgebern in Aussicht gestellten steuerlichen Vorteile von den Finanzämtern tatsächlich gewährt würden.

Die Geschäftsentwicklung der Atlantis AG verläuft unterdessen positiv. Im Geschäftsjahr 1969/1970 werden 315.580 Gäste befördert. Mit den fünf DC-8 und drei DC-9-Maschinen werden insgesamt 1430 Plätze angeboten. Zu den zwei geleasten DC-8 werden drei neue DC-8 und drei neue DC-9 von der Flugzeugeignergesellschaft angemietet. In der Öffentlichkeit macht die Atlantis AG immer wieder Wirbel, weil sie massiv gegen Vorrechte der im Staatsbesitz befindlichen Linienluftverkehrsgesellschaften protestiert. So beantragt sie über die IT-Charter hinaus Verkehrsrechte für Liniendienste in die USA und präsentiert ein neues Preiskonzept. Sie möchte Linie fliegen auf den Strecken Frankfurt–New York und Frankfurt–Los Angeles, was erneut vom Bundesverkehrsministerium in Bonn abgelehnt wird. Auch jetzt heißt es, durch solche Liniendienste würden „öffentliche Verkehrsinteressen beeinträchtigt". Die Begründung des Bundesverkehrsministeriums lautet im Einzelnen: „Die von der Atlantis gebotenen Vorteile kämen lediglich einer kleinen Zahl von Benutzern zugute, die Interessen dieser Minderheit aber müssen nach Auffassung des Ministers hinter denen der Allgemeinheit zurückstehen. Luftverkehr über weite Strecken sollte kein Privileg für wenige Zahlungskräftige sein."

1971 Ab Juli 1971 fliegt die Atlantis wöchentlich für den neu gegründeten Veranstalter Terramar AG von Frankfurt nach Mexiko. Gründer und Aktionäre der Terramar AG sind wiederum Flugkapitän Werner Will und Atlantis-Vorstand Tilman Uhlig, obwohl die Beziehungen zwischen den beiden zu dieser Zeit schon gespannt sind. Die Verflechtung zwischen dem Vorstand der Atlantis AG und der Terramar AG wird nicht bekannt, da es sich um Inhaberaktien handelt. Trotz der vielfältigen Aktivitäten verläuft das Geschäftsjahr 1971 nicht so erfolgreich wie gewünscht. Die Atlantis fliegt an das Mittelmeer und auf die Kanarischen Inseln, nach Acapulco, nach Nairobi, nach Singapur, New York, San Francisco und Los Angeles. Aber eine Dollar-Abwertung und erhebliche Kostensteigerungen in vielen Bereichen belasten das Ergebnis. Zusätzliches Geschäft will die Atlantis mit ihren Aktionären und Kommanditisten machen, die natürlich an Reisen zu Sonderkonditionen interessiert sind, auch weil sie bisher keine Dividenden erhalten haben. Der Atlantis-Vorstand will es jedoch nicht mit seinen Reiseveranstalter-Kunden und den deutschen Reisebüros verderben. Sonderbedingungen für Aktionäre unterhalb der marktüblichen Preise würden die Branche wahrscheinlich gegen die Atlantis einnehmen. Deshalb fragt der Vorstand seinen Abteilungsleiter Dr. Horst Kitzki, ob er unter eigenem Namen Reisen für die Aktionäre ausschreiben und damit für eine zusätzliche Beschäftigung der Flugzeuge sorgen wolle. Kitzki stimmt zu und gründet 1971 in Frankfurt seine Firma Ikarus Tours Dr. Horst Kitzki. Er schreibt Flugreisen exklusiv für Atlantis-Aktionäre nach Ostasien aus, die sich gut verkaufen.

Die zusätzliche Beschäftigung löst aber nicht das stärker werdende Finanzproblem der Atlantis AG. Das Geschäftsjahr 1970/71 bringt Verluste. Für das stürmische Wachstum und den Betrieb der Flotte mit acht modernen Maschinen braucht der Vorstand mehr Betriebskapital. Ausgerechnet in dieser Situation bricht auch noch ein Übernahmekampf mit dem Münchner Bauunternehmer und Investor Josef Schörghuber aus. Er hat Probleme mit seiner eigenen Fluggesellschaft Germanair und erhofft sich Vorteile für diese aus einer engeren Zusammenarbeit mit der Atlantis. Daran ist der erfolgreiche Vorstand der Atlantis AG jedoch nicht interessiert. Er wehrt sich gegen das angebotene Problemkind. Damit macht er sich Schörghuber zum Feind. Es gelingt Schörghuber, die Sperrminorität der Atlantis AG zu erwerben. Er stellt drei Aufsichtsratsmitglieder und sorgt dafür, dass der Vorstandsantrag auf Kapitalerhöhung abgelehnt wird. Es gelingt ihm außerdem, sämtliche Geschäftsanteile der drei Eignergesellschaften der Atlantis-Flugzeuge von Werner Will zu erwerben. Damit kontrolliert er sechs moderne Flugzeuge von McDonnell Douglas. Nur zwei Flugzeuge sind im Eigentum der Atlantis.

Mit seinem Einfluss im Aufsichtsrat erzwingt Schörghuber schließlich, dass Atlantis und Germanair eine enge technische Zusammenarbeit vereinbaren, die aber nicht mehr zum Tragen kommt. Beide Gesellschaften verfügen gemeinsam über 16 Düsenmaschinen mit einer Kapazität von insgesamt 2151 Sitzen und könnten nach den Vorstellungen von Schörghuber gemeinsam zu einer ernsthaften Konkurrenz der Condor werden. Vorstand und Aktionäre der Atlantis AG sind aber gegen eine Fusion beider Gesellschaften, denn durch das Zusammenlegen zweier Kranker in ein Bett macht man sie noch lange nicht gesund.

Die Atlantis braucht dringend zusätzliches Kapital und hofft auf eine Beteiligung der KLM, mit der ein Wartungsvertrag besteht. Der Vorstand bemüht sich außerdem um eine Landesbürgschaft in Hessen. Der Finanzbedarf wird auf 20 Mil-

Die Kanaren rüsten ihre Hotellerie so auf, dass die Inseln für die Chartergesellschaften wichtige Ziele werden können.

lionen DM geschätzt. Schörghuber hat in der Zeit seiner Übernahmeversuche der Atlantis AG mit einem Darlehen ausgeholfen, das er nun zurückfordert. Die Atlantis ist zur Rückzahlung nicht in der Lage. Nun holt er sich auf Grund abgetretener Forderungen das Geld von den Veranstaltern wieder herein. Das spricht sich natürlich herum und trägt auch nicht gerade zu einer Vertrauensbildung für die Atlantis bei. Als Schörghuber im Sommer 1972 durch seine Sperrminorität die Kapitalaufstockung ein zweites Mal verhindert, sorgt er gleichzeitig dafür, dass Tilman Uhlig von seinem Vorstandsposten freigestellt und beurlaubt wird. Dafür kommt der ehemalige General Eike Middeldorf in den Atlantis-Vorstand. Aber er bewegt nichts. Nach drei Monaten holt man Uhlig zurück, der sich heute noch wundert, dass er diesem Rückruf gefolgt ist.

Die Katastrophe ist nicht aufzuhalten. Die personellen Auseinandersetzungen und finanziellen Schwierigkeiten werden über Monate hinweg in aller Öffentlichkeit ausgetragen. Die Aktionärs-Schutzvereinigung wirft in einem Antrag an die Hauptversammlung Werner Will vor, er habe sich sowohl als Vorstand als auch als Aufsichtsratsmitglied unter Schädigung der Atlantis und der Kommanditgesellschafter persönlich bereichert. Das ist starker Tobak und führt zu einem weiteren Vertrauensverlust in der Reisebranche. Immer mehr Reiseveranstalter ziehen sich von der Atlantis zurück. TUI, NUR, Hetzel und selbst Terramar kündigen ihre Verträge, zum Teil fristlos.

1972   Im Oktober 1972 beschließt der Vorstand unter Tilman Uhlig die Betriebseinstellung. Das führt zur Konkursanmeldung. 240 Piloten und 850 Stewardessen stehen auf der Straße. Der Konkursverwalter registriert 2000 Forderungsanmeldungen über insgesamt 15 Millionen DM, die im Laufe der Folgejahre sämtlich befriedigt werden. Lediglich die Wartungshalle am Frankfurter Flughafen ist ein Problem. Schörghuber will nach dem Zusammenbruch die geleasten Maschinen der Atlantis übernehmen. Das lehnen die Leasinggesellschaften jedoch ab.

Der Zusammenbruch der Atlantis hinterlässt einen faden Geschmack. Die Gesellschaft wurde ordentlich geführt. Die finanzielle Schwäche wird von manchen Fachleuten darauf zurückgeführt, dass die Leasingverträge von den Eignergesellschaften hinter dem Rücken des Vorstandes zu erhöhten Raten abgeschlossen wurden. Die Differenz zwischen den gezahlten Leasingraten und dem marktüblichen Preis müsste an anderer Stelle zu beträchtlichen Einnahmen geführt haben. Wenn daraus im Ausland ein finanzielles Polster angelegt worden sein sollte, wofür einiges spricht, was aber nie bewiesen werden konnte, dann stand dieses jedenfalls dem Atlantis-Vorstand nicht zur Verfügung.

Nutznießer des Zusammenbruchs der Atlantis AG ist die im gleichen Jahr gegründete Hapag-Lloyd Fluggesellschaft, die nahtlos in die Mittelstreckenverkehre der Atlantis einsteigen kann. TUI, Neckermann und Hetzel sind die ersten Großkunden von Hapag-Lloyd.

Mexiko ist das Ziel, mit dem Terramar 1970 in den Markt geht. Jede Woche bringt eine DC-8 Passagiere nach Acapulco.

Terramar, die heimliche Tochter der Atlantis

Die Atlantis-Fluggesellschaft ist gerade mal zwei Jahre alt, da gründet Werner Will im Jahr 1970 den Reiseveranstalter Terramar. Die Öffentlichkeit merkt zunächst nicht, dass Atlantis-Boss Will dahinter steckt. Das Kapital der neuen Aktiengesellschaft von 500.000 DM kommt angeblich zu 40 Prozent aus den USA. Über die Aktionäre werden zunächst keine weiteren Angaben gemacht. Zum Vorstand der Gesellschaft wird Peter Runge berufen, der bisher Leiter der Planungs- und Entwicklungsabteilung bei Quelle Reisen ist.

Terramar beginnt am 1. Juli 1971 mit einem wöchentlichen Dienst von Frankfurt am Main nach Acapulco, Mexiko. Geflogen wird mit einer DC-8 der Atlantis. Die Preise sind günstig. Eine Woche Acapulco einschließlich Hin- und Rückflug sind schon für 990 DM zu haben. Das Angebot wird sofort vom Markt aufgenommen. Nach den ersten sechs Wochen hat Terramar bereits 1600 Gäste nach Mexiko geflogen. 15 Monate nach Aufnahme des Mexiko-Verkehrs ist die Atlantis am Ende. Terramar fliegt deshalb ab Oktober 1972 mit einem Condor-Jumbo nach Acapulco, der nun doppelt so viele Passagiere befördern kann wie die DC-8 der Atlantis. Aber Terramar hat nur Erfolge zu vermelden, senkt 1974 sogar die Preise, um Konkurrenzprogramme von TUI und NUR keine Chance zu lassen.

In den Jahren ab 1975 ist nicht mehr nur von außerordentlichen Geschäftszuwächsen die Rede, sondern auch von Personalwechseln und Veränderungen der Gesellschaftsform und von der Höhe des haftenden Kapitals. Peter Runge, späterer Geschäftsführer des Bundesverbandes mittelständischer Reisebüros (ASR), scheidet 1975 aus dem Vorstand aus. Im selben Jahr wird die Terramar AG in eine GmbH

1971

239

umgewandelt. Offiziell heißt es: „Der alleinige Aktionär bleibt auch einziger Gesell-schafter." Es handelt sich, wie sich inzwischen herumgesprochen hat, um Werner Will. Das GmbH-Kapital beträgt nur noch die Hälfte des vormaligen Aktienkapitals: 250.000 DM. Das wird 1976 geändert. Es soll auf zwei Millionen DM erhöht werden, wovon Werner Will 250.000 DM und die „ihm nahe stehende Aero-Vermögensver-waltung" 1,5 Millionen DM aufbringen. Tatsächlich wird das haftende Kapital dann doch nicht auf zwei Millionen, sondern nur auf eine Million DM erhöht. Eine wei-tere Million ist angeblich eine stille Einlage. In der Geschäftsführung findet ein Wechsel statt: Der Nachfolger von Peter Runge, York Hevelke, scheidet aus, an seine Stelle folgt der bisherige Prokurist J. D. Wetzler.

1976 In den Jahren 1976, 1977 und 1978 verzeichnet die Terramar rasante Zuwächse zwischen 40 und 50 Prozent pro Jahr. Im Geschäftsjahr 1978/79 steigt die Zahl der Gäste sogar um 57 Prozent auf 20.480. Im Jahr 1975 stellt Terramar ein Kuba-Pro-gramm auf Grund mangelhafter organisatorischer Voraussetzungen und Nicht-einhaltung von Verträgen wieder ein, nimmt dafür bald darauf aber Jamaika ins Programm. Die Flugkapazität für diese Strecke wird im November 1979 von 90 Plät-zen auf 270 Plätze pro Woche verdreifacht. Gleichzeitig wird der Europadirektor von Air Jamaica zu Terramar geholt, wo er die Verkaufsleitung übernimmt. Aber es gibt finanzielle Probleme. 1980 werden hektische Verhandlungen mit fast allen nam-haften Reiseunternehmen in Deutschland geführt. Werner Will will verkaufen. Jeder, der tiefer in die Bücher guckt, winkt ab. Die Firma ist hoch verschuldet, aber Will lässt durchblicken, dass nicht alle kassierten Gelder in den Büchern von Terra-mar enthalten seien. Die Gesprächspartner erinnern sich an die Vorwürfe der Aktionärsschutzvereinigung der Atlantis im Sommer 1972. Damals hieß es, Werner Will habe sich persönlich bereichert. Man fragt sich jetzt, wie der Terramar-Gesell-schafter Aero-Vermögensverwaltung, hinter der Werner Will steht, zu seinem Geld gekommen ist.

Jedenfalls ist die Terramar am Ende. Einen gibt es noch, der am 25. September 1980 sogar noch stolz verkündet, er habe sich mit 25,5 Prozent an der Terramar beteiligt: die ASR Reise- und Service GmbH, die kommerzielle Tochtergesellschaft des ehrgeizigen Bundesverbandes selbstständiger Reisebüros. Auf kritische Fragen, ob diese Beteiligung gründlich überlegt und klug sei, antwortet Peter Maciejewski, Geschäftsführer der Service-GmbH: „Wir sind Kaufleute, wir wissen, was wir tun." Innerhalb von drei Monaten meldet die Terramar GmbH Konkurs an. Die Gesell-schaft verfügt über keinerlei Mittel mehr. Der Terramar-Vertreter in Mexiko, wo viele Hotels offene Forderungen an die Gesellschaft in den Büchern haben, wan-dert sogar für einige Wochen ins Gefängnis. Werner Will kann man nichts Unrech-tes nachweisen. Er macht 1982 sogar noch einmal ein Anschlussgeschäft, indem er die Rechte an dem Markennamen Terramar an NUR verkauft, die unter diesem Titel dann ihre Premium-Marke entwickeln.

240

Josef Schörghuber: Neue Baustellen im Tourismus

In den 6oer Jahren beginnt sich der Münchner Bauunternehmer Josef Schörghuber für den Tourismus zu interessieren. Er beteiligt sich 1968 mit 26 Prozent an der Gründung der Charterfluggesellschaft Bavaria. Zwei Jahre später, 1970, steigt er auch bei der Germanair ein, bei der er seine Beteiligung bis 1972 auf 97 Prozent erhöht. Im selben Jahr versucht Schörghuber, auch die Atlantis AG unter seine Fittiche zu bekommen, was allerdings misslingt. Ende 1972 geht Atlantis in Konkurs.

1968

Josef Schörghuber.
Er beginnt Ende
der 6oer auf den
Tourismus zu bauen.

Bavaria/Germanair machen dem Unternehmer keine Freude. Dazu kommt, dass Schörghuber sich als Bauunternehmer mit dem Bau des olympischen Dorfes in München und dem Kauf des zerstörten Löwenstein-Palais in Frankfurts Innenstadt finanziell stark engagiert hat. Dieses Grundstück verkauft er später an die Deutsche Bank, die dort durch seine Baufirma ihre beiden Hochhäuser „Soll" und „Haben" errichten lässt.

Im Jahr 1977 verkauft Schörghuber seine inzwischen auf dem Papier fusionierte Bavaria/Germanair an Hapag-Lloyd. Als das Kartellamt zwei Jahre später die Fusion von Bavaria/Germanair mit Hapag-Lloyd Flug genehmigt, geschieht dies mit der Auflage, dass Hapag-Lloyd auf ein Konkurrenzverbot verzichtet und ihm die Benutzung des Namens Bavaria freistellt. Schörghuber soll die Möglichkeit haben, sich weiter unternehmerisch in der Luftfahrt zu betätigen.

„Soll" und „Haben"
nennen die
Frankfurter die
Türme der
Deutschen Bank..
Sie stehen auf
einem ehemaligen
Schörghuber-
Grundstück.

Das tut er dann auch, aber ganz anders, als das auf Wettbewerb erpichte Kartellamt glaubt. Schörghuber bestellt 1979 zwei Boeing B-737 mit je 130 Sitzen für rund 25 Millionen DM, die 1980 ausgeliefert werden. Mit diesen Maschinen beginnt er allerdings keinen neuen Flugbetrieb, sie sind vielmehr der Grundstock für Schörghubers Bavaria Flugleasing GmbH. Er kauft Flugzeuge und vermietet sie an Fluggesellschaften, die diese unter ihrem eigenen Namen betreiben. Inzwischen ist seine Leasing-Flotte auf 30 Flugzeuge angewachsen, die überall auf der Welt im Einsatz sind. Nicht immer ist das, was außen drauf steht, auch innen drin im Eigentümerverzeichnis.

Josef Schörghuber, der Geschichte in Deutschlands Nachkriegsfliegerei schrieb und jahrelang auf der ITB in Berlin seine Geschäftsfreunde zu einem Galaabend einlud – eine damals sehr begehrte Einladung –, hat die Bewirtung von Gästen zu einem weiteren Standbein seiner Firmengruppe gemacht. 1968 baut Schörghuber sein erstes Arabella-Hotel. Inzwischen gibt es in Deutschland 14 Häuser sowie zwei Hotels auf Mallorca. 1998 wird ein Joint-Venture-Vertrag mit ITT Sheraton geschlossen, aus der die gemeinsame Gesellschaft Arabella Sheraton Hotelmanagement GmbH hervorgegangen ist. Die unternehmerische Leitung liegt bei der Schörghuber-Gruppe, die 51 Prozent an der Management-Gesellschaft hält. Das Unternehmen betreibt zurzeit 20 Hotels in Deutschland, der Schweiz und auf Mallorca. Stefan Schörghuber hat nach dem Tode seines Vaters 1995 die

Verfügt über
gute Kontakte:
Josef Schörghuber,
hier mit Franz-
Josef Strauss.

Führung der Unternehmensgruppe übernommen. Er wird im Bereich Dienstleistungen, zu dem die Hotellerie gehört, durch Vorstandsmitglied Robert Salzl vertreten, dem ehemaligen Chefpiloten der Lufthansa, der sich gern daran erinnert, dass er nach der Wende die erste Lufthansa-Maschine nach Berlin geflogen hat.

Paninternational: Zwei Jahre sind genug

PANINTERNATIONAL

Ihr war kein Glück
beschieden.

1969

Schon Ende der 6oer Jahre bezeichnet sich die Paninternational-Gruppe in München als einzigen Konzern, der die vertikale Integration verwirklicht, indem er Reiseveranstalter, Fluggesellschaft und Hotelbeteiligungen unter ein Dach gebracht habe. Wenn man vom kurzen Miteinander Dr. Tigges-Fahrten und Transavia 1957/58 absieht, stimmt die Behauptung. Die Keimzelle des Konzerns ist das 1963 gegründete Spezialunternehmen für Jugendreisen Paneuropa. 1969 wird die Fluggesellschaft Paninternational ins Leben gerufen, die im Juni 1969 ihren Betrieb aufnimmt.

Mit dem Namen hatte es Schwierigkeiten gegeben. Die Firma nannte sich zunächst Germania Air Fond GmbH & Co KG, wurde dann aber wegen des älteren Konkurrenzunternehmens Germanair in Panair umbenannt. Hiergegen erhob wiederum die Pan American Einspruch, so dass man schließlich bei dem Namen Paninternational landete. Die Gesellschaft hat bei Gründung die Rechtsform einer GmbH & Co KG gewählt, an der die Paneuropa mit einer Kommanditeinlage von 500.000 DM beteiligt ist. 1970 wird das Unternehmen in eine KG umgewandelt. Persönlich haftende Gesellschafter sind der Kaufmann Jürgen Botzenhardt und der Chemiker Dr. Tassilo Trommer. Das eingezahlte Kapital beträgt 50 Millionen DM. Für die Finanzierung nutzt man die Möglichkeit der steuerlichen Sonderabschreibung, wie das bereits im Schiffbau und bei den Berlin-Investitionen möglich und üblich ist. Bei diesem Verfahren kann jeder Kommanditist das Doppelte seiner Einlage als Sonderabschreibung steuerlich verrechnen. Die Anteile sind allerdings für fünf Jahre unkündbar. Paninternational gewinnt rund 1100 Kommanditisten, die mit einer Mindesteinlage von 10.000 DM dem Unternehmen ein Kapital von 15,5 Millionen DM zur Verfügung stellen.

Im Sommer 1970 fliegt Paninternational mit drei BAC 1-11-500, die über je 114 Sitzplätze verfügen. 55 Prozent der Flugkapazität werden von der eigenen Paneuropa genutzt, die nun Programme für das breite Publikum herausbringt und sich nicht mehr mit dem begrenzten Jugendreisemarkt begnügt. Die verbleibenden 45 Prozent der Flugkapazität werden an 34 kleinere und größere Reiseveranstalter, darunter auch an NUR, verchartert. Die Fluggesellschaft erzielt 1970 mit 270.000 Passagieren einen Umsatz von 36 Millionen DM. Außerdem hält die Gruppe auch Hotelbeteiligungen, die aus jeweils 51 Prozent an Häusern auf Sizilien, an der Côte d'Azur und in Kamerun bestehen.

242

Der Verkauf der Paneuropa-Programme wird durch 14 eigene Reisebüros in deutschen Großstädten unterstützt. 1969 zählt der Veranstalter Paneuropa 50.000 Gäste, für 1970 werden 70.000 bis 80.000 Kunden mit einem Umsatz von 45 Millionen DM erwartet. Das sind etwa 15 Prozent des Volumens, das der Marktführer Scharnow-Reisen im selben Jahr produziert: 500.000 Gäste.

Für den Winter 1970/71 übernimmt der Schweizer Veranstalter Hotelplan 50 Prozent der Paninternational-Flugkapazität. Paninternational/Paneuropa ist ehrgeizig: Das Unternehmen will immer der billigste Anbieter sein. Man kalkuliert äußerst knapp und arbeitet mit Eckpreisen, die sich am Rande der Seriosität bewegen. So stehen etwa für das Superangebot von 998 DM für eine 16-tägige Reise nach Barbados mal gerade fünf Apartments zur Verfügung. Zwei Wochen Caracas einschließlich Übernachtung und Frühstück werden für 1048 DM angeboten. Rio de Janeiro ist ab 1325 DM zu haben, neun Tage Nairobi ab 648 DM. 1971 werden zwei Boeing B-707 von American Airlines gekauft. Zur Flotte von Paninternational gehören nun außer diesen zwei Boeing B-707 vier BAC 1-11 und eine Super BAC 1-11. Die Gesamtkapazität beträgt 816 Sitzplätze.

Aber mit dem wachsenden Geschäft wachsen auch die Probleme. Paninternational wird mit dem schnellen Wachstum und dem zweifelhaften Ziel, immer der Billigste zu sein, nicht fertig. Rio de Janeiro wird beispielsweise als attraktives Reiseziel angeboten, ohne dass Verkehrsrechte für Brasilien vorliegen. Man ist gezwungen, eine Zwischenlandung in Asunción, Paraguay, zu machen, was einen zusätzlichen Zeit- und Kostenaufwand von drei Stunden mit sich bringt. Trotzdem wird der Reisepreis nicht erhöht. Die Zahl der ernsthaften Reklamationen geht sprunghaft in die Höhe. Die Stiftung Warentest beschäftigt sich mit Paninternational und deckt schwere Mängel bei dem „Münchner Discounter ohne Fallschirm" auf. Von Reisen nach Ceylon werden skandalöse Fehlleistungen bekannt. Der Reiseleiter weist reklamierende Kunden zurecht: „Je weniger Arbeit Sie mir machen und je weniger Sie mich belästigen, umso besser. Ich arbeite sehr ungern." Der Frankfurter Reiseveranstalter GUT löst wegen der kritischen Berichte seinen Vertrag mit den Münchnern.

Da Paninternational über keine eigenen Wartungseinrichtungen verfügt, müssen die Mittelstreckenmaschinen alle 46 Flugstunden zur Wartung in das englische Herstellerwerk. Das führt zu einem Rekord an Unpünktlichkeit, Unbequemlichkeit und schlechtem Kundenservice. Bei 1000 Abflügen pro Monat stellt die Firmenleitung selbst eine durchschnittliche Verspätung von 48 Minuten fest. Paninternational bekommt die hausgemachten Probleme nicht in den Griff.

Im Juli 1971 wendet sich Flugleiter Jo Kühnel gemeinsam mit ausgeschiedenen Mitarbeitern des Unternehmens an das Bundesluftfahrtamt. Er macht auf schwere Mängel in den Sicherheitsvorkehrungen aufmerksam. Der CSU-Vorsitzende und Bundestagsabgeordnete Franz-Josef Strauß nimmt diesen Zustand zum Anlass für eine parlamentarische Anfrage im Bonner Parlament. Verkehrsminister Georg

Georg Leber. Der Verkehrsminister weist die Vorwürfe zurück.

Karl Wienand spielt eine Rolle als Berater – und kommt ins Gerede.

Leber (SPD) weist die Vorwürfe zurück. Entweder hätten sich die Vorwürfe bei näherem Hinsehen als unzutreffend erwiesen, oder sie seien durch inzwischen vorgenommene Verbesserungen gegenstandslos geworden. Man munkelt von Protektion, ein einflussreicher Politiker hat angeblich einen Beratervertrag mit Paninternational und halte seine Hand über sie. Die CSU besteht auf Einsetzung eines parlamentarischen Untersuchungsausschusses.

Später stellt sich heraus, dass dieses Gerücht auf Tatsachen beruhte. Der parlamentarische Geschäftsführer der SPD-Bundestagsfraktion, Karl Wienand, damals 44 Jahre alt, hatte tatsächlich einen lukrativen Beratervertrag mit Paninternational. Die Behauptung, er habe seine politischen Beziehungen benutzt, um die reklamierten Sicherheitsmängel herunterzuspielen, kann allerdings nicht bewiesen werden. Trotzdem scheidet Wienand während der laufenden Legislaturperiode 1974 aus dem Deutschen Bundestag aus. 20 Jahre später erreicht derselbe Karl Wienand wegen enger Kontakte zum Geheimdienst der DDR erneut eine traurige Berühmtheit. Er wird wegen Spionage für die DDR zu zweieinhalb Jahren Haft und zur Rückzahlung des Agentenlohns in Höhe von einer Million DM verurteilt. Die Vollstreckung der Freiheitsstrafe wird allerdings im April 1999 auf dem Gnadenwege zur Bewährung ausgesetzt.

Der öffentliche Wirbel im Sommer 1971 bewirkt jedenfalls, dass die Betriebsgenehmigung für Paninternational über das Ablaufdatum 4. Oktober 1971 hinaus nur eingeschränkt verlängert wird. Die öffentliche Diskussion über die Sicherheitsstandards bei Paninternational führt zu einem unmittelbaren Vertrauensverlust im Markt. Am selben Tag, an dem die CSU im Deutschen Bundestag die Einsetzung des parlamentarischen Untersuchungsausschusses durchsetzt, beendet Neckermann die Zusammenarbeit mit Paninternational und erklärt, dass ein geplanter Fünfjahresvertrag ab 1. November 1971 nicht zum Tragen kommen wird.

Dramatisches Ende: Eine Maschine von Paninternational muss auf der Autobahn bei Hamburg notlanden. 22 Menschen finden den Tod.

Die Münchner Reiseveranstalter Axmann und ADAC sowie Hetzel Reisen in Stuttgart und Werop in Hagen sind kurz zuvor ebenfalls von der Zusammenarbeit mit Paninternational zurückgetreten. Am 6. September 1971 kommt es zu einer fast vorhersehbaren Katastrophe. Eine BAC 1-11 gerät unmittelbar nach dem Start in Hamburg-Fuhlsbüttel in Not. Die Maschine gewinnt keine Höhe und erreicht mit Ach und Krach die Autobahn Hamburg-Kiel. Die Notlandung auf der zweispurigen Autobahn klappt zwar noch, aber die Maschine zerschellt mit großer Geschwindigkeit an der nächsten Autobahnbrücke und geht in Flammen auf. Von den 121 Passagieren finden 22 den Tod. Ursache des missglückten Starts war ein Kanister mit destilliertem Wasser. Dieses benötigte die Maschine beim Start zum Kühlen der Turbinen. Der Kanister war jedoch nicht gereinigt, so dass sich das saubere Wasser mit Treibstoffresten vermischte. Das löste kurz nach dem Start die Probleme aus, die zur Notlandung zwangen. Das ist das Ende der damals drittgrößten deutschen Charterfluggesellschaft. Auch sie lebte nur zwei Jahre.

1971

Hapag-Lloyd geht in die Luft

Ende der 60er Jahre häufen sich die schlagzeilenträchtigen Pannen und Zusammenbrüche bei Charterfliegern und Reiseveranstaltern. Das Ansehen der Reisebranche, der Ruf der Charterflieger, das Vertrauen in die „Ferien-Macher" sinken zusehends. Hapag und Lloyd, seit Gründung vor über 100 Jahren mit dem Reiseverkehr und dem Tourismus eng verwoben, registrieren den Rückgang des Passagierverkehrs auf dem Nordatlantik. Der schnell wachsende Düsenluftverkehr mit der Boeing B-707 hat der Linienschifffahrt die Passagierbeförderung über den Nordatlantik abgenommen. Der Passagierdienst des Norddeutschen Lloyd schreibt rote Zahlen und wird 1970 eingestellt. Es liegt eigentlich nahe und wäre konsequent, wenn die Schifffahrt sich den sich verändernden Verkehrsströmen anpasste und dem Kunden vom Wasser in die Luft folgte.

Ein Start gegen Widerstände.

1970

Der konkrete Anstoß dazu kommt von außen. Die AG Weser, eine der Bremer Großwerften, hat enge Geschäftsbeziehungen zum Nahen Osten. 1969 kommt eine Delegation aus den Vereinigten Arabischen Emiraten nach Bremen, um über den Bau von Tankern zu verhandeln. In diesem Zusammenhang entsteht auch ein spezielles Projekt für Dubai: der Aufbau einer eigenen Fluggesellschaft. Gesprächspartner bei der AG Weser sind der Werftchef Jürgen Krackow und Dr. Hinrich Bischoff, der schon in jungen Jahren durch eine glückliche Kombination von Kreativität und kühlem Rechnen auf sich aufmerksam macht. Bischoff entwickelt für Dubai das Flugprojekt, das sich aber wieder zerschlägt. Seine Planungen und Vorschläge fließen Jahre später ein in die Gründung von Emirates, das Gemeinschaftsunternehmen der Vereinigten Arabischen Emirate.

245

Als Hinrich Bischoff im Oktober 1971 in den Bremer Tageszeitungen von der Übergabe der „Bremen" an einen griechischen Reeder liest, ist er von dem persönlichen Engagement des Hapag-Lloyd-Vorstands Dr. Horst Willner beeindruckt, der beim Einholen der Hapag-Lloyd-Flagge mit den Tränen zu kämpfen hat. Bischoff erkennt, dass Hapag-Lloyd einen Ersatz für die Not leidende Passagierschiffahrt braucht und der Luftverkehr eine interessante Ergänzung, vielleicht sogar eine Alternative für den Passagierverkehr auf dem Wasser darstellen kann. Am 11. Dezember 1971 ist er bei Willner und trägt ihm seine Überlegungen und Vorschläge vor. Willner ist sofort überzeugt, bittet aber – typisch für ihn – um eine schriftliche Vorlage. Die erarbeitet Bischoff während des Weihnachtsurlaubs in den Schweizer Alpen. Willner und auch Richard Bertram, einer der beiden Vorstandssprecher der Hapag-Lloyd AG, sind begeistert, Werner Traber, der andere Vorstandssprecher, ist zunächst dagegen. Paul Lepach, TUI-Chef in Hannover, äußert sich auf Fragen sehr zurückhaltend. Wie sein Vorstandskollege Dr. Jürgen Fischer befürchtet er, dass Hapag-Lloyd zur besseren Flugauslastung seine eigene Veranstaltertätigkeit ausbauen könnte.

Um zu einer einheitlichen Meinung zu kommen, wird Hinrich Bischoff zu einer Vorstandssitzung in Hamburg im Mai 1972 eingeladen. Bischoff ist in Bestform und überzeugt alle Anwesenden, dass es für Hapag-Lloyd an der Zeit ist, in die Luft zu gehen. Neben Bertram und Willner ist Hans-Jakob Kruse, der spätere Hapag-Lloyd-Boss, von Anfang an von Bischoffs Vorschlag begeistert. Aber auch die bisher zögernden Vorstandskollegen haben nun ihre letzten Zweifel verloren. Als nächstes muss der Hapag-Lloyd-Aufsichtsrat überzeugt werden. Zur Septembersitzung des Präsidiums im Hause der Dresdner Bank an Düsseldorfs Königsallee ist zusätzlich zum Hapag-Lloyd-Vorstand auch Bischoff geladen.

Ein starker Widerstand gegen die Flugpläne von Hapag-Lloyd kommt von Dr. Andreas Kleffel, Vorstandsmitglied der Deutschen Bank. Im Präsidium sind ebenfalls die Dresdner Bank und die Münchner Rückversicherung durch je ein Vorstandsmitglied vertreten. Willner legt dar, dass es auf dem deutschen Flugtouristikmarkt einen Bedarf für eine seriöse Alternative zur Lufthansa-Tochter Condor gebe, die anderenfalls in eine Monopolsituation hineinwachse. Ein bereits bestehender freundschaftlicher Kontakt zur TUI, bei der Hapag-Lloyd unter Einrechnung der indirekten Beteiligungen durch Anteile an ABR und DER stärkster Gesellschafter ist, zu Neckermann, Hetzel und den großen Kaufhausunternehmen, die gute Frachtkunden von Hapag-Lloyd sind, sei eine solide Basis für das neue Unternehmen. Man wolle mit fünf Boeing-Flugzeugen des Typs B-727-100 beginnen und erste Erfahrungen sammeln.

Dr. Andreas Kleffel von der Deutschen Bank ist strikt dagegen. Von seinem Sitz in Düsseldorf aus kümmert er sich unter anderem um die Flugzeugfinanzierung der LTU und der Condor. Kleffel zweifelt die vorgelegte Rentabilitätsberechnung an und unterstellt das Fehlen jeglichen Sachverstandes bei Hapag-Lloyd in Sachen Luftverkehr. Ohne ein Know-how, wie es beispielsweise bei der LTU vorhanden sei, traue er Hapag-Lloyd die Realisierung eines so ehrgeizigen Projektes nicht zu. Mit dieser Ablehnung wird der Vorstand wieder nach Hause geschickt, der seine Enttäuschung im Speisewagen von Düsseldorf nach Bremen und weiter nach Hamburg durch flüssige Nahrung zu ertränken versucht.

Natürlich gibt der Hapag-Lloyd-Vorstand nicht auf. Es wird überlegt, wie man Kleffel herumkriegen kann. Hinrich Bischoff hat die rettende Idee. Er fährt nach Düsseldorf und führt ein langes Gespräch mit Ernst Ahrens, dem Chef der LTU. Bischoff behauptet, die Gründung der Hapag-Lloyd Fluggesellschaft sei beschlossene Sache, und man sei an einer Kooperation mit der LTU interessiert, die möglicherweise eines Tages auch zu einer finanziellen Verflechtung führen könne. Ahrens sieht für die LTU eine Expansionschance und zeigt sich interessiert. Nach einigen Whiskys nach 18 Uhr – Ahrens liebte den Sundowner – diktiert Bischoff Ahrens' Sekretärin den Entwurf eines Entwicklungs- und Beratungsvertrages der LTU mit Hapag-Lloyd. Mit diesem Papier in der Tasche fährt der Hapag-Lloyd-Vorstand im Oktober 1972 zur nächsten Präsidiumssitzung.

Willner kommt auf die Ablehnung durch Kleffel zurück und tut so, als wolle er sich nur vergewissern, dass er Kleffel richtig verstanden habe. „Sie bemängeln fehlenden Sachverstand auf unserer Seite. Würden wir über das Wissen und die Erfahrungen der LTU verfügen, hätten Sie also keine Bedenken?" Kleffel stimmt dem zu. Daraufhin zieht Willner das Vertragsangebot von Ahrens aus der Tasche und erklärt freudig, Hapag-Lloyd könne Kleffels Bedenken zerstreuen. Das LTU-Wissen stehe Hapag-Lloyd zur Verfügung.

Auch zur Frage der Wirtschaftlichkeitsberechnung, die Kleffel angezweifelt hatte, hat Willner etwas zu sagen. Kleffel meint, die zu Grunde gelegte Jahresleistung von 3000 Flugstunden reiche wohl kaum aus, um das angepeilte positive Ergebnis von Anfang an zu erzielen. Willner hält dem entgegen, auf derselben Leistung von 3000 Flugstunden pro Jahr basiere die Rentabilitätsberechnung einer anderen deutschen Fluggesellschaft. Auf dieser Basis habe ihr eine deutsche Großbank vor kurzem die Finanzierung mehrerer Flugzeuge des Typs Boeing B-727-100 zugesagt, desselben Typs, den Hapag-Lloyd anschaffen wolle. Bei der Fluggesellschaft handele es sich um die Condor, bei dem Geldinstitut um die Deutsche Bank.

Willner: „Ich darf doch wohl erwarten, dass die Deutsche Bank sich bei Hapag-Lloyd nicht anders verhält als bei Condor/Lufthansa. Ich bitte darum, dass Sie Ihre Bedenken zurückstellen und unserem Vorschlag zustimmen." Kleffel reagiert ungehalten: „Ich bitte um eine kurze Pause. Ich möchte meine Kollegen anrufen." Daraufhin weist Präsidiumsmitglied Alzheimer von der Münchner Rückversicherung Kleffel zurecht: „Ihr Aufsichtsratsmandat ist ein persönliches, kein Mandat der Deutschen Bank. Sie müssen bitte hier und jetzt erklären, wie Sie sich verhalten wollen. Ihre persönliche Entscheidung ist gefragt." Kleffel zögert, die Luft ist zum Bersten. Alzheimer rettet die Situation, indem er den Hapag-Lloyd-Vorstand bittet, den Raum zu verlassen, damit die Aktionärsvertreter unter sich diskutieren können.

Nach einer guten halben Stunde werden die Herren wieder hereingebeten. Das Warten vor der Tür hat sich gelohnt. Es gibt grünes Licht für Hapag-Lloyds Flugpläne und innerhalb von zwei Monaten die endgültige Genehmigung. Wie es offiziell heißt, fiel die Entscheidung des Aufsichtsrats für Hapag-Lloyd-Flug einstimmig. Kleffel setzt allerdings durch, dass man klein anfängt und nicht mit fünf, sondern mit drei Maschinen beginnt. Kleffel hat die Geburtswehen der Fluggesellschaft nie vergessen. Das bekommt Dr. Horst Willner Jahre später deutlich zu spüren, als die Hapag-Lloyd-Flieger in gefährliche Turbulenzen geraten und hohe zweistellige Millionenverluste einfliegen. Der Sündenbock heißt Willner. Eingeweihte empfinden deshalb eine gewisse Ironie, dass eben jener Dr. Andreas Kleffel, inzwischen 85 Jahre alt, am 5. Juni 1999 in Hannover bei der Verabschiedung von Claus Wülfers aus den Vorständen der Hapag Touristik Union und der Hapag-Lloyd AG das Wort ergreift. Er bezeichnet Wülfers wegen seiner erfolgreichen Arbeit für die Hapag-Lloyd Fluggesellschaft als den Retter der Hapag-Lloyd-Gruppe insgesamt. Ausgerechnet Hapag-Lloyd Flug, deren Gründung Kleffel nur zögerlich und skeptisch zugestimmt hat, ist tatsächlich in den 80er Jahren zum entscheidenden Geldbringer des Hapag-Lloyd-Konzerns geworden.

1972 Im September 1972 wird die Hapag-Lloyd Flug GmbH mit den Geschäftsführern Dr. Hinrich Bischoff und Hans-Heinrich Wefing gegründet. Sie erhält ihren juristischen Sitz in Bremen und ihre operative Basis in Hannover. Hier steht eine leere Flugzeughalle zur Verfügung, die von der Bundesregierung für den Fall einer nochmaligen Berlin-Blockade durch die Sowjets vorgehalten wird.

Der Aufsichtsrat hat mit seiner Zustimmung die Empfehlung an den Vorstand verbunden, einige klärende Gespräche zu führen. Lufthansa, LTU und Bundesluftfahrtamt sollen aufgesucht werden, um unmittelbar von den getroffenen Entscheidungen zu erfahren. Willner trifft gemeinsam mit seinem Kollegen Hans-Herrmann Reschke Anfang August Dr. Herbert Culmann im Hamburger Atlantik-Hotel. Culmann ist Vorstandsvorsitzender der Lufthansa. Um Stellungnahme zu Hapag-Lloyds neuem Vorhaben gebeten, sagt er, er könne nur mit einem alten deutschen Sprichwort antworten: Schuster, bleib bei deinem Leisten. Damit macht er es Willner leicht, denn dieser genießt es nun, auf die Flugvergangenheit von Hapag und Lloyd zu verweisen. Beide waren als 27-Prozent-Gesellschafter der Deutschen Aero Lloyd AG an der Fusion 1926 mit der Junkers Luftverkehrs AG zur Deutschen Luft Hansa AG beteiligt und damit Gründungsgesellschafter der Lufthansa. Auch nach dem Zweiten Weltkrieg sind die beiden deutschen Reedereien im Luftverkehr engagiert. Gemeinsam mit der Lufthansa und der Deutschen Bundesbahn gründen sie im Dezember 1955 die Deutsche Flugdienst GmbH (DFG). Hapag und

NDL halten je 27,75 Prozent, gemeinsam also 55,5 Prozent, während die Lufthansa zunächst nur 26 Prozent der Anteile besitzt. Aus der DFG, inzwischen im Alleinbesitz der Lufthansa, wurde sechs Jahre später die Condor. Hapag und Lloyd waren also Gründungsväter nicht nur der Lufthansa, sondern auch der sich später gut entwickelnden Lufthansa-Tochtergesellschaft Condor. Mit der Gründung einer eigenen Fluggesellschaft bleibe die Reederei in ihrer eigenen Tradition: Sie befördere Passagiere, die inzwischen allerdings im Zuge des technischen Fortschritts das Schiff gegen das Flugzeug ausgetauscht hätten.

Dr. Herbert Culmann bleibt nichts weiter übrig, als die Entscheidung zur Kenntnis zu nehmen, obwohl ihm der neue Wettbewerber nicht behagt. Jetzt kommt ein ernst zu nehmender Mitbewerber ins Spiel, der sich durch seine Beziehungen zu den Banken und zur deutschen Wirtschaft von den bisherigen Konkurrenten deutlich abhebt. Dass die Lufthansa in den Anfangsjahren versucht, dem Neuling Knüppel zwischen die Beine zu werfen, ist nicht überraschend. Ob es sich um die Abfertigung der Hapag-Lloyd-Flugzeuge an deutschen und ausländischen Flughäfen, um technische Hilfe oder um die Lieferung der Bordverpflegung handelt, die Lufthansa zeigt sich zunächst spröde und ablehnend. Aber das hält nicht lange an, zumal die Verantwortlichen in beiden Unternehmen ein gutes persönliches Verhältnis zueinander entwickeln. Lufthansa-Verkaufsvorstand Hans Süssenguth und Hapag-Lloyd-Vorstand Dr. Horst Willner verstehen sich trotz unterschiedlicher Interessen ausgezeichnet. Natürlich spielt dabei auch eine Rolle, dass die Hapag-Lloyd-Reisebüros zu den besten Umsatzbringern der Lufthansa gehören.

Start mit vollen Maschinen

Der Flugbetrieb von Hapag-Lloyd Flug wird am 30. März 1973 zunächst mit drei Boeing B-727-100 aufgenommen, die von der ANA-All Nippon Airways gekauft worden sind. Dafür wurden je neun Millionen DM zuzüglich 4,5 Millionen DM für Ersatzteile gezahlt. Neue Flugzeuge hätten dagegen rund 45 Millionen DM pro Stück gekostet. Die Gründung der Hapag-Lloyd Fluggesellschaft verändert nicht nur den Luftverkehrsmarkt in Deutschland, er verändert auch das Verhältnis der TUI-Gesellschafter untereinander. Hapag-Lloyd hebt sich mit einem Schlag von den bisherigen „Kollegen" ab. Natürlich wachen die übrigen Gesellschafter argwöhnisch darüber, dass alle Gesellschafter gleich behandelt werden, aber ist das jetzt eigentlich noch möglich? Hapag-Lloyd erwartet, dass es bei gleichen Angebotskonditionen den Vorzug gegenüber anderen Fluganbietern erhält. Eifersucht und Missgunst brodeln unter der Oberfläche. Aber man muss es hinnehmen, Hapag-Lloyd ist nicht mehr nur einer der TUI-Gesellschafter, Hapag-Lloyd ist mächtiger und anspruchsvoller geworden. Die Flugeinkaufspolitik ist deshalb von diesem Moment an ein Dauerthema für den TUI-Aufsichtsrat. Der Vorstand kann darüber nicht mehr alleine entscheiden.

1973

249

Die Boeing B-727-200, die von ANA erworben werden, sind das erste Erfolgsmodell der neuen Fluggesellschaft.

Dr. Hans Knebel, Chef des Deutschen Reisebüros (DER) und Aufsichtsratsvorsitzender der TUI, hatte Pläne entwickelt, die drei Reisebüro-Ketten Deutsches Reisebüro DER, Amtliches Reisebüro ABR und Hapag Lloyd Reisebüro in einer Holding zusammenzuführen. Das hätte nicht nur betriebswirtschaftlich Sinn gemacht, es hätte auch die Position der drei Unternehmen im TUI-Gesellschafterkreis erheblich gestärkt. Bei der Bündelung wären immerhin 47,2 Prozent der TUI-Anteile zusammengekommen, die Gruppe wäre der mächtigste Gesellschafter der TUI geworden. Im Hause des DER in Frankfurt, Eschersheimer Landstraße, waren die Räume für die gemeinsame Geschäftsführung schon reserviert. Da platzt die Nachricht von Hapag-Lloyds Start in den Luftverkehr herein. Knebels sofortige Erkenntnis: Das Projekt DER-ABR-Halo ist gescheitert. Unter den neuen Umständen kommt Hapag-Lloyd tatsächlich ein stärkeres Gewicht zu, womit sich weder die Bahn noch der ehrgeizige Knebel abfinden können. Unterschiedliche Interessenlagen und Prioritäten der Muttergesellschaft müssen natürlich auch auf das Verhalten der Reisebüro-Tochter innerhalb der Entscheidungsgremien der TUI durchschlagen. Die Berechnungen von Hapag-Lloyd Flug gehen auf, nicht zuletzt durch die tatsächlich hereinkommenden Aufträge der TUI. Die Hapag-Lloyd-Preise sind ausgesprochen günstig, man kann an ihnen nicht vorbeigehen. Zwei Drittel der Hapag-Lloyd-Kapazität werden von der TUI belegt. Zu den ersten Kunden der neuen Fluggesellschaft gehören außer der TUI Neckermann Reisen in Frankfurt und Hetzel Reisen in Stuttgart. Damit tritt Hapag-Lloyd teilweise ein Erbe der Atlantis an, deren Stammkunde Hetzel war und die Ende 1972 in Konkurs ging. Teilweise gehen die Aufträge auch zu Lasten der Condor.

Der Flugtourismus entwickelt sich in den 70er Jahren tatsächlich so stürmisch, wie Hapag-Lloyd sich das vorgestellt hat. Immer mehr Deutsche machen Urlaub, und immer mehr wählen dafür das Flugzeug. Bis zum Jahr 1977 ist die Luftflotte auf acht Maschinen vom Typ Boeing B-727 angewachsen. Trotzdem hat Hapag-Lloyd den Marktanteil noch nicht erreicht, den die Flieger angepeilt hatten. Da bietet sich im Frühjahr 1977 eine Chance zum großen Sprung nach vorn: Joseph Schörghuber in München sucht einen Käufer für sein Luftfahrtunternehmen Bavaria Germanair Flug GmbH. Die Gesellschaft ist wenige Monate zuvor aus dem Zusammenschluss der Schörghuberschen Bavaria und seiner in Frankfurt ansässigen Germanair entstanden. Die Flotte umfasst sieben Flugzeuge des Typs BAC 1-11 und vier Airbus A-300. Schörghuber will sich aus dem ruinösen Flugchartergeschäft zurückziehen. Möglicherweise spielt der Millionenverlust aus der Axmann-Pleite 1975 dabei eine Rolle, aber auch der 1972 missglückte Versuch, die Atlantis in sein Luftfahrtimperium einzubeziehen und damit der große Gegenspieler zur Condor zu werden, mag ihm noch im Magen liegen. Hapag-Lloyd greift zu. Es geht in erster Linie um die Marktanteile im Ferienfluggeschäft, die von bescheidenen acht Prozent mit einem Schlag auf 26 Prozent gesteigert werden können. Das Bundeskartellamt erhebt Einspruch. Hapag-Lloyd geht vor Gericht und erwirbt zunächst nur die Beteiligung an Bavaria/Germanair, ohne die Fusion mit der eigenen Fluggesellschaft zu vollziehen. Nach zwei Jahren gewinnt Hapag-Lloyd den Prozess, 1979 wird die Fusion genehmigt. Das ist zwar ein Erfolg, es waren aber auch zwei teure Jahre, in denen keine Synergieeffekte erzielt werden konnten. Es waren Verlustjahre. Bei näherem Hinsehen zeigt sich, dass Hapag-Lloyd Gefahr läuft, sich an dem großen Brocken zu verschlucken. Bavaria und Germanair sind zwar rechtlich eine Firma, in Wirklichkeit handelt es sich aber um zwei getrennt arbeitende Flugunternehmen mit unterschiedlichen Standorten, Flugzeugtypen, Wartungseinrichtungen und Unternehmenskulturen. Die Fusion beider Gesellschaften hatte sich Schörghuber zwar vorgenommen, aber nicht mehr realisiert. Nun sollen diese Firmen in München und Frankfurt auch noch mit Hapag-Lloyd in Hannover verschmolzen werden. Das ist

1977

Airbus A-300:
Vier Großraummaschinen dieses Typs kommen von Schörghuber zur Hapag-Lloyd-Flotte.

251

ein Riesenunterfangen, es kostet viel Geld und viel Nerven. Zu allem Unglück fällt die Phase der notwendigen Zusammenführung auch noch zusammen mit der zweiten Ölkrise, dem Sturz des Schahs von Persien und der Machtübernahme durch Ayatollah Khomeini, dem Krieg zwischen Irak und Iran, kurz: mit schwerwiegenden Rückschlägen auf die Weltwirtschaft und den internationalen Tourismus. Im Ferienflugverkehr gibt es erhebliche Überkapazitäten, und die Treibstoffpreise steigen kontinuierlich bis 1980 an. Von 1973 bis 1980 erhöhen sich die Kerosinpreise auf der Strecke Frankfurt–Palma um über 500 Prozent.

Schon 1976, also vor dem Kauf der Schörghuber-Gesellschaften, war Hinrich Bischoff aus der Geschäftsführung des Unternehmens ausgeschieden. Hapag-Lloyd holt Klaus Ahlers, den Chef der Hapag-Lloyd-Werft in Bremerhaven, nach Hannover. Ahlers hat schon bei der Werft einen größeren Personalabbau im Konsens mit Betriebsrat und Gewerkschaften durchgesetzt. Nun soll er die Fusion der drei Fluggesellschaften auf den Weg bringen, aus drei Standorten einen machen. Aus drei getrennt operierenden Unternehmen mit 1700 Beschäftigten und einer überdimensionierten Flotte mit den verschiedensten Flugzeugtypen soll ein rentables Unternehmen werden. Es handelt sich immerhin um 21 Flugzeuge, davon sieben vom Typ Airbus. Die meisten der übernommenen Maschinen sind extreme Spritfresser, was in diesen Jahren besonders fatal ist. Trotz drastischer Flugzeugverkäufe und einem einschneidenden Abbau von Personal stürzt Hapag-Lloyd in tiefrote Zahlen. Hohe zweistellige Millionenverluste belasten die Ertragsrechnung des Konzerns, der auch wegen Diversifikationen in der Massengutschifffahrt, Tankschifffahrt und der Spedition (Pracht), die sich als Fehleinschätzungen und -entscheidungen erweisen, stark gebeutelt wird. Von den neuen Geschäftsbereichen bleibt nur die aus dem Neckermann-Imperium übernommene Spedition Pracht als Gewinn bringend übrig. Um die Existenzkrise zu überstehen, wird das prominente Geschäftshaus an der Hamburger Binnenalster verkauft und zurückgeleast. Von der Hapag-Lloyd-Werft in Bremerhaven trennt man sich. Die drei Großaktionäre machen einen Kapitalschnitt und sanieren die Hapag-Lloyd AG anschließend mit großem finanziellen Aufwand. Sie entschließen sich dann allerdings, die Verantwortung und das Risiko für das Unternehmen zu reduzieren und das Aktienkapital auf mehr Schultern zu verteilen. Hier ist der Kern für die spätere Auflösung des Hapag-Lloyd-Konzerns gelegt.

1982 1982 übernimmt Claus Wülfers die Geschäftsführung der Hapag-Lloyd Fluggesellschaft. Er hat seit 1980 die Expansion der Hapag-Lloyd-Reisebüro-Kette im europäischen Ausland vorangetrieben, nachdem er zuvor das deutsch-spanische Unternehmen Viajes Paukner auf den Kanarischen Inseln aufgebaut und geleitet hatte. In dieser Funktion war er auch Generalvertreter der Lufthansa, die ihm allerdings keine adäquate Position in Deutschland zu bieten hat, als er sich nach einem passenden Posten in der Heimat umsieht. Wülfers zieht – auch privat – in das Büro-

Klaus Ahlers wechselte von Bremerhaven nach Hannover.

gebäude von Hapag-Lloyd Flug am Hannoverschen Flughafen, wo er buchstäblich Tag und Nacht arbeitet. Sein Einsatz lohnt sich: Mit Hapag-Lloyd Flug geht es wieder bergauf, und er selbst wird 1986 in den Hapag-Lloyd-Vorstand berufen.

In der Zwischenzeit hat der Hapag-Lloyd-Aufsichtsrat, dessen Vorsitz nach einigen turnusmäßigen Wechseln wieder bei Dr. Andreas Kleffel liegt, angesichts der aufgelaufenen Verlüste noch einmal einen hohen Bereinigungsaufwand genehmigt. Wie so oft steckt hinter den Erfolgen nicht nur persönliches Engagement, sondern auch Fortune. Die ist auch Wülfers beschieden, denn als er so richtig loslegt, sinken die Ölpreise wieder. Ein warmer Regen für die ausgedörrte Bilanz. Wülfers Devise für die weitere Entwicklung der sanierten Fluggesellschaft ist: nicht mit dem Markt insgesamt wachsen, sondern im Gleichschritt mit seinen wichtigen Partnern unter den Reiseveranstaltern und die Flottenstruktur auf Mittelstrecke ausrichten. Das ist eine klare Kampfansage an die Konkurrenten, denen er keinen Anteil am weiteren Wachstum seiner großen Veranstalter-Kunden überlassen will.

Trotz der Konzentration auf die Mittelstrecke schafft sich Hapag-Lloyd Flug in den Jahren 1989, 1990 und 1992 drei Langstreckenflugzeuge des Typs Airbus A-310-300 an, mit denen Ziele in Nord- und Lateinamerika angeflogen werden. Die Jahre nach Abschluss der Sanierungsphase bei Hapag-Lloyd sind eine einzige Erfolgsstory. Die Entwicklung der Hapag-Lloyd Fluggesellschaft unter Führung von Claus Wülfers mit seinen beiden Geschäftsführern Wolfgang Kurth und Dieter Schenk läuft so gut, dass die zusehends positive Bilanz des gesamten Hapag-Lloyd-Konzerns über viele Jahre von den ansehnlichen Überschüssen der Fluggesellschaft gestützt wird. Diese übersteigen auch die Zahlen der übrigen touristischen Unternehmen und Beteiligungen bei weitem.

Claus Wülfers führt die Hapag-Lloyd Fluggesellschaft auf Erfolgskurs.

253

Luftfahrtmakler, Entwicklungshelfer im Chartertourismus

Zu Beginn der Charterfliegerei haben die Fluggesellschaften entweder eine eigene Veranstalter-Firma, oder sie suchen sich Reiseveranstalter, die ihre Maschinen füllen. Dazu sind schnell wachsende Unternehmen wie Touropa, Scharnow, später auch Neckermann und Quelle in der Lage. Aber für viele mittlere und kleinere Reiseveranstalter ist das Risiko, ein ganzes Flugzeug zu übernehmen, zu groß. Da sich die Airlines an den Auslastungsrisiken nicht beteiligen wollen, entstehen Firmen, die sich wie Sammelladungsspediteure verhalten und kleinere Partien zu einer großen Ladung zusammenfassen. Im Luftverkehr heißen sie Luftfahrtmakler, die zwar mit Rückendeckung und auch in Abstimmung mit den Fluggesellschaften, aber auf eigenes Risiko auf Akquisition gehen. In Frankfurt ist das Bogomir Gradisnik mit seiner Firma Air Charter Market, in München Hans Schapperer mit ACI, und in Düsseldorf sind es Rolf Becker und Klaus Laepple mit ihrer Firma Air Contact System (ACS). Es wird ruhiger um die Luftfahrtmakler, oder sie hören ganz auf, als die Fluggesellschaften feststellen, dass sie das Sammelgeschäft auch selbst machen und auf einen Vermittler verzichten können.

Air Charter Market

1967

Bogomir Gradisnik gründet seine Firma Air Charter Market Vermittlungs GmbH bereits 1967 als Broker und Consolidator. ACM ist Generalagent mehrerer ausländischer Fluggesellschaften wie Itavia und Adria Airways. Das Unternehmen betätigt sich als Consolidator von Flügen und Flugketten. Geschäftsführer sind Gradisnik und Dr. Miso Aksmanovic. Gradisnik ist offen für jedes Geschäft. Als 1976 die Karibikinsel Barbados in Europa vertreten sein will, eröffnet er für sie in Frankfurt ein Fremdenverkehrsbüro. Und: Air Charter Market ist nicht nur Consolidator, sondern betätigt sich auch selber als Veranstalter. So bietet ACM im Mai 1979 Direktflüge von Frankfurt nach St. Lucia und Barbados mit einer Boeing B-707 an und verkauft die einwöchige Reise einschließlich Unterkunft für 986 DM. Das Geschäft läuft gut, lohnt sich auch, bis 1981 die italienische Itavia in Konkurs geht und Ersatzmaschinen für vertraglich vereinbarte Flüge beschafft werden müssen. Gradisnik hat die von den Veranstaltern kassierten Gelder schon weitergeleitet, die nun in der Konkursmasse verschwinden. Aber er steht zu seiner Verantwortung gegenüber den

254

Reiseveranstaltern, besorgt Ersatzflugzeuge und bezahlt sie aus eigener Tasche. Das kostet ihn viel Geld, ungefähr 2,3 Millionen DM, aber von Stund an genießt Gradisnik das uneingeschränkte Vertrauen der Reisebranche, und man hat Hochachtung vor seiner konsequenten Haltung.

1980

Gradisnik ist 1980 an der Gründung von Aero Lloyd beteiligt. Zusätzlich zu seiner Tätigkeit für ACM wird er nun auch noch Geschäftsführer von Aero Lloyd. Der schlaue Fuchs hat es von Anfang an verstanden, auf zwei Stühlen zu sitzen und zweimal zu kassieren. Nicht Aero Lloyd, sondern Air Charter Market kümmert sich um den Verkauf der Flugkapazitäten. Die Vercharterung der Aero-Lloyd-Maschinen wird von ACM gegen eine entsprechende Provision vermittelt. Für den Abschluss von Flugketten gibt es bis zu einem Prozent. Die Provision wird auch fällig, wenn Aero Lloyd zu den vereinbarten Preisen und Konditionen keine Gewinne erwirtschaftet. ACM, das heißt Gradisnik, kassiert immer. Und selbst beim Einkauf von Flugbenzin ist seine Maklerfirma zwischengeschaltet.

Als es Aero Lloyd Anfang der 90er Jahre schlecht geht und die Gesellschaft gründlich durchleuchtet wird, werden die Verträge zum Frühjahr 1994 gekündigt. Auch Gradisnik scheidet bei Aero Lloyd aus. Ab 1995 engagiert sich Gradisnik noch einmal bei ACM mit besonderer Verve bei der Veranstaltung von Reisen. Aber sehr weit ist er damit nicht gekommen. Trotz seiner über Jahrzehnte bewunderten Spürnase hat er eine neue lohnenswerte Marktnische für ACM nicht mehr gefunden. Aber mit Ende 70 ist das wohl auch nicht mehr notwendig gewesen. Heute lebt Gradisnik im Taunus bei Frankfurt und genießt sein Leben.

Air Contact System (ACS)

Um das wachsende Interesse an Kontingenten in Charterflugzeugen zu decken und den daran interessierten Fluggesellschaften zu helfen, gründen Diplom-Kaufmann Rolf Becker und Diplom-Volkswirt Klaus Laepple – heute Präsident des Deutschen Reisebüro und Reiseveranstalter Verbands – im Jahre 1971 die Air Contact System Charterflugvermittlungsgesellschaft mbH. Das Stammkapital beträgt 625.000 DM. Geschäftsführer wird zunächst Rolf Becker, während Klaus Laepple die Position des Verwaltungsratsvorsitzenden übernimmt. Zum 1. November 1973 tauschen die beiden ihre Ämter. Der Geschäftszweck ist „die Repräsentanz von Fluggesellschaften, die Vermittlung von Fluggeräten aller Art für die Beförderung von Passagieren und Fracht, der zentrale Einkauf von Flugkapazitäten für mittlere Flugreiseveranstalter und der Verkauf von Einzelplätzen an Reisebüros im Rahmen eines so genannten IT-Systems auf allen touristisch interessanten Relationen". Der Umsatz beträgt im ersten Geschäftsjahr 12 Millionen DM, im zweiten 27,5 Millionen DM.

1971

Für die Saison 1973 hat ACS den Flugeinkauf ganz oder teilweise unter anderem für folgende Firmen übernommen: ADAC Reise, Allkauf Reisen, Hallo Reisen, Oböna Reisen, Wohlgemuth Reisen und Werop Reisen. Der größte Teil des Sommerprogramms wird mit der Gesellschaft TAE – Trabajos Aereos y Enlaces – abgewickelt. Muttergesellschaft der TAE ist die UTA – Union de Transport Aérien –, die wiederum eine Tochtergesellschaft der Reederei Paquet ist und in die französischen Territorien in der Karibik und in der Südsee fliegt. Aber ACS arbeitet auch mit der Condor, German Air, Inex Adria Airways und der LTU zusammen. Mitte Mai 1973 tritt die UTA als Gesellschafter in die ACS ein. In diesem Zusammenhang wird das Stammkapital von 625.000 DM auf 725.000 DM erhöht, der UTA-Anteil beläuft sich auf 350.000 DM.

1973

1975 fliegen 190.000 Passagiere mit ACS, wovon 60.000 Fluggäste aus der Schweiz, aus den Niederlanden und Dänemark kommen. 90 Prozent der Passagiere reisen nach Spanien. Die TAE fliegt mit drei DC-8 und einer Caravelle. Während 145.000 Passagiere aus dem Teilcharterbereich stammen, kommen 45.000 Buchungen aus dem Einzeleinbuchungsgeschäft. Letzteres ist von 25.000 Gästen im Jahre 1975 um 80 Prozent gestiegen.

Als sich das ACS-Geschäft 1979 weiter positiv entwickelt und für die TAE und ihre Muttergesellschaft UTA fast unverzichtbar wird, kauft die UTA nahezu 100 Prozent der Firma. Gleichzeitig wird das inzwischen gestiegene Stammkapital von 1,9 auf 8,85 Millionen DM angehoben. Rolf Becker bleibt noch mit 100.000 DM Minderheitsgesellschafter. ACS erzielt auf dem deutschen Markt einen Umsatz von 53 Millionen DM im Jahre 1979 . Es konnten Preissteigerungen von durchschnittlich 20 Prozent durchgesetzt werden. Nach Angaben von Becker hätte die Steigerung auch 50 Prozent erreichen können, wenn es genügend Flugkapazität gegeben hätte.

1979

Die private französische Fluggesellschaft UTA kommt in Bedrängnis, als die Air France das Monopol der UTA in die französischen Territorien nicht mehr anerkennt, sondern sich entschließt, ebenfalls dorthin zu fliegen. Diesen Wettbewerb kann die UTA nicht durchhalten. Sie scheidet im Dezember 1991 aus dem Markt.

Neugründungen trotz Ölkrisen und Rezession

*Gute Geschäftsideen sind von den aktuellen wirtschaftlichen Rahmen-
bedingungen weitgehend unabhängig. Was man aber braucht,
ist Mut und Vertrauen in das eigene Konzept. In der Phase des wirtschaftlichen Abschwungs während der 70er Jahre gab es etliche
Unternehmer, die erfolgreiche Firmen gründeten. Sie haben sich
von Ölkrise und Rezession nicht beirren lassen.*

Phoenix Reisen: Ein fliegender Start

Johannes Zurnieden sprüht vor Ideen und Energie. Und er kann gut rechnen. Die
meisten seiner gut durchdachten Vorhaben werden zum Erfolg. Noch während
des Studiums – Jura und Psychologie – und des gleichzeitigen Zivildienstes
gründet er 1973 im Alter von 23 Jahren seine Phoenix Flugreisen in Bonn. Ähnlich
Hetzel Reisen in Stuttgart veranstaltet Zurnieden Kurzflugreisen mit gecharterten
Flugzeugen, von Köln und Düsseldorf, ab 1979 auch von Frankfurt – nach Prag und
Budapest. Nach Prag fliegt er mit der tschechoslowakischen Gesellschaft CSA, nach
Budapest mit Malev. Anfang der 80er Jahre beendet Zurnieden, der ursprünglich
Johannes Köllen heißt, nach seiner Eheschließung aber den Namen seiner Frau
angenommen hat, sein Studium, um sich ganz auf die schnell wachsende Firma
konzentrieren zu können. Das Kurzreiseprogramm bietet Phoenix 1981 auch auf
dem Hamburger Markt an, stellt es aber schon nach einem Jahr – frustriert wegen
zu geringer Teilnehmerzahlen – wieder ein. Den Entschluss kommentiert der
ansonsten so erfolgreiche Rheinländer mit den Worten: „Es ist nicht unsere soziale
Aufgabe, den Hamburgern die Welt zu zeigen."

Johannes Zurnieden:
Empfindet 1981
Frust über
die Hamburger.

Im Jahr 1985 beginnt Phoenix mit einem Fernreiseprogramm in die Karibik,   *1985*
nach Mexiko und in die USA. Phoenix ist der erste Veranstalter, der in größerem
Umfang Reisen nach Santo Domingo/Puerto Plata ausschreibt. Diese Flüge nach
Santo Domingo werden mit der Iberia über Madrid durchgeführt, wodurch auch
die Abreise von allen deutschen Flughäfen, die von der Iberia bedient werden, möglich ist. Das Angebot wird auf dem Markt ausgesprochen gut angenommen. Schon
im ersten Jahr reisen immerhin 3500 Gäste mit Phoenix in die Karibik.

Auch Urlaub auf Mallorca und den Kanarischen Inseln wird von Phoenix in den
80er Jahren so lange erfolgreich angeboten, bis die großen Wettbewerber immer
expansiver werden und auch die Karibik entdecken. Phoenix zieht sich 1987 aus
dem Strandurlaubsgeschäft zurück.

Zum Ausgleich landet Johannes Zurnieden Mitte 1988 seinen größten Coup: Er schnappt seinem großen Wettbewerber NUR Touristic einen großen Brocken vor der Nase weg. Neckermann hat von den Russen seit 1975 die „Maxim Gorki" ganzjährig gechartert. Das Schiff ist die ehemalige „Hamburg" der Deutschen Atlantik Linie und hat den denkbar besten Ruf sowie eine treue Stammkundschaft. Es ist das Flaggschiff der Neckermannschen Seetouristik.

1988

Die Russen wollen für 1988/89 einen höheren Preis durchsetzen, worauf NUR sich nicht einlassen will. Die Frankfurter glauben, sie befänden sich in einem Poker-spiel, bei dem sie die besseren Karten in der Hand hätten. Tatsächlich meinen die Russen es aber ernst und schlagen ein, als Johannes Zurnieden ihnen die Hand entgegenstreckt. Er chartert das Schiff zu dem gewünschten Preis und hat das nie bereut. Im Dezember 1988 beginnt die erste Reise der „Maxim Gorki" unter Phoe-nix-Charter. Die Stammkunden halten dem Schiff weiter die Treue. Die Buchbarkeit der weltweiten Kreuzfahrten ist sogar besser geworden, da Phoenix Reisen – das Wort „Flugreisen" ist inzwischen aus dem Firmennamen verschwunden – nicht mehr auf den NUR-Vertrieb beschränkt sind, sondern von allen deutschen Reise-büros verkauft werden können.

Dass ein Unglück auch zu einem Erfolg umgemünzt werden kann, zeigt sich 1989, als die „Maxim Gorki" bei einer Kreuzfahrt im Nordpolarmeer Schaden erlei-det. Die Passagiere müssen das Schiff verlassen und auf einen norwegischen Seenotrettungskreuzer umsteigen, werden aber am nächsten Tag von Spitzbergen aus nach Deutschland zurückgeflogen und mit Bussen in ihre Heimatorte

Seit 1991 fahren auch Flussschiffe für Phoenix, nicht nur in Europa, auch auf dem Nil und dem Jangtse.

gebracht. Dort klingelt bereits am nächsten Tag der Eilbriefträger mit einem von den Gästen als großzügig empfundenen Scheck. Die Kunden sind begeistert, und in einem Fernsehinterview in der abendlichen Tagesschau sagt ein Rückkehrer auf gut Kölsch: „Diese Phoenix ha'n dat toll jemacht." 1991 nimmt Phoenix auch Fluss- *1991* reisen ins Programm. Heute fahren für Phoenix 21 Schiffe auf den Wasserstraßen Europas, aber auch auf dem Nil in Ägypten und auf dem Jangtse in China. Inzwischen haben die Flusskreuzfahrten am Passagieraufkommen von Phoenix den größten Anteil. Seit 1998 ist Zurnieden auch wieder im so genannten „Warmwasser-Geschäft" tätig, aus dem er Ende der achtziger Jahre ausgestiegen war. Unter dem Namen „Strandgeflüster" bietet er den großen Touristikveranstaltern Paroli. Rund 25.000 Gäste reisten 1999 mit Phoenix zu den Badezielen rund ums Mittelmeer und zu den Kanarischen Inseln.

Johannes Zurnieden ist der Beweis dafür, dass trotz der immer größer werdenden Giganten im Tourismus auch eine kleinere, vom Unternehmer selbst geführte Firma eine Chance hat und im Wettbewerb mithalten kann. Deshalb ist es auch zu begrüßen, dass Zurnieden sich trotz seines umfangreichen Geschäftes entschloss, in der Gewerbepolitik mitzuwirken. Seit Ende 1998 ist er Vizepräsident des Deutschen Reisebüro und Reiseveranstalter Verbandes (DRV) und Sprecher der Säule der unabhängigen Veranstalter.

Alltours – clever in Kleve

Es macht Freude, immer wieder auf Leute zu stoßen, die bei null angefangen und es zu etwas gebracht haben. In der deutschen Tourismusbranche gibt es gute Beispiele für solche Karrieren, für Unternehmer, die mit wenig Geld angefangen und trotzdem schnell zu Erfolgen kamen.

Willi Verhuven, geboren 1951, hat keinen Pfennig, als er nach einem Maschinenbaustudium 1974 ein Reisebüro in Kleve am Niederrhein eröffnet. Der 23-Jährige leiht sich 5000 DM und bietet Urlaub auf der zu dieser Zeit noch nicht in Mode gekommenen griechischen Kykladeninsel Mykonos an. Diese Insel hat es ihm angetan, nachdem er wenige Jahre zuvor selbst dort Urlaub gemacht hatte. Er weiß einfach, dass Mykonos jeden Besucher gefangen nimmt und nicht wieder loslässt. Mit seinem Angebot Mykonos hat er sofort Erfolg. Schon im ersten Jahr bringt er 500 Gäste dorthin. Er verkauft seinen Kunden auch die weiteren Träume, die er sich selber schon erfüllt hat. Er verleitet sie zum „Insel-Hüpfen", damit sie die ganze Schönheit der Kykladen kennen lernen und genießen können.

Willi Verhuven: Mit wenig Geld zu einer großen Karriere.

Beim Ausbau seiner Firma erweist sich der Mann aus Kleve als besonders clever. Er nimmt sich an Hetzel in Stuttgart und anderen Regionalveranstaltern ein Beispiel und beschränkt sich auf den Markt in Nordrhein-Westfalen. Außerdem

259

bewegt er sich mit seinen Hotels im Ein- und Zwei-Sterne-Bereich am unteren Rand der Preisskala. Seine überaus preiswerten Angebote kommen so gut an, dass er im sechsten Geschäftsjahr, 1980, schon 20.000 Gäste auf die Reise schickt – mit einem Umsatz von 22 Millionen DM.

1988

1988 macht Willi Verhuven einen gewaltigen Schritt, der anderen Regionalveranstaltern häufig nicht gut bekommen ist: Er entschließt sich, Alltours-Flugreisen von allen großen bundesdeutschen Flughäfen auszuschreiben. Mit dieser eigentlich riskanten Entscheidung fängt der kometenhafte Aufstieg erst richtig an. Drei Jahre später buchen bereits 349.000 Deutsche ihren Urlaub bei Alltours. Der Jahresumsatz beläuft sich auf 402 Millionen DM. 1994 ist die Zahl der Alltours-Gäste schon auf 620.000 gestiegen. Verhuven hat die Konkurrenz mit den großen Reiseveranstaltern nicht gescheut. Er verstärkt die Werbung im Rundfunk und im Fernsehen und bietet inzwischen auch Reisen in den höherwertigen Kategorien an. Seine Slogans spiegeln seine Zielsetzung wie: „Alles, aber günstig", „Machen Sie den besten Fang!", „Bestehen Sie auf Top-Qualität". Und für seine 15 hochwertigen Clubanlagen, die er seit 1995 im Programm hat, wirbt er mit „Club-Urlaub für jedermann". „Focus" ernennt Willi Verhuven 1995 zum Aufsteiger des Jahres.

Es versteht sich von selbst, dass diese rasante Entwicklung verbunden war mit einem ständigen Ausbau der Mitarbeiterzahl. 1989 hatte Verhuven noch 50 Angestellte. 1999 sind es 1200 Mitarbeiter, mit denen er demnächst von Kleve nach Duisburg in einen Neubau ziehen will. Der Chef selbst weiß immer, wohin seine Kunden reisen. Er hat so gut wie alle Alltours-Ziele selbst besucht und verschafft sich durch viele Kontakte und auch offizielle Untersuchungen ständig ein Bild über das, was die Gäste wünschen und auch was sie an Alltours besonders schätzen. So hat er zum

1999

Elemente des Verhuven-Erfolgs: der Alltours-Club auf Teneriffa und die Klever Zentrale mit ihrem Chef.

Beispiel seinem Club Alltoura auf Teneriffa ein Fitness- und Wellness-Center angegliedert. Das kommt bei den Kunden so gut an, dass er entsprechende Expansionen in den weiteren Alltours-Clubs vornehmen wird. Er kennt keine Hemmungen, wenn er etwas für richtig hält. So hat er mehrmals Prozesse gegen große Reiseveranstalter angestrengt, als diese zum Beispiel in bestimmten Hotels in Spanien die Forderung aufstellten, dass Alltours in diesen Häusern keine Zimmer bekommen dürfte. Den Veranstaltern wurde dann per Gerichtsbeschluss mitgeteilt, dass eine solche Ausübung der geschäftlichen Macht nicht erlaubt sei. Verhuven schreckt vor nichts zurück. Sein Motto lautet: „Wenn vor mir eine Wand steht, springe ich drüber."

Feria Internationale Reisen

Dass Fernreisen tatsächlich nicht ohne weiteres mit Studienreisen gleichzusetzen sind, zeigt sich an dem in München ansässigen Veranstalter Feria Internationale Reisen. Die Inhaber Richard Biermaier und Georg Krose leiten die Firma seit der Gründung im Jahre 1974. Beide haben Feria zu einem ernst zu *1974* nehmenden Konkurrenten der TUI-Tochter Airtours International entwickelt, beschränken sich aber auf Badeferien und Rundreisen im pazifischen Raum, in Arabien und Afrika. Feria bietet ein Baukastensystem an, das sie über circa 8000 Reisebüros mit Erfolg verkaufen. Im Jahr 1998 reisten knapp 40.000 Teilnehmer mit Feria. Um sich auch weiterhin im Wettbewerb behaupten zu können, hat sich der Veranstalter Feria Internationale Reisen GmbH in der zweiten Hälfte des Jahres 2000 unter dem Dach der Feria Tour AG gemeinsam mit anderen Firmen zusammengefunden, zu denen unter anderem der Tauchspezialist Sub Aqua, die Hotelgesellschaft Beau Vallon Properties und die Immobilienfirma Accredo gehören. Branchenkenner sprechen von einem Mini-Konzern. Genützt hat diese Konstruk- *2001* tion nichts. Im Februar 2001 stellte Feria Internationale Reisen Konkursantrag.

Hanseatic Tours

Nach dem Ende der Deutschen Atlantik-Linie Ende 1973 machen sich einige führende Leute der DAL selbstständig. Sie wollen ihr Wissen und ihre Kontakte nun auf eigene Rechnung verwerten. Ralf Cordes, der DAL-Mann für Werbung und Verkaufsförderung, gründet die AFM, Agentur für Marketing, und bietet den Reisebüros ausgefeilte Verkaufsförderungsaktionen, gezielte Briefwerbung, Verwaltung und Ausschöpfung von Kundendateien an. In der Anfangszeit sind Gilbert von Holzapfel und Dirk Moldenhauer, der letzte Kapitän der „Hamburg", noch mit von der Partie.

Startet schon
mit Erfahrungen.

261

Fürs Eis geschaffen:
die luxuriöse
„Hanseatic" in
aktischen
Gewässern.

1974

Dirk Moldenhauer.
Erst Kapitän, dann
Kreuzfahrt-
Veranstalter.

Aber Moldenhauer stellt sich mit Hanseatic Tours, die er 1974 gründet, auf eigene Füße. In seinem Briefkopf findet sich das alte Wappen der Deutschen Atlantik-
Linie wieder. Moldenhauer pflegt den Kontakt zu den ehemaligen Stammkunden
der DAL und schreibt für diese Reisen zunächst mit norwegischen, bald aber auch
mit anderen Kreuzfahrtschiffen aus. Immer wieder kommen Hanseatic-Tours-
Gruppen zusammen, die von früheren Bordreiseleitern der DAL betreut werden. So
wird die alte Tradition gepflegt und immer wieder neu begründet. 1975 reisen 700
Passagiere mit einem Umsatz von sechs Millionen DM, 1976 sind es bereits 2000
Passagiere, die der Firma einen Umsatz von elf Millionen DM bringen. Für 1977 werden im Hanseatic Tours Prospekt schon 35 Kreuzfahrten mit einer Dauer von 4 bis
30 Tagen angeboten.

Das Geschäft verläuft in den darauf folgenden Jahren im Großen und Ganzen
sehr gut, dann hält es Moldenhauer nicht mehr ohne ein eigenes Schiff aus. Nach
der „Renaissance", die für den Veranstalter auf „Hanseatic Renaissance" umgetauft
wird, von der Moldenhauer sich aber im Frühjahr 1992 trennt, wird die auf einer fin-
nischen Werft gebaute „Hanseatic" für zunächst drei Jahre unter Vertrag genommen. Das Schiff misst 9000 BRT und bietet Platz für 188 Passagiere. Es hat einen
eisverstärkten Rumpf, und zwar die höchste Eisklasse, einen geringen Tiefgang und
14 motorgetriebene Zodiac-Schlauchboote. Es kann auch entlegene Kreuzfahrtre-
gionen befahren. Die „Hanseatic" startet am 27. März 1993 in Hamburg zu ihrer
Jungfernreise. Mehrmals versucht die „Hanseatic" die Ost-West-Durchquerung
durch das arktische Eis, aber es gelingt nicht immer. Nach dem letzten Fehlversuch

im Sommer 1986 gibt Moldenhauer auf. Offiziell werden Hanseatic Tours und Hanseatic Cruises zum 1. Januar 1997 von der Hapag-Lloyd AG übernommen. Eingeweihte hatten schon Jahre zuvor den Eindruck, dass es eine enge Verbindung zwischen Hanseatic Tours und Hapag-Lloyd gab. Ob dieser Verbindung eine finanzielle Bindung zu Grunde lag, mag dahingestellt bleiben.

1997

Im Zusammenhang mit der Eingliederung seines Unternehmens übernimmt Dirk Moldenhauer die Geschäftsführung der Hapag-Lloyd Seetouristik, die von Bremen nach Hamburg verlegt wird. Diese Funktion übt er bis Ende 1998 aus. Hapag-Lloyd hat sich von den von Hanseatic Tours vertretenen anderen Reedereien getrennt. Moldenhauer hat eine dieser Reedereien, Seven Sea Cruises, als Generalvertretung in die von ihm noch während der Hapag-Lloyd-Zeit gegründete Vista Tours GmbH eingebracht.

First Reisebüro: Die Unabhängigen formieren sich

Hans Schmidt, Inhaber des Reisebüros Hartmann in Düsseldorf, der schon im Zusammenhang mit der Gründung von Seetours seine kreative Weitsicht gezeigt hat, pflegt einen freundschaftlichen Kontakt zu seinem Hamburger Kollegen Hans-Joachim Erhardt-Renken vom Reisebüro Menzell. Schon 1971 beschließen sie, gemeinsam das Kölner Reisebüro Hartmann zu übernehmen. Aber bei dieser Zweisamkeit soll es nicht bleiben. Die Konzentration bei den Reiseveranstaltern zeigt ihnen, dass nur durch eine Gruppenbildung dem wachsenden Wettbewerb im Tourismus, auch der Konkurrenz der schon existierenden Reisebüro-Ketten, begegnet werden kann. In Joachim Strickrodt, Gründungsgesellschafter der TUI, finden sie einen gleichgesinnten Kollegen, der zur bundesweiten Ausbreitung der Kooperation rät.

First-Logo von 1973

First-Logo von 1999

1973

Im Spätsommer 1973 gründen 15 namhafte deutsche Reisebüro-Unternehmen mit 54 eigenen Büros und einem Jahresumsatz von rund 280 Millionen DM die First Reisebüro GmbH (Führend In Reise-Service und Touristik). Aus der Gruppe wird 1976 die f.i.r.s.t GmbH & Co. KG. Die Punkte zwischen den Buchstaben sind ein alberner Kompromiss, den DRV-Präsident Dr. Walter Vogel mit den Gesellschaftern erzielt, weil die deutschen Reisebüros den mit der Bezeichnung First verbundenen Alleinstellungsanspruch nicht akzeptieren wollen. Der unbefangene Leser wird f.i.r.s.t genauso aussprechen wie First und natürlich daraus folgern, dass es sich um Reisebüros handelt, die sich als Nummer eins am jeweiligen Platz betrachten. Das ist auch nicht falsch, denn die First-Gesellschafter sind tatsächlich erste Adressen in den deutschen Städten, die den Hapag-Lloyd- und DER-Büros Paroli bieten. Aber der Alleinstellungsanspruch verstößt selbstverständlich gegen deutsches Wettbewerbsrecht. Geschäftsführer der First-Reisebüros wird Michael Kürvers.

263

Als sich die
Lufthansa an First
beteiligt, vereinigt
die Kette bereits
21 Unternehmen mit
102 Reisebüros.

1984 beteiligt sich die Lufthansa mit 21,4 Prozent an First, das zu dieser Zeit 21 Reisebüro-Unternehmen als Gesellschafter mit 102 Büros vereint. First beteiligt sich im Gegenzug mit 15 Prozent an Euro Lloyd Reisebüro. Aber zu einem engeren Zusammenrücken der beiden Ketten kommt es nicht. Als die Lufthansa 51 Prozent von Euro Lloyd an Karstadt verkauft – das geschieht 1995 –, kauft die First-Gruppe die Lufthansa-Anteile am eigenen Unternehmen wieder zurück und gibt im Gegenzug ihre Euro-Lloyd-Anteile an die Lufthansa. 1998 machen die First-Gesellschafter endgültig Kasse: Sie nutzen auslaufende steuerliche Vorteile und verkaufen ihr Unternehmen an die TUI, die damit ihren Eigenvertrieb deutlich verstärkt.

Dr. Hinrich Bischoff und die SAT-Germania-Fluggesellschaft

Menschen mit ungebremster Kreativität und gleichzeitiger Abneigung gegen jedwede Konvention sind im Tourismus die Ausnahme. Umso mehr fallen sie auf. Anfang der 70er Jahre tritt Teddy Renken, der Chef einer Schiffsmaklerfirma und des Reisebüros Menzell & Co, eine Erbschaft an, zu der auch ein Gemälde gehört. Renken ist ein erfolgreicher Geschäftsmann, baute gemeinsam mit Hans Schmidt vom Düsseldorfer Reisebüro Hartmann die First-Reisebüro-Gruppe auf. Er interessiert sich auch für Kunst, ist aber kein Fachmann auf diesem Gebiet. Durch Vermittlung eines Hamburger Kunsthändlers meldet sich eines Tages ein Sachverständiger, um die Gemälde zu begutachten. Das geschieht ohne Komplikationen und ist relativ schnell erledigt.

In einem anschließenden Gespräch fragt der Gutachter den Hausherrn, was er beruflich denn so mache. Renken hatte gerade mit dem Inhaber des Düsseldorfer Reisebüros Hartmann eine wechselseitige Beteiligung vereinbart. Durch Zwischenfragen und Kommentare zeigt sich, dass der Gutachter auch auf dem touristischen Gebiet zu Hause ist. Schließlich stellt sich heraus, dass der Kunstsachverständige zwar Sozius eines Berliner Anwaltsbüros ist, im Hauptberuf aber als Geschäftsführer die Hapag-Lloyd Fluggesellschaft leitet. Der Sachverständige ist Dr. Hinrich Bischoff, der als 36-Jähriger schon die Verantwortung für Hapag-Lloyds Schritt in die Zukunft trägt.

An dieser Begebenheit zeigt sich, wie breit gefächert Bischoffs Interessen gelagert sind und dass er sich trotz großer Arbeitsbelastung ein gewisses Maß an eigener Freiheit und privater Betätigung erhält. Das ist bis heute der Fall. Auch Hapag-Lloyd-Vorstand Dr. Horst Willner musste lernen, mit den Eigentümlichkeiten von Bischoff zu leben, als dieser die konzerneigene Fluggesellschaft aufbaute. Seine betonte Individualität zeigt sich unter anderem an seinen Kleidungsgewohnheiten. Statt eines gepflegten Oberhemdes mit Krawatte bevorzugt Hinrich Bischoff Pullover mit Rollkragen oder Stehbund. Zu den monatlichen Besprechungen Willners mit den Verantwortlichen für die Kreuzfahrten, für die Fluggesellschaft und die Reisebüro-Organisation erscheint Hinrich Bischoff grundsätzlich im Pullover.

Dr. Hinrich Bischof, natürlich ohne Krawatte, ist auch sonst ein unkonventioneller Denker in der Branche.

> Willner: „Herr Bischoff, ich sehe, Sie tragen keine Krawatte."
> Bischoff: „Ich habe keine."
> Willner: „Ich bringe Ihnen gern eine von mir mit, damit Sie
> entsprechend gekleidet sind."
> Bischoff: „Vielen Dank, Herr Willner, das ist nicht nötig. Ich würde sie doch
> nicht tragen. Ich fühle mich so wohler."

Bischoff ist auch ein ausgezeichneter Skatspieler, der für weniger gute Spieler eine Gefahr, für gleich gute eine ständige Herausforderung ist. Wie gut fürs Geschäft, dass Alfred Merscher, der seinerzeitige Flugeinkäufer der TUI, ebenfalls ein leidenschaftlicher Skatspieler ist. So gibt es für die neue und wichtige Geschäftsbeziehung zwischen Hapag-Lloyd und TUI auch eine ganz persönliche Basis. Bischoffs Ausscheiden bei Hapag-Lloyd im Jahre 1976 kommt eigentlich nicht überraschend. Ein Mann mit dieser Kreativität, mit ungebremster Energie und klaren Vorstellungen über die Zukunft des von ihm aufgebauten Unternehmens und über den Wert der eigenen Person kann sich auf Dauer nicht mit den ihm angelegten Zügeln zufrieden geben.

1976

Zweimal im Jahr lädt der Vorstand der Hapag-Lloyd AG die Geschäftsführer der Tochtergesellschaften und die Prokuristen der Muttergesellschaft zu einer so genannten Konzernabteilungsleitersitzung ein. Nach dem Bericht des Vorstands über die Lage des Unternehmens ist es üblich, dass einer der leitenden Mitarbeiter über seinen Verantwortungsbereich referiert. Im Frühjahr 1976 ist Dr. Hinrich Bischoff an der Reihe, um über die Fluggesellschaft zu berichten. Bischoff begnügt sich nicht damit, die guten Ergebnisse, die Erfolge von Halo Flug zu schildern. Nein, er beschwert sich öffentlich beim Vorstand, nicht alle Chancen für seine Fluggesellschaft nutzen zu können. Zum Beispiel drängt er auf eine Beteiligung der TUI an der neuen Hapag-Lloyd Fluggesellschaft zum Nulltarif gegen eine garantierte Beschäftigung. Den drängenden Gewerkschaften (DAG) will er unter Hinweis auf den Paragraphen 117 des Betriebsverfassungsgesetzes den Zutritt verwehren, scheitert jedoch an „Konzerninteressen". Er fordert neue Gehaltsstrukturen im personalkostenintensiven Geschäft, niedrige Festgehälter gegen hohe Ergebnisbeteiligungen. Geringe Overheads sind sein besonderes Anliegen. Dazu gehört der Verzicht auf Sekretärin und Dienstwagen. Der Betrieb soll mit möglichst geringen Kosten und wenig Personal gefahren werden.

Für die Anwesenden ist es keine große Überraschung, als Bischoff seine Anstellung bei Hapag-Lloyd kündigt. Der tatsächliche Grund dafür war wohl seine Forderung nach einer Beteiligung an der Hapag-Lloyd Fluggesellschaft, die er ja erfunden und aufgebaut hatte. Vorstandssprecher Hans-Jakob Kruse bezeichnet Bischoffs Überlegungen freundschaftlich als „abartig". Bischoff erklärt, er wolle sich nach dem 30. Juni 1976 wieder frei betätigen, und verschwindet dann tatsächlich für einige Zeit in der Versenkung. Innerhalb von sechs Monaten nach Bischoffs Ausscheiden bei Hapag-Lloyd Flug steigt die Zahl der Beschäftigten von 315 auf 563 Mitarbeiter, ohne dass der Umfang des Geschäftes zunimmt.

1978

Zwei Jahre später, 1978, berichtet die LTU im Zusammenhang mit ihrer Flottenumrüstung auf Großraumgerät von einer „neuen Fluggesellschaft SAT", der die LTU die nicht mehr benötigten Caravelles verkaufe. Das sind 1978/79 immerhin drei Maschinen. Doch nach einem guten Jahr sind die türkischen Eigentümer mit ihren deutschen Strohmännern mit ihrer SAT schon wieder am Ende. Jetzt kommt Bischoff wieder ins Spiel. Für eine DM kauft er die marode Gesellschaft, hat mit der Übernahme der SAT allerdings auch Verbindlichkeiten in Höhe von 30 Millionen DM übernommen. Bischoff braucht drei Jahre, bis er die Gesellschaft saniert hat. Dabei kommen ihm seine guten Verbindungen zur TUI zugute. Hapag-Lloyd hat in dieser Zeit unter anderem durch die von Schörghuber übernommenen Airbusse hauptsächlich größeres Gerät, während Bischoff nun mit seinen relativ kleinen Flugzeugen der Komplementär-Anbieter ist, für den es – wie er nur zu gut weiß – ebenfalls eine Nachfrage gibt. Das Geschäft läuft bei Bischoff so gut, dass er sogar seiner ehemaligen Firma Hapag-Lloyd Flug 1983 aushelfen kann. Er kauft ihr zwei Flugzeuge ab und verleast sie an Hapag-Lloyd zurück.

1985 ist das Jahr, das den deutschen Ferienfliegern einen warmen Regen beschert. Der Dollarkurs sinkt von ursprünglich 3,46 DM auf 1,85 DM, der Kerosin-

266

preis sinkt von 30 US-Dollar auf 18 US-Dollar pro Barrel. Und das alles vollzieht sich innerhalb von sechs Monaten. Wegen des zurückliegenden schlechten Geschäftes setzen die Fluggesellschaften nun bei den Reiseveranstaltern für das Jahr 1986 erhebliche Preiserhöhungen durch, die bis zu 25 Prozent betragen. 1986 hat sich jedoch erfreulicherweise auch der Tourismus erholt. Endlich setzt wieder ein starkes Wachstum ein, was sich deutlich in den Büchern der Fluggesellschaften niederschlägt. Das trifft auch auf SAT zu. Bischoff entschließt sich 1986, den bisherigen Firmenmantel nur noch als Besitzgesellschaft fortzuführen, für den Betrieb jedoch eine neue Firma zu gründen, die er Germania nennt. Gleichzeitig entschließt er sich auch aus steuerlichen Gründen zur Anschaffung neuer Maschinen. Im Oktober 1987 erhält er zwei Boeing B-737-300, im Frühjahr 1988 folgt die dritte.

1987 kündigt die Germania an, sie wolle in den innerdeutschen Linienverkehr einsteigen. Sie denke daran, die Strecke Hamburg–München dreimal täglich zu befliegen. Bischoff hat sich ausgerechnet, dass er statt des Lufthansa-Preises von 650 DM diese Strecke für wenig mehr als 200 DM fliegen kann. Die Lufthansa wird nervös und wendet sich an das Bundesverkehrsministerium (BVM), das prompt erklärt, der innerdeutsche Verkehr sei ein Vorrecht des deutschen Staats-Carriers. Dem entgegnet Bischoff mit einem Rechtsgutachten unter Androhung von Schadensersatzforderungen. Auch das BVM lässt sich ein Gutachten erstellen und wird sich schnell darüber klar, dass es niemanden davon abhalten kann, der Lufthansa im innerdeutschen Verkehr Konkurrenz zu machen. Das Verkehrsministerium will allerdings nicht freiwillig Platz für den Wettbewerb schaffen, sondern sich die Genehmigung durch einen wahrscheinlich langjährigen Prozess abtrotzen lassen.

Dem kommt Heinz Ruhnau, der Lufthansa-Vorstandsvorsitzende, zuvor. Er setzt sich mit Bischoff in Verbindung und fragt diesen, wie viele Flugzeuge er für seinen innerdeutschen Linienverkehr vorgesehen habe. Der antwortet prompt, drei neue Flugzeuge seien für diesen zusätzlichen Dienst geplant. Ruhnau bietet Bischoff die Übernahme von drei Flugzeugen an, die dann tatsächlich mit einem langfristigen Leasing-Kontrakt an die Lufthansa gehen. Mit dem Vertrag in der Tasche bestellt sich Bischoff sofort die nächsten drei Flugzeuge bei Boeing.

Dass Hinrich Bischoff rechnen kann, nicht nur im mathematischen Sinne, sondern auch im Hinblick auf die Abschätzung der eigenen Chancen und Risiken, zeigt sich immer wieder. Er kauft sich zum Beispiel 1991 in den Berliner Flug Ring ein, einen Berliner Regionalveranstalter, der sich klugerweise auf den dortigen Markt, den Großeinzugsbereich Berlin, beschränkt. Die Firma existiert bereits seit 1953. Er verpflichtet Dr. Wolfgang Nordwig, einen Olympiasieger aus DDR-Zeiten, als Geschäftsführer. Udo Beyer, ein weiterer Olympionike, leitet die von Bischoff ebenfalls in Berlin gekauften 25 Reisebüros, die unter dem Namen Germania laufen. Ein solches Engagement kann Bischoff nicht eingehen, ohne sicher zu sein, dass seine Hauptkunden, die großen Reiseveranstalter, daran keinen Anstoß nehmen.

Macht die
Lufthansa nervös.

1991

Liefert der Germania
Passagiere.

Arbeitet für Bischoff:
der Olympionike
Wolfgang Nordwig.

Arbeitet für Bischoff:
der Olympionike
Udo Beyer.

Das dürfte auch auf Bischoffs Engagement bei Hetzel zutreffen. Als Hetzel Reisen in Stuttgart in Schwierigkeiten geraten, kauft die Germania zum 1. November 1993 insgesamt 40 Prozent an der Hetzel Reisen GmbH. Der Kaufpreis dafür soll bei 26 Millionen DM gelegen haben. Bei Bischoffs Rechentalenten ist es nur schwer vorstellbar, dass er 1996, als Hetzel dann doch noch in Konkurs ging, tatsächlich seine Investition verloren haben sollte. Sein Hetzel-Engagement ist auch deshalb ein kleines Rätsel, weil seine eigenen Flugzeuge bei Hetzel kaum zum Einsatz kamen. Die Hetzel-Flugreisen wurden meist mit der LTU durchgeführt. So mag es eben eines der Geheimnisse von Bischoff bleiben, warum und mit welchem Ergebnis er sich in einem solchen Maße bei Hetzel engagiert hat.

Zusammenfassend ist zur Germania zu sagen, dass es sich um eine sehr erfolgreiche Unternehmung handelt. Man sagt, die Germania sei die am wirtschaftlichsten operierende Fluggesellschaft, die deshalb auch preismäßig immer im Wettbewerb mithalten könne. Zu den acht Flugzeugen, die unter der Germania-Flagge auf dem deutschen Markt eingesetzt sind, kommen weitere 22 Flugzeuge, die an andere Gesellschaften verleast sind, so etwa bis Ende der Sommersaison 2000 sechs Maschinen an die LTU, sieben Flugzeuge an die Swissair und neun Maschinen an Delta Air Lines und an die Ukraine International Airlines. Und so ganz nebenbei hat Bischoff auch noch zwei Hotels auf Usedom und neuerdings auch noch ein Tagungshotel in Prieros im Land Brandenburg. Und er hat sich als rechte Hand vor circa acht Jahren auch noch einen ehemaligen Sparringspartner geholt: Dr. Mustafa Muscati, der zum Braintrust von Heinz Ruhnau bei der Lufthansa gehörte.

Direkt gebucht -
Direkt gespart

Größter deutscher
Urlaubs-
Direktvermarkter.

Radioplauderer
Rainer Meutsch
schickt die
Hörer auf Reisen.

EVS Berge & Meer – es geht auch direkt

EVS Berge & Meer wird 1978 gegründet. Die Firma hat ihren Sitz in Rengsdorf im Westerwald. Sie setzt von Anfang an auf den direkten Verkauf von Reisen unter Ausschaltung des Zwischenhandels. Gründer der Firma sind Klaus Scheyer und Rainer Meutsch, der im Westerwald als heiterer Plauderer im privaten Rundfunksender RPR bekannt und beliebt ist.

Die ersten Reisen sind Hörerreisen im Gegensatz zu den an anderer Stelle beschriebenen Leserreisen. Die enge Zusammenarbeit mit dem Rundfunksender hat bis heute gehalten, aber der Kundenkreis und die Angebotspalette von EVS wurden deutlich erweitert. Das Unternehmen hat sich seitdem zu Deutschlands größtem Urlaubsdirektvermarkter entwickelt. EVS Berge & Meer verkauft Urlaubspakete auch an branchenfremde Großkunden wie Tchibo, Aral, SAT 1, den Bertelsmann-Lesering, den Mitgliederclub der AOK und an Kundenclubs von Handelsfirmen. In einem mit 120 Mitarbeitern besetzten Call Center werden Anfragen und Reisebestellungen rund um die Uhr entgegengenommen. Fluggesellschaften und

Hotelketten benutzen EVS zum Absatz von preislich herabgesetzten Restkapazitäten, mit denen sie selber nicht an die Öffentlichkeit treten wollen oder deren Verarbeitung sie vor personelle Schwierigkeiten stellen würde.

Klaus Scheyer folgt 1990 dem verführerischen Ruf des Kaufhofs, Geschäftsführer der ITS Reisen in Köln zu werden. Dafür muss er seine EVS-Anteile an ITS verkaufen. Als er 1995 bei ITS wieder ausscheidet, erwirbt er die EVS-Anteile zurück. 1999 beteiligte sich FTI-Frosch Touristik mit 40 Prozent an EVS, eine lohnenswerte Beteiligung für beide Partner. FTI kann Restkapazitäten über EVS an branchenfremde Veranstalter absetzen, EVS erhält Zugriff zu Flug- und Hotelkapazitäten, die sich bekanntlich immer mehr in der Hand von Großveranstaltern befinden.

Klaus Scheyer: Vorübergehend trennt er sich von seinen EVS-Anteilen.

Aero Lloyd – Name mit Tradition

Schon 1923 gab es eine Deutsche Aero Lloyd AG. Sie war eine der Gesellschaften, aus der die Lufthansa hervorging. 54 Jahre später, im August 1979, gründet Christian Ulrich von Kaltenborn-Stachau zusammen mit Günther Kurfiss und Wilhelm Stiber die Aero Lloyd Luftfahrt-Verwaltungs GmbH. Die Gesellschaft hat ein Kapital von 1,8 Millionen DM. Davon halten sechs stille Gesellschafter gemeinsam 1,5 Millionen DM. Die drei tätigen Gesellschafter von Kaltenborn-Stachau, Kurfiss und Stiber halten je 100.000 DM. Nach Lizenzerteilung im Frühjahr 1980 wird der Name des Unternehmens in Aero Lloyd Luftverkehrsgesellschaft geändert. In der ersten Pressemitteilung vom Mai 1980 heißt es, Aero Lloyd wolle Mittelstrecken mit wirtschaftlichen Düsenmaschinen mit einer Kapazität von 100 Sitzen bedienen. Aero Lloyd startet am 8. Mai 1980 mit zwei Caravelles, aber schon im Oktober desselben Jahres muss der Flugbetrieb wieder eingestellt werden. Im Dezember 1980 wird Konkursantrag gestellt.

1979

So geht die Gesellschaft heute an den Start.

Ein Skandal und finanzielle Misswirtschaft hatten Aero Lloyd schnell ins Trudeln gebracht. Gesellschafter Wilhelm Stiber, 53, Eigentümer einer Swimmingpool-Fabrik in Weilheim bei Stuttgart, hatte zwei Millionen DM aus der Firmenkasse entnommen, um anderweitige Schulden zu decken. In der Nähe der Autobahnausfahrt Holzkirchen bei München wird Stiber erschossen aufgefunden. In starken Verdacht gerät ein 33-jähriger Pilot, ein Freund von Stiber, der ebenfalls Anteile an Aero Lloyd hält. Aber man kann ihm den Mord nicht nachweisen. Die Geschichte ist einer der ungelösten Fälle der deutschen Kriminalgeschichte geblieben.

Schon am 16. Dezember 1980 wird die neue Aero Lloyd gegründet. Das Stammkapital beträgt 5,5 Millionen DM. Die Gesellschaft verfügt über drei Caravelles mit je 99 Sitzen, die sie im alten Pan-Am-Hangar am Frankfurter Flughafen wartet, und nimmt am 1. April 1981 den Flugbetrieb auf. Aero Lloyd vereinbart mit Bogomir Gradisnik, dem geschäftsführenden Gesellschafter von Air Charter Market (ACM),

1980

wegen dessen guter Beziehungen zu den Reiseveranstaltern, dass alle Verhandlungen mit Charterabnehmern, alle Charterabschlüsse und auch der Treibstoffeinkauf durch ACM wahrgenommen werden. Die Rechnungsstellung und die finanzielle Abwicklung erfolgen allerdings direkt zwischen Aero Lloyd und den Kunden oder den Lieferanten. Da eine notwendige Flottenumrüstung mit einer Investition von 50 Millionen DM die Finanzkraft der Gesellschafter übersteigt, ziehen sich diese zurück. Dafür erwerben zum 1. Oktober 1981 die DAL – Deutsche Luftfahrt Leasing GmbH, Mainz – 76 Prozent und die Air Charter Market Luftfahrtvermittlungen GmbH (ACM), Frankfurt am Main, 24 Prozent der Aero-Lloyd-Anteile. ACM wird vertreten durch Bogomir Gradisnik, der nun auch Geschäftsführer von Aero Lloyd wird.

Die Caravelles werden durch drei DC-9 (117 Sitze) ersetzt. Zu den Kunden von Aero Lloyd gehören NUR, TUI, Jahn Reisen, Kreutzer und andere deutsche Veranstalter. Aero Lloyd befördert 1982 200.000 Personen mit einem Umsatz von 51 Millionen DM. 1983 sind es bereits 300.000 Gäste mit 100 Millionen DM Umsatz. Zum 1. August 1984 erwirbt dann der Frankfurter Versicherungsmakler Jan Klimitz von der DAL 21 Prozent des Unternehmens. Im Herbst 1985 werden fabrikneue MD-83-Flugzeuge bestellt.

Eigentlich hätte die Entwicklung trotz konjunktureller Schwankungen weiter steil nach oben gehen müssen. Aber wenn's dem Esel zu wohl wird, geht er aufs Eis. Im Falle Aero Lloyd ist es der alte Fuchs Bogomir Gradisnik, der der Esel ist. Er will unbedingt in den Linienverkehr. Das ist sein Traum. Weg vom Charterverkehr, der angeblich keine Zukunft hat, und so hat er hat auch keine Scheu, sich in eine offene Konfrontation mit der Lufthansa zu begeben. Im Oktober 1988 beginnt Aero Lloyd seinen Linienverkehr auf den Strecken Frankfurt–Hamburg, Frankfurt–München und Hamburg–München. Im Winter 1989 kommen die Linienflüge von Frankfurt nach Paris und von München nach London hinzu. Die Auslastung auf allen Strecken bleibt erheblich unterhalb der Rentabilitätsschwelle. Aero Lloyd macht deutliche Verluste, aber Gradisnik ficht das nicht an. Auch das negative Beispiel der Burda-Brüder in München ist für ihn kein Warnsignal. Diese haben mit ihrer Fluggesellschaft German Wings vergeblich versucht, der Lufthansa Geschäft wegzunehmen. Gradisnik träumt trotzdem weiter von einer Zukunft als Linienflieger. Er übernimmt sogar die zwei Maschinen von German Wings und engagiert sich nun ebenfalls im Berlin-Verkehr. Er betrachtet den innerdeutschen Linienverkehr als Vorbereitung auf die Langstrecke. Und von dieser verspricht er sich das große Geld. Vorsorglich beantragt Gradisnik Verkehrsrechte für Linienverkehre nach New York, Atlanta und Los Angeles, nach Bangkok, Singapur und Tokio. Er verhandelt auch über den Ankauf von Langstreckenmaschinen. Zwischendurch – 1990 – zieht die Gesellschaft um, von Frankfurt nach Oberursel in einen 13 Millionen DM teuren Prachtbau. Allerdings spart Aero Lloyd durch diesen Umzug auch rund drei Millionen DM Gewerbesteuer.

1988

Blieb erfolglos.

270

1990 wird das Stammkapital von den Gesellschaftern Reinhold Bräumer und Jan Klimitz von 10,1 auf 18,1 Millionen DM erhöht. Trotzdem kommt Anfang 1991 der Moment, in dem die Kasse leer ist. Das Minus im abgelaufenen Geschäftsjahr liegt bei 70 Millionen DM, Aero Lloyd steht vor der Pleite. Die Bayerische Landesbank ist seit 1987 Hausbank der Fluggesellschaft und hat ihr hohe Kredite eingeräumt. Zwar hat sich auch die Golf-Krise negativ auf den Tourismus und auf die Aero-Lloyd-Beschäftigung ausgewirkt, aber nichts führt an der Erkenntnis vorbei, dass Gradisniks unternehmerische Fehlentscheidung Aero Lloyd an den Rand des Zusammenbruchs gebracht hat.

Die Bayerische Landesbank ist mit einer Kreditsumme von rund 240 Millionen DM bei Aero Lloyd engagiert. Dagegen stehen 17 Flugzeuge, die der Gesellschaft gehören, und das 13 Millionen DM teure neue Verwaltungsgebäude in Oberursel, das die Ehefrau von Gradisnik liebevoll und künstlerisch ausgestattet hatte. Nach dramatischen Verhandlungen der Bayerischen Landesbank, auch mit den Groß-kunden von Aero Lloyd, kommt es zu einer Rettungsaktion in letzter Minute. Am Abend des 25. Januar 1991 ist Aero Lloyd vorläufig gerettet. Ein Betriebskredit, der das Unternehmen für die nächsten Monate tragen soll, wird verbindlich zugesagt. Insgesamt werden 35 Millionen DM von der Bank, vom Gesellschafter Jan Klimitz und von NUR (je zehn Millionen DM) und von der TUI zur Verfügung gestellt.

1991

Bestandteil der Vereinbarungen ist auch eine Neubesetzung der Geschäfts-führung. Der bald 70-jährige Bogomir Gradisnik soll nur noch für weitere zwei Jahre für den Verkauf zuständig bleiben. Für Controlling/Finanzen und für Flugbe-trieb/Planung soll je ein ausgewiesener Experte als Geschäftsführer eingestellt wer-den. Aero Lloyd berichtet über ernsthafte Gespräche mit British Airways und Delta Air Lines, die angeblich an einer Beteiligung an Aero Lloyd interessiert sind. Das stört natürlich die Lufthansa. Gleichzeitig bekundet Aero Lloyd Interesse an einer Beteili-gung in Höhe von fünf bis zehn Prozent an der ostdeutschen Interflug, mit der der Lufthansa Konkurrenz gemacht werden soll.

Aber daraus wird nichts. Dafür meldet sich die Lufthansa, die misstrauisch das Interesse ausländischer Gesellschaften an Aero Lloyd verfolgt. Ihr kann es nicht recht sein, wenn sich ein ausländischer Linien-Carrier in Deutschland einkauft, um unter deutscher Flagge dem National Carrier Konkurrenz zu machen. Um Zeit zum Prüfen und Überlegen zu gewinnen, sichert sich die Lufthansa im Februar 1992 gegen Zah-lung von zehn Millionen DM eine Kaufoption von über 51 Prozent mit einer Laufzeit bis Ende 1992. Bei Aero Lloyd tritt am 1. Juli 1992 Reinhard Kipke als Vorsitzender der Geschäftsführung an. Kipke war von 1962 bis 1971 bei der Bundeswehr, wo er als Major ausschied. Er ging zur Lufthansa und Condor und war für diese seit 1989 Geschäfts-führer der Südflug GmbH. Spekulationen über angebliche Lufthansa-Pläne, das Char-tergeschäft zwischen Condor, Südflug und Aero Lloyd aufzuteilen, einer als Langstreckenspezialist, ein anderer für die Mittelstrecke, erübrigen sich bald, denn die

Reinhard Kipke.
Er übernimmt 1992
die Führung
bei Aero Lloyd.

271

Lufthansa entscheidet sich, von der Kaufoption doch keinen Gebrauch zu machen. Eine teure Bedenkzeit, die sich Lufthansa da eingehandelt hatte. Eine Beteiligung an Aero Lloyd wäre angesichts der aufgelaufenen Verluste wahrscheinlich teurer geworden. Das ausländische Interesse, Aero Lloyd als Türöffner zu benützen, stellt sich als Luftblase heraus. Für Gradisnik ist das Ausscheiden aus der Führung der Fluggesellschaft kein leichter Prozess. Der nun fast 70-Jährige hat das Unternehmen geleitet, als sei er Alleininhaber. Mit seinem patriarchalischen Führungsstil neigt er zu einsamen Entscheidungen, die sich mitunter auch zum Nachteil der Gesellschaft auswirken. Trotzdem ist unbestritten, dass Bogomir Gradisnik die Seele des Geschäfts war und Aero Lloyd ihm viel zu verdanken hat. 1994 läuft der Vertrag mit Gradisniks Air Charter Market ACM als Generalvertreter der Aero Lloyd aus. Die Airline baut ihren eigenen Vertrieb auf. Erstmals können Aero-Lloyd-Flüge über das elektronische Reservierungssystem Start Amadeus gebucht werden.

Ab 1995 werden wieder Gewinne gemacht, und 1996 beginnt ein Umflottungsprogramm. Bis 2002 soll die gesamte MD-80-Flotte durch Airbus A-320 und A-321 ersetzt werden. 1998 übernimmt die Bayerische Landesbank die Mehrheit am Unternehmen, an dem außerdem nur noch Jan F. Klimitz beteiligt ist. ACM scheidet aus dem Gesellschafterkreis aus. Geschäftsführer Kipke wird durch Wolfgang John ersetzt, der von der Lufthansa kommt. Kipkes Ausscheiden ist eine der Bedingungen des Aero-Lloyd-Betriebsrates, von dem zur Gesundung des Unternehmens Gehaltsverzicht verlangt wird. Aero Lloyd ist eine der noch unabhängigen Fluggesellschaften und muss versuchen, sich auch ohne große Aufträge der integrierten Konzerne im Markt zu behaupten. Solange es Reiseveranstalter ohne eine eigene Fluggesellschaft gibt, hat Aero Lloyd eine reelle Chance zum Weiterleben. Der gut laufende Einzelplatzverkauf sichert die Gesellschaft zusätzlich ab.

1998

Ein moderner Airbus A-320: Die Aero-Lloyd-Flotte hat gute Chancen, weiter selbstständig zu bleiben.

272

Immer mehr springen auf den fahrenden Zug

Inzwischen gehören Tellerwäscherkarrieren im deutschen Tourismus nicht mehr zum Alltag. Die Großen wachsen mehr durch Zukauf als durch Erweiterung ihres Geschäftsumfangs. Gleichzeitig setzt die Phase der Liberalisierung und der Deregulierung ein. Der Wettbewerb verschärft sich – auch weil nun sogar SB-Warenmärkte in den Reisemarkt eindringen.

Reisen im Supermarkt

Nachdem die Kauf- und Versandhäuser in den 60er Jahren auch Urlaubsreisen in ihr Programm aufgenommen haben, zeigen in den 70er Jahren auch die sich schnell entwickelnden Selbstbedienungsmärkte Interesse an der Reisebranche. Das sind besonders Allkauf mit Sitz in Mönchengladbach und die Massa-Ketten in Hessen und Rheinland-Pfalz sowie Rewe in Köln. Die Metro hatte sich schon über ITS im touristischen Markt engagiert. Aldi und Edeka als weitere große Lebensmittelhändler in Deutschland halten sich vom Reisegeschäft fern. Aus dem Pulk der Selbstbedienungs-Kaufhäuser, Cash & Carry-Märkte und Lebensmittel-Supermärkte hat sich nach einem touristischen Wettlauf über 20 Jahre eine Firma gelöst, die schließlich durch Zukäufe, nicht durch eigenes Wachstum, in die Spitzengruppe der touristischen Unternehmen vorgestoßen ist: die Rewe-Gruppe.

Tjaereborg/Allkauf: eine langjährige Kooperation

Der in Dänemark erfolgreiche Pastor Krogager, der schon in den 70er Jahren mit Last-Minute-Angeboten von Billund Reisekunden auch aus Norddeutschland für seine Veranstalterfirma Tjaereborg gewinnt, gründet 1973 eine deutsche Tochtergesellschaft in Düsseldorf. Dieser Standort ist für ihn wegen der LTU wichtig, die ihm günstige Flugmöglichkeiten bietet, die ihm von anderen deutschen Flughäfen nicht zur Verfügung stehen. Nur die LTU ist bereit, für einen Newcomer zu fliegen und damit die bereits im Markt eingeführten Reiseveranstalter zu verärgern. Krogager holt sich seine Geschäftsführer von NUR. Nach W. Ph. Zorbach und Jiri G. Srail wird im Januar 1976 Gerhard Bennecke, zunächst Tjaereborg-Marketing-Direktor, zum Geschäftsführer berufen. Bennecke war im Unfrieden bei NUR ausgeschieden und brennt darauf, den Frankfurtern zu zeigen, was eine Harke ist. Das Geschäfts-

1973

Tjaereborg-Logos
im Wandel der Zeit.

273

jahr 1974/75 verläuft zur Überraschung der skeptischen deutschen Konkurrenten erfolgreich. Das zweite Geschäftsjahr bringt mit einer Steigerung von 91,7 Prozent 103.500 Buchungen. Man hatte Tjaereborg unterschätzt. Allerdings beschränkt sich Tjaereborg nach einigen unbefriedigenden Versuchen in Hamburg auf den Abflughafen Düsseldorf, also auf den nordrhein-westfälischen Markt. In Düsseldorf ist auch die Allkauf SB Warenhaus GmbH zu Hause. Bei Gründung der Tjaereborg-Deutschlandtochter macht Allkauf ebenfalls den Schritt in das Urlaubsgeschäft. 55 Reisevertriebsstellen werden gegründet. Sie befinden sich in den Allkauf-Märkten, eigenen Möbelhäusern und Fotofachgeschäften. 1980 produziert die Allkauf Reisen GmbH damit etwa 80 Millionen DM Umsatz und trägt damit ein Viertel zum Gesamtumsatz von Tjaereborg bei.

Tjaereborg geht es inzwischen in Dänemark wegen der dort wachsenden Konkurrenz nicht mehr so gut, weswegen er sich Anfang 1981 von seiner deutschen Tochter trennt. Er verkauft Tjaereborg Deutschland an Allkauf. Zusätzlich zu Bennecke werden nun auch die Chefs der Allkauf-Gruppe zu Tjaereborg-Geschäftsführern, allen voran Eugen Viehof sen., Gründer der Allkauf im Jahre 1962, und sein Sohn. Bennecke führt Tjaereborg nach dem Eintritt von Allkauf noch weitere vier Jahre. 1985 wird er durch Dietmar Kastner abgelöst, der seit 1978 stellvertretender Geschäftsführer von Jahn Reisen in München war. Kastner ist mit der LTU-Führung gut bekannt, die 1982 Jahn Reisen übernommen hatte.

Allkauf wird mit der Reisetochter nicht glücklich; sie schreibt 1984 und 1985 rote Zahlen. 1986 erwirbt die LTU zunächst 49 Prozent an Tjaereborg Deutschland, nach einigen Jahren auch die restlichen 51 Prozent. Dietmar Kastner bleibt Tjaereborg-Geschäftsführer, bis er 1995 von der Rewe-Gruppe in die Geschäftsführung der soeben vom Kaufhof übernommenen ITS berufen wird.

1986

Allkauf hat mit dem Verkauf von Tjaereborg das Interesse am Verkauf von Urlaubsreisen nicht aufgegeben. Im Gegenteil, die Allkauf Touristik Vertriebs-GmbH kümmert sich darum, dass in den Allkauf-SB-Märkten weiter Reisen verkauft werden. Außerdem wird in den 90er Jahren in den Zukauf unabhängiger Reisebüros investiert. Etablierte Reisebüros wie Koch Übersee in Hamburg, die Reisebüros Schwinges in Moers sowie Kimmel und Knipper in Köln und Bonn landen im Portfolio von Allkauf.

Bevor daraus eine homogene Kette geschmiedet werden kann, wird 1998 die Allkauf-Gruppe an die Metro verkauft. Seitdem sich Metro mit dem ITS-Abenteuer gefährlich die Finger verbrannt hat, will sie vom Tourismus aber nichts mehr wissen. Deshalb ist es keine Überraschung, dass sie die Allkauf-Tochter Allkauf Touristik Vertriebs GmbH noch im Jahr der Übernahme weiterverkauft. Käufer ist die FTI/Frosch-Gruppe, die zu diesem Zeitpunkt noch im teuren Expansionsfieber steckt.

Massa löst sich von Tjaereborg

Die SB-Warenhäuser der in Hessen und in Rheinland-Pfalz beheimateten Alfred Massa GmbH gehören seit der Geburtsstunde von Tjaereborg Deutschland zu den begeisterten Urlaubsverkäufern. Das macht den Massa-Chef Karl-Heinz Kipp leichtsinnig. Nach fünf Jahren erfolgreicher Zusammenarbeit mit Tjaereborg meint Kipp, ab 1980 ein eigenes touristisches Programm herausbringen zu sollen. Für den Sommer 1980 will er mit seinen 17 Reisebüros in Massa-Märkten preiswerte Reisen ab Frankfurt, Köln und Saarbrücken nach Spanien an den Mann bringen. Im ersten Jahr erzielt er einen Umsatz von 20 Millionen DM, 1981, im zweiten Jahr, hat er die Zahl seiner Vertriebsstellen auf 20 erhöht und 60 Wohnmobile und 15 Omnibusse angeschafft. Nun wird das Programm erweitert, die Abflüge allerdings werden auf Frankfurt und Düsseldorf begrenzt.

1980

Das Ergebnis ist ernüchternd, denn die Produktion von Reisen ist aufwändig, die Investitionen schlagen zu Buch, und es bewahrheitet sich die alte Erkenntnis, dass die schönsten und besten Programme nur Verluste bringen, wenn der Vertrieb nicht funktioniert. Für den Aufwand eines eigenen Reisekataloges mit Einkauf, Werbung und Zielortbetreuung bringen 20 Verkaufsstellen einfach zu wenig. Rote Zahlen sind programmiert.

Das Ende des Ausflugs in die eigene Reiseveranstaltung kommt zwar relativ schnell, ist aber keine Entscheidung des Massa- Chefs. Die Alfred Massa GmbH wird 1982 an die Metro verkauft, die mit den Reiseprogrammen kurzen Prozess macht – sie stellt sie ein.

Michael Hahn, Atlas Reisen und Rewe

Der 1941 geborene Michael Hahn gilt als einer der kreativen und erfolgreichen Unternehmer in der deutschen Reisebranche. Er sammelt während seines Studiums, das er 1967 beendet, erste Erfahrungen beim studentischen Reiseveranstalter Eurostud und wirkt 1969 am Aufbau der Firma Air Contact System mit, die Anfang der 70er Jahre führend im Einzelplatzverkauf in Charterflugzeugen und als Consolidator tätig ist. 1974 eröffnet Michael Hahn sein erstes Reisebüro, das sich auf den Verkauf von Pauschalreisen beschränkt.

Zu dieser Zeit meinen immer noch viele in der Reisebranche, nur so genannte Vollreisebüros mit der Konzession für den Verkauf von Bahnfahrkarten und Flugscheinen seien echte Reisebüros. Auf Büros, die nur Urlaubsreisen verkaufen, schaut man etwas geringschätzig herab. Herablassung vergeht den Kollegen aber schnell, denn Michael Hahn entwickelt sich innerhalb kürzester Zeit zu einem beachtlichen Konkurrenten auf dem Kölner Pauschalreisemarkt. Gemeinsam mit

Michael Hahn eröffnet 1974 sein erstes Reisebüro, das nur Pauschalreisen verkauft.

Hans Reischl, zielstrebiger Chef von Rewe, kauft sich bei Atlas ein.

seinem Partner Heinz Fuchs expandiert er in Nordrhein-Westfalen, wo bis 1989 Atlas Reisen 14 Reisebüros betreibt. 1987 beginnt sich die Einzelhandelskette Rewe für die Touristik zu interessieren. Dabei kommt Rewe-Chef Hans Reischl ins Gespräch mit Michael Hahn, der an einer Studie über die Situation der deutschen Reisebranche mitarbeitet. Das Ergebnis veranlasst Rewe, seine Angebotspalette um Urlaubsreisen zu erweitern. Und schließlich kauft Rewe 1988 Heinz Fuchs die 50 Prozent an Atlas Reisen ab und bittet Michael Hahn, als geschäftsführender Gesellschafter im Unternehmen zu bleiben.

Rewe schwebt vor, wie im Einzelhandelsbereich auch im Tourismus mit einer starken Vertriebskette eine eigene Handelsmarke aufzubauen. Deshalb heißt seine Devise: Expansion, wofür er auch viel Geld investiert. Innerhalb eines Jahres wächst die Reisebüro-Kette von 14 auf 35 Reisebüros. Überall in Deutschland werden Reisebüros in guten Geschäftslagen aufgekauft oder eröffnet. Nach Ansicht vieler Fachleute kann eine solche Reisebüro-Kette aber nicht rentabel betrieben werden. Deshalb ist es dann auch keine Überraschung, als Michael Hahn 1994, sechs Jahre nach dem Beginn der Partnerschaft, seine restlichen Geschäftsanteile an Rewe abgibt. Zu diesem Zeitpunkt verfügt Atlas Reisen über 600 Filialen in allen Teilen des Bundesgebietes. Die Expansion und die vielen unrentablen Büros in teuren Lauflagen kosten ihren Preis. Die Bücher weisen einen Verlust von 18 Millionen DM aus.

Die Rewe entsendet den Sanierungsexperten Horst Schabbehardt, der Atlas einen harten Sanierungskurs verordnet. 1998 ersetzt Jürgen Marbach, zuvor 13

1994

Atlas-Reisebüro, der erste Baustein im Vertriebsnetz der Rewe

Inzwischen haben sich die Atlas-Reisebüros natürlich dem Stil der neuen Zeit angepasst.

Ein Logo, das der Rewe Freude macht.

Jahre lang bei der LTU Touristik, Hans-Joachim Hartmann als Geschäftsführer für Marketing und Vertrieb. 1999 kann Rewe melden, dass nur noch 500 Büros unter dem Namen Atlas Reisen betrieben werden. Inzwischen arbeiten im Unternehmen 1 800 Reiseverkäufer. Jürgen Marbach hat für 1999 zehn Millionen DM Gewinn an die Mutter Rewe abliefern können. Ein Erfolg, auf den er stolz sein kann.

Michael Hahn legt nach seinem Ausstieg bei Atlas Reisen natürlich nicht die Hände in den Schoß. Abgesehen von einem Antiquitätengeschäft, das er in Köln betreibt, entwickelt er ein Software-Programm für Reisebüros, das diese sehr gut gebrauchen können: Bestravel. In diesem System werden die Reiseangebote der Veranstalter miteinander verglichen und die jeweils günstigsten Offerten für ein Hotel oder einen Ort herausgefiltert. Die Veranstalter mögen das natürlich nicht und betonen bei jeder Gelegenheit, ihre Programme ließen sich überhaupt nicht vergleichen, denn zu viele Details müssten berücksichtigt werden, wenn eine objektive Gegenüberstellung zu Stande kommen solle. Das entmutigt Hahn jedoch keineswegs. Er bringt sein System zur Einsatzreife und verkauft es anschließend an Siemens. Auch das war – davon kann man mal ausgehen – für Michael Hahn ein gutes Geschäft und bestimmt nicht sein letztes.

Ein Frosch macht große Sprünge

Die großen deutschen Reiseveranstalter sind durch stetes Wachstum und Zusammenschlüsse mit gleich gearteten oder vertikal zu ihnen passenden Unternehmen zu ihrer heutigen Bedeutung herangewachsen. Einer hat den Weg durch die Hintertür gemacht. Die etablierten Veranstalter merken jahrelang nicht, welche Konkurrenz ihnen unter der Überschrift „Frosch Touristik" zuwächst.

Dietmar Gunz startet mit einem Ein-Mann-Büro auf der Insel Malta.

1983

Malta, die Quelle des Glücks

Firmengründer Dietmar Gunz, gebürtiger Österreicher, sammelt Erfahrungen als Reiseleiter und absolviert mit 21 Jahren ein Kurzstudium zum IHK-Touristikbetriebswirt. Im Jahr 1981 gründet er gemeinsam mit Dr. James Swift die LAL Sprachreisen GmbH. Gunz will die Sprachschüler auf die sonnige Mittelmeerinsel Malta statt ins neblige England oder Irland schicken und sie auch auf der Insel und in seiner eigenen Sprachschule betreuen. Dafür eröffnet er 1982 eine Ein-Mann-Filiale auf der Insel. Um den Sprachunterricht nicht anderen zu überlassen, sondern ihn selber bieten zu können, gründet Gunz später – im Jahr 1985 – das Institute of English Language Studies (IELS) auf Malta. Dieses Institut zählt noch heute zu den führenden Schulen des Landes.

Die Münchner Sprachreisen werden zu einem der wichtigsten Devisenbringer für Malta und zu einer lukrativen Erwerbsquelle für Gunz. Mehr und mehr Kunden verbinden das Sprachstudium mit einem Erholungsaufenthalt auf der Insel. Deshalb gründet Gunz schon 1983 die Froschtouristik GmbH als Spezialveranstalter für Urlaub auf den Mittelmeerinseln Malta, Gozo und Comino. Er hat damit eine Nische gefunden, für die sich – gut für ihn – keiner der anderen Veranstalter sonderlich interessiert. Auf Malta wird er gefeiert wie ein König. Seine Veranstalter-Tätigkeit außerhalb der Sprachreise lässt er unter dem Namen Frosch Touristik laufen. Dieser Name ist nicht etwa von dem grünen Wiesenhüpfer und Teichbewohner abgeleitet, sondern Frosch ist der Geburtsname seiner Frau.

Auf der Insel wird viel Geld verdient, weil Malta mit seinem Fährverkehr nach Nordafrika das Nadelöhr zu Gaddhafis Libyen ist, das ansonsten von direkten Verbindungen per Schiff oder Flugzeug nach Europa abgeschnitten ist. Da Dietmar Gunz seine Buchhaltung in Malta machen lässt und in der Geschäftsführung seiner Unternehmensgruppe immer wieder fremdländische Namen auftauchen, wird von manchen Beobachtern vermutet, dass die weitere Expansion der Frosch-Touristik-Gruppe durch Helfer aus Malta finanziell unterstützt wird.

Die eigene Fluglinie betreibt Frosch Touristik gemeinsam mit Airtours, der britischen Konzernmutter.

Expansion durch Zukauf

Im Jahr 1991 gründet FTI unter dem Namen UK Touristik GmbH einen Spezialveranstalter für England, Schottland, Wales, Irland sowie die Kanalinseln. Dieser Veranstalter wird inzwischen unter dem Namen FTI Touristik betrieben. Ins Kreuzfahrtengeschäft steigt FTI vier Jahre später durch Kauf der 1956 von Gerhard Hüther, einem ehemaligen Reiseleiter an der Adriaküste, gegründeten Münchner Air Maritime. Die inzwischen in Air-Maritime Seereisen GmbH umgetaufte Firma ist Generalagent einer italienischen und einer griechischen Reederei. Die Expansion von Frosch Touristik vollzieht sich weiter in touristischen Randbereichen. Aus gutem Grund, denn dort kommt Gunz den Großen nicht ins Gehege. So kauft er 1995 die seit 1983 bestehende Reisebüro-Franchise-Kette Flugbörse. Es vergeht kaum ein Jahr, in dem Frosch nicht weitere Expansionen betreibt. Und schließlich wird im Jahr 1998 ein eigener Last-Minute-Veranstalter ins Leben gerufen, der den Namen Fünf vor Flug trägt.

Zum 1. November 1999 zieht sich die Einzelhandelskette Allkauf aus dem Touristikgeschäft zurück und stellt ihre 155 Reisebüros zum Verkauf. Der neue Besitzer heißt Frosch. Mit den schon bestehenden Franchise- und eigenen Reisebüros verfügt FTI durch diesen Zukauf über einen starken Eigenvertrieb. Es ist nicht das erste Mal, dass Gunz sein Unternehmen durch Zukauf spektakulär stärkt: Im Jahr 1989 übernimmt er die CA Ferntouristik. Vormals Spezialist für Hawaii und die Südsee, bietet der Veranstalter inzwischen Reisen nach Nord- und Lateinamerika, Australien und Neuseeland an. Auf diese Weise steigt Gunz in das Reisegeschäft in die USA ein. Außer dem DER und der LTU mit Meier's Weltreisen hat er in diesem Geschäftsfeld keine ernst zu nehmende Konkurrenz. Seine CA Ferntouristik erzielt beachtliche Erfolge. CA Ferntouristik wird seit Juli 1999 unter der Dachmarke FTI geführt.

Vom US-Incoming-Veranstalter American Tours International (ATI), mit dem er zunächst zusammenarbeitet, trennt er sich schon bald und wiederholt nun , was er zuvor auf dem kleinen Markt Malta schon vorgemacht hat: Er baut in USA eine eigene Organisation auf. Seine amerikanische Tochtergesellschaft CA USA (heute FTI North America) mit Sitz in Orlando, Florida, und Service-Büros in Seattle, Hono-

279

Strandfreuden im
Jahr 2000. Die
Tourismusbranche
hat das Leben in
den Urlaubszielen
verändert.

lulu, Los Angeles, New York, Miami, Anchorage und auch auf der Hawaii-Insel Maui bezeichnet er als die größte auf das deutschsprachige Europa spezialisierte Incoming-Agentur in den USA. Das sieht Wilfried Niederkofler, Boss der DER-Tochter New World Travel in New York, gewiss etwas anders, aber mit Werbesprüchen soll man es ja sowieso nicht so genau nehmen.

Die Expansion kostet Geld

Die Formulierungskünste von Frosch beziehungsweise FTI Touristik, wie die Firmengruppe seit 1998 heißt, sind auch beim Lesen der Nachrichten über zusätzliche Geldgeber zu bewundern. Da beteiligt sich im Februar 1996 die Beteiligungsgesellschaft für die deutsche Wirtschaft, hinter der die Deutsche Bank und die Dresdner Bank stehen, mit sechs Millionen DM als „stiller Gesellschafter" an FTI, und Ende September 1997 folgt die Raiffeisenbank-Volksbank im Landkreis Altötting mit einer weiteren stillen Beteiligung in Höhe von vier Millionen DM. In einer FTI-Pressemeldung vom 4. November 1997 heißt es nahezu blauäugig: „Die stille Beteiligung dient als reines Steuerungsmittel für die Eigenkapitalbasis und somit für die wirtschaftliche Kraft der FTI-Gruppe. Sie kann seitens der Frosch-Gruppe jederzeit beendet werden." Diese Beendigung setzt natürlich voraus, dass die Mittel zur Rückzahlung auch verfügbar sind. Bei dem von Gunz vorgelegten Expansionstempo ist es aber gerade der Finanzbedarf, der FTI zur Aufnahme der Gesellschafter zwingt. Die Erträge, wenn es sie in dieser Zeit denn überhaupt gibt, reichen jedenfalls für den Ausbau des Unternehmens nicht aus. Aber Gunz peitscht die Firma in weitere Abenteuer, bei denen er nun auch nicht mehr zögert, sich mit den wirklich großen Reiseveranstaltern anzulegen. Er verlässt die Nischen und bietet 1997 erstmals Ferienreisen nach Mallorca an, er veranlasst die Britannia Fluggesellschaft des britischen Reiseveranstalters Thomson, eine Tochtergesellschaft in Deutschland zu gründen, an der er sich offiziell beteiligt, da sie einen deutschen Gesellschafter für die Anerkennung als Deutsche Britannia braucht. Für die Auslastung der Maschinen werden von FTI entsprechende Verkaufserfolge erwartet.

Geht für FTI auf den deutschen Markt.

FTI geht auf anderen Strecken ebenfalls in die Offensive, was immer auch Preiskampf bedeutet, der viel Geld kosten kann. Nach Mallorca nimmt Gunz Marokko, Jamaika, die Dominikanische Republik und Kuba ins Programm. Zuversichtlich verkündet die Deutsche Britannia, im Sommer 1998 fliege man zwar noch mit zwei Boeing B- 767, doch im Sommer 1999 würden vier bis sechs Flugzeuge an den Start gehen, und bis zum Jahr 2000 solle die Flotte auf 20 Maschinen ausgebaut werden. Die Briten lassen auch durchblicken, dass ihre Muttergesellschaft Thomson Travel in Großbritannien am deutschen Markt interessiert sei. Kein Wunder, dass die deutsche Reisebranche dem Münchner Dietmar Gunz spätestens jetzt unterstellt, er werde den Steigbügelhalter für die englische Konkurrenz in Deutschland spielen.

Thomson Travel Group plc
Ende der 90er zeigt Thomson Travel Interesse am deutschen Markt.

282

Airtours plc kommt ins Spiel

Das tut Gunz auch tatsächlich, aber zur allgemeinen Überraschung mit einem ganz anderen Partner. Am 13. Mai 1998 treten David Crossland, Chairman des britischen Reisekonzern Airtours plc, und Dietmar Gunz in München vor die Presse und verkünden, dass Airtours sich mit 29,03 Prozent an FTI beteiligt habe. Dafür zahlt Airtours 50 Millionen DM. Es gibt einen mehrjährigen Stufenplan über eine Aufstockung der Beteiligung mit einer Option der totalen Übernahme im Jahr 2002. Die deutschen Konkurrenten schütteln den Kopf über die Höhe des Kaufpreises, der etwa dem 22- bis 23fachen des Gewinns entspreche. Aber die Pläne beider Seiten sind aufgegangen. Gunz hat über Jahre hinweg ohne Rücksicht auf Kosten und Erträge seine Firmengruppe nach oben getrieben. Nun kassiert er für das produzierte Reisevolumen und für die Marktanteile. Airtours dagegen stellt den Fuß in die Tür und hat sich den Zutritt in den deutschen Markt erkauft. Thomson bleibt das Nachsehen und der dreijährige Vertrag der Deutschen Britannia mit FTI, der weiter läuft. Aber es bleibt nun doch bei nur zwei Flugzeugen.

David Crossland
koppelt 1998 FTI
an seine Airtours an.

Das hindert FTI jedoch nicht daran, nun mit Hilfe der reichen Mutter eine eigene Charterfluggesellschaft zu gründen: Fly FTI. Der neue Ferienflieger beginnt zur Sommersaison 1999 mit drei Maschinen des Typs Airbus A-320. Um diese zu füllen, braucht FTI 250.000 bis 300.000 Gäste. Das Reiseangebot ins Mittelmeer wird daher stark erweitert, Griechenland und die Türkei werden ins Programm genommen. Für das Jahr 2000 wird die Verdoppelung der FTI-Flotte angekündigt. Wie hochgesteckt die Ziele von Dietmar Gunz sind, zeigt seine Erklärung, nur 60 Prozent der FTI-Fluggäste würden mit der eigenen Fluggesellschaft befördert.

1999

Die Fliegerei ist nicht das einzige Gebiet, auf dem FTI expandiert. So entsteht seit 1998 die eigene Hotelgruppe Siva, die mit 29 Häusern und 11.000 Betten in neun Ländern vertreten ist. Durch Managementverträge für acht weitere Hotels auf Kuba wird die Bettenkapazität für den Sommer 2000 sprunghaft erhöht. Mittelfristig will FTI mit den Siva Hotels Zugriff auf 60.000 Betten weltweit haben. Zum Sommer 1999 gibt es bei FTI eine weitere Neuheit: Drive FTI heißt das jüngste Baby von Dietmar Gunz. In über 30 Ländern auf fünf Kontinenten bietet FTI Mietwagen an, mit denen bis zum Oktober 1999 10.000 Buchungen vermittelt werden sollen. Ebenfalls 1999 beteiligt sich FTI auch noch mit 40 Prozent an dem auf Direktverkauf spezialisierten Veranstalter EVS Berge & Meer aus Rengsdorf . Mit EVS kann FTI eine zusätzliche Auslastung der Flugzeuge und Hotels außerhalb der Hochsaison ansteuern.

Frosch-Hotelgruppe.

Gunz hat in seinem ganzen Frosch-Leben nur ungern Zahlen über sein Unternehmen bekannt gegeben. Über die wirtschaftlichen Ergebnisse der FTI-Gruppe gibt es keine offiziellen Verlautbarungen, deshalb natürlich umso mehr Vermutungen. Doch durch die Beteiligung von Airtours plc hat sich das geändert, da die britische Mutter Airtours zur Veröffentlichung der Geschäftsergebnisse verpflichtet ist. Airtours hatte schon sieben Monate nach dem Einstieg bei FTI den Anteil von 29,03 Prozent auf 35,92 Prozent erhöht und weist für das Geschäftsjahr Oktober 1998 bis September 1999 für die FTI-Beteiligung einen Verlust vor Steuern von knapp 19 Millionen DM aus. Das ergibt hochgerechnet einen Gesamtverlust für FTI von rund 52 Millionen DM. Hier kann Gunz bei aller Formulierungskunst nicht mehr von einem Erfolg sprechen. Aber er betont sofort, das Ergebnis liege völlig im Rahmen der Planung und resultiere aus den Vorlaufkosten der Expansion.

Dass er damit wahrscheinlich Recht hat, zeigt sich an dem Vertrauensbeweis seiner britischen Mutter. Diese hat ihm die Leitung aller Airtours-Beteiligungen in Westeuropa anvertraut. Die Beteiligungen in Deutschland, der Schweiz, Österreich, den Niederlanden, in Belgien und Frankreich sind zum Jahr 2000 unter Beibehaltung ihres jeweiligen Rechtsstatus zur European Leisure Group zusammengefasst worden. Der Chief Executive Officer (CEO) der Managementgesellschaft heißt Dietmar Gunz, und er behält seinen Sitz in München.

2000

Die Geschichte geht dann aber anders weiter. FTI produziert im Geschäftsjahr 1999/2000 Verluste von 320 Millionen DM. Daraufhin zieht Airtours plc die Notbremse. Die Briten machen schneller als ursprünglich geplant Gebrauch von der Option, sämtliche Frosch-Anteile zu erwerben und trennen sich von Dietmar Gunz. Airtours entsendet ihr Vorstandsmitglied Lars Thuesen nach München, der einen Sanierungskurs einleitet. Anfang 2001 wird dann Georg Eisenreich, zuvor Leiter des TUI-Hoteleinkaufs und davor Chef von Kreutzer Touristik, neuer FTI-Boss.

Von der Astor zur Arkona

Hadag-Chef
Jens F. K. Jacobsen
will die große,
weite Welt erobern.

Die Hadag ist in Hamburg ein Begriff. Sie betreibt den Schiffsverkehr in den Hamburger Häfen, auf der Alster, unterhält den Helgoland-Dienst von Hamburg und Cuxhaven und betätigt sich bis 1981 auch mit dem Personentransport von Hamburg nach England. 1980 hat die Gesellschaft einen besonders ehrgeizigen Vorstandschef: Jens F. K. Jacobsen. Dieser will die Hadag-Flagge auf allen Weltmeeren sehen, er leidet vielleicht auch noch unter dem Niedergang der Deutschen Atlantik Linie, auf die alle aufrechten Hanseaten in dieser Stadt besonders stolz gewesen sind. Jacobsen gelingt es, genügend Interessenten und Sympathisanten zu finden, um 1980 auf der Hamburger Werft Howaldtswerke Deutsche Werft AG den Neubau eines Kreuzfahrtschiffes in Auftrag zu geben. Das Schiff soll circa 110 Millionen DM kosten, 18.591 BRT groß werden und 480 Passagiere befördern. Für die Finanzierung gewinnt er den Hamburger Reeder Willy Bruns, die Gebrüder Hertz (Tchibo) und die Hamburger Landesbank. Das Schiff soll an die Hadag Cruise Line verchartert werden, deren Gesellschafter die Hadag See-

284

touristik und Fährdienst AG, Reemtsma, die TUI und die drei Financiers sind. Das Schiff kommt 1981 zum Einsatz. Es zeigt zwar am Heck Hamburg als Heimathafen, aber der Schornstein trägt das TUI-Wappen. Die „Astor" ist der erste Kreuzfahrer, auf dem die Fernsehserie „Traumschiff" gedreht wird. Es flimmert über Millionen deutsche Fernsehschirme. Trotzdem wird die „Astor" kein Erfolg. Für 1982 wird bereits Mitte des Jahres mit einem Verlust von annähernd neun Millionen DM gerechnet. 1983 ist der Verlust auf 24 Millionen DM angewachsen, und der in der Mitverantwortung stehende Hamburger Senat überzeugt die übrigen Beteiligten davon, dass die „Astor" möglichst schnell verkauft wird. Das geschieht dann auf verschlungenen Wegen. Offiziell wird es im Oktober 1983 an eine südafrikanische Gesellschaft verkauft, die aber nur als Strohmann funktioniert. Der tatsächliche Käufer sitzt in der DDR. Der offizielle Flaggenwechsel erfolgt am 29. August 1985 in Hamburg. Aus der „Astor" ist die „Arkona" geworden, das neue Flaggschiff der DDR-Handelsflotte, das nun für den Freien Deutschen Gewerkschafts Bund (FDGB) Kreuzfahrten für DDR-Bürger macht. Aber die TUI bleibt weiter im Geschäft, durch einen Chartervertrag über fünf Jahre macht die „Arkona" in den Folgejahren immer wieder auch Kreuzfahrten für westdeutsche Passagiere. Im Zuge der Wiedervereinigung geht das Schiff in das Eigentum der Deutschen Seetouristik GmbH in Rostock über, für die es weiterhin für Kreuzfahrten in Europa, im Mittelmeer, im Atlantik und in der Karibik eingesetzt ist.

1983

MP Travel Line – angekündigter Absturz

Der Direktvermarkter MP Travel Line ist ein Paradebeispiel für gravierende Fehlleistungen in der Wirtschaft und beim Staat. Da ist einmal die Geschäftsführung des Reiseveranstalters, die in der Phase des rapiden geschäftlichen Niederganges im Jahr 1992/93 noch munter weiter Reisen anpreist und Kundengelder kassiert, und da ist andererseits die Ohnmacht oder Unfähigkeit, vielleicht auch Unwilligkeit des Staates, einem ausgewiesenen Hasardeur das Handwerk zu legen.

MP Travel Line entsteht 1990 als Tochterunternehmen eines Direktvermarkters, einer Firma also, die unter Ausschaltung jeglichen Zwischenhandels Waren an den Mann bringt. Das geschieht durch den so genannten Telefonverkauf, und dieses Rezept soll nun auch auf das Reisegeschäft angewandt werden. In allen größeren Tageszeitungen wirbt MP Travel Line mit dem Slogan „Direkt gebucht, direkt gespart" mit auffallend preiswerten Reisen nach Portugal und in die Türkei, auf die Kanarischen Inseln und nach Florida. Buchungen werden telefonisch angenommen. 1991 meldet MP Travel Line 87.000 Teilnehmer, 1992 reisen schon 135.000

1990

Gäste mit dieser Firma. Sie beschäftigt in Deutschland 135 Mitarbeiter. Smarte junge Leute verteilen in den Zentren von Großstädten marktschreierische Reklamezettel für die billigen Reisen mit MP Travel. Die Reisebüros und Reiseveranstalter verfolgen beinahe fassungslos den raketenhaften Aufstieg des neuen Konkurrenten. Der macht aber auch durch immer wieder neue Reklamationen von sich reden. Da stimmen die Hotels nicht, die Gäste werden nicht in den versprochenen Häusern untergebracht, da funktioniert der Service am Zielort schlecht, bei den Flügen gibt es immer wieder Unregelmäßigkeiten – kurz und gut: MP Travel Line zeichnet sich durch alle Merkmale eines unsoliden, unzuverlässigen Unternehmens aus. Wenn die Reisebüros das aussprechen, wird ihnen Futterneid unterstellt, weil sie selber keine Reisen zu MP-Preisen anbieten können.

Die Reiseveranstalter rechnen nach, welche Beträge bei MP Travel Line für die Zeitungswerbung anfallen und was Transport und Unterbringung kosten. Sie kommen zu dem Ergebnis, dass die Rechnung nicht aufgehen kann. Hier stimmt etwas nicht. Ein Schneeballsystem scheint in Gang gesetzt worden zu sein. Mit immer wieder neuen Kundengeldern werden alte Löcher gestopft, werden die Fluggesellschaften und einige lautstark reklamierende Hotels bezahlt. Mit der Bezahlung der Anzeigen und vieler Hotels in den Feriengebieten lässt man sich dagegen Zeit. Das kann natürlich nicht lange gutgehen. Die Mahnungen häufen sich, und die Zahl der mit MP Travel arbeitenden Hotels geht zurück. In der Untergangsphase im Jahr 1992 wirbt MP Travel sogar für Florida-Reisen mit einer kostenlose Reise in die Türkei als Zusatzprämie. Der Deutsche Reisebüro-Verband macht 1992 sowohl das Bundesministerium für Wirtschaft in Bonn als auch die Behörden in Baden-Württemberg auf die Glücksritter am Bodensee aufmerksam. Aber es passiert nichts. Vom Verbraucherschutz ist in der Öffentlichkeit zwar gern die Rede, aber hier ist davon nichts zu sehen, und der Staat tut nichts, um MP Travel das Handwerk zu legen. Eine Firma muss erst Pleite gehen, wenn die Behörde etwas gegen die Verantwortlichen unternehmen soll. Unverständlich ist aber auch, dass das Publikum weiterhin MP-Reisen bucht, auch als inzwischen die Presse voll ist von warnenden Artikel über den Veranstalter.

1993

In Konkurs geht MP Travel Line dann im August 1993. An die 6000 Urlauber sind davon betroffen. Eine Interessengemeinschaft der MP-Geschädigten verklagt den Bund, weil dieser eine bereits 1990 verabschiedete EG-Richtlinie noch nicht in deutsches Recht umgesetzt hat. Das geschieht erst 1994. Wäre das rechtzeitig geschehen – so die Argumentation –, hätte MP Travel Line die kassierten Kundengelder absichern müssen. Mangels Sicherheiten wäre das wohl nicht gelungen. Also habe der deutsche Staat die Betrügereien durch Nicht-Handeln überhaupt erst ermöglicht. Die Klage hat Erfolg. Die Kunden werden vom Staat entschädigt. Für die Behauptung, dass ein Reiseveranstalter ohne die seit 1994 gesetzlich vorgeschriebene Kundengeld-Absicherung kein Geschäft betreiben und deshalb auch keine

Gelder veruntreuen könne, gibt es bis heute keinen Beweis. Es gibt nur ein funktionierendes Rezept: Die Kunden selbst müssen sich davon überzeugen, dass der Veranstalter eine entsprechende Versicherung abgeschlossen hat. Andernfalls dürfen sie ihm ihr Geld nicht anvertrauen. Der Staat erlässt ein Gesetz, unternimmt aber unter der Überschrift „Gewerbefreiheit" nichts zur Kontrolle, ob dieses Gesetz auch eingehalten wird. Erst wenn das Kind in den Brunnen gefallen ist, wird er aktiv.

Last Minute:
Reisen für Kurzentschlossene

Last-Minute-Reisen sind Reisen, die man kurzfristig antritt und zu ermäßigten Preisen erhält, weil es sich um Restposten handelt – also eine Art Schlussverkaufsware. Das Produkt Flugreise ist leicht verderblich: Sobald sich ein Flugzeug in die Luft erhoben hat, sind leere Flugsessel nicht mehr verkäuflich. Jede noch kurz vor dem Start kassierte Mark ist ein Deckungsbeitrag, dem keine dem Last-Minute-Passagier zurechenbaren Kosten mit Ausnahme der Bordverpflegung gegenüberstehen. Solange die auf den Markt kommenden Last-Minute-Angebote knapp sind, wird die Attraktivität der normalen Katalogreise nicht beeinträchtigt. Es liegt im Interesse der Reiseveranstalter und Fluggesellschaften, dass sich der Normalzahler nicht übervorteilt fühlt. Mit dem Sonderpreis sind schließlich auch Nachteile verbunden, langfristige Urlaubsplanungen sind nicht möglich.

Einige Anbieter scheuen sich, ihr eigenes Angebot durch Sonderofferten öffentlich zu unterbieten. Das hat der Baden-Badener Unternehmer Karlheinz

L'Tur, Spezialist für Last-Minute-Reisen, setzt allein im Jahr 1999 546.000 Reisen ab.

Kögel frühzeitig erkannt, der in der deutschen Öffentlichkeit auch durch seine Firma Media Control und den deutschen Medienpreis bekannt geworden ist. Karlheinz Kögel betreibt seit 1987 die L'Tur Tourismus AG in Baden-Baden, an der sich die TUI Group Ende 1998 mit 51 Prozent beteiligt. L'Tur unterhält 120 L'Tur-Shops in Deutschland, Frankreich, den Niederlanden, Österreich, der Schweiz und Polen. Zum Verkauf kommen die Restplätze von rund 100 Reiseveranstaltern und Fluggesellschaften. Natürlich sind die Angebote auch über einen 24-Stunden-Service per Telefon und im Internet buchbar. Das Geschäft blüht, 1999 werden 546.000 Reisen von L'Tur verkauft.

Die Vielseitigkeit von Karlheinz Kögel kommt auch in seiner ausgeprägten Leidenschaft zu gerichtlichen Auseinandersetzungen zum Ausdruck. Sei es, dass es um die Frage geht, ob nur Reisen bis 14 Tage vor Abflug als Last-Minute-Reisen bezeichnet werden dürfen oder ob der britische Konkurrent Lastminute.com unter seinem Namen im Internet auftreten darf, obgleich doch der Firmenname eher ein „Gattungsname" sei – Kögel ruft gern die Gerichte an.

Karlheinz Kögel erkennt, dass sich Restplätze gut vermarkten lassen.

289

Die Zielgruppen-Spezialisten

Die Anbieter von Flugpauschalreisen verkaufen im Wesentlichen den Strand- und Badeurlaub. Gleichzeitig gibt es viele andere, die mit ihrem Urlaub spezielle Interessen verbinden. Für den einen besteht der Urlaub aus körperlicher Ertüchtigung, für den anderen aus neuen geistigen Eindrücken oder dem Kennenlernen fremder Völker und Kulturen. Für alle diese Wünsche haben sich am Markt Spezialisten gebildet.

Studienreisen

Die Definition der Studienreise ist umstritten, seit es diesen Begriff gibt. Der Busunternehmer, der eine Tour nach Paris anbietet, verbunden mit einer Stadtrundfahrt, dem Besuch von Louvre, Notre Dame, Sainte Chapelle und Versailles, reklamiert die Bezeichnung Studienreise ebenso selbstverständlich wie jene Holland-Reisenden, welche unter Anleitung eines Fachmanns die verschiedenen Windmühlentypen „studieren". Auch die von manchen Veranstaltern propagierte „wissenschaftliche" Studienreise besagt doch nur, dass der Teilnehmer dann eben einen ausgewählten Teil der Welt durch die Spezialbrille eines Wissenschaftlers interpretiert bekommt. Wird dieser Experte jedoch mit einem Thema konfrontiert, das nicht mehr zu seiner studierten Disziplin gehört, ist es, streng genommen, mit der Wissenschaftlichkeit auch nicht mehr weit her. Jetzt ist schlichte Allgemeinbildung gefragt. Die Erweiterung von Allgemeinbildung aber macht normalerweise auch den inhaltlichen Kern der kommerziellen Studienreise aus – nicht mehr und nicht weniger. Der klassische Teilnehmer einer solchen Studienreise möchte auf möglichst erholsame Weise seine Allgemeinbildung um die Eigenarten jenes Zielgebietes erweitern, das er für seine Reise ins Auge gefasst hat.

Weil der Studienreisende die organisatorische Sicherheit eines Veranstalters bevorzugt, weil er einen sachkundigen Interpreten haben möchte und für den Gedankenaustausch unterwegs motivierte Mitreisende schätzt, bucht er eine Gruppenreise bei einem Spezialisten. Ob dabei die inhaltlichen Schwerpunkte der Reise mehr bei der Kunstgeschichte, der Geschichte oder der allgemeinen Landeskunde liegen, hängt vom speziellen Thema der gebuchten Reise ab sowie von den Kenntnissen und – ganz entscheidend – von den Fähigkeiten des Reiseleiters.

Deshalb steht bei Studienreisen – gleich welcher Art – vor allem der Reiseleiter im Mittelpunkt der Qualitätsmerkmale. Vermag doch ein guter Reiseleiter notfalls aus jeder billigen Kaffeefahrt eine kleine Studienreise zu machen, während ein

Ägypten war schon früh ein Ziel von Studienreisenden. Seither hat sich am Bedarf der Touristen wenig geändert: Sie wollen auf angenehme Weise ihr Allgemeinwissen um die Eigenarten des besuchten Landes erweitern.

langweiliger, kommunikationsunfähiger und nur einseitig interessierter Professor die bestgeplante wissenschaftliche Exkursion in den Sand setzen kann. Ein Problem, das noch heute jede Studienreise mit einem gewissen Risiko belastet.

Nebenbei sei noch auf den in diesem Zusammenhang gerne erwähnten Italien-Reisenden Johann Wolfgang von Goethe hingewiesen: Er eignet sich nur in Grenzen als Vorbild für Studienreisen, war er doch ein klassischer Individualreisender, unmöglich, ihn sich etwa in einer Studiosus-Gruppe mit grünem Rucksack auf dem Buckel vorzustellen. Zudem hat er wichtigste Baedeker-besternte Highlights buchstäblich links liegen lassen, um sich belanglosen Nebensächlichkeiten um so intensiver zuzuwenden. Ferner hätte bei seiner langsamen Art des Reisens und bei den vielen Pausen, die er zum Zeichnen von Landschaften brauchte, die Gruppe ständig auf ihn warten müssen. Einen Typ Goethe in der Gruppe zu haben würde den heutigen Reiseleiter mit Sicherheit ins Irrenhaus bringen und die Gruppe zu einem Reklamationsaufstand stimulieren.

Studien-, Abenteuer- und Entdeckungsfahrten haben schon zu Beginn des Jahrhunderts angesehene Reisebüros organisiert. Sie haben spannende Reisen zu den ägyptischen Pyramiden, ins Heilige Land und auch damals schon rund um die Welt vorbereitet und selbst unternommen. Zu diesen weltoffenen und welterfahrenen Büros gehören das Reisebüro Carl Stangen in Berlin und das Reisebüro Schenker & Co in München. Der älteste Studienreiseveranstalter, der bis heute existiert, ist die Firma Studienfahrten Deutscher Akademiker Prof. Dr. A. Kutscher, die 1910 gegründet, in den 60er Jahren verkauft wurde und heute mit anderen Tätigkeitsschwerpunkten in Offenburg in Baden beheimatet ist. Ebenfalls aus der ersten Hälfte des Jahrhunderts stammen die Dr. Tigges-Fahrten, über die an anderer Stelle berichtet wird (siehe Seite 105 ff).

Während die TUI durch die Beteiligung an Gebeco im Studienreisebereich wachsen will, setzt C & N mit Terramar auf eine eigenes Label. Diese Edelmarke des gelben Lagers wird Ende 1999 mit einem 200 Seiten starken neuen Katalog „Länder erleben" auf eine kulturell interessierte Zielgruppe ausgerichtet. Es ist kein klassischer Studienreisekatalog, aber er enthält ambitionierte Angebote zu den traditionellen Zielen. Daneben werden aber auch Erlebnis- und Städtereisen gehobenen Zuschnitts angeboten (siehe Seite 304).

Büro für Länder- und Völkerkunde Dr. Kurt Albrecht

Der erste Veranstalter von Studienreisen nach dem Zweiten Weltkrieg ist Dr. Kurt Albrecht, der 1950 als Studienrat für seine Abiturienten am Möricke-Gymnasium in Ludwigsburg eine Abschlussfahrt nach Venedig durchführt. Dafür handelt er sich einen Tadel der damals für die höheren Schulen zuständigen Beamten in Stuttgart ein. Es gezieme sich nicht, junge Leute aus einem armen Land im Ausland herumreisen zu lassen. Dabei war dies durchaus nicht Albrechts erste Reise, und er wird von Kollegen von anderen Gymnasien gebeten, Reisen auch für sie vorzubereiten. Das veranlasst Albrecht, den Staatsdienst zu quittieren und sich selbstständig zu machen. Er gründet das Büro für Länder- und Völkerkunde Dr. Albrecht in Ludwigsburg, und es gelingt ihm, sowohl mit der „Deutschen Apotheker-Zeitung" als auch mit der Zeitung „Christ und Welt" gemeinsame Reisen zu vereinbaren. Auch die Zeitschrift „Kosmos" gehört zu seinen Kunden. 1956 führt er erstmals Ägäis-Kreuzfahrten mit von ihm gecharterten Schiffen durch.

1956

Im Jahre 1970 stirbt Kurt Albrecht. Seine beiden Söhne Peter und Uli Albrecht führen das Geschäft fort und haben es in verschiedene Richtungen ausgebaut. Die

292

Brüder Albrecht sind sowohl in der Arbeitsgemeinschaft Studienreisen als auch an der späteren Kooperation Klingenstein und Partner aktiv engagiert. Außerdem entschließen sie sich Anfang der 90er Jahre zur Gründung von zwei destinationsbezogenen Kooperationen. Sie gründen gemeinsam mit vier weiteren Gesellschaftern 1990 in München das Unternehmen Best of Africa . Es handelt sich um den Zusammenschluss von Spezialveranstaltern für das südliche und östliche Afrika und die Inselwelt im Indischen Ozean. Geschäftszweck ist eine Kooperation im Marketing-Bereich und in der Produktion der Reisekataloge. 1993 gründen sie gemeinsam mit elf weiteren Gesellschaftern mit dem gleichen Geschäftszweck das Unternehmen Best of South Pacific mit Sitz in Stuttgart.

Best of ...: Das Logo ist Programm.

Studiosus Reisen

1954 ist auch das Entstehungsjahr von Studiosus Reisen in München. Gründer Werner Kubsch hat sich schon während seines Studiums im Asta-Reisereferat betätigt und dort den Studentenaustausch mit Italien organisiert. In den Anfangsjahren fahren die jungen Leute sogar mit dem Fahrrad über die Alpen nach Italien. Nun will er den Studenten die Kultur und Geschichte der klassischen, antiken Länder näherbringen. Er macht sich 1954 mit dem Reisedienst Studiosus selbstständig und fährt mit seiner ersten Gruppe per Bus von München „durch die Schluchten des Balkans" nach Griechenland. Werner Kubsch ist nicht nur Organisator der Reise, er begleitet die Gruppe – wie viele folgende – auch als Reiseleiter.

Noch im selben Jahr bietet er Italien an. 1956 werden erste Studienreisen nach Ägypten und in den Sudan veranstaltet. 1957 feiert er seine 25. Studienreise „Klassisches Griechenland". Das Reiseprogramm wird im Laufe der Jahre um alle klassischen Ziele erweitert – um Marokko, Kleinasien, Indien, den Ostblock, die USA und den Fernen Osten. Aber es werden auch Wander-Studienreisen, Aktivurlaub und Sprachreisen nach England und Schottland angeboten. Der Name Studiosus wird beibehalten, auch als inzwischen die Studenten die Minderheit unter den Reiseteilnehmern darstellen. In der Unternehmensphilosophie heißt es: „Jeder ist ein Studiosus, der sich durch Reisen bildet und im wahrsten Sinne des Wortes Erfahrung gewinnt: Es ist ein lebenslanger Zustand." Studiosus ist zum größten Veranstalter von Studienreisen in Deutschland geworden. Die Leitung ist nach dem Tod von Werner Kubsch am 17. April 1992 auf den Sohn Peter-Mario Kubsch übergegangen, der das Unternehmen mit Umsicht, Verstand und Einfühlungsvermögen weiterführt. Bezeichnend für das Aufgreifen neuer Ideen ist ein spezielles, besonders preiswertes Programm, das Studiosus gleich nach der Wende für ostdeutsche Bürger schneidert. Besonderen Wert legt das Unternehmen auf den Schutz der Umwelt. Werner Kubsch hat sich gewerbepolitisch im mittelständischen Reise-

Werner Kubsch.
Erste Reiseerfahrung sammelte er an der Universität.

Studiosus
Ein Qualitätsbegriff.

Peter-Mario Kubsch übernimmt 1992 die Leitung des Unternehmens.

293

büroverband ASR sehr engagiert. Heute engagiert Peter-Mario Kubsch sich im besonderen Maße und im weitesten Sinne für den Schutz der Umwelt.

Im heutigen Unternehmensleitbild heißt es: „Studiosus will als unabhängiges Wirtschaftsunternehmen durch seine Leistungen zum Kennen- und Verstehenlernen fremder Länder, Menschen und Kulturen beitragen. Wir sehen unsere Aufgabe darin, im Sinne einer echten Völkerverständigung Brücken zu schlagen über innere und äußere Grenzen hinweg. Das können wir nur zusammen mit unseren Kunden, die wir als Partner betrachten. Ihnen möchten wir die kulturelle Vielfalt und die natürliche Schönheit der Erde als für alle Menschen und deren Nachkommen erhaltenswerte Güter nahe bringen. Mit unseren Reisen wollen wir Vorbehalte, Vorurteile und Ablehnung gegenüber allem Fremden aufbrechen und das weitere Zusammenwachsen der Völkergemeinschaft unterstützen. Alle von Studiosus angebotenen Produkte und Leistungen sollen nicht nur sehr hohen Qualitätsansprüchen gerecht werden. Sie müssen auch ökologisch vertretbar und von sozialer Verantwortung geprägt sein."

Die im Leitbild erklärten Unternehmensziele besagen: „Die gleiche Zufriedenheit, die wir bei den Kunden und den Mitarbeiter/innen erreichen wollen, streben wir auch bei den Bewohnern der Gastgeberländer an. Die wesentliche Voraussetzung hierfür ist unser Bemühen um den Erhalt der natürlichen Lebensräume und der kulturellen Vielfalt dieser Erde. Jede Form von Tourismus schafft – unter dem Aspekt der Umweltverträglichkeit und der sozialen Verantwortung betrachtet – Probleme. Wir wollen Reisen anbieten, die diesen Aspekt berücksichtigen. Wir sind davon überzeugt, dass die Studienreise die bestmöglichen Voraussetzungen bietet, die Interessen der Bevölkerung in den Gastgeberländern, ihre Gesetze, Sitten und Gebräuche sowie ihre kulturelle Eigenart zu respektieren – unter anderem auch deshalb, weil unsere Reiseleiter/innen eine besondere Verantwortung bei der Umsetzung unserer Vorstellungen wahrnehmen können. Wir wissen um die Schutzwürdigkeit der von unserer westlichen Welt kaum berührten ethnischen Gruppen und ökologischer Nischen und verzichten auf Reisen dorthin."

Fast könnte man meinen, der Idealismus eines Dr. Hubert Tigges in den 20er und 30er Jahren setze sich Ende der 90er Jahre in Peter-Mario Kubsch – wenn auch mit anderen Inhalten – fort. Aber die kommerzielle Seite von Studiosus kommt dabei nicht zu kurz. 1997 erwirbt Studiosus vom Dumont-Verlag die Klingenstein-Studienreisen. 1998 übernimmt Studiosus von Rosemarie und Carl-Ernst Fischer deren 66 Prozent an Marco Polo Reisen.

Was immer das Geheimnis ist, das Studiosus mit 100.000 Gästen pro Jahr zum Studienreise-Veranstalter Nummer eins gemacht hat, eines ist sicher: Die Studiosus-Reisen werden im Gegensatz zu den Programmen der meisten anderen Veranstalter von Studienreisen fast ausschließlich über die Reisebüros vertrieben, die den Spezialveranstalter deshalb besonders schätzen und fördern.

Studiosus verfolgt das Ziel, nicht nur die Touristen, sondern auch die Gastgeberländer zufrieden zu stellen.

1997 von Studiosus übernommen.

Marco Polo Reisen

1954 gründet der Diplom-Volkswirt Carl Ernst Fischer in Frankfurt die Marco Polo Reisen. Fischer hatte seit 1953 das Auslandsreferat der Universität Freiburg geleitet und Studienreisen nach Griechenland, Ägypten, in den Nahen Osten, nach Indien und Ceylon veranstaltet. Er erkennt seine Chance und macht sich 1954 in Frankfurt am Main selbstständig. Ende der 50er Jahre verunglückt Fischer mit einem Flugzeug. Er überlebt, beschließt aber, von Stund an keine Flugreisen mehr zu unternehmen. Aber seine Kunden „dürfen" selbstverständlich weiter fliegen. Er absolviert seine Einkaufsreisen nach Afrika und Indien nun mit dem Schiff. Gelegentlich dauert es Monate, bis er von einer solchen Reise zurückkehrt. Das kann er sich nur leisten, weil er eine tüchtige Frau hat, die 1958 als Sekretärin bei ihm begann. Er holt sich 1963 außerdem als Geschäftsführer Wolfgang Schwotzer in den Betrieb, dem inzwischen ein Drittel der Gesellschaft gehört.

Einen besonderen Boom erlebt Fischer durch die Zusammenarbeit mit Professor Bernhard Grzimek, weltbekannter Chef des Frankfurter Zoos, der in einer Fernsehserie regelmäßig über die in Freiheit lebenden und vom Aussterben bedrohten Tiere in Ostafrika berichtet. Er dreht den bekannt gewordenen Film „Serengeti darf nicht sterben". Grzimek fordert die Fernsehzuschauer in jeder seiner Sendungen auf, sich selber in der ostafrikanischen Steppe, im Ngoro-Ngoro-Krater und in der Serengeti ein Bild von den frei lebenden Tieren zu machen. Dabei unterlässt er nicht den Hinweis, dass es dorthin organisierte Reisen gibt. Die darauf wöchentlich eingehenden Hunderte von Briefen werden an Carl Ernst Fischer weitergeleitet. So entsteht ein reger Reiseverkehr mit Gruppen nach Kenia und Tanganjika. Grzimek

Carl Ernst Fischer. Er gründete Marco Polo im Jahr 1954.

Marco Polo früher und heute.

Typische Marco-Polo-Reise: Besuch antiker Stätten im griechischen Olympia.

ist dabei natürlich nicht uneigennützig, denn ein Teil der Reiseerlöse geht wiederum an den Frankfurter Zoo zum Erhalt der Tierwelt. Diese Symbiose von Naturschutz, Tierschutz und Reisegeschäft hält mindestens zehn Jahre und lohnt sich für beide Seiten. Marco Polo Reisen führen inzwischen in alle Welt. Schwerpunkte sind Ägypten, Indien, Ostasien und Südamerika. 1998 haben Carl Ernst Fischer und Rosemarie Fischer ihre Firmenanteile an Studiosus verkauft. Wolfgang Schwotzer ist weiter in der Firma als geschäftsführender Gesellschafter tätig.

Athena Reisen

José Antonio und Beate Serrano mit Vater Fred Gocker. Ihre Athena Reisen werden 1960 gegründet.

Die jüngste Firmengründerin unter den Studienreisen-Veranstaltern ist mit 23 Jahren Beate Goecker in Hamburg. Sie hat während ihres Kunstgeschichte- und Fremdsprachenstudiums Reiseleitungen in Griechenland und dem Nahen Osten übernommen und will mit der kaufmännischen Unterstützung ihres Vaters den Sprung in die Selbstständigkeit wagen. Fred Goecker hat als Im- und Exportkaufmann bereits vor dem Krieg mehrere Jahre in Athen gelebt, wo seine Tochter auch geboren wurde. Beide haben also gute Kenntnisse von den Ländern, in die sie Studienreisen organisieren wollen, aber keine Reisebüro-Fachausbildung. Daran lag es wohl, dass Hans Joachimi, von 1952 bis 1958 erster Vorsitzender des DRV und Geschäftsführer des Reisebüros Goslar und der Familie Goecker persönlich bekannt, rät: „Bringen Sie das Geld besser auf eine Spielbank. Da ist es sicherer." Fred und Beate Goecker lassen sich jedoch nicht beirren und gründen 1960 die Athena Reisen GmbH. Das erste Jahresprogamm bietet lediglich fünf Programme

Auf der mallorquinischen Finca Valldemossa der Serananos entstehen Häuser für Naturliebhaber.

an, davon vier nach Griechenland und eines in die Türkei. In den folgenden Jahren wird der rote Faden antiker Kulturen in weitere Länder des Nahen Ostens gesponnen und das Angebot schnell umfangreicher und vielseitiger.

Eine glückliche Ergänzung für die Firma bedeutet der Eintritt von José Antonio Serrano, des Ehemannes von Beate Goecker. Er stammt aus Mallorca und hatte nach seinem Betriebswirtschaftsstudium verschiedene Hotels in Spanien geleitet. In Hamburg hat er zunächst als Prokurist in einer großen Fruchtimportfirma gearbeitet und für diese auch die nordafrikanischen Länder intensiv bereist. Als er als dritter Partner in das Familienunternehmen einsteigt, werden diese Länder ein weiterer Schwerpunkt im Programm, und um die Ausweitung des Angebotes im Namen zu verdeutlichen, firmiert Athena fortan als Athena Weltweit Studienreisen.

Als erste Studienreise-Veranstalter engagieren sich die Serranos auch in der Gewerbepolitik. Beate Serrano gehört als erste Frau ab 1985 dem DRV-Vorstand an, in dem sie die Leitung des neugegründeten Ausschusses für Zielgebietsangelegenheiten und später des Umweltausschusses übernimmt. Ihr Verantwortungsgefühl für die Umwelt, ihre Forderung, die Welt vor der Zerstörung und Vernichtung auch durch den Tourismus zu schützen, bringt sie in den Deutschen Reisebüro-Verband ein. Dem DRV-Vorstand drückt sie mit ihrem Einsatz ihren Stempel auf. José A. Serrano vertritt im Rechtsausschuss vor allem die Interessen der mittelständischen und kleinen Veranstalter.

Bei aller Liebe zur weiten Welt und zu fremden Kulturen gilt die heimliche Liebe aber der Heimat von José Antonio Serrano, der schönen Insel Mallorca. Deshalb ist Mallorca auch in jedem Athena-Programm enthalten, allerdings nicht als Ziel von Strandurlaub, sondern zum Entdecken und Wandern, um die wahre Schönheit der Insel und die Spuren ihrer Geschichte und Kulturen zu erkunden. Als echte Mallorquiner und überzeugte Umweltschützer stehen er und seine Frau der Massenbewegung auf der Insel kritisch gegenüber. Auf ihrer schönen Finca in Valldemossa haben sie einige Ferienhäuser im landestypischen Stil gebaut, die sie an Naturliebhaber und Inselwanderer vermieten.

Unternehmen mit Umweltbewusstsein.

1985

Ikarus Tours

Dr. Horst Kitzki
entwickelt viele
außergewöhnliche
Touren.

1971 als illegales Kind der Atlantis Luftreederei gegründet (siehe Seite 232), haben sich Ikarus Tours im Laufe der Jahre zu einem beachtenswerten Unternehmen im Fernreisebereich entwickelt. Der clevere Dr. Horst Kitzki und seine Frau Ursula verstehen es, immer wieder neue Programme zu entwickeln und zusätzliche Ziele zu erschließen. Kitzki organisiert auch außergewöhnliche Touren, wie zum Beispiel jahrelang die strapaziösen Camel-Trophy-Rallyes, bei denen die Teilnehmer bis an die Grenzen ihrer Leistungsfähigkeit gefordert werden. Der Kern seines Programms sind aber Studienreisen in ferne Länder. Das Gesamtangebot ist umfangreich und auf die verschiedensten Bedürfnisse der Kunden zugeschnitten. Seit einigen Jahren gibt es sogar ein Programm für Theaterliebhaber, die mit Ikarus zu Opernaufführungen in europäische Städte oder auch nach New York zur Met reisen. Aber wer mit Kitzki reist, muss nicht unbedingt teuer reisen. So schreibt Kitzki Mitte der 90er Jahre mit Unterstützung der chinesischen Geschäftspartner in den Wintermonaten sechstägige Reisen nach Peking aus, die weniger als 1 000 DM kosten. Er selbst begnügt sich ebenfalls mit einem geringeren Regieaufschlag. Das Ergebnis gibt ihm Recht: Er verbucht an die 30.000 Teilnehmer.

Logo von Ikarus
Tours im Wandel
der Zeit.

Eine Anmerkung am Rande: 1996 bietet Kitzki für die leer stehende Villa Andreae des Pleite gegangenen Baulöwen Jürgen Schneider in Königstein im Taunus sieben Millionen DM. Die Meldung geht durch die Abendnachrichten des deutschen Fernsehens während der ITB und Kitzki ist tagelang das Gesprächsthema der internationalen Reisebranche. Den Gläubigerbanken ist das Kitzki-Angebot aber zu niedrig, sie fordern mindestens zwölf Millionen DM. Kitzki behauptet noch heute,

Safari-Liebhaber
werden mit dem
Programm von
Ikarus gut bedient.

sein Angebot sei ernst gemeint und kein PR-Gag gewesen. 1999 bauen die Kitzkis ein geräumiges Geschäftsgebäude am Rande von Königstein, in dem er für sich und seine Mitarbeiter endlich genügend Platz hat.

Gebeco

In der Aufzählung der Veranstalter von Studienreisen darf Gebeco keinesfalls fehlen. Die Gesellschaft für internationale Begegnung und Cooperation mbH & Co KG wird 1978 gegründet und setzt sich schon bald ab vom Pulk der Bewerber in diesem Bereich. Mit einer guten Werbung macht Gebeco früh auf sich aufmerksam. Es gelingt sogar, mit Kreuzfahrtreedereien ins Geschäft zu kommen und ihnen das zu liefern, was eigentlich ihr ureigenstes Geschäft ist: das Organisieren von Landausflügen. Reisen nach China werden zu einem starken Standbein von Gebeco, was zur Errichtung eigener Büros in Peking und Hongkong führt. Weitere Auslandsbüros werden in Sydney, Auckland und Kapstadt unterhalten. Die Krönung des Geschäfts dürfte für die geschäftsführenden Gesellschafter Martin Buese und Ury Steinweg die Vereinbarung mit der TUI im Januar 1998 sein: Der Klassiker unter den Studienreisen-Veranstaltern, die Dr. Tigges-Fahrten, werden nach Kiel verlegt und in die Gebeco integriert. Dafür beteiligt sich die TUI an Gebeco mit 35 Prozent.

1978 in Kiel gegründet.

Arbeitsgemeinschaft Studienreisen

Noch bevor es im Trend der Zeit lag, Kräfte zu bündeln, entwickeln sich in den 60er Jahren zwischen einigen der genannten Studienreisen-Veranstaltern bilaterale Kooperationen durch gegenseitige Übernahme von Programmen. Auf Vorschlag der Athena Reisen entsteht 1974 in Hamburg die Arbeitsgemeinschaft Studienreisen (AS). Deren sieben Mitglieder, die (später eingestellten) Akademischen Studienreisen in Heidelberg, Athena Reisen, Frankfurter Studienreisen, Karawane Studienreisen, Internationale Studienreisen Max A. Klingenstein, Prof. Kutscher-Studienfahrten und Marco Polo Reisen, setzen sich die folgenden Ziele:

1974

▸ Vereinheitlichung der Reisebedingungen.

▸ Vereinheitlichung der Reiseleistungen auf hohem Niveau. Das umfasst unter anderem ausgewogene Reiserouten, eine fachlich qualifizierte Reiseleitung, Nutzung von Linienflügen statt Transport in Chartermaschinen, Einsatz komfortabler Busse und Unterbringung in guten Hotels.

▸ Gegenseitige Übernahme von Programmen aller sieben Veranstalter zur Erweiterung des Angebotes unter Berücksichtigung der besonderen Stärken eines Veranstalters in bestimmten Zielgebieten.

299

Als Beate Serrano von Athena Reisen 1985 in den Vorstand des Deutschen Reisebüro-Verbandes kommt, bringt sie die Anliegen der Studienreisenveranstalter in ihre Verbandsarbeit ein. Ein Schwerpunkt dieser Anliegen ist der Einsatz der eigenen Reiseleiter, was in einigen Ländern offiziell gar nicht, in anderen nur eingeschränkt oder erst nach Ablegung einer Prüfung im jeweiligen Land erlaubt ist. Die vor allem in Italien und Griechenland gewerkschaftlich straff organisierten Reiseleiter genießen den speziellen Schutz ihrer Regierungen und verstehen es immer wieder, den ausländischen Reiseleitern die Ausübung ihrer Tätigkeit untersagen zu lassen. Die Schwierigkeiten beim Einsatz eigener Reiseleiter bleiben nicht auf die beiden genannten Länder beschränkt.

Die Arbeitsgemeinschaft Studienreisen wird bei Kunden und in den Reisebüros bekannt und anerkannt und bringt allen Mitgliedern in den folgenden Jahren beträchtliche Umsatzzuwächse. Ihr gebündelter Marktanteil konkurriert mit Studiosus und Dr. Tigges um die Marktführerschaft. Da es sich jedoch lediglich um eine lose Kooperation ohne Statuten und ohne juristische oder finanzielle Bindung handelt, können weitere konsequente Schritte, wie gemeinsamer Einkauf bei Fluggesellschaften, Hotels und anderen Leistungsträgern, gemeinsame Werbung und konsequente Erweiterung des Reisebüro-Vertriebes, nicht erreicht werden. Dies hängt vor allem damit zusammen, dass einige der Firmeninhaber fürchten, tatsächliche oder vermeintliche Marktvorteile aufzugeben. Auch fehlt ein finanzieller Ausgleich durch die anderen Mitglieder, wenn eines der Unternehmen durch politische Krisen in einem speziellen Zielgebiet, auf das es durch Übereinkunft der AS beschränkt ist, Verluste erleidet.

Um diese Probleme zu lösen und weitere Synergieeffekte systematisch zu nutzen, macht Athena Reisen 1990 den Vorschlag, die Kooperation auf eine sinnvolle juristische und wirtschaftliche Basis zu stellen. Die Idee wird von Max Klingenstein aufgegriffen, der allerdings abweichend von Athena die Gründung einer Vertriebsgesellschaft unter dem Namen Klingenstein & Partner vorschlägt, wofür er auch die Zustimmung einiger Mitglieder gewinnen kann. Nachdem weder die Grundlagen noch die Zielsetzung der Vertriebsgesellschaft den Vorstellungen von Athena entspricht, ist diese nicht bereit, die Kooperation fortzusetzen, und auch Marco Polo lehnt eine Beteiligung ab. Damit ist die Arbeitsgemeinschaft Studienreisen faktisch beendet.

1990

Klingenstein und Partner

Die lose Form der Zusammenarbeil in der Arbeitsgemeinschaft Studienreisen genügt Max A. Klingenstein nicht. Er will auf dem Gebiet der Studienreisen das nachholen, was die großen Veranstalter von Urlaubsreisen schon vorgemacht haben. „Gemeinsam sind wir stärker", argumentiert Klingenstein, wobei er vorrangig aber an seine eigenen Vorteile denkt.

Es gelingt Klingenstein 1991, die Akademischen Studienreisen in Heidelberg, die Frankfurter Studienreisen, die Karawane Studienreisen, die Professor Kutscher Studienreisen sowie die Baumeler Wanderreisen unter seinen Hut zu bekommen. Studiosus, Marco Polo und Athena Reisen sind nicht bereit, sich auf die Klingenstein-Vorschläge einzulassen. Sein Konzept ist einfach und gefährlich: Es soll nur einen Markennamen geben, und der heißt Klingenstein. Klingenstein und Partner legen die Programme zusammen, vereinbaren ein gemeinsames Budget und geben das Wichtigste, was sie haben, aus der Hand, nämlich ihre Kundenanschriften. Es wird zentral geworben, der Katalogversand erfolgt ebenfalls zentral. Jeder Veranstalter hat die Zusage, dass die Reiseziele, die er selber ausschreibt, für die anderen tabu sind, und Überschneidungen sollen fair diskutiert und kollegial entschieden werden. Ein Risiko ist mit dieser Programmaufteilung verbunden: Wenn ein Land wie zum Beispiel Ägypten aus politischen Gründen von den Kunden gemieden wird und das Geschäft vorübergehend ausfällt, hat der darauf spezialisierte Veranstalter keine Möglichkeit, zum Ausgleich ein anderes Zielland ins Programm zu nehmen, wenn dieses bereits durch einen Kollegen bedient wird. Dieses Risiko liegt also bei dem einzelnen Veranstalter und wird nicht durch die Gemeinschaft getragen.

In den ersten Jahren der gemeinsamen Firma kommen zwar nur Erfolgsmeldungen, doch die Wirklichkeit sieht weniger rosig aus. 1995 scheiden die Baumeler Wanderreisen aus der Vertriebsgemeinschaft Klingenstein und Partner aus. In einer Pressemitteilung von Klingenstein vom 7. November 1995 heißt es: „1995 war das Jahr der Neuordnung und Konsolidierung." Also haben die ersten vier Jahre nicht den gewünschten Erfolg gebracht, obwohl zum Ende des Jahres 1995 mit 12.800 Teilnehmern gerechnet wird.

1996 stellt sich heraus, welche persönlichen Hoffnungen Klingenstein mit der Vertriebsgemeinschaft verbunden hatte. Er wollte seine eigene Haut retlen, denn seine Firma steckt in tiefroten Zahlen und ist bei in- und ausländischen Geschäftspartnern tief verschuldet. Es gelingt ihm noch, den Kölner Verlag Dumont zur Übernahme seiner Firma zu bewegen, aber der gibt das Unternehmen nach näherem Hinsehen 1997 weiter an Studiosus. Die Partner der Klingenstein-Kooperation stehen vor den Trümmern ihrer Expansions- und Konzentrationswünsche. Mühsam beginnen sie, ihre Firmennamen wieder in den Markt zu bringen und mit einer Kundendatei zu arbeiten, die auch ihren alten und jetzt neuen Mitbewerbern zur Verfügung steht.

1991

Wer sich bilden will,
reist mit besonderer
Aufmerksamkeit.
Entsprechend sind
die Programme
der Studienreise-
Veranstalter
auch aufgebaut.

C & N mit der Marke Terramar

Studienreisen
seit 1999.

Die Marke
Terramar schließt
eine Lücke im
C & N-Prorgamm.

Helmut Voss gehört
zu den Pionieren
in der Tourismus-
branche.

C & N entschied 1999, sich ebenfalls dem Studienreisengeschäft zu widmen. Während die TUI durch die Beteiligung an Gebeco im Studienreisebereich stabilisieren und wachsen will, beginnt C & N bei null. Das Hochpreisprodukt, die Edelmarke von C & N ist Terramar. Unter diesem Namen ist Ende 1999 ein 200 Seiten starker Katalog mit dem Titel „Länder erleben" erschienen. Damit bietet C & N erstmals Studienreisen zu den klassischen Zielen Ägypten, Griechenland, Spanien, Südamerika und Indien an. Auch Erlebnisreisen – Radeln in Fernost, Bahnfahren in den Rocky Mountains – und Städtereisen werden angeboten.

Abenteuer- und Trekkingreisen

Seit 1969 gibt es die von Hans-Georg Kraus in Hagen gegründeten Wikinger Reisen, die „weltweite Natur- und Erlebnisreisen" anbieten und eigene Büros in Quito, Ecuador, und auf den Inseln Teneriffa und Mallorca unterhalten. Traditionelle Bergtouren und Trekkingtouren, ob in den Anden, im Himalaya oder durch afrikanische Wüsten, werden seit 1973 von den in München ansässigen Hauser Exkursionen veranstaltet.

Ebenfalls in Richtung Abenteuer gehen die Programme, die Helmut Voss seit 1965 mit seiner Inter-Air Voss Reisen in Frankfurt am Main anbietet. Voss geht in den 50er Jahren mit 1200 DM in der Tasche auf eine Weltreise. Als ihm das Geld ausgeht, verdingt er sich als Bauarbeiter, Holzfäller, Tellerwäscher und in amerikanischen Fernsehspots geht er für eine Marlboro meilenweit durch den Busch.

Auf die Idee, sein Hobby zu kommerzialisieren, kommt er nach einem Abenteuer auf der Donau. Sein Faltboot kentert, und der Außenbordmotor versagt seine Dienste. Im weiteren Verlauf der von Pannen geprägten Reisen landet Voss in Istanbul und lernt dort eine Lufthansa-Stewardess kennen, die sich in Deutschland unter anderem auch damit beschäftigt, für Amerikaner eine Deutschland-Tour zu organisieren. Voss macht eine solche Tour mit, gründet seine Firma in Frankfurt und heiratet die junge Dame von der Lufthansa namens Erika, die bis heute gemeinsam mit ihm die Inter-Air Voss Reisen führt. Voss ist ein Pionier: Er organisiert als erster Ferien mit Zigeunerwagen durch Irland, Reisen nach Island und Touren mit Campingfahrzeugen durch die USA und Kanada. Er verkauft Fahrten mit Hundeschlitten durch Grönland und bringt Jäger und Fischer nach Irland und Alaska. Es gibt kein Ziel, das er nicht selbst erkundet hat. Seit 1982 veranstaltet er auch regelmäßig Reisen zu den großen Marathonläufen in Boston, London, Chicago, New York und Nuuk in Grönland. Der Weinlauf durchs Medoc und ein Lauf anlässlich der Eröffnung der Öresund-Brücke von Kopenhagen nach Malmö gehören zu den Höhepunkten dieses Angebotssegments.

Der einstmals junge bärtige Revolutionär, 1937 geboren, hat im Laufe der Jahre natürlich auch bürgerliche Schönheiten entdeckt und zu schätzen gelernt. So gehört zu seinen Angeboten inzwischen auch eine kulinarische Weinwanderung durch die Südtoskana. Aber Nordamerika, Lateinamerika, Australien, Neuseeland, die Südsee und Südafrika befinden sich weiter im Inter-Air-Programm – zum Teil als Baukastenangebot, aus dem die Interessenten ihre eigenen Reiseroute zusammenstellen können. Wegen seiner umfangreichen Kenntnisse über Reisemöglichkeiten in der ganzen Welt kann Helmut Voss es sich leisten, für die Ausarbeitung einer individuellen Reise eine Gebühr von 200 DM zu verlangen, wovon er 50 Prozent auf die Reise anrechnet, wenn diese zu Stande kommt.

Arbeitskreis Trekking- und Erlebnisreisen

Im Arbeitskreis Trekking- und Erlebnisreisen (ATE) haben sich 1993 insgesamt 13 Reiseveranstalter zusammengeschlossen, um sich gemeinsam ihrer besonderen Verantwortung für Ökologie und soziales Engagement in den Zielgebieten zu stellen. Die Gruppengröße liegt bei den Trekking- und Erlebnisreisen zwischen 10 und 16 Personen. Während Trekking nichts anderes ist als Wandern über längere Distanz und mit einer Dauer über mehrere Tage oder auch Wochen, definieren die Veranstalter ihre Erlebnisreisen wie folgt:

Ein Dach für
13 Veranstalter.

Trekking ist nicht
Reisen von der
Stange, sagen die
Veranstalter und
verweisen darauf,
dass nicht alles
im Programm
vorhersehbar ist.

305

▸ Es ist keine Reise von der Stange, bei der alles vorhersehbar ist.

▸ Die Reise geht in abgelegene Gebiete und findet abseits
  von Massentourismus statt.

▸ Die Reiseteilnehmer müssen durch aktives Mitwirken zum
  Gelingen der Reise beitragen.

▸ Es werden in der Regel keine Luxusbusse benutzt.

▸ Es wird in Lodges oder Zelten übernachtet.

▸ Die Teilnehmer passen sich der Verpflegung des Gastlandes an.

▸ Es wird auf Komfort verzichtet, dafür ist Offensein für Mitreisende und
  für Land und Leute des bereisten Landes erwünscht.

Dem ATE gehören unter anderem Hauser Exkursionen, Ikarus Tours, Inter-Air Voss Reisen und Wikinger Reisen an. Der Arbeitskreis tritt erstmals mit einem Gemeinschaftsstand auf dem Kölner Reisemarkt im Dezember 2000 auf. Weitere Messebeteiligungen sind geplant.

Fachstudienreisen

Zu den Spezialgebieten des Tourismus gehören auch die Studien-, Kongress- und Incentive-Reisen – Reisen also, die man nicht in den Ferien macht, sondern eher beruflich unternimmt. Der Vollständigkeit halber seien sie hier trotzdem erwähnt, denn auch auf diesem Gebiet haben sich große und kleine Unternehmen und kreative Persönlichkeiten im Laufe des letzten Jahrhunderts profiliert.

Beruflich bedingte Studienreisen in die USA werden in den 30er Jahren sowohl vom Hapag-Büro in Berlin als auch vom Passagebüro des Norddeutschen Lloyd in Bremen veranstaltet. Es versteht sich von selbst, dass zu dieser Zeit die Reisen über den Nordatlantik per Schiff durchgeführt werden und für die Teilnehmer mit einem entsprechenden Zeitaufwand verbunden sind. H. T. Wolf, zu dieser Zeit in Berlin tätig, berichtet nach dem Krieg von einer Reise für Richter, Staats- und Rechtsanwälte zum Studium des Rechtswesens in die USA. Während der Fahrt durch die Vereinigten Staaten wurden die Teilnehmer als besondere Geste des Will- kommens und quasi als Höhepunkt der Reise eingeladen, einer Hinrichtung auf dem elektrischen Stuhl beizuwohnen. Wolf fügt dann aber hinzu, dass keiner der Gruppe dieser Einladung gefolgt sei.

Nach dem Zweiten Weltkrieg beginnt in Nürnberg die Deutsche Studienreise-Gesellschaft mit der Veranstaltung von berufsbedingten Fachstudienreisen in die USA, diesmal per Flugzeug. Die Gesellschaft zieht 1960 nach Wiesbaden um, gerät in finanzielle Schwierigkeiten und gibt auf. Dafür sind Hapag-Lloyd Reisebüro und das Deutsche Reisebüro DER in diesem Markt wieder aktiv geworden.

1960

Während Hapag-Lloyd den Wirtschaftsdienst Studienreisen mit Erfolg betreibt und 1953 in New York zur besseren Vorbereitung der Programme und zur Betreuung der deutschen Gäste in den USA die Tita-Trade and Industry Tours gründet, richtet das Deutsche Reisebüro DER 1953 unter Leitung des ehemaligen Sportjournalisten Erich Büchler eine Spezialabteilung für Studien- und Kongressreisen in Frankfurt am Main ein.

1953

Hapag-Lloyd bringt deutsche Industrielle in die USA, die sich dort schlau machen und wegen der weit gehenden Zerstörung der deutschen Fabriken im letzten Krieg die Chance haben, bei null anzufangen und ganz auf moderne Fertigungstechniken setzen. Auch Einzelhändler verschaffen sich auf Studienreisen mit Hapag-Lloyd einen Eindruck über ihre Branchenkollegen in den USA mit dem Ergebnis, dass auch in Deutschland bald darauf Cash & Carry-Märkte sowie riesige Selbstbedienungs- und Supermärkte entstehen.

Das DER dagegen setzt seinen Schwerpunkt auf Studienreisen, Fortbildungsveranstaltungen und Kongresse für Mediziner. Es gibt kaum einen medizinischen Kongress auf der Welt, zu dem das DER keine Reise ausschreibt. Aus diesen Aktivitäten entwickelt sich im Laufe der Jahre auch eine Abteilung zur Durchführung von Kongressen in Deutschland. Fachverbände sind zwar die eigentlichen Veranstalter von nationalen und internationalen Kongressen, aber sie brauchen jemanden, der für die Organisation verantwortlich ist, angefangen bei der Reservierung der Kongressräumlichkeiten über das Besorgen der Fachdolmetscher bis zur Hotelzimmerreservierung für die Teilnehmer. Der Aufwand für eine Kongressorganisation ist außerordentlich groß..

Im Laufe der 80er und der 90er Jahre sind die Controller sowohl bei Hapag-Lloyd als auch beim DER zu der Auffassung gekommen, die Arbeit für Studien- und Kongressreisen lohne sich wegen des hohen Personalaufwands nicht. Hier spielt wie auch bei den an anderer Stelle erwähnten Gruppen- und Leserreisen und bei der Betreuung ausländischer Touristen in Deutschland, dem so genannten Incoming-Geschäft, der Wasserkopf eines großen Unternehmens die entscheidende negative Rolle. Auch wenn sich eine Abteilung oder eine Tochtergesellschaft einen operativen Gewinn ausrechnet, gerät sie häufig nach Umlage der zentralen Kosten, zu denen auch noch der Hofhund und der Nachtwächter der Hauptverwaltung, aber auch das aufwändige Chefauto mit Fahrer gehören, in rote Zahlen. Die Aufgabe dieser Geschäftsbereiche ist eine gute Chance für unternehmerisch denkende Mitarbeiter, sich auf diesem Gebiet selbstständig zu machen. Für sie kann sich das Geschäft durchaus lohnen.

Ein Einzelunternehmer, der sich bereits 1962 mit der Veranstaltung von Fachstudienreisen selbstständig gemacht hat, ist Hans Breland in Bonn. Er hat seine Firma Westtours Reisen GmbH genannt und inzwischen auf seinen Sohn Holger übertragen. Westtours beschränkt sich nicht auf Fachstudienreisen, sondern

Hans Breland ist Gründer der Westtours Reisen.

307

Manfred Kunz.
Seine Agentur
Gemadi besteht
seit 1974.

GEMADI
Spezialist für
Incentive-Reisen.

kümmert sich inzwischen auch generell um Gruppenreisen, auch um Reisen zu bestimmten kulturellen Anlässen. Wenn das Unternehmen 1999 insgesamt 45 Mitarbeiter beschäftigt, darf man unterstellen, dass sich das Geschäft gut entwickelt hat.

Ein anderer mutiger Unternehmer ist Manfred J. Kunz, der in den 6oer Jahren als Vertreter von El Al und British Airways die Frankfurter Reisebüros betreut. Als die Industrie entdeckt, dass man den Ehrgeiz und den Einsatz der eigenen Verkäufer und Vertreter durch interne Wettbewerbe ankurbeln kann und gemeinsame Reisen als Prämie für überdurchschnittliche Erfolge praktisch und gleichzeitig verkaufsfördernd sind, tut sich Manfred Kunz 1974 mit einigen Incentive-Fachleuten zusammen und gründet in Rüsselsheim seine Gemadi Agentur für Erlebnismarketing, die er inzwischen in eine Aktiengesellschaft umgewandelt und ins benachbarte Nauheim umgesiedelt hat. Die Opel-Werke in Rüsselsheim haben ihm den Start in die Selbstständigkeit durch die ersten Aufträge erleichtert. Auch bei Gemadi beweist unter anderem die Zahl von 30 Mitarbeitern, dass die Firma sich in den vergangenen 25 Jahren erfolgreich entwickelt hat.

Hobby-, Sport- und Gesundheitsreisen

Die Veranstalter von Sport- und Hobbyreisen leben davon, dass ihre Kunden spezielle Angebote, aber auch eine fachgerechte Beratung und einen entsprechenden Service erwarten. Jäger wollen etwas wissen über das Mitführen von Waffen und Munition, Angler brauchen Informationen über die am Reiseziel benötigte Angelausrüstung und so weiter. Für diesen Service sind Fachleute unverzichtbar. Nur ein Jäger kann Fachreisen vorbereiten und verkaufen, das gilt genauso für Angler, Tiefseetaucher, Segler und Kanufahrer, Marathonläufer, Reiter, Golfer und Tennisspieler. Fachzeitungen wie „Wild und Hund" schreiben genauso Reisen aus wie der Angelgerätehersteller Balzer in Fulda. Veranstalter von Golfreisen sind zahlreich. Die meisten kommen und gehen, weil der Verkauf ihrer Reisen von den Beziehungen zu den einzelnen Golfclubs und Golftrainern abhängt. Sehr oft sind Reisebüro-Inhaber auch Clubmitglieder. Sie organisieren selber die eine oder andere Reise. Die schönen und aufwändig gedruckten Golfreisenprogramme sind willkommenes Informationsmaterial, führen aber all zu oft nicht zu den von den Veranstaltern erhofften Buchungen. In Deutschland wurden 1998 insgesamt 176.000 Golfurlaube mit einer durchschnittlichen Aufenthaltsdauer von neun Tagen gebucht, für die 510 Millionen DM ausgegeben wurden. Die mit einem Katalog auf dem Markt operierenden Reiseveranstalter dürften daran nur einen geringen Anteil haben.

Ein besonders origineller Veranstalter von Hobby- und Sportreisen ist der 1986 in Paderborn gegründete Skat Reisedienst. Er bietet für Skat-, Doppelkopf-, Rommé- und Bridge-Gruppen weltweite Flugpauschalreisen und Kreuzfahrten an, macht allerdings zur Bedingung, dass die Gruppen aus wenigstens 200 Personen beste-

Golfen ist immer beliebter geworden. Ob man aber deshalb zu einem Spezialreiseveranstalter geht?

Auch Wintersportler erwarten Sachverstand beim Service vor Ort.

Hier hat man
immer gute Karten.

hen. Da müssen schon allerhand Skatrunden zusammenkommen, um in Paderborn eine Bestellung loswerden zu können. Aber der Skat Reisedienst zielt nicht nur auf Kartenspieler, er veranstaltet auch Gruppenreisen für Inline-Skater, die mindestens 20 Jahre alt sein müssen, für Windsurfer, Ski- und Snowboard-Fahrer.

Unter den Spezialveranstaltern hat ein Westfale einen besonderen Namen: Heinz Müller. Der kreative und unternehmungslustige Leiter des Städtischen Verkehrsamtes in Brilon im Sauerland macht 1968 bundesweite Schlagzeilen. Er bringt nicht nur seinen Kopf und seine Energie in die Tourismuswerbung seiner Stadt ein, sondern auch seinen persönlichen Namen. Er veranstaltet an einem Wochenende im September 1968 ein „Müller-Festival" und lädt dazu alle Menschen ein, die Müller heißen, wovon es bekanntlich ja einige gibt. Eine originelle Idee, die zündet. Die Stadt Brilon begrüßt zum ausgeschriebenen Termin rund 10.000 Menschen, die von nah und fern angereist sind, um ihre Namensvettern zu treffen. Das Ergebnis ermutigt Heinz Müller, die erfolgreiche Arbeit auf eigene Rechnung fortzusetzen. Er gründet 1970 in Münster/Westfalen die Müller Touristik GmbH & Co KG, die inzwischen mit einem Stammkapital von einer Million DM und mit 40 Mitarbeitern betrieben wird. Müller hat sich spezialisiert auf Kegelclubs und auf Gruppenkurzreisen, die er oft für Markenartikel-Firmen veranstaltet, die solche Reisen als Werbe- und Verkaufsförderungsmaßnahmen nutzen. Als Beispiel sei ein Bierfestival in Budapest genannt, das er in Zusammenarbeit mit der Brauerei Hannen Alt 1997 veranstaltet und für das er mehrere tausend Teilnehmer gewinnt.

1970

Radreisen

Zu den Sportreise-Veranstaltern gehören zwei Persönlichkeiten, die sich zunächst in anderen touristischen Bereichen einen Namen machen und sich erst später, sozusagen in einem zweiten beruflichen Leben, als Veranstalter von begleiteten Fahrradtouren selbstständig betätigen. Da ist einmal die 1973 in Neu-Isenburg bei Frankfurt ins Handelsregister eingetragene Terranova Touristik GmbH, die im April 1980 von Tilman J. Uhlig übernommen wird. Uhlig war zuvor Verkaufsleiter der Südflug, dann Chef der Atlantis Fluggesellschaft in Frankfurt und hatte noch Gastspiele bei den Deutschen Jugend- und Studentenreisen in Bonn und bei der ADAC Reise GmbH in München absolviert. Er entwickelt Terranova in den Folgejahren erfolgreich weiter und ist mit seinen zwölf Mitarbeitern gut im Geschäft.

Nicht anders geht es Horst von Xylander, der bei der TUI für Beteiligungen zuständig ist, sich aber 1973 von ihr trennt und sich mit der Gründung der Rotalis Sport und Kulturreisen GmbH im oberbayerischen Baldham selbstständig macht. Von Xylander hat diesen Schritt nicht bereut und blickt heute auf 27 erfolgreiche Jahre mit inzwischen an die 10.000 Radelkunden zurück.

FKK-Reisen

Bei den Anhängern der Freikörperkultur, also des Nacktseins, kann man zwar nicht von Sport sprechen, obwohl die FKKler sich viel in frischer Luft bewegen, aber die Veranstalter von FKK-Urlaub gehören zweifellos zu den Spezialisten im Tourismus. Als sich die Touropa 1969 erstmals mit einem kleinen bebilderten FKK-Reiseprospekt an die Öffentlichkeit wagt, wird die bescheidene und relativ diskrete Broschüre in Rheinland-Pfalz prompt auf die Liste der jugendgefährdenden Schriften gesetzt, die nicht auf, sondern nur unter dem Tresen verwahrt werden dürfen. Im Laufe der Jahre haben so gut wie alle Reiseveranstalter FKK-Angebote in ihre Programme aufgenommen.

Landete einst
unterm Ladentisch:
der FKK-Katalog
von Touropa.

1975

Der erste Anbieter und echte Spezialist für FKK-Ferien ist die Oböna Reisen FKK Touristik GmbH & Co KG in Bad Nauheim, die seit 1966 existiert. Gründer ist Otto Böcher aus Bad Nauheim, der die Idee der Firmengründung zusammen mit dem Deutschen Verband für Freikörperkultur entwickelt. Zunächst soll den Vereinsmitgliedern die Möglichkeit geboten werden, ihre Freizeit nicht nur auf dem Vereinsgelände zu verbringen, sondern auch im Rahmen einer Urlaubsreise in dafür vorgesehenen Ferienanlagen. Die größten Zuwachsraten bringen die Jahre 1975 bis 1985. Da nicht wenige FKK-Ferienanlagen auch per Auto bequem erreichbar und ohne den vorherigen Kauf von Gutscheinen für Unterbringung und Verpflegung direkt buchbar sind, gibt es natürlich viele FKK-Urlauber, die sich die Spezialprospekte zwar interessiert anschauen, dann aber die Reservierung direkt im Zielgebiet per Telefon oder Internet vornehmen. 98 Prozent der heutigen Oböna-Kunden sind keine FKK-Ideologen, für sie ist FKK-Urlaub eine besonders schöne Urlaubsform, nicht eine Frage der Lebenseinstellung.

Gesundheitsurlaub

Auch Gesundheits- und Wellness-Angebote finden sich in den meisten Prospekten der Universalanbieter wieder. Wie beim FKK-Urlaub war die Touropa auch beim Angebot von Kuren ein Vorreiter. Die Touropa-Kurfibel kam 1959 heraus.

IDK: Spezialist für
Medizintourismus.

Zwei Unternehmen gibt es unter den deutschen Reiseveranstaltern, die sich auf Gesundheitsurlaub spezialisiert haben.1970 gründet Barbara Richter ihre IKD Reisen in München, die heute IKD Reisen Medizinische Tourismus GmbH & Co KG heißen. Barbara Richter beschäftigt zehn Personen und bietet Kuren, Gesundheitsferien, Schönheitswochen, Wellness- und Fitness-Urlaub in Europa, Tunesien, in der Türkei, in Südafrika, Indien, Sri Lanka, Bali und in der Karibik an. Barbara Richter selbst zieht sich aus Altersgründen Anfang des Jahres 2001 aus dem aktiven Geschäft zurück.

Ankunft mit
Empfangskomitee:
Zumindest als
Gruppenreiseziel
ist inzwischen
auch die Antarktis
bereits erobert.

Das Reiseziel heißt Gesundheit. Immer mehr Gäste nutzen ihren Urlaub, um Körper und Geist zu pflegen und zu stabilisieren.

Angebote für einen gesunden Urlaub.

Der andere Spezialist ist Herbert Haum, der zunächst für Neckermann das Reisegeschäft aufgebaut und dann für den Kaufhof die Reisetochter ITS eröffnet hat. Nach einer Ruhe- und Denkpause von vier Jahren gründet Herbert Haum 1975 in Frankfurt seine FIT Gesellschaft für gesundes Reisen mbH. Er hat den richtigen Riecher für den Trend der Zeit und bringt die Firma schnell nach oben. Für den Vertrieb lässt er sich etwas besonders Cleveres einfallen. Es gelingt ihm, das Deutsche Reisebüro DER zu gewinnen, das seine Gesundheitsprogramme mit dem DER-Stempel versieht und über die 3000 DER-Agenturen an den Mann bringt. In den FIT-Prospekten werden nicht nur Kuren angeboten, es stehen verstärkt auch Gesundheit, Wellness, Fitness und Beauty auf dem Programm mit Hotels in Europa, Israel, Jordanien, Sri Lanka, China, Südafrika und in der Karibik.

Der Vollständigkeit halber sei noch die Häckel Reisen GmbH in München erwähnt, die 1979 von Reinhold Häckel ins Leben gerufen wird. Häckel Reisen sind innerhalb der Spezies Gesundheitsreisen der Spezialist für Kurreisen nach Israel und Jordanien. Sie betreiben am Toten Meer das Deutsche Medizinische Zentrum und sind eine gefragte Adresse für alle, die unter Hautkrankheiten leiden.

40 Jahre DDR-Tourismus

Als das besiegte Deutschland nach 1945 in Ost- und Westblock auseinander fällt, entwickelt sich auch die Tourismuswirtschaft entsprechend den unterschiedlichen Wirtschaftssystemem. Die DER-Direktion in Berlin hat ihren Sitz im Gegensatz zur Reichsbahnzentrale zunächst in Westberlin. Im Februar 1949 wird die DER-Geschäftsführung auf Anweisung der Reichsbahn von der Nürnberger Straße in Berlin-Charlottenburg in die Charlottenstrasse 45 im Ostsektor verlegt und mit einer Ost-Geschäftsführung ausgestattet. Der Direktionsverlegung ist eine Gesellschafterversammlung in Ostberlin vorangegangen, die von den westlichen Gesellschaftern als „nicht ordnungsgemäß" ignoriert wurde. Im Juni 1949 wird im Westen eine DER-Gesellschafterversammlung einberufen, die dann von der Ost-Direktion als „nicht ordnungsgemäß" bezeichnet wird und die man deshalb ebenfalls nicht zur Kenntnis nimmt. Damit ist die Spaltung des DER in Ost und West vollzogen.

Tourismus auf Kommando

Schon im August 1945 beginnt das Mitteleuropäische Reisebüro GmbH (MER) wieder mit dem Verkauf von Fahrkarten und – was beinahe für die Bürger noch wichtiger, für die Rentabilität des MER jedoch weniger interessant ist – mit Fahrplanauskünften im Auftrage der Bahn. Das Interesse am Reisen, die Freude am Urlaub, das entwickelt sich im Osten wie im Westen gleichermaßen. In beiden Teilen Deutschlands bedarf es professioneller Hilfe, und die ist dann doch sehr unterschiedlich. In der Bundesrepublik ist die Tourismuswirtschaft ein Teil der Marktwirtschaft. Nachfrage und Angebot bestimmen den Markt, der Wettbewerb zwingt zu rationeller Arbeit und zu ersten Zusammenschlüssen. In der DDR dagegen bestimmt nicht die Nachfrage das Angebot, auch nicht der Preis, sondern der Staat legt fest, wohin gereist werden kann. Er veranlasst den Gewerkschaftsbund und staatseigene Betriebe, Reisen zu organisieren, und subventioniert diese Reisen. Und nach dem alten Grundsatz, der auch im Sozialismus nicht außer Kraft gesetzt wurde, „Wer zahlt, schafft an", wird auch ein gewisser Einfluss auf den Kreis der Reiseteilnehmer genommen. Trotzdem ist festzuhalten, dass auch im Osten Deutschlands gern und im Verhältnis zur Bevölkerungszahl viel gereist wird.

Die Reiseziele der DDR-Bürger

Die ersten Reisen der DDR-Bürger sind Inlandsreisen, Reisen in die gewerkschafts-eigenen Erholungsheime im Mittelgebirge, bald auch in jene an der Ostsee. Das beginnt 1947 und entwickelt sich in den Folgejahren relativ stürmisch durch die Aktivitäten des Feriendienstes des Freien Deutschen Gewerkschaftsbundes (FDGB), der Einheitsgewerkschaft in der DDR. Auslandsreisen werden erst ab 1954 in nennenswertem Umfang angeboten. Sie führen ausschließlich in „sozialistische Bruderländer" und werden durch zwischenstaatliche Verträge möglich. Die DDR vereinbart so genannte „Touristenaustausche" mit den Mitgliedsländern des Rats für gegenseitige Wirtschaftshilfe. Den Anfang macht die Tschechoslowakei (1954), ihr folgen die Sowjetunion, Bulgarien und Polen (1955) sowie Rumänien (1958).

Die „Macher" im Osten

Im Gegensatz zum privatwirtschaftlichen System, in dem die unternehmerische Eigeninitiative, der Wettbewerb und Gewinnstreben die Entwicklung auch im Tou-rismus voranbringen, trifft in der sozialistischen Planwirtschaft die Partei die grundlegenden Entscheidungen. Deshalb zeigen sich in der DDR auch keine Per-sönlichkeiten, von denen man sagen könnte, sie hätten den Tourismus entschei-dend geprägt und vorangebracht. Der Vorstand der Sozialistischen Einheitspartei Deutschlands (SED) beauftragt im Juli 1946 den Freien Deutschen Gewerkschafts-bund (FDGB), Urlaubs- und Erholungsstätten für die Werktätigen zu schaffen. Ein

1946

Organisiertes Reisen à la DDR: Schon die Sprache verrät, es wird zugeteilt, nicht ausgewählt.

Wo immer die Werktätigen den Urlaub verbringen durften, stets umwehte sie ein gestriger Hauch. Sozialistische Eleganz hatte diese Eigenart.

Dreivierteljahr später, im März 1947, beschließt dann der geschäftsführende Vorstand des FDGB die Gründung eines gewerkschaftseigenen Feriendienstes. Unternehmensziel ist es, „allen Gewerkschaftsmitgliedern eine zweckvolle Durchführung ihrer Ferien zu ermöglichen". Im Gründungsbeschluss wird die soziale Verpflichtung deutlich: „Der Ferienpreis in den Ferienheimen ist einheitlich so niedrig als möglich zu bemessen. Er ist nicht von der Wirtschaftlichkeit des einzelnen Heimes abhängig zu machen. Die Ferien- und Vertragsheime stehen allen Mitgliedern und deren Familienangehörigen (Ehefrau, Lebensgefährtin, Kindern) zur Verfügung." Das Angebot an FDGB-Ferienheimen wächst schnell. Zuerst sind es nur vier Heime, aus altem Besitz, aber dann stellt die sowjetische Militäradministration beschlagnahmte Häuser, Villen, Schlösser und Pensionen zur Verfügung. Auch der FDGB nimmt private Häuser unter Vertrag und hat keine Skrupel, viele von ihnen, besonders an der Ostseeküste, bald darauf beschlagnahmen zu lassen.

Das Reisebüro der DDR

Während der FDGB mit seinen „Filialen" in den größeren Betrieben, die teilweise über firmeneigene Erholungsheime verfügen, der erste eigentliche Reiseveranstalter in der DDR ist, blüht das Deutsche Reisebüro (DER) zunächst im Verborgenen. Eine größere Rolle kommt dem DER oder dem Reisebüro der DDR, wie es ab 1964 heißt, im Zusammenhang mit dem Tourismus in die sozialistischen Bruderländer zu. Diese Reisen sind allerdings erheblich teurer als die Ferienaufenthalte in den FDGB-Heimen und betrieblichen Erholungsstätten. Ein FDGB-Urlaub von 13 Tagen

317

Da es nicht jedes Ausland sein durfte, musste man diese Beschränkung verbal geschickt verbrämen.

kostet 1950 gerade 30 Mark, 1963 etwa 100 Mark und nach 1970 für Gewerkschaftsmitglieder maximal 310 Mark. Für mitreisende Familienmitglieder, die keine Gewerkschaftsmitglieder sind, werden maximal 390 Mark erhoben. Beim DER muss man dagegen 1985 für eine 15-tägige Reise an die rumänische Schwarzmeerküste 1510 Mark hinlegen, etwa das monatliche Nettoeinkommen eines durchschnittlichen DDR-Haushalts. Reisen mit dem staatlichen Reisebüro sind also etwas für die höheren Einkommen.

DDR pflegt „Völkerfreundschaft"

Beim Aufbau einer eigenen Handelsflotte denkt die DDR-Regierung in erster Linie an die Beförderung ihrer Im- und Exportgüter. Aber auch erholsame Seereisen für die Werktätigen werden ins Auge gefasst. Über Erfahrungen mit dem Bau von Passagierschiffen verfügen die DDR-Werften allerdings nicht. Deshalb sieht man sich im Ausland um. Ende der 50er Jahre hat der Rückzug der Passagierfahrt auf dem Nordatlantik wegen des schnell wachsenden Düsenflugverkehrs begonnen. Deswegen sind die Svenska Amerika Linjen auch daran interessiert, sich von ihrer „Stockholm" zu trennen, das Schiff, das zu traurigem Ruhm gekommen ist: In einer nebeligen Sommernacht des Jahres 1956 stieß die „Stockholm" etwa 100 Seemeilen vor New York mit dem italienischen Luxusliner „Andrea Doria" zusammen. Die „Stockholm" überlebte das Desaster, konnte ihre Reise nach New York fortsetzen, während die „Andrea Doria" am folgenden Tag sank. Acht Personen verloren ihr Leben, zahlreiche Menschen wurden verletzt. Die „Stockholm" wurde repariert und versah noch weitere vier Jahre ihren Dienst.

1956

319

Die Staatslinie
der DDR flog
die Kreuzfahrt-
Passagiere.

Erfolgreich und
weit über die
die Grenzen der
DDR hinaus
bekannt: die
Völkerfreundschaft
und Ex-Stockholm.

Die DDR kauft das Schiff schwedischen Presseberichten zufolge für 1,38 Millionen US-Dollar, offizieller Betreiber des Schiffes wird zunächst der FDGB, der die „Stockholm" im Januar 1960 übernimmt und in „Völkerfreundschaft" umtauft. Das Schiff wird im Kreuzfahrten-Bereich eingesetzt, in der Ostsee, im Mittelmeer und im Schwarzen Meer. Die DDR-Staatsfluglinie Interflug übernimmt die Beförderung der Gäste zu und von den Ein- und Ausschiffungshäfen im Süden. Die Passagiere sind ausgesuchte Werktätige, die sich im Rahmen ihrer Arbeit besonders verdient gemacht haben. Während der Suche nach einem Kreuzfahrtschiff wird auch der Bau eines Schiffs auf einer heimischen Werft untersucht. Das führt zu einem Auftrag an die Mathias-Thesen-Werft in Wismar, die im Mai 1961 den Neubau „Fritz Heckert" abliefert. Das Schiff ist 8115 BRT groß, 141 m lang, fasst 379 Passagiere und wird von Dieselmotoren und Gasturbinen angetrieben. Mit diesem Schiff wird der Betreiber jedoch nicht glücklich. Es zeigen sich Konstruktions- und Materialmängel, es ist reparaturanfällig und wird so gut wie nur im Ostseeraum eingesetzt. Die Reparaturen an der „Fritz Heckert" nehmen im Laufe der Jahre derartig zu, dass das Schiff im Frühjahr 1971 schließlich aus dem Verkehr gezogen wird.

Im Verlauf der Schwierigkeiten zeigt sich aber auch, dass der Feriendienst des FDGB mit den Aufgaben einer Schifffahrtsgesellschaft überfordert ist. Das Sekretariat des SED-Zentralkomitees beschließt deshalb, die Passagierschiffe der Deutschen Seereederei (DSR) zu übergeben. Gleichzeitig wird die Passagierkapazität auf

FDGB und Reisebüro der DDR aufgeteilt; nur noch 60 Prozent stehen dem FDGB, dem Reisebüro 40 Prozent zur Verfügung. Nun gibt es zwei Kategorien von Kreuzfahrtpassagieren – denn für das FDGB-Kontingent müssen die Passagiere nur 50 Prozent der Fahrpreise zahlen, den Rest begleicht die Gewerkschaft. Dagegen stehen die vom Reisebüro gebuchten Vollzahler.

Die „Völkerfreundschaft" ist erfolgreich im weltweiten Kreuzfahrten-Einsatz, bis sie im Juli 1985 außer Dienst gestellt wird. In den 90er Jahren wird das Schiff von einem italienischen Eigner umgebaut – unter dem Namen „Italia Prima" befördert es wieder oder immer noch Kreuzfahrtpassagiere durch die weite Welt. Für die DDR hat die Kreuzfahrerei mit dem Ende der „Völkerfreundschaft" keinesfalls ein Ende. Die DDR erwirbt 1985 das in Hamburg gebaute und für die Hadag fahrende Kreuzfahrtschiff „Astor". Der Kauf kommt über einen südafrikanischen Zwischenkäufer zu Stande. Das Schiff wird aber ohne lange Umwege im August 1985 in Hamburg an den neuen Eigner übergeben und auf den Namen „Arkona" umgetauft. In der Folge fährt die „Arkona" nicht nur für die DDR-Kundschaft. Auch die TUI nimmt das Schiff für fünf Jahre unter Vertrag, so dass die „Arkona" immer wieder an den Ort ihres Entstehens zurückkehrt. Das ist auch heute noch so. Das Schiff fährt weiter für die neuen Eigentümer der immer noch existierenden Deutschen Seereederei mit Sitz in Rostock und läuft auch Hamburg regelmäßig an.

1985

Privatisierung nach der Wende

Für die Privatisierung der bisherigen Staatsunternehmen ist die Treuhandgesellschaft in Berlin zuständig. Im März 1991 werden die touristischen Staatsbetriebe zum Verkauf angeboten. Die 51 Verkaufsstellen des Feriendienstes des FDGB übernimmt Frank Enzmann, für den der Brocken allerdings etwas zu groß ist. So beteiligt er die TUI und das DER gemeinsam an seiner Reisebüro Enzmann GmbH und bringt damit seine Schäfchen ins Trockene. Das Reisebüro der DDR, dem auch einige Hotels gehören, wird im Juni 1990 in einzelne Betriebssparten aufgeteilt. Die Reisebüro-Kette mit 132 Büros wird in die Reisewelt GmbH eingebracht. Als Reiseveranstalter fungiert die Trend-Reisen GmbH, als Veranstalter für das so genannte Incoming-Geschäft wird die Quadriga Reisen GmbH gegründet. Die Hotels werden in die Travel Hotels GmbH überführt. Als Holding thront über allem die Europäisches Reisebüro GmbH. Die Hotels scheren schnell aus dem Verbund aus und werden den Interhotels zugeschlagen.

1991

Die Preisvorstellungen der Treuhand für das Europäische Reisebüro schrecken die meisten Interessenten schnell ab, zumal es mit der Rentabilität der angebotenen Betriebe schlecht aussieht. Trotz der sofort aufgeblühten Reiselust der neuen Bundesbürger schreiben die zum Verkauf angebotenen Betriebe rote Zahlen. ITS schlägt schließlich zu und kauft 1991 die 37 Jugendtourist-Reisebüros dazu auch noch 75 Prozent an der neuen Reisebürokette Palm Touristik, die sich mit ihren 28 Reisebüros auf Omnibusreisen spezialisiert hat. 1992 wird die Reisewelt mit 76 Reisebüros übernommen. Nach verschiedenen Zwischenstadien laufen die Reisebüros inzwischen unter dem ITS-Rewe-Einheitsnamen Atlas Reisebüros.

In den neuen Bundesländern machen sich nach der politischen Wende auch viele mutige Einzelkämpfer selbstständig. Es herrscht Anfang der 90er Jahre eine große Euphorie in der sich schnell entwickelnden privaten Reisebranche. Der Optimismus wird gestützt durch Existenzgründungs-Darlehen, die manchen Gutgläubigen in die Selbstständigkeit verführen. Viele „Schnellstarter" landen innerhalb weniger Jahre bei der einen oder anderen bundesweit tätigen Reisebüro-Kette, einige treten auch den Weg zum Konkursrichter an. Veranstalter von Pauschalreisen entwickeln sich in den östlichen Bundesländern mit Ausnahme von Omnibusunternehmen so gut wie gar nicht. Dafür bringen westdeutsche Veranstalter ihr Angebot auch im Osten gut und erfolgreich unter. Bei den Busunternehmen, „wo der Chef selbst kocht", entwickelt sich das Geschäft allerdings sehr gut. Einige westdeutsche Unternehmen gründen in den östlichen Bundesländern Tochtergesellschaften, wie zum Beispiel Kipferl aus Rödermark bei Frankfurt/Main in Leipzig und der fränkische Unternehmer Eberhardt in Dresden. Wegen der guten Erfahrungen verlegt Eberhardt sogar einen wichtigen Teil seiner Unternehmensleitung nach Dresden.

Die Ausführungen basieren auf Arbeiten von Frau Prof. Margita Großmann, Claus-Ulrich Selbach und Sabine Diener, von denen schriftliche Beiträge zur Ausstellung „Endlich Urlaub! Die Deutschen reisen" 1996 im Bonner Haus der Geschichte stammen.

322

Tourismusbelebung durch die deutsche Wiedervereinigung

Der Fall der Mauer führt bei den Menschen in der ehemaligen DDR zu einer sofort einsetzenden Reisewelle. In der ersten Phase wollen viele erst einmal den westlichen Teil Deutschlands kennen lernen, der ihnen bisher nur durch das westdeutsche Fernsehen bekannt war. In der zweiten Phase gehen die Reisewünsche in zwei Richtungen. Das eine sind die westeuropäischen Hauptstädte, der andere Trend geht in die Alpen. In den östlichen Bundesländern kannte man nur die Mittelgebirge, so dass ein Run auf bayerische und österreichische Ziele einsetzt. Speziell für die österreichischen Feriengebiete führt das zu einer kurzfristigen Wiederbelebung der „Fremdenzimmer mit fließend Wasser" in einfachen Häusern. Das ist natürlich nicht von langer Dauer, die Ansprüche der ostdeutschen Touristen passen sich relativ schnell denen der Westdeutschen an.

Neuer Markt mit besonderen Bedingungen

Zur Anfangsphase der ostdeutschen Touristikwelle gehören die lange entbehrten Reisen in westeuropäische Hauptstädte. Vor allem Paris ist ein Renner. Um attraktive Preise bieten zu können, machen Omnibusunternehmer strapaziöse Touren mit ihren Gästen, Hin- und Rückfahrt nach Paris finden in der Nacht statt, Übernachtungskosten fallen nicht an, und die spannungsgeladenen neugierigen Reisenden verdrängen ihre Müdigkeit bei der Entdeckung ihrer Traumziele. Für westdeutsche Omnibusunternehmer bedeutet die Öffnung der früheren Zonengrenze gleichzeitig eine Eröffnung neuer, interessanter Geschäftsmöglichkeiten, die sie größtenteils auch mit beachtlichem Erfolg ausnutzen.

Auch der Luftverkehr in südeuropäische Feriengebiete von Dresden, Leipzig und Berlin wird von den ostdeutschen Bürgern schnell entdeckt und bald genutzt. Im ersten Jahr nach der Wiedervereinigung gibt es noch spezielle Reiseprogramme für die ostdeutsche Bevölkerung. Auch Studiosus Reisen in München bringt ein etwas „abgespecktes" preiswertes Studienreisenprogramm für die Ostdeutschen heraus, aber bald darauf sind die Angebote in Ost und West identisch.

Von der Wiedervereinigung profitiert die Air Berlin, die durch den Einstieg neuer Gesellschafter im Jahr 1991 neue Impulse erhält. Der Berliner Markt besteht seit Ende 1989 nicht mehr nur aus der Westberliner Bevölkerung, sondern aus dem

1991

323

Die Wende. Dieses Bild beschreibt die Situation nach dem Zusammenbruch der DDR besser als tausend Worte.

großen Umfeld um die Großstadt Berlin. Davon profitieren auch im ersten Anlauf die Westberliner Reisebüros, aber sehr schnell machen sich clevere Reisefachleute und auch Laien in Ostdeutschland selbstständig. Die Bundeszuschüsse für Existenzgründungen in der ehemaligen DDR sind relativ leicht zu bekommen. Sie verführen manch einen zu vorschnellen Entschlüssen, wenn dieser zwar das Geld sieht, das ihm bei Beginn seines Unternehmens zur Verfügung steht, nicht aber daran denkt, dass er nach einigen Jahren auch mit der Rückzahlung der geliehenen Gelder beginnen muss. Mit Ausnahme der Omnibusunternehmen haben die meisten der schnell aufgeblühten Reiseveranstalter in Ostdeutschland ihre Tore wieder schließen müssen. Bei den Reisebüros sieht es nicht ganz so düster aus.

1990

Das ehemalige staatliche Reisebüro der DDR, das aus dem früheren Mitteleuropäischen Reisebüro MER hervorgegangen war, wird 1990 umbenannt in Reisewelt. Die Reisebüro-Kette wird genauso wie das Spezialbüro für Jugendreisen, Jugendtourist von der bundeseigenen Treuhandgesellschaft verwaltet, deren Aufgabe es ist, bisherige ostdeutsche staatliche Betriebe zu privatisieren. Die westdeutschen Reiseunternehmen geben sich bei der Treuhand am Alexanderplatz die Klinke in die Hand. Aber die Preisvorstellungen, die der Treuhand vorschweben, sind von einem kaufmännisch vertretbaren Kaufpreis sehr weit entfernt. Für die Ladenbüros gibt es teilweise nicht einmal Mietverträge. Die Ladeneinrichtungen sind nicht selten stark renovierungsbedürftig. Beträge für Erhaltungsinvestitionen waren in der sozialistischen Wirtschaftspolitik bekanntlich nicht normaler

Bestandteil einer jeden Jahresplanung. Den Zuschlag für die beiden ehemals staatlichen Reisebüro-Organisationen Reisewelt und Jugendtourist bekommt schließlich ITS in Köln. Die TUI hatte sich zuvor in den Reisewelt-Büros mit ihren Prospekten breit gemacht, stellt nach der dann erfolgten Verkaufsentscheidung ihre Bemühungen um Reisewelt ein.

Mit der Privatisierung der ostdeutschen Reisebüros gehen auch Verhandlungen über einen Gehaltstarif und Manteltarif einher, die zwischen der Geschäftsführung im Auftrag der Treuhand und dem Betriebsrat der Reisebüro-Organisation geführt werden. Nach einer Anfangsphase werden die Tarifverhandlungen im Rahmen der allgemeinen Gespräche zwischen DRV und den Gewerkschaften HBV, ÖTV und DAG fortgesetzt. Es ist eine schwierige Phase, denn es geht nicht nur um die absolute Höhe der Einzelgehälter, sondern auch um eine gerechte Einstufung der Mitarbeiter in den Reisebüros, deren berufliche Bildung zum Teil nicht dem Standard der westdeutschen Angestellten im Reisebüro-Gewerbe entspricht. Im ersten Jahr nach der Wiedervereinigung ist der frühere Generaldirektor des Reisebüros der DDR, Horst Dannert, noch Geschäftsführer des nun unter der Treuhand-Kuratel befindlichen Unternehmens, was ihm sowohl gegenüber seinem neuen Arbeitgeber als auch gegenüber seinen Betriebsangehörigen viel Flexibilität abverlangt. Auch über die Zukunft der ehemaligen Fluggesellschaft der DDR, Interflug, wird viel verhandelt. Interessenten an einer wie auch immer gearteten Gemeinsamkeit gibt es zur Genüge. Die TUI will etwas gemeinsam mit Interflug machen, die Lufthansa ebenfalls, auch die Condor, auch Aero Lloyd und Olympia Reisen. Zum Schluss bleibt keiner übrig, denn die Interflug wird schlichtweg aufgelöst. Die Lufthansa übernimmt einen Teil des Personals am Flughafen Berlin-Schönefeld, auch fliegendes Personal.

Nach der Auflösung von Interflug melden sich einige Reiseveranstalter mit unterschriebenen Charterverträgen für ganze Flugketten, für die es nun wegen besonders preiswerter Konditionen oder mangels geeigneten Fluggerätes keinen Ersatz gibt. Noch jahrelang wird in der Branche darüber gemunkelt, dass einige Unternehmer für diese plötzlich aufgetauchten Charterverträge von der Treuhand wegen entgangenen Gewinns entschädigt und auf diese Weise flugs zu Millionären wurden.

Air Berlin, ein neuer Stern am Himmel

Ein neuer Star
nach der Wende.

Joachim Hunold
profitiert vom
neuen Hinterland
Berlins.

1997

Zu den erfolgreichen und immer noch unabhängigen Ferienfluggesellschaften gehört die Air Berlin. Sie wurde 1978 als amerikanisches Charter-Unternehmen in Oregon, USA, gegründet. Nach dem Mauerfall und der Aufhebung der Beschränkungen im Berlin-Verkehr verfügte sie noch über zwei Flugzeuge, wurde aber sozusagen 1991 neu gegründet. Ihr Firmengründer, Flugkapitän Kim Lindgreen, ist noch heute mit 25 Prozent beteiligt. Die übrigen 75 Prozent verteilen sich im Wesentlichen auf ehemalige LTU-Chefs, nämlich Hans-Joachim Knieps (25 Prozent), Severin und Rudolf Schulte (25 Prozent), Werner Huehn (15 Prozent) und Joachim Hunold (9 Prozent).

Trotz schärfsten Wettbewerbs und der noch andauernden Konzentration in der Tourismusbranche ist die Geschichte der konzernunabhängigen Air Berlin eine Erfolgsstory ohne Beispiel. Schon im ersten Geschäftsjahr unter der Geschäftsführung von Joachim Hunold werden schwarze Zahlen geschrieben. Dabei ist es bis heute geblieben. Die jährlichen Gewinne wurden reinvestiert, die Gesellschaft beschränkt sich nicht auf den reinen Berlin-Verkehr zu den Ferienzielen, sondern geht in die Fläche zu früheren Randflughäfen wie Nürnberg, Münster, Paderborn, Leipzig und Dresden.

1997 wird der Einzelplatzverkauf aufgenommen, der zu hohen Steigerungsraten führt. Er macht derzeit 22 Prozent des Aufkommens aus. 1999 werden drei Millionen Gäste befördert. Die Gesellschaft verfügt heute über 18 Flugzeuge mit einer Kapazität von 3244 Sitzen. Es dürfte sich um die jüngste deutsche Luftflotte handeln, denn keine Maschine ist älter als drei Jahre.

326

Reisen ohne Reisebüro:
die Schwarztouristik?

Schwarztouristik, diesen Begriff hat die Reisebranche selbst geprägt.
Und diese nicht gerade positiv wirkende Bezeichnung hat sie
immer dann angewendet, wenn jemand Reisen für andere organisiert,
ohne selbst ein Reisebüro oder ein Reiseveranstalterunternehmen
zu betreiben.

Kein Schutzzaun fürs Reisebüro

Die Reisebüros haben eigentlich schon immer die Auffassung vertreten, wer verreisen wolle, müsse zwangsläufig zu ihnen kommen. Woher sie diesen Anspruch herleiten, ist nicht festzustellen, denn die Eisenbahn hat beispielsweise zunächst ihre Fahrkarten selbst verkauft. Wenn ein Reisebüro eine Bahnfahrkarte vermittelte, musste es eine Art Vorverkaufsgebühr erheben, um auf seine Kosten zu kommen. Entsprechende Gebühren werden wegen der nicht kostendeckenden Verkaufsprovision der Deutschen Bahn am Ende des Jahrhunderts erneut kassiert. Auch alte Besen kehren manchmal noch gut. Ob die Reisebüros nun Provision bekommen oder nicht, ob die Provision die Kosten deckt oder nicht, hat auf die Entscheidung, eine Reise für Freunde, Vereinskollegen oder Parteigenossen zu organisieren, keinen Einfluss. Es gibt immer wieder freundliche Mitmenschen, die sich ehrenamtlich um die Organisation solcher Reisen kümmern – zum Ärger der Reisebüros, die das als ihr ureigenes Recht betrachten.

In den Jahren der nationalsozialistischen Herrschaft wird eine Gewerbeordnung entwickelt, die dem Kästchendenken der Reisebüros und ihrem Schutzbedürfnis entspricht. Ein solcher Schutzzaun konnte den etablierten Reisebüros nur recht sein. Für Seiteneinsteiger und mutige Nachwuchskräfte bleibt unter solchen Umständen allerdings wenig Raum.

Die 1949 mit Verabschiedung des Grundgesetzes eingeführte Gewerbefreiheit sowie die später von der Europäischen Union durchgesetzte Liberalisierung und Deregulierung hat mit staatlichen Vorschriften, gewerblichen Vorrechten und mittelalterlichem Zunftdenken Schluss gemacht. Aber in manchen Köpfen herrscht dieses Denken immer noch vor. Nur so ist der Dauerkampf der Reisebüro-Verbände gegen die Schwarztouristik zu verstehen. Denn bei genauerem Hinsehen bleiben nur ganze zwei Gesichtspunkte für die kritische Beurteilung der Veranstaltung von Reisen für Gruppen, Vereine, Clubs, Firmen, Verbände und Gemeinden ohne Einschaltung eines professionellen Reisebüros oder Reiseveranstalters: Ist die Haftung

1949

327

des als Reiseveranstalter tätigen Vereins gesetzeskonform geregelt? Und wird die auch bei Reiseausschreibungen fällige Mehrwertsteuer vorschriftsmäßig berechnet und abgeführt?

Vereine, Clubs, Kirchengemeinden und politische Parteien, die öfter Reisen für ihre Mitglieder ausschreiben, wissen, dass man allen Schwierigkeiten aus dem Wege gehen kann, wenn man ein Reisebüro mit der Organisation beauftragt. Deshalb ist das gelegentliche Geschrei der Reisebüro-Verbände über die böse Schwarztouristik eher ein Beruhigungsmittel der Verbandsmitglieder und als Beweis für das gewissenhaft ausgeübte Wächteramt eines Verbandes gedacht. Wenn einzelnen Fällen von angeblicher Schwarztouristik nachgegangen wird, stellt sich meistens heraus, dass entgegen der ersten Vermutung doch ein kluger Kopf dahintersteckt – der Kopf eines Reisebürokollegen.

Kaffeefahrten

Zu den am häufigsten kritisierten Reiseveranstaltungen gehören die so genannten Kaffeefahrten. Die Veranstalter empfinden diese Bezeichnung als Verspottung und sprechen von Verkaufsfahrten. Eine Untersuchung der Gesellschaft für Konsumforschung (GfK), Nürnberg, aus dem Jahr 1992 stellt unter anderem fest, dass in diesem Jahr 5,5 Millionen Bundesbürger insgesamt 125.000 derartige Tages- oder Mehrtagesfahrten machten. Das sind täglich 20.000 Teilnehmer in 500 Bussen, mit denen ein Umsatz von 100 Millionen DM erzielt wird.

Da wirbt irgendeine unbekannte Firma durch Zeitungsanzeigen und Postwurfreklame für halb- oder ganztägige Ausflüge mit dem Omnibus. Die Preise hierfür sind lächerlich gering, mit fünf DM pro Tag ist man oft schon dabei. Da wird zum Beispiel in die Lüneburger Heide, an den Rhein, in den Odenwald oder in die bayerischen Alpen gefahren. Mit Postwurfzetteln wird für ein attraktives Programm geworben, zu dem oft ein spätes Frühstück, ein Mittagessen oder eine ausgiebige Kaffeetafel gehören. Bei Kaffee und Kuchen tritt dann häufig ein weltberühmter Schlagersänger auf, den sonst keiner mehr haben will, auf den sich aber viele der oft älteren Fahrgäste freuen. Im Kleingedruckten heißt es aber auch: „Im Laufe des Ausfluges findet eine Verkaufsveranstaltung der Firma X statt."

Man kennt als Tourist zur Genüge die organisierten Stadtrundfahrten und Ausflüge, die irgendwann bei einem Teppichhändler oder Andenkenladen enden. Das alles ist aber nichts gegen die Verkaufskampagne im Rahmen einer Kaffeefahrt. Es handelt sich bei diesen Gästen, wie schon erwähnt, meistens um ältere Leute, um Pensionäre, die für wenig Geld eigentlich nur einen schönen Ausflug machen wollen. Wenn sie erst einmal in die Fänge der auf Kaffeefahrten speziali-

Schauplätze sind Mehrzweckhallen oder auch die Säle irgendwelcher Landgasthöfe. Da kommen die Veranstalter der Kaffeefahrten dann zur Sache und schaffen es immer wieder, Rheumadecken, Kaffeemaschinen und was sonst noch zu völlig überhöhten Preisen unter die Leute zu bringen.

sierten Verkaufshyänen geraten, werden sie erbarmungslos bearbeitet, auf Neu-deutsch: abgezockt. Kochtopfsets, Rheumadecken, Kaffeeservices, Handtucher, Bettwäsche – das Spektrum der angebotenen Waren ist groß, und die Preise sind immer gesalzen. Eine Rheumadecke für die alten Tage kostet dann ganz schnell mal 800 DM, bei manchen Angeboten geht es auch in die Tausende. Und wenn man nicht genügend Geld dabei hat? Kein Problem. Verträge für Ratenzahlungen liegen parat. Und wenn jemand bockig ist und partout nicht kaufen will, gibt man ihm erbarmungslos zu verstehen, dass er eigentlich von der Weiterreise und aus der Reisegruppe ausgeschlossen werden müsste, was natürlich nicht statthaft wäre. Das hat zur Folge, dass manch ein Standhafter abends mit einem schlechten Gewissen nach Hause kommt.

Wie kann es sein, dass die Fahrten so billig sind? Kein Wunder, sie werden aus den hohen Spannen der überteuerten Warenpreise finanziert. Es hat nichts genutzt, dass Verbraucherschützer und Fachverbände immer wieder gegen den unlauteren Charakter der Kaffeefahrten protestiert haben. Sie haben nur gelegentlich erreicht, dass das Kleingedruckte größer gedruckt und die Kaffeefahrt zusätzlich deutlich als Verkaufsveranstaltung deklariert wird. Diese Änderung hält die Menschen nicht davon ab, für fünf DM einen Tagesausflug in die Lüneburger Heide mit einer Gesangsdarbietung von einem Heintje-Verschnitt zu unternehmen. Natürlich gibt es auch Menschen, die sich von den Warnungen nicht schrecken lassen und glauben, dass sie immun gegen die aggressiven Verkäufer sind, und dann doch auf sie hereinfallen. Aber manche Superverkäufer sind so gut, dass die Teilnehmer auch Wochen später immer noch fest davon überzeugt sind, mit der Rheumadecke für 800 DM ein Schnäppchen gemacht zu haben. Das sind dann die überall geschätzten Stammkunden.

Leserreisen: umstritten und erfolgreich

Zu den Reizthemen der deutschen Reisebüros gehören die so genannten Leserreisen, also von Zeitungsverlagen ausgeschriebene Reisen für die Leser einer bestimmten Zeitung. Meistens handelt es sich um Kreuzfahrten, aber es werden auch immer wieder interessante Flugreisen in nahe und ferne Länder als Leserreisen angeboten. Ein Reizthema für die Reisebüros sind die Leserreisen deshalb, weil sie von den Zeitungsunternehmen direkt, ohne Zwischenschaltung eines Reisebüros, verkauft werden. Häufig findet der Verkauf in der Schalterhalle eines Verlages statt, wo auch die Anzeigenaufträge entgegengenommen werden.

Die Verlage schreiben solche Reisen gern aus, weil dadurch die in der Tat wichtige Leser-Blatt-Bindung angeblich intensiviert wird. Häufig wird nicht nur durch eine verlagseigene Anzeige, sondern auch durch redaktionelle Hinweise oder sogar durch einen längeren Artikel auf die Reise aufmerksam gemacht. Als sich die Leserreisen in den 60er Jahren zu einem beliebten Objekt der Zeitungsverlage entwickeln, werden keine Reiseprospekte gedruckt, die Reiseausschreibung wird lediglich in der Zeitung veröffentlicht. Die Vorstellung der Landausflüge im Zusammenhang mit Leserkreuzfahrten geschieht ratenweise, ein Ausflug pro Erscheinungstag, so dass sich Interessenten, die nicht Abonnenten sind, die Tageszeitung kaufen müssen. Die Leserreisen sind zu dieser Zeit die einzigen Kreuzfahrten, für die es organisierte An- und Abreisen mit Sonderzügen gibt. So setzt Hapag-Lloyd beispielsweise für die Reise mit der „Achille Lauro" zwei Sonderzüge für je 550 Passagiere ein mit Schlafwagen, Liegewagen, Speisewagen und Tanzwagen. Da das

Programm jeweils für eine Gruppe kalkuliert ist, sind die Preise im Vergleich zu denen in einem üblichen Veranstalter-Prospekt oft niedriger.

Es ist üblich, dass Vertreter des Zeitungsverlages die Reise begleiten. Allein die Ankündigung dieser Reisebegleitung veranlasst immer wieder reiseungeübte Menschen, sich für den Ausflug in die fremde, unbekannte Welt anzumelden. Viele Bürger, häufig ältere Menschen oder Bewohner ländlicher Gegenden, haben eine Scheu vor größeren Reisen, vor allem ins Ausland. Fremde Sprachen, andere Sitten und Gebräuche, ungewohntes Essen – all das kann ein starker Hemmschuh für eine Auslandsreise sein. Wenn nun aber der Chefredakteur der geschätzten Tageszeitung und seine Mitarbeiter, der örtliche Sparkassenchef, der Vereinsvorstand und Vereinskollegen oder sogar der Gemeindepfarrer mit von der Partie sind, dann kann einem unterwegs ja nichts passieren, man ist im Kreise guter Bekannter, man ist nicht allein. Deshalb benutzt man branchenintern für solche Reisen auch gelegentlich ein scheußliches Wortungetüm: „Vertrauensträger-Reisen". Natürlich ist das für die Reisebüros eine bittere Erkenntnis, denn sie hoffen, dass sie selbst so viel Vertrauen ausstrahlen, dass es keiner weiteren Garanten bedarf. Die Lebenswirklichkeit ist jedoch gelegentlich eine andere.

Man kann sich ein Schmunzeln nicht verkneifen, wenn man die Warnungen aus dem Jahr 1914 liest. Da gab es nämlich bereits einen Aufruf des Vorsitzenden des Centralverbandes der Reisebüros: „Wer die Verhältnisse im Reisebüro-Gewerbe vor 10 oder 20 Jahren mit dem heutigen (merke: 1914, Anm. d. V.) vergleicht, wird sich der Erkenntnis nicht verschließen können, dass es mit unserem Stand langsam abwärts geht. Sein Ansehen sinkt, das Standesbewusstsein droht zu schwinden, die Lage wird von Jahr zu Jahr schlechter. Den Reisebüros wird von staatlich oder von städtischerseits angestellten Beamten, Lehrern usw. durch Veranstaltung von Gesellschaftsreisen und durch Reisevereinigungen ungeheure Konkurrenz bereitet. Allein im Jahr 1913 wurden über 20 Gesellschaftsreisen von derartigen Kreisen veranstaltet, und an einigen solcher Reisen nahmen 700 bis 800 Personen teil. Auch die Tageszeitungen, Zeitschriften u. ä. versuchen, das Reisebürogewerbe auszubeuten ..."

1914

Das Jammern und Wehklagen gehörte also auch früher schon zum Handwerkszeug von Kaufleuten und Verbänden, und das Stöhnen über die Leserreisen und die so genannte Schwarztouristik gehört auch heute noch zu den Standardklagen in Deutschland. Leserreisen werden in den 30er Jahren in Berlin vom Ullstein-Verlag mit Erfolg veranstaltet. Dabei gibt es eine enge Kooperation mit dem dort ansässigen Lloyd-Reisebüro. 15 Jahre nach Ende des Zweiten Weltkrieges entwickelt sich bei den Zeitungsverlagen wieder ein Interesse an Leserreisen.

Von Hapag-Lloyd zu Hansa Touristik

Bei der DRV-Tagung Anfang November 1977 in Dubrovnik geht es hoch her. Es herrscht miese Stimmung und große Aufregung. Worum geht es? Schon seit Wochen protestieren etliche Reisebüro-Inhaber gegen die Aktivitäten von Hapag-Lloyd. Hapag-Lloyd Reisebüro arbeitet immer enger mit immer mehr Tageszeitungen zusammen und veranstaltet Leserreisen, die nur direkt bei der jeweiligen Zeitung, nicht im örtlichen Reisebüro gebucht werden können. Das empfinden die Reisebüros als unkollegial und unfair. Für viele von ihnen ist Hapag-Lloyd immer noch die Reederei, deren Schiffsreisen man seit Jahrzehnten verkauft. Wie kann dieselbe Gesellschaft ihnen nun am eigenen Ort Konkurrenz machen?

Für die Reisebüro-Geschäftsführer der Hapag-Lloyd-Reederei stellt sich die Situation anders dar. Von ihnen werden nämlich ordentliche Geschäftsergebnisse erwartet, die sie mit dem Reisebüro erwirtschaften müssen. Deshalb sind sie auch nicht mehr bereit, aus Rücksicht auf fleißig buchende Kreuzfahrt-Agenturen ihrer Muttergesellschaft auf Geschäftsmöglichkeiten vor Ort zu verzichten. Die freien Reisebüros sind dagegen noch der Auffassung, dass die Hapag-Lloyd-Reederei mit ihrem Kreuzfahrtangebot durch die eigene Reisebüroorganisation den emsig buchenden Agenturen keine Konkurrenz machen dürfe. Hier kündigt sich schon früh ein Problem an, das sich später zum Branchenkonflikt „Handelsherr/Handelsvertreter" entwickelt und sich beinahe katastrophal auswirkt. Vom Geschäftsherrn erwartet der Handelsvertreter Schutz und Fürsorge, auf keinen Fall eine Konkurrenzierung. Die Reisebüros gehen sogar an die TUI heran und wollen diese veranlassen, dass die TUI-gesellschaftereigenen Reisebüros sich im Wettbewerb mit umsatzstarken TUI-Agenturen zurückhalten.

Jahrestagung des DRV 1977 in Dubrovnik: Es ging hoch her im Saal.

Der Konflikt ist deutlich, und im konkreten Fall weigert sich die Geschäftsführung der Hapag-Lloyd-Reisebüro-Organisation, auf die Forderungen der freien Reisebüros einzugehen. So erklären sich denn auch die Angriffe gegen Hapag-Lloyd während der DRV-Tagung in Dubrovnik.

Wie war es dazu gekommen? Horst Kilian, in den 70er Jahren Filialleiter im Hapag-Lloyd Reisebüro in Stuttgart, hatte die „Filderzeitung" vor den Toren der Stadt und die „Südwestpresse" in Ulm und Tübingen zur Ausschreibung je einer einwöchigen Kreuzfahrt rund um den italienischen Stiefel veranlasst. Die eine Zeitung wollte von Venedig nach Genua und die andere von Genua nach Venedig fahren. Es war ein überraschender und eindrucksvoller Erfolg. Die „Caribia" der Siosa Line in Neapel war für beide Reisen ausgebucht, jedesmal mit 1100 Personen. Das lässt Kilian nicht ruhen. Er hat einen Schneeball ins Rollen gebracht, der immer größer wird, und er weitet das Leserreisengeschäft aus. Nach vier Jahren schickt Hapag-Lloyd Reisebüro Stuttgart Jahr für Jahr zwischen 35.000 und 38.000 Passagiere auf die Reise. Ein toller Erfolg.

Erfand für Hapag-Lloyd die Leserreisen: Horst Kilian aus Stuttgart.

In der Hauptverwaltung von Hapag-Lloyd in Bremen zieht man die Konsequenzen aus dem Leserreise-Boom der Stuttgarter Filiale. Man löst 1977 das Sondergeschäft aus dem allgemeinen Reisebüro-Betrieb heraus und überführt es in die dafür gegründete Hapag-Lloyd Tours GmbH mit Sitz in Stuttgart. Horst Kilian ist nun nicht mehr Filialleiter, sondern Geschäftsführer einer Tochtergesellschaft mit entsprechenden Befugnissen. Das empfinden die in Dubrovnik versammelten freien Reisebüros als Kriegserklärung. Sie wollen beteiligt sein an diesem Sondergeschäft, wären auch mit einer niedrigeren Provision oder einer Buchungsgebühr einverstanden. Hauptsache, die Kunden kommen zu ihnen und gehen nicht zur örtlichen Zeitung.

1977

Es gibt noch zwei weitere Argumente, die man gegen Hapag-Lloyd ins Feld führt. Da heißt es einmal, mit den preiswerten Leserkreuzfahrten werde das gesamte Kundenpotenzial eines Ortes oder einer Region für ein Jahr auf einen Schlag abgeschöpft. Weitere Kreuzfahrtbuchungen werde es dann kaum noch geben. Dem widerspricht Hapag-Lloyd am Beispiel Mannheim, wo eine Leserreise mit der „Europa" an einem einzigen Sonnabendvormittag mit 550 Gästen ausgebucht war. Das allgemeine Kreuzfahrtengeschäft für die „Europa" lief trotzdem in Mannheim im gewohnten Umfang weiter. Es handelt sich schlichtweg um zwei verschiedene Kundengruppen, um Gruppenreisende zu Sonderpreisen und um Individualreisende, die von einen Gruppenerlebnis mit den Abonnenten des „Mannheimer Morgen" nichts wissen wollen.

Positiv beurteilt auch Ernst Neukamm vom Zeppelin Reisebüro in Friedrichshafen Ende der 70er Jahre die Situation. Seitdem die ortsansässige „Schwäbische Zeitung" Leserkreuzfahrten veranstaltet, hat sich sein Kreuzfahrtenumsatz innerhalb von drei Jahren verdreifacht. Durch die intensive Werbung der Zeitung wird das Interesse an solchen Reisen verstärkt. Erstreisende entdecken ihre Freude an dieser Reiseart und melden sich für weitere „normale" Seereisen an.

Das andere Argument in Dubrovnik ist nicht so leicht zu widerlegen. Hapag-Lloyd könne durch seine Größe, Herkunft und Kapitalkraft leichter Schiffstonnage für Leserkreuzfahrten anmieten, was einem einzelnen Reisebüro nicht möglich sei. Darauf geht Hapag-Lloyd ein und verspricht, bei ernsthaften Anfragen von Reise-büros nach Schiffschartern ein entsprechendes Angebot zu besorgen.

Die heißen Diskussionen in Dubrovnik gehen aus wie das Hornberger Schießen: Bei Hapag-Lloyd wird das Lesergeschäft emsig weiter betrieben, und das nicht nur für Gruppen per Schiff, sondern auch mit Sonderzügen und Flugzeugen. Man beschränkt sich auch nicht auf Zeitungen als Mitveranstalter, sondern weitet das Geschäft auf große und kleine Vereine sowie auf Firmen und Verbände aus.

1999 Nach Sitzverlegungen in den 90er Jahren von Stuttgart nach Bremen und von Bremen nach Hamburg hält es den umtriebigen und erfolgreichen Horst Kilian dann aber nicht mehr bei der allmächtigen Mutter Hapag-Lloyd, die ihre Abteilung Kreuzfahrten mehrmals umstrukturiert, bis kaum noch einer der alten, erfahrenen Kämpfer bei der Truppe ist. 1999 macht sich Kilian mit 65 Jahren noch einmal selbstständig. Zum 1. Oktober 1999 übernimmt er die Hansa Touristik GmbH in Bremen und betreibt nun von dort aus Leserreisen – endlich auf eigene Rechnung.

Aber auch Hapag-Lloyd selbst betreibt dieses Metier weiter, neben einigen anderen Unternehmen, die sich erfolgreich in dieser Nische angesiedelt haben, wie Transocean Reisen und Plantours in Bremen, Deutsches Reisebüro (DER) in Frank-furt, die Reederei Deilmann in Neustadt/Holstein und Lloyd Reisen in Bremerha-ven, ebenfalls eine Gründung eines ehemaligen Hapag-Lloyd Gruppenreisen-Spe-zialisten, Heinz Riebesehl.

Hier ist also eine der oft zitierten Marktnischen, die für die großen Veranstal-ter nicht interessant genug ist. Der gesamte Leserreisenmarkt einschließlich der Flusskreuzfahrten und Bahn-Sonderreisen dürfte keine 100.000 Teilnehmer pro Jahr hervorbringen.

334

Vertraute und baute auf die Kraft des Apfels: Helmut Th. K. Rall (Mitte).

Commodore Rall macht Apfelfahrten:
Esst mehr Obst, und Ihr bleibt gesund!

Kilians Leserreisen in Stuttgart sind natürlich nicht ohne Konkurrenten. Zuerst in Ebhausen, dann in Freudenstadt im Schwarzwald gibt Helmut Th. K. Rall eine Zeitung für Vegetarier heraus und vertreibt diese über die Reformhäuser in ganz Deutschland. Sie wird bei der „Nürtinger Zeitung" bei Stuttgart gedruckt. Rall ist ein Mann mit Fantasie und Durchsetzungskraft. Er entschließt sich 1962, Reisen für Vegetarier auszuschreiben. Zum Symbol für die Reisen wählt der Gesundheitsapostel den Apfel; die Reisen nennt er folgerichtig Apfel-Fahrten. Dafür gründet er die Firma IAO – Internationale Apfelfahrten Organisation GmbH – in Freudenstadt. Der kleine Markt der Vegetarier genügt ihm aber nicht, er tritt deshalb an Tageszeitungen heran und verhandelt über eine Zusammenarbeit. Das klappt, und es kommt zu den ersten Apfelfahrten mit Sonderzügen an die Riviera, nach Ischia und Capri.

1974 beginnen die Kreuzfahrten mit der „Ludwigsburger Kreiszeitung", dem „Reutlinger Generalanzeiger" und weiteren Blättern aus dem württembergischen Raum. Rall ist sehr rührig, es gelingt ihm, seine Programme auch bei Zeitungen in West- und Norddeutschland, von Köln über Düsseldorf, Münster bis nach Hameln und Hannover an den Mann zu bringen. Zur Abwicklung im Ausland gründet er Tochtergesellschaften. 1976/77 unterhält er sieben Gesellschaften in fünf Ländern, sein Umsatz beläuft sich 1976 auf 80 Millionen DM, und er berichtet voller Stolz, er habe 70 Büroräume in neun Gebäuden und 300 (!) fest angestellte „Crew-Mitglieder". Von der Bundesbahn kauft er stillgelegte TEE-Waggons, die ehemals

1976

335

auf der Rheinstrecke eingesetzten „Dom Cars" mit Aussichtsglasdach. Die Wagen werden aufgefrischt und heißen fortan Apfelpfeile. Die Anschaffung wird von der Dresdner Bank finanziert. Die An- und Abreisen erfolgen nur bei Tage, übernachtet wird in Vier- und Fünf-Sterne-Hotels in München, Zürich und Mailand. Während der Fahrt gibt es über Zugfunk fesselnde Erklärungen über die vorüberziehende Landschaft.

Das Auffallende an den Apfelfahrten ist der operettenhafte Stil, in dem die Reisen verlaufen. Während normalerweise ein Schiff beim Einlaufen in einem Hafen und beim Auslaufen über die Toppen geflaggt ist, hängen nun auch noch Äpfel an der Bordwand. Im Speisesalon sind die Tischnummern in Apfelform. Die Rall-Angestellten erhalten seemännische Dienstgrade und Uniformen. Es sieht bei den Bord-Reiseleiterinnen natürlich hübsch aus, wenn sie eine schmucke Stewardessen-Uniform mit einem Käppi auf dem Kopf tragen. Komisch wird die Geschichte nur, wenn der „Cruise-Director" Offiziersrang erhält, einer wird 1979 sogar in den Kapitänsrang erhoben und mit einer entsprechenden Uniform mit Ärmelstreifen und Kapitänsmütze ausgestattet. Rall selbst hat sich natürlich zum Commodore gemacht, zeigt sich in weißer Galauniform mit dicken Goldkordeln und legt ein entsprechendes Auftreten an den Tag. Bei Ein- und Auslaufen in den Häfen wird die Apfelfahne gehisst. Die Bordkapelle spielt den Apfelmarsch, und alle hören andächtig zu. Mehrmals kommt es vor, dass Commodore Rall mit einem Hubschrauber einfliegt, um eine Reisegruppe zu verabschieden. Für die Presse ist dieses Gehabe ein gefundenes Fressen für genüssliche Glossen! Kein Wunder, dass bei dieser Art, die Geschäfte zu führen, der Bezug zur Realität verloren geht. Obst verdirbt leicht, und auch die Apfelfahrten dauern nicht ewig.

Helmut Th. K. Rall im Kreise seiner Mannschaft. Bisweilen trat der Apfelfahrer auch in weißer Gala mit dicken Goldkordeln vor seine Reisegäste.

Der Apfel prangt ständig und überall, wenn Commodore Rall zur Reise bittet. Hier ist sogar die Bordwand eines Schiffs dekoriert.

Im Oktober 1979 kommt es zum Konkurs. Die Millionenumsätze, die natürlich zum größten Teil nur durchlaufende Posten sind, haben den Commodore zu einem Führungsstil verführt, den er sich nicht leisten kann. Bei der Reederei Costa steht er nach Presseberichten angeblich mit 40 Millionen DM in der Kreide, später heißt es, es handele sich „nur" um sechs bis neun Millionen DM. Die Dresdner Bank sucht vergeblich einen Käufer für die 43 Apfelpfeile, die noch nicht bezahlt sind. Zu den Gläubigern gehören die „Deutsche Handwerkszeitung", die „Mittelbayerische Zeitung" in Regensburg und die „Braunschweiger Zeitung". Letztere hat von 650 Lesern schon den Reisepreis für eine bevorstehende Reise kassiert und eine Million DM nach Freudenstadt überwiesen. Diesen Betrag zahlt sie nun noch einmal aus eigener Tasche an die Reederei Costa, damit die Reise am 22. Oktober 1979 stattfinden kann. Nutznießer der Apfelpleite ist hauptsächlich Hapag-Lloyd. Das Unternehmen steigt in Absprache mit Costa in die meisten der geplatzten Verträge ein.

337

Wie reisen die Deutschen?

Die stürmische Entwicklung des Tourismus nach dem Zweiten Weltkrieg wird von kritischen Beobachtern nicht nur als positiv empfunden. Das massive Erscheinen westlicher Touristen in Ländern der Dritten Welt, die Errichtung von gesichtslosen Betonklötzen an südeuropäischen Stränden, aber auch an der Ostsee sind nur zwei Beispiele für eine aufkommende kontroverse Diskussion. Dieser Diskussion will sich die deutsche Reisebranche nicht entziehen, obwohl die Vorwürfe sie nicht unmittelbar betreffen. Um der geistig-moralischen Auseinandersetzung mit dem Phänomen Tourismus eine Adresse zu geben, gründen am 21. Januar 1961 zehn engagierte Fachleute, unter ihnen als Motor der Braunschweiger Reiseunternehmer Walter Kahn, im Bonner Presseclub den Studienkreis für Tourismus. Es ist ein gemeinnütziger Verein, dessen Vorsitz der Direktor der Evangelischen Akademie in Tutzing, Kirchenrat Paul Rieger, übernimmt. Die Geschäftsführung wird dem Diplompsychologen Heinz Hahn anvertraut. Der Studienkreis wird in Starnberg angesiedelt, wodurch sich die Bezeichnung Starnberger Studienkreis durchsetzt. Heinz Hahn ist eine ideale Besetzung. Er ist ein geschätzter Gesprächspartner auch für so kontroverse Themen wie die Auswirkung des Tourismus auf fremde Kulturen und auf die gerade entdeckte Umwelt. Hahn versteht es, die christlichen Kirchen, den großen Kreis kritischer Journalisten und wichtige Reiseveranstalter für seine Jahrestagungen zu gewinnen, wobei seine leise, akzentuierte Sprache und seine Wortgewandtheit die Zuhörer stets fesseln.

Dreißig Jahre Reiseanalyse schufen den gläsernen Urlauber

Unternehmen in jeder Branche brauchen Informationen über die sich ändernden Verbrauchergewohnheiten und -wünsche. Ohne Wissen darüber kann man nicht planen, auch nicht in der Tourismusbranche, die davon lebt, dass Menschen einen Teil ihrer Träume und Sehnsüchte realisieren und dem als grau empfundenen Alltag entfliehen wollen. Deshalb sind die Marktforscher wichtig, die mehr tun, als nur den Finger in den Wind zu halten. Die Menschen mit dem richtigen Riecher für kommende Trends gibt es zwar auch, aber die mit der Planung und dem Einkauf im Tourismus verbundenen Risiken sind so groß geworden, dass die Unternehmen wissenschaftlich abgesicherte Planungsdaten benötigen. Das gilt für Fluggesellschaften, die Hunderte von Millionen DM für ein Flugzeug ausgeben und sicher sein müssen, dass sie es auch zu auskömmlichen Preisen füllen werden. Das gilt ebenso für hohe Investitionen im Hotel- und Kreuzfahrten-Bereich, und es betrifft die Reiseveranstalter, die ein hohes Risiko mit dem Einkauf von Fluggerät, Hotelbetten und mit der Herstellung kostspieliger Reisekataloge in Millionenauflage eingehen.

Schon 1950 untersucht das Institut für Demoskopie Allensbach erstmals das Reiseverhalten der Westdeutschen. Befragt werden 2000 Personen. Nur 21 Prozent hatten 1949 eine Urlaubsreise unternommen. Das Divo-Institut in Frankfurt am Main beginnt dann 1954, jährlich circa 2000 Personen in mündlichen Interviews nach ihrem Reiseverhalten zu befragen. Die Ergebnisse sind repräsentativ für die westdeutsche Bevölkerung. Als das Institut 1969 die Untersuchung nicht mehr fortsetzt, gründet der Studienkreis für Tourismus die AGRA, Arbeitsgemeinschaft Reiseanalyse, an der sich die Spitzenverbände des Tourismus, Verkehrsunternehmen, Reiseveranstalter, Verlage, ausländische Fremdenverkehrsämter und Institutionen der Erwachsenenbildung beteiligen. Für das Reisejahr 1970 erarbeitet die AGRA die erste eigene „Reiseanalyse". Sie lässt circa 6000 Bundesbürger befragen und stellt damit sicher, dass die Ergebnisse für die bundesdeutsche Bevölkerung repräsentativ sind. Von diesem Zeitpunkt an wird die Untersuchung jährlich fortgesetzt. Die Reiseanalyse ist inzwischen zur wichtigsten und inhaltlich umfassendsten Repräsentativuntersuchung über das Reiseverhalten der bundesdeutschen Bevölkerung geworden.

Heinz Hahn als Geschäftsführer des Starnberger Studienkreises ist es gelungen, seinem Institut damit hohe Anerkennung im In- und Ausland zu verschaffen. Mit Hilfe der Reiseanalyse können Zeitreihen über 30 Jahre aufgestellt werden, wodurch eine Trendbeobachtung möglich wird. Da die Reiseanalyse im Frühjahr eines jeden Jahres während der Internationalen Tourismusbörse (ITB) in Berlin vorgestellt wird, kommt es gelegentlich zu Verdruss und Ärger mit Reiseveranstaltern oder auch mit Reisezielländern, denn negative Meldungen über das zurückliegende Jahr können einen positiven Buchungsverlauf im laufenden Jahr stören und sogar gefährden. Aber alle Beteiligten haben inzwischen gelernt, mit diesem Problem vorsichtig umzugehen.

1954

339

Forschungsgemeinschaft Urlaub und Reisen (FUR)

Als der Studienkreis für Tourismus 1993 in wirtschaftliche Turbulenzen gerät und in Konkurs geht – Wissenschaftler sind nicht unbedingt immer die besten Kaufleute –, gründen die an der Reiseanalyse weiter Interessierten die Forschungsgemeinschaft Urlaub und Reisen eV (FUR). Daran sind besonders aktiv Gerd Kramer, Fremdenverkehrsdirektor von Schleswig-Holstein, die bisher für den Studienkreis für Tourismus tätigen Fachleute Armin Vielhaber und Dr. Peter Aderhold sowie Hans-Michael Krämer von Gruner + Jahr beteiligt. Sie bilden auch zunächst den Vorstand von FUR und sorgen für eine Fortsetzung der jährlichen Untersuchung.

Studienkreis für Tourismus und Entwicklung eV, Ammerland

Während die Reiseanalyse von der oben schon erwähnten Forschungsgemeinschaft weiter betrieben wird, hat Armin Vielhaber für die intellektuelle Auseinandersetzung mit dem Tourismus und die Fragen des Engagements der Tourismusverantwortlichen den Studienkreis für Tourismus und Entwicklung eV im Ammerland am Starnberger See gegründet. Dieser neue Studienkreis hat Pfarrer Martin Stäbler, Vorstandsmitglied im Arbeitskreis Freizeit, Erholung und Tourismus der Evangelischen Kirche in Deutschland, als Vorsitzenden und Armin Vielhaber als Geschäftsführer gewonnen. Stäbler starb 1999. Seit 2000 ist Dietlind von Laßberg Geschäftsführerin. Vielhaber figuriert seither als Vorstandsvorsitzender des Studienkreises.

Die von Armin Vielhaber im Starnberger Studienkreis erarbeiteten „Sympathiemagazine" über Reiseländer und Spezialthemen (etwa „Islam verstehen") werden vom neuen Ammerländer Studienkreis fortgesetzt. In „Ammerländer Gesprächen" setzen sich Entwicklungsträger und Meinungsmacher mit Fragen des Tourismus auseinander. Die Bundesministerien für wirtschaftliche Zusammenarbeit und Entwicklung, für Familien, Senioren, Frauen und Jugend, für Umwelt und für Wirtschaft unterstützen die Institution objektbezogen finanziell und generell durch ihre Mitgliedschaft im Beirat.

340

Sparen für die Reise

Die Idee klingt faszinierend: Man veranlasst künftige Kunden, zielgerichtet für die nächste Urlaubsreise zu sparen. Das schafft zuverlässige Nachfrage, möchte man meinen. Und deshalb haben sich immer wieder Tourismus-spezialisten mit diesem Thema auseinandergesetzt.

Die Praxis spricht dagegen

Man könnte nach dem Schema der Witze von Radio Eriwan fragen: Funktioniert organisiertes Reisesparen? Die Antwort würde dann lauten: Im Prinzip nein, wird aber immer wieder versucht. „Fly now – pay later" war in den 50er und 60er Jahren ein gängiges Zahlungssystem bei den amerikanischen Soldaten in Deutschland und ihren Angehörigen. Für kurzfristig notwendige Reisen in die Heimat stand mitunter das Geld nicht zur Verfügung. Dafür lagen in den Reisebüros, die sich um die Besatzungssoldaten kümmerten, Anträge für Ratenzahlungen bereit, und es wurde häufig davon Gebrauch gemacht. Das Bezahlen von Urlaubsreisen in Raten, ob nun vorher oder nachher, ist in Deutschland immer wieder propagiert worden, aber eigentlich immer ohne Erfolg.

1929

Dr. Carl Degener, der spätere Vater der Touropa, überzeugte 1929 in Berlin den Verband der Deutschen Sparkassen, die Deutsche Reisespar GmbH zu gründen. Degener wurde zum Direktor dieser Unternehmung berufen. Für eine neue Art des Zwecksparens, das Sparen für eine Reise, sollten Arbeiter und Angestellte geworben werden, die sich eigentlich keine Urlaubsreise leisten konnten. Der Anfang war Zeit raubend, weil widerstreitende Interessen zu harmonisieren waren. Die Sparkassenverbände stimmten dafür, die deutschen Fremdenverkehrsinstitutionen waren skeptisch und wollten zunächst nicht mitmachen, weil sie keine Angebots- und Preisgarantien geben wollten. Als die ersten Reisesparer endlich mit dem Kleben ihrer Reisemarken begannen, machte der so genannte schwarze Freitag an der Börse dem so hoffnungsvoll begonnenen Reisesparen ein plötzliches Ende. Angesichts der allgemeinen Krise waren die Sparkassen nicht mehr an dem kurzfristigen Zwecksparen interessiert, sie stellten ihr Programm ein.

Degeners Reisespar-Idee wird einige Jahre später nicht von ihm, sondern 1933/1934 von der NS-Organisation Kraft durch Freude (siehe Seite 69) verwirklicht. Reisesparen wird in allen größeren Betrieben eingeführt. KdF-Reisemarken werden von Millionen von Arbeitern und Angestellten gesammelt. Die Unternehmen füllen durch eigene Beiträge die Urlaubskassen zusätzlich auf. Die KdF-Reisen des

Nazi-Regimes erweisen sich als erfolgreich. Aber hier handelt es sich um eine andere Art von Sparen, nämlich um Prämiensparen. Durch die eigene Sparleistung konnte man zusätzlich zu Unternehmenszuschüssen für die Urlaubsreisen kommen.

Degener kommt Anfang der 50er Jahre noch einmal auf das Reisesparen zurück. Er fürchtet den Neid der Gewerkschaften angesichts der guten Touropa-Gewinne. Wie sich Jahre später, lange nach seinem Tod herausstellt, war die Sorge nicht unbegründet. Warum sonst hätte der DGB sich 1969 entschlossen, der Bank für Gemeinwirtschaft ein Reiseunternehmen anzugliedern, das unter dem Namen GUT – Gemeinwirtschaftliches Unternehmen für Touristik – immerhin acht Jahre lebte? Jedenfalls gründet Degeners Touropa 1952 die Gemeinschaft für Sozialtouristik und Reisesparen (Gesorei), nach deren Muster eine weitere Reisesparorganisation entsteht, nämlich die Deutsche Feriengemeinschaft. Den Reisesparern beider Organisationen gewähren die Touropa und die von ihr abhängigen Unternehmen bei Einlösung der Reisesparbücher einen Rabatt von fünf Prozent. Aber es funktioniert nicht: Einerseits weckt das Reisesparen nicht im erwarteten Umfang das Interesse des Publikums, andererseits hält es die Gewerkschaften nicht davon *1967* ab, doch noch eigene unternehmerische Erfahrungen auf dem touristischen Gebiet zu sammeln. Die Hummel Reise startet 1967 einen weiteren Versuch mit dem Reisesparen. Gemeinsam mit dem Hamburger Otto-Versand werden Reisen angeboten, die zunächst nur zu 50 Prozent bezahlt werden. Der Rest wird in sechs Monatsraten abgestottert. Auch hier ist das Ergebnis äußerst unbefriedigend.

1990 wirbt ein Reiseveranstalter mit einem hessischen Bankinstitut und einem Versicherungsunternehmen für Reisen zum Jahrtausendwechsel. 52 Silvesterreisen in acht Preiskategorien bis zu 38.000 DM für eine Reise um die Welt werden angeboten. Die Finanzierung soll über einen Sparvertrag mit monatlichen Raten zwischen 50 und 300 DM erfolgen. Auch dieses Projekt scheitert.

Vier Jahre später führen Air Marin und die LTU-Tochter THR gemeinsam mit den Anbietern von Gastarbeiter-Heimflügen ETO und IST das so genannte Holiday Banking unter Einschaltung der Kölner CC Bank ein. Für die Vorfinanzierung des Urlaubs werden 12,9 Prozent Zinsen erhoben. Mittelmeerreisen sollen im Schnitt in 12, Fernreisen in 18 Monatsraten abgezahlt werden. Eine Rückfrage im Herbst 1999 *1999* bei den Reiseveranstaltern ergibt, dass sich auch diese Reisen auf Pump nicht durchgesetzt haben und das Programm nicht fortgesetzt worden ist.

Die Versuche mit dem Reisesparen haben nie zu dem gewünschten Erfolg geführt. Das schließt natürlich nicht aus, dass einzelne Reisen durch einen Kleinkredit, durch Kontoüberziehung oder Kreditkartennutzung finanziert werden. Die Mehrzahl der Bürger legt jedoch regelmäßig Geld zurück für den Urlaub oder zapft ein vorhandenes Sparguthaben an. Das ist auch das Ergebnis einer Umfrage des BAT-Freizeit- Forschungsinstituts vom Frühjahr 1995. Die meisten Bundesbürger verreisen erst, wenn sie das benötigte Geld beisammen haben.

Deutschland als Reiseziel

Die Erkenntnis, dass ausländische Besucher in vielerlei Hinsicht ein Gewinn für Deutschland sein können, führt bereits kurz nach dem Ersten Weltkrieg, im Jahr 1920, zur Gründung der Reichszentrale für Deutsche Verkehrswerbung (RDV). Diese mit öffentlichen Mitteln gespeiste Werbeorganisation für das Reiseland Deutschland wird bei der Deutschen Reichsbahn angesiedelt, weshalb sie im Jahre 1928 in Reichsbahnzentrale für den deutschen Reiseverkehr umgetauft wird. Bis zum Ausbruch des Zweiten Weltkrieges im Jahre 1939 unterhält die RDV rund 40 Werbe- und Auskunftsbüros. Spätestens mit Ende des Krieges 1945 sind alle diese Vertretungen geschlossen.

DZT: Neugründung nach dem Zweiten Weltkrieg

Am 25. Mai 1948 wird im Hotel Römerhof in Wiesbaden eine neue Werbeorganisation für das Reiseland Deutschland gegründet. Ihr Name: Zentrale für Fremdenverkehr (ZFV). Zu den Gründern und Mitgliedern der ZFV im Mai 1948 gehören die folgenden Institutionen: Deutsche Reichsbahn, Deutsche Post, Bund Deutscher Verkehrsverbände, Deutscher Bäderverband, Arbeitsgemeinschaft des Hotel- und Gaststättengewerbes im Vereinigten Wirtschaftsgebiet, Deutsches Reisebüro, Hapag und Norddeutscher Lloyd, Arbeitsgemeinschaft der Kommunalen Spitzenverbände, Arbeitsgemeinschaft der Industrie- und Handelskammern der Vereinigten Wirtschaftsgebiete und die Arbeitsgemeinschaft der Vereinigten öffentlichen Verkehrsbetriebe.

Diese Gründung ist ein großer Fortschritt gegenüber der Vorkriegszeit, denn erstmals ist die Werbung für Deutschland nicht mehr eine bloße Angelegenheit der Bahn, jetzt ist sie eine gemeinsame Aufgabe der deutschen Wirtschaft und der öffentlichen Hand. Aufgabe der ZFV ist es, „der Allgemeinheit auf dem Gebiet des Fremdenverkehrs zu dienen und die Zusammenarbeit der am Reise-, Bäder- und Erholungsverkehr interessierten Behörden, Körperschaften, Verbänden und Vereinigungen in allen Angelegenheiten des Fremdenverkehrs zu pflegen". Insbesondere obliegt der ZFV die Förderung des Ausländerverkehrs und die Fremdenverkehrswerbung für die Bundesrepublik Deutschland einschließlich Westberlin im Ausland.

Gleichberechtigte Vorstandsmitglieder und Geschäftsführer werden Ministerialdirektor Dr. Dr. Hans Baumann, Leiter des Pressedienstes der Deutschen Reichsbahnzentrale für den deutschen Reiseverkehr, und Dr. Robert A. Lingnau, ehemali-

Einer von zwei Geschäftsführern bei der ZFV: Dr. Dr. Hans Baumann.

343

Dr. Robert A. Lingnau ist der zweite Geschäftsführer bei der ZFV.

ger Verkehrsdezernent der Stadt Frankfurt und seit 1947 Geschäftsführer des neu gegründeten Bundes Deutscher Verkehrsverbände. Man beginnt mit 14 Mitarbeitern und bezieht nach einer kurzen Übergangsphase von zwei Monaten in Frankfurt-Sachsenhausen Büroräume in der Beethovenstraße 67, wo die Deutsche Zentrale für Tourismus (DZT), wie sie seit 1972 heißt, bis zum heutigen Tag residiert. Im Jahre 1949, dem ersten vollen Geschäftsjahr, stehen der Zentrale für Fremdenverkehr rund 2,5 Millionen DM zur Verfügung. Als Zuwendungsempfänger von Bundesmitteln ist die ZFV dem Bundesminister für Verkehr zugeordnet.

Einordnung des Tourismus in die Gesamtwirtschaft

In dieser Zuständigkeit wird deutlich, wie der Tourismus in dieser Zeit in der arbeitsteiligen Wirtschaft eingeordnet wird. Der Tourismus, auch die ZFV, hat der Bahn, den Omnibussen, der Schifffahrt und dem Luftverkehr Fahr- beziehungsweise Fluggäste zuzuführen. Das öffentliche Interesse liegt beim Transport. Auch die deutsche Hotellerie mit Hunderttausenden von Arbeitsplätzen spielt bei der Einordnung der deutschen Tourismusbranche zunächst keine entscheidende Rolle. Selbst die Lufthansa erkennt erst in den 90er Jahren, dass der Tourismus ein eigenständiger Wirschaftszweig ist, mit ertragreichen und wichtigen Wertschöpfungsstufen, dessen Bedeutung weit über die eines Zubringers für Fluggesellschaften hinausgeht. Bei der Bundesregierung geht es etwas schneller, es dauert nur 25 Jahre, bis sich die Erkenntnis durchsetzt, dass die Deutsche Zentrale für Tourismus als Wirtschaftsförderungsinstitution nicht in die Zuständigkeit des Verkehrsministeriums gehört.

Urlaubsfreude gibt es schon lange, die Anerkennung für die Tourismusbranche kam später.

Am 1. April 1973 – endlich – wird im Bundesministerium für Wirtschaft eine neue Abteilung eingerichtet, die für alle Fragen des Fremdenverkehrs, für den Verbraucherschutz und für die Filmförderung zuständig ist. Abteilungsleiter wird bei gleichzeitiger Beförderung vom Ministerialdirigenten zum Ministerialdirektor der vom Krieg schwer gezeichnete – er stürzte mit einem brennenden Kampfflugzeug ab – Dr. Ernst von Beauvais.

Wechselnde Chefs

1968

Die Leitung der ZFV geht 1955 zunächst auf Dr. Arnold Staks, ebenfalls von der Bundesbahn kommend, zehn Jahre später – 1965 – auf den von der Lufthansa kommenden Prof. Ernst Kittel und 1968 schließlich auf Oberregierungsrat Günther Spazier über. Der aus dem Hessischen Wirtschaftsministerium stammende Spazier geht mit viel Elan an seine neue Aufgabe heran und will aus dem doch recht starren Beamtenapparat ein bewegliches Werbeunternehmen für Reisen nach Deutschland machen. 1949 und in den Folgejahren war es zunächst darum gegangen, ein positives Bild vom Reiseland Deutschland zu zeichnen. Wegen des gleichzeitigen Aufbaus der Auslandsbüros bleibt für die Werbung aber kaum Geld übrig.

344

Die wenigen verfügbaren Mittel setzt Spazier vorwiegend in den europäischen Ländern ein, aus denen schließlich auch die meisten Besucher kommen. Mit großer Hartnäckigkeit kämpft er dafür, dass Bonn die Zuschüsse erhöht. 1962 sind es gerade einmal 5,5 Millionen DM.

In von Beauvais hat Spazier einen überzeugten und wortgewaltigen Mitstreiter. 1975 sind aus den ursprünglichen sechs Millionen bereits 16 Millionen DM geworden, 1978 sogar 24 Millionen. Spazier kämpft unermüdlich um die Gelder aus Bonn, und man hat manchmal den Eindruck, dass er sich für die Lobbyarbeit in der rheinischen Hauptstadt mehr Zeit nimmt als für die Leitung der Tourismuszentrale. Er ist nicht nur regelmäßig zum Rapport im Wirtschaftsministerium, er kümmert sich auch intensiv um die Bundestagsabgeordneten aller Fraktionen, soweit sie sich mit dem Fremdenverkehr beschäftigen. Besonders wichtig sind die Berichterstatter im Haushaltsausschuss, bei denen letztlich die Entscheidung über die Höhe der Bundeszuschüsse für die Deutsche Zentrale für Tourismus liegt.

1969 wird das Ansehen der DZT durch einen neuen Vorstandsvorsitzenden gestärkt: Dr. h. c. Rudolf Eberhard. Der Präsident der Bayerischen Staatsbank, ehemaliger bayerischer Finanzminister und Präsident des Deutschen Fremdenverkehrsverbandes und des Bayerischen Fremdenverkehrsverbandes, wird oberster Chef der DZT. Der von sich selbst sehr überzeugte Eberhard bezeichnet seine Berufung an die Spitze der DZT selber als eine „Sternstunde für den deutschen Fremdenverkehr". Trotz seiner ausgeprägten Eitelkeit muss Rudolph Eberhard bescheinigt werden, dass er viel zum Ansehen der DZT und des deutschen Fremdenverkehrs beigetragen hat. Kraft seiner Persönlichkeit und seiner politischen Verbindungen genießt er großes Ansehen, und er findet auch überall offene Türen.

Günther Spazier, 1970 vom Oberregierungsrat zum Ministerialrat befördert, schafft sich in Bonn unter den Abgeordneten viele dankbare Freunde, denen er gern mit seinen Verbindungen zu den in Frankfurt ansässigen Fluggesellschaften und ausländischen Touristikvertretungen bei ihren Reiseplänen behilflich ist. Spazier ist ein Geheimtipp in Bonn, und ironisch heißt es gelegentlich, die DZT sei die geheime Reisestelle des Deutschen Bundestages. Aber so manche Gefälligkeit schafft Freunde, die für die DZT bei ihren Anliegen in Bonn wiederum sehr hilfreich sein können. Spazier versteht es, tüchtige Mitarbeiter für die DZT zu gewinnen. So engagiert er 1970 den Redakteur Horst Hachmann von der „Frankfurter Rundschau" und vertraut ihm die Presse- und PR-Arbeit der DZT an. Hachmann verlässt die DZT nach einigen Jahren und wird Chefredakteur der Fachzeitung „Touristik Aktuell" des Jäger Verlages. Er ist ein kritischer, temperamentvoller, streitbarer und gleichzeitig geachteter Fachjournalist. Hachmann stirbt im März 1981 viel zu früh im Alter von 51 Jahren an einer heimtückischen Virusinfektion.

DZT-Werbung für Deutschland als Reiseziel: zwei Plakate von 1961 (oben) und 1980.

1971 kommt es auf Initiative des Deutschen Fremdenverkehrsverbandes (DFV) und mit tatkräftiger Unterstützung der DZT zur Gründung des Deutschen Kongressbüros, das sich bis heute darum bemüht, möglichst viele internationale Kongresse für Deutschland zu gewinnen.

Als stellvertretender Direktor und Mitglied des Vorstandes stößt 1976 Dr. Jochen Martin zur DZT. Er hat nach dem Studium der Rechtswissenschaft zwei Jahre im Bundeswirtschaftsministerium gearbeitet und geht nun gern nach Frankfurt. Er bleibt dort bis 1985 und übernimmt dann für fünf Jahre die Leitung des New Yorker Büros. 1990 tritt Martin die Nachfolge des erfolgreichen und auch im Vorstand des Deutschen Reisebüro-Verbandes (DRV) engagierten Egon Raasch als Geschäftsführer des Reisebüros Rominger in Stuttgart an. Von dieser Position aus kümmert er sich im Auftrag des DRV auch um die Branchenanliegen in der Europäischen Union. 1993 wechselt Jochen Martin zur Messe Berlin, wo er bis 2000 mit seinen nationalen und internationalen Erfahrungen als Geschäftsführer für die ITB und andere Veranstaltungen unter dem Funkturm zuständig ist, bis er im 1. Mai 2000 Hauptgeschäftsführer des Deutschen Reisebüro und Reiseveranstalter Verbandes (DRV) wird.

1990

DZT in der Praxis

Aber zurück zur Deutschen Zentrale für Tourismus. Ihre Aufgaben haben sich im Laufe der Jahrzehnte geändert. 1948, unmittelbar nach dem Ende des Zweiten Weltkrieges, war es notwendig, ein positives Bild vom Reiseland Deutschland zu vermitteln. Das war nicht einfach, denn überall in der Welt war vom zerstörten und hungernden Deutschland die Rede, ganz abgesehen davon, dass die Gräueltaten der Nazi-Zeit unvergessen waren und viele von einem Besuch in Deutschland abhielten. So steht bis in die 60er Jahre für die DZT die Imagewerbung für Deutschland im Vordergrund. Die DZT-Auslandsbüros werden eingerichtet und versorgen das Ausland, das heißt vor allem die ausländischen Reiseveranstalter und Reisebüros, mit praktischen Informationen über die touristische Attraktivität Deutschlands. Der erste Schritt von der Imagewerbung in die Verkaufswerbung wird 1970 mit der Herausgabe des „Sales Guide to Germany" für den nordamerikanischen Markt vollzogen. 1975 gelingt der DZT ein großer Erfolg: Im tourismuspolitischen Schwerpunktprogramm der Bundesregierung, dem die Fraktionen des Deutschen Bundestages einstimmig zustimmen, wird ihr die Aufgabe zugeordnet, insbesondere für die mittelständischen Unternehmen der Fremdenverkehrswirtschaft eine geeignete Marktforschung durchzuführen, das deutsche touristische Angebot einheitlich zu erfassen und aufzubereiten sowie marktgerechte Angebotspakete zu entwickeln.

Die Bundeszuschüsse für die DZT wachsen von circa 16 Millionen DM 1975 auf 24 Millionen 1978 und übersteigen 1979 sogar 29 Millionen DM. Mit den steigenden Mitteln kann sich die DZT auch freier bewegen. So wird die Fachmesse Germany Travel Mart eingeführt, zu der ausländische Reisefachleute nach-

Eine frühe Werbung für Deutschland: Goethes 200. Geburtstag soll gefeiert werden.

Ein altes Logo der Deutschen Zentrale für Tourismus.

Deutschland eingeladen werden, die Zahl der DZT-Seminare im Ausland wird gesteigert, neue Veranstaltungen, wie die Deutsche Woche in Japan, werden aus der Taufe gehoben. Und man erntet Früchte: Die Zahl der ausländischen Besucher steigt. 1980 kommen annähernd zehn Millionen Ausländer in die Bundesrepublik. 1993 geht Günther Spazier in Pension.

1993

Generationswechsel bei der DZT

Schon vor dem Ausscheiden von Günther Spazier finden Veränderungen an der Spitze des Verwaltungsrates der Deutschen Zentrale für Tourismus statt. Der Vorsitz geht 1992 zunächst von Dr. Rudolf Eberhard auf den Lufthansa-Vorstand Hemjö Klein über, der unvorsichtigerweise eine stärkere finanzielle Beteiligung an der DZT ankündigt. Das führt prompt zu einer deutlichen Zurückhaltung der Haushaltsexperten im Deutschen Bundestag. Hans Jakob Kruse, ehemaliger Hapag-Lloyd-Vorstandsvorsitzender, wird vorübergehend Chef der DZT. Er führt das Amt zu überaus geringem Sold, wie er selber immer lächelnd betonte, für eine DM, also ehrenamtlich. 1993 tritt Dr. Erich Kaub, Präsident des Bundesverbandes der Deutschen Tourismuswirtschaft und des Dehoga, des Deutschen Hotel- und Gaststättenverbandes, die Nachfolge von Hemjö Klein an.

Günther Spazier: Engagierter DZT-Geschäftsführer mit guten Kontakten.

Die Leitung der Deutschen Zentrale für Tourismus liegt seit 1995 bei Ursula Schörcher, einer ausgewiesenen Marketing-Expertin, die sich in langen Berufsjahren bei der Deutschen Lufthansa mit Marktforschung und Marketingkonzepten profiliert hat. Ursula Schörcher bringt frischen Wind in die DZT, macht sich mit großem Elan und voll neuer Ideen an die Arbeit. Von der Imagewerbung trennt sie sich, sie stellt die Werbung für das Reiseland Deutschland unter von Jahr zu Jahr wechselnde Themen, vom Deutschland der Reformation über Goethe und Bach, vom Deutschland der Fürsten und Ritter bis zum kulinarischen Deutschland, das mehr als Würstchen und Sauerkraut zu bieten hat. Mit den Themenjahren sind konkrete Angebote gekoppelt. Die Deutschland-Werbung ist auf eine reine Angebotswerbung umgestellt worden. Die Auslandsvertreter der DZT bieten ihren Reiseveranstaltern und Reisebüros sofort verkaufbare Produkte. Das Ergebnis kann sich sehen lassen: Nach einer gewissen Stagnation steigt die Zahl der ausländischen Besucher wieder. Die erfolgreiche Arbeit der DZT wird nicht nur in der Tourismuswirtschaft, sondern auch im Bundeswirtschaftsministerium und im Deutschen Bundestag durch öffentliches Lob und durch Vertragsverlängerung für Ursula Schörcher anerkannt.

Hans Jakob Kruse verdingt sich für eine DM bei der DZT.

Werbung für Urlaub im eigenen Land

1976/77 hatte es schon einmal Bestrebungen gegeben, die DZT mit dem Deutschen Fremdenverkehrsverband und dem Deutschen Bäderverband zusammenzulegen. Nach monatelangen Verhandlungen zwischen Bund und Ländern scheiterte das

Ursula Schörcher leitet seit 1995 die Deutsche Zentrale für Tourismus.

347

1998

Projekt schließlich am Widerspruch Bayerns. Der Gedanke, die Werbung für das Reiseland Deutschland in eine Hand zu legen, kommt aber in den folgenden Jahrzehnten immer wieder hoch. Schließlich ist es so weit: Der Erfolg der DZT unter Ursula Schörcher führt 1998 dazu, dass der DZT auch die Werbung in Deutschland übertragen wird. Jahrzehntelang gestatteten es die Satzung der DZT und die Zweckgebundenheit der Bonner Zuwendungen nicht, dass schöne und aufwändige deutsche Hochglanzbroschüren für den österreichischen und Schweizer Markt auch in Deutschland verwendet wurden. Für eine Werbung im eigenen Land durfte das Geld des Steuerzahlers nicht ausgegeben werden. Theoretisch wäre dafür der DFV zuständig gewesen. Ursula Schörcher hat die Chancen erkannt, die mit der Vermarktung Deutschlands als Ferienziel für Deutsche durch die DZT verbunden sind. Ohne Zweifel wird sie auch auf diesem Gebiet Veränderungen und Verbesserungen durchsetzen und Erfolg haben.

Auslandsbesucher in Deutschland

Jahr	Ankünfte	Übernachtungen	Gästebetriebe
1957	4.600.000	9.300.000	843.500
1960	5.500.000	11.400.000	988.200
1970	7.700.000	16.400.000	1.424.600
1980	9.700.000	22.700.000	2.012.900
1990	15.600.000	34.700.000	1.817.100
1999	16.100.000	35.700.000	2.540.000

Deutscher Tourismusverband

Neuer Auftritt: das Logo des Deutschen Tourismusverbands.

Der DTV – bis 1999 DFV (Deutscher Fremdenverkehrsverband) – fungiert als Lobbyist der deutschen Länder und Regionen am Sitz der Bundesregierung. Für eine Deutschland-Werbung steht dem DTV jedoch kein Geld zur Verfügung. Deshalb sind den Vertretern der deutschen Ferienregionen von vornherein die Flügel beschnitten. Appelle an die Bundesregierung, den Deutschland-Tourismus finanziell zu fördern, scheitern jahrzehntelang, weil innerdeutscher Fremdenverkehr Ländersache ist. Umso erfreulicher, dass 1998 eine gemeinsame Lösung von Bund und Ländern gefunden wird. Trotzdem tut sich der DTV schwer mit einer sinnvollen Eingliederung in die Gemeinschaft der deutschen Tourismusverbände. Die anderen Verbände sind mehrheitlich Vertreter der Wirtschaft, während im DTV Vertreter der Länder, Regionen und Kommunen sitzen, denen nur und ausschließlich ihr eigenes Interesse am Herzen liegt und denen jedes solidarische Engagement für andere touristische Anliegen fremd ist.

348

Seit Ende 1999 ist Dr. Jürgen Linde Präsident des DTV. Linde hat sich in seinen beruflichen Anfängen intensiv mit Tourismus befasst, war zuständig für den Harzer Fremdenverkehrsverband, ging dann in den Bundestag, wo er sich ebenfalls für touristische Anliegen engagierte und ein offenes Ohr auch für Probleme des Auslandstourismus hatte. Er war bis 1999 Chef der brandenburgischen Staatskanzlei und Staatsminister im Kabinett von Manfred Stolpe.

Kur- und Heilbäder

Vom zusätzlichen Engagement der DZT für den Urlaub in Deutschland können auch die deutschen Kur- und Heilbäder profitieren. Es gibt eine wachsende Zahl von Kurorten und Kurhotels, die sich auf den geänderten Markt und damit auf den Privatzahler eingestellt haben. Andere beklagen ihr Schicksal, wie das im Laufe der letzten hundert Jahre eigentlich immer wieder zu beobachten war. Sie rufen nach dem Staat. Der hat zwar den Rückgang im Kur- und Heilbäderwesen durch Reduzierung der Zuschüsse für Kuren ausgelöst, er hilft ihnen aber wenigstens dadurch, dass er mit Zuwendungen an die DZT die Werbung für Kuren und Heilbehandlungen und für den Gesundheitsurlaub in deutschen Bädern unterstützt. Zugleich wächst der Trend zu Gesundheits- und Wellness-Urlaub und bietet den deutschen Heilbädern gute Chancen für eine neue Belebung. Die professionelle Unterstützung durch die Deutsche Zentrale für Tourismus kann dem Verband nur recht sein, der jahrzehntelang stark von den Kurärzten beeinflusst war, die an den Wellness- und Gesundheitsurlaubern nicht sonderlich interessiert waren. Viele dieser Urlauber brauchen nämlich keinen Arzt.

Reisen zur Stärkung
von Geist und
Körper, das ist das
Programm der
Heilbäder. Sie
zeigen, dass Genuss
auch gesund
sein kann.

Hilfsgewerbe des Tourismus: Anbieter von Nebenleistungen

Genau so wie vor dem Krieg Reisebüros und Reiseveranstalter in die Rubrik Hilfsgewerbe des Verkehrs eingruppiert wurden, könnte bei einigen Tätigkeitsgruppen von einem „Hilfsgewerbe des Tourismus" gesprochen werden: elektronische Informations-, Reservierungs- und Verkaufssysteme, Hotelreservierungssysteme, Reiseversicherer, Autovermieter, Vertretungen ausländischer Ferienländer und Touristikunternehmen, Martkforschungsinstitute, PR- und Werbeagenturen, Reisemessen. Der Wettbewerb innerhalb der genannten Gruppen ist bemerkenswert heftig. Er spielt sich bei vielen im Kampf um den Endkunden, den Reisenden, ab, bei anderen um den Vertrieb, das Reisebüro, und mitunter rangelt man sich um beide Gruppen. Die Konkurrenz zwischen den Anbietern elektronischer Informationstechnologie ist vom weiten Vorsprung der Firma Start Amadeus geprägt. Aber andere internationale Systeme, wie etwa Sabre, Galileo, Worldspan, sind auf dem Vormarsch. Die Autovermieter, von denen Avis, Europcar, Hertz und Sixt am bekanntesten sind, überbieten oder unterbieten sich mit immer neuen Sonderpreisen, die aber oft so verklausuliert sind, dass ein Vergleich kaum möglich ist.

Start, das Informations- und Reservierungssystem für die deutsche Reisebranche. Aber wie lange noch?

Während der Tagung des Deutschen Reisebüro-Verbandes im Herbst 1969 in Mainz kommt es zu einer heißen Diskussion zwischen der Lufthansa, der Bundesbahn, der TUI und den drei Reisebüro-Gruppen DER, ABR und Hapag-Lloyd. Wortführer sind Prof. Hans Süssenguth, Vorstandsmitglied der Lufthansa, und Paul Lepach, Geschäftsführer von Hapag-Lloyd Reisebüro. Die Reisebüros verfolgen in dieser Zeit mit Sorge die Entwicklung der elektronischen Reservierungssysteme in den USA. Sie befürchten, dass sie ihre Verkaufsbüros eines Tages in Automatensäle umrüsten müssen. Die internationalen Fluggesellschaften sind nämlich dabei, neue Reservierungssysteme zu entwickeln, wobei jedes Unternehmen seine eigenen Wege geht. Das gilt in Deutschland auch für die Reiseveranstalter wie die TUI und für die Bahn.

Aber die sechs Vordenker in Mainz kommen zu der Erkenntnis, dass ein abgestimmtes und weitgehend standardisiertes Vertriebssystem vernünftig und auch

Paul Lepach: Er kämpft mit Erfolg für die Einführung von Start.

Dr. Jürgen Bommer wird von der Lufthansa für die Start-Geschäftsführung nominiert.

für die Leistungsanbieter Kosten sparend wäre. Deshalb beschließen sie, ein gemeinsames Vorgehen in einer Arbeitsgruppe vorzubereiten. Anfang 1971 kommt es zur Gründung der Studiengesellschaft zur Automatisierung für Reise und Touristik mbH – Start, an der die drei Leistungsträger je 25 Prozent und die drei Reisebüro-Ketten gemeinsam ebenfalls 25 Prozent halten. Sowohl die Lufthansa als auch die Bundesbahn sollen je einen Geschäftsführer stellen. Die Lufthansa meldet Dr. Jürgen Bommer, der für die strategischen und technischen Aufgaben zuständig wird. Die Bahn will zwar auch mitreden, kann aber niemanden zur Verfügung stellen. Dafür springt das DER ein, das Diplom-Kaufmann Hermann J.-F. Sturm abstellt. Sturm wird verantwortlich für alle kaufmännischen Fragen. Er war bisher Leiter der volkswirtschaftlichen Abteilung in der Direktion des Deutschen Reisebüros in Frankfurt am Main.

Jürgen Bommer hat an der Technischen Universität in Berlin bis 1963 Flugtechnik studiert und 1967 mit einer Arbeit über Raumfahrttechnik promoviert. Während seiner vierjährigen Assistentenzeit am Berliner Institut für Raumfahrttechnik lernt er Lufthansa-Verkaufsvorstand Prof. Hans Süssenguth kennen, der Vorlesungen an der TU hält. Bommer ist zwar 1968 noch ein gutes Jahr Geschäftsführer des Zentrums Berlin für Zukunftsforschung eV, aber es zieht ihn in die Wirtschaft, und Süssenguth hilft ihm dabei. Seit 1969 ist Bommer Lufthansa-EDV-Beauftragter für den Bereich Marketing, Verkehr und Außenorganisation.

Groß und klobig, aber unverkennbar ein Schritt in die neue Zeit: Ein Terminal, mit der sich die Reisebüros in den 70er Jahren aus- und aufrüsteten.

Im Jahr 1976 sind die Vorbereitungsarbeiten beendet, und es kommt zur Umwandlung der Studiengesellschaft in die Betriebsgesellschaft Start-Datentechnik für Reise und Touristik GmbH. Geschäftsführer bleiben Dr. Jürgen Bommer und Hermann Sturm. Konsequenterweise hätte beim Wechsel der Studiengesellschaft in die Betriebsgesellschaft der neue Firmenname Bart lauten müssen. Aber Start macht sich natürlich besser, man behält den Namen bei. Die Kernaufgaben von Start sind relativ leicht zu beschreiben, die Realisierung sieht aber anders aus. Es geht darum, die Reservierungssysteme der drei Leistungsträger zu systematisieren, in einem Verteilerrechner zusammenzuschalten und für den Vertrieb aufzubereiten. Für die Reisebüros muss ein so genannter Reisebüro-Modus geschaffen werden. Dazu gehören das Ausdrucken von Flug- und Bahnfahrkarten, von Reisebestätigungen, die Erstellung der Rechnung oder des Kassenzettels, die Sammlung und Aufbereitung der angefallenen Daten und die Abrechnung mit dem Leistungsanbieter. Alles das ist für die Reisebüros nur nutzbar, wenn sie über entsprechende Terminals verfügen. Hier liegt eine weitere große Aufgabe von Start: Die Entwicklung und Beschaffung der für die Reisebüros notwendigen Geräte.

Die technischen Arbeiten schreiten zügig voran, aber es stellt sich bald heraus, dass mit dem geplanten Universalsystem viele Probleme verbunden sind. Da ist beispielsweise die Frage der Kostenverteilung. Was zahlen die Anbieter von Dienstleistungen, und welcher Anteil entfällt auf die Nutzer, also die Reisebüros? Wie sieht es mit den Kosten für die Datenleitungen aus, die von der Bundespost zur Verfügung gestellt werden? Ganz Deulschland wird für das Start-System erschlossen. Über eine Reihe von Knotenpunkten gibt es Start-Leitungen bis in den letzten Winkel Deutschlands. Sollen die Kosten aufwandgerecht verteilt werden? Das würde bedeuten, dass ein Reisebüro an der deutschen Nordseeküste oder in den bayerischen Alpen eine höhere Start-Miete zu tragen hätte als ein Reisebüro in Frankfurt, das nur wenige Kilometer vom Start-Rechner entfernt ist. Weitere Probleme ergeben sich, weil nicht alle Reisebüros in vollem Umfange vom Start-Leistungsumfang Gebrauch machen können. Reisebüros ohne Lufthansa-Vertretung, ohne DB-/DER-Lizenz oder ohne TUI-Agentur brauchen keinen Universalanschluss. Jedes Reisebüros braucht jedoch wenigstens ein Terminal und den Reisebüro-Modus.

Diskussionen ergeben sich im Laufe der Jahre über das Grundverständnis der Start-Gesellschafter Lufthansa, DB und TUI. Diesen ist zugestanden worden, dass jeder allein über Änderungen oder Ausweitungen der Start-Leistungen in seinem speziellen Sektor entscheiden kann. Die Lufthansa entscheidet also über die Frage, ob auch andere Fluggesellschaften ihre Systeme über Start buchbar machen dürfen, die TUI tut das analog auf dem Veranstaltungssektor.

Die drei Reisebüro-Gesellschafter sind als Start-Gesellschafter nicht in der Lage, die vielfältigen Probleme der Start-Mieter mit Start auszutragen. Daher kommt es 1977 zur Gründung eines Start-Nutzerbeirats, dessen Vorsitz Josef Broer-

Ein Logo im Wandel der Zeit.

1977

353

Rudi Hardell vertritt
die Interessen
der Start-Mieter.

mann aus Freudenstadt übertragen wird. Broermann hat sich seit 1964 als kämpferischer und erfolgreicher Vorsitzender der deutschen DER-Vertretungen einen Namen gemacht. Er vertritt die Interessen der Start-Mieter bis zum Herbst 1982. Dann tritt Rudi Hardell, ein EDV-Freak und erfolgreicher Reisebüro-Unternehmer (Reisebüro Spandau), seine Nachfolge an.

Zwischen Nutzerbeirat und der Start-Geschäftsführung werden die Höhe der Mieten, Vertragsdauer, Kündigungsfristen, aber auch Haftungsfragen für die Leistungen der Anbieter und für gelegentliche Systemausfälle ausgehandelt. Angesichts vielfältiger Probleme sowohl zwischen Start und den Reisebüros als auch zwischen den Start-Gesellschaftern kommt dem jeweiligen Vorsitzenden des Start-Verwaltungsbeirats eine besonders verantwortungsvolle Rolle zu. Ob es Friedrich Jacobs vom DER, Hemjö Klein von der DB, später von LH, Hans-Herrmann Reschke, DB, oder Dr. Gerhard Heine von der TUI ist, sie alle haben ihren Anteil an der erfolgreichen Entwicklung des Unternehmens, denn sie haben das Wohl von Start über die Interessen der eigenen Firma gestellt.

Im Jahre 1981 kommt es zu einer Krise. Die TUI plant ein eigenes Reservierungssystem und die Einführung eigener Terminals und Drucker. Die Kosten für die TUI-Agenten sollen um rund 70 Prozent unter dem Start-Mietpreis liegen. Bei den TUI-Überlegungen spielt insbesondere die Erkenntnis eine Rolle, dass das Bundeskartellamt das Start-System als Closed Shop, also nicht zugänglich für andere Anbieter, auf Dauer nicht hinnehmen wird. Irgendwann wird es eine Auflage geben, dass sich Start auch für andere Reiseveranstalter öffnen muss. Dieses Problem würde sich nicht stellen, wenn die TUI ihr eigenes System hätte. Die TUI kann zwar von ihrem Alleingang abgebracht werden, aber das Grundproblem wird zum Dauerbrenner. Irgendwann will auch die Bahn eigene Wege gehen, was ebenfalls verhindert werden kann.

Technischer
Fortschritt: Nur
wenige Jahre
liegen zwischen
den Geräten, aber
technologisch
sind sie meilen-
weit voneinander
entfernt.

Schließlich aber erwischt es die Lufthansa besonders hart. Nach heftigen Auseinandersetzungen mit dem DRV akzeptiert die Lufthansa, dass auf dem Start-Drucker auch Flugscheine anderer Fluggesellschaften ausgedruckt werden. Die Auseinandersetzung um diese Verbandsforderung („Start-Drucker als Schreibmaschine benutzen") wird zu einem persönlichen Machtkampf zwischen dem DRV-Präsidenten Otto Schneider und Lufthansa-Verkaufsvorstand Prof. Günther Eser, der dem Druck schließlich nachgeben muss. Die ursprüngliche Vorstellung der Start-Gesellschafter, ein Instrument nur für das eigene Unternehmen und damit einen entscheidenden Wettbewerbsvorteil zu haben, stellt sich als nicht realisierbar heraus. Die Öffnung des Systems für Konkurrenten der Lufthansa und der TUI ist nicht mehr zu vermeiden.

1987

Im Jahr 1987 gründet die Lufthansa gemeinsam mit Air France, Iberia und SAS in Madrid das elektronische Reservierungs- und Vertriebssystem Amadeus, das weltweit tätig werden soll. Obwohl die Aufgabenstellung eine andere ist – Start

354

soll nur eine Vermittlerfunktion zu den Systemen ausüben – ist eine Interessen-kollision bei der Lufthansa vorhersehbar. Diese wiederum muss irgendwann auch zu Spannungen innerhalb des Start-Gesellschafterkreises führen.

Bei Start scheiden 1990 die drei Reisebüro-Gesellschafter aus, nachdem sie festgestellt haben, dass sie keinen Einfluss mehr auf das Unternehmen ausüben können. Die Interessen der verbleibenden Gesellschafter laufen in den Folgejahren auseinander und führen schließlich dazu, dass die TUI 1996 ihre Start-Anteile (33,3 Prozent) an die Lufthansa verkauft. Die Bahn folgt ihrem Beispiel.

1996

Dafür beteiligt sich Amadeus an Start mit 34 Prozent, womit das zweigleisige Engagement der Lufthansa in Madrid und Frankfurt trotzdem kein Ende findet. Der Aktionsradius von Start wird auf Deutschland beschränkt. Die Auslandstöchter in Budapest, Wien, Athen, Istanbul und Warschau werden an Amadeus abgegeben. Dr. Jürgen Bommer, dessen Know-how und einfühlsames Erläutern in die nicht immer einfache Materie die Branche jahrelang begleitet hat, und Hermann Sturm schei-den 1996 aus der Start-Geschäftsführung aus. Nachfolger ist Jürgen Büchy von der Lufthansa als Sprecher der Geschäftsführung der Start-Holding. Im Jahr 2000 wechselt Büchy zur Deutschen Bahn. Neuer Sprecher der Start-Geschäftsführung wird Dr. Raoul Hille. Karl Rütter ist schon 1991 bei Schaffung der Start-Holding von der TUI zu Start gekommen. Einen Start-Nutzerbeirat gibt es immer noch, aber über Preise und Konditionen wird nur noch selten verhandelt. Inzwischen geht es mehr um den Austausch von Erfahrungen auf beiden Seiten.

Aus dem Unternehmen Start als einem brancheninternen Informations-, Reservierungs- und Vertriebssystem von Leistungsanbietern für die Reisebüros ist ein Dienstleister im Bereich der Informationstechnologie geworden, der zwar erfolgreich mit den deutschen Reisebüros zusammenarbeitet, sich aber gleichzei-tig alle Türen offen hält, um auch mit dem Endverbraucher direkt zu kommunizie-ren. Das Start-Leistungspaket bietet mehr als die ursprünglichen Funktionen. Es hat sich auf weitere Gebiete wie etwa die Verwaltung und den Verkauf von Ein-trittskarten zu Theateraufführungen, Konzerten und Fußballspielen ausgedehnt.

Der gewerbliche Start-Nutzer hat das hingenommen, was blieb ihm auch anderes übrig. Der weltweite Wettbewerb auf dem Gebiet der Informationstech-nologie und das Auftreten potenter ausländischer Mitbewerber auf dem deut-schen Markt haben die Start-Verantwortlichen in den Zwang zu ständiger Kreati-vität versetzt. Das Kind der drei Leistungsträger und drei Reisebüro-Ketten ist erwachsen geworden, hat sich selbstständig gemacht und geht selbstbewusst sei-nen eigenen Weg.

355

„Macht nichts, ich bin ja versichert"

Die im Reisegeschäft tätigen Versicherungsgesellschaften haben unter den „Zulieferern" des deutschen Tourismus die längste Tradition. Schon für die relativ unbequemen Reisen mit der Postkutsche im 19. Jahrhundert gab es eine Versicherung gegen Überfälle. Das Überfallrisiko ist am Ende des 20. Jahrhunderts wahrscheinlich geringer als 100 Jahre zuvor.

Die Europäische – von Anfang an dabei

Die Europäische: Nach wie vor Marktführer unter den Reiseversicherungen.

1912

Der Senior und Marktführer unter den deutschen Reiseversicherern ist die Europäische, deren Anfänge auf das Jahr 1907 zurückgehen. In diesem Jahr gründet Max von Engel in Budapest – damals ungarische Hauptstadt der Donaumonarchie Österreich-Ungarn – mit massiver Unterstützung der Münchener Rückversicherungsgesellschaft eine Reiseversicherungsgesellschaft. Zweigniederlassungen werden in Berlin, Mailand, Sarajewo, eine Generalrepräsentanz wird in Monaco eingerichtet. Fünf Jahre später, im Jahr 1912, wird ein Vertrag mit den deutschen Eisenbahnen geschlossen, der prinzipiell bis zum Ende des Jahrhunderts hält. Nach dem ersten Weltkrieg wird die Niederlassung in Berlin eine eigenständige Gesellschaft. 90 Prozent des Kapitals stellt die Münchener Rück. Die ausländischen Zweigniederlassungen werden ebenfalls in eigenständige Gesellschaften umgewandelt. 1925 existieren 19 Europäische-Gesellschaften unter der Führung des weiterhin in Budapest ansässigen Unternehmens, 1928 sind daraus 22 Firmen geworden. Die Münchner Rück ist Hauptaktionär und Rückversicherer.

Diese erfreuliche internationale Firmengeschichte findet 1945 mit dem Ende des Zweiten Weltkrieges ein vorläufiges Ende. In den osteuropäischen Ländern werden die Gesellschaften der Europäischen aufgelöst, die westeuropäischen Gesellschaften landen bei einheimischen Unternehmen beziehungsweise Aktionären und werden teilweise unter dem alten Namen fortgeführt. Nur in Deutschland lebt die Europäische unter den bisherigen Eigentumsverhältnissen weiter.

Nach der Währungsreform im Jahre 1948 und der wieder erwachenden Reiselust der Deutschen wachsen auch die Chancen der Europäischen, die ihren offiziellen Firmensitz in Berlin und in München hat, das Geschäft aber über ihre Zweigniederlassung in Köln betreibt. Die Kunden sind weiterhin die Bahn, die an ihren Schaltern auf sämtlichen deutschen Bahnhöfen die Versicherungspolicen verkauft, und die deutschen Reisebüros. Unter diesen spielt das Deutsche Reisebüro (DER) eine besondere Rolle. Sie schließt mit der Europäischen einen Generalagenturvertrag und erklärt die Versicherungspolicen der Europäischen zu einem DER-Wert.

356

Die DER-Agenturen sind vertraglich verpflichtet, keine Konkurrenzprodukte zu verkaufen, und rechnen nicht mit der Versicherung, sondern mit dem DER ab. Im Laufe der zunehmenden Liberalisierung werden solche Konkurrenz-Ausschlussklauseln natürlich vom Kartellamt beanstandet und schließlich vom DER gestrichen.

Die Verbindung zum DER und zum Hapag-Lloyd Reisebüro, dessen Reedereimütter mit der Europäischen seit Firmengründung zusammenarbeiten, bringt die Gesellschaft fast automatisch ins Geschäft mit der Touropa und später mit der TUI. Mit wachsendem touristischen Aufkommen und der Entwicklung der Marktführer wächst auch die Europäische. Sie baut ihre Produktpalette unter Leitung des kontaktfreudigen Wilfried Dreischmeier kontinuierlich aus und führt 1974 zum Beispiel die Sparte Autoreisezug-, Fähr- und die Reisehaftpflichtversicherung ein. 1977 folgt das Rundum-Sorglos-Paket, 1988 das Rat-+-Tat-Paket. Die Trennung vom Firmensitz in der Nähe der großen Mutter Münchener Rück und der Verkaufszentrale in Köln wird 1978 durch Verlegung der Verkaufsabteilung nach München beendet. Das Privileg der engen Zusammenarbeit mit der TUI und ihren Vorgängergesellschaften, mit dem DER und mit Hapag-Lloyd ist gleichzeitig eine offene Flanke für die Konkurrenten. Die heutigen Vorstandsmitglieder Dr. Jürgen Sabaß an der Spitze und Dr. Adrian von Dörnberg als Marketing- und Verkaufsexperte sind erfolgreich dabei, ihren Marktanteil zu vergrößern. Sie sind würdige Nachfolger der früheren Unternehmenschefs Voll und Dreischmeier sowie des Verkaufsvorstands Wolfgang Richter, der 1998 aus dem Unternehmen ausschied. Der Vollständigkeit halber sei hinzugefügt, dass die Versicherung seit 1992 wieder dabei ist, ein europäisches Netz zu spannen. Das geschieht teilweise durch Schulterschluss mit den europäischen Schwestern, den früheren Tochtergesellschaften, durch Kauf und durch Beteiligung an „fremden" Versicherungsgesellschaften im europäischen Ausland, so dass die Europäische heute wieder zu Recht ihren Namen trägt.

1974

Wo viel Gepäck zusammenkommt, steigt das Diebstahlrisiko. Sicherheit schafft nur eine gute Versicherung.

357

Die Elvia als Alternative

Seit 1956 ein erfolg-
reicher Konkurrent.

Die Schweizer Versicherungsgesellschaft Elvia kommt 1956 auf den deutschen Markt. Ihr deutscher Generalvertreter in München, Fritz Dohmann, gewinnt Neckermann und ITS/Kaufhof als wichtige Kunden und versteht es mit seiner persönlichen Ausstrahlung von Vertrauen und Sympathie bei den freien Reisebüros, die nicht durch die DER-Vertretung an die Europäische gebunden sind, ins Geschäft zu kommen. Fritz Dohmann, von Hause aus Jurist, gelingt es, auch zu seinen Wettbewerbern ein gutes menschliches Verhältnis herzustellen. Dohmann ist überdies bei der FDP engagiert und jahrelang Schatzmeister der bayerischen Liberalen. Mit seinen guten Beziehungen stellt er manche wichtigen Kontakte zwischen Bundestagsabgeordneten, EU-Abgeordneten und Ministern und dem Deutschen Reisebüro-Verband her, was sich für den Dialog zwischen der Reisebranche und der Politik als außerordentlich nützlich erweist. 1986 geht Fritz Dohmann mit 65 Jahren in Pension. Sein Nachfolger ist der ideenreiche und kontaktfreudige Dr. Alois Weber.

TAS ärgert die anderen

Erst 20 Jahre nach dem Erscheinen der Elvia auf dem deutschen Markt meldet sich als weiterer Konkurrent ein Versicherungsmakler unter dem Firmennamen TAS (Touristik Assekuranz Service) – sehr zum Ärger der Versicherungsgesellschaften. Einen Makler, der sich seine Versicherer suchen muss, die ihn angeblich schnell wieder verlassen, wenn die Schäden zu teuer werden, will man nicht als vollwertigen Konkurrenten anerkennen. Die TAS unter Leitung des cleveren Lothar Rehme hält die Branche aber in Atem. Sie denkt nicht in eingefahrenen Systemen, ist unabhängig und einfallsreich. Die TAS beginnt mit einer Spezialversicherung für Reisebüros, bündelt die dort notwendigen Sachversicherungen zu einem Paket, bietet Schutz gegen Flugzeugentführungen und versichert auch die Rückführungskosten von Touristen etwa im Falle von Krieg oder Aufruhr. Lothar Rehme fällt immer wieder etwas Neues ein. Die Europäische reagiert und macht das, was viele machen, wenn sie genug Geld haben und ein Wettbewerber zu unbequem wird: Sie kauft ihn auf. Das geschieht 1989. Seitdem ist Ruhe an der Front. Und die TAS wird die Geheimwaffe der Europäischen. Sie springt ein, wenn die Europäische es für besser hält, sich zurückzuhalten.

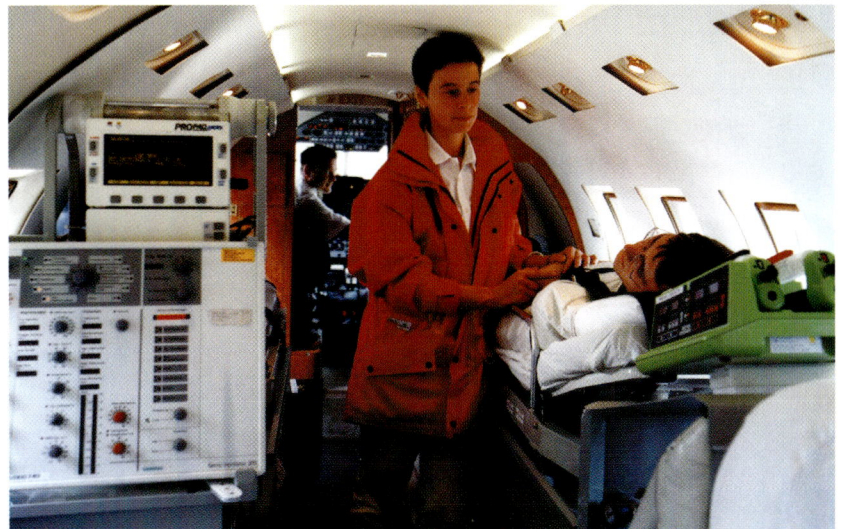

Wer per Jet krank aus dem Urlaub zurücktransportiert werden muss, den erwarten horrende Rechnungen. Gut, wenn eine Versicherung die Kosten trägt.

Hanse Merkur, der Maßschneider

Als letzter ernst zu nehmender Mitbewerber im Versicherungssektor kommt 1977 die Hanse Merkur Reiseversicherungs AG auf den Markt, die sich auf die kleinen und mittelgroßen Reiseveranstalter spezialisiert hat. Sie hat sich zur Nummer drei unter den Reiseversicherungen emporgearbeitet und betont ihre Flexibilität hinsichtlich maßgeschneiderter Angebote für spezielle Zielgruppen. Durch diese Flexibilität hat sie in der Bustouristik einen Marktanteil von 35 Prozent erreicht. Im Gegensatz zu ihren großen Mitbewerbern Europäische und Elvia unterhält Hanse Merkur ein Vertriebsnetz von 400 Außendienstmitarbeitern, die einen engen Kontakt zu ihren Veranstalter-Kunden halten.

Noch neu auf dem Markt, aber schon ernst zu nehmen.

359

Willy Scharnow-Stiftung

Willy Scharnow, der Gründer des gleichnamigen Reiseunternehmens und auch einer der Gründer der TUI und ihr erster Aufsichtsratvorsitzender, hat sich ein Denkmal gesetzt. Scharnow war in der Bremer Speditions- und Schifffahrtsbranche tätig und gründet mit 28 Jahren im Jahr 1925 ein Reise- büro, das er zunächst als Ein-Mann-Büro betreibt. Als sich erste Erfolge einstellen, sucht er Personal mit fachlicher Qualifikation. Aber in den 20er Jahren gibt es noch kein Berufsbild Reiseverkehrskaufmann, keine Aus- und Weiterbildungsangebote für Lehrlinge in Reisebüros, auch keine Fachliteratur, keine Lehrstoffhefte. Schon damals befasst sich der junge Willy Scharnow erstmals mit der Idee, etwas für den Nachwuchs in der noch jungen Reisebranche zu tun, ihm bessere Chancen zu ver- schaffen.

Der Preis, den die Willy Scharnow- Stiftung vergibt, zeichnet jene aus, die sich um verbesserte Aus- bildung im Tourismusgewerbe verdient gemacht haben.

Der Zweite Weltkrieg unterbindet zunächst sein Bemühen. Seine Erfahrungen und sein Entschluss, etwas für die berufliche Bildung junger Leute in der Reise- branche beizutragen, veranlassen ihn im April 1953, die Stiftung für internationale Länderkenntnis der Jugend ins Leben zu rufen. Seitdem werden jedes Jahr im Rah- men der Mitgliederversammlung des DRV Gelder für die Stiftung gesammelt. Die Spendenaufrufe sind erfolgreich; aus kleinen und großen Beiträgen kommen im Laufe der Jahre an die fünf Millionen DM zusammen, mehr als die Hälfte dieses Betrages stammt von Willy Scharnow persönlich und von seiner Frau Erika. Seit 1966 ist der Name des Gründers in die Stiftungsbezeichnung aufgenommen, so dass der Name der Stiftung nun Willy Scharnow-Stiftung für internationale Länder- kenntnis der Jugend lautet. Ziel ist es, aufgeschlossenen jungen Menschen in ihrer beruflichen Qualifikation durch Fort- und Weiterbildungsangebote zu helfen, Völ- kerverständigung und internationale Gesinnung zu fördern und den weltweiten Tourismus als Brücke für fremde Menschen und Kulturen zu nutzen.

Willy Scharnow begleitet sein Lebenswerk bis zu seinem Tod im Jahre 1985 mit Herz und Verstand, mit seiner Stiftung, seinen Ideen, seinem Durchsetzungsver- mögen und seinen großzügigen finanziellen Zuwendungen setzt er sich ein blei- bendes Denkmal. Der Stiftungszweck wird im Laufe der Jahre über die internatio- nale Länderkenntnis der Jugend hinaus erweitert. In diesem Zusammenhang wird auch der Name noch einmal geändert. Heute lautet er Willy Scharnow-Stiftung. Die Stiftung führt länderkundliche Seminare durch, gewährt Fortbildungsbeihilfen in Form von Auslandsstipendien, vergibt Prämien und Preise für besondere Lei- stungen und Verdienste im Sinne der Stiftungsziele und unterstützt Wettbewerbe und wichtige Forschungsaufträge.

Über drei Millionen DM Stiftungskapital ermöglichen heute durch die dem Verfügungsfonds zufließenden Zinsen die Arbeit der Willy Scharnow-Stiftung. Sie ist seit 1959 gemeinnützig, so dass auch die Zuwendungen von Spendern an die Stiftung steuerbegünstigt sind. Die Stiftung unterliegt der staatlichen Stiftungsaufsicht. In dem Maße, wie die Bedeutung der Touristikwirtschaft zunimmt, wachsen die Aufgaben der Stiftung.

Die Stiftung wird vertreten durch ein ehrenamtliches Kuratorium, das die Aufgaben wiederum durch eine Geschäftsführung wahrnehmen lässt. Langjähriger Geschäftsführer der Willy Scharnow-Stiftung war der Hauptgeschäftsführer des Deutschen Reisebüro-Verbandes, Dr. Heinz Klatt. Nach dessen Pensionierung übernahm Burkhard Nipper die Geschäftsführung, der wiederum vom ehemaligen Geschäftsführer von Airtours international, Ewald Vollrath, abgelöst worden ist. Vollrath hat sich im Jahr 2000 in den Ruhestand verabschiedet. Sein Nachfolger ist Wolfgang Blaschke, langjähriger Geschäftsführer der Thomas-Cook-Reisebüros und mit der TUI durch einen Beratervertrag weiterhin verbunden. Vorsitzender des Kuratoriums ist Günther Kahn, der es seit Jahren mit viel Geschick verstanden hat, führende Persönlichkeiten und Vertreter wichtiger Reiseunternehmen in diesem Entscheidungsgremium der Stiftung zusammenzuführen.

2000

Im Sinne von Willy Scharnow wird inzwischen auch die Arbeit des Fremdenverkehrswissenschaftlichen Institutes an der Freien Universität in Berlin durch einen jährlichen Zuschuss unterstützt. Das Institut hat sich dadurch personell erweitern können. Es trägt inzwischen den Namen Willy Scharnow-Institut für Fremdenverkehr.

Willy Scharnow, einer der Großen der Branche, befasst sich schon früh mit den Ausbildungsbedingungen für die Mitarbeiter in den Reisebüros.

ITB – die größte Show der Welt

Unterm Berliner Funkturm, mitten im Spannungsfeld zwischen Ost und West, wird 1966 das Samenkorn zur größten Reisemesse der Welt gelegt. Ihre Gründer sind kluge Leute, aber ob sie wirklich vorausahnen, dass sie mit dieser kleinen Berliner Pflanze ein gigantisches Unternehmen in Gang setzen, ist kaum vorstellbar.

Die Schaffung einer Reiseausstellung – und dies gerade in Berlin – liegt auf der Hand. Die Deutschen haben rund 20 Jahre nach dem Zweiten Weltkrieg das Reisen zu ihrem liebsten Hobby erkoren, die Berliner, seit 1961 eingeschlossen hinter Mauern, waren schon immer reisefreudig, und nun sind sie es ganz besonders.

Blickt man zurück zu den Anfangszeiten und blättert auch in der Jubiläumsschrift zum 25-jährigen Bestehen der ITB im Jahre 1991, dann wird offensichtlich, dass von Anfang an nicht nur eine Ausstellung, sondern auch der Gedankenaustausch unter Touristikexperten angestrebt ist. Die ITB sollte von Anfang an ein Forum für geschäftliche Kontakte bieten. Das natürlich trägt die Handschrift des „Erfinders" der ITB, Prof. Dr. Manfred Busche. Busche, zuvor stellvertretender Leiter des Deutschen Kulturinstituts in Kairo (zum Goethe-Institut gehörend), tritt 1965 in die Dienste der Messe. 1966 wird er Prokurist und 1969 Geschäftsführer des Ausstellungsdienstes Berlin (ADB), der 1971 in AMK Berlin (Ausstellung-Messe-Kongress GmbH) umbenannt wird. Im Juli 1993 erfolgt eine erneute Umbenennung in Messe Berlin GmbH. Von 1987 bis Juni 1999, bis zu seinem altersbedingten Ausscheiden, leitet Manfred Busche das Unternehmen als Vorsitzender der Geschäftsführung.

Die „1. Börse des Tourismus" wird im Jahr 1966 also bereits begleitet von einem Seminar mit dem passenden Thema „Neue Urlaubsziele in drei Kontinenten". Es findet in der Kongresshalle, der von den Berlinern bezeichneten „Schwangeren Auster" im Tiergarten, statt, wird später auf die Messe verlegt und kann ab 1980 in das 1979 eröffnete elegante ICC einziehen. Mit dem ICC landet die Stadt Berlin für die Messe einen Volltreffer. Diese erste ITB findet mit neun Ständen auf 580 Quadratmetern Unterschlupf auf der Überseemesse „Partner des Fortschritts" (damals noch 5. Importausstellung) statt. Die ersten Ausstellerländer sind Ägypten, Brasilien, die Bundesrepublik Deutschland, Guinea und der Irak, und es kommen 200 Fachbesucher aus 30 Nationen – und jeder fragt sich, ob diese Unternehmung jemals eine Fortsetzung finden wird. Viel Aufhebens macht diese erste ITB jedenfalls nicht von sich.

Im Jahr 1968 wird ein entscheidender Schritt getan: Die ITB findet nun im Frühjahr statt, wodurch ein Jahressprung eintritt. Das Frühjahr als Messetermin ist festgeschrieben. 1969 ist die ITB bereits eine eigenständige Messe, findet aber noch bis 1980 parallel zur Boots-, Sport- und Freizeitausstellung statt. Von da ab kann sie

Von 1966 bis heute hat sich die ITB zum größten Reisemarkt der Welt entwickelt.

dann aber alles ganz alleine. In diesem zweiten ITB-Jahr kommen bereits 65 Aussteller und 1250 Fachbesucher sowie 123.500 Berliner. Die Publikumszahlen – zumeist sind es natürlich die Berliner selbst – werden später aus unterschiedlichsten Gründen zurückgehen, nicht zuletzt weil die ITB inzwischen von einst neun Tagen auf heute fünf verkürzt ist, von denen seit 1999 wiederum allein zwei Tage den Fachbesuchern vorbehalten sind. Dabei verliert die Messe Eintrittsgelder, beweist aber auch ihr Bekenntnis zur ITB als Fachmesse.

Schon 1968 wird der ITB-Beirat gegründet, dessen erster Vorsitzender der Geschäftsführer der Deutschen Zentrale für Fremdenverkehr (heute DZT), Günther Spazier, ist. 30 Jahre später steht die derzeitige DZT-Chefin, Ursula Schörcher, diesem Beirat erneut vor. Wenige Monate darauf (1969) entsteht das ITB-Kuratorium, in dem die ausländische Tourismuselite Platz nimmt, ihr Vorsitzender ist allerdings traditionell der Präsident des Deutschen Reisebüro-Verbandes (DRV). Erstmals ist dies Waldemar Fast, der Hamburger Grandseigneur der Reisebranche. Das Kuratorium hat zwar nicht viel zu sagen, tagt auch nie, aber die ITB kann sich mit den wohlklingenden Namen schmücken, während den Mitgliedern die Berufung zur Ehre gereicht. Erst viel später wird man mehr darauf achten, wer von den internationalen (oder auch deutschen) Reisefürsten wo Stellung bezieht, als andere große Tourismusmessen entstehen. Zwar gibt es in den Folgejahren immer wieder Unken, die der ITB den dauerhaften Erfolg gegenüber dem einen oder anderen aufstrebenden Wettbewerber (etwa der WTM in London oder die BIT in Mailand) absprechen, die Fachausrichtung der ITB erreichen andere aber nie, und größer

Erlangt als Chef der Messe Berlin internationale Reputation: Dr. Manfred Busche
1969

Große Abschlussfeier für ein großes Ereignis: Die ITB 2000 schließt mit am 15. März mit einem Konzert der Arena di Verona.

Im Umfeld der ITB suchen Touristik-Unternehmen ihre Auftrittsforen; so wie hier die TUI mit dem Umweltforum. Refernt ist TUI-Chef Dr. Ralf Corsten.

werden sie auch nicht. „See you at ITB in Berlin" ist sehr bald das weltweite Motto. Auch die anderen deutschen Reisemessen, die in den Jahren nach der ITB-Gründung entstehen, verstehen sehr schnell, dass sie der ITB besser nicht Konkurrenz machen und dass ihre Stärke in der Erfüllung des Informationsbedürfnisses ihrer regionalen Märkte liegt.

Mit der ITB geht es rasant weiter. 1969 erhält sie ihren endgültigen Namen Internationale Tourismusbörse ITB Berlin, die Abkürzung ITB bürgert sich allerdings erst Ende der 70er Jahre ein. Die Touristiker aus aller Welt strömen jedes Frühjahr nach Berlin, und jedes Jahr wächst die Zahl neuer Länder und Unternehmen, die als Aussteller gewonnen werden können. Heute fragt man sich gelegentlich, wo die Inseln eigentlich liegen, die als neuer Aussteller oder auch als Abgang genannt werden.

Stolz ist man auch auf die wachsende Beteiligung internationaler Organisationen und klingender Namen, die da nicht mehr beiseite stehen wollen. 1971 beehren der Präsident des internationalen Reisebüroverbandes UFTAA, Gunnar von Haartmann, der Generaldirektor der Tourismusorganisation der asiatisch-pazifischen Länder (Pata), Marvin Plake, und der Präsident des Staatsrates für Tourismus und ehemalige Präsident Mexikos, Miguel Aleman, die ITB. Im selben Jahr kommt auch – damals ein stark beachtetes Politikum – der Präsident von Intourist, Victor Boitschenko. Der europäische Reisebüro-Verband ECTAA kommt und der amerikanische Reisebüro-Verband Asta, die European Travel Commission ETC, die World Tourism Organization (WTO), und schließlich sind sie alle da ... Und bald auch als

364

Aussteller und Fachbesucher die Vertreter der Ostblockländer, der UdSSR, China (ab
1986) und schon ab 1973 touristische Unternehmungen aus der DDR.

1973

Im Übrigen gelingt es der Messe Berlin über alle Jahre hervorragend, was gelegentlich gewiss einem Eiertanz gleichkommt, sich aus politischen Divergenzen
herauszuhalten und sich Aufforderungen zum Ausschluss von Ländern aus huma-
nitären oder politischen Gründen nicht zu beugen. Der Grund: Die ITB wünscht,
neutral zu bleiben und völkerverbindend zu wirken. Da kann noch so viel Butter-
säure vergossen, können noch so viele Demos veranstaltet werden, einmal sogar
unter Mitwirkung des Regierenden Bürgermeisters Walter Momper, der dafür den
offiziellen Eröffnungsrundgang für eine halbe Stunde unterbricht und anschließend
mit seiner Delegation am verwüsteten Stand von Südafrika vorbeikommt.

Aber die ITB widersteht auch Forderungen von Verbänden, Städten oder Institutionen, bei der ITB ein Mitspracherecht zu erhalten, sie bleibt erbarmungslos
unabhängig. Die ITB, aber vor allem das Reisegeschäft generell, erweist sich auch
als resistent gegen wirtschaftliche und politische Ereignisse, die die Branche schütteln, wie etwa die Energiekrise 1974 oder die Golfkrise 1991. Die Karawane zieht dennoch immer weiter ...

1976 ist das Jahr der zehnten ITB, und nun sind es bereits 440 Direktaussteller
aus 68 Ländern und 6000 Fachbesucher aus 89 Ländern, die nach Berlin reisen. Die
Frage, ob sich die AMK damals vorstellen konnte, dass sie im Jahr 2000 über 8000
Aussteller begrüßen würde, die sich auf 160.000 Quadratmeter ausbreiteten,
wovon über 65 Prozent aus dem Ausland sein würden, plus 60.000 Fachbesucher

Sie gehört zum
Ritual der ITB fest
dazu: die Presse-
konferenz zur Eröff-
nung der Messe.

und 6500 internationale Journalisten, stellt sich nicht mehr. Die ITB kann sich inzwischen alles vorstellen.

Zurück zur fachlichen ITB als Treffpunkt der Experten, als Diskussionsforum. Die ITB-Macher sind inzwischen selbst zu Kennern der internationalen Reisebranche geworden, man sichtet sie überall auf internationalen Veranstaltungen. Manfred Busche wird zum geschätzten Gesprächspartner der internationalen Opinion Leader, sein Wort wird bei wichtigen Organisationen gehört, er engagiert sich und wird in zahlreiche touristische Gremien berufen. Sein Motto: „Eine Messe ist wirklich gut, wenn sie mit der Branche ein- und ausatmet." Für die ITB atmet er intensiv. Busche und seine ITB-Mitstreiter, ab 1993 sein Geschäftsführerkollege Dr. Jochen Martin, der inzwischen verstorbene Messeleiter Hans Trautmannsberger, dessen Nachfolger Siegfried Landeck und auch die ITB-Projektleiterin Susanne Rousselot erkennen Strömungen, greifen Trends auf, die für den Tourismus wichtig sind oder werden könnten.

1993

Ein internationales und vielfältiges Diskussionsforum

Schon früh beginnt das intensive Gespräch mit der Presse, diskutiert man auf dem Kongress, auf Seminaren, in Workshops und Diskussionsrunden über das Marketing, über Incentive-Reisen (Was ist das alles nur?) und behandelt man den Tourismus in Länder der Dritten Welt. Ebenso wird über Familienferien gesprochen, nimmt man sich des Behindertentourismus an, kommen das Thema Aids und natürlich die Problematik der Umweltfragen auf die Tagesordnungen. Man diskutiert über die Stellung des Reisebüros in der Tourismuswirtschaft (1971), über Public Relations als Instrument der Tourismusbranche, und ab 1972 wird die Marktforschung intensiv aufgenommen. Hier macht sich der Vorsitzende des Studienkreises für Tourismus, der Diplompsychologe Heinz Hahn, seinen Namen. Die jährliche Vorstellung seiner Reiseanalyse gehört bald zu den meistbesuchten Veranstaltungen der ITB. 1977 geht es um Visionen zum Tourismus der nächsten 20 Jahre (!), und dabei profiliert sich der Gesellschaftskritiker Dr. Jost Krippendorf aus der Schweiz, der scharfzüngig die Sünden der Tourismusgesellschaft aufzeigt. Reiseveranstalter und Vertreter der Zielländer hören seine Thesen zur Selbstbeschränkung weniger gern, Journalisten sind begeistert.

Stellt viele Jahre die aktuelle Reiseanalyse vor: Heinz Hahn.

Die Messe schafft aber auch Platz für alternative Gruppen. 1984 wird die Halle 9 A von einem bunten Völkchen belegt, die das Reisen mit Einsicht propagieren. Sie verzichten auf aufwändige Dekoration – ganz anders als die immer teurer und bunter gestalteten Stände in den übrigen Hallen. Die Alternativen setzen eher auf Appelle und Anschläge und diskutieren sich in Dritte-Welt-Laden-Klamotten die Köpfe heiß, während der traditionelle Fachbesucher im feinen Zweireiher aktenkofferschwingend an ihnen vorbei zum nächsten Termin eilt. Hält man jedoch einmal in der Hetze der ITB inne und liest die Thesen und Aufrufe, die da angeschlagen

1984

366

sind, geht man, durchaus nachdenklicher geworden, weiter. Irgendwann verschwinden die jungen Wilden, ihre Ideen und Vorstellungen finden aber eine gewisse Fortsetzung im Gesamtspektrum des von der Branche aufgegriffenen Themas „Umwelt und Kultur".

Das 1993 geschaffene Wissenschaftszentrum gibt den vielfältigen Bildungseinrichtungen, insbesondere den Fachhochschulen, eine breite Plattform für die Selbstdarstellung und für die gemeinsame Beschäftigung mit wissenschaftlichen Themen im Tourismus. 1979 wird die ITB erstmals Schauplatz des Incoming-Tages der DZT, eine Veranstaltung, die fortan nicht mehr wegzudenken ist. Die Vereinigung der Deutschen Reisejournalisten (VDRJ) verleiht ab 1976 alljährlich einen begehrten Preis. 1974 wird erstmals der Filmwettbewerb Prix ITB ausgeschrieben und durch seinen Initiator, den ITB-Pressemann Peter Köppen, belebt. Die fachkundige Jury diskutiert engagiert und kontrovers, bevor sie „The winner is ..." ausrufen kann. Bedauerlich ist allerdings, dass die Messegesellschaft diese Preisvergabe finanziell nie so ausgestattet hat, dass sie zu einem wirklich glanzvollen Ereignis geworden wäre. Die Filmemacher und ihre Auftraggeber bleiben deshalb leider weit gehend unter sich, gelegentlich spielt vielleicht noch die Fiedel eines mit einem „Globus" ausgezeichneten Ausstellers auf, der gerade eine Folkloregruppe zur Hand hat. Branchenprominenz aber wird nicht gesichtet.

Aber die ITB wird auch Lokaltermin für weltweite Verkaufsleitertagungen (1978 erstmals die Lufthansa), nationale und internationale Organisationen oder Firmen verbinden eigene Tagungen mit dem Großereignis ITB, es finden auch außerhalb des Messegeländes Tagungen statt, etwa seit 1999 das Deutsch-Arabi-

Kam nach Berlin,
um für ihr Land zu
werben:
eine Schönheit
aus Tahiti.

Dass der Regierende
Bürgermeister
zum Rundgang
über die Messe
kommt (hier Eberhard Diepgen
auf dem Stand der
Rumänen), gehört
zum Messeritual.

Die ITB ist ein Treffen, auf dem auch die weniger Bekannten Platz haben – hier ein Zelt aus Kirgistan.

sche Tourismusforum im Hotel Adlon – Veranstaltungen, die von der Messe durchaus gefördert werden. Ab 1979 schafft sie eine Basis von eigenständigen Veranstaltungen im Rahmen des Tourismus-Experten-Forums (TEF).

Ab 1984 werden Medientage eingeführt, und ab 1986 lautet ein Kongressthema „Rund um BTX – neue Kommunikationstechniken", was für heutige Ohren recht bieder klingt. Damit aber läutete das Institut Bildschirmtext unter seinem rührigen Chef Dr. Klaus Frank das elektronische Zeitalter ein. Und dieses Thema gewinnt fortan auch auf der ITB immer stärker an Tempo. Wollte man Visionen (allerdings der schauerlichen Art) heraufbeschwören, dann könnte man sich die meisten Messehallen in elektronische Maschinenräume verwandelt vorstellen – und nur noch wenige Quadratmeter für das vertraute Tourismusangebot, wo Kuhglocken und Alphörner Urständ feiern. So schlimm wird es hoffentlich nicht kommen, aber zur ITB 2000 machen sich die Anbieter der elektronischen Hard- und Software, von Internet und E-Commerce, die ihre Informationstechnik lange Jahre in den Vorhallen des ICC als Messenebenprodukt feilboten, bereits in vier Messehallen breit. Der Elektronikkongress, veranstaltet von TMS Tele-Marketing Service und der Messe Berlin, ist zu einem Kernstück der ITB geworden. Die nach oben weisende Skala kennt hier gewiss keine Grenzen …

Und Kritik an allem, was da so läuft, gibt es natürlich auch. Vor allem, dass die ITB ja viel zu groß geworden ist und man die Termine nicht mehr in den Griff bekommt. Dabei gibt es seit 1981 im Innenbereich des Messeareals einen Hallen-Pendeldienst per Taxi und Kleinbus, der einen schneller zum nächsten Termin bringt. Aber richtig, wer seine ITB nun nicht mehr höchst genau und ganz minuziös vorausplant, den bestraft sie bitterlich. Manch einer soll schon mit lebensmüden Gedanken am Abend eines erfolglosen Tages um den Funkturm geschlichen sein, und nur die Aussicht auf den späteren Drink an der Bar hielt den Enttäuschten wohl von Schlimmerem ab.

Und dann ist da noch der verflixte letzte Tag, der von Unentwegten immer wieder abgemahnt wird, da dann doch nur noch missmutiges Standpersonal zur Verfügung stehe und schon eingepackt werde. „Ja, übel" reflektiert ITB-Boss Busche, „wir sollten diesen letzten Tag einfach abschaffen." Aber man klagt auch über zu laute Folkloreveranstaltungen auf den Ständen, die ab 1982 richtigerweise nur noch an den Wochenenden stattfinden dürfen. Beliebtes Thema ist auch die Unverschämtheit der Berliner Hoteliers, die im Luxusbereich ihre Zimmer wie milde Gaben verteilen und bei den Preisen auch wissen, was Mangelware wert ist. Zwar ist die Zeit des Zimmermangels inzwischen längst vorbei, aber noch immer gibt es guten Anlass, über die Preise zu stöhnen. Ja, ja, alle stöhnen, gebucht werden die In-Hotels aber dennoch weiter …

Ja, und dann gibt man der Messe – sehr zum Unbehagen der Messegesellschaft – plötzlich den bösen Beinamen Internationale Trinker-Börse. So ganz falsch

1982

368

ist das (damals!) natürlich nicht. Denn in den Besprechungskojen der Stände wird in der Tat manch ein Gespräch mit Champagner oder Wodka besiegelt. Und wer (auch als Journalist) in die Beschaulichkeit von Ständen wie Hapag-Lloyd bei Pressechef Peter Grell fällt, in die Champagner-Bar von Robert Liger bei den Franzosen, in die Hände von Schleswig-Holstein-Chef Gerd Kramer in seinem schmucken Reetdachhaus oder auch in das Schweizer Beizli mit seinem unvergessenen Chef Herby Felber und Pressemann Roger Jungo, der weiß, wovon die Rede ist. Die Lufthansa-Stand-Parties werden zum Kommunikationsforum der lebensbedrohlichen Art, man muss aber hin und „Button zeigen", dem „Sesam-öffne-dich" zum Ereignis. Sehen und gesehen werden ist wichtig.

Im Hotel geht es erst richtig los

Und wenn die Messe abends ihre Türen schließt, die letzten Standempfänge beendet sind, geht es erst richtig los – Hotelfeste (jenes des Kempi in allen Räumen des Hauses mit echtem Striptease im Séparée für Insider, noch unter der Ägide des ewig strahlenden Hotelchefs Rudi Münster), Suiten, Open Houses, Galaabende, Riesenaufläufe bei Indien, Ungarn, Israel und anderen oder kleine intime Essen für die Branchenprominenz, alles zieht die ITBler magisch an, nur morgens sind die Augen schmal. Tempi passati – die Messetage sind heute mineralwasserlastig, die Abende zwar oft immer noch lukullisch, aber seltener ausschweifend. Vorstände, die man noch bis zu den kleinen Stunden der Nacht an den Hotelbars mehr oder weniger ernsthaft befragen kann, sind jedenfalls ziemlich „mega-out".

Einschneidend und für viele, die dabei waren, bewegend: das Ende der kommunistischen Diktaturen, die Öffnung zu den Ostblockländern, die Wiedervereinigung Deutschlands. Die wiedergefundenen Brüder und Schwestern werden natürlich auch als neues „Touristenpotenzial" verstanden. Erstmals zur ITB 1990 ist die Mauer weg, und die Ostdeutschen reisen, was das Zeug hält. Und natürlich gibt es sofort auch eine Untersuchung über die Reiseabsichten der DDR-Bürger, die natürlich auf der ITB vorgestellt wird. Betroffen macht das Zitat der Messe Berlin, herausgepickt aus einem Bericht der Fachzeitschrift FVW International: „Die Fachmesse ITB ist entgegen den Erwartungen und Befürchtungen nicht von einem Ansturm von DDR-Besuchern in ihrer Funktion beeinträchtigt worden ...". War das damals wirklich eine alle bewegende Sorge, die die Freude über das geeinte Deutschland während der ITB vielleicht sogar überdeckte? Man möchte es gar nicht glauben.

Übrigens stellt die Messe mit Genugtuung früh fest, dass die Politik die ITB als nützliche Plattform entdeckt. Von den hohen ausländischen Würdenträgern abgesehen – auch Royals waren schon da neben Staatsmännern, Ministern und Botschaftern – nutzen die deutschen Parlamentarier die ITB als Forum für ihre Anliegen. So spricht zum Beispiel Bundeskanzler Helmut Kohl auf der Eröffnungsfeier

369

1997. Die Politiker sind ebenso als Sprecher wie als Diskutanten zu gewinnen, auch weil sie so einen freundlichen Wahlkampf auf Ständen und bei Diskussionsrunden betreiben können. Seit 1989 escheinen sie auch zahlreich auf dem locker veranstalteten und sehr beliebten Parlamentarischen Get-Together im ICC Dachfoyer.

Die ITB endet alljährlich ohne jeglichen Aplomb, das kleine und feine Kirchenforum ist eine ihrer letzten Veranstaltungen. Seit 1984 tafeln dann am Ende noch im Funkturm-Restaurant Messe, ITB-Fachbeirat und Corps Touristique und bestätigen sich mit letztem schönen Blick über die Dächer von Berlin gegenseitig, wie erfolgreich wieder alles gewesen ist. In den Hallen wird eingepackt, letzte Berliner eilen durch die Hallen, sammeln letzte Prospekte, Sticker und Broschüren. An den Litfasssäulen werden bald die Plakate für die nächstjährige ITB geklebt. See you in Berlin ..., jedes Jahr von neuem.

Im Juni 1999 hat Raimund Hosch, 50, die Nachfolge von Prof. Dr. Manfred Busche als Vorsitzender der Geschäftsführung der Messe Berlin angetreten. Hosch war zuvor Sprecher der Geschäftsleitung der Messe Frankfurt. Mitte 2000 scheidet Dr. Jochen Martin bei der Messe Berlin aus und wird Hauptgeschäftsführer des DRV. Sein Nachfolger bei der Messe ist Dr. Christian Göke.

So kommentierte einst die FVW International den Massenauftritt in Berlin: Anders kann man der Flut an Kontakten kaum noch Herr werden.

Deutsche Verbände im Tourismus

Verbände haben eigentlich nur einen einzigen Zweck: Sie müssen in der Politik und in der Öffentlichkeit dafür kämpfen, dass es ihren Mitgliedern gut geht. Ein Verband vertritt seine Mitglieder gegenüber der Politik, das heißt gegenüber Parlament und Regierung, damit Gesetze und Bestimmungen den Verbandsmitgliedern das Leben nicht erschweren, sondern weit gehend erleichtern. Ein Verband vertritt seine Mitglieder auch gegenüber der Öffentlichkeit, denn das positive Bild einer Branche ist in Krisenzeiten oder bei auffallenden Fehlleistungen Einzelner schnell in Frage gestellt. Schließlich hat der Verband auch Aufgaben nach innen: Er muss seine Mitglieder auf Veränderungen der politischen, steuerlichen und rechtlichen Rahmenbedingungen und auf Veränderungen im Markt vorbereiten.

Bündelung der Interessen

Wie die Entwicklung in der ersten Hälfte des 20. Jahrhunderts zeigt, hat der Tourismus keine politische Bedeutung gehabt. Tourismus war Privatsache. Das hat sich im Laufe der zweiten Hälfte des 20. Jahrhunderts geändert. Allerdings haben die deutschen Politiker jahrzehntelang nur die deutsche Heimatbrille aufgehabt. Wenn sie vom Tourismus sprachen, meinten sie eigentlich immer nur Ferien in Deutschland. Deshalb war es eine besondere Aufgabe der deutschen Wirtschaftsverbände, die Politik immer wieder auf die ökonomische Dimension des Tourismus, auch des Auslandstourismus, hinzuweisen.

Manche Politiker, die Millionen- oder Milliardenbeträge für die Entwicklung neuer Airbusse zur Verfügung stellen und dabei an den hohen Stand deutscher Technologie und die damit verbundenen Arbeitsplätze in Deutschland denken, fordern gleichzeitig ein Verbot von Kurzstreckenflügen, eine Einschränkung von Fernreisen oder eine Reduzierung des Fliegens generell. Sie fordern eine Versteuerung des Flugbenzins in dem naiven Glauben, deutsche Reiseziele könnten davon profitieren.

Der Wunsch, die gemeinsamen Interessen zu bündeln, kommt bereits im Mai 1948 in der Aufgabenbeschreibung der ZFV, der späteren DZT, zum Ausdruck. Es heißt darin unter anderem, die Zusammenarbeit der am Reise-, Bäder- und Erholungsverkehr interessierten Behörden, Körperschaften, Verbände und Vereinigungen in allen Angelegenheiten des Fremdenverkehrs solle gepflegt werden. Die Gründer und manche Führungspersönlichkeiten haben mit dieser „Zentrale" die Vorstellung verbunden, hier könne eine koordinierende, vielleicht auch lenkende Funktion für den deutschen Tourismus ausgeübt werden.

Der Name DZT hatte auch bei Besuchen ausländischer Tourismusfunktionäre aus dem Ostblock und aus Entwicklungsländern seine Wirkung. Viele glauben, bei der DZT handele es sich quasi um das deutsche Tourismusministerium, mindestens um die ausgelagerte Tourismusabteilung des Bonner/Berliner Wirtschaftsministeriums. Diese Rolle, ob nun von der DZT gewollt und gepflegt oder auch nicht, wird ihr von den touristischen Wirtschaftsverbänden natürlich nicht zugebilligt. Eines hat die DZT aber bewirkt: Durch Berufung der Vertreter der touristischen Spitzenverbände in den Verwaltungsrat der DZT findet sich dort ein Kreis repräsentativer Tourismusfunktionäre aus allen Bereichen zusammen.

Deutsches Fremdenverkehrspräsidium

1973 verselbstständigt sich der DZT-Verwaltungsrat, damit er gelegentlich in der Öffentlichkeit auftreten kann. Er nennt sich: Deutsches Fremdenverkehrspräsidium. Dr. Rudolf Eberhard hat die Idee und wird Präsident dieses Gebildes. Forderungen des DZT-Verwaltungsrates können in der Öffentlichkeit und gegenüber der Politik wirksamer vertreten werden, wenn das Deutsche Fremdenverkehrspräsidium auftritt. Da sich die Bundesregierung zu Tourismusfragen nur äußert, wenn es Anfragen im Deutschen Bundestag gibt, legt das Fremdenverkehrspräsidium erstmals 1986 und dann noch einmal 1988 einen eigenen Tourismusbericht vor. Hier wird auf die wirtschaftliche Bedeutung des Fremdenverkehrs hingewiesen.

Im Jahr 1988 wird mit Befriedigung festgestellt, dass es zur Einsetzung eines Unterausschusses Fremdenverkehr beim Wirtschaftsausschuss des Deutschen Bundestages gekommen ist. Aber es gibt ein Problem mit dem Fremdenverkehrs-

Der damals neue Vorsitzende des DZT-Verwaltungsrats, Dr. Erich Kaub (Mitte), im Kreis dieses Gremiums. Das Foto stammt aus dem Jahr 1994.

präsidium: Es will angeblich für den gesamten deutschen Tourismus sprechen, in Wirklichkeit aber nur Lobby machen für Tourismus innerhalb Deutschlands. Auch im „Tourismusbericht" wird der Auslandstourismus der Deutschen nur knapp und als negativ für den deutschen Fremdenverkehr dargestellt. Von deutschen Fluggesellschaften ist so gut wie keine Rede. Versuche, deutsche Fluggesellschaften und Omnibusunternehmer in das Spitzengremium hereinzuholen, schlagen fehl.

Präsidium der Deutschen Tourismuswirtschaft

Nach einigen vergeblichen Versuchen, alle am deutschen Tourismus Beteiligten unter einen Hut zu bekommen, lädt 1989 der Autor in seiner Eigenschaft als Präsident des DRV seine Carrier-Kollegen und die Vertreter von anderen Verbänden zur Gründung des Präsidiums der Deutschen Tourismuswirtschaft ein. Diese – ASR, ADL, BDO, DRV und RDA – sagen sofort zu und vollziehen die Gründung am 9. Februar 1989. Jetzt können gemeinsame Anliegen aufgegriffen werden wie die freie Betätigung der deutschen Ferienfluggesellschaften, die Behinderungen deutscher Reiseleiter im Ausland, Fragen der Mehrwertsteuer bei grenzüberschreitenden Reisen oder Probleme deutscher Urlauber bei Konkurs des Reiseveranstalters während des Auslandsurlaubs.

1989

Bundesverband der Deutschen Tourismuswirtschaft

Das Ziel, alle touristischen Verbände unter einem Dach zu vereinen, ist mit den bisherigen Gremien nicht erreicht. Die Zahl der Arbeitsplätze in Deutschland ist für das politische Gewicht der deutschen Reisebranche von großer Bedeutung. Die meisten Arbeitsplätze, beinahe eine Million, gibt es in der deutschen Hotellerie. Wenn die deutsche Tourismusbranche politisch ernster genommen werden und ihre Anliegen durchsetzen will, ist es notwendig, dass Inlands- und Auslandstourismus gemeinsam auftreten.

Nach Beendigung seiner DRV-Präsidentschaft setzt Otto Schneider alles daran, die touristischen Einzelverbände unter einen Hut zu bekommen. Er findet die Unterstützung der großen Reiseunternehmen, die bereit sind, auch durch finanzielle Beträge einen Gesamtverband zu unterstützen. Für die Wirtschaftsverbände ist ein gemeinsames Dach eine zwiespältige Sache. Sie pflegen Beziehungen zu den Ministerien und zum Bundestag. Ihre Bewegungs- und Entscheidungsfreiheit wollen sie behalten, anderseits den gemeinsamen Dachverband nutzen, wenn sie an die Grenzen ihrer eigenen Möglichkeiten stoßen. In der Gründungsphase des Dachverbands werden die Gefühlsschwankungen beim ASR und beim

DRV deutlich. Innerhalb des ASR-Vorstandes gibt es Zweifel, ob man den Dachverband mitgründen soll, aber ASR-Präsident Klaus Laepple setzt sich durch.

Auch beim DRV, dem seit einem Jahr Präsident Gerd Hesselmann vorsteht und der auch eine neue Zusammensetzung des Vorstandes hat, sind gewisse Vorbehalte gegenüber einem wahrscheinlich mächtigeren Verband, der von besonders potenten DRV-Mitgliedern unterstützt und mitfinanziert wird, nicht zu verheimlichen. Aber man sieht ein, dass man nun auch nicht mehr zurück kann. Dafür sind die Gespräche zu weit fortgeschritten. Am Rande der DRV-Tagung im November 1995 in Palma de Mallorca findet die entscheidende Sitzung der Verbändevertreter statt, die mit der Zustimmung zur Gründung des Dachverbandes endet, obwohl zu diesem Zeitpunkt eine ausgefeilte Satzung noch nicht vorliegt.

1995

Ende 1995 ist es endgültig soweit. Erstmals entsteht ein deutscher Dachverband – der Bundesverband der Deutschen Tourismuswirtschaft (BTW) –, in dem sowohl die Wirtschaftsverbände einschließlich des Deutschen Hotel- und Gaststättenverbandes (Dehoga) als auch führende deutsche Unternehmen, wie die Deutsche Lufthansa, TUI, Neckermann/Karstadt und die Bundesbahn, angehören.

Wie leistungsfähig, aber auch wie wichtig der Bundesverband der Deutschen Tourismuswirtschaft ist, zeigt sich schon bald. 1996 wird ein „Berliner Programm" entwickelt und verabschiedet, in dem die von ihm geforderten politischen Leitlinien für den Tourismus der Öffentlichkeit vorgelegt werden. Ein Jahr später im Herbst 1997 findet in Bonn der erste „Tourismusgipfel" des BTW statt, zu dem alles von der Politik kommt, was Rang und Namen hat. Der jährliche Tourismusgipfel wird zur zentralen Veranstaltung der deutschen Tourismuswirtschaft. 1998 erscheint dazu Bundeskanzler Gerhard Schröder, 1999 – erstmals in Berlin – Bundespräsident Johannes Rau. Auch Bundeswirtschaftsminister Werner Müller hält einen Vortrag.

Tourismusgipfel 1998, hier mit Otto Schneider am Rednerpult. Die Veranstaltung hat sich zum zentralen Treffen der deutschen Tourismuswirtschaft entwickelt.

Der BTW hat in Dr. Erich Kaub einen Präsidenten, der überzeugend für die Belange der Branche eintritt. Aber nicht weniger wichtig und verdienstvoll ist die umsichtige Arbeit des BTW-Hauptgeschäftsführers Christian Ehlers. Beide Herren nehmen in Personalunion auch die Führung des Deutschen Hotel- und Gaststättenverbandes wahr. Neben dem jährlichen Tourismusgipfel setzt sich der BTW in persönlichen Kontakten und Gesprächen auf allen politischen und administrativen Ebenen für die Belange der Branche ein. Der BTW ist unverzichtbar geworden.

Dr. Erich Kaub ist
Präsident des BTW.

Reisebüroverbände

Wie Horst-Egon Scholz in seinem Buch „Tausend Türen in die weite Welt" schreibt, führt die amtliche Statistik im Kaiserreich erst ab 1907 das Reisebüro als eigenständigen Gewerbezweig. Bis dahin werden die Betriebe in einem statistischem Atemzug den Lohndienern, Kofferträgern und Wach- und Schließgesellschaften zugeordnet. Reste davon haben sich bis zum Ende des Jahrhunderts erhalten.

Central-Verband der Reisebüros und
Internationaler Verband der Reisebüros

Der erste Verband deutscher Reisebüros konstituiert sich auf Initiative des Reisebüro-Unternehmers Ernst Kelterborn in Göttingen am 18.September 1913 in Frankfurt am Main. An der Zusammenkunft im Hotel Monopol nehmen 30 Reisebüro-Inhaber teil, weitere 30 Büros haben schriftlich erklärt, einem Verband sofort beizutreten. Ernst Kelterborn hält ein ausführliches Referat über Zweck und Ziel einer Berufsorganisation. 1913 gibt es circa 400 Reisebüros, von denen sich 150 und 200 auf die Veranstaltung von Gesellschaftsreisen spezialisiert haben, während sich die übrigen als Vermittler betätigen. Hauptgrund für den Zusammenschluss ist die Konkurrenz des Reisebüro-Gewerbes durch Lehrer, private Reisevereinigungen und Zeitungsverlage, die selbst Gesellschaftsreisen veranstalten. Hinzu kommt, dass sich die städtischen Verkehrsvereine das Recht verschafft haben, Fahrscheine für Eisenbahn- und Schifffahrtslinien zu verkaufen. Außerdem häufen sich die Fälle, in denen Reisebüros kurzfristig eröffnet werden, die Inhaber aber noch während der laufenden Saison mit den eingenommenen Geldern das Weite suchen.

1913

Der Zweck des Central-Verbandes der Reisebüros ist die Wahrung der Interessen des Reisebüro-Gewerbes. Kelterborn fordert Novellen zur Gewerbeordnung und zum Handelsgesetzbuch, die Arbeitszeitregelung, einen Ladenschluss an Sonntagen und vieles andere mehr. Es wird eine Verbandszeitschrift geschaffen, die zweimal im Monat erscheint und „Internationales Verkehrscentralblatt" heißt. In

375

jeder Nummer werden die von den Mitgliedern veranstalteten Gesellschaftsreisen aufgeführt, damit sich die Verbandsmitglieder gegenseitig Teilnehmer zuführen können. Das führt dazu, dass schon 1914 erste Fahrgemeinschaften, also gemeinsame Reiseausschreibungen, entstehen. Satzungsgemäß steht der Verband nicht nur deutschen Unternehmen, sondern allen Reisebüros auf der Welt offen. Der Jahresmitgliederbeitrag beträgt 25 Goldmark.

Trotz der überzeugenden Verbandsäußerungen und -zielsetzungen gibt es schon bald interne Querelen. Das führt zu einer Umgründung in den Internationalen Verband der Reisebüros (IVR), in dem Ernst Kelterborn erneut den Vorsitz einnimmt. Das Verbandsprogramm umfasst eine Reihe von Zielen zum Schutz der Mitglieder. Der Sitz des Verbandes ist in Berlin, Landesgeschäftsstellen gibt es in Algerien, Dänemark, England, Griechenland, den Niederlanden, Italien, Spanien und in der Türkei. Auf dem Papier besteht der IVR bis zum Jahr 1935, aber durch die Gründung des nationalen Verbandes Vereinigung Deutscher Reisebüros VDR im Jahr 1921 und durch die Folgen des Ersten Weltkrieges verliert er entscheidend an Bedeutung.

Vereinigung Deutscher Reisebüros

1921

Durch den verlorenen Krieg haben die deutschen Reisebüros spezielle Interessen im Zusammenhang mit dem Wiederaufbau des Reisegeschäftes im In- und Ausland. So finden sie sich im Februar 1921 zu einer Gründungsversammlung im Hotel Excelsior in Berlin zusammen. 50 Vertreter des Reisebüro-Gewerbes nehmen daran teil und gründen die Vereinigung Deutscher Reisebüros eV (VDR). Erster Vorsitzender ist Hugo Stangen vom gleichnamigen Reisebüro in Berlin. Im Vorstand sind Vertreter des MER, der Hamburg Amerika-Linie und des Norddeutschen Lloyd. Im „großen Ausschuss" ist neben Ernst Kelterborn aus Göttingen auch Emil Kipfmüller vertreten, der zu dieser Zeit Leiter des Hapag-Büros in Frankfurt am Main ist. Geschäftsführer wird Sylvester Kolanowski.

Wie früher geht es auch jetzt wieder um die Vertretung der beruflichen und wirtschaftlichen Interessen des Gewerbes, die Bekämpfung unlauteren Wettbewerbs, die Vertretung einzelner Mitglieder wie auch des gesamten Gewerbes gegenüber Behörden sowie die Rechtsberatung der Mitglieder. 1923 zählt der VDR 118 ordentliche und 13 außerordentliche Mitglieder. Wer im deutschen Reisebürogewerbe Rang und Namen hat, ist auch Mitglied im VDR. Die monatliche Mitgliederzeitschrift erscheint unter dem Titel „Das Reisebüro" in einer Auflage von 2000 Exemplaren. Der Jahresbeitrag beträgt nun zwölf Reichsmark pro Mitglied. Nach dem Tod des 1925 zum VDR-Vorsitzenden gewählten Karl Goellrich wird Emil Kipfmüller Mitte 1932 zum ersten Vorsitzenden gewählt.

Nationale Vereinigung Deutscher Reisebüros

Wie schnell sich politische Umwälzungen auch im Verbandswesen bemerkbar machen können, zeigt sich schon gut vier Monate nach der Machtergreifung durch Adolf Hitler. Auf „Wunsch" des Ministeriums für Volksaufklärung und Propaganda wird der Verbandsname in Nationale Vereinigung Deutscher Reisebüros NVDR geändert und ein neuer Vorstand gewählt. Emil Kipfmüller landet auf dem zweiten Platz als stellvertretender erster Vorsitzender, während F. R. Fuhrmann erster Vorsitzender wird. Von nun an ist nur der NVDR berechtigt, die Interessen der deutschen Reisebüros bei den Behörden zu vertreten. Schon Anfang 1933 erhält die NVDR eine neue Struktur, in den einzelnen Ländern werden „Gruppenführer" zu Beauftragten des NVDR ernannt. Karl Fuß schreibt in seinem Standardwerk „Die Geschichte der Reisebüros" von einem am 9. August 1933 in der Londoner „Times" erschienenen Artikel: „Die Vereinigung Deutscher Reisebüros, eine private Wirtschaftsorganisation deutscher und ausländischer Reise- und Verkehrsunternehmungen, ist kürzlich entsprechend dem Zeitgeist in Nationale Vereinigung Deutscher Reisebüros umbenannt worden. Ausländische Mitglieder werden höflich, aber entschieden ausgeschlossen. Es werden Reisebürokonzessionen beschlossen. Nur deutsche Büros können diese Konzession erhalten. Zu den Pflichten der Reisebüros gehört, die deutschen Interessen im In- und Ausland zu fördern und alles zu tun, um den Fremdenverkehr innerhalb der deutschen Grenzen zu halten. Sie müssen als Minimum 51 Prozent ihrer Gesellschaftsreisen zu Orten innerhalb Deutschlands durchführen und Reisende veranlassen, vorzugsweise auf deutschen Schiffen anstatt auf ausländischen zu fahren." Es ist nicht festzustellen, wie linientreu sich die deutschen Reiseunternehmen verhalten haben.

1933

Hilfsgewerbe des Verkehrs

Der Verband hat ohnehin kein langes Leben. Schnell und konsequent, wie die nationalsozialistische Obrigkeit nun einmal vorging, wird durch Verfügung des Reichs- und preußischen Verkehrsministers vom 17. April 1935 der Verband durch die Spitzenvertretung Hilfsgewerbe des Verkehrs RVH ersetzt. Die RVH besteht aus zwei Fachgruppen, der „Reisevermittlung" und der „Schlafwagen- und Speisewagen-Unternehmungen". Die Mitgliedschaft wird zum Zwang. Alle natürlichen und juristischen Personen, die Reisebürogeschäfte irgendwelcher Art betreiben, müssen dem RVH angehören. Vorsitzender der neuen Spitzenvertretung wird Emil Kipfmüller, inzwischen bei der Hamburg Amerika-Linie in Hamburg. Hauptgeschäftsführer ist weiterhin Sylvester Kolanowski, nach dessen Tod 1940 folgt ihm Friedrich H. Burger.

1935

377

Im Juni 1935 beschließt der Vorstand der NVDR die freiwillige Auflösung seines Verbandes. Die Mitgliederzeitschrift „Das Reisebüro" erscheint weiterhin, nun herausgegeben vom RVA. Aus Gründen vollständiger Erfassung aller im Reisevermittlungsgewerbe tätigen Personen und Firmen ergeht vom Reichs- und Preußischen Verkehrsministerium in Juni 1935 ein Aufruf, dass sich alle dazugehörigen Unternehmen zu melden haben. Dazu gehören unter anderem auch „alle natürlichen und juristischen Personen, die Reisen veranstalten oder vermitteln, auch wenn sie noch einen anderen Beruf ausüben oder noch andere Geschäfte betreiben, wie Sportgeschäfte, Buchhandlungen, Zigarrengeschäfte, Frisöre, Theater- und Konzertkassen, Portiers, Beamte, Angestellte, Vereinigungen usw.".

Der Leiter der RVA erlässt Anordnungen, die als Arbeitsgrundlage für das Reisebürogewerbe verbindlich sind. Gleichzeitig wird mit dem Reichsfremdenverkehrsverband, zu dem die Verkehrsvereine und die Verkehrsämter gehören, vereinbart, dass diesen die Ausübung von Reisegeschäften untersagt wird. Dann wird definiert, was eine Gesellschaftsreise, eine Sonderfahrt, ein Sonderzug, eine Pauschalreise, ein Pauschalaufenthalt und eine Ausflugsfahrt ist, und festgelegt, dass die genannten Leistungen nur von Reiseunternehmern erbracht werden dürfen. Reiseunternehmer kann nur sein, wer ein Reisebüro betreibt, eine mindestens dreijährige Tätigkeit in einem Reisebüro und den Abschluss einer Kautionsversicherung nachweisen kann. Februar 1936 kommt eine zweite Anordnung heraus. Sie regelt, welche Arten von Reisen von wem und unter welchen Bedingungen vermittelt werden dürfen. Die Anordnung legt auch fest, was unter den Begriffen „Reisebüro", „Reisemittler" und „Reisehilfsstelle" zu verstehen ist. Es wird geklärt, dass für die von einem Reisemittler kassierten Gelder die Vorschriften für treuhänderische Verwaltung gelten. Im „Gesetz über die Ausübung der Reisevermittlung" vom Januar 1937 wird bestimmt, dass bei Unzuverlässigkeit die Reisevermittlung ganz oder teilweise untersagt werden kann. Hier spielt die nationalsozialistische Rassenpolitik eine Rolle. Juden werden aus ihren Geschäften verdrängt: Die bloße Zugehörigkeit zu einer „Rasse" kann als Beweis für die Unzuverlässigkeit gewertet werden.

1936

Unabhängig von der politischen Einstellung kann es den Reisebüros nur recht sein, dass ein enger Schutzzaun um sie gezogen wird, an den sie sich auch schnell gewöhnen. Umso schwieriger ist es später, sich ohne staatlichen Schutz in der freien und vom Wettbewerb beherrschten Wirtschaft zu behaupten. Die Zwangsmitgliedschaft in der RVH kostet die hauptberuflichen Reisebüros jährlich 48 Reichsmark, nebenberufliche Reisemittler müssen zwölf Reichsmark bezahlen.

Während der NS-Herrschaft gibt es zwei Ministerien, die sich mit Tourismus beschäftigen. Da ist zum einen das Ministerium für Volksaufklärung und Propaganda, in dem seit 1937 der bisherige Bayerische Staatsminister Hermann Esser (1900-1981) als Staatssekretär unter anderem für die RVH zuständig ist, zum anderen die Deutsche Arbeitsfront unter Leitung von Minister Walter Ley, die sich mit ihrer „Kraft durch Freude (KdF)" als größter deutscher Reiseveranstalter betätigt. Staatssekretär Esser ist die Anlaufstelle auch für die Sorgen der deutschen Reisebüros, die sich durch die KdF bedroht fühlen. Sein Sohn Ernst Esser macht später beim ABR und bei Touropa Karriere.

Die Ansiedlung des Tourismus im Informationsministerium ist keine deutsche Erfindung. Noch heute sind in vielen touristischen Zielländern die Informationsministerien auch für Tourismus zuständig. Die staatlichen Abgesandten, die Leiter der nationalen Tourismusvertretungen in Deutschland, sind demzufolge Vertreter ihres Ministeriums für Information. Kein Wunder, dass es während des Kalten Kriegs mitunter mehr als ein halbes Jahr dauerte, bis ein neuer Leiter einer Ostblock-Tourismusvertretung seine Arbeitserlaubnis in der Bundesrepublik bekam.

Deutscher Reisebüro und Reiseveranstalter Verband

In der Zeit von 1946 bis 1948 gibt es einige Zusammenschlüsse auf Länderebene, die Wirtschaftsgenossenschaft Internationaler Reisebüros (WIR) und die Interessengemeinschaft der DER-Reisebüros. Zu einem Verband für das gesamte Bundesgebiet kommt es auf Grund einer Initiative von Dr. Carl Degener im April 1950. Die Interessengemeinschaft deutscher Reiseunternehmer wird gegründet, aus der sich am 10. August 1950 der Deutsche Reisebüro-Verband konstituiert. 20 führende Vertreter aller Gruppen und Organisationen des Reisebüro-Gewerbes sind beteiligt. Dazu gehören das Deutsche Reisebüro, das Amtliche Bayerische Reisebüro, Hapag-Lloyd Reisebüro, die Touropa und die Dr. Tigges-Fahrten. Zum Vorsitzenden wird Fritz B. Käppler, Hauptgeschäftsführer des DER in Frankfurt am Main, gewählt. Zu den drei Stellvertretern gehören Dr. Carl Degener, Ruhpolding, und der ABR-Chef Karl Fuß, Verfasser des schon erwähnten Buches „Die Geschichte der Reisebüros". Die Gründungsversammlung findet im Frankfurter Hotel Monopol statt, in dem auch schon die DER-Vertreterversammlung getagt hatte. Ein Jahr später trifft sich der DRV zur ersten ordentlichen Mitgliederversammlung in Stuttgart. Zu diesem Zeitpunkt sind aus den 20 Mitgliedern bereits 256 geworden.

Nach zwei Jahren schlägt der Vorstand eine neue Verbandspolitik vor. Bisher ging es hauptsächlich darum, dass Devisenkontingente für die Veranstaltung von Auslandsreisen zugeteilt wurden und die Deutsche Bundesbahn den Veranstaltern günstige Tarife für Gesellschaftsreisen einräumte. Um mehr kleinere und mittlere Reisebüros für den DRV zu gewinnen, werden die Aktivitäten des Verbandes ausgeweitet. Vertreter von Großbetrieben kandidieren, soweit sie Vorstandsmitglieder sind, 1952 nicht wieder, sichern dem Verband aber ihre weitere Unterstützung zu. So wird 1952 Hans Joachimi aus Goslar zum Chef des DRV.

Schon in den Anfangsjahren des DRV zeigt sich also die Spannung, die zwischen den kleinen und größeren Mitgliedern herrscht. Die unterschiedlichen Interessenlagen werden auch an den zwei Fachgruppen deutlich, die sich innerhalb des Verbandes bilden – Reisebüros mit amtlichem Fahrkartenverkauf und Reiseunternehmen ohne eine solche Konzession. Im Laufe der folgenden Jahre entstehen immer wieder neue Ausschüsse, Arbeitsgruppen und Kontaktkreise.

Während der Verband in den ersten zehn Jahren einen ersten Vorsitzenden und zwei stellvertretende Vorsitzende hat, wird der DRV von 1960 bis 1968 von einem Präsidium geleitet, das aus drei Personen besteht, von denen einer der Sprecher ist. Mitglied in diesem Triumvirat ist während dieser acht Jahre Waldemar Fast **1968** aus Hamburg, der sechs Jahre lang hintereinander sein Sprecher ist. 1968 bekommt der DRV endlich einen Präsidenten, es ist Hans Junges aus Koblenz. Ihm stehen zwei Vizepräsidenten zur Seite. Außerdem gehören dem Vorstand – das war von Anfang an der Fall – die Vorsitzenden der Ausschüsse an.

Ab 1970 wird es noch komplizierter, denn nun unterscheidet der Verband zwischen engerem und erweiterten Vorstand. Das hat einen leicht nachvollziehbaren Grund. Die Zahl der Ausschüsse steigt mit der Fülle der Aufgaben und Spezialisierung der Mitglieder. Diese werden jetzt aufgeteilt in V = Veranstalter und M = Mittler. Natürlich gibt es auch Unternehmen, die in beiden Gruppen vertreten sind. Bei den Veranstaltern wird wieder unterschieden nach der vorwiegenden Beförderungsart, die diese anbieten – Bahn, Bus, Schiff, Auto, Charterflug, Linienflug – oder dem Charakter der Reise – wie etwa Turnusveranstalter, Studienreiseveranstalter. Natürlich gibt es auch Querschnittsaufgaben, die in Fach- oder Arbeitsgruppen behandelt werden. Dazu gehören Recht, Steuern, Aus- und Weiterbildung, Tarifverträge, später neue Kommunikationsmittel und Zielgebietsangelegenheiten.

Was macht der DRV eigentlich?

Mit der Nennung der Ausschüsse ist schon ein großer Teil der Arbeit des DRV umrissen. Es geht darum, eine gewisse Ordnung in die bunte Branche zu bringen, zu der auch immer wieder Quereinsteiger ohne Ahnung von den Spielregeln stoßen. Der Verband reagiert darauf, indem er die „Allgemeinen Reisebedingungen", die „Abrechnungsrichtlinien" und die Usancen über die „Veranstaltung und **1953** Ankündigung von Reisen" formuliert. Ebenfalls im Jahr 1953 handelt der DRV erstmals mit den Gewerkschaften einen Manteltarifvertrag aus, dem 1954 der neu geschaffene Gehaltstarifvertrag folgt. Natürlich kümmert sich der Verband auch schon bald um die an anderer Stelle behandelte Schwarztouristik.

In den Jahren 1957 und 1958 werden erstmals Betriebsvergleiche durchgeführt, die natürlich nur möglich sind, solange Mitgliedsbetriebe bereit sind, ihre eigenen Zahlen für einen neutralen Vergleich zur Verfügung zu stellen. Das ist über viele Jahre hinweg der Fall, bis das Deutsche Reisebüro in den 70er Jahren mit dem DER-

Rechenzentrum eine zentrale Reisebürobuchhaltung anbietet, aus der sich – sozusagen als Abfallprodukt – zuverlässige Betriebsvergleiche ableiten lassen.

1958 beginnt der DRV mit der Herausgabe von Lehrstoffheften für die Ausbildung von Reisebürofachkräften. Dies ist der Beginn einer langen Reihe von Lehrbüchern, die der Verband für die Nutzung in den staatlichen Berufsschulen, aber auch für die betriebliche Aus- und Weiterbildung herausbringt. Der DRV sorgt auch dafür, dass an Berufsschulen spezielle Reisebürofachklassen eingerichtet werden, und er lädt auf Initiative des Vorstandsmitgliedes Robert Rix im Herbst eines jeden Jahres die Berufsschullehrer zum Meinungsaustausch mit den Vertretern der Praxis ein. Der Verband ist wesentlich beteiligt an der Entwicklung des Berufsbildes „Reisebürokaufmann", das 1962 verabschiedet wird. Es löst den Ausbildungsberuf „Reisebürogehilfe" ab, der auch unter Mitwirkung des DRV 1953 enstanden war.

Auf dem Gebiet der beruflichen Aus- und Weiterbildung hat sich Robert Rix vom Reisebüro Mönchengladbach von 1968 bis 1988 besonders verdient gemacht. Er bringt mit immer wieder neuen Ideen die berufliche Bildung voran. Er entwickelt mit Fachleuten einen Eignungstest, damit sich die Reisebüros mit der Auswahl geeigneter Kandidaten aus der großen Zahl von Lehrlingsbewerbern leichter tun, er appelliert an die Kollegenbüros, in die Ausbildung ihrer Mitarbeiter zu investieren. Rix organisiert auch Schulungsveranstaltungen und entwickelt, als die Teilnehmerzahlen zurückgehen, ein Verkaufsschulungsprogramm auf Videokassetten, das in den Reisebüros erarbeitet werden kann. Da die Kosten für die Entwicklung und Erstellung des Schulungsprogramms die finanziellen Möglichkeiten des Verbandes übersteigen, holt Rix sich von der Lufthansa, der Bahn, der TUI und der Europäischen Reiseversicherung das notwendige Geld.

Für die Mitglieder übernimmt der Verband 1962 eine besonders wichtige Aufklärungsarbeit. Es geht um die Durchführung der Umsatzsteuerreform beziehungsweise die Einführung des Mehrwertsteuersystems. Die verbandsinterne Beratung für die Mitglieder wird verstärkt durch die Einstellung von Juristen, wie die Rechtsberatung der Mitglieder. Wenn es um die Klärung grundsätzlicher Rechtsprobleme von Reisebüros oder Reiseveranstaltern geht, die für die gesamte Branche von Bedeutung sind, beteiligt sich der Verband an den Prozesskosten.

Der DRV wirkt an der Gründung des Weltreisebüroverbandes Universal Organisation of Travel Agents Associations (UOTAA), der Vorgängerorganisation der heutigen UFTAA mit sowie 1959 an der Gründung des Verbandes der nationalen Reisebüros innerhalb der Europäischen Gemeinschaft, der heutigen ECTAA. Der DRV meldet Forderungen, Wünsche und Anregungen an die Bundesregierung und an den Deutschen Bundestag an und beklagt sich 1972 erstmals durch seinen Präsidenten Hans Junges, dass der Tourismus mit seiner wirtschaftlichen Bedeutung von den Politikern nicht ernst genommen werde. Junges fordert die Zusammenfassung aller touristischen Kompetenzen in einem Ministerium.

Neuer Name, neues Logo: Der DRV früher und heute.

1962

Führung mit Stafettenwechsel

Die erfolgreiche Verbandsarbeit hängt nicht nur von einem aktiven Präsidenten und engagierten Verbandsmitgliedern ab, sondern auch von einer zuverlässigen und emsigen Geschäftsstelle. Im Laufe der 50-jährigen Geschichte des DRV hat es lange Zeiten gegeben, in denen die ehrenamtlichen Präsidenten und Vorstandsmitglieder zwar die verbandspolitische Richtung vorgegeben und vertreten haben, der DRV aber in der Realität vom Hauptgeschäftsführer geführt wurde. Der erste Geschäftsführer des DRV ist Friedrich Burger, ein Berliner von altem Schrot und Korn, der von 1927 bis 1936 für das Reisebüro des Ullstein Verlags und 1937 in die Geschäftsführung des damaligen Reisebürofachverbandes berufen wurde. Carl Degener, der Initiator der Neugründung des DRV im Jahr 1950, holt sich den 45-jährigen Burger und vertraut ihm den Verband an. Burger vertritt die Interessen der Verbandsmitglieder mit heißem Herzen, aber kühlem Verstand. Er verfolgt seine Ziele beharrlich, ist aber gleichzeitig flexibel und kompromissbereit. Er geht Ende 1971 im Alter von 66 Jahren in den Ruhestand.

1959

Sein Nachfolger ist Dr. Heinz Klatt, der zum Zeitpunkt der Amtsübergabe auch schon 50 Jahre alt ist. Er hat allerdings schon 20 Jahre vorher beim DRV angefangen, zunächst als Justiziar, 1959 wird er Geschäftsführer unter Burger. Klatt ist ein Glücksfall für den Verband, auch ist es gut, einen Juristen an dieser Stelle zu haben. Er arbeitet systematisch und präzis, kennt sich in allen Detailfragen aus und berät den Vorstand und die Arbeitsausschüsse. Unter ihm wandelt sich der Verband von einer Standesorganisation zu einem modernen Wirtschaftsverband. Er selbst nimmt sich dabei aber durchaus zurück und lässt dem jeweiligen Präsidenten genügend Raum zur Entfaltung und öffentlichen Darstellung. Klatt wird Mitte 1986 65 Jahre alt und geht Ende des Jahres, von seinem Verband in allen Ehren verabschiedet, in den Ruhestand.

Hans Junges: der erste DRV-Präsident (1968-1974)

Hans Junges führt das Reisebüro Dr. Junges in Koblenz und findet sich 1968 bereit, Präsident des DRV zu werden. Er ist im übrigen der erste DRV-Präsident, vorher regierte ein dreiköpfiger Vorstand unter der Leitung eines Vorsitzenden. In die Zeit von Junges' Präsidentschaft fallen wichtige Verbandsentwicklungen, die allerdings bei näherem Hinsehen auf die Initiative von Klatt zurückzuführen sind. Klatt brennt 1971 darauf, als Nachfolger des pensionierten Friedrich Burger der Welt zu beweisen, was der Verband alles kann und auch besser machen kann. So wird beim DRV erstmals Geld für die Einstellung einer Fachkraft für die Öffentlichkeitsarbeit bereitgestellt. Nun werden monatlich Pressenachrichten versandt, nicht nur an die Branchen-Fachpresse, sondern auch an die Tageszeitungen, Illustrierten, Rundfunk- und Fernsehanstalten. Robert Rix vom Reisebüro Mönchengladbach kommt gleichzeitig mit Hans Junges in den DRV-Vorstand und macht die berufliche Aus-

und Weiterbildung zu einem zentralen Verbandsanliegen. Mit dem Deutschen Bundestag beginnt die Diskussion über die, wie es heißt, „schutzlos" den Reiseveranstaltern ausgelieferten Pauschalreisenden. Wortführer in Bonn sind Staatssekretär Bayerl vom Bundesjustizministerium und der spätere SPD-Staatssekretär Dr. Hans de With. Der DRV wird durch den Vorsitzenden des Rechtsausschusses und späteren Präsidenten Dr. Walter Vogel vertreten.

Im Mai 1973 wird vom DRV erstmals – mit professioneller Hilfe des Frankfurter Journalisten und PR-Fachmannes Horst Egon Scholz – zur so genannten Bonner Touristik-Suite im Hotel Tulpenfeld eingeladen. Der DRV-Vorstand trifft sich mit Parlamentariern, hohen Beamten der zuständigen Ressorts und Verbraucherschützern und diskutiert aktuelle und kontroverse Themen.

Es liegt auf der Linie des im Aufbruch befindlichen Verbandes und seines neuen Geschäftsführers, dass die Jahrestagung 1973 in Bonn stattfindet, wo die politische Musik gemacht wird. Auch die Entwicklung der Europäischen Gemeinschaft und ihre Auswirkung auf die deutsche Reisebranche sind lebhaft diskutierte Themen. Soll es Reisebürokonzessionen geben? Deregulierungsziele stehen dagegen. Und der DRV steht mit seinem Wunsch nach einer Zulassungsordnung für Reisebüros auf verlorenem Posten.

1973

In die Zeit von Präsident Hans Junges fällt die so genannte Solidarhilfevereinbarung. Der DRV hat die dem Verband angehörenden Reiseveranstalter und Ferienfluggesellschaften veranlasst, sich zur Rückführung deutscher Urlauber zu verpflichten, die im Ausland gestrandet sind. So ist es ist in den Jahren zuvor gelegentlich vorgekommen, dass deutsche Veranstalter in Konkurs gingen und nicht

Der DRV-Vorstand im Jahre 1969 mit Dr. Walter Vogel als Präsident.

mehr in der Lage waren, die bereits ausgeflogenen Urlauber wieder nach Hause zu holen. Die dafür eigentlich vorgesehenen Fluggesellschaften lehnen bisher die Rückbeförderung angesichts leerer Kassen ab. Zwangsläufig muss sich in solchen Fällen das Auswärtige Amt einschalten, um den deutschen Bürgern die Rückreise in die Heimat zu ermöglichen. Nachdem inzwischen über eine gesetzliche Auflage diskutiert wird, die den gesunden Reiseunternehmen den Rücktransport zur Pflicht machen soll – ob das jemals funktioniert hätte? –, präsentiert der DRV die Selbstverpflichtung des Gewerbes, sich um den Rücktransport von im Ausland gestrandeten Urlaubern zu kümmern. Die Federführung liegt abwechselnd bei einem der großen Veranstalter-Unternehmen. Welche andere Branche kann eine derartige Solidarleistung gegenüber seinen Kunden vorweisen? Der Charakter der vom DRV verfolgten Themen zeigt, dass sich der Verband in den Jahren der Präsidentschaft Junges' tatsächlich von einer Standesorganisation zu einem selbstbewussten und an die Öffentlichkeit drängenden Wirtschaftsverband gewandelt hat.

Dr. Walter Vogel stellte seine Arbeitskraft uneingeschränkt in den Dienst des DRV.

Dr. Walter Vogel: Konturen für den Verband (1974-1980)

Dr. Walter Vogel, geboren im Juni 1911, ist ab 1974 bis November 1980 der erste Präsident des DRV, der für seine Aufgabe keine zeitlichen Rücksichten auf das eigene Unternehmen nehmen muss. Er scheidet im Alter von 63 Jahren aus dem Vorstand der TUI aus. 13 Jahre war er zunächst Hauptgeschäftsführer der Touropa und anschließend Vorstandsmitglied der TUI. Vogel verfügt über jahrzehntelange Erfahrungen in der Branche, hat das stürmische Wachstum des Tourismus miterlebt und kennt auch die kritische Seite der Branche. Dazu gehören die Glücksritter, die eine schnelle Mark machen wollen, jedoch keine Ahnung vom Geschäft haben und deshalb auch schnell wieder scheitern. Dazu gehört das ungebremste, landschaftszerstörende Bauen an den Sonnenküsten des europäischen Südens. Im übrigen führen Mängel in der Zusammenarbeit der deutschen Reiseveranstalter mit ihren ausländischen Geschäftspartnern gelegentlich zu massiven Reklamationen der deutschen Urlauber und zur Forderung nach einer besseren Rechtsposition der Urlauber gegenüber den Veranstaltern.

Unter der Präsidentschaft von Vogel kommt das seit 1971 in der Diskussion befindliche Reiseveranstaltergesetz im Januar 1979 zur Verabschiedung im Deutschen Bundestag. Nicht versicherbare unbegrenzte Haftungssummen und untragbar niedrige Stornokosten bei Absage in letzter Minute werden nach ausführlichen Diskussionen zwischen den Parlamentariern, dem Bundesjustizministerium und dem DRV wieder aus dem Gesetzentwurf gestrichen. Auch die ursprüngliche Forderung der SPD-Fraktion unter Wortführer Hans de With, eine einmal ausgeschriebene Reise müsse auch dann durchgeführt werden, wenn die im Programm vermerkte Mindestteilnehmerzahl nicht erreicht werde, wird fallengelassen. Für den Rücktritt von einer Reise werden in zeitaufwendigen Diskussionen mit den Bundestagsfraktionen und der Arbeitsgemeinschaft der Deutschen Verbraucherverbände unter Leitung der kämpferischen, aber fairen Dr. Gabriele Erkelenz Fristen und Gebühren festgelegt, die beiden Seiten zugemutet werden können. Das Ergebnis ist ein Gesetz, mit dem die deutsche Branche leben kann, dessen Zustandekommen sie in der endgültigen Form zu einem guten Teil Walter Vogel zu verdanken hat. Er hat sich allein mit dieser Leistung um den Verband verdient gemacht.

Zehn Jahre später dient dieses deutsche Gesetz als Modell für die Pauschalreiserichtlinie der Europäischen Union. Umso erstaunter ist die DRV-Führung, als sich im Wahlkampf um das Europäische Parlament die damalige Europa-Abgeordnete und heutige Heidelberger Oberbürgermeisterin Beate Weber lautstark für die europäische Richtlinie ausspricht, damit den „armen" Urlaubsreisenden endlich mehr Schutz zuteil werde. Sie bedient sich der Wahlkampfparolen der Sozialistischen Fraktion des Europäischen Parlaments, ohne zu merken, dass diese für Deutschland wegen des längst gültigen Reisevertragsgesetzes gar nicht zutreffen.

Mit seinem scharfsinnigen Verstand und seinem Verhandlungsgeschick gibt Vogel dem DRV deutlichere Konturen. Er bemüht sich, in diesem Mischverband immer wieder einen Ausgleich widerstrebender Interessen herbeizuführen. Das ist nicht einfach. Unter seinem Vorgänger Junges ist es noch zu einem DRV-Ausschuss Großveranstalter gekommen, die sich durch den Verband nicht ausreichend vertreten fühlten. Nun bildet sich der Arbeitskreis selbstständiger Reisebüros, der sich im Laufe der Jahre zum Konkurrenzverband entwickelt.

Um die Kommunikation mit den Mitgliedern enger zu gestalten, beginnt Vogel mit „rotierenden" Vorstandssitzungen. Er legt sie an wechselnde Orte in Deutschland, um am Ende des Sitzungstages noch mit den örtlichen Verbandsmitgliedern zusammenzutreffen. Im Herbst 1980 scheidet Dr. Walter Vogel im Alter von 69 Jahren aus dem Präsidentenamt aus. Die Verbandsmitglieder wählen ihn zum Ehrenpräsidenten. Sie wissen, dass sie es ihm zu verdanken haben, dass die deutsche Reisebranche einen guten Schritt weitergekommen, in der Politik und in der Öffentlichkeit ein akzeptierter Gesprächspartner geworden ist. Die Anerkennung für seine Leistungen sowohl während der Jahre bei der Touropa und bei der TUI als auch für die DRV-Präsidentschaft zeigt sich auch in der Verleihung des Großen Verdienstkreuzes des Verdienstordens der Bundesrepublik Deutschland, seiner Ernennung zum Ehrenbürger von Rhodos und an weiteren ausländischen Auszeichnungen. Auf die interessanteste ausländische Ehrung hat er immer wieder voll Freude und Stolz hingewiesen. Spanien verlieh ihm das Komturkreuz mit Stern des Königlichen Spanischen Ordens Isabel la Católica. Mit der Ordensurkunde erhielt er in einem gesonderten Umschlag einen Schnittmusterbogen und Stoffproben für die standesgemäße Kleidung eines Ordensträgers. Mit dem großen Spanischen Orden ist das Recht verbunden, entsprechend gewandet hoch zu Ross in die Kathedrale von Toledo einzureiten. Zu diesem repräsentativen Auf-

1980

385

tritt ist es nie gekommen, auch der Maßschneider wurde nicht in Anspruch genommen, wie Vogel stets schmunzelnd zu berichten wusste.

Vogel galt vielen als distanziert, ja, sogar als leicht arrogant, er kam überdies aus der Ecke der „Großen", hatte aber den Mitgliedern bei seiner Wahl versprochen, der Präsident aller zu werden. Er hat das Versprechen eingelöst. Er war dem Autor, als seinem Nachfolger im Amt, bis zu seinem Tod freundschaftlich verbunden, eine Freundschaft, die diesem sehr viel bedeutet hat – nicht nur weil beide sich einig darin waren, dass nur wenig über einen edlen Rotwein und eine gute Zigarre geht. Dr. Walter Vogel starb 1996 nach langer Krankheit im 85. Jahr seines, wie er auch noch auf dem Krankenlager betont hat, erfüllten Lebens.

Otto Schneider: konstruktive Kontroversen (1980-1994)

Otto Schneider hatte schon Verbandserfahrung.

Als sich Otto Schneider zur Wahl als DRV-Präsident stellt – angesprochen auf diese Position wird er erstmals während der ITB 1980 in Berlin –, hat er eine Amtsperiode als Vorsitzender des Ausschusses für Linienluftverkehr hinter sich. In dieser Funktion hat er die Konfrontation mit der Lufthansa nicht gescheut, die den ständigen Verfall der Linientarife in ihrem Heimatmarkt verhindern will, obwohl sie beim Unterbieten der behördlich verordneten Festpreise in den Auslandsmärkten kräftig mitmacht. Schneider hat sich bei den DRV-Mitgliedern einen Namen gemacht, weil er die Probleme offen anspricht und ehrliche Antworten vom Vorstand der Lufthansa verlangt. Die Aktivitäten des DRV unter Schneiders Präsidentschaft nehmen im erheblichen Umfang zu. Er kann sie nur bewältigen, weil er einen vorzüglich besetzten Vorstand an seiner Seite und eine gut funktionierende Geschäftsstelle hat.

Im Vorstand gibt es eine gute Mischung aus selbstständigen Unternehmern und Vertretern großer Firmen. Bei letzteren handelt es sich um Führungskräfte aus der ersten Reihe. Das stellt sicher, dass die Maßnahmen des Verbandes auch von den Mitgliedern mitgetragen werden. Dr. Jürgen Fischer, Jahrgang 1931, seit 1972 im Vorstand der TUI und seither auch im DRV-Vorstand, kümmert sich nicht nur um Betriebswirtschaft – er hat vor Jahren den DRV-Betriebsvergleich initiiert – und Marktforschung, sondern auch um die Verbandsfinanzen. Wenn Beitragserhöhungen unvermeidlich werden, setzt Fischer sie durch. Auch Satzungsreformen und Änderungen des Stimmrechts werden von Fischer vorbereitet und vertreten. Dr. Jürgen Fischer ist von 1974 bis 1978 Fachbereichsvorsitzender der Gruppe Reiseveranstalter und anschließend Vizepräsident des DRV. Bei seinem Ausscheiden aus dem Verbandsvorstand 1985 berufen ihn die Mitglieder zum Ehrenvorstandsmitglied.

1985

Als Nachfolger im Bereich der Verbandsfinanzen tritt Rolf Pagnia auf den Plan, langjähriger Geschäftsführer der Neckermann Touristik. Er gehört von 1978 bis 1989 dem DRV-Vorstand an, in den letzten Jahren als Vizepräsident. Er sorgt dafür, dass beim DRV die Kasse stimmt, und kümmert sich um die Ausschüsse Bedarfsluftverkehr und Zielgebiete (1991-1994), um die Branche bei der EU und im Europäischen Parlament zu vertreten. Er ist von 1988 bis 1990 Präsident des europäischen Veranstalterverbandes Ifto, und unter seiner Leitung entsteht eine erste Studie über Auswirkungen des Tourismus auf Umwelt und Natur auf Mallorca. Sie wird von der EU bezuschusst, verschwindet aber bald in den Akten, weil die Zeit für ein wirkliches Umdenken in Spanien noch nicht gekommen ist.

Dr. Gerhard Heine gehört dem Verbandsgremium seit 1978 an, einem Jahr nach seiner Berufung in die Geschäftsführung des DER. Von 1980 bis 1982 und ab 1997 ist er Vizepräsident des Verbandes. Der Jurist Heine gehört dank seiner Überzeugungs- und Ausstrahlungskraft zu den beliebten und geschätzten Vertretern des Gewerbes. Er arbeitet im Rechtsausschuss mit, jahrelang als dessen Vorsitzender, er pflegt die Kontakte zu den Mitgliedern und gehört – wie auch Gerd Falke von Wolters Reisen in Bremen – zu den Unentwegten, die bei keinem parlamentarischen Abend in Bonn fehlen, auch wenn sie sich für die Rückfahrt nach Hannover oder Bremen die halbe Nacht um die Ohren schlagen müssen. Bei den Vereinigungsgesprächen DRV/ASR ist Gerd Heine jedesmal ein fairer und aktiver Mitgestalter. Es liegt wahrlich nicht an ihm, dass alle Versuche scheitern. Heine ist auch derjenige, der dem Vorstand des DRV mit 19 Jahren, von 1978 bis 1997, am längsten gedient hat. Heute, pensioniert, lebt Heine teils in Hannover, teils in seinem französischen Zweitdomizil, wird aber immer wieder gerufen, wenn guter Rat gefragt ist.

1985 kommt es zu einer einschneidenden Veränderung im Verbandsleben. Schneiders Doppelarbeitssitz – zum einen Hapag-Lloyd in Bremen, zum anderen die DRV-Geschäftsstelle in Frankfurt – und die stark gewachsene Verbandsarbeit führen zu dem Beschluss der Mitglieder, sich einen voll bezahlten Präsidenten zu leisten. Schneider fällt die Wahl zwischen Hapag-Lloyd und DRV nicht ganz leicht.

DRV-Pressekonferenz 1981: Vizepräsident R. Weinacht, Vorstand R. Pagina, Hauptgeschäftsführer Dr. H. Klatt, Präsident O. Schneider, Vizepräsident Dr. J. Fischer, Vorstand H. D. Sellke und Pressereferentin Chr. Hedegard (von rechts nach links).

Er fühlt sich dem Unternehmen nach 17 Jahren Tätigkeit eng verbunden, aber der DRV lockt ihn doch stärker. 1986 bezieht er sein Büro in Frankfurt.

Der DRV wird von Regierung und Parlament immer öfter um Stellungnahmen und zu Beratungen gebeten. Das 1989 auf Initiative des DRV und mit finanzieller Beteiligung von ADL, ADV, ASR, RDA, Lufthansa und des Bundesministeriums für Wirtschaft erstellte wissenschaftliche Gutachten über die wirtschaftliche Bedeutung des Tourismus ("Wirtschaftsfaktor Tourismus") überzeugt die letzten Zweifler davon, dass die deutsche Reisebranche einen wichtigen Beitrag zum Bruttoinlandsprodukt liefert und auch von der Zahl der durch sie Beschäftigten von Bedeutung ist. Die wachsende Kritik an Reisen in Länder der Dritten Welt, die angeblich den *1990* Zielgebieten kein Geld, sondern nur Schaden bringen, nimmt der DRV 1990 zum Anlass einer weiteren Untersuchung durch das Deutsche Wirtschaftswissenschaftliche Institut für Fremdenverkehr an der Münchener Universität. Die Studie "Wirtschaftsfaktor Ferntourismus" wird mitfinanziert von AT&T Deutschland, der Lufthansa, Eurocard, FVW International, ITS, Meier's Weltreisen und der TUI. Das Ergebnis trägt wesentlich zur Versachlichung der kontroversen Diskussion bei.

Selbstbewusst knüpft der DRV eigene Kontakte zu ausländischen Regierungen, wenn sich im Tourismus in anderen Ländern ernsthafte Probleme ergeben. So gibt es Ad-hoc-Missionen nach Peru, als von deutscher Seite wegen terroristischer Überfälle eine voreilige Reisewarnung ergeht. Andere DRV-Delegationen reisen nach Moskau, Jugoslawien und in die Türkei. Vizepräsident Rolf Pagnia macht sich auf den Weg nach Kenia, als sich Überfälle auf ausländische Touristen auf der Strasse von Nairobi nach Mombasa mehren. In einem Gespräch mit Präsident Arab-Moi erreicht er eine Verstärkung der Kontrollen mit dem Ergebnis, dass die Überfälle stark zurückgehen und die Ängste der Reisenden nach Ostafrika wieder schwinden.

Da die sozialistischen Staaten auch Tourismuszahlen in ihre mehrjährigen Wirtschaftspläne aufnehmen, wollen sie diese Zahlen durch Vereinbarungen mit den touristischen Entsenderländern absichern. In Bonn ist man nicht begeistert davon, denn Zusagen können von Regierungsseite sowieso nicht gegeben werden. Deswegen wird der DRV gebeten, auf Arbeitsebene entsprechende Gespräche zu führen und notfalls schriftliche Vereinbarungen einer Zusammenarbeit zu treffen. So kommt es zu jährlichen Treffen des DRV mit Regierungsvertretern und Tourismusfunktionären aus der Tschechoslowakei, Jugoslawien und Ungarn. Beratende Tourismusgespräche auf Regierungsebene unter Beteiligung des DRV werden mit Ägypten, Indien, der Türkei und der UdSSR geführt.

In die Zeit der Präsidentschaft von Otto Schneider fällt auch die deutsche Wiedervereinigung. Den Mauerfall erleben die Mitglieder tief bewegt auf der Jahrestagung 1990 in Istanbul. Bei den deutsch-deutschen Vorbereitungsgesprächen gibt es auch offizielle Erörterungen über den Tourismus, zu denen Schneider hinzugezogen wird. Der DRV richtet 1990 ein Kontaktbüro am Berliner Alexanderplatz ein, das er mit der erfahrenen Eleonore Gutmacher besetzt, die bis heute dort ihr Werk tut. Von hier werden die neu entstehenden Reisebüros in der ehemaligen DDR betreut. Es werden Seminare für Existenzgründer in den neuen Bundesländern wie auch zahlreiche regionale Mitgliederversammlungen veranstaltet. Es gibt viele Fragen, viele Unsicherheiten und sehr viel Engagement. Es gibt aber auch einige Glücksritter, die mit dem Reisegeschäft die schnelle Mark machen wollen, was natürlich nicht gelingt. Burkhard Nipper, Nachfolger von Dr. Heinz Klatt in der Geschäftsführung des DRV, widmet sich dieser Aufgabe mit besonderer Verve. Der Jurist Nipper ist von 1986 an Geschäftsführer und von 1989 bis 1995 Hauptgeschäftsführer des DRV und engagiert sich in seiner Amtszeit auch bei der Willy Scharnow-Stiftung.

Beate Serrano ist 1985 die erste Frau im DRV-Vorstand. Sie vertritt mit Sachverstand und Temperament die Sache der Mittler. Erst 1995 kommt Magdalene Hieke als Zweite hinzu – und dabei bleibt es dann auch. Beate Serrano ist auch die erste „Grüne", wenn auch nicht im politischen Sinn, sondern als bewusste Schützerin der Umwelt. Die Erkenntnis wächst, dass der Tourismus Schaden an der Umwelt und an der Kultur der besuchten Länder anrichtet und damit auch seine Existenz und Zukunft ernsthaft gefährden kann. Dieser Verantwortung will Serrano gerecht werden, indem sie zunächst die eigenen Kollegen wachrütteln will. Dann sollen aber auch die Touristen aufmerksam gemacht werden auf das, was sie während ihres Urlaubs an Schaden anrichten können. Und gleichzeitig gilt es, das Umweltinteresse in den touristischen Zielländern wach zu halten oder zu wecken.

Um das zu erreichen, wird wird ein jährlicher Umweltpreis geschaffen, der erstmals 1987 vergeben wird. Der Preis besteht neben seinem ideellen Wert, der Anerkennung für besondere Leistungen zum Schutz der Umwelt im Zusammenhang mit dem Tourismus, aus einer Plastik, die der Künstler Otto Wesendonk geschaffen hat – einer bronzefarbenden beweglichen Sonnenscheibe auf einer pyramidenförmigen Säule schwebend als Symbol für Sonne, Wind, Wärme und Bewegung. Der erstmals vergebene Preis geht an eine Bevölkerungsinitiative in Jugoslawien, die es verhindert hat, dass die Taraschlucht, ein einzigartiger Canyon von wilder Schönheit, in einem gewaltigen Stausee verschwindet. Der Bevölkerungsprotest hat die Belgrader Regierung zur Rücknahme ihres Beschlusses veranlasst. Wie richtig man diesen ersten Preisträger ausgewählt hat, davon kann sich bald darauf der DRV-Vorstand tief beeindruckt selbst überzeugen.

1987

Beate Serrano entwickelt nach Einführung des DRV-Umweltpreises einen Umweltleitfaden für Reiseveranstalter, für Hotels, touristische Zielgebiete und eine enge Zusammenarbeit mit dem Bundesumweltamt. Sie sorgt dafür, dass der DRV in seinen Gesprächen mit ausländischen Kollegen und Regierungsvertretern das Thema Schutz von Umwelt und Kultur als festen Tagesordnungspunkt aufnimmt. Als Serrano 1994 den Vorstand verlässt, tritt Martin Buese, Chef von Gebeco in Kiel, ihre Nachfolge an.

Mit seinem vielseitigen Engagement beeindruckt der Verband auch die Parlamentarier, mit denen sich ein vertrauensvoller Meinungsaustausch entwickelt – Tourismus wird nicht durch die parteipolitische Brille betrachtet, der DRV ist gern gesehener Gast bei den tourismuspolitischen Arbeitsgruppen von CDU/CSU, FDP und SPD und mehrmals im Jahr Gastgeber von Parlamentarischen Abenden in Bonn und Berlin. Zu den Jahrestagungen erscheinen regelmäßig Repräsentanten der Bundestagsfraktionen und der Parlamentarische Staatssekretär im Bundeswirtschaftsministerium.

Branchenintern gibt es Licht- und Schattenseiten. Zu den Schattenseiten gehört das Scheitern des Versuchs, ASR und DRV wieder zusammenzubringen. Zur positiven Entwicklung gehört das Engagement von Rudi Hardell, Reisebüro Spandau (Berlin), der sich als Vorsitzender des DRV-Ausschusses Neue Medien und des Start-Nutzerbeirats nicht nur auf wichtige Verhandlungen über Mietkonditionen beschränkt, sondern die Verbandsmitglieder in Tagungen und Einzelgesprächen auf die Veränderungen im Bereich der elektronischen Datenverarbeitung und -vermittlung vorbereitet. Hardell versteht es immer wieder, komplizierte Zusammenhänge leicht verständlich darzustellen. Er ist ein Beispiel für einen guten Mitgliederservice, was von einem Verband natürlich auch erwartet wird. Wolfgang Schambach, ein Reisebürounternehmer aus Worms, löst Rudi Hardell in der Zuständigkeit für Neue Medien im DRV-Vorstand ab. Er ist eine Vertrauen ausstrahlende Persönlichkeit mit profundem Fachwissen, die in der Branche hoch geschätzt wird.

1993 Abschließend zur Präsidentschaft von Otto Schneider seien noch drei Fakten erwähnt. Erstens werden ab 1993 Frühjahrstagungen eingerichtet – die erste findet in Eilat in Israel statt und ist ein großer Erfolg. Der DRV will mit diesen zielgebietsbezogenen Tagungen einen Beitrag zur Förderung des Tourismus leisten. Zweitens, beinahe eine Selbstverständlichkeit: Die umtriebige und erfolgreiche Tätigkeit des Verbandes führt zu einer erhöhten Aufmerksamkeit bei den Medien. Die Zahl der Berichte über den Verband und die Branche und die Zahl der Interviews mit DRV-Vertretern nimmt erheblich zu. Immer häufiger sind die Interviews und Gespräche in Rundfunk und Fernsehen, zu denen der DRV-Präsident gebeten wird.

Die Arbeit des Verbandes, der Umgang mit Problemen der Branche und das Interesse am Tourismus auf Seiten der Legislative machen den DRV zum unangefochtenen Sprecher der deutschen Reisebranche. Bei den Jahrestagungen des Verbandes sitzt nicht nur der Mittelstand, auch die Vertreter der großen Unternehmen nehmen Platz in den vordersten Reihen und identifizieren sich mit dem Verbandsgeschehen. Otto Schneider geht mit beinahe 66 Jahren in den Ruhestand.

Gerd Hesselmann (1994-2000)

Mit Gerhard Hesselmann als DRV-Präsident beginnt eine neue Zeit, er ist auch Repräsentant einer neuen Ära, einer Zeit der Neuen Medien. Hesselmann will erst einmal die Geschäftsstelle modernisieren, eine Zertifizierung nach ISO 9000 schwebt ihm vor, auch eine bessere Ausstattung mit leistungsfähigen PC, modernere Möbel und eine funktionsfähige Telefonanlage sind angestrebt. Aber auch auf der personellen Seite gibt es Veränderungen. Burkhard Nipper, der gründliche und fleißige Hauptgeschäftsführer und Justiziar des Verbandes und zuverlässige Zuarbeiter für den Präsidenten, muss 1995 seinen Stuhl räumen, nachdem er sich in einem Fernsehinterview auf eine provozierende Journalistenfrage den Reisebüros beziehungsweise den Reiseveranstaltern eine von ihnen nicht zu tragende Verantwortung zuordnet. Das löst in der Öffentlichkeit zwar keinen großen Wirbel aus, innerhalb des Verbandes aber umso mehr. Dem Verband kommt zugute, dass er noch aus Klatts Zeiten einen leitenden Mitarbeiter hat, der alles zusammenhält. Es ist Geschäftsführer Leonhard Reeb, der den DRV, seine Geschichte, seine Zahlen, seine Probleme und die Lösungen im Kopf hat. Ohne Reeb hätte es der Verband sehr viel schwerer zu funktionieren. Er ist das Herzstück des Verbandes.

Gerhard
Hesselmann
gliedert den DRV
in vier Säulen.

Hesselmann nimmt 1998 einen erneuen Anlauf, um DRV und ASR zu vereinigen. Mit viel Geld wird von einer Unternehmensberatungsfirma ein Modell entwickelt, das beiden Verbänden gerecht werden soll. Aber auch diesmal verweigert sich der ASR im letzten Moment, und der DRV unternimmt zum zweiten Mal die für die Vereinigung beider Verbände vorgesehenen Schritte für sich allein. Es geht auf gut Deutsch um weniger Einfluss der größeren Unternehmen im DRV. Sie dürfen zwar kräftig bezahlen, ihre Stimmrechte werden aber weiter beschnitten. Sie nehmen das im Interesse ihrer Standesorganisation hin.

1998

Der Verband wird jetzt auf vier Säulen gestellt. Sowohl bei den Reisebüros als auch bei den Reiseveranstaltern wird unterschieden zwischen Einzelkämpfern und Konzernen. Die DRV-Mitglieder wählen innerhalb ihrer Gruppe ihre Säulenheiligen, die als Vizepräsidenten mit Präsident und Finanzvorstand das Präsidium bilden. Es gibt wieder einen engeren und einen weiteren Vorstand. Der Unterschied gegenüber früher besteht in den Vollmachten der Säulenvorsitzenden. Sie sind quasi autark, nur ihren Säulenmitgliedern verantwortlich, und können in der Öffentlichkeit so auftreten, als repräsentierten sie eigene Verbände. Dem Präsidenten, der laut Satzung nicht aus dem Kreis des Vorstands kommt, sondern von den Mitgliedern selbst gewählt wird, bleibt die wichtige Aufgabe eines Moderators und die eines Repräsentanten des Gewerbes. Zu diesem Zeitpunkt kehrt der Verband auch zu seinem ursprünglichen Status zurück: Hesselmann ist ab 1998 ehrenamtlicher Präsident. Die 13-jährige Ära voll bezahlter Präsidenten hat damit zunächst ihr Ende.

Interessant am „DRV neu" ist, dass die beiden Säulen der Einzelunternehmer zwar ein relativ lebhaftes Eigenleben entwickeln, die erwarteten Diadochenkämpfe zwischen Groß und Klein beziehungsweise deren Matadoren aber ausbleiben. Die Säulen der Reisebüroketten und der Reisekonzerne stellen sich bei Verbandsveranstaltungen zwar der Diskussion, als spezielle DRV-Gruppen treten sie ansonsten nicht in Erscheinung. Für den DRV-Präsidenten gibt es außer den vierteljähr lichen Vorstandssitzungen wenig zu moderieren. Das Kernproblem der kleinen Reisebüros, wie sie bei sinkenden Provisionssätzen überleben sollen, ist am Ende des 19. Jahrhunderts ungelöst, und auch der DRV hat dafür kein Patentrezept.

Klaus Laepple
führt den DRV ins
neue Jahrtausend.

Klaus Laepple (ab 2000)

Die DRV-Tagung in Marbella bringt im Oktober 2000 mit Klaus Laepple einen neuen Präsidenten. Lange sieht es so aus, als habe das Plenum zum ersten Mal die Wahl zwischen zwei Kandidaten. Doch der zweite Bewerber, Walter Krombach, zieht seine Kandidatur kurz vor der Tagung wieder zurück. Klaus Laepple, Reisebüro-Besitzer aus Düsseldorf, kündigt eine aggressive Verbandspolitik an, in deren Zentrum der Mittelstand stehen solle.

DRV-Jahrestagungen

Die Jahrestagungen des Deutschen Reisebüro-Verbandes haben für den Verband und seine Mitglieder jahrzehntelang große Bedeutung. Sie geben Präsidenten, Vorstand und Geschäftsführung Gelegenheit, die Situation der Branche, ihre brennendsten Probleme und die Maßnahmen des Verbandes darzulegen. Die Berichterstattung über die DRV-Jahresmitgliederversammlungen findet sowohl in der Fachpresse als auch in den Publikumsmedien lebhaften Niederschlag, so dass auch die nicht zur Tagung angereisten Mitglieder nachlesen können, was gesagt, versprochen und beschlossen wurde. Der Verband lädt im Laufe der Jahre mit zunehmender Begeisterung auch Fernseh- und Rundfunkjournalisten ein und nutzt die Gelegenheit, generelle Branchenanliegen zu erörtern. Daraus entwickelt sich ein gutes Verhältnis zwischen den Vertretern der Medien und dem Verband, das auch während des übrigen Jahres bei aktuellen Anlässen für beide Seiten nützlich ist.

Die Verbandsmitglieder haben während der DRV-Tagungen Gelegenheit, mit den Verbandsfunktionären Einzelgespräche zu führen und sich an den Diskussionen im Plenum zu beteiligen. Da Wortmeldungen bei Versammlungen von mehreren hundert Menschen nicht jedermanns Sache sind, versucht der Verband immer wieder aufs Neue, durch Podiumsdiskussionen und Arbeitsgruppen die Tagung aufzulockern und zu beleben.

Zu den einzelnen Mitgliedern, die keine Scheu vor der Menge haben, gehört in den 70er Jahren Fritz Müller aus Bad Harzburg, der ein begeisterter DER-Vertreter ist und unermüdlich für die Anliegen der kleineren Reisebüros mit amtlichem Fahrkartenverkauf eintritt. Zu der Gruppe engagierter Verfechter der Interessen selbstständiger Reisebüros gehören auch Egon Raasch vom Reisebüro Rominger in Stuttgart, Reinhold Stiegele aus Schwäbisch-Gmünd, Rudi Hardell aus Berlin und Magdalene Hieke aus Ibbenbühren. Kein Wunder, wenn solche Kämpfernaturen in den Arbeitsgremien oder im Vorstand des DRV landen. Dazu hat sich der 1991 im Alter von 88 Jahren gestorbene Fritz Müller allerdings nie bereit gefunden.

Einen Höhepunkt in der Gestaltung der DRV-Tagungen gibt es in den Jahren 1989 und 1990. Der Verband gewinnt den genialen Innsbrucker Wirtschaftsprofessor Dr. Clemens-August Andreae als Moderator, der wiederum Prof. Wolfgang Kartte, den Präsidenten des Bundeskartellamtes, zum Mitmachen animiert. So geraten die DRV-Tagungen 1989 in Istanbul und 1990 in Singapur zu den lebendigsten Mitgliederversammlungen des Verbandes. Andreae versteht es, schwierige Themen leicht verständlich zu machen, ja, sie in Szene zu setzen, Prof. Dr. Wolfgang Kartte löckt gern wider den Stachel und provoziert beispielsweise die Verbandsmitglieder, die der Liberalisierung und Deregulierung ablehnend gegenüberstehen, mit der Feststellung: „Sie sind immer noch die Fahrkartenknipser, als die Sie vor 40 Jahren angetreten sind." Aber es gelingt, auch mit Hilfe des klugen Ministerialdirektors Ulrich Geisendörfer vom Bundeswirtschaftsministerium, die DRV-Mitglieder auf die nicht mehr aufzuhaltenden Veränderungen und den schärfer werdenden Wettbewerb einzustellen. Die Zusammenarbeit mit Andreae findet ein tragisches Ende. Auf dem Rückflug von einer Studienreise von Hongkong mit 20 Studenten der Universität Innsbruck stürzt die Lauda Air-Maschine über Thailand ab und reißt alle Insassen mit in den Tod.

1990

Tagungsorte und Gastgeber

Die Wahl der Orte für die Jahrestagungen hat in den ersten 20 Jahren keine größere Bedeutung. Der Verband will sich überall in Deutschland einmal sehen lassen und ist natürlich auch dankbar, wenn eine Stadt oder Hotels aus nahe liegenden Gründen die Touristiker zu sich einladen. Mit Zunahme der Auslandsreisen wächst auch im Ausland das Interesse, die DRV-Mitglieder bei sich zu empfangen. Salzburg im Jahr 1970 ist ein Anfang. 1973 wird es dann für die Mitglieder noch verlockender, die Tagung findet in Athen statt. Jetzt wird der DRV zu Recht als willkommener Multiplikator angesehen, Griechenland als interessantes und lohnenswertes Reiseziel vorzustellen. Das kann dem Verband nur recht sein. Er betreibt mit seinen immer häufiger werdenden Auslandstagungen praktische Verkaufsförderung und macht seine Tagungen damit immer attraktiver. Ob es Killarney in Irland ist, Dubrovnik, Zürich, Washington, Helsinki, Mallorca, Istanbul, Singapur, Budapest oder Sousse in Tunesien, die gastgebenden Länder registrieren im jeweils folgenden Jahr eine deutliche Zunahme des Tourismus aus Deutschland. Also lohnt es sich, den DRV bei sich zu empfangen.

Der DRV bewirkt durch seine Auslandstagungen ein weiteres Zusammenwachsen seiner Mitglieder und eine Intensivierung der Kontakte zwischen seinen ordentlichen und außerordentlichen Mitgliedern. Die Außerordentlichen sind die „Lieferanten" der Reisebüros und Reiseveranstalter. Sie nutzen die Verbandstagungen, um ihre Kunden zu verwöhnen, wie zum Beispiel Günter Pölzelmayer mit seiner Irish Suite, wo Reisefachleute – ob nun schon lange im Geschäft oder Neue – zu

393

später Stunde, natürlich mit Irish Coffee in der Hand, miteinander plauschen. Auch die Amerikaner wissen die Gunst der Stunden zu nutzen: Egal ob die Chefs des amerikanischen Fremdenverkehrsamtes Hans Regh, Peter Bohen oder Max Ollendorf heißen, ihre „Open Houses" sind beliebter Treffpunkt, ihr eigenes Stehvermögen hält dem geübtesten Nachtschwärmer stand. Hier gehört zu den eifrigen Gastgebern auch Hans-Günther Beckers, ein touristischer Gruppenreisen-Pionier seit den 60er Jahren, der die längst vom Markt verschwundene Pan Am in Deutschland vertrat, die man sich ohne ihn kaum vorstellen konnte.

Aber auch die Briten laden ein, Hans-Günther Hannwacker, jahrelanger Geschäftsführer des Hessischen Touristikverbandes, richtet üppige Abende aus, Avis ist Gastgeber von Suiten – und es gibt viele andere Verwöhner der DRV-Mitglieder. Sie alle zu nennen, etwa die Gastgeber von Mittagessen, wie die Jugoslawen, deren süffiger Wein zu schweren Wimpern bei Nachmittagssitzungen führt, die Italiener, die Ungarn, die Israelis, die Griechen, die Portugiesen, kann nur zu der **1974** Unterlassungssünde der Nichtnennung von vielen anderen führen. Ab 1974 lädt die TUI, zumeist bei Auslandtagungen, am Abend vor Tagungsbeginn zu einem „Gettogether" ein. Das ist ein Höhepunkt, bevor das eigentliche Ereignis überhaupt erst begonnen hat. Hier findet sich die Branche (manch einen dort Gesehenen sah man später in keiner Sitzung mehr) zum spektakulären Erlebnis ein, als Beispiel sei nur das Fest 1995 im Castello de Bellver auf Mallorca zu nennen.

Zwischen den gastgebenden Ländern und dem DRV entwickeln sich natürlich intensive und zum Teil herzliche Beziehungen, die nie mehr einschlafen. So manche DRV-Tagung im Ausland wäre schief gegangen, hätte sich nicht ein Verantwortlicher der Gastgeber persönlich ins Schlachtgetümmel geworfen. Zum Beispiel Washington: Dort sitzen die DRV-Mitglieder und warten auf die offizielle Tagungseröffnung, vor allem auf einen gemischten Chor, der diese einleiten soll, aber irgendwo auf der Strecke geblieben ist. Da geht der Leiter des amerikanischen Fremdenverkehrsamtes, Max Ollendorf, dessen Deutsch – als nun seit vielen Jahren amerikanischer Staatsbürger – ein wenig an Politur verloren hat, auf die Bühne und versucht, in einem herrlichen Kölsch mit amerikanischem Akzent die Situation zu retten – und als der Chor dann immer noch nicht kommt, fängt er vor lauter Verzweiflung ganz einfach an, Witze zu erzählen. Die DRV-Mitglieder sind begeistert, Max Ollendorf ist der Hit der Veranstaltung, die dann doch irgendwann noch offiziell beginnt!

1986 In Lissabon 1986 findet ein Abend im Botanischen Garten statt. Der Repräsentant Portugals in Deutschland, Botschaftsrat José de Moura, stellt Stunden zuvor fest, dass es für die 800 Deutschen keine Toiletten auf dem Gelände gibt. Er veranlasst kurzfristig, dass noch entsprechende Häuschen aufgestellt werden, und rettet den Abend (und den Botanischen Garten). Aber de Moura greift noch entscheidender in das Geschehen ein. Die DRV-Tagung soll eigentlich im Gulbenkian-Konferenzzentrum stattfinden. Recht spät stellt dessen Vorstand fest, dass der DRV ein

394

Wirtschaftsverband ist und als solcher dort gar nicht tagen darf. Guter Rat ist teuer. Nun setzt de Moura alle Hebel in Bewegung und findet einen Raum, der eigentlich wenig für Veranstaltungen taugt: nämlich das Tiefgeschoss des Hauptpostamtes, das vom Architekten als Tiefgarage geplant war. Mit Fantasie, Kreativität und großem persönlichen Einsatz schafft es de Moura noch, den Raum DRV-geeignet herzurichten, so dass keiner merkt, wo er eigentlich gelandet ist. Portugal gehört dann auch – und nicht nur wegen der stillen oder weniger stillen Örtchen – zu den unvergessenen Tagungszielen.

In Palma de Mallorca beanstandet der DRV-Präsident am Tag vor der Kongresseröffnung, dass die trübe Beleuchtung im Sitzungssaal im Pueblo Español einer Beerdigungsstätte ähnelt und Sitzungsfreude kaum aufkommen werde. Auf seine Proteste erklärt man ihm, die elektrische Anlage des Hauses gestatte kein stärkeres Licht. Aber auch da gibt es jemanden, der Verantwortung trägt und Abhilfe schafft: Toni Munar vom mallorquinischen Fremdenverkehrsamt lässt während der Nacht eine Extraleitung durch das Dach legen, so dass am nächsten Tag der Raum im schönsten Licht erstrahlt. Derweil hat das DER, das sich um die technische Betreuung des Tagungsablaufes kümmert, ein Bettuch auf einen selbst gezimmerten Rahmen gespannt und damit für die fehlende Leinwand gesorgt. Und Mallorca bietet dann den DRV-Mitgliedern vom ersten bis zum letzten Moment eine Fiesta ohnegleichen – vom Feuerwerk über dem Meer bis zur Parade auf dem Paseo Marítimo.

Unvergesslich aber wird stets die DRV-Tagung 1989 in Istanbul sein. Da sagte es einer dem anderen: Die Berliner Mauer ist gefallen, die Grenze ist auf. Es liefen Tränen, man lag sich in den Armen, es herrschte beglückende Fassungslosigkeit. Nein, das wird wohl niemand vergessen ...

1989

ASR – Bundesverband mittelständischer Reiseunternehmen

Der DRV hat – wie auch seine Vorgänger in der ersten Hälfte des letzten Jahrhunderts – immer wieder einmal Konkurrenz bekommen, was aber nie von langer Dauer war. Bis auf eine Ausnahme: den ASR. Im Arbeitskreis selbständiger Reisebüroinhaber innerhalb des DRV finden sich 1976 zunächst zehn Reisebüroinhaber zusammen. Sie sind Mitglieder im DRV und wollen es auch bleiben. Aber sie fühlen sich im allumfassenden Branchenverband mit der Präsenz der großen Unternehmen im Vorstand und in den Ausschüssen nicht angemessen vertreten. Sie wollen die Anliegen der privaten und selbstständigen Unternehmer wirkungsvoller durchsetzen. Zu Sprechern des Arbeitskreises ASR werden die geistigen Väter der Initiative, Robert Weinacht aus Hamburg und Gottfried Preuss aus Moers, gewählt.

DRV-Konkurrent.

Die ASR-Gründer stoßen beim DRV sofort auf Verständnis für ihr Anliegen. Hauptgeschäftsführer Dr. Heinz Klatt entwirft für sie eine Satzung, und der DRV-Vorstand erfüllt kurzfristig den ASR-Wunsch nach Einrichtung eines Ausschusses selbstständiger Reisebüro-Inhaber im DRV. Er bestätigt den ASR-Sprecher Robert Weinacht als Vorsitzenden dieses neuen DRV-Ausschusses. Zu den Mitgliedern des neuen DRV-Ausschusses gehört unter anderen auch Reinhold Stiegele aus Schwäbisch Gmünd, ein in der Reisebranche als kämpferischer Vertreter seiner Interessen und durch seine engagierte Mitarbeit in DRV-Ausschüssen, in der Arbeitsgemeinschaft deutscher DER-Vertretungen, im Start-Mieterbeirat und im TUI-Vertreterausschuss angesehener und geschätzter Kollege.

Der ASR wächst schnell, sein Aufruf an die Kollegen, sich der Initiative der selbstständigen Unternehmer im DRV anzuschließen, findet in ganz Deutschland Gehör. Drei Monate nach der Gründung zählt er bereits 64 Mitglieder, und er findet auch durch seine offene Kritik am DRV weiter Zulauf.

ASR – eine Untergliederung des DRV?

1978 kommt es zu einem ersten heftigen Zusammenprall mit dem DRV-Vorstand, der sein Mitglied ASR auffordert, innerhalb der DRV-Gremien konstruktiv mitzuarbeiten, anstatt den Verband öffentlich zu kritisieren und eine vom DRV abweichende eigene Gewerbepolitik zu betreiben. Die Geschlossenheit des Gewerbes gegenüber der Politik und den Leistungsträgern müsse im Interesse aller Reiseunternehmen liegen. Konkret geht es um die Diskussion über eine Umsatzsteuerharmonisierung und um die Position der Iata-(Flug-) Reisebüros. Die Frage der Abgrenzung zwischen ASR und DRV wird daraufhin in der ASR-Mitgliederversammlung diskutiert. Das Ergebnis überrascht nicht, da viele überzeugte DRV-Mitglieder auch im ASR mitarbeiten. Sie wollen keine Spaltung des Gewerbes und sprechen sich für eine harmonische Zusammenarbeit mit dem DRV aus. Der ASR akzeptiert die Forderung des DRV, alleiniger Sprecher des Gewerbes in gewerbepolitischen Fragen zu sein.

1978 Im Herbst 1978 wird Robert Weinacht in der Mitgliederversammlung des DRV zum Fachbereichsvorsitzenden der Reisemittler gewählt. Bei den Wahlen 1980 zum DRV-Vorstand wird darauf geachtet, dass der ASR adäquat vertreten ist. Robert Weinacht wird Vizepräsident und Heinz-Dieter Sellke vom Reisebüro Duisburger Touristik aus Duisburg Vorsitzender der Reisemittler. Vor der Besetzung der Arbeitsausschüsse wird der ASR um Nennung interessierter Mitglieder gebeten, damit auch in diesen Gremien die Anliegen der ASR-Mitglieder berücksichtigt werden.

Nach dem Ausscheiden von Robert Weinacht aus dem Vorsitz des ASR – er will sich aus Altersgründen aus dem Berufsleben zurückziehen – ändert sich das Verhalten des ASR gegenüber dem DRV. Neuer Vorsitzender wird zunächst Hans Junker aus Kaiserslautern, Inhaber des gleichnamigen Reisebüros, ein biederer Reisebüro-Unternehmer, der sich auch als Veranstalter von so genannten ABC-

Reisen nach USA-Reisen betätigt. Er befindet sich damit im scharfen Wettbewerb mit dem DER. Wohl auch deshalb versteht sich Hans Junker als Kämpfer der Kleinen gegen die Großen.

Konfrontation mit dem DRV

Die völlige Konfrontation mit dem DRV beginnt 1986 mit dem Junker-Nachfolger Albrecht Feibel aus Saarbrücken. Feibel ist ehrgeiziger CDU-Politiker im Saarland und ein Meister im Schüren von Stimmungen. Die ASR-Politik besteht nun zum großen Teil in der polemischen Auseinandersetzung mit dem DRV. Mit simplen und auch unrealistischen Parolen und Forderungen holt Feibel sich den bequemen Beifall seiner Mitglieder. Ob es Kritik an DRV-Tarifabschlüssen ist, an Maßnahmen des europäischen Reisebüro-Verbandes, dem der ASR trotz Einladung des DRV nicht beitritt, oder am Einstieg der Westdeutschen Landesbank in die Tourismusbranche, Feibel polemisiert dagegen. Er zeigt seinen Freunden, was für ein Kämpfer er ist, aber er erreicht nichts damit außer kurzfristiger Aufmerksamkeit. Damit soll aber nun nicht die gesamte fachliche Arbeit des ASR kritisiert werden. Die Verbandsmitglieder sind stark engagiert und legen ihre Sorgen und Anliegen mit großer Offenheit auf den Tisch. In den ASR-Arbeitsgruppen wird intensiv gearbeitet. Bei manchen Themen allerdings wie etwa juristischen Fragen und steuerlichen Angelegenheiten wird der Unterschied zum DRV sehr deutlich. Beim DRV sitzen in den entscheidenden Ausschüssen Fachleute aus den großen Mitgliedsunternehmen, Juristen und Steuerfachleute. Papiere aus diesen Ausschüssen sind fachlich fundierte wissenschaftliche Stellungnahmen, die in Bonn als Gesprächsgrundlagen geschätzt werden.

Albrecht Feibel schürt polemische Auseinandersetzungen mit dem DRV.

Kommerzielle Tätigkeit des ASR

Um die Mitglieder im Alltagsgeschäft zu unterstützen, betätigt sich der ASR auch im kommerziellen Bereich. Aber auch daraus wird nichts, im Gegenteil, es werden nur Verluste eingefahren. So wird 1979 ein ASR-Gemeinschaftskatalog herausgebracht, um den Verkauf von Veranstalter-Programmen der ASR-Mitglieder durch ASR-Reisebüros zu fördern. Aber es werden nicht annähernd die gewünschten Teilnehmerzahlen erreicht, es bleibt bei dem einmaligen Versuch. Dann wird ein Kreuzfahrtschiff unter Vertrag genommen in der Annahme, die ASR-Mitglieder könnten leicht einen Dampfer füllen und so zusätzliche Provisionen erzielen. Jedoch erneut Fehlanzeige. Oder es wird ein Flugprogramm nach Sharjah aufgelegt – ebenfalls mit unbefriedigendem Erfolg. Ein Höhepunkt im ASR-Desaster ist die Beteiligung der ASR-Beteiligungs KG an der maroden Terramar im Jahr 1980. Während erfahrene Unternehmen nach Einblick in die Terramar-Bücher die Hände über dem Kopf zusammengeschlagen haben, beteiligt sich die kommerzielle Tochter des ASR mit 25,5 Prozent an dem Mexiko-Spezialisten und erklärt auf kritische Fragen: „Wir sind Kaufleute, wir wissen schon, was wir tun." Die Pleite folgt wenige Wochen später.

1980

397

Vereinigungsbestrebungen ASR/DRV

Die Zwiespältigkeit von ASR-Chef Albrecht Feibel zeigt sich 1991, als besonnene ASR- und DRV-Mitglieder erstmals die Frage nach der Nützlichkeit einer Vereinigung von ASR und DRV stellen. DRV-Präsident Otto Schneider verabredet sich in Bonn mit Albrecht Feibel und fragt ihn beim Mittagessen im Hotel Bristol unter vier Augen, ob er die Vereinigung von ASR und DRV befürworte oder ob er dagegen sei, er solle Farbe bekennen. Schneider betont, dass er bereit sei, auf sein Präsidentenamt zu verzichten, falls er ein Hindernis für das Zusammenkommen sei. Feibels Antwort ist klar und eindeutig: Er befürwortet ebenfalls eine Vereinigung von ASR und DRV.

Anfang 1991 trifft sich eine „Gesprächsrunde" von ASR- und DRV-Vertretern, um über die denkbaren Modalitäten einer Zusammenführung beider Verbände zu beraten. Von ASR-Seite sind es die Reisebürofachleute Klaus Mairhöfer, Helmut Moll und Wolfgang Schambach, vom DRV Rudi Hardell, Rainer Lentz und Hans-Hermann Waitz. Die ASR-Leute sind überrascht, wie flexibel und kompromissbereit die Kollegen vom DRV sind, die bereitwillig auf ASR-Forderungen unter anderem nach einer grundlegenden Änderung der Stimmrechte zu Lasten der großen Unternehmen und der Beitragsordnung beim DRV eingehen.

1991

Die ASR-Vertreter berichten auf ihrer Mitgliederversammlung Anfang Mai 1991 über die ersten Ergebnisse und erhalten mit einer Mehrheit von 92 zu 34 Stimmen das offizielle Mandat zur Aufnahme von Verhandlungen mit dem DRV über eine Neuordnung der Branchenvertretung in der Touristikwirtschaft. Allerdings wird die Verhandlungskommission um weitere zwei ASR-Mitglieder erweitert, denen eine besonders kritische Einstellung zum Zusammengehen mit dem DRV unterstellt wird: Hiltrud Räth, Reisebüroinhaberin aus Würzburg, und Peter Macijewski, Reise-unternehmer aus Wiesbaden.

Die gemeinsame Kommission ASR/DRV verabschiedet im Herbst 1991 ihre Empfehlungen für einen gemeinsamen Verband. Als Erstes tagt der DRV mit seinen Mitgliedern im November 1991 in Innsbruck. Mit überwältigender Mehrheit stimmen die DRV-Mitglieder dem Papier zu. Sie beschließen auch, im Februar 1992 die Gründung des neuen Verbandes zu vollziehen, vorausgesetzt natürlich, dass auch beim ASR grünes Licht für einen gemeinsamen Verband gegeben wird.

Ende November kommt dann der große Knall. In der ASR-Mitgliederversammlung wollen die Kommissionsmitglieder ihre Vorschläge vorstellen. Aber dazu lässt es ASR-Präsident Feibel gar nicht erst kommen. In einer flammenden Rede warnt er eindringlich vor jedem Zusammengehen mit den großen Reiseunternehmen. Er schürt die Angst vor den Großen und beschwört seine Mitglieder, sich nicht von den Sirenenklängen aus Richtung DRV einlullen zu lassen.

Die von den ASR-Mitgliedern ein halbes Jahr zuvor mit den Vereinigungsge-sprächen beauftragten Kommissionsmitglieder stehen da wie die begossenen Pudel. Sie haben keine Möglichkeit, das Thema mit den Anwesenden zu diskutieren. Nach Feibels Rede wird abgestimmt. Mehrheitlich lehnen die ASR-Mitglieder das Zusammengehen mit dem DRV ab. So funktioniert Verbandsdemokratie unter Präsident Feibel. Die ASR-Kommissionsmitglieder Helmut Moll und Wolfgang Schambach verlassen den ASR und treten dem DRV zum 1. Januar 1992 bei. Beide werden stellvertretende Vorsitzende eines DRV-Arbeitsausschusses. Auch der ASR-Gründungspräsident Robert Weinacht verlässt enttäuscht den ASR.

Die polemischen Angriffe des ASR gegen den DRV werden 1992 fortgesetzt. Im Januar 1993 ist für DRV-Präsident Otto Schneider das Maß voll. Er hat es satt, sich immer wieder neue ASR-Attacken gegen den DRV anzuhören, und fordert den ASR schriftlich auf, die noch auf dem Papier bestehende außerordentliche Mitgliedschaft im DRV aufzugeben: „Das Bekenntnis zu den Verbandszielen und die Unterstützung des Verbandes gehören zu den geschriebenen oder auch ungeschriebenen Pflichten eines DRV-Mitgliedes. Wie unschwer zu erkennen ist, tut sich der ASR mit der Unterstützung des DRV gelegentlich schwer. Ich schlage Ihnen deshalb vor, dass der ASR seine Mitgliedschaft im DRV rückwirkend (zum 31. Dezember 1992) aufgibt und sich beide Verbände gegenseitig ein Gastrecht bei überregionalen Mitgliederversammlungen einräumen." Die Kündigung des ASR kommt prompt. Endlich sind nun auch formal die Fronten geklärt. Auf den Vorschlag mit dem gegenseitigen Gastrecht kommt der ASR allerdings nicht zurück.

1993

Rivalitäten innerhalb des ASR

Als 1995 der ASR-Vorstand wieder neu zu berufen ist, findet eine Kampfabstimmung statt. Rivale von Albrecht Feibel ist Klaus Laepple, der seit 1987 Mitglied und seit 1992 Vizepräsident des ASR ist. Laepple, Jahrgang 1939, hat schon während des Studiums der Wirtschaftswissenschaften, das er als Diplomvolkswirt abschließt, ins Reisegeschäft hineingerochen. Als Vorsitzender des Asta und der Landesstudentenschaft Nordrhein-Westfalen wurde er 1966 Vorstandsmitglied beim Studentenreisedienst des deutschen Bundesstudentenrings 1971 ist er Gründungsgesellschafter der Air Contact System Charterflugvermittlungsgesellschaft mbH, 1974 gründet er das Reisebüro Kö 27 GmbH in Düsseldorf, dessen alleiniger Gesellschafter er seit 1977 ist.

Laepple gewinnt die Wahl und ist von 1995 bis 1998 Präsident des ASR. Er gehört nicht zu den Scharfmachern, sondern sucht vielmehr das Gespräch mit Gleichgesinnten, auch mit dem DRV, und spricht sich unter anderem auch für eine Branchenlösung bei der gesetzlich vorgeschriebenen Absicherung der Kundengelder bei Pauschalreisen aus. Obwohl es im Vorstand des ASR auch abweichende persönliche Interessen gibt, setzt er doch die Beteiligung des ASR am Deutschen Reisepreissicherungsverein durch. Laepple überzeugt seine Mitglieder mit Sachverstand und großer Eloquenz – hier steht er Feibel in nichts nach –, an der Gründung des Bundesverbandes der Deutschen Tourismuswirtschaft (BTW) mitzuwirken, und er nimmt erneut die Gespräche mit dem DRV über eine Zusammenführung beider Verbände auf.

Die Gespräche darüber werden zu einem großen Teil von Laepple persönlich geführt, auf Seiten des DRV ist jetzt DRV-Präsident Gerd Hesselmann federführend. Erneut stehen beide Verbände 1998 vor der Frage, ob sie sich vereinigen sollten. Die Konditionen sind gemeinsam unter Hinzuziehung eines externen Beraters ausgearbeitet worden. Und wieder ist der DRV im Interesse einer Bündelung aller Kräfte zu einschneidenden Veränderungen und Zugeständnissen dem ASR gegenüber bereit. Aber das Theater von 1991 wiederholt sich. Voller Temperament wettert Ex-Präsident Albrecht Feibel gegen einen gemeinsamen Verband. Er schürt erneut die Ängste vor den großen Unternehmen, mit denen es keine Gemeinsamkeit geben dürfe. Und wieder folgen ihm die Mitglieder. Laepple verliert. Er verliert auch die Wahl um das Präsidentenamt. Neue ASR-Präsidentin wird Jutta Zedelmaier, die das Reisebüro Allgaier in München führt. Der ASR fällt sofort in alte Gewohnheiten zurück, der Kampf gegen Windmühlenflügel hat wieder begonnen, auch der Versuch, sich durch Herabsetzung des großen Konkurrenten zu profilieren. Prominente ASR-Mitglieder, zu denen auch Klaus Laepple gehört, verlassen den Verband, auch außerordentliche Mitglieder kehren dem ASR den Rücken und wollen nichts mehr von ihm wissen.

Am Ende des Jahrhunderts, in dem sich Reiseveranstalter und Luftverkehrsgesellschaften zu den tragenden Pfeilern der Tourismuswirtschaft entwickelt haben und private Reisebüro-Unternehmer immer stärker unter Druck geraten sind, gelingt es der Branche nicht, mit einer Stimme zu sprechen, weil persönliche Profilierungsanliegen Einzelner immer wieder Ansätze zu einem Zusammengehen durchkreuzen.

1998

400

RDA – Internationaler Bustouristik Verband

Auf Initiative der Wiesbadener Autoverkehrsgesellschaft wird 1922 ein erster Versuch unternommen, für das deutsche Omnibusgewerbe einen Verband zu gründen. Das gelingt zu diesem Zeitpunkt allerdings nicht. 1926 kommt es dann zur Gründung des „Heidelberger Verbandes". Es ist der erste Berufsverband des Busgewerbes, der jedoch vergebens versucht, die sich selbst gestellten Aufgaben erfolgreich zu erledigen. Er löst sich in der Wirtschaftskrise wieder auf. Während der NS-Herrschaft wird 1935 die Reichsverkehrsgruppe Kraftfahrgewerbe (RVK) gegründet. Wie in allen Bereichen der deutschen Wirtschaft sind die Unternehmen verpflichtet, sich ihrem staatlichen Berufsverband anzuschließen. Zum Kraftfahrgewerbe zählt auch das Personenverkehrsgewerbe.

Entwicklung nach 1945

Nach Ende des Zweiten Weltkrieges entwickeln sich zunächst auf Länderebene Verbände des allgemeinen Verkehrsgewerbes, auch eigene Omnibusverbände, die sich zum Dachverband BDP, den Bundesverband des Deutschen Personenverkehrsgewerbes, in Frankfurt am Main zusammenschließen. Dieser Verband ist sowohl für die Omnibusunternehmen als auch für Taxi- und Mietwagenunternehmen zuständig. 1981 geht aus dem BDP der Bundesverband der Deutschen Omnibusunternehmer (BDO) hervor.

    Auf Initiative von Ludwig von Oelhafen, Direktor der Blauen Kurautobusse in Wiesbaden, wird im Januar 1951 der RDA mit Sitz in Wiesbaden gegründet, wobei die Abkürzung RDA für Reisering Deutscher Autobusunternehmer steht. Bis auf die private Firma Dahmen in Köln sind alle Gründungsmitglieder kommunale Unternehmen. Der Verband macht es sich zur wichtigsten Aufgabe, den Autobustourismus durch Beratung der Mitglieder, gegenseitigen Erfahrungsaustausch, durch Anregungen zur Werbung und gemeinsame Veranstaltungen von Autobusreisen zu fördern. Im Gegensatz zum BDO kümmert sich der RDA also nicht um den allgemeinen Omnibus-Linienverkehr.

    Der RDA ist von Beginn an auch offen für die Aufnahme fördernder Mitglieder, also von Firmen und Institutionen, die an der Omnibustouristik interessiert oder beteiligt sind, wie zum Beispiel einerseits Hersteller von Omnibussen, andererseits Reisezielgebiete sowie Gaststätten und Hotels. Die Entwicklung des RDA geht stürmisch voran und spiegelt die Wertschätzung des Verbandes, die die Bustouristik ihm entgegenbringt, wider: Um die Verbandsziele des RDA mit Leben auszufüllen, veranstaltet der RDA von Anfang an Studienreisen für seine Mitglieder. Die erste Stu-

Das RDA-Logo im Wandel der Zeiten.

401

Josef Grein
baut den RDA
unter seiner
Führung aus.

*„Wenn der Puls der
Frau Schulz nicht
mehr schlägt
und Frau Schulz
sich im Bett nicht
bewegt,
hat das Rütteln
und das Schütteln
keinen Zweck,
denn der Puls von
Frau Schulz, der ist
weg."
Aus dem
RDA-Gesangbuch*

1987

dienreise 1953 ist eine echte Entdeckungsfahrt. Sie führt nach Spanien und legt die Grundlage für das Spanien-Engagement der gesamten Omnibusbranche. Die RDA-Studienreisen entwickeln sich zu einem unverzichtbaren Bestandteil der Verbandsarbeit. Die gemeinsamen Reisen fördern das Zusammengehörigkeitsgefühl der Mitglieder, die zudem durch diese „Forschungsfahrten" immer wieder neue Reiseziele kennen lernen. Das führt so gut wie immer zur Erweiterung der Programme.

Als 1954 kurzfristig einige Teilnehmer von einer Studienreise abspringen, bringt Ludwig von Oelhafen seinen Zahnarzt und dessen Frau mit, die sich in der Runde so wohl fühlen, dass sie in der Folgezeit immer wieder einmal mit auf die Reise gehen und schließlich sogar auch außerordentliche Mitglieder im RDA werden. Der Mann kann einen Bus aufs Beste unterhalten, er ist aber sowieso vielen Deutschen lange kein Unbekannter mehr, handelt es sich doch um Dr. Just Scheu, der als „Bayazz mit der Laterne" bei der Mainzer Fastnacht bundesweit bekannt ist. Zum geselligen Reisen gehört auch der Gesang, aber wer kennt schon die Texte? Also bringt der RDA für seine Studienreisen sogar ein Gesangbuch heraus, in dem auch ein wahres Meisterwerk von Just Scheu enthalten ist. Wir stellen es hier auf dieser Seite im vollen Wortlaut vor.

Als sich Ludwig von Oelhafen aus gesundheitlichen Gründen vom Vorsitz des RDA 1969 zurückzieht, wird Dr. Johannes Matz aus Berlin RDA-Präsident. Nach dessen Tod im Jahr 1972 folgt ihm Josef Grein aus Leverkusen als Verbandspräsident. Grein hat 1926 als Taxiunternehmer angefangen, besitzt 1927 seinen ersten Omnibus, und eröffnet 1937 in Leverkusen auch sein erstes Reisebüro. Nach dem Zweiten Weltkrieg wird er als Chef der Globus Reisen in Köln ein bekannter Busunternehmer in Nordrhein-Westfalen. Unter Greins Leitung wird aus dem RDA-Verband die „RDA-Familie". Es gelingt ihm, immer mehr Mitglieder für den RDA zu gewinnen.

1975 findet auf Initiative von Josef Grein der erste RDA-Workshop statt, die inzwischen größte europäische Einkaufsmesse für Omnibusunternehmer. Aber auch finanziell ist der RDA-Workshop für den Verband interessant. Um steuerliche Nachteile zu vermeiden, wird 1987 zur Betreibung dieser RDA-Einkaufsmesse die Workshop-Touristik-Service GmbH gegründet, die unter der erfolgreichen Leitung von Margret Kohls steht.

Josef Grein bleibt zwölf Jahre lang Präsident des RDA. Dem RDA-Vorstand gehört er in verschiedenen Funktionen von 1960 bis 1984 an. Bei seinem Ausscheiden wählen ihn die Mitglieder „einstimmig" zum Ehrenpräsidenten des RDA. Die Präsidentschaft bleibt in der Familie. Auf Grein sen. folgt 1984 sein Sohn Norbert, der seit 1987 das Amt des RDA-Präsidenten hauptamtlich ausübt. Ihm zur Seite steht unter anderem Albert Happ, RDA-Vizepräsident, der seit 1976 das Amt des zweiten Mannes im RDA, also seit beinahe 25 Jahren, wahrnimmt. Seit 1985 ist Dieter Gauf Geschäftsführer des Verbandes, der den RDA in zahlreichen Gremien vertritt und ihn mit großer Umsicht führt. Gauf hat sich besondere Verdienste um den Ausbau des RDA-Seminarprogramms, die Entwicklung der Reiseleiterschulungen und -prüfungen und der Marktforschung erworben. Norbert Grein ist in seiner ruhigen und bedachten Art dennoch ein Hansdampf in allen Gassen, emsig tut er alles dafür, seinen Verband in der Branchenöffentlichkeit zu repräsentieren oder in verschiedenen Gremien mitzuarbeiten (unter anderem im Beirat der ITB). Von Anbeginn an hat sich Grein für den Dachverband des deutschen Tourismus ausgesprochen, und die Mitglieder sind ihm gefolgt. Und so wurde der RDA auch Gründungsmitglied des Dachverbandes der deutschen Touristik, dem Bundesverband der Deutschen Tourismuswirtschaft BTW, in dessen Vorstand RDA-Präsident Norbert Grein Sitz und Stimme hat.

ADL – Arbeitsgemeinschaft Deutscher Luftfahrt Unternehmen

Die deutschen Charterfluggesellschaften erkennen im Laufe der 70er Jahre, dass staatliche Reglementierungen und Auflagen im In- und Ausland für sie sehr hinderlich sein können. Daher wollen sie ihre Sicht der Dinge und ihre Anliegen gemeinsam politisch vertreten und gründen am 22. Juli 1976 die Arbeitsgemeinschaft Deutscher Luftfahrtunternehmen in Bonn. Mitglieder dieses Miniverbandes sind zunächst die Fluggesellschaften Bavaria, Germanair, Hapag-Lloyd und LTU. Es dauert nicht lange, bis auch die Condor dazustößt. Die später entstehenden deutschen Charterflieger Aero Lloyd, Air Berlin, Britannia und Germania schließen sich ebenfalls der ADL an. Im Gründungsprotokoll der ADL wird als Verbandszweck angegeben: „Die Wahrnehmung aller Belange verkehrspolitischer, wirtschaftlicher und technischer Belange der Luftfahrtunternehmen auf nationaler und internationaler Ebene." Als Geschäftsführer holt sich die ADL den ehemaligen Vertreter des Verbandes Deutscher Reeder, Hans Richter, der sich in den Bonner Amtsstuben gut auskennt und über beste Kontakte auf allen Ebenen, vom Verkehrsminister über die hohen Staatsbeamten bis zu den nicht minder wichtigen Vorzimmerdamen, verfügt. Die Arbeit der ADL ist wichtig für die Fluggesellschaften, die sich bald „Ferienflieger" nennen und besonders in der Zeit vor der Liberalisierung des internationalen Luftverkehrs darauf achten müssen, dass sie als gleichberechtigte Verkehrsträger neben den Liniengesellschaften behandelt werden.

Als Heinz B. (Benno) Schild 1985 bei ITS in Pension geht, engagiert ihn die ADL als Nachfolger von Richter, der inzwischen über 80 Jahre alt geworden ist und sich zur Ruhe setzt. Für Benno Schild ist die ADL eine neue Herausforderung, der er sich mit außerordentlichem Engagement stellt. Es gibt kaum ein Thema des Luftver-

Vertritt die Interessen der Charterflieger.

1985

403

kehrs im Bundesverkehrsministerium, zu dem Schild nicht fachmännisch und ausführlich Stellung bezieht. In Bonn schätzt man Schilds kluge Ratschläge und nimmt ihn schon bald zu internationalen Luftfahrtkonferenzen und bilateralen Verhandlungen mit. Mit großer Sorgfalt nimmt er sich auch der statistischen Erfassung des deutschen Luftverkehrs an. Die von den deutschen Flughäfen und dem Statistischen Bundesamt einmal im Jahr veröffentlichten Zahlen über abreisende und ankommende Passagiere analysiert Schild und liefert exakte Aufschlüsselungen nach Linien- und Ferienflugverkehr mit detaillierten Mengenangaben über die Reiseziele der deutschen Urlauber. So findet er beispielsweise für 1988 heraus, dass 53 Prozent aller Deutschen mit Ferienfluggesellschaften ins Ausland fliegen. Zu den Haupturlaubszielen sind es sogar 83 Prozent. Mit dieser Sisyphusarbeit macht sich Schild natürlich bei den Marktforschern der Fluggesellschaften und der Reiseveranstalter unentbehrlich. Benno Schild hat seine Verbandsmitglieder zwar darauf hingewiesen, dass der liebe Gott ihn mit einer vorzüglichen Gesundheit ausgestattet habe, die ihm noch lange erhalten bleiben möge (Anm. des Verfassers). Aber die ADL verabschiedet sich 1996 trotzdem von Schild, der inzwischen 72 alt geworden ist. Die Messe Berlin (damals ADB) hat sich seinen Rat bereits 1969 durch Berufung in den ITB-Fachbeirat gesichert, dem er nach seiner endgültigen Pensionierung als Ehrenmitglied angehört.

Als Nachfolger von Benno Schild ist es der ADL gelungen, den ehemaligen Leiter der Abteilung Luftfahrt im Bundesverkehrsministerium, Prof. Dr. Detlef Winter, zu gewinnen, der für einige Jahre auch Finanzvorstand der Flughafen Frankfurt AG (FAG) war. Winter ist ein alter Hase im Luftfahrtgeschäft. Mit seinen jahrzehntelangen Erfahrungen in Bonn und Frankfurt ist er der ideale Mann, die Ferienflieger gegenüber Behörden, Ministerien und Flughäfen zu vertreten.

Barig – Board of Airline Representatives in Germany

Die Interessenvertretung des Linienluftverkehrs gegenüber der deutschen Regierung und dem deutschen Parlament, aber auch gegenüber der Öffentlichkeit ist jahrzehntelang nur von der Deutschen Lufthansa wahrgenommen worden. Sie war schließlich auch die einzige deutsche Liniengesellschaft. Erst mit der Liberalisierung des Luftverkehrs endet das Monopol der Lufthansa.

Die ausländischen Liniengesellschaften betrachten es als selbstverständlich, dass Äußerungen zur Luftverkehrspolitik nur von der Lufthansa kommen, da es international üblich ist, dass der National Carrier die Rolle des Sprechers übernimmt. Sie wissen, dass die Lufthansa sich im Ausland entsprechend verhält. Um gemeinsame Luftfahrtanliegen auf dem deutschen Markt abzustimmen und zu vertreten, gründen die in Deutschland tätigen ausländischen Linienluftverkehrsgesellschaften im Jahr 1951 das Board of Airline Representatives in Germany – Barig in Frankfurt am Main. Als 1955 die Lufthansa wieder fliegt, übernimmt deren jeweiliger Deutschland-Verkaufsleiter den Vorsitz. Diskutiert werden unter anderem Fragen der Vertriebspolitik, der Zusammenarbeit mit den Iata-Agenten, der Einhaltung vorgeschriebener Tarife, die Einführung eines einheitlichen Abrechnungssystems für die Reisebüros und die Fälligkeit der Monatsabrechnungen.

ADV – Arbeitsgemeinschaft Deutscher Verkehrsflughäfen

Die Verbände sind zumeist Interessenvertreter der Wirtschaft gegenüber Politik und Öffentlichkeit. So ganz passt die Arbeitsgemeinschaft Deutscher Verkehrsflughäfen ADV nicht in dieses Schema, denn eigentlich redet hier der Staat mit sich selbst. Bei genauerem Hinsehen muss man allerdings einräumen, dass es eigentlich Städte, Regionen und Bundesländer als Träger deutscher Flughäfen sind, die ihre Interessen beim Bund und in der Öffentlichkeit anmelden und verfechten. Sie spielen eine wichtige Rolle für den deutschen Tourismus, denn ohne Vorhaltung entsprechender Kapazitäten könnte der Flugtourismus nicht existieren und sich auch nicht weiterentwickeln.

Existiert seit 1947.

Es darf jedoch nicht verschwiegen werden, dass es auch kritische Seiten der im ADV zusammengeschlossenen Flughäfen gibt. Flughäfen haben Monopolstellungen und glauben deshalb mitunter, sie könnten Preise diktieren. Die Europäische Union hat inzwischen verfügt, dass die Bodendienste auf den deutschen Flughäfen auch von Externen wahrgenommen werden dürfen. Auch bei der Frage der Abfertigungsgebühren, die von den Fluggesellschaften zu zahlen sind, gibt es inzwischen ein Urteil, das die Flughäfen in die Schranken weist.

Die Arbeitsgemeinschaft Deutscher Verkehrsflughäfen wurde 1947 gegründet. Ihr gehören neben allen internationalen Verkehrsflughäfen auch 45 Regionalflughäfen und Verkehrslandeplätze in Deutschland sowie alle Bundesländer, zahlreiche Städte, der Deutsche Städtetag, Industrie- und Handelskammern und andere Institutionen an. Auch bei Betrachtung dieser Zusammensetzung der Mitglieder der ADV kommt man zu dem Schluss, dass es sich um einen Verband handelt, der zwischen den Wirtschaftsverbänden und dem Staat angesiedelt ist.

Tourismus und Öffentlichkeit

Die touristischen Unternehmen und die im Tourismus tätigen Verbände haben jahrzehntelang darum gekämpft, in der Öffentlichkeit als wichtiger Wirtschaftszweig anerkannt zu werden. Es ist ihnen schließlich gelungen. In ihrem Ringen um Akzeptanz hatte die Tourismuswirtschaft wichtige Verbündete, deren Leistungen an dieser Stelle erwähnt werden müssen.

Der erste Politiker, der sich ernsthaft mit dem Tourismus beschäftigt, ist der Bundestagsabgeordnete Wolfgang Schwabe aus Lindenfels im Odenwald. Er gründet bereits 1970 den ersten Parlamentarier-Kreis, in dem außerhalb der Bundestags- und offiziellen Ausschusssitzungen Fragen des Fremdenverkehrs erörtert werden. Wolfgang Schwabe gehört der SPD an. Später macht sein Parteifreund Dr. Jürgen Linde von sich reden. Linde kommt vom Harzer Fremdenverkehrsverband und veranstaltet 1981 erstmals einen bundesweiten Fremdenverkehrstag der SPD. Er lädt dazu alle Parteimitglieder ein, die mit Tourismus zu tun haben. Viele Jahre später – 1994 – macht ihm das Dr. Rolf Olderog von der CDU nach. Olderog kann dazu auch so prominente Repräsentanten seiner Partei wie Wolfgang Schäuble, Ministerpräsident Kurt Biedenkopf und den damaligen Umweltminister Klaus Toepfer als Referenten gewinnen.

Vorkämpfer für den Tourismus in der FDP ist Dr. Olaf Feldmann, der im Privatberuf als Geschäftsführer des Dehoga in Baden-Baden ohnehin zur Gilde der Touristiker gehört. Dr. Olaf Feldmann wird Vorsitzender des neuen Unterausschusses für Fremdenverkehr im Deutschen Bundestag. Dem Gremium, das dem Wirtschaftsausschuss zugeordnet ist, gehören 15 Personen an.

Im Jahr 1991 wird aus dem Unterausschuss dann ein Vollausschuss des Bundestages. Die Reisebranche glaubt nur zu gern, die Aufwertung sei ihr eigener Erfolg. Insider behaupten aber, die Umwandlung des Unterausschusses in einen Hauptausschuss sei nur auf die Fraktionsarithmetik in Bonn zurückzuführen. Jeder Bundestagsfraktion stehen entsprechend ihrer Größe eine Anzahl von Ausschussvorsitzenden zu. Und 1991 braucht man noch eine solche Position für die Grünen. Flugs kommt es zur Beförderung des Unterausschusses für Fremdenverkehr zu einem Vollausschuss.

Bei der Wahl der Vorsitzenden treten die schlimmsten Befürchtungen der Reisebranche ein. Die Abgeordnete der Grünen, Hannelore Saibold aus dem Bayrischen Wald, hatte sich schon in der vergangenen Legislaturperiode durch Äußerungen hervorgetan, Reisen in bestimmte Länder wie zum Beispiel China nach dem Massaker auf dem Platz des Himmlischen Friedens sollten verboten werden. Dem konnten die Reisefachleute leicht mit Fakten begegnen: Denn das Publikum zog selber die Konsequenzen aus solchen Vorgängen und hielt sich von Reisen in kriti-

1970

1991

sche Länder zurück, es bedurfte keines staatlichen Eingriffs. Als Vorsitzende des Ausschusses für Fremdenverkehr entwickelt Hannelore Seibold wunderliche Theorien. Das Fliegen, stellt sie fest, müsse durch Kerosin-Besteuerung verteuert und auf diese Weise reduziert werden, damit es mit der Schädigung der Umwelt ein Ende habe. Der Höhepunkt dieser Cheftouristikerin des Deutschen Bundestages ist erreicht, als sie die Forderung erhebt, die Deutschen sollten nur alle fünf Jahre eine Fernreise machen, dafür aber mehrere Monate im Zielland bleiben. Für die Rückkehr in die Wirklichkeit sorgen aber immer wieder die Kollegen aus den anderen Fraktionen, von denen in den Jahren seit 1980 für die SPD Franz Müntefering, Carl Ewen, Susanne Kastner und Brunhilde Irber, für die CDU/CSU Mathias Engelsberger, Rolf Olderog und Klaus Brähmig und für die FDP der schon erwähnte Olaf Feldmann und Ernst Burgbacher die tourismuspolitischen Sprecher waren beziehungsweise es heute noch sind. Seit 1998 ist Ernst Hinsken von der CSU Vorsitzender des Tourismusausschusses.

1998

Auf der Regierungsseite zahlt es sich aus, dass seit 1987 der Parlamentarische Staatssekretär im Bundesministerium für Wirtschaft offizielle Ansprechinstanz für alle politischen Tourismusanliegen ist. Da die jeweiligen Herren sich als verständige und hilfsbereite Politiker erweisen, werden sie eigentlich zu den besten Lobbyisten, die sich die Branche wünschen kann. Die Zuständigkeit für alle Tourismusangelegenheiten mit Ausnahme der Personenbeförderung liegt seit 1973 beim Bundesminister für Wirtschaft. Auf Dr. Ernst von Beauvais, dem ersten Hauptabteilungsleiter, der für diesen Bereich zuständig war, folgt 1982 Ministerialdirektor Ulrich Geisendörfer, der sich nicht nur als ein immer gesprächsbereiter Vertreter seines Ministeriums, sondern stets auch als ein diskussionsfreudiger und offener Teilnehmer an DRV-Tagungen erweist. Ulrich Geisendörfer geht 1999 in Pension. Sein Nachfolger ist Dr. Friedrich Homann.

Tourismus braucht die Presse

Das Bild eines Wirtschaftszweiges in der Öffentlichkeit, also auch das der Tourismuswirtschaft, wird entscheidend von der Presse geprägt. Und genau da gibt es viele Jahre ein Darstellungsproblem. Tourismus ist viele Jahre für die Medien nämlich nur ein Thema, das feuilletonistisch abgehandelt wird oder in Berichten und Kolumnen zum Verbraucherschutz vorkommt – eine Tatsache, über die die Branche nicht glücklich sein kann. Wer einen so beachtlichen Anteil am Bruttosozialprodukt erwirtschaftet wie die Tourismuswirtschaft, hat auch politische Anerkennung verdient. Aber dieser Prozess vollzieht sich nur langsam. Einige überregionale Tageszeitungen sind dabei eine große Hilfe. Die „Frankfurter Allgemeine Zeitung", die „Süddeutsche Zeitung", die „Welt" und das „Handelsblatt" berichten schon in den 60er Jahren in ihren Wirtschaftsteilen über die Reisebranche, wenn auch zunächst vorwiegend über den Luftfahrtbereich.

Sie alle stützten und stützen sich dabei auf Daten aus der Tourismusbranche, bei deren Verbreitung die touristische Fachzeitschrift „FVW International" eine eminent wichtige Rolle gespielt hat und spielt. Herausgeber und Chefredakteur Dieter Niedecken beginnt ab 1971 mit einer jährlichen Befragung der deutschen Reiseveranstalter über die Zahl ihrer Gäste, die Art der Beförderung, die bevorzugten Reiseziele, den Jahresumsatz. Diese Veranstaltertabelle ist repräsentativ für die Reisebranche geworden. Und sie wird bereitwillig von der Wirtschaftspresse übernommen.

1971

Dieter Niedecken, der seine Fachzeitschrift 1967 unter dem Titel „Fremdenverkehrswirtschaft" im Hamburger Verlag Girardet gründet, sich dann 1972 mit dem Blatt im eigenen Verlag selbständig macht und sie zur führenden Fachzeitschrift der Branche entwickelt, versteht es nicht nur, journalistische Meilensteine zu setzen. Er schafft auch eine Atmosphäre des Vertrauens zu den führenden Vertretern der Reisebranche. So ist Niedecken stets ein gesuchter Gesprächspartner, der seinem Gegenüber eine Mischung aus kritischer Distanz und Kollegialität entgegenbringt. Im Übrigen weiß man von ihm, dass er in ihn gesetztes Vertrauen nicht missbraucht. Nach seinem überraschenden Tod im Jahr 1994 gelingt es seiner Tochter Ines, unterstützt von engagierten Mitarbeitern, seine Arbeit erfolgreich fortzusetzen und das Unternehmen weiterzuentwickeln. So kann die „FVW" ihre führende Rolle unter den branchenbegleitenden Medien ausbauen. Inzwischen erscheint im gleichen Verlag ein weiteres Fachblatt für Touristikverkäufer, das sich unter dem Namen „Travel Talk" flott positionieren konnte.

Dieter Niedecken führt die FVW International zur größten Fachzeitschrift der Branche.

Zu den ältesten Publikationen auf dem Markt gehört „Touristik aktuell", eine Gründung des nicht mehr existierenden Darmstädter Jäger Verlages, der unter anderem auch den „Fremdenverkehr", das offizielle Organ der deutschen Fremdenverkehrsverbände, bis Anfang der 80er Jahre herausbringt. „Touristik aktuell" erscheint heute im Eubuco-Verlag.

Weitere nennenswerte Fachzeitungen erscheinen in den 60er Jahren. Rudolf Hebauf bringt als Herausgeber und Chefredakteur „Das Reisebüro" auf den Markt und Herbert Grix den „Touristik Informations-Dienst" (TID). Grix, ein kenntnisreicher und streitbarer Journalist, stellt in späteren Jahren sein Blatt ein und konzentriert sich auf sein Nachschlagewerk „TID-Kontakt", ein Kompendium der wichtigsten Anschriften der deutschen Touristikbranche. 1989, verkauft Grix dieses Buch an den Hamburger Verlag Tourcon Hannelore Niedecken, der es es weiterentwickelt und noch heute mit großem Erfolg herausgibt.

1966

Das „Reisebüro-Bulletin", gegründet 1966 von dem inzwischen verstorbenen PR-Fachmann und DER-Pressechef Horst-Egon Scholz, gehört seit 1998 zum Deutschen Verkehrsverlag, Herausgeber ist Michael Knuth, der das Blatt – das sich der kurzen und schnellen Information verschrieben hat – bis zum heutigen Tag journalistisch begleitet. Ebenfalls unter das Dach des Verkehrsverlages ist die Fachzeitschrift „Touristik Management" (TM) geschlüpft.

Ende der 70er Jahre kommt mit dem „Touristik Report" eine neue Fachzeitschrift auf den Markt. Unter Leitung des Herausgebers und Chefredakteurs Heiner Berninger entwickelt sich das Blatt im WDV-Verlag erfolgreich zu einer Art „Manager Magazin" für die Touristik-Branche. Mit Zuckerbrot und Peitsche werden die Leistungen der Branchenmanager gelobt oder verdammt, was die Betroffenen häufig einem Wechselbad der Gefühle aussetzt.

Eine Fachpublikation mit Tradition ist auch „RB Marketing", der so genannte „Graue Dienst" aus München, den Hans Nechleba herausgibt, ein Blatt, das sich dem „Name Dropping" verpflichtet fühlt. Neben den Fachzeitschriften haben auch Pressedienste ihre Marktnische gefunden. Hier müssen vor allem der „TDT" und die „Travel Tribune" genannt werden. Beide stehen unter der Leitung des in der Frank-

Die FVW International gestern und heute: eine Ausgabe von 1994 und und eine von 2000.

furter Szene bekannten, unkonventionellen Journalisten Michael Schweitzer, der bis zur Herausgabe eigener Produkte für anderen touristische Blätter tätig war.

Zu den Urgesteinen der touristischen Presseszene zählt der Fachjournalist Hansjörg Schön, der stets auf vielen Hochzeiten tanzte und in den letzten Jahren im eigenen Verlag seine „Reisebüro Nachrichten" herausgibt. Der gescheite und bohrende Frager bei Pressekonferenzen hat sich aus gesundheitlichen Gründen inzwischen aus dem Berufsleben zurückgezogen.

Vertikale Integration am Ende des 20. Jahrhunderts

Eine starke Konzentrationswelle hat die deutsche Tourismuswirtschaft erfasst. Vertikale Integration und Europäisierung heißen die Schlagworte der zweiten Hälfte der 90er Jahre. Die damals eingeleitete Entwicklung ist noch im Gange. Bisher haben sich drei voll integrierte Reiseunternehmen herauskristallisiert: Erstens die Preussag, in der die TUI, die Hapag-Lloyd Touristik, Fluggesellschaft und Reisebüros, die First-Reisebüro-Gruppe und der britische Tourismuskonzern Thomson Travel zusammengefasst sind. Zweitens die C & N Touristic AG mit der Lufthansa-Tochter Condor und ihren touristischen Beteiligungen und der Karstadt-Tochter NUR Touristic. Zu C & N gehört seit Dezember 2000 auch das britische Unternehmen Thomas Cook. Drittens: Nachdem die Rewe-Gruppe schon ITS, Atlas Reisen, das Deutsche Reisebüro und Derpart in ihr Portefeuille geholt hatte, sind offiziell zum Jahreswechsel 2000/2001 die LTU Touristik zu 100 Prozent und die LTU-Fluggesellschaft zu 40 Prozent dazugekommen. In allen drei Gruppen sind Fluggesellschaft, Hotellerie, Veranstalter und Vertrieb unter einem Dach vereinigt. Natürlich gibt es weitere starke Touristik-Unternehmen, bei denen aber nicht alle touristischen Wertschöpfungsstufen in ein Gesamtunternehmen integriert sind.

Der Wettbewerb im Tourismus spielt sich nicht nur über den günstigsten Endpreis, sondern auch im Kampf um Hotelbetten und über den bestimmenden Einfluss auf den Vertrieb der Reisen ab. Veranstalter, die eine halbe Million Urlauber oder mehr pro Jahr auf die Reise schicken, geraten in den Sog der vertikalen Integration und tun sich mit den noch unabhängig operierenden deutschen Ferienfliegern oder mit ausländischen Gruppen zusammen, ob nun im Rahmen von neu entstehenden Konzernen oder auf Basis einer besonders engen Zusammenarbeit.

Innerhalb eines Jahrhunderts ist aus der Vielzahl von Fahrkartenverkäufern, kleinen Reisebüros, lokalen Reiseveranstaltern und Reisespezialisten ein moderner Wirtschaftszweig, eine Dienstleistungsindustrie, geworden, eine Branche, die durch Ausschöpfung aller Möglichkeiten wachsende Renditen ausweist und auch für den Kapitalmarkt interessant wird. Der Shareholder Value ist für große Unternehmen zu einem Unternehmensziel ersten Ranges geworden. Vierteljährliche Ergebnismeldungen lassen Aktienkurse nach oben oder auch nach unten sausen. Schnelle Erfolge erscheinen wichtiger als langfristige Unternehmensplanungen. Gelegentlich gewinnt man den Eindruck, nicht der Kunde und dessen Zufriedenheit genießen die erste Priorität, sondern die Pflege des Aktienkurses.

411

Was bringt das 21. Jahrhundert?

Nach dem Ende des 20. Jahrhunderts präsentierte sich auf der Internationalen Tourismusbörse (ITB) in Berlin die Reiseindustrie des 21. Jahrhunderts. Hier waren sie alle, die immer noch und immer mehr in diesem globalen Spiel der Kräfte mitmachen und mitmischen. Die TUI Group mit einem gewaltigen Stand, wie eine mächtige hoch aufragende Burg. Auch C & N ist dabei, nachdem sich NUR über Jahrzehnte von der ITB ferngehalten hatte. Der Stand der Deutschen Bahn ist kleiner geraten, und man hört, die Bahn sei möglicherweise zum letzten Mal dabei. Der Hapag-Lloyd-Stand, über Jahrzehnte ein Treffpunkt der Insider und Journalisten, wo führende Köpfe der Branche bei Rollmops und Bier das Branchengeschehen diskutierten und voranbrachten, wo 1980 der Verfasser dieses Buches als Präsidentschaftskandidat für den DRV angedacht wurde, diesen Hapag-Lloyd-Stand gibt es auf der ersten ITB des 21. Jahrhunderts nicht mehr.

In früheren Jahren hatten die Anbieter von elektronischer Hardware und Software ihre Stände vor den Türen und Aufgängen und an den Rolltreppen zu den Konferenzräumen im Internationalen Congress Centrum (ICC). Jetzt belegen sie fünf Ausstellungshallen und diskutieren im Elektronikkongress die Zukunft unserer Reisewelt. E-Commerce heißt das neue Zauberwort, das die Welt für Anbieter und Verbraucher angeblich von Grund auf verändern wird. Zu der bisherigen Welt des Realen soll eine virtuelle Welt ohne menschliche Kontakte kommen.

In den Direktvertrieb über elektronische Medien werden von der TUI Group, von C & N und von der Lufthansa Hunderte von Millionen DM investiert. Jeder, der sich hier engagiert, will alle Facetten des Reisens anbieten. Von einer arbeitsteiligen Tourismuswirtschaft kann keine Rede mehr sein. So wird die Lufthansa trotz ihrer C & N-Tochter virtueller Vollsortimenter, und die TUI präsentiert sich – auch – als Tickethändler. Ob daneben kleine Reiseveranstalter und Reisebüros noch eine Chance zum Überleben haben? Natürlich wird es auch in Zukunft Spezialisten geben. Aber gibt es genügend Angebotsnischen für die Einzelunternehmer, die unter Druck geraten?

In der Eröffnungsveranstaltung der ITB 2000 wurde Dr. Michael Frenzel, dem Vorstandsvorsitzenden der TUI-Mutter Preussag, der Innovationspreis der deutschen Tourismuswirtschaft verliehen. Der Präsident des BTW, Dr. Erich Kaub, betonte, kein anderer habe sich um die deutsche Reisebranche so verdient gemacht. Frenzel habe die deutsche Tourismuswirtschaft mit dem konsequenten Aufbau seiner vertikal integrierten Touristikgruppe in eine neue Dimension geführt. Es habe in der deutschen Industriegeschichte kaum einen radikaleren Konzernumbau gegeben als diesen, von Kohle und Stahl zu Sonne und Strand. Die deutsche Tourismusbranche hat sich von Grund auf geändert.

412

Neben den großen Firmen existiert aber auch weiter eine große Zahl kleinerer und inhabergeführter Unternehmen, die vor der Herausforderung stehen, auch in Zukunft für ihre Kunden unentbehrlich zu sein. Wie heißt es so schön beim Hunderennen? Nicht der Größte ist der Sieger, sondern der Schnellste. Es ist zwar schwer für die Kleineren, aber es wäre falsch zu behaupten, der Mittelstand hätte keine Chance. Tüchtige und kreative Unternehmer werden auch in Zukunft ihren Platz in der Tourismuswirtschaft haben.

Denn trotz aller Industrialisierung und Elektronisierung der Reisebranche wird das Reisen selber ein ganz persönliches Bedürfnis und Erlebnis bleiben. Trotz moderner Automaten, trotz Internet und E-Commerce werden auch im 21. Jahrhundert Menschen die Akzente setzen.

Der Kampf der großen Reiseunternehmen um Hotelbetten setzt sich fort. Auch die Ausschau nach übernahmefähigen oder -willigen Reiseunternehmen. Der globale Konzentrationstrend hält an. Es ist tröstlich für den Verbraucher, dass sich die Großen in der Tourismuswirtschaft weiter einen heftigen Wettbewerb um die Gunst des Reisenden liefern und deshalb die Preise nicht in den Himmel wachsen werden.

*Dieses Register
beruht auf
Selbstangaben
der Unternehmen,
und führt nur
die Firmen auf,
die auf unsere
Umfrage geant-
wortet haben.*

Firmen und Namen

Reiseveranstalter

ABR
Amtliches Bayerisches Reisebüro
Gegründet 1910
1997 mit DER, Deutsches Reisebüro GmbH,
Frankfurt, verschmolzen

ADAC Reise GmbH
mit den Marken
ADAC Reise und ADAC Mitgliederreisen
81373 Am Westpark 8, 81361 München

Gegründet 1929
(Wiedergründung 1957)

Geschäftsführung:
Hans-Reinhard Hörl, Norbert Fiebig
Gesellschafter: ADAC Beteiligungs-
und Wirtschaftsdienst GmbH
und DER (51%) seit Nov. 2000

Umsatz	(Mio DM)	Gäste	Mitarb.
1974 / 1975:	125,0	264 000	
1980 / 1981:	267,0	363 000	
1984 / 1985:	141,0	230 000	
1998 / 1999:	267,0	308 570	93
1999 / 2000:	237,7	261 000	

Sprecher der Geschäftsführung:
Otto Flimm (gleichzeitig ADAC-Präsident)

Airtours International GmbH
Adalbertstraße 44-48, 60486 Frankfurt

Gegründet Oktober 1967 von
Deutsches Reisebüro, Frankfurt,
Amtliches Bayerisches Reisebüro, München,
Hapag-Lloyd Reisebüro, Bremen,
Airtour Flugreisen, Düsseldorf

Geschäftsführung:
Fred H. Ladwig (Sprecher), Reinhard Werner
Gesellschafter:
1970 TUI GmbH & Co KG
1994 Deutsche Lufthansa (50%)

ab 1996 TUI GmbH & Co KG (TUI Group)

Umsatz	(Mio DM)	Gäste	Mitarb.
1970 / 1971:	126,0	166 300	50
1977 / 1978:	202,6	182 500	120
1999 /2000:	600,0	320 000	230

Allkauf Touristik Vertriebs GmbH
Gegründet 1988 von Allkauf SB Warenhaus
GmbH + Co KG (Metro AG),

seit November 1999 Vertriebsmarke der TVG
Touristik Vertriebsgesellschaft mbH,
Tochter der FTI Touristik GmbH.
Umsatz (Mio DM) 1998: 578

Alltours Flugreisen GmbH
Landwehr 4-6, 47533 Kleve

Gegründet am 15. Januar 1974 von
Geschäftsführer und Gesellschafter
Willi Verhuven

Umsatz	(Mio DM)	Gäste	Mitarb.
Nach 3 Jahren:	1,5	2 000	4
Nach 10 Jahren:	74,0	67 000	20
1998 / 1999:	1340,0	1 020 000	611
1999 /2000:	1420,0	1 060 000	

Ameropa-Reisen GmbH
Hewlett-Packard-Straße 4, 61352 Bad Homburg

Gegründet am 1. November 1951 von Walter
Schmülling, Reisebürokaufmann, Wiesbaden
Georg W. Emich, Reisebürokaufmann,
Frankfurt, Wirtschaftlicher Interessenverband
freier Reisebüros (WIR), Frankfurt

Geschäftsführung: Christian Hertel, Walter
Krombach, Martin Katz

Gesellschafter: DB Reise & Touristik AG, Berlin

Umsatz	(Mio DM)	Gäste	Mitarb.
Nach 14 Jahren:	11,0	39 300	
Nach 20 Jahren:	39,8	121 800	
1998 / 1999:	201,2	558 200	140
1999 /2000:	208,3	584 200	

Aufsichtsrat: Hans-G. Koch (Vors.),
Karl Born, Jens-Uwe Bruysten,
Dr. Wolfgang Zoller

Arkona Touristik GmbH
Am Seehafen 1, 18147 Rostock
Gegründet 1994
von Deutsche Seereederei GmbH
Geschäftsführer: Horst Rahe
Gesellschafter: Deutsche Seereederei GmbH

Athena Weltweit Studienreisen
Hohe Bleichen 21, 20354 Hamburg
Gegründet 1960 von Beate A. Goecker
(später Serrano) und Fred Goecker
Geschäftsführende Gesellschafter:
José-Antonio Serrano, Beate A. Serrano

Atlas Reisen
Humboldtstraße 140-144, 51149 Köln
Gegründet 1974
von Michael Hahn und Heinz Fuchs

Geschäftsführung: Jürgen Marbach (Sprecher),
Horst Schabbehardt
Gesellschafter: Rewe Zentralfinanz eG

414

Umsatz	(Mrd. DM)	Mitarb.
1998 / 1999:	1,5	1 800

Attika Reisen GmbH & Co KG
Sonnenstraße 3, 80331 München

Gegründet am 9. Januar 1976
von Michael Karavás
Geschäftsf. Gesellschafter: Michael Karavás

Umsatz	(Mio DM)	Gäste	Mitarb.
1981:	12,7	10 000	7
1985:	25,5	20 000	12
1998 / 1999:	61,8	51 860	30
1999 /2000:	56,3	47 711	

Bayerisches Pilgerbüro eV
Dachauerstraße 9, 80335 München

Gegründet 1925 von Weihbischof Neuhäusler
Geschäftsführer: Joachim Müller

Umsatz	(Mio DM)	Gäste	Mitarb.
1999:	47 Mio.	38 000	35

Aufsichtsratsvorsitzender:
Weihbischof F. X. Schwarzenböck, München

Biblische Reisen GmbH
Silberburgstraße 121, 70176 Stuttgart

Gegründet 1962 von Ökumenischer
Arbeitskreis für Biblische Reisen eV,
seit 1982 GmbH
Geschäftsführung: Gisela Meyer-Amler
Gesellschafter: Ökumenischer Arbeitskreis
für Biblische Reisen eV

Umsatz	(Mio DM)	Gäste	Mitarb.
1998:	62	30 000	45
1999:	70	35 000	50
2000:	ca. 83	40 000	55

Aufsichtsratsvorsitzender:
Kirchenrat Ernst Rautenkranz

BTI Euro Lloyd Reisebüro GmbH & Co KG
Neumarkt 35-37, 50667 Köln

Gegründet 1953
bis 1998: Euro Lloyd Reisebüro GmbH & Co KG,
danach Übernahme durch Kuoni von LH
und Karstadt

Geschäftsführung:
Reto Bacher, Wolfgang Weiss, Walter Worbs
Gesellschafter: Kuoni Reisen Holding AG

C & N Touristic AG
Zimmersmühlenweg 55,
61440 Oberursel
Zusammenschluss von Condor Flugdienst
und NUR Touristic GmbH

Gegründet 1965 von Josef Neckermann als
NUR Neckermann und Reisen GmbH & Co KG,
1982 NUR Touristic GmbH,
1998 C & N Touristic AG

Geschäftsführung:
01.02.1965-31.10.1965	Peter Monreal
01.08.1965-31.03.1968	Herbert Haum
01.08.1966-31.10.1968	W. Karl Schumann
01.01.1968-1990	Rolf A. Pagnia
01.09.1970-30.04.1971	Jürgen Sebode
01.11. 1972 - 1994	Hermann Kratz
01.06.1979-1985	Dr. Dieter Mussler
1985-1998	Wolfgang Beeser
1988-1995	Hans-Werner Rehberg
1993-	Dr. Willi Schoppen
1995 -1998	Helmut Held
1999 - 2000	Franz Leitner
1998 -	Detlef Altmann
1998 -	Lothar Buss

Seit 1. Januar 2000 Vorstand: Stefan Pichler
(Sprecher), Dr. Willi Schoppen
Bereichsvorstände: Dr. Rudolf Tewes, Lothar
Buss, Detlev Altmann, Wim Desmet, Harry
Hohmeister, Peter Pullem

Gesellschafter (je 50%):
Deutsche Lufthansa AG, Karstadt Quelle AG

Umsatz	(Mio DM)	Gäste
1967 / 1968:	140,1	221 000
1974 / 1975:	656,0	798 000
1997 / 1998:	4 234,3	3 899 369
1998 / 1999:	6 387,5	5 884 748
1999 /2000:	6 543,9	6 031 300

Deutsches Reisebüro GmbH (DER)
Emil-von-Behring-Straße 6, 60439 Frankfurt

Gegründet am 17. Oktober 1917 von
Norddeutscher Lloyd und Hamburg-Amerika
Linie, Staatsbahnen der Länder und Reedereien

Geschäftsführung des MER/DER:
1917	Alfred Eidlitz
1926 - 1931	Gustav Franke
1931 - 1943	Dr. Arthur Knuth
1933 - 1946	Victor Handorff
1933 - 1947	Gustav Neubauer
1943 - 1945	Hans Steffler
1945 - 1951	Paul Treibe
1947 - 1967	Fritz B. Käppler
1960- 1975	Dr. Hans Knebel (ab 1967 Vors.)
1967 - 1977	Friedrich Jacobs
1967 - 1988	Ferdinand Rossbach
1976 - 1991	Dr. Hans Glaser (Vors.)
1977 - 1986	Dr. Gerhard Heine
1986 - 1992	Hans-Hermann Waitz
1986 - 1994	Peter Landsberger
1988 - 1996	Wolfgang Bannas (ab 1991 Vors.)
seit 1996	Peter Landsberger (Vors.)

Gesellschafter: Deutsche Bahn AG,
Lufthansa Commercial Holding, Köln;
DB Reise & Touristik;
seit 1. Januar 2000
Rewe Zentralfinanz eG, Köln

415

Umsatz (Mio DM) Gäste Mitarb.
1998/1999: 1 812 927 000 4 352
(inkl. Dertour u. DER oHG)

Aufsichtsratsvorsitzende des MER/DER:
1917 - 1924 Gustav Franke
1924 - 1925 Franz Pape
1926 - 1938 Oskar Knebel
1948 - 1956 Dr. Werner Pischel
1956 - 1960 Dr. Hans Kreul
1960 - 1963 Dr. Hans Krüger
1963 - 1973 Kurt Samtleben
1973 - 1983 Franz Eichinger
1983 - 13. 07. 1993 Hemjö Klein
14. 07. 1993 - 26. 05. 1998
Heinz Dürr, Heinz Neuhaus
27. 05. 1998 - 20. 03. 2000
Dr. Axel Nawrocki, Dr. Christoph Franz

EVS Euro Vacances Systems GmbH, Berge & Meer
Römergraben 5, 56579 Rengsdorf

Gegründet am 6. Dezember 1979

Geschäftsführung: Klaus D. Scheyer (Sprecher),
Reiner Meutsch
Gesellschafter: EVS Beteiligungs GmbH

Umsatz (Mio DM) Gäste Mitarb.
1998 / 1999: 110,4 167 590 71
1999/ 2000: 122,8 139 652

Feria Internationale Reisen GmbH
Frankfurter Ring 243, 80807 München

Gegründet 1974
von Georg Krose, Riccardo Biermaier
Geschäftsführung:
Karin Gangl, Riccardo Biermaier
Gesellschafter: Feria Tour AG 100%

Umsatz (Mio Euro) Mitarb.
2000: 56 60

Feria Tour AG Aufsichtsrat: Gerhard Henneicke
Georg Krose, Zahra Langer
Vorstandsvors.: Hans-Jürgen Langer

First Reisebüro,
eine Marke der TUI Leisure Travel GmbH
40211 Düsseldorf, Adlerstraße 74

Gegründet 1973 als „Euro City Verbund", ein
nicht-rechtsfähiger Verbund 9 namhafter
Reisebüro-Unternehmen:
Rb J. Hartmann, Düsseldorf, Köln
Rb Bangemann, Hannover
Neusser Reisebüro, Neuss
Rb Lührs, Hamburg
Menzell Reisebüro, Hamburg
Rb Mönchengladbach, Mönchengladbach
Rb von Rath, Krefeld
Rb Strickrodt, Hannover
Rb Wirtz, Mülheim

1976 Gründung der
f.i.r.s.t.-Reisebüro GmbH & Co KG in Düsseldorf
(Führend in Reise-Service und Touristik)

Vorstand/Geschäftsführung:
TUI Leisure Travel GmbH
Ulrike Hipp (Filialvertrieb)
Günter Bengsch (Franchisevertrieb)
Wilfried Klotmann (kfm. Bereich)
Gesellschafter: Peussag AG (100%

Umsatz (Mio DM) Mitarb.
Nach 3 Jahren: 680
Nach 10 Jahren: 1 600 2 500

FIT Gesellschaft für gesundes Reisen mbH
Ravensteinstraße 2, 60385 Frankfurt

Gegründet am 31. Juli 1975 von Herbert Haum

Geschäftsführung: Herbert Haum
Gesellschafter: Herbert Haum GmbH,
Cie Touristische Dienste

FTI/Frosch Touristik GmbH
Nymphenburger Straße 1, 80335 München

Gegründet 1983 von Dietmar Gunz
Im Handelsregister eingetragen unter dem
Namen Frosch Touristik GmbH

Geschäftsführung:
Dietmar Gunz (bis 2000), Turan Jenei,
Helmut Stiglbauer
CEO Georg Eisenreich (seit 15.01.2001)
und CFO Nick Mitchel

Gesellschafter: bis 31. 08. 2000:
Dietmar Gunz (19,67%),
Renate Gunz (17,02%),
Dr. James Swift (8,67%),
Gudrun Kratze (1,81%),
Claus Kratzer (1,85%),
Frosch Touristik GmbH (7,62%),
Airtours plc (35,92%),
Günter Riedmüller (4,57%),
Godwin Demicoli (2,87)
seit 5. 9. 2000: Airtours plc, Manchester (100%)

Umsatz (Mio DM) Gäste Mitarb.
Nach 3 Jahren: 8,1
Nach 10 Jahren: 233,9
1999: 2 099,1 ca. 2 Mio rd. 2000
1999 / 2000: 2 188,9 2 946 000

Sprecher der Geschäftsführung:
Georg Eisenreich CEO

Gastager Weltreisen GmbH & Co KG
Schwanthalerstraße 2, 80336 München

Gegründet 1954 von Fritz Gastager

Geschäftsführer: Dr. Dirk Rosa
Gesellschafter: Renate Rosa

Geisler Tours GmbH

Falkensteinerstraße 27, 60322 Frankfurt

Gegründet 1957 von Hans Geisler

Geschäftsführung: Sybille Geisler
Gesellschafter: Hans Geisler, Sybille Geisler

Häckel-Reisen GmbH

Nördl. Münchner Straße 31-33,
82031 Grünwald-München

Gegründet am 14. März 1979
von Reinhold Häckel
Geschäftsführung: Reinhold Häckel, Michael
Häckel (Sprecher), Bernhard Häckel
Gesellschafter: Reinhold Häckel, Bernhard
Häckel, Michael Häckel, Eva Häckel

Umsatz	(Mio DM)	Gäste	Mitarb.
Nach 3 Jahren:	ca. 1,5	400	3
Nach 10 Jahren:	ca. 6,0	500	10
1999:	ca. 12,0	3 000	15

Ikarus Tours GmbH

Am Kaltenborn 49-51,
61452 Königstein

Gegründet 1970 von
Dr. Horst Kitzki, Ursula Kitzki

Geschäftsführer und Gesellschafter:
Dr. Horst Kitzki, Ursula Kitzki

Umsatz	(Mio DM)	Gäste	Mitarb.
Nach 3 Jahren:	2,2	798	3
Nach 10 Jahren:	19,3	2 216	10
1998 / 1999:	79,8	16 400	30
1999 / 2000:	84,4	16 946	

IKD Reisen
Medizinischer Tourismus GmbH & Co KG

Mozartstraße 17, 80336 München

Gegründet am 1. Januar 1970 von Bruno Nies
Geschäftsführung: Barbara Richter
Gesellschafter:
IKD Reisen Medizinischer Tourismus
Beteiligungsgesellschaft mbH

ITS Reisen

Humboldtstraße 138-144, 51149 Köln

Gegründet 1970 von Kaufhof Holding AG
Sprecher der Geschäftsführung:
Dietmar Kastner
Gesellschafter: Rewe Zentralfinanz eG

Umsatz	(Mio DM)	Gäste	Mitarb.
1998 / 1999:	1 533,6	1 509 957	620
1999 / 2000:	1 633,3	1 608 104	

Karawane Studienreisen
Ruth Albrecht GmbH & Co

Schorndorfer Straße 149, 71638 Ludwigsburg

Gründung: 1950 erste Reiseveranstaltungen
1951 Eintragung des Vereins Karawane eV
1958 Gründung der Kommanditgesellschaft
Reiseorganisationsbüro Ruth Albrecht KG –
Büro für Länder- und Völkerkunde
1970 Umwandlung der KG in eine GmbH & Co

Geschäftsführung: Margarete Benz,
Peter Albrecht, Uli Albrecht (Sprecher)
Gesellschafter: Ruth Albrecht (bis 1990),
Margarete Benz, Peter Albrecht, Uli Albrecht

Umsatz	(Mio. DM)	Gäste	Mitarb.
1952:	0,25	290	1
1960:	2,1	1 320	2
1999:	20,0	8 000	19

Köln-Düsseldorfer
Deutsche Rheinschiffahrt AG

Frankenwerft 35, 50667 Köln

Gegründet am 11. Juni 1826
Geschäftsführung: Heinz Kruse (Sprecher),
Norbert Schmitz
Gesellschafter: Premicon AG

Flussschiffe	Gäste	Mitarb.
1999: 15	1,4 Mio	303

Aufsichtsratsvorsitzender: Klaus Hildebrand

KD Deutsche Flußkreuzfahrten GmbH

Hohe Straße 68-82, 50667 Köln

Gegründet 1996
Geschäftsführung: Eduard Züger
Gesellschafter: Köln-Düsseldorfer Deutsche
Rheinschiffahrt AG, ab 2000 Viking River
Cruises SA, Luxemburg

Kreutzer Touristik GmbH

Herzog-Heinrich-Straße 10, 80336 München
c/o C & N Touristic AG,
Zimmersmühlenweg 55, 61440 Oberursel

Gegründet 1962 (1964) von Max D. Kreutzer
Geschäftsführung: Walter Niggl (Sprecher),
Roman Hanka und Albin Loidl
Gesellschafter: Max D. Kreutzer (bis 1995), 1995
Verkauf 33% an Condor Flugdienst GmbH;
1996 Condor Flugdienst GmbH 100%

Umsatz	(Mio DM)	Fluggäste	Mitarb.
1983:		100 000	
1989:	255	225 000	140
1998 / 1999:	760	498 083	170

LTU Touristik GmbH

Parsevalstraße 7b, 40468 Düsseldorf

Gegründet 1979
Geschäftsführung: Dietmar Kastner,
Peter Landsberger, Norbert Fiebig
Gesellschafter:
LTU Group Holding GmbH bis 31.12.2000,
ab 01.01.2001 Rewe Zentralfinanz eG, Köln

Marken der LTU Touristik:
Jahn Reisen, Marlboro Reisen, Meier's Weltreisen, THR Tours, Tjaereborg, Smile & Fly

Umsatz	(Mio DM)	Gäste	Mitarb.
1998 / 1999:	2 981,7	2 610 431	500
1999 / 2000:	2943,9	2 367 323	

L' Tur Tourismus AG
Augustaplatz 8, 76530 Baden-Baden

Gegründet am 6. Mai 1987 in Baden-Baden
von Karlheinz Kögel

Vorstandsvorsitzender: Karlheinz Kögel
Vorstand Marketing: Markus Faller
Vorstand Finanzen: Ulrich Drochner
Vorstand Einkauf: Ulrike Runge
Vorstand Vertrieb: Friedhilde Weber-Schüttler

Gesellschafter: 51% TUI Group,
49% Karlheinz Kögel

Umsatz	(Mio DM)	Gäste	Mitarb.
1990:	50	70 000	20
1997:	380	413 000	78
1998:	410	483 000	93
1999:	469	544 000	101

Aufsichtsratsvorsitzende:
Peter Tamm (bis 4.1999)
Karl Born (bis 4.2000)
Dr. Ralf Corsten (ab 14.4.2000)

Lufthansa City Center Reisebüropartner GmbH
Lyoner Straße 9, 60528 Frankfurt

Gegründet am 1. Januar 1994

Geschäftsführung:
Klaus Henschel, Thomas Osswald
Gesellschafter:
LCC Pool Touristik GmbH & Co KG,
LCC Pool Business GmbH & Co KG (je 50%)

Umsatz	(Mrd. DM)	Mitarb.
Nach 3 Jahren:	2,92	60

Aufsichtsratsvorsitzender: Peter Finke

Marco Polo Reisen GmbH
61476 Dettweilerstraße 15, 61468 Kronberg

Gegründet am 1. September 1956
von Carl Ernst Fischer

Geschäftsführung:
Wolfgang Schwotzer, Günter Nickolay
Gesellschafter:
Studiosus Reisen München (2/3),
Wolfgang Schwotzer (1/3) seit Dezember 1998

Umsatz	(Mio DM)	Gäste	Mitarb.
1997/1998:	38,5	7 800	24

Müller-Touristik GmbH & Co KG
Klosterstraße 13, 48143 Münster

Gegründet am 1. Januar 1974
von Heinz Müller

Geschäftsführung:
Heinz Müller, Günter Sommer
Gesellschafter: Heinz Müller, Hubert Schlenke

Umsatz	(Mio DM)	Gäste	Mitarb.
1974:	4,5	26 000	10
1980:	27,0	101 000	16
1999:	90,0	204 000	30

Nazar Holiday Reiseveranstaltungs GmbH
Fritz-Vomfelde-Straße 34, 40547 Düsseldorf

Gegründet 1992 von Ten Tour Int.
Geschäftsführung: Fuad Genc
Gesellschafter: RAM Vermögensverwaltung
GmbH, Ten Tour Int.,
seit 1. Juni 2000 First Choice

Umsatz	(Mio DM)	Gäste	Mitarb.
1994 / 1995:	239,5	242 892	70
1998 / 1999:	220,0	266 000	45
1999 /2000:	280,0	292 000	

Oböna Reisen FKK-Touristik GmbH & Co KG
Am Taubenbaum 6, 61231 Bad Nauheim

Gegründet 1966 von Otto Böcher
Geschäftsführung:
Jochen Braunsteiner
Gesellschafter: Gerrit Brill, Friedel
Malchartzeck, Inge Braunsteiner

Öger Tours GmbH
Sportallee 4, 22335 Hamburg

Gegründet am 12. April 1969 von Vural Öger
Geschäftsführung: Vural Öger,
Hannelore Rosler-Weigel, Kurt Uebachs
Gesellschafter: Öger Tours GmbH,
Condor Flugdienst GmbH

Umsatz	(Mio DM)	Gäste	Mitarb.
Nach 3 Jahren:	8,6	23 000	6
Nach 10 Jahren:	27,0	72 000	10
1998 / 1999:	769,0	751 573	200
1999 / 2000:	825,0	812 300	

Olimar Reisen GmbH
Unter Goldschmied 6, 50667 Köln

Gegründet am 28. Februar 1972 von
Werner und Helga Zahn
Geschäftsführung: Werner Zahn
Gesellschafter: Familie Zahn (100%)

Umsatz	(Mio DM)	Gäste	Mitarb.
Nach 3 Jahren:	0,9	2 600	4
Nach 10 Jahren:	4,7	14 500	7
1998 / 1999:	242,5	229 574	80
1999 /2000:	233,8	220 802	

Olympia-Reisen Kurt Steinhausen GmbH
Siegburger Straße 49, 53229 Bonn

Gegründet 1936
Geschäftsführung:
Bernd Steinhausen (Sprecher), Vladimir P. Iljin
Gesellschafter: Bernd Steinhausen

Umsatz	(Mio DM)	Gäste	Mitarb.
1998 / 1999:	38,7	27 950	35
1999 /2000:	31,0	22 980	

Otto Reisen GmbH
Osterbekstraße 90a, 22083 Hamburg

Gegründet am 1. März 1980 von Otto Versand
Geschäftsführung:
Gerd Maßheimer, Renée Dittrich
Gesellschafter:
Otto Freizeit und Touristik GmbH

Umsatz	(Mio DM)	Mitarb.
Nach 3 Jahren:	3	3
Nach 10 Jahren:	12	5
1998 / 1999:	60	45

Phoenix Reisen GmbH
Pfälzer Straße 14, 53111 Bonn

Gegründet am 23. April 1974
von Gerhard Jansen, Hans Köllen
Geschäftsführung: Johannes Zurnieden

Umsatz	(Mio DM)	Gäste	Mitarb.
Nach 3 Jahren:	1,8	4 200	4
Nach 10 Jahren:	15,2	28 000	9
1998 / 1999:	201,3	86 500	46
1999 /2000:	253,2	101 673	

Reise Quelle / Quelle AG
Steubenstraße 26, 90763 Fürth

Gegründet 1962 von Quelle AG
Geschäftsführung: Siegfried Mendrina

	Gäste	Mitarb
1994 / 1995:	41 000	300

Reiseland GmbH & Co KG
Scharnhorst Platz 8, 37154 Northeim

Gegründet am 14. März 1990 von Bernd Riedel,
Ralph Schiller, Matthias Walter
Geschäftsführung:
Ralph Schiller (Sprecher), Jörg Franke
Gesellschafter: Otto Freizeit und Touristik
GmbH (seit 1993), Ralph Schiller, Matthias
Walter, Bernd Riedel (bis 1996)

Umsatz	(Mio DM)	Gäste	Mitarb
Nach 3 Jahren:	104	69 000	196
2000:	490	297 000	511

Beiratsvorsitzender: Gerd Maßheimer,
Otto Freizeit und Touristik GmbH

Rotala Reisen GmbH
Ahrstraße 12, 53474 Bad Neuenahr-Ahrweiler

Gegründet 1924

Geschäftsführung:
Edeltrud und Michael Felten
Gesellschafter: Familie Felten (seit 1962)

Rotalis Sport- und Kulturreisen GmbH
Max-Loidl-Weg 4, 85598 Baldham

Gegründet 1973
Geschäftsführung: Horst von Xylander,
Moritz Graf zu Knyphausen
Gesellschafter: Horst von Xylander

Umsatz	(Mio DM)	Gäste	Mitarb.
Nach 3 Jahren:	0,48	800	1
Nach 10 Jahren:	4,5	3 200	3
1999:	9,0	5 240	10

Rotel Tours, Georg Höltl GmbH & Co KG
Herrenstraße 11, 94100 Tittling

Gegründet am: 03.11.1945 von Georg Höltl
Geschäftsführung: Georg Höltl, Peter Höltl
Gesellschafter: Georg Höltl, Peter Höltl,
Centa Höltl

Umsatz	(Mio DM)	Gäste	Mitarb.
1998 / 1999:	80	30.000	400

Scharnow Reisen
Gegründet am 1. Januar 1954
von Wilhelm Scharnow Reisebüro, Scharnow,
Walter Kahn Reisebüro KG, Reisebüro
Bangemann, Essener Reisebüro GmbH

(1968 in TUI aufgegangen, war neben
Dr. Tigges-Fahrten, Touropa und Hummel
Gründungsveranstalter der TUI)

	Gäste
Nach 3 Jahren:	192 000
Nach 10 Jahren:	322 000
1978 / 1979:	457 600

Seetours International GmbH & Co KG
Frankfurter Straße 233, 63263 Frankfurt

Gegründet am 12. Oktober 1960 in Frankfurt
von Holland-Amerika Linie,
Reisebüro Hartmann, Düsseldorf

Geschäftsführung:
Chairman: Horst Rahe
President: Lars M. Clasen
Sen. Vice President Operations:
Michael Thamm
Sen. Vice Pres. Market. & Sales: Richard J. Vogel

Geschichte:
1960 wird Alf Pollak Geschäftsführer und
1962 auch Gesellschafter des Unternehmens.
1967 tritt die Hapag-Lloyd Reisebüro GmbH
als Gesellschafter ein, 1969 die TUI.

1968 übernimmt die TUI die Anteile von Hapag Lloyd und hält 75% des Stammkapitals.
Die übrigen Anteile bleiben bei Reisebüro Hartmann, bei der Holland Amerika Linie und dem Geschäftsführer Alf Pollak.
1990 übernimmt Herbert Karrenberg die Geschäftsleitung, Alf Pollak geht in den Ruhestand.
1997 wird Seetours International von der Deutschen Seereederei Touristik (ab 1998 Arkona Touristik) übernommen.
Geschäftsführer werden Richard J. Vogel und Lars M. Clasen.
Zum 01.04.2000 übernimmt P&O Seetours International Ltd. zu 100%. Chairman of the Board ist Lord Sterling of Plaistow, das übrige Management bleibt bestehen. Mai 2000 Umzug von Frankfurt zusammen mit Aida Cruises Ltd nach Neu-Isenburg.
26.9.2000 wird auch Aida Cruises Ltd. durch Aktientausch zur 100prozentigen Tochter von P&O Princess Cruises plc. Beide Unternehmen werden als deutsche Niederlassung der P&O Princess Cruise Ltd geführt.

Service Reisen Gießen Heyne GmbH & Co KG
Rödgener Straße 12, 35394 Gießen

Gegründet April 1973 von Karl Heyne
Geschäftsführung: Karl Heyne, Kristiane Heyne
Gesellschafter: Heyne GmbH

Umsatz	(Mio DM)	Mitarb.
Nach 3 Jahren:	3,1	2 - 4
Nach 10 Jahren:	28	40
1999:	80	80

Studiosus Reisen München GmbH
Riesstraße 25, 80992 München

Gegründet 12. April 1954 von Werner Kubsch
Geschäftsführung: Peter-Mario Kubsch
Gesellschafter: Peter-Mario Kubsch, Isabeau-Jutta Kubsch, Dr. Werner Kubsch Erben

Umsatz	(Mio DM)	Gäste	Mitarb.
Nach 3 Jahren:	ca. 0,35	950	5
Nach 10 Jahren:	ca. 5	ca. 3 500	15
1998 / 1999:	372,5	100 820	225
1999 /2000:	395,5	104 800	

Terranova Touristik Uhlig KG
Hirschsprung 8, 63263 Neu Isenburg

Gegründet 1972, Radtouristik 1980 von Tilman Uhlig
Geschäftsführung: Tilman Uhlig (pers. haftender Gesellschafter) und 2 Kommanditisten

Umsatz	(Mio DM)	Gäste	Mitarb.
Nach 3 Jahren:	1,3	1 200	3
Nach 10 Jahren:	4,6	2 200	8
1999:	6,5	2 550	12

TUI Deutschland GmbH
Karl-Wiechert-Allee 23, 30625 Hannover

Gegründet am 1. Dezember 1968
In Hannover von den Veranstaltern Touropa, Scharnow-Reisen, Hummel-Reise und Dr. Tigges-Fahrten

Geschäftsführung: Dr. Ralf Corsten (Vors.), Norbert Munsch, Henrik Hohmann, Dieter Zümpel, Dr. Volker Böttcher
Gesellschafter: Preussag AG

Wikinger Reisen GmbH
Kölner Straße 20, 58135 Hagen

Gegründet am 26. Juni 1969 von Hans-Georg Kraus
Geschäftsführung:
Dagmar Kimmel, Daniel Kraus
Gesellschafter: Hans-Georg Kraus, Anne Kraus, Daniel Kraus, Prof. Kurt Wittenstätter, Carola Kraus

Umsatz	(Mio DM)	Gäste	Mitarb.
Nach 3 Jahren:	2	1 000	4
Nach 10 Jahren:	8	3 500	
1998 / 1999:	53,3	20 000	55
1999 /2000:	58,8	22 130	

Geschäftsführender Gesellschafter:
Daniel Kraus

Wolters Bus-Firmengruppe
Wolters Bustouristik GmbH
ehemals: Einzelfirma Carl Hinrich Wolters
Bremer Straße 49, 28816 Stuhr

Gegründet am 1. April 1919
von Carl Hinrich Wolters
Geschäftsführung: Gerhard Falke
Gesellschafter: Wolters Verwaltungsgesellschaft mbH

Umsatz	(Mio DM)	Gäste	Mitarb.
1999:	ca. 35	ca. 80 000	149

Fluggesellschaften

Aero Lloyd Flugreisen GmbH & Co Luftverkehrs KG
Lessingstraße 7-9, 61440 Oberursel

Gegründet am 5. Dezember 1980
von Bogomir Gradisnik (als GmbH), seit dem 6. Januar 1981
GmbH & Co Luftverkehrs-KG

Geschäftsführung: Dr. Walter Schneider, Wolfgang John
Gesellschafter: Bayerische Landesbank über Sigma GmbH (66%)
Jan F. Klimitz (33%)

Anzahl der Flugzeuge		Gäste	Mitarb.
Nach 1 Jahr:	2 Caravelle	110 000	97
Nach 3 Jahren:	2 Caravelle		
	3 DC-9 3	57 000	165
Nach 10 Jahren:	12 MD-83		
	4 MD-87		
	3 DC-9	1,86 Mio.	812
1999:	8 MD-83,		
	7 A-320,		
	4 A-321	3,1 Mio.	ca. 1 100

Vorsitzender des Beirates: Dr. Eberhard Zinn

Air Berlin GmbH & Co Luftverkehrs KG
Flughafen Tegel, 13405 Berlin

Gegründet am 11. Juli 1978 als Air Berlin Inc.
im US-Bundesstaat Oregon,
Neugründung als Air Berlin GmbH & Co
Luftverkehrs KG (16. April 1991)
von Kim Lundgren (1978),
Joachim Hunold (1991)

Geschäftsführung: Joachim Hunold
(Sprecher), Elke Schütt, Karl Lotz
Gesellschafter: Reidun Lundgren, Joachim
Hunold, Werner Huehn, Hans-Joachim Knieps,
Severin und Rudolf Schulte

Anzahl der Flugzeuge		Gäste	Mitarb.
Nach 1 Jahr (1992):	3	472 904	151
Nach 3 Jahren:	6	1 047 483	248
1999:	14	2 959 204	679
2000:	19	4 500 000	967

Condor Flugdienst GmbH
Am Grünen Weg 3, 65440 Kelsterbach

Gegründet am 21. Dezember 1955
Deutsche Flugdienst GmbH
2. November 1961 Condor Flugdienst GmbH

Von Norddeutscher Lloyd (27,75%)
Hamburg-America-Linie (27,75%)
Deutsche Lufthansa AG (26,0%)
Deutsche Bundesbahn (18,5%)

Geschäftsführung: Dr. Rudolf Tewes (Vors.),
Dieter Heinen, Manfred Schwabenbauer

Gesellschafter: Die Deutsche Lufthansa AG
und die Karstadt AG haben jeweils 90% ihrer
Anteile an der Condor Flugdienst GmbH bzw.
der NUR Touristic AG zum 1. Januar 1998 in
die neu gegründete C & N Touristic AG eingebracht. Die restlichen 10% von Condor und
NUR verbleiben bei den Muttergesellschaften.
Lufthansa und Karstadt halten je 50% an der
C & N Touristic AG.

Anzahl der Flugzeuge		Gäste	Mitarb.
1956:	3	n/a	43
1958:	7	n/a	168
1966:	8	178 Tsd.	371
1999:	46	8,249 Mio.	2 388

Aufsichtsrat:
Dr. Willi Schoppen (Vorsitzender)
Dirk Glinkowski (stellv. Vorsitzender)

Deutsche Lufthansa AG
Von-Gablenz-Straße 2-6, 50679 Köln

Wiedergründung als „Aktiengesellschaft für
Luftverkehrsbedarf" am 6. Januar 1953 von
Bundesrepublik Deutschland,
vertreten durch Dr. Friedrich Schiller,
Deutsche Bundesbahn, vertreten
durch Helmut Ammon,
Land Nordrhein-Westfalen,
vertreten durch Heinrich Speicher,
Rolf Hesse und Dr. Joachim Hübener

Der planmäßige Luftverkehr wurde am
1. April 1955 aufgenommen.

Vorstand / Geschäftsführung:
Jürgen Weber, Dr. Karl-Ludwig Kley,
Stefan Lauer

Anzahl der Flugzeuge*		Gäste	Mitarb.
Nach 3 Jahren:	11	74 070	2 040
Nach 10 Jahren:	44	2 567 371	12 963
1999:	311	38 900 000	66 207
		* Passagier- und Frachtflugzeuge	

Aufsichtsratsvorsitzende:
Dr. Kurt Weigelt 06.01.1953 – 12.12.1960
Dr. h.c. Hermann J. Abs 12.12.1960 – 04.08.1972
Dr. Walter Hesselbach 04.08.1972.- 14.07.1983
Gerd Lausen 14.07.1983 – 07.07.1993
Dr. Wolfgang Röller 07.07.1993 – 17.06.1998
Dr. Klaus G. Schlede seit 17.06.1998

Vorstände:
Hans M. Bongers 06.01.1953 – 31.12.1964
Prof. Gerhard Höltje 06.01.1953 – 04.08.1972
Prof. Wolfgang A. Kittel 22.09.1959 – 22.07.1960
stv. Mitglied 22.07.1960 – 31.12.1964 ord. Mitgl.
Prof. Hans Süssenguth 22.09.1959 – 16.12.1963
stv. Mitglied 16.12.1963 – 29.06 1978 ord. Mitgl.
Dr. Herbert Culmanno 2.11.1964 – 09.06.1970
Gerhard Frühe 20.06.1969 – 31.12.1986

Vorsitzende/Sprecher der Geschäftsführung:
Dr. Herbert Culmann
Sprecher 09.06.1970 – 04.08.1972
Vorstandsvors. 04.08.1972 – 30.06.1982
Heinz Ruhnau / Vorstandsvors.
01.07.1982 – 31.08.1991
Dr. Jürgen Weber/Vorstandsvors.
01.09.1991 – 31.12.2003

Germania Fluggesellschaft mbH
Flughafen Berlin-Tegel,
13405 Berlin

Gegründet am 1. Juni 1986
von Dr. Hinrich Bischoff
Geschäftsführung:
Dr. Hinrich Bischoff (Sprecher),
Dr. Mustafa Muscati

Gesellschafter: Dr. Hinrich Bischoff,
Dr. Mustafa Muscati, Jürgen Vogt

Anzahl der Flugzeuge		Gäste	Mitarb.
Nach 1 Jahr:	2		90
Nach 3 Jahren:	4		120
Nach 10 Jahren:	14	1 582 477	380
1998 / 1999:	16	1 905 749	440

Hapag-Lloyd Fluggesellschaft mbH
Flughafenstraße 10, 30855 Langenhagen

Im September 1972 wurde die Hapag-Lloyd
Flugzeug GmbH als 100-prozentige
Tochtergesellschaft der Hapag-Lloyd AG
gegründet.
Umbenennung in Hapag-Lloyd
Fluggesellschaft mbH erfolgte im Mai 1973:
Erstflug am 30. März 1973
Geschäftsführung:
Wolfgang Kurth, Dieter Schenk
Gesellschafter: bis 1997 Hapag-Lloyd AG
seit 1997 Preussag AG

Anzahl der Flugzeuge		Gäste	Mitarb.
Nach 1 Jahr:	3	215 000	173
Nach 3 Jahren:	8	528 000	317
Nach 10 Jahren:	10	1 700 00	759
Nach 20 Jahren:	21	3 600 000	1 424
1999:	29	5 780 000	1 876
2000:	32		2 121

Aufsichtsratsvorsitzende:
Hans-Jakob Kruse 1979 – 1993
Claus Wülfers 1993 – 1999
Dr. Ralf Corsten seit 1999

LTU Lufttransport-Unternehmen GmbH
Halle 8, Flughafen, 40474 Düsseldorf

Gegründet am: 8. Februar 1955 von dem
Engländer Bernhard G. Dromgoole,
ab 20. Oktober 1955 ist Kurt Conle aus
Duisburg Alleininhaber mit 3 Maschinen vom
Typ Vickers Viking

Geschäftsführung: Dr. Peter Fankhauser (Vors.),
Peter Haslebacher, Sten Daugaard
Gesellschafter:
bis 01.01.2001 LTU Group Holding,
seit 01.01.2001 Rewe Zentralfinanz eG, Köln
(40%), SAir Group (49,9%) und
Sal. Oppenheim (10,1%)

LTU-Flottenentwicklung:
1956 - 1963 Vickers Viking
1957 - 1960 Bristol 179/DeHavilland Dove
1958 - Douglas DC 4, Nord 262
1961 - 1968 Fokker F-27
1965 - 1968 Caravelle III
1968 - 1975 Caravelle 10 R
1969 - 1973 Fokker F-28
1973 - 1996 Lockheed Tristar
1991 - 1998 MD-11 Trijet
seit 1984 Boeing B-757

seit 1989 Boeing B-767
seit 1995 Airbus A-330-300

Anzahl der Flugzeuge		Gäste	Mitarb.
1999:	34	7,4 Mio.	2 876

Sun Express
Am Grünen Weg 1-3, 65451 Kelsterbach

Gegründet am 1. April 1990
von Lufthansa und Turkish Airlines
Geschäftsführung: Paul Schwaiger (Sprecher),
Michael Buck
Gesellschafter: Condor und Turkish Airlines

Anzahl der Flugzeuge		Gäste	Mitarb.
Nach 3 Jahren:	4		
Nach 10 Jahren:	5	6,2 Mio.	250

Reedereien

Peter Deilmann Reederei GmbH & Co
Am Hafenstieg 17-19,
23730 Neustadt in Holstein

Gegründet 1968 von Peter Deilmann
Geschäftsführung: Peter Deilmann

Anzahl der See-/Flussschiffe		Gäste	Mitarb.*
Nach 1 Jahr:	2 / 1	16 000	25/370
Nach 3 Jahren:	2 / 1	16 000	25/370
Nach 10 Jahren:	1 / 3	18 000	25/350
1999:	2 / 9	45 000	100/1000

*Zentrale/an Bord

Hapag-Lloyd Kreuzfahrten GmbH
Ballindamm 25, 20095 Hamburg

Gegründet am 1. Januar 1997 (neu)
von Hapag-Lloyd AG
Geschäftsführung: Tony Böhmer,
Günther Brauer, Wolfgang Coym
Gesellschafter: Hapag-Lloyd AG

Anzahl der See-/Flussschiffe		Gäste	Mitarb.
1999:	5 / 23	43 000	170

Versicherungen

Elvia Reiseversicherungs-Gesellschaft Niederlassung für Deutschland
Ludmillastraße 26, 81543 München

Gegründet am 1. Januar 1956 von
Fritz Dohmann im Auftrag
Elvia Versicherungs AG Schweiz
Geschäftsführung: Dr. Alois Weber

Gesellschafter: Elvia Schweizer Versicherungs-
Gesellschaft, Muttergesellschaft ist mehrheitlich im Besitz der Allianz AG Holding

Umsatz (Mio DM)

	Touristik	Versicherte	Mitarb.
Nach 3 Jahren:	0,15	12 000	7
Nach 10 Jahren:	11,0	100 000	35
1999:	226,0	7 000 000	157

Aufsichtsratsvorsitzende:
Dr. Gerd-Uwe Baden (Präsident),
Daniel Lauber (Vizepräsident seit 1999)

Europäische Reiseversicherung AG

Vogelweidestraße 5, 81677 München

Gegründet am 18. Juli 1919
Vorstand:
Dr. Jürgen Sabaß (Vors.), Wolfgang Diels,
Dr. Adrian von Dörnberg, Dr. Konrad Hofinger
Gesellschafter: Münchener
Rückversicherungsgesellschaft

Beiträge	(Mio DM)	
	(Touristik)	Mitarb.
1950:	3,054	
1970:	24,902	ca. 140
1999:	348,804	245

Aufsichtsrat:
Dr. Heiner Hasford (Vors.), Dr. Erich Kaub,
Günther Achmed, Beatrix Albrecht,
Prof. Dr. Elmar Helten,
Prof. Dr. Horst Opaschowski

Verbände

ADL – Arbeitsgemeinschaft Deutscher Luftfahrt-Unternehmen

Nietzschestraße 28, 53177 Bonn

Gegründet am 01. April 1976
Geschäftsführung: Dr. Detlef Winter
Gründungsmitglieder: 4

1999: Ordentl. Mitglieder: 7

Verbandspräsidenten: Claus Wülfers
(Hapag-Lloyd Flug GmbH) bis 1995
Hans Joachim Driessen (LTU) 1995 – 1997
Claus Wülfers 1997 – 1999
Dieter Schenk (Hapag-Lloyd Flug GmbH)
seit 1999

ASR Bundesverband mittelständischer Reiseunternehmen eV

Mainzer Landstraße 82-84, 60327 Frankfurt

Gegründet 1976
Zahl der Gründungsmitglieder: 12

Mitgliederentwicklung im
2. Geschäftsjahr: 159 Hauptbüros u. 91 Filialen
Nach 5 Jahren: 318 Firmen mit 511 Büros
Außerordentl. Mitglieder: 3

Nach 10 Jahren: 511 Firmen mit 741 Büros
Außerordentl. Mitglieder: 34

Nach 20 Jahren: Ordentl. Mitglieder: 1.733
Außerordentl. Mitglieder: 192
1999: Ca. 1700 Büros

Verbandspräsidenten:

Hans Junker	1982 – 1986
Albrecht Feibel	1986 – 1995
Klaus Laepple	1996 – 1998
Jutta Zedelmaier	1998 – 2001

Barig – Board of Airline Representatives in Germany eV

Am Hauptbahnhof 16, 60329 Frankfurt

Gegründet Barig 1951, Barig eV 1993
Geschäftsführung:
Jürgen Möllegaard (Chairman),
Martin Gaebges

Mitgliederentwicklung:

1. Geschäftsjahr:	12
2. Geschäftsjahr:	19
3. Geschäftsjahr:	20
Nach 5 Jahren:	22
Nach 10 Jahren:	49
Nach 20 Jahren:	62
Nach 30 Jahren:	83

2000: Ordentl. Mitglieder: 104

Verbandspräsidenten:

1951 - 1953	Jean P. Kumps	SN
1953 - 1964	Kim Urbye	SK
1954 - 1955	O. Bourgois	SN
1955	Kim Urbye	SK
1955 - 1958	B. Stoecker	LH
1958 - 1962	Hans Eilers	LH
1963 - 1968	Günter O. Eser	LH
1969 - 1973	Wilhelm Reuter	LH
1973 - 1978	Joachim Pastor	LH
1978 - 1979	Georg von Goetz	LH
1979 - 1983	Reinhard Bock	LH
1983 - 1988	Dieter Vagt	LH
1989 - 1992	Hendrik van Opstal	UA
1992 - 1995	Aminullah Khan	PK
1995 - 1996	Bernd L. Struck	UA
1996 -	Jörgen Möllegaard	SK

BTW – Bundesverband der Deutschen Tourismuswirtschaft eV

Am Weidendamm 1 a, 10117 Berlin

Gegründet am: 5. Dezember 1995
Hauptgeschäftsführer: RA Christian Ehlers

Mitgliederentwicklung im
1. Geschäftsjahr:
Ordentl. Mitglieder: 7
Außerordentl. Mitglieder: 7
2. Geschäftsjahr:
Ordentl. Mitglieder: 7
Außerordentl. Mitglieder: 12
1999: Ordentl. Mitglieder: 8
außerordentl. Mitglieder: 17

Verbandspräsident: Dr. Erich Kaub (seit 1996)

423

Deutscher Heilbäderverband eV
Schumannstraße 111, 53113 Bonn

Gegründet 1892
Geschäftsführung: Heike Wilms-Kegel
1999: 15 Verbände

Verbandspräsidenten:

Dr. Philipp Wagner	1892 - 1901
Dr. Rudolf Michaelis	1901 - 1911
Adolf Morsbach	1911 - 1921
Alexander Freiherr von Moreau	1921 - 1927
Major a. D. Otto Prestin	1927 - 1929
Dr. Gustav Heß	1929 - 1933
Dr. Walther Kronheim	1947 - 1950
Prof. Dr. Dr. Michael Bauer	1950 - 1958
Dr. Dr. Erich Rütten	1959 - 1976
Prof. Dr. Ludwig v. Manger-Koenig	1977 - 1983
Heinz Wadepuhl	1983 - 1984
Prof. Dr. Karl-Ernst Quentin	1984 - 1991
Dr. med. Christoph Kirschner	1992 -1999
Prof. Dr. med. Manfred Steinbach	1999 -

DRV – Deutscher Reisebüro- und Reiseveranstalter Verband eV
Albrechtstraße 9-11, 10117 Berlin

Gegründet am 10. August 1950 in Frankfurt
von 20 Gründungsmitgliedern
Haupt-Geschäftsführer: Dr. Jochen Martin,
Geschäftsführer: Leonhard Reeb

Mitgliederentwicklung im
1. Geschäftsjahr (1950):
Ordentl. Mitglieder: 152
2. Geschäftsjahr (1951):
Ordentl. Mitglieder: 258
3. Geschäftsjahr (1952):
Ordentl. Mitglieder: 363
Assoziierte Mitglieder: 4
Nach 5 Jahren (1955):
Ordentl. Mitglieder: 477
Assoziierte Mitglieder: 33
Nach 10 Jahren (1960):
Ordentl. Mitglieder: 620
Assoziierte Mitglieder: 83
Nach 20 Jahren (1970):
Ordentl. Mitglieder: 862
Assoziierte Mitglieder: 271
Nach 30 Jahren (1980):
Ordentl. Mitglieder: 1 462
Assoziierte Mitglieder: 429
Nach 40 Jahren (1990):
Ordentl. Mitglieder 2 092
Assoziierte Mitglieder: 890
1999: Ordentl. Mitglieder: 4180
Assoziierte Mitglieder: 840
2000: Ordentl. Mitglieder: 4 238
Assoziierte Mitglieder: 806

1. Vorsitzende/Präsidenten:

1950 - 1952	F. B. Käppler
1952 - 1960	Hans Joachimi
1960 - 1962	F. B. Käppler
1962 - 1968	Waldemar Fast
1968 - 1974	Hans Junge
1974 - 1980	Dr. Walter Vogel
1980 - 1994	Otto Schneider
1994 - 2000	Gerd Hesselmann
seit 27.10.2000	Klaus Laepple

DTV – Deutscher Tourismusverband eV
Bertha-von-Suttner-Platz 13, 53111 Bonn

Gegründet 1902
Geschäftsführung: Claudia Gilles
Zahl der Gründungsmitglieder:
23 Verkehrsvereine

Mitglieder:
1999: Ordentl. Mitglieder: 51
Fördernde Mitglieder: 20

Verbandspräsidenten:
Hermann Schaufler 1995 - 1999
Dr. Jürgen Linde seit Okt. 1999

RDA – Internationaler Bustouristik Verband eV
Hohenzollernring 86, 50672 Köln

Gegründet 1951 als Reise-Ring Deutscher
Autobusunternehmungen eV
von 7 Gründungsmitgliedern,
1991 als RDA – Internationaler
Bustouristik Verband eV
Geschäftsführung: Dieter Gauf

Mitgliederentwicklung im
1. Geschäftsjahr: ca. 40
Nach 5 Jahren: ca. 90
Nach 20 Jahren: ca. 320
Nach 30 Jahren: ca. 1 600
Nach 40 Jahren: 2 589 Mitglieder in
25 Nationen
1999: 3 300 Mitglieder in
35 Nationen

Verbandspräsidenten:
von Oelhafen (1951 – 1969),
Dr. Matz (1969 – 1972),
Josef Grein (1972 – 1984),
Norbert Grein (seit 1984)

Willy Scharnow-Stiftung für Touristik
Mannheimer Straße 15, 60329 Frankfurt

Gegründet: 1953
Geschäftsführer: Wolfgang Blaschke

Seminarteilnehmer-Entwicklung:
1. - 5. Geschäftsjahr: 117 Teilnehmer
6. - 10. Geschäftsjahr: 808 Teilnehmer
11. - 20. Geschäftsjahr: 986 Teilnehmer
21. - 30. Geschäftsjahr: 2 129 Teilnehmer
31. - 40. Geschäftsjahr: 4 351 Teilnehmer
1993 - 1999: 12 838 Teilnehmer

Kuratoriumsvorsitzender:
Günter Kahn (seit 1982)
Stellv. Kuratoriumsvorsitzender:
Gerd Hesselmann (seit 1997)

Diverse

Deutsche Bahn – Personenverkehr
DB Reise & Touristik AG

Stephensonstraße 1, 60326 Frankfurt

Gegründet am 12. Februar 1924
Deutsche Reichsbahn
7. September 1949 Deutsche Bundesbahn
30. Dezember 1993 Deutsche Bahn AG
1. Januar 1999 DB Reise und Touristik AG
(2. Stufe Bahnreform)
Vorstandsvorsitzender: Dr. Christoph Franz

Umsatz	(Mio DM)	Gäste	Mitarb.
1999:	8 160	146,5 Mio.	34 836

Aufsichtsratsvorsitzender:
Hartmut Mehdorn

Vorstandsmitglieder:
Hans-G. Koch	Marketing und Vertrieb
Jens-Uwe Bruysten	Personal
Karl-D. Reemtsma	Produktion und Technik
Dr. Rolf Kranückel	Finanzen und Controlling

Deutsche Zentrale für Tourismus eV

Beethovenstraße 69, 60325 Frankfurt/M.

Gegründet am: 25. Mai 1948

Von: Deutsche Reichsbahn, Deutsche Post, Bund Deutscher Verkehrsverbände, Deutscher Bäderverband, Arbeitsgemeinschaft (AG) des Hotel- und Gaststättengewerbes, Deutsches Reisebüro GmbH, AG der kommunalen Spitzenverbände, AG der Industrie- und Handelskammer, AG Hapag-Lloyd, AG der Vereinigungen der öffentlichen Verkehrsbetriebe

Vorstand/Geschäftsführung:
Ursula Schörcher, Günter Colonius

	Gäste		Mitarb.
	Inland	Ausland	
Nach 3 Jahren:	43 791 617	3 353 768	87
Nach 10 Jahren:	101 862 206	9 752 124	130
1999:	272 298 225	35 730 111	154

Hauptgeschäftsführer der DZT:
1948 - 1955	Dr. Dr. Hans Baumann, Dr. A. Robert Lingna
1955 - 1965	Dr. Arno Staks
1965 - 1967	Prof. Wolfgang A. Kittel
1968 - 1992	Günther Spazier
1993 - 1994	Hans Jakob Kruse
seit 1994	Ursula Schörcher

Präsidenten des DZT-Verwaltungsrats:
1948 - 1955	Dr. Werner Pischel
1955 - 1968	Dr. jur. Fritz Schelp
1968 - 1991	Dr. h. c. Rudolf Eberhard
1992 - 1993	Hemjö Klein
seit 1993	Dr. Erich Kaub

Internationale Tourismus-Börse ITB Berlin
Messe Berlin GmbH

Messedamm 22, 14055 Berlin

Gegründet 1966

Entwicklung:
1964 ADB Austellungsdienst Berlin
1971 AMK Austellungs-Messe-Kongress GmbH
1993 Messe Berlin GmbH

Vorstand / Geschäftsführung:
Raimund Hosch, Vors. GF (CEO)
Dr. Christian Göke (COO)

Umsatz Unternehmensgruppe MB (Mio DM)	Mitarb.
2000: 210	420

Vorsitzender der Geschäftsführung:
Prof. Dr. Manfred Busche bis 1999
Raimund Hosch seit Juli 1999

Start Amadeus GmbH

Marienbader Platz 1, 61348 Bad Homburg

Gegründet am 15. Januar 1971

Geschäftsführung:
Dr. Raoul Hille, Karl Rütter, Peter Munzig
Gesellschafter:
Lufthansa Commercial Holding GmbH (66 %),
Amadeus Global Travel Distribution SA (34%).

Im Juni 1996 einigen sich Lufthansa und TUI, dass Lufthansa die Start-Anteile von TUI übernimmt. Damit hält Lufthansa zwei Drittel, die Deutsche Bahn AG ein Drittel der Anteile. Im Dezember 1997 einigen sich die Deutsche Bahn AG und Lufthansa, daß die Lufthansa die Start Anteile der Deutschen Bahn AG übernimmt. Im August 1999 genehmigt die EU eine Amadeus-Beteiligung an Start-Amadeus.

Umsatz (Mio DM)	Angeschl. PC	Mitarb.
1997:	370	34 000	650
1998:	380	35 000	594
1999:	351	38 000	686

Aufsichtsratsvorsitzende:
07.07.1995 - 10.09.1998 Hemjö Klein
10.09 1998 - heute Dr. Peter Franke

Vorsitzende / Sprecher der Geschäftsführung:
1971 - 1996	Dr. Jürgen Bommer
1996 -2000	Jürgen Büchy
seit Oktober 2000	Dr. Raoul Hille

Personen

Quellen

GESCHICHTE DER REISEBÜROS
Karl Fuß,
Jäger Verlag Darmstadt, 1960

ZAUBER DER WINDROSE
Friedrich Müller Verlag Mensch und Arbeit,
Robert Pfützer GmbH,
München, 1967

TAUSEND TÜREN IN DIE WELT
Horst Egon Scholz,
Beiträge zur Geschichte
der deutschen Reisebüros,
Reisesbüro Bulletin Verlagsges. mbH,
Frankfurt, 1984

75 JAHRE ABR
Herausgeber: ABR-Amtliches
Bayerisches Reisebüro GmbH,
München, 1985

REISEN UND TOURISMUS –
ein historischer Überblick,
Herausgeber: AMK Berlin, 1986

TOURISMUS
Dr. Walter Freyer,
Einführung in die
Fremdenverkehrsökonomie,
R. Oldenburg Verlag München,
Wien, 1988

TOURISMUS RORORO SPECIAL
Brigitte Scherer,
Rowohlt Taschenbuch-Verlag GmbH, Reinbek
bei Hamburg, 1995

ENDLICH URLAUB!
Die Deutschen reisen.
Begleitbuch zur Ausstellung im Haus der
Geschichte,
Herausgeber: Stiftung Haus der Geschichte
der Bundesrepublik Deutschland, 1996

UNSER FELD IST DIE WELT
150 Jahre Hapag-Lloyd,
Hapag-Lloyd AG, Hamburg, 1997

ÜBER DEUTSCHLAND
Gerhard A. Ritter,
Verlag C. H. Beck, München, 1998

„...WENN DAS GUTE LIEGT SO NAH",
Reisen in Deutschland,
Deutsches Werbemuseum eV,
Frankfurt, 1998

REISEBÜRO-MANAGEMENT
Herausgeber: Prof. Dr. Walter Freyer und Prof.
Dr. Wilhelm Pompl,
Oldenburg Verlag München,
Wien, 1999

FVW INTERNATIONAL
Verlag Dieter Niedecken GmbH
Hamburg

TID TOURISTIK-KONTAKT
TourCon Verlag
Hannelore Niedecken GmbH
Hamburg

SCHROEDER
Lexikon der Tourismuswirtschaft
TourCon Verlag
Hannelore Niedecken GmbH
Hamburg

Impressum

Die Ferien-Macher
Eine gründliche und grundsätzliche
Betrachtung über das Jahrhundert
des Tourismus
von Otto Schneider
ISBN 3-9803236-7-6

© TourCon,
Hannelore Niedecken GmbH
Hamburg
1. Auflage März 2001
1 bis 6000

Redaktion und Gestaltung
Sozietät für Kommunikation
Michael Schweer, Peter Plasberg
Hamburg
Lektorat: Maria Lettl-Schröder

Layout: Helga Fabel

Bildredaktion: Oliver Fantitsch

Druck und buchbinderische
Verarbeitung
Stürz AG, Würzburg

Vertrieb
PressUp GmbH
Postfach 70 13 11
22013 Hamburg

Bildnachweis

Schutzumschlag
Ullstein Vorderseite oben
Foto-Agentur Hartung Vorderseite unten
Königstein, Norbert Rückseite oben
Ullstein Rückseite unten

Action Press S.215

ADAC S.359

Aero Lloyd S.271, S.272

Airtours S.198 oben

Ameropa S.102, S 103

Athena Reisen S.296

Bayerisches Pilgerbüro S.63

Bayerisches Wirtschaftsarchiv S.29

Behling, Frank S.137

Brauchitsch, Wolfgang von S.276 oben

Bundesbahnmuseum Nürnberg S.30

Camera 4 S.268 Mitte

DB AG S.31

Deutsche Bank AG S.241 Mitte

dpa S.226

DZT S.345, S.346

EVS Berge & Meer S.268 unten, S.269 oben

Fantitsch, Oliver S.222, S.250, S.251, S.288, S.392

Fiefel, Eduard S.372

FTI S.278 oben, S.279 oben

Geisler Tours S.125

Hadag S.284

Hannoversche Presse S.335 (Stoletzki)

Hapag-Lloyd-Bildarchiv S.47, S.48, S.54, S.86

Hapag Lloyd-Kreuzfahrten S.262 oben

Hauser Exkursionen S.305

Horten S.203 oben

Ikarus Tours S.298

Keystone Pressedienst S.245, S.302/303, S.317

Kluyver, Urs S.170, S.176 oben, S.289 oben

Laif S.280/281 (Huber), S.309 oben,
S. 329 (Westrich)

Look S.138 (Wohner)

Lufthansa
S.40, S.43, S.44, S. 140, S.141, S.142, S.144, S.146,
S.147, S.148, S.150 oben, S.153, S.154, S.155, S.157,
S.267 Mitte, S. 357

LTU S.165 unten, S.167

Marco Polo S.295 oben + Mitte

Mercedes Benz S.90/91, S.93

Messe Berlin S.363, S.364, S.365, S.367, S.368

Öger Tours S.220, S.221

Peter Deilmann Reederei S.216

Quelle S. 174 oben

Quelle Reisen S.175 oben

Rotel Tours S.97, S.98

SRT S.309 unten

Start S.352, S.354

Studiosus S.293 Mitte + unten

Süddeutscher Verlag Bilderdienst
S.68, S.217 (dpa), S. 218 (Neuwirth), S.226/227,
S.69 oben

Touropa S.77

Transglobe S.314 oben, S.350 (Reporters)

TUI
S.64, S.73, S.74, S.75, S.76, S.104, S.106, S.107,
S.108, S.109, S.114, S.115, S.117, S.194, S.196, S.201,
S.207, S.351

Ullstein Bilderdienst
S.38/39, S.42, S.45, S.50/51, S.61 (Eschen), S.65,
S.66/67, S.69 mitte, S.70, S.72, S.111 (Reitz), S.133,
S.134, S.135 (Zucchi), S.213 (Rogge),
S.236/237 (Lehmann), S.239 (Werck),
S.244 Mitte (Swiridoff),
S.244 unten (Slominski), S.258 (Winter),
S.291 (Reitz), S.295 unten (Neubauer),
S.312/313 (Kanus), S.316 (Büllesbach), S.319,
S.320 unten, S.324 (Schlegelmilch), S.343

Wolters Busreisen S.57

Alle anderen Bilder Archiv FVW

431